U0646050

国家古籍整理出版专项经费资助项目
广西古籍工作规划项目

—

中国历代登科总录
龚延明　主编

隋唐五代登科总录

龚延明　金滢坤　许友根　编著

2

·桂林·

卷五

唐玄宗（李隆基）朝（712—756）

景云三年壬子(712)

正月己丑,改元为太极。《旧唐书·本纪》。

五月辛巳,改元为延和。《旧唐书·本纪》。

八月庚子,玄宗即位,尊睿宗为太上皇。《资治通鉴》。

甲辰,改元为先天。《旧唐书·本纪》。

知贡举:考功员外郎房光庭

进士科

【张阐】字镜微,中山人。太极中进士及第,拔萃补桃林县尉。秩满转左金吾卫兵曹参军。

《秦晋豫新出墓志蒐佚》四〇四,开元十四年(726)正月十五日《唐故左金吾卫兵曹参军张府君墓志铭并序》:"公讳阐,字镜微,中山人也……太极中,秀才登科,拔萃补桃林县尉,秩满转金吾卫兵曹。"按唐代秀才科废于高宗永徽二年(651),则志云张阐秀才登科,实为进士及第。

明经科

【孔齐参】字齐参,会稽人。先天元年(712)明经及第,授宋州参卿事。又开元中制科及第,授濮州临濮县令,官至河东郡宝鼎县令。

《唐代墓志汇编》天宝〇四八,天宝三载(744)四月二十八日《唐故河东郡宝鼎县令会稽孔府君(齐参)墓志铭并序》:"公讳齐参,字齐参……弱冠孝廉擢第,解褐行宋州参卿事……方慎牧宰,大搜其人,公又对策高第,恩授濮州临濮县令,今上亲临前殿,以束帛遣之。优任贤也。"按:此"孝廉擢第",即明经擢第。以天宝三载(744),春秋五十二推之,其弱冠岁在先天元年。

【卢竦】字不忒,范阳人。太极元年(712)明经及第,拜弘文馆校书郎,迁太子通事舍人。官终太原府交城县令。

《全唐文补遗》第八辑,薛镠撰天宝七载(748)十一月十八日《唐故太原府交城县令卢府君(竦)墓志铭并序》:"公讳竦,字不忒,范阳人也……弱冠,征孝廉,拜弘文馆校书郎,迁太子通事舍人……维天宝七载九月七日,捐馆于东京行修里第,时春秋五十有六。"按:以天宝七载(748),春秋五十六推之,卢竦弱冠年为太极元年(712)。

【李橙】先天元年(712)举三礼及第。

弘治《保定郡志》卷十一:"先天元年明经诸科二十七人,加试《老子》,举三礼李橙。"按:据《登科记考》体例,三礼科属明经系列。

【王择从】京兆杜陵人。祖喆，唐晋州司仓参军、同州河西县丞。父庆，赵州房子、冀州枣强二县主簿。择从长安三年（703）第进士。先天元年（712）又登贤良方正科。官京兆士曹参军，充丽正殿学士。

《全唐文》卷三一三，孙逖撰《太子右庶子王公（敬从）神道碑》："公讳敬从，字某，京兆人也……公兄曰易从，故吏部侍郎弟。曰择从，今京兆府士曹，咸以文学，齐名当代。公始以对策高第，则易从同科。"

《旧唐书》卷一七八《王徽传》："王徽字昭文，京兆杜陵人，其先出于梁魏。魏为秦灭，始皇徙关东豪族实关中，魏诸公子徙于霸陵。以其故王族，遂为王氏。后周同州刺史熊，徽之十代祖，葬咸阳之凤岐原，子孙因家焉。曾祖择从兄易从，天后朝登进士第。从弟明从、言从，睿宗朝并以进士擢第。昆仲四人，开元中三至凤阁舍人，故时号'凤阁王家'……择从，大足三年登进士第，先天中，又应贤良方正制举，升乙第，再迁京兆士曹参军，充丽正殿学士。"按：大足三年即长安三年。

《新唐书》卷七二中《宰相世系表》二中："明远，周司金上士。"生"寿，隋州都七职主簿。"生"喆，河西令。"生"庆，浦州长史。"生"择从，京兆士曹参军、丽正殿学士。"

（宋）邓名世《古今姓氏书辨证》："王择从登第，又制举升乙第，充丽正殿学士。"

《登科记考》卷四长安三年（703）进士科、卷五景云三年（712）贤良方正科分别录载王择从。

【冯万石】景云三年（712）怀能抱器科登第。

（宋）乐史《广卓异记》卷一九《九登科选》："右按《登科记》：冯万石，圣历元年进士及第，大足元年嫉恶科，神龙二年才高位下科，景云三年怀能抱器科，开元二年重考及第，六年超群拔类科，十三年考判入等，十六年又判入等，二十六年文词雅丽科，凡九度登科选。"

【许景先】名杲，以字行，常州义兴人。进士及第，制举登科，授陕州夏县尉。官至吏部侍郎。

《全唐文补遗》千唐志斋新藏专辑，韩休撰开元十八年（730）十一月二十日《大唐故吏部侍郎高阳许公（杲）墓志铭并序》："君讳杲，字景先，高阳人也……弱冠，应贤良方正举擢第，授陕州夏县尉……寻以文吏兼优举对策甲科，授扬府兵曹参军……以开元十八年八月九日，遘疾终于京兆宣阳私第，春秋五十有四。"按：墓志未言景先进士及第。

《旧唐书》卷一九〇中《文苑中·许景先传》："许景先，常州义兴人，后徙家洛阳。少举进士，授夏阳尉。神龙初，东都起圣善寺报慈阁。景先诣阙献《大象阁赋》，词甚美丽，擢拜左拾遗。累迁给事中……俄转中书舍人……（开元十三年）自吏部侍郎出为虢州刺史。后转岐州，入拜吏部侍郎，卒。"

《新唐书》卷一二八《许景先传》："许景先，常州义兴人。曾祖绪，武德时以佐命功，历左散骑常侍，封真定公，遂家洛阳。景先由进士第释褐夏阳尉……举手笔俊拔、茂才异等连中，进扬州兵曹参军。"

《登科记考》卷二七《附考·进士科》录载许景先。按许景先科举及第，《登科记考补正》卷四景龙三年(709)录为茂才异等科;卷五景云三年(712)录为制举手笔俊拔超越流辈科;卷二七《附考·进士科》录为及第时间无考之进士。这三处记载与墓志出入甚大。据墓志,许杲(景先)弱冠年(万岁登封元年,696)以制举贤良方正科及第,释褐授陕州夏县尉。之后又应文吏兼优举对策高第,授扬府兵曹参军。未载其进士及第事。

【李祚】太极元年制科中第。官终太子舍人。

陈长安《隋唐五代墓志汇编》洛阳卷第十一册,唐天宝五载(746)《唐故太子舍人李府君(祚)墓志铭并序》:"太极岁,上在青宫,大搜髦士。公以贤良应诏,对策甲科。乃试以理才,□授之邑,起家拜莱县尉。"按唐景云三年(712)正月己丑,改元为太极。五月辛巳,改元为延和。八月庚子,玄宗即位,尊睿宗为太上皇。甲辰,改元为先天。李祚太极岁以贤良应诏,对策甲科,则当为太极元年制科中第。

【杨仲昌】一作杨仲宣,字蔓,虢州阌乡人。先天元年(712)藻思清华科及第。终吏部郎中。

《全唐文》卷二三五,席豫撰《唐故朝请大夫吏部郎中上柱国高都公杨府君(仲宣)碑铭》:"公讳仲宣,字蔓,后汉太尉震之二十代孙也……未弱冠,以通经为修文生,授右千牛……授河南府河阳县尉。寻应藻思清华举,今上亲试,对策甲科,授蒲州司法参军。"

《新唐书》卷一二〇《杨元琰传》:"杨元琰者,字温,虢州阌乡人……子仲昌,字蔓。以通经为修文生。累调,不甚显。以河阳尉对策,玄宗授第一,授蒲州法曹参军,判入异等,迁监察御史。"按:《全唐文》卷二三五、《登科记考》卷五景云三年(712)制科录作"杨仲宣",误。

(宋)王应麟《玉海》卷一一五《选举·唐制举》:"杨仲昌、元稹对策第一。"

【宋遥】字仲远,广平列人人。长安二年(702)由国子进士补东莱郡录事参军,先天元年(712)超越流辈科及平第,官终上党郡大都督府长史。

《秦晋豫新出墓志蒐佚》四六〇,开元二十五年(737)四月十九日《上党郡大都督府长史广平宋府君夫人荥阳郡君郑氏墓志铭》:"夫人荥阳郡原武人也……既笄而醮,归于我宋公讳遥,弱冠进士擢第入台,累迁三御史、南省两郎官,拜中书舍人、除御史中丞、户部礼部吏部三侍郎、荥阳绛魏襄阳武当七郡太守、河北河南山南三采访。"按宋遥弱冠进士擢第,以天宝六载(747)卒,享龄六十五推之,其登进士科在长安二年(702)。

《千唐志斋藏志》八三七,宋鼎撰天宝七载(748)正月十一日《唐故上党郡大都督府长史宋公(遥)墓志铭并序》:"公讳遥,字仲远,广平列人人也……自国子进士补东莱郡录事参军,举超绝流辈,移密县尉……天宝六载二月五日终于上党公舍,享龄六十有五。"

《登科记考补正》卷五景云三年(712)制科增补宋遥。

【张九龄】先天元年(712)以道侔伊吕科策高第。小传详见长安二年进士科张九龄条。

《旧唐书》卷九九《张九龄传》:"张九龄字子寿,一名博物。曾祖君政,韶州别驾,因家于始兴,今为曲江人。父弘愈,以九龄贵,赠广州刺史。九龄幼聪敏,善属文。年十三,以书干广州刺史王方庆,大嗟赏之,曰:'此子必能致远。'登进士第,应举登乙第,拜校书郎。玄宗在东宫,举天下文藻之士,亲加策问,九龄对策高第,迁右拾遗。"

(宋)王溥《唐会要》卷七六《贡举中·制科举》:"(先天二年)道侔伊吕科,张九龄及第。"

(宋)王钦若等《册府元龟》卷六四五《贡举部(七)·科目》:"玄宗先天元年十二月,制令京文武官员及朝集使五品以上,各举堪充将帅者一人。又有文经邦国科(韩休及第),藻思清华科(赵冬曦及第),寄以宣风则能兴化变俗科(郭璘之及第),道侔伊吕科(张九龄及第),手笔俊拔超越流辈科。(杜昱、张子断、张秀明、常无名、赵居正、贾登、邢巨及第。)"

《新唐书》卷一二六《张九龄传》:"(张九龄)擢进士,始调校书郎,以道侔伊吕策高第,为左拾遗。"

(宋)洪迈《容斋续笔》卷一二《唐制举科目》:"张九龄以道侔伊吕策高第,以登科记记会要考之,盖先天元年九月,明皇初即位。"

《登科记考》卷五景云三年(712)制科录载张九龄。

嘉靖《南雄府志》传二《乡贤》:"(张九龄)弱冠举进士,擢校书郎,以道侔伊吕科策高第,迁左拾遗。"

【郑少微】景云三年(712)文可以经邦科登科。

(宋)李昉等《文苑英华》卷四七九《策三》之《文可以经国策》下注:"景云二年。"录有郑少微对策文,注云:"第二人。"按:《登科记考》卷五景云三年(712)制科,科目名称录载为"文可以经邦"。

【赵冬曦】字仲爱,定州鼓城人,不器子。神龙二年(706)进士擢第,景云三年(712)制举藻思清华登科。历左拾遗,官中书舍人、国子祭酒。

《全唐文补遗》第四辑,天宝十载(751)四月甲申《唐故国子祭酒赵君(冬曦)圹》:"府君讳冬曦,字仲爱,博陵鼓城人也……奏以进士试,对策甲科。是岁,调集有司,即授校书郎,旌异等也。慈州刺史倪若水举文藻绝伦,对策上中第,除右拾遗,迁监察御史。"按"文藻绝伦",当即"藻思清华科"也。

《旧唐书》卷九八《韩休传》:"又举贤良,玄宗时在春宫,亲问国政,休对策与校书郎赵冬曦并为乙第,擢授左补阙。"

(宋)王溥《唐会要》卷七六《贡举中·制科举》:"(先天二年)藻思清华科,赵冬曦及第。"

(宋)王钦若等《册府元龟》卷六四五《贡举部(七)·科目》:"玄宗先天元年十二月,制令京文武官员及朝集使五品以上,各举堪充将帅者一人。又有文经邦国科(韩休及第),藻思清华科(赵冬曦及第),寄以宣风则能兴化变俗科(郭璘之及第),道侔伊吕科(张九龄及第),手笔俊拔超越流辈科。(杜昱、张子断、张秀明、常无名、赵居正、贾登、邢巨及第。)"

《新唐书》卷一二六《韩休传》:"休工文辞,举贤良。玄宗在东宫,令条封国政,与校书郎赵冬曦并中乙科,擢左补阙,判主爵员外郎。"

(宋)王应麟《玉海》卷一一五《选举·唐制举》:"文经邦国韩休。韩休传:举贤良,元宗在东宫,令条对国政,与赵冬曦俱乙科。”

(宋)王应麟《玉海》卷一一五《选举·唐制举》:“藻思清萃赵冬曦。”

《登科记考》卷四神龙二年(706)进士科、卷五景云三年(712)制举藻思清华科分别录载赵冬曦。

【独孤通理】河南人。太极元年(712)登文可以经邦科。

《全唐文》卷三九三,独孤及《赠秘书监河南独孤公(通理)灵表》:“公讳某……太极元年诏举文可以经邦国者,宣劳使源乾曜以公充赋。时对策者数百人,公与荥阳郑少微特冠科首。”按《登科记考》卷五误作“独孤楷”,考证详见岑仲勉《唐集质疑·独孤及系年录》。

《登科记考补正》卷五景云三年(712)文可以经邦国科录载独孤通理。

【晁良贞】景云三年(712)文可以经邦科登科。

(宋)李昉等《文苑英华》卷四七九《策三》之《文可以经国策》下注:“景云二年。”录有晁良贞对策文。按:《登科记考》卷五景云三年(712)制科,科目名称录载为“文可以经邦”。

【郭璘之】先天元年(712)寄以宣风则能兴化变俗科及第。

(宋)王溥《唐会要》卷七六《贡举中·制科举》:“(先天二年)寄以宣风则能兴化变俗科,郭璘之及第。”

(宋)王钦若等《册府元龟》卷六四五《贡举部(七)·科目》:“玄宗先天元年十二月,制令京文武官员及朝集使五品以上,各举堪充将帅者一人。又有文经邦国科(韩休及第),藻思清华科(赵冬曦及第),寄以宣风则能兴化变俗科(郭璘之及第),道侔伊吕科(张九龄及第),手笔俊拔超越流辈科。(杜昱、张子断、张秀明、常无名、赵居正、贾登、邢巨及第。)”

《登科记考》卷五景云三年(712)制科录载郭璘之。

【韩休】一作韩林,京兆长安人。先天元年(712)文可以经邦国科、贤良方正科及第。开元二十一年,拜黄门侍郎、同中书门下平章事。二十四年,迁太子少师,封宜阳子。谥曰文忠。

《旧唐书》卷九八《韩休传》:“韩休,京兆长安人……父大智,官至洛州司功。休早有词学,初应制举,累授桃林丞。又举贤良。玄宗时在春宫,亲问国政,休对策与校书郎赵冬曦并为乙第,擢授左补阙。寻判主爵员外郎,历迁中书舍人、礼部侍郎,兼知制诰,出为虢州刺史……开元二十一年,侍中裴光庭卒,上令萧嵩举朝贤以代光庭者,嵩盛称休志行,遂拜黄门侍郎、同中书门下平章事……其年夏,加银青光禄大夫。十二月,转工部尚书,罢知政事。二十四年,迁太子少师,封宜阳子。二十七年病卒,年六十八,赠扬州大都督,谥曰文忠。宝应元年,重赠太子太师。”

(宋)王溥《唐会要》卷七六《贡举中·制科举》:“先天二年,文经邦国科,韩休及第。”

(宋)王钦若等《册府元龟》卷六四五《贡举部(七)·科目》:“玄宗先天元年十二月,制令京文武官员及朝集使五品以上,各举堪充将帅者一人。又有文经邦国科(韩休及第),藻思清华科(赵冬曦及第),寄以宣风则能兴化变俗科(郭璘之及第),道侔伊吕科(张九龄及第),手笔俊拔超越流辈科。(杜昱、张子断、张秀明、常无名、赵居正、贾登、邢巨及第。)"

《新唐书》卷一二六《韩休传》:"韩休,京兆长安人。父大智,洛州司功参军,其兄大敏,仕武后为凤阁舍人……休工文辞,举贤良。玄宗在东宫,令条对国政,与校书郎赵冬曦并中乙科,擢左补阙,判主爵员外郎。进至礼部侍郎,知制诰。出为虢州刺史……迁尚书右丞。侍中裴光庭卒,帝敕萧嵩举所以代者,嵩称休志行,遂拜黄门侍郎、同中书门下平章事……后以工部尚书罢。迁太子少师,封宜阳县子。卒,年六十八,赠扬州大都督,谥曰文忠。宝应元年,赠太子太师。"

(宋)王应麟《玉海》卷一一五《选举·唐制举》:"文经邦国韩休。韩休传:举贤良,元宗在东宫,令条对国政,与赵冬曦俱乙科。"

《登科记考》卷五景云三年(712)制科录载韩休。

【雍惟良】景云三年(712)文可以经邦科登第。

(宋)李昉等《文苑英华》卷四七九《策三》之《文可以经国策》下注:"景云二年。"录有雍惟良对策文。按:《登科记考》卷五景云三年(712)制科,科目名称录载为"文可以经邦"。

先天二年癸丑(713)

十二月庚寅朔,改元为开元。《旧唐书·本纪》。

知贡举:考功员外郎房光庭

进士科

【常无名】河内温人。开元元年(713)状元及第。官终礼部员外郎。

《全唐文》卷四二〇,常衮撰《叔父故礼部员外郎墓志铭》:"宾客讳无名,字某,河内温人也。曾祖渠州咸安令讳绪,王父杞王司马讳毅,皇考庆王文学讳楚珪,咸以清明粹和,高爽显融,经术可以致公卿,道德可以居师傅,所不至者,时之未会欤!府君即文学之第三子也,伯仲叔季,嗣世清德,鸿藻振古,休声动时,每至征贤良,举秀才,一门擅科,半于天下。既冠,进士擢第,其年拔萃登科,补益州新都尉。开元十年举文藻宏丽……与孙逖同入第二等,擢鄠县尉……秩满,判入第三等。自周隋已来,选部率以书判取士,海内之所称服者,二百年间,数人而已,又居其最焉。复以常资授万年尉……入拜起居舍人,搜遗求实,典册大备,撰《开元注记》三十卷,藏在太史。除屯田员外郎,未几转礼部……以天宝三年十二月二十日,薨于西京宣赐里之私第,享年五十有六。"按:《登科记考》卷五置于景云三年(712),《登科记考补正》卷五,改系先天二年。

(宋)乐史《广卓异记》卷一九《选举》"兄弟四人进士及第":"右按《登科记》:常无欲并弟无为、无名、无求。皆进士及第。无欲、无名,又拔萃入高等。"按《新唐书》卷七五下

《宰相世系表》五下载新丰常氏,绪,咸安令。生毅,杞王府司马。生楚珪,雍王府文学。生无名,礼部员外郎;无为,三原丞;无欲;无求,右补阙。

(元)辛文房撰,傅璇琮主编《唐才子传校笺》(册一)卷一《张子容》条云:"子容,襄阳人。开元元年常无名榜进士。"

(明)徐应秋《玉芝堂谈荟》卷二《历代状元》:"玄宗开元元年,进士七十一人,状元常无名。"

【王湾】开元元年(713)进士。任洛阳尉。

《全唐文》卷四〇二,作者小传:"湾,先天时进士。"

(宋)计有功《唐诗纪事》卷一五《王湾》:"湾,登先天进士第,开元初,为荥阳主簿……后为洛阳尉。"

(元)辛文房撰,傅璇琮主编《唐才子传校笺》(册一)卷一《王湾》条云:"湾,开元十一年常无名榜进士。"按笺云文中"开元十一年",当为"开元元年"。

《登科记考》卷五置于景云三年(712),《登科记考补正》卷五改系先天二年。

【韦洽】京兆人。先天中擢进士,官至尚书左司员外、考功郎中。

《秦晋豫新出墓志蒐佚续编》七九七,卢谏卿撰长庆四年(824)二月二十九日《唐故唐州团练推官卢府君夫人京兆韦氏墓志铭并叙》:"夫人京兆韦氏,谏卿从母也。曾祖崇先,皇庐州巢县令。祖讳洽,先天中擢进士,仕至尚书左司员外考功郎中。谏卿外祖讳牧,开元间擅名文场,玄宗廿三年擢第,累官至殿中侍御史。□干蛊忠勇之称,永泰中,主上器之,特授剑南西川检察使,夫人即第三女……(谏卿)元和十一年幸举进士。"墓志署"外孙前河南观察推官前试太常寺协律郎卢谏卿撰"。按志云韦洽先天中擢进士,中宗景云三年(712)正月己丑,改元为太极。五月辛巳,改元为延和。八月庚子,玄宗即位,甲辰,改元为先天。先天二年(713)十二月庚寅朔,改元为开元。唐代科举考试大多在每年的十一月至来年三月之间进行,墓志所云"先天中擢进士",则为先天二年,亦即开元元年(713)擢进士第。

【李日用】开元元年(713)进士。

明嘉靖刊《浯田程氏宗谱》卷二:"南锐,睿宗先天二年考功裴庭昭下擢进士第(注:《出师表》,又《拟洞箫赋》,《长安早春诗》,状头李日用),再登宏词科,授万年尉。"按据陈尚君考证:此段讹误较多,先天为玄宗年号,裴庭昭当为房光庭之误,状头李日用与他书不合,当为辗转传误。(宋)李昉等《文苑英华》卷六四有赵子卿、赵自(明刊本误作"伯")励、梁献作《出师赋》,当即本年试。(宋)李昉等《文苑英华》卷一八一《省试二》有佚名、张子容《长安早春》诗,亦即本年试。按李日用为状头误,但亦有可能为本年进士。

《登科记考补正》卷五先天二年(713)进士科增补李日用。

【张子容】襄阳人。开元元年(713)进士,曾官乐城尉。

(宋)计有功《唐诗纪事》卷二三《张子容》:"子容乃先天二年进士,曾为乐城尉,与孟浩然友善。"

(元)辛文房撰,傅璇琮主编《唐才子传校笺》(册一)卷一《张子容》条云:"子容,襄阳人。开元元年常无名榜进士。仕为乐城令。”按笺云文中“乐城令”当为“乐城尉”。

《登科记考》卷五置于景云三年(712),《登科记考补正》卷五改系先天二年。

【昔安仁】汝州人。开元元年(713)进士。

(元)洪景《新编古今姓氏遥华韵》癸集卷七:“昔安仁,唐先天年登进士第。”

(唐)林宝《元和姓纂》卷一〇《昔氏》:“开元昔安仁生丰,大理评事,汝州人。”

《登科记考补正》卷五先天二年(713)进士科增补昔安仁。

【赵子卿】长安人。开元元年(713)进士。任兵部员外郎。

《全唐文》卷四〇一,作者小传:“子卿,开元时人。”

(唐)林宝《元和姓纂》卷七《诸郡赵氏》:“兵部员外赵子卿,长安人。”

明嘉靖刊《浯田程氏宗谱》卷二:“南锐,睿宗先天二年考功裴庭昭下擢进士第(注:《出师表》,又《拟洞箫赋》,《长安早春诗》,状头李日用),再登宏词科,授万年尉。”按据陈尚君考证:此段讹误较多,先天为玄宗年号,裴庭昭当为房光庭之误,状头李日用与他书不合,当为辗转传误。(宋)李昉等《文苑英华》卷六四有赵子卿、赵自(明刊本误作“伯”)励、梁献作《出师赋》,当即本年试。(宋)李昉等《文苑英华》卷一八一《省试二》有佚名、张子容《长安早春》诗,亦即本年试。

【徐楚玉】字安宗,玄宗时人。开元元年(713)登第,官至检校工部尚书。

隆庆《岳州府志》卷一四《侨寓传》:“徐楚玉,字安宗,玄宗时人。开元元年登第,官至检校工部尚书。”

【梁献】开元元年(713)进士。任仓部员外郎。

《全唐文》卷二八二,作者小传:“献,先天时官仓部员外郎。”

明嘉靖刊《浯田程氏宗谱》卷二:“南锐,睿宗先天二年考功裴庭昭下擢进士第(注:《出师表》,又《拟洞箫赋》,《长安早春诗》,状头李日用),再登宏词科,授万年尉。”按据陈尚君考证:此段讹误较多,先天为玄宗年号,裴庭昭当为房光庭之误,状头李日用与他书不合,当为辗转传误。(宋)李昉等《文苑英华》卷六四有赵子卿、赵自(明刊本误作“伯”)励、梁献作《出师赋》,当即本年试。(宋)李昉等《文苑英华》卷一八一《省试二》有佚名、张子容《长安早春》诗,亦即本年试。

【程南锐】开元元年(713)进士。任万年尉。

明嘉靖刊《浯田程氏宗谱》卷二:“南锐,睿宗先天二年考功裴庭昭下擢进士第(注:《出师表》,又《拟洞箫赋》,《长安早春诗》,状头李日用),再登宏词科,授万年尉。”按据陈尚君考证:此段讹误较多,先天为玄宗年号,裴庭昭当为房光庭之误,状头李日用与他书不合,当为辗转传误。(宋)李昉等《文苑英华》卷六四有赵子卿、赵自(明刊本误作“伯”)励、梁献作《出师赋》,当即本年试。(宋)李昉等《文苑英华》卷一八一《省试二》有佚名、张子容《长安早春》诗,亦即本年试。

明经科

【崔众甫】字真孙,博陵安平人。开元元年(713)明经及第,授怀州参军。终朝散大夫行秘书省著作佐郎，袭爵安平男。

《唐代墓志汇编》大历〇五九，《有唐朝散大夫行秘书省著作佐郎嗣安平县开国男崔公（众甫）墓志铭并序》："公讳众甫，字真孙，博陵安平人……年十有五，嗣祖爵安平男。逾年，明经擢第。弱冠，参怀州军事。"按众甫卒于宝应元年（762），春秋六十五，则其十六岁时在开元元年。

【崔偃】字希言，清河东武城人。先天二年（713）明经及第。官至右清道率府仓曹参军事。

《秦晋豫新出墓志蒐佚》三九九，崔翘撰开元十二年（724）闰十二月十七日《唐故右清道率府仓曹参军事崔君墓志铭并序》："君讳偃，字希言，清河东武城人……弱冠明经高第，调补右清道率府仓曹参军事。"按：崔偃卒于开元十二年（724），享年三十一，则其弱冠在先天二年（713）。

【温任】字次卿，太原人。先天二年（713）明经及第，授魏州魏县尉。官终宋州宁陵县令。

《河洛墓刻拾零》，开元十九年（731）十一月一日《大唐故宋州宁陵县令温府君（任）墓志铭并序》："君讳任，字次卿，太原人也……年甫弱冠，以孝廉补郯王府参军，选授魏州魏县尉。"按：温任卒于开元十九年（731），春秋三十八，弱冠年在先天二年（713）。

制科

【冯中庸】字温，望出长乐，河南颍阳人。先天二年（713）应制及第，授郑州荥阳县尉，转同州朝邑县尉。开元十九年（731）上《政录》十卷，授河南汜水县尉。

《秦晋豫新出墓志蒐佚》四六三，魏启心撰开元二十六年（738）八月三十日《大唐故河南府汜水县尉长乐冯君墓志铭并序》："君讳中庸，字温，其先望在长乐，迁往京邑，今为河南颍阳人……年十九，应制及第，授郑州荥阳县尉，秩满常调，判入高等，转同州朝邑县尉。上《政录》十卷，帝览而嘉之。"按：中庸卒于开元二十六年（738），春秋四十四，则其十九岁应制及第在先天二年（713）。

《新唐书》卷五九《艺文三》："冯中庸《政录》十卷。开元十九年上，授汜水尉。"

【邢巨】字巨，河间人。先天二年（713）手笔俊拔超越流辈科及第。

《河洛墓刻拾零》，萧昕撰开元二十六年（738）十一月二十日《唐监察御史邢府君（巨）墓志铭并序》："君讳巨，字巨，河间人也……弱岁，进士擢第，拔萃授秘书校书郎，改汴州尉氏丞。"按墓志所云"拔萃"，当即"手笔俊拔、超越流辈"科。

（宋）王溥《唐会要》卷七六《贡举中·制科举》："（先天二年）手笔俊拔超越流辈科，杜昱、张子断、张秀明、常无名、赵居正、贾登、邢巨及第。"

（宋）王钦若等《册府元龟》卷六四五《贡举部（七）·科目》："玄宗先天元年十二月，制令京文武官员及朝集使五品以上，各举堪充将帅者一人。又有文经邦国科（韩休及第），藻思清华科（赵冬曦及第），寄以宣风则能兴化变俗科（郭璘之及第），道侔伊吕科（张九龄及第），手笔俊拔超越流辈科。（杜昱、张子断、张秀明、常无名、赵居正、贾登、邢巨及第。)”

《登科记考》卷五景云三年(712)制科录载邢巨,《登科记考补正》卷五先天二年(713)制科重新系年。

【杜昱】先天二年(713)手笔俊拔超越流辈科及第。

(宋)王溥《唐会要》卷七六《贡举中·制科举》:“(先天二年)手笔俊拔超越流辈科,杜昱、张子断、张秀明、常无名、赵居正、贾登、邢巨及第。”

(宋)王钦若等《册府元龟》卷六四五《贡举部(七)·科目》:“玄宗先天元年十二月,制令京文武官员及朝集使五品以上,各举堪充将帅者一人。又有文经邦国科(韩休及第),藻思清华科(赵冬曦及第),寄以宣风则能兴化变俗科(郭璘之及第),道侔伊吕科(张九龄及第),手笔俊拔超越流辈科。(杜昱、张子断、张秀明、常无名、赵居正、贾登、邢巨及第。)”

(宋)王应麟《玉海》卷一一五《选举·唐制举》:“手笔俊拔杜昱七人。”

《登科记考》卷五景云三年(712)制科录载杜昱,《登科记考补正》卷五先天二年(713)制科重新系年。

【张子渐】一作“子断”,先天二年(713)手笔俊拔超越流辈科及第。

(宋)王溥《唐会要》卷七六《贡举中·制科举》:“(先天二年)手笔俊拔超越流辈科,杜昱、张子断、张秀明、常无名、赵居正、贾登、邢巨及第。”

(宋)王钦若等《册府元龟》卷六四五《贡举部(七)·科目》:“玄宗先天元年十二月,制令京文武官员及朝集使五品以上,各举堪充将帅者一人。又有文经邦国科(韩休及第),藻思清华科(赵冬曦及第),寄以宣风则能兴化变俗科(郭璘之及第),道侔伊吕科(张九龄及第),手笔俊拔超越流辈科。(杜昱、张子断、张秀明、常无名、赵居正、贾登、邢巨及第。)”

《登科记考》卷五景云三年(712)制科录载张子渐,《登科记考补正》卷五先天二年(713)制科重新系年。

【张秀明】先天二年(713)手笔俊拔超越流辈科及第。

(宋)王溥《唐会要》卷七六《贡举中·制科举》:“(先天二年)手笔俊拔超越流辈科,杜昱、张子断、张秀明、常无名、赵居正、贾登、邢巨及第。”

(宋)王钦若等《册府元龟》卷六四五《贡举部(七)·科目》:“玄宗先天元年十二月,制令京文武官员及朝集使五品以上,各举堪充将帅者一人。又有文经邦国科(韩休及第),藻思清华科(赵冬曦及第),寄以宣风则能兴化变俗科(郭璘之及第),道侔伊吕科(张九龄及第),手笔俊拔超越流辈科。(杜昱、张子断、张秀明、常无名、赵居正、贾登、邢巨及第。)”

(宋)乐史《广卓异记》卷一九《举选·七登科选》:“右按《登科记》:张秀明,景云二年进士及第,三年拔超群流科,开元二年重考及第,七年超拔群类科,十八年吏部考判入等,十九年又判入等,二十三年宰拔科。凡七登科选。”

《登科记考》卷五景云三年(712)制科录载张秀明,《登科记考补正》卷五先天二年

(713)制科重新系年。

【赵居贞】先天二年(713)手笔俊拔超越流辈科及第。

(宋)王溥《唐会要》卷七六《贡举中·制科举》:"(先天二年)手笔俊拔超越流辈科,杜昱、张子断、张秀明、常无名、赵居正、贾登、邢巨及第。"

(宋)王钦若等《册府元龟》卷六四五《贡举部(七)·科目》:"玄宗先天元年十二月,制令京文武官员及朝集使五品以上,各举堪充将帅者一人。又有文经邦国科(韩休及第),藻思清华科(赵冬曦及第),寄以宣风则能兴化变俗科(郭璘之及第),道侔伊吕科(张九龄及第),手笔俊拔超越流辈科。(杜昱、张子断、张秀明、常无名、赵居正、贾登、邢巨及第。)"

《登科记考》卷五景云三年(712)制科录载赵居贞,《登科记考补正》卷五先天二年(713)制科重新系年。

【贾登】先天二年(713)手笔俊拔超越流辈科及第。

(宋)王溥《唐会要》卷七六《贡举中·制科举》:"(先天二年)手笔俊拔超越流辈科,杜昱、张子断、张秀明、常无名、赵居正、贾登、邢巨及第。"

(宋)王钦若等《册府元龟》卷六四五《贡举部(七)·科目》:"玄宗先天元年十二月,制令京文武官员及朝集使五品以上,各举堪充将帅者一人。又有文经邦国科(韩休及第),藻思清华科(赵冬曦及第),寄以宣风则能兴化变俗科(郭璘之及第),道侔伊吕科(张九龄及第),手笔俊拔超越流辈科。(杜昱、张子断、张秀明、常无名、赵居正、贾登、邢巨及第。)"

《登科记考》卷五景云三年(712)制科录载贾登,《登科记考补正》卷五先天二年(713)制科重新系年。

【常无名】先天二年(713)手笔俊拔超越流辈科及第。

《全唐文》卷四二〇,常衮撰《叔父故礼部员外郎墓志铭》:"宾客讳无名,字某,河内温人也。曾祖渠州咸安令讳绪,王父杞王司马讳毅,皇考庆王文学讳楚珪,咸以清明粹和,高爽显融,经术可以致公卿,道德可以居师傅,所不至者,时之未会欤!府君即文学之第三子也,伯仲叔季,嗣世清德,鸿藻振古,休声动时,每至征贤良,举秀才,一门擅科,半于天下。既冠,进士擢第,其年拔萃登科,补益州新都尉。开元十年举文藻宏丽……与孙逖同入第二等,擢鄠县尉……秩满,判入第三等。自周隋已来,选部率以书判取士,海内之所称服者,二百年间,数人而已,又居其最焉。复以常资授万年尉……入拜起居舍人,搜遗求实,典册大备,撰《开元注记》三十卷,藏在太史。除屯田员外郎,未几转礼部……以天宝三年十二月二十日,薨于西京宣赐里之私第,享年五十有六。"

(宋)王溥《唐会要》卷七六《贡举中·制科举》:"(先天二年)手笔俊拔超越流辈科,杜昱、张子断、张秀明、常无名、赵居正、贾登、邢巨及第。"

(宋)王钦若等《册府元龟》卷六四五《贡举部(七)·科目》:"玄宗先天元年十二月,制令京文武官员及朝集使五品以上,各举堪充将帅者一人。又有文经邦国科(韩休及第),藻思清华科(赵冬曦及第),寄以宣风则能兴化变俗科(郭璘之及第),道侔伊吕科(张九龄及第),手笔俊拔超越流辈科。(杜昱、张子断、张秀明、常无名、赵居正、贾登、邢巨及第。)"

《登科记考》卷五景云三年(712)制科录载常无名,《登科记考补正》卷五先天二年(713)制科重新系年。

开元二年甲寅(714)

知贡举:考功员外郎王邱

进士科

【孙逖】乐安人。祖希庄,韩王府典签。父嘉之,进士擢第,拔萃登科,以宋州司马致仕。开元二年(714)状元及第,官至中书舍人、刑部侍郎、太子詹事。上元中卒。广德二年,诏赠尚书右仆射,谥曰文。有集三十卷。

《唐代墓志汇编》会昌〇一〇,《唐故汝州司马孙府君墓志铭并序》:"大父府君讳逖,当开元盛朝,独揭文柄,年才弱冠,三擅甲科,累迁中书舍人刑部侍郎赠尚书右仆射,谥曰文公,国史有传。"

《旧唐书》卷一九〇中《文苑中·孙逖传》:"孙逖,潞州涉县人。曾祖仲将,祖希庄,韩王府典签。父嘉之,天册年进士擢第,又以书判拔萃,授蜀州新津主簿,历曲周、襄邑二县令,以宋州司马致仕,卒年八十三。逖幼而英俊,文思敏速。始年十五,谒雍州长史崔日用。日用小之,令为《土火炉赋》。逖握翰即成,词理典赡。日用览之骇然,遂为忘年之交,以是价誉益重。开元初,应哲人奇士举,授山阴尉。迁秘书正字。十年,应制登文藻宏丽科,拜左拾遗。张说尤重其才,逖日游其门,转左补阙。黄门侍郎李暠出镇太原,辟为从事。暠在镇,与蒲州刺史李尚隐游于伯乐川,逖为之记,文士盛称之。二十一年,入为考功员外郎、集贤修撰。逖选贡士二年,多得俊才。初年则杜鸿渐至宰辅,颜真卿为尚书。后年拔李华、萧颖士、赵骅登上第,逖谓人曰:'此三人便堪掌纶诰。'二十四年,拜逖中书舍人……丁父丧免。二十九年服阕,复为中书舍人。其年充河东黜陟使。天宝三载,权判刑部侍郎。五载,以风病求散秩,改太子左庶子……以疾沉废累年,转太子詹事。上元中卒。广德二年,诏赠尚书右仆射,谥曰文。有集三十卷。"

(元)辛文房撰,傅璇琮主编《唐才子传校笺》(册一)卷一《孙逖》条云:"逖,博州人。幼而有文,属思警敏,援笔成篇。开元二年,举手笔俊拔,哲人奇士隐沦屠钓及文藻宏丽等科第一人及第。玄宗引见,擢左拾遗、集贤殿修撰。改考功员外郎,迁中书舍人。与颜真卿、李华、萧颖士皆同时称海内名士。仕终刑部侍郎。"

(明)徐应秋《玉芝堂谈荟》卷二《历代状元》:"开元二年,进士十七人,状元孙逖。"按据《永乐大典》《唐才子传》,是年状元为李昂。

《登科记考》卷五开元二年(714)进士科录载孙逖。

【李昂】开元二年(714)状元及第。任礼部侍郎、知贡举。

《全唐文补遗》第八辑，开元十九年(731)正月二十三日《唐故处士贾公(季卿)墓志文并序》，署“前乡贡进士李昂撰铭”。

(元)辛文房撰，傅璇琮主编《唐才子传校笺》(册一)卷一《李昂》条云：“昂，开元二年王丘下状元及第。天宝间仕为礼部侍郎，知贡举，奖拔寒素甚多。”

《登科记考》卷五开元二年(714)进士科录载李昂。

【于休烈】河南人。开元二年(714)第进士，又登制策。代宗初拜工部尚书，累封东海郡公，加金紫光禄大夫。大历七年(772)卒，年八十一。赠尚书左仆射，谥曰元。有集十卷行于代。

《旧唐书》卷一四九《于休烈传》：“于休烈，河南人也。高祖志宁，贞观中任左仆射，为十八学士。父默成，沛县令，早卒。休烈至性贞慤，机鉴敏悟。自幼好学，善属文，与会稽贺朝万齐融、延陵包融为文词之友，齐名一时。举进士，又应制策登科，授秘书省正字。累迁右补阙、起居郎、集贤殿学士，转比部员外郎，郎中。杨国忠辅政，排不附己者，出为中部郡太守。值禄山构难，肃宗践祚，休烈自中部赴行在，擢拜给事中。迁太常少卿，知礼仪事，兼修国史……代宗即位，甄别名品，宰臣元载称之，乃拜右散骑常侍，依前兼修国史，寻加礼仪使。迁工部侍郎。又改检校工部尚书，兼判太常卿事，正拜工部尚书，累封东海郡公，加金紫光禄大夫……大历七年卒，年八十一。有集十卷行于代。”

《新唐书》卷一〇四《于志宁传附于休烈传》：“曾孙休烈。休烈机鉴融敏，善文章，与会稽贺朝万齐融、延陵包融齐名。开元初，第进士，又擢制科，历秘书省正字……代宗嗣位，甄别名品，元载称其清谅。拜右散骑常侍，兼修国史，加礼仪使，迁太常卿。累进工部尚书，封东海郡公……妻韦卒，天子嘉休烈父子著儒行，诏赠韦国夫人，葬给卤簿、鼓吹。岁中，休烈亦卒，年八十一。帝为叹息，赠尚书左仆射，谥曰元。”

《登科记考》卷二七《附考·进士科》、同卷《附考·制科》分别录载于休烈。《登科记考补正》卷五开元二年进士科改系于休烈是年进士及第，考云：“朱补以为当移至先天二年(713)，按先天二年十二月改元为开元，则言开元初者，当为开元二年也。”

明经科

【权自挹】天水人。开元二年(714)明经及第。曾官尚书仓部员外郎。

《全唐文》卷五〇二，权德舆《故朝议郎行尚书仓部员外郎集贤院待制权府君(自挹)墓志铭并序》：“公讳自挹，字某，天水人……四代祖袭庆，周开府仪同三司相定冀青殷五州诸军事冀州刺史齐郡公。曾祖武，隋开府仪同三司淅豫桂三州刺史潭府总管始平郡太守右武卫屯卫二大将军天水县开国伯。考无悔，皇朝请大夫晋州赵城县令。公年十四，太学明经上第……历南和宝鼎二县尉……(天宝中)制授醴泉县尉。寻摄监察御史，充河西陇右宣慰使崔中丞伯阳判官，轺车所履，人诵其惠。岁中，崔复命，迁左冯翊，表为祠曹，且佐州帅。朝廷以公文而无害，特拜监察御史，谦以自牧，换大理寺丞。学该古今，加集贤院待制，识通理典，迁尚书仓部员外郎。大历五年春，感风疾请告，十有二月，终于布政里私第，享年七十。”按：以大历五年(770)卒，年七十推之，及第在是年。

《登科记考》卷五开元二年(714)明经科录载权自挹。

【郑钦说】开元二年(714)明经及第。历官新津丞、巩县尉、集贤院校理,官至殿中侍御史。

《新唐书》卷二〇〇《儒学下·郑钦说传》:"郑钦说,后魏濮阳太守敬叔八世孙。开元初,繇新津丞请试五经,擢第,授巩县尉、集贤院校理。历右补阙内供奉……钦说雅为李林甫所恶,韦坚死,钦说时位殿中侍御史,常为坚判官,贬夜郎尉,卒。"

《登科记考》卷二七《附考·明经科》录载,《登科记考补正》卷五开元二年(714)明经科系年。

【柳真召】字真召,河东人。开元二年(714)明经及第。官终朝议郎行忻州司马。

《唐代墓志汇编》乾元〇一三,《唐故朝议郎行忻州司马柳君(真召)墓志铭并序》:"君讳真召,字真召,其先河东人也……公甫年弱冠,孝廉擢第,赡文藻,韬策略。"按:以乾元二年(759)卒,春秋六十五推之,其弱冠岁在本年。

孝廉科

【裴稹】字道安,河东闻喜人。开元二年(714)孝廉及第。官终朝议郎行尚书祠部员外郎。

《全唐文》卷三九七,裴朏《大唐故朝议郎行尚书祠部员外郎裴君(稹)墓志》:"君讳稹,字道安,河东闻喜人也……曾祖仁基,隋左光禄大夫兼河南道讨捕大使。以阴图王充,义扶旧主,遭时不利,玉折名扬。皇朝追赠原州都督,命谥□忠。祖行俭,礼部尚书兼定襄道行军大总管闻喜公,赠大尉,谥曰献。既明且哲,经文纬武,故事宗于礼闱,大勋炳于云阁。考光庭,侍中兼吏部尚书,赠太师,谥忠献……(君)开元初举孝廉高第,弱冠敕授左千牛备身。秩满,转太子通事舍人。□宸捧日,青禁朝春,词令可观,风仪有裕。岁余,调补太常寺主簿……以开元二十八年十二月十九日,终于长安光德里私第,春秋卌。"

制科

【王敬从】京兆人。开元二年(714)文藻宏丽科及第。

《全唐文》卷三一三,孙逖撰《太子右庶子王公(敬从)神道碑》:"公讳敬从,字某,京兆人也……大定(足)中举文擅词场,景龙岁辟茂才异等,开元初徵文藻词丽,公三对策,诏皆为甲科。"

《登科记考补正》卷五开元二年(714)制科增补王敬从。

【王翰】字子羽,并州晋阳人。景云元年(710)第进士,开元二年(714)举直言极谏科。历官通事舍人、驾部员外郎、汝州长史、仙州别驾,官终道州司马。

《新唐书》卷二〇二《文艺中·王翰传》:"王翰字子羽,并州晋阳人。少豪健恃才,及进士第……复举直言极谏,调昌乐尉,又举超拔群类。方说辅政,故召为秘书正字,擢通事舍人、驾部员外郎……说罢宰相,翰出为汝州长史,徙仙州别驾……坐贬道州司马,卒。"

(元)辛文房撰,傅璇琮主编《唐才子传校笺》(册一)卷一《王翰》条云:"翰字子羽,并州人。景云元年卢逸下进士及第。又举直言极谏,又举超拔群类科。"

《登科记考》卷五开元二年(714)制科录载王翰。

【冯万石】开元二年(714)怀能抱器科登第。

(宋)乐史《广卓异记》卷一九《九登科选》:"右按《登科记》:冯万石,圣历元年进士及第,大足元年嫉恶科,神龙二年才高位下科,景云三年怀能抱器科,开元二年重考及第,六年超群拔类科,十三年考判入等,十六年又判入等,二十六年文词雅丽科,凡九度登科选。"

《登科记考》卷五开元二年(714)制科录载冯万石。

【孙逖】开元二年(714)哲人奇士、隐沦屠钓科登第。小传见进士科。

《旧唐书》卷一九〇中《文苑中·孙逖传》:"孙逖,潞州涉县人。曾祖仲将,祖希庄,韩王府典签。父嘉之,天册年进士擢第,又以书判拔萃,授蜀州新津主簿,历曲周、襄邑二县令,以宋州司马致仕,卒年八十三。逖幼而英俊,文思敏速。始年十五,谒雍州长史崔日用。日用小之,令为《土火炉赋》。逖握翰即成,词理典赡。日用览之骇然,遂为忘年之交,以是价誉益重。开元初,应哲人奇士举,授山阴尉。迁秘书正字。十年,应制登文藻宏丽科,拜左拾遗。张说尤重其才,逖日游其门,转左补阙。黄门侍郎李暠出镇太原,辟为从事。暠在镇,与蒲州刺史李尚隐游于伯乐川,逖为之记,文士盛称之。二十一年,入为考功员外郎、集贤修撰。逖选贡士二年,多得俊才。初年则杜鸿渐至宰辅,颜真卿为尚书。后年拔李华、萧颖士、赵骅登上第,逖谓人曰:'此三人便堪掌纶诰。'二十四年,拜逖中书舍人……丁父丧免。二十九年服阕,复为中书舍人。其年充河东黜陟使。天宝三载,权判刑部侍郎。五载,以风病求散秩,改太子左庶子……以疾沉废累年,转太子詹事。上元中卒。广德二年,诏赠尚书右仆射,谥曰文。有集三十卷。"

(宋)王钦若等《册府元龟》卷六四五《贡举部(七)·科目》:"开元二年六月甲子,制:'其有茂才异等,拔萃超群,咸令自举。'其年,有直言极谏科(梁昇卿、袁楚客及第),哲人奇士,隐伦屠钓科(孙逖及第),良才异等科。(张闰之、崔翘及第。)"

(元)辛文房撰,傅璇琮主编《唐才子传校笺》(册一)卷一《孙逖》条云:"逖,博州人。幼而有文,属思警敏,援笔成篇。开元二年,举手笔俊拔,哲人奇士隐沦屠钓及文藻宏丽等科第一人及第。玄宗引见,擢左拾遗、集贤殿修撰。改考功员外郎,迁中书舍人。与颜真卿、李华、萧颖士皆同时称海内名士。仕终刑部侍郎。"

《登科记考》卷五开元二年(714)制科录载孙逖。

【李玄成】开元二年(714),哲人奇士、隐伦屠钓科登第。

(宋)李昉等《文苑英华》卷四八三《策七》之《贤良方正策七道》(开元二年)录载李玄成之对策。该年《贤良方正科》下注:"《登科记》作哲人奇士、隐伦屠钓科。"

《登科记考》卷五开元二年(714)制科录载李玄成。

【沈谅】开元二年(714)哲人奇士、隐沦屠钓科登第。

(宋)李昉等《文苑英华》卷四八三《策七》之《贤良方正策七道》(开元二年)录载沈谅之对策。该年《贤良方正科》下注:"《登科记》作哲人奇士、隐伦屠钓科。"

《登科记考》卷五开元二年(714)制科录载沈谅。

【邵润之】一作张闰之。开元二年(714)良才异等科制举及第。

(宋)王溥《唐会要》卷七六《贡举中·制科举》:"(开元元年)良才异等科,邵润之、崔翘及第。"按《登科记考》卷五开元二年(714)制科录载邵润之,注云:"《册府元龟》作'张闰之',今从《唐会要》。"

(宋)王钦若等《册府元龟》卷六四五《贡举部(七)·科目》:"开元二年六月甲子,制:'其有茂才异等,拔萃超群,咸令自举。'其年,有直言极谏科(梁昇卿、袁楚客及第),哲人奇士,隐伦屠钓科(孙逖及第),良才异等科。(张闰之、崔翘及第。)"

【席豫】河南人。开元二年(714)登贤良方正能直言极谏科。

《旧唐书》卷一九〇中《文苑中·席豫传》:"豫,襄阳人,昌州刺史固七世孙。徙家河南。豫进士及第。"

《新唐书》卷一二八《席豫传》:"(席豫)长安中,举学兼流略、词擅文场科,擢上第,时年十六。以父丧罢。复举手笔俊拔科,中之。补襄邑尉,奏事阙下,会节愍太子难……俄举贤良方正异等……开元初……复举超拔群类科。"

《登科记考》卷五开元二年(714)制科录载席豫。

【袁楚客】开元二年(714)直言极谏科及第。

(宋)王溥《唐会要》卷七六《贡举中·制科举》:"开元元年,直言极谏科,梁升卿、袁楚客及第。"

(宋)王钦若等《册府元龟》卷六四五《贡举部(七)·科目》:"开元二年六月甲子,制:'其有茂才异等,拔萃超群,咸令自举。'其年,有直言极谏科(梁昇卿、袁楚客及第),哲人奇士,隐伦屠钓科(孙逖及第),良才异等科。(张闰之、崔翘及第。)"

《登科记考》卷五开元二年(714)制科录载袁楚客。

【梁升卿】开元二年(714)直言极谏科及第。

(宋)王溥《唐会要》卷七六《贡举中·制科举》:"开元元年,直言极谏科,梁升卿、袁楚客及第。"

(宋)王钦若等《册府元龟》卷六四五《贡举部(七)·科目》:"开元二年六月甲子,制:'其有茂才异等,拔萃超群,咸令自举。'其年,有直言极谏科(梁昇卿、袁楚客及第),哲人奇士,隐伦屠钓科(孙逖及第),良才异等科。(张闰之、崔翘及第。)"

(宋)王应麟《玉海》卷一一五《选举·唐制举》:"以直言极谏及第者在开元二年则有梁升卿等二人。"

《登科记考》卷五开元二年(714)制科录载梁升卿。

【崔翘】开元二年(714)良才异等科制举及第。小传见明经科。

(宋)王溥《唐会要》卷七六《贡举中·制科举》:"(开元元年)良才异等科,邵润之、崔翘及第。"按《登科记考》卷五开元二年(714)制科录载邵润之,注云:"《册府元龟》作'张闰之',今从《唐会要》。"

(宋)王钦若等《册府元龟》卷六四五《贡举部(七)·科目》:"开元二年六月甲子,制:'其有茂才异等,拔萃超群,咸令自举。'其年,有直言极谏科(梁昇卿、袁楚客及第),哲人奇士，隐伦屠钓科（孙逖及第），良才异等科。（张闰之、崔翘及第。）”

（宋）王应麟《玉海》卷一一五《选举·唐制举》：“良才异等崔翘二人。”

应制及第

【史青】零陵人。开元二年（714）应制及第。

《诗话总龟》前集卷十一《雅什门》据《零陵总记》：“史青，零陵人。其先名籍秦随。幼而聪敏，博闻强记。开元初，上表自荐：‘臣闻曹子建七步成章，臣愚以为七步太多。若赐召试，五步之内，可塞明诏。’明皇试以《除夜》《上元观灯》《竹火笼》等诗，惟《除夜》最佳。云：‘今岁今宵尽，明年明日催。寒随一夜去，春逐五更来。气色空中改，容颜暗里摧。风光人不觉，已入后园梅。’明皇称赏，授左监门卫将军。”

（宋）王象之《舆地纪胜》卷五六《荆湖南路·永州·人物》：“唐史青，零陵人。上书自荐乞五步成诗，遂应诏作《除夜》诗云：‘今岁今宵尽，明年明日催。寒随一夜去，春逐五更来。’”

《登科记考补正》卷五开元二年（714）应制及第增补史青。

武举

【荀仁会】颍川长社人。开元二年（714）武举及第。官终茂州护都府左果毅都尉。

《全唐文补遗》千唐志斋新藏专辑，永泰二年（766）七月十八日《大唐故茂州护都府左果毅都尉上柱国颍川郡荀府君（仁会）墓志铭并序》：“公讳仁会，其先颍川长社人也……开元初，乡贡武举及第，授左骁卫长上。”按《登科记考》体例，可系仁会为开元二年（714）武举及第。

开元三年乙卯（715）

知贡举：考功员外郎杨滔

进士科

【李诚】字元成，魏郡顿丘人。开元三年（715）举进士及第，曾官秘书少监。

《全唐文》卷三九一，独孤及撰《唐故朝散大夫中书舍人秘书少监顿邱李公（诚）墓志》：“公讳诚，字元成，魏郡顿丘人……年十六，户部尚书姚珽以贤良荐，比之终贾。开元三年举进士，十年举茂才，十七年举文学，皆射策取甲科。”以天宝七载（748）卒，春秋五十三推之，是年二十岁举进士。

《登科记考》卷五开元三年（715）进士科录载李诚。

明经科

【宋玄之】字崇道，广平郡人。开元三年（715）明经及第。官至相州邺县尉。

《秦晋豫新出墓志蒐佚》四九〇,邢宇撰开元二十九年(741)十一月二日《唐故相州邺县尉广平宋公墓志铭并序》:"公讳玄之,字崇道,广平郡人也……弱冠明经擢第,调补邠州三水县主簿。"按:以开元二十九年(741)卒,春秋四十六推之,玄之弱冠明经擢第时在开元三年(715)。

【崔杰】字杰,一作字伯雄,清河人。开元三年(715)明经及第,授崇文馆校书郎。官至颍王府士曹参军。

《唐代墓志汇编》天宝一七八,《大唐故颍王府士曹参军崔府君(杰)墓志铭并序》:"公讳杰,字伯雄,清河人也……弱冠以明经甲科,精九流之奥,故解褐授崇文馆校书郎。"按:据志文,崔杰天宝八载(749)卒,春秋五十□(一)。墓志由河内府进士郑涉撰于天宝十载(751)五月二日。

《唐代墓志汇编》大历〇七〇,《唐故信王府士曹崔君(杰)墓志铭并序》:"公讳杰,字杰,其先清河人也……十四,以五经擢第。"据志文,崔杰卒于天宝十一载(752),春秋五十一,则其十四岁在开元三年。墓志由兰陵萧伦撰,陈郡袁真书,时在大历十三年(778)十月十二日。按上述两方墓志记载崔杰任官不一、终年不一、及第时间不一。志文中"弱冠"一般指二十岁左右,但并不确定;若有具体年份记载,则以具体年份为准,基于此,以后志为据录崔杰为开元三年(715)明经及第。俟考。

诸科

【武云坦】则天天后之族孙。开元三年(715)童子科及第。年二十,历太子通事舍人。

(唐)贾悚《扬州华林寺大悲禅师碑铭》:"师讳云坦,姓武氏,则天天后之族孙。父宣,官至洛阳令。师生而神隽,七岁举童子及第。年二十,历太子通事舍人。"按:云坦卒于元和十一年(816),享年一百零八,则其七岁在是年。

开元四年丙辰(716)

知贡举:考功员外郎邵炅

进士科

【范崇凯】开元四年(716)状元及第。

(明)徐应秋《玉芝堂谈荟》卷二《历代状元》:"(开元)四年,进士十六人,状元范崇凯。"

《登科记考》卷五开元四年(716)进士科录载范崇凯。

【史翽】开元四年(716)进士。

《登科记考》卷五开元四年(716)进士科录载史翽,考云:"见《文苑英华》。"按:(宋)李昉等《文苑英华》卷八六《赋八十六》录有史翽《丹甑赋》(以《周有丰年》为韵)。

【李朏】字朏,陇西成纪人。开元四年(716)进士。官至朝散大夫、太子左赞善大夫。

《唐代墓志汇编》天宝二七一,《唐故朝散大夫太子左赞善大夫陇西李府君(朏)墓志铭并序》:"公讳朏,字朏,陇西成纪人也……弱冠进士擢第,吏曹考判,又登甲科。"按:李朏卒于天宝十三载(754),春秋五十八,则其弱冠岁在开元四年。

【张均】洛阳人。开元四年(716)进士及第。

(元)辛文房撰,傅璇琮主编《唐才子传校笺》(册一)卷一《张说》条云:"说字道济,洛阳人。垂拱四年举学综古今科,中第三等,考策日封进,授太子校书……子均,开元四年进士,亦以诗鸣。"

(元)释圆至《笺注唐贤三体诗法》(明广陵钱元卿刻本)卷十四:"张均,开元四年进士。"

【薛邕】开元四年(716)进士。

《登科记考》卷五开元四年(716)进士科录载薛邕,考云:"见《文苑英华》。"按(宋)李昉等《文苑英华》卷八六《赋八十六》录有薛邕《丹甑赋》(以《周有丰年》为韵)。

明经科

【萧安亲】字安亲,兰陵人。开元四年(716)举明经上第。后制举对策高第。官至汝州司马。

《全唐文补遗》第八辑,庾何撰大历八年(773)二月十四日《大唐故汝州司马萧府君(安亲)墓志并序》:"公讳安亲,字安亲,兰陵人也……弱冠,举明经上第……大历初,佐郡于汝。粤四年九月丁亥,终于郡之官舍,春秋七十有三。"按:以大历四年(769),春秋七十三推之,安亲弱冠明经及第在开元四年(716)。

开元五年丁巳(717)

知贡举:考功员外郎裴耀卿

进士科

【王泠然】一作王冷然,字仲清,太原人。开元五年(717)进士及第,九年(721)拔萃登科。历官东宫校书郎、右威卫兵曹参军。

《全唐文》卷二九四,王泠然《论荐书》:"长安令裴耀卿于五年掌天下举,擢仆高第。"

《唐代墓志汇编》天宝〇〇二,天宝元年(742)正月《唐故右威卫兵曹参军王府君(泠然)墓志铭并序》:"公讳泠然,字仲清,太原人也……七岁见称于乡党,廿则宾于王庭,以秀才擢第,授东宫校书郎,满岁,移右威卫兵曹参军……以开元十二年十二月十八日不禄于位,享年卅有二。"

《旧唐书》卷一〇〇《王丘传》:"开元初,累迁考功员外郎……再转吏部侍郎。典选累年,甚称平允,擢用山阴尉孙逖、桃林尉张镜微、湖城尉张晋明、进士王泠然,皆称一时之秀。俄换尚书左丞。十一年,拜黄门侍郎。"

（五代）王定保《唐摭言》卷二《恚恨》载王泠然与御史高昌宇书曰：“一年在长安，一年在洛下，一年坐家园。去年冬十月得送，今年春三月及第。”

（五代）王定保《唐摭言》卷六《公荐》载王泠然上张燕公书：“长安令裴耀卿于开元五年掌天下举，擢仆高第，以才相知。”

（宋）李昉等《文苑英华》卷五〇三《判一》录李昂、畅诸、王泠然《历生失度判》，据《全唐文》卷二九四，王泠然《论荐书》：“今尚书右丞王丘于开元九年掌天下选，授补清资，以智见许。”可知（宋）李昉等《文苑英华》所录乃三人拔萃所对。王泠然判文又见《全唐文》卷二九四。

（元）辛文房撰，傅璇琮主编《唐才子传校笺》（册一）卷一《王泠然》条云：“泠然，山东人。开元五年裴耀卿下进士，授将仕郎，守太子校书郎。”

《登科记考》卷五开元五年（717）进士科录作“王冷然”，《登科记考补正》卷五开元五年（717）进士科改名“王泠然”。

【刘廷玉】开元五年（717）进士及第。

《登科记考》卷五开元五年（717）进士科录载刘廷玉，考云：“《文苑英华辨证》引《唐登科记》，刘廷玉第十三人及第，刘嶷第十七人及第。”

【刘清】开元五年（717）进士及第。

《登科记考》卷五开元五年（717）进士科录载刘清，考云：“见《文苑英华》。又注云：‘《登科记》无刘清名。’”

【刘嶷】开元五年（717）进士及第。

《登科记考》卷五开元五年（717）进士科录载刘嶷，考云：“《文苑英华辨证》引《唐登科记》，刘廷玉第十三人及第，刘嶷第十七人及第。”

【李蒙】开元五年（717）进士及第。

（宋）李昉等《太平广记》卷一六三《谶应·李蒙》引《独异志》：“开元五年春，司天奏玄象有谪见，其灾甚重。玄宗震惊，问曰：‘何祥？’对曰：‘当有名士三十人，同日冤死。今新及第进士，正应其数。’其年及第李蒙者，贵主家婿。上不言其事，密戒主曰：‘每有大游宴，汝爱婿可闭留其家。’主居昭国里，时大合乐，音曲远畅，曲江涨水，联舟数艘，进士毕集。蒙闻（明钞本‘闻’作‘闻之’），乃逾垣奔走，群众惬望。才登舟，移就水中，画舸平沉。声妓篙工，不知纪极，三十进士，无一生者。”

《登科记考》卷五先天二年（713）进士科录载李蒙，《登科记考补正》卷五开元五年（717）改正系年。

明经科

【徐浩】字季海，东海郯人（越州人）。开元五年（717）明经及第。代宗时拜工部侍郎，官终彭王傅，卒赠太子少师。

《全唐文》卷四四五，张式《大唐故银青光禄大夫彭王傅上柱国会稽郡开国公赠太子少师东海徐公神道碑铭》：“公姓徐氏，讳浩，字季海，东海郯人。隋杭州钱塘县令澄之元孙，皇朝逸人□敬之曾孙，兖州九龙县尉赠吏部侍郎师道之孙，银青光禄大夫洺州刺史赠左散骑常侍峤之之子……年十五究经术，首科升第，始擢汝州鲁山主簿……进太子校书集贤殿待诏，改巩县尉，寻拜右拾遗……代宗践祚，公论勃兴，乃□复中书舍人，加银青光禄大夫集贤殿学士副知院事，寻迁工部侍郎……皇上登宝位，征拜彭王傅，加会稽郡开国公，食邑二千户。睹风仪之可法，惜春秋之已暮，尊德尚齿，方欲以论道之位处之。其明年，薨于长安永宁里之私第，享龄八十，告第加等，赠太子少师终焉。"

（宋）王钦若等《册府元龟》卷三二四《宰辅部（十七）·荐贤》："张说，为相。以徐浩少举明经，工草隶，以文学尤所器重，调授曾山主簿。说荐浩为丽正殿校理，三迁右拾遗，仍为校理。"

《新唐书》卷一六〇《徐浩传》："徐浩字季海，越州人。擢明经，有文辞。"

《宣和书谱》卷三："徐浩，字季海，越州人，官至太子少师，擢明经。有文辞，张说一见奇之，谓浩后来之英也，由鲁山主簿荐为集贤校理。"

（明）陶宗仪《书史会要》卷五："徐浩，字季海，峤之子，官至太子少师，擢明经，有文辞。"

《登科记考》卷五开元五年（717）明经科录载徐浩。

嘉靖《浙江通志》卷三八《人物志》："（徐浩）擢明经，有文辞，为集贤校理。"

万历《会稽县志》卷一一《人物传》："徐浩，字季海，擢明经，有文辞。"

【裴炬】字幼明，河东闻喜人。开元五年（717）明经及第，官至金州司仓。

《全唐文补遗》千唐志斋新藏专辑，裴昭复撰开元十六年（728）十一月二十三日《唐故金州司仓裴府君（炬）墓志铭并序》："君讳炬，字幼明，河东闻喜人也……弱冠，擢孝廉……以开元十六年八月十八日，卒于官舍，春秋卅一。"按：以开元十六年（728）卒，春秋三十一推之，裴炬弱冠年在开元五年（717）。

制科

【达奚珣】开元五年（717）文史兼优科及第。小传见进士科。

（宋）王溥《唐会要》卷七六《贡举中·制科举》："（开元五年）文史兼优科李昇期、康子元、达奚珣及第。"

（宋）王钦若等《册府元龟》卷六四五《贡举部（七）·科目》："（开元）五年二月，诏有嘉遁幽栖，养高不仕者，州牧各以名荐。是年，有文史兼优科（李昇期、康子元、达奚珣及第），文儒异等科。（崔侃、褚廷诲及第。）"

（五代）王定保《唐摭言》卷一一《怨怒憨直附》张楚与达奚侍郎书曰："寻应制举，同赴洛阳。""公授郑县，归迎板舆；仆已罢官，时为贫士。"

《登科记考》卷五开元五年（717）制科录载达奚珣。

【李昇期】开元五年（717）文史兼优科及第。

（宋）王溥《唐会要》卷七六《贡举中·制科举》："（开元五年）文史兼优科李昇期、康子元、达奚珣及第。"

(宋)王钦若等《册府元龟》卷六四五《贡举部(七)·科目》:“(开元)五年二月,诏有嘉遁幽栖,养高不仕者,州牧各以名荐。是年,有文史兼优科(李昇期、康子元、达奚珣及第),文儒异等科。(崔侃、褚廷诲及第。)”

《登科记考》卷五开元五年(717)制科录载李昇期。

【李蒙】开元五年(717)博学宏辞科及第。

《登科记考》卷五开元五年(717)制科录载李蒙。

【殷践猷】字伯起,陈郡长平人。开元五年(717)文儒异等科及第。官曹州司法参军、丽正殿学士。

《全唐文》卷三四四,颜真卿撰《曹州司法参军秘书省丽正殿二学士殷君(践猷)墓碣铭》:“君讳践猷,字伯起,陈郡长平人……开元初举文儒异等,授秘书省学士,寻改曹州司法参军,丽正殿学士。”

《新唐书》卷一九九《殷践猷传》:“初为杭州参军,举文儒异等科,授秘书省学士。”

《登科记考》卷五开元五年(717)制科录载殷践猷。

【崔侃】一作“侃”。开元五年(717)文儒异等科及第。

(宋)王溥《唐会要》卷七六《贡举中·制科举》:“(开元)五年,文儒异等科,崔侃、褚庭诲及第。”

(宋)王钦若等《册府元龟》卷六四五《贡举部(七)·科目》:“(开元)五年二月,诏有嘉遁幽栖,养高不仕者,州牧各以名荐。是年,有文史兼优科(李昇期、康子元、达奚珣及第),文儒异等科(崔侃、褚廷诲及第)。”

《登科记考》卷五开元五年(717)制科录载崔侃。

【康子元】一作康允元。开元五年(717)文史兼优科。官秘书少监兼集贤侍讲学士。

(宋)王溥《唐会要》卷七六《贡举中·制科举》:“(开元五年)文史兼优科李升期、康子元、达奚珣及第。”

(宋)王钦若等《册府元龟》卷六四五《贡举部(七)·科目》:“(开元)五年二月,诏有嘉遁幽栖,养高不仕者,州牧各以名荐。是年,有文史兼优科(李昇期、康子元、达奚珣及第),文儒异等科。(崔侃、褚廷诲及第。)”

(宋)王应麟《玉海》卷一一五《选举·唐制举》:“文史兼优康子元三人。”

《登科记考》卷五开元五年(717)制科录载康子元。

万历《会稽县志》卷一一《人物传》:“康子元,开元初诏举能治易老庄者,张说以闻,擢秘书少监兼集贤侍讲学士。”

【褚庭诲】一作廷诲。开元五年(717)文儒异等科及第。曾官京兆少尹。

《洛阳新获七朝墓志》,天宝七载(748)十一月十八日《唐故正议大夫行历阳郡太守上柱国舒国公褚府君墓志铭并序》,署“弟京兆少尹庭诲撰”。

(宋)王溥《唐会要》卷七六《贡举中·制科举》:“(开元)五年,文儒异等科,崔侃、褚庭诲及第。”

(宋)王钦若等《册府元龟》卷六四五《贡举部(七)·科目》:“(开元)五年二月,诏有嘉遁幽栖，养高不仕者，州牧各以名荐。是年，有文史兼优科（李昇期、康子元、达奚珣及第），文儒异等科。（崔偘、褚廷诲及第。）”

《登科记考》卷五开元五年（717）制科录载褚廷诲。

武举

【**李孝祎**】陇西成纪人。开元五载（717）应武举擢第。官终夜郎太守。

《邙洛碑志三百种》，天宝八载（749）五月七日《大唐故夜郎太守李府君（孝祎）墓志铭并序》：“公讳孝祎，字（原志阙），陇西成纪人也……武伎绝伦，文华出众。弯弓落雁，举箭穿杨，以开元五载，应平射擢第。”按：平射属于唐代武举的一种。

开元六年戊午（718）

知贡举：考功员外郎裴耀卿

明经科

【**卢同**】范阳人。开元六年（718）举明经，授舒州望江县丞。

《全唐文》卷五二一，梁肃《舒州望江县丞卢公（同）墓志铭》：“范阳卢君讳同，字某……弱冠举孝廉，授舒州望江县丞，享年四十有四，天宝元年月日终于尉氏私馆。”据志文，卢同当为开元六年（718）明经及第。

《登科记考》卷二七《附考・明经科》录载卢同，《登科记考补正》卷五开元六年（718）明经科系年。

【**寇钊**】字尼丘，上谷昌平人。开元六年（718）明经及第。

《唐代墓志汇编》开元一八二，《大唐故前乡贡明经上谷寇君墓志铭并序》：“寇钊字尼丘，上谷昌平人也……年十八，郡举孝廉，射策甲科。于时同岁数十人，君为其首。”按：以春秋二十三，卒于开元十一年推之，其十八岁时在开元六年。

制科

【**冯万石**】开元六年（718）超拔群类科。

（宋）乐史《广卓异记》卷一九《九登科选》：“右按《登科记》：冯万石，圣历元年进士及第，大足元年嫉恶科，神龙二年才高位下科，景云三年怀能抱器科，开元二年重考及第，六年超群拔类科，十三年考判入等，十六年又判入等，二十六年文词雅丽科，凡九度登科选。”

《登科记考》卷五开元六年（718）制科录载冯万石。

【**郑少微**】开元六年（718）博学通艺科及第。

（宋）王溥《唐会要》卷七六《贡举中・制科举》：“（开元）六年，博学通艺科，郑少微、萧识及第。”

（宋）王钦若等《册府元龟》卷六四五《贡举部（七）・科目》：“（开元）六年，博学通义科。（郑少微、萧诚及第。）”按注云：“诚，原误作‘识’，据宋本改。”

《登科记考》卷五开元六年（718）制科博学通艺科录载郑少微。

【席豫】开元六年（718）超拔群类科。

《旧唐书》卷一九〇中《文苑中·席豫传》：“豫，襄阳人，昌州刺史固七世孙。徙家河南。豫进士及第。”

《新唐书》卷一二八《席豫传》：“（席豫）长安中，举学兼流略、词擅文场科，擢上第，时年十六。以父丧罢。复举手笔俊拔科，中之。补襄邑尉，奏事阙下，会节愍太子难……俄举贤良方正异等……（开元初）复举超拔群类科。”

（宋）王应麟《玉海》卷一一五《选举·唐制举》：“席豫中三科：学兼流略、词擅文场、手笔俊拔。”

《登科记考》卷五开元六年（718）制科录载席豫。

【萧诚】一作萧识。开元六年（718）博学通艺科及第。

（宋）王溥《唐会要》卷七六《贡举中·制科举》：“（开元）六年，博学通艺科，郑少微、萧识及第。”

（宋）王钦若等《册府元龟》卷六四五《贡举部（七）·科目》：“（开元）六年，博学通义科。（郑少微、萧诚及第。）”按注云：“诚，原误作‘识’，据宋本改。”

（宋）王应麟《玉海》卷一一五《选举·唐制举》：“博学通议萧诚二人。”

《登科记考》卷五开元六年（718）制科博学通艺科录载萧识。

开元七年己未（719）

知贡举：考功员外郎李纳

进士科

【杜钑】字钊。开元七年（719）进士及第，官右领军卫仓曹参军。

《全唐文补遗》第四辑，《大唐故右领军卫仓曹参军杜府君（钑）墓志铭并序》：“府君讳钑，字钊……府君生则聪悟，幼而颖拔。开元七年，进士擢第，解褐授襄陵县尉。”

【苗晋卿】字元辅，上党壶关人。开元七年（719）进士及第，初授怀州修武县尉。肃宗时，官侍中，封韩国公。永泰元年（765）卒，谥曰文贞。

《全唐文》卷三二一，李华《唐丞相故太保赠太师韩国公苗公墓志铭》：“永泰元年四月戊子，唐旧相太保韩国公薨……公讳晋卿，字元辅，上党壶关人。祖袭夔，赠太子太师；父殆庶，赠礼部尚书。公成童好学，弱冠工文，二登甲科，三入高等。始自郡邑台省之任，终乎廊庙台辅之器……享年七十有七，历仕二十有四，顺如也。”

《全唐文补遗》千唐志斋新藏专辑，天宝七载（748）五月二十七日《大唐故朝散大夫行太子内直郎上柱国苗府君（嗣宗）墓志铭并序》，署“犹子、中大夫、河东郡太守兼河东道采访处置使、赐紫金鱼袋晋卿撰文”。

《旧唐书》卷一一三《苗晋卿传》："晋卿幼好学，善属文，进士擢第。初授怀州修武县尉。"

《新唐书》卷一四〇《苗晋卿传》："苗晋卿字元辅，潞州壶关人，世以儒素称。擢进士第，调为修武尉，累进吏部郎中、中书舍人，知吏部选事……肃宗至扶风，诏赴行在，拜左相。平京师，封韩国公，食五百户，改侍中……永泰初薨，年八十一，赠太师……改谥文贞。"

《登科记考》卷六开元七年(719)制科、卷二七《附考·进士科》分别录载苗晋卿。《登科记考补正》卷六开元七年(719)进士科据《山西通志》系年。

乾隆《山西通志》卷六五："开元七年：苗晋卿。"

【崔镇】一作"崔损"。开元七年(719)进士及第。

《登科记考》卷六开元七年(719)进士科，录载崔镇，考云："《文苑英华》作'崔损'，引《登科记》作'崔镇'。"又：大历十一年(776)有进士崔损(字至无)，别是一人。

【窦华】字华。开元七年(719)二十四岁时进士及第。官终朝议大夫、中书舍人、集贤翰林院学士。

《秦晋豫新出墓志蒐佚续编》六二七，徐浩撰乾元二年(759)二月十二日《唐故朝议大夫中书舍人集贤翰林院学士窦府君墓志铭并序》："公讳华，字华，弱不好弄，幼而能文。未尝滥言，不践过地。年廿四秀才登科，解巾相州安阳尉，调岐州扶风、河南府河阳主簿。"按：以至德二年(757)卒，春秋六十二推之，窦华廿四岁进士及第在开元七年(719)。

明经科

【卢涛】字混成，范阳人。开元七年(719)明经及第，补安德县尉、西华县令。官至太原府司录。

《全唐文》卷四四五，卢杞《唐太原府司录先府君墓志铭》："府君卢姓，其先姜氏，范阳人焉。十代祖后魏司徒敬侯尚之之允，盐山县尉知诲之子，讳涛，字混成，年十九，明经擢第，常调补安德县尉，佐幕迁左监门录事参军，转西华县令太原府司录……天宝十二年癸巳九月遇疾，精诚无感，祷祠不降，冬十月弥留大渐，五日，弃背于官舍，春秋五十有三。"按以天宝十二载(753)卒，春秋五十三推之，卢涛明经及第在是年。

《唐代墓志汇编》大历〇五〇，《唐太原府司录先府君墓志铭并序》："府君卢姓……讳涛，字混成，年十九，明经擢第。"

《登科记考》卷六开元七年(719)明经科录载卢涛。

【李昂】字季江，赵郡赞皇人。开元七年(719)明经及第。官终检校仓部员外郎。

《洛阳新获七朝墓志》，赵骅撰大历十四年(779)八月十七日《唐故检校仓部员外郎赵郡李府君墓志铭并叙》："维唐大历十三年秋七月己巳，吾友李公殁，享龄七十有三……公讳昂，字季江，赵郡赞皇人……曾祖思谅，皇朝仓部郎中。祖敬忠，许王府参军。烈考暕，都水使者。传序及公，世有纯德。公少好学无常师，十四经明昇第，廿文显当时。"按：李昂"经明升第"，当为明经出身。以大历十三年(778)卒，享龄七十三推之，李昂十四岁时在开元七年(719)。又:唐代亦有同名李昂为开元二年(714)进士科状元。

【崔锽】字大音。开元七年(719)明经及第。官至蔡州郾城县尉。

《全唐文补遗》第八辑,穆赏撰贞元二十年(804)五月十一日《唐故蔡州郾城县尉博陵崔府君(锽)合祔墓志铭并序》:"大唐高名硕德之士曰汝南郡郾城尉、博陵崔公讳锽,字大音……乐天自顺,委化而终。春秋五十九,归全于随州旅次之第……开元七年,以经明行修,登太常第。"按:崔锽开元七年(719)以经明行修,登太常第,当是指明经及第。

制科

【孙翃】开元七年(719)文词雅丽科及第。

(宋)李昉等《文苑英华》卷四八五《策九》录载开元七年文词雅丽科孙翃对策文。

《登科记考》卷六开元七年(719)制科录载孙翃。

【邢巨】开元七年(719)文词雅丽科及第。

(宋)王溥《唐会要》卷七六《贡举中·制科举》:"(开元)七年,文词雅丽科,邢巨、苗晋卿、褚思光、赵良器及第。"

(宋)王钦若等《册府元龟》卷六四五《贡举部(七)·科目》:"(开元)七年,文词雅丽科。(邢巨、苗晋卿、褚思光、赵良器及第。)"

(宋)李昉等《文苑英华》卷四八四《策八》录载开元七年文词雅丽科邢巨对策文。

《登科记考》卷六开元七年(719)制科录载邢巨。

【张秀明】开元七年(719)超拔群类科。

(宋)乐史《广卓异记》卷一九《举选·七登科选》:"右按《登科记》:张秀明,景云二年进士及第,三年拔超群流科,开元二年重考及第,七年超拔群类科,十八年吏部考判入等,十九年又判入等,二十三年宰拔科。凡七登科选。"

《登科记考》卷六开元七年(719)制科录载张秀明。

【张楚】开元七年(719)文词雅丽科第五名。

(宋)李昉等《文苑英华》卷四八五《策九》录载开元七年文词雅丽科张楚对策文,下注"第五名"。

《登科记考》卷六开元七年(719)制科录载张楚。

【苗晋卿】字元辅,上党壶关人。开元七年(719)文词雅丽科及第。

《全唐文》卷三二一,李华《唐丞相故太保赠太师韩国公苗公墓志铭》:"永泰元年四月戊子,唐旧相太保韩国公薨……公讳晋卿,字元辅,上党壶关人。祖袭夔,赠太子太师;父殆庶,赠礼部尚书。公成童好学,弱冠工文,二登甲科,三入高等。始自郡邑台省之任,终乎廊庙台辅之器……享年七十有七,历仕二十有四,顺如也。"

(宋)王溥《唐会要》卷七六《贡举中·制科举》:"(开元)七年,文词雅丽科,邢巨、苗晋卿、褚思光、赵良器及第。"

(宋)李昉等《文苑英华》卷四八五《策九》录载开元七年文词雅丽科苗晋卿对策文。按《登科记考》卷六:"《文苑英华》注云第二人。"今本无此注。

(宋)王钦若等《册府元龟》卷六四五《贡举部(七)·科目》:"(开元)七年,文词雅丽科。(邢巨、苗晋卿、褚思光、赵良器及第。)"

(宋)王应麟《玉海》卷一一五《选举·唐制举》:"文词雅丽苗晋卿四人。"

《登科记考》卷六开元七年(719)制科录载苗晋卿。

【孟万石】开元七年(719)文词雅丽科第六名及第。

(宋)李昉等《文苑英华》卷四八五《策九》录载开元七年文词雅丽科孟万石对策文,下注"第六名"。

《登科记考》卷六开元七年(719)制科录载孟万石。

【赵良器】开元七年(719)文词雅丽科及第。

(宋)王溥《唐会要》卷七六《贡举中·制科举》:"(开元)七年,文词雅丽科,邢巨、苗晋卿、褚思光、赵良器及第。"

(宋)王钦若等《册府元龟》卷六四五《贡举部(七)·科目》):"(开元)七年,文词雅丽科。(邢巨、苗晋卿、褚思光、赵良器及第。)"按:(宋)李昉等《文苑英华》卷四八四《策八》录载开元七年文词雅丽科赵良器对策文。

《登科记考》卷六开元七年(719)制科录载赵良器。

【彭殷贤】开元七年(719)文词雅丽科及第。

(宋)李昉等《文苑英华》卷四八四《策八》录载开元七年文词雅丽科彭殷贤对策文。

《登科记考》卷六开元七年(719)制科录载彭殷贤。

【褚思光】开元七年(719)文词雅丽科及第。

(宋)王溥《唐会要》卷七六《贡举中·制科举》:"(开元)七年,文词雅丽科,邢巨、苗晋卿、褚思光、赵良器及第。"

(宋)王钦若等《册府元龟》卷六四五《贡举部(七)·科目》:"(开元)七年,文词雅丽科。(邢巨、苗晋卿、褚思光、赵良器及第。)"

《登科记考》卷六开元七年(719)制科录载褚思光。

开元八年庚申(720)

知贡举:考功员外郎李纳

进士科

【苗含液】上党壶关人。开元八年(720)进士。官至尚书祠部员外郎,卒于河南法曹参军。

《全唐文》卷五六六,韩愈《太原府参军苗君(蕃)墓志铭》:"君讳蕃,字陈师。其先楚之族大夫,亡晋而邑于苗,世遂以苗命氏。其后有守上党者,惠于民,卒遂家壶关。曾大父延嗣,中书舍人;大父含液,举进士第。官卒河南法曹;父颖,扬州录事参军。"参见《唐代墓志汇编》元和〇二一,《唐故太原府参军苗君墓志铭》。

《唐代墓志汇编》大中〇九三,《唐故殿中少监苗公铭》:"大父讳含液,进士策名,官至尚书祠部员外郎。"

(宋)魏仲举《五百家注释韩昌黎全集》卷二五《唐故太原府参军苗君墓志铭》孙注曰:"延嗣二子含泽、含液,含泽开元十年、含液开元八年皆登第。"

《登科记考》卷七开元八年(720)进士科录载苗含液。

明经科

【**丘升**】字升,贝州宗城人。开元八年(720)乡贡明经擢第。官终文安郡清苑县令。

《全唐文补遗》千唐志斋新藏专辑,圣武元年(756)二月八日《唐故文安郡清苑县令丘府君(升)夫人(张氏)墓志铭并序》:"君讳升,字升,贝州宗城人也……弱冠,乡贡明经擢第,补国子监,大成进经登科,换陈仓主簿,调左领军卫兵曹参军,迁清苑令……以天宝八年七月晦,遘疾终于清苑之官舍,春秋四十有九。"按:丘升天宝八载(749)卒,春秋四十九,其弱冠年在开元八年(720)。

【**寇钧**】字子平,小字弄璋,上谷昌平人。开元八年(720)明经。

《唐代墓志汇编》开元二五〇,寇洋撰开元十五年(727)二月二十九日《大唐故孝廉上谷寇君(钧)墓志铭并序》:"寇钧,字子平,小字弄璋,上谷昌平人也……年登弱冠,以明经擢第。"按:以开元十一年(723)卒,春秋二十三推之,其弱冠岁在是年。又据志文,寇钧似未入仕为官。

科目未详

【**李滔**】开元八年(720)以崇文生擢第,调补华州参军。官至京兆府云阳县尉。

《全唐文补遗》千唐志斋新藏专辑,席豫撰开元二十三年(735)二月十日《唐故京兆府云阳县尉李君(滔)暮志铭并序》:"君字滔……弱冠,以崇文生擢第,调补华州参军。"按李滔卒于开元二十三年(735),春秋三十五,则其弱冠年在开元八年(720)。

开元九年辛酉(721)

知贡举:考功员外郎员嘉静

进士科

【**王维**】字摩诘,太原祁人。开元九年(721)状元及第。官至尚书右丞。

(唐)姚合《极玄集》卷上:"王维,字摩诘,河东人,开元九年进士。历拾遗、御史。天宝末给事中,肃宗时尚书右丞。"

(唐)薛用弱《集异记·王维》:"(公主)则招试官至第,遣宫婢传教,维遂作解头,而一举登第。"

《旧唐书》卷一九〇下《文苑下·王维传》:"王维字摩诘,太原祁人。父处廉,终汾州司马,徙家于蒲,遂为河东人。维开元九年进士擢第。事母崔氏以孝闻。与弟缙俱有俊才,博学多艺亦齐名,闺门友悌,多士推之。历右拾遗、监察御史、左补阙、库部郎中。居母丧,柴毁骨立,殆不胜丧。服阕,拜吏部郎中。天宝末,为给事中。禄山陷两都,玄宗出幸,维扈从不及,为贼所得。维服药取痢,伪称喑病。禄山素怜之,遣人迎置洛阳,拘于普施寺,迫以伪署。禄山宴其徒于凝碧宫,其乐工皆梨园弟子、教坊工人。维闻之悲恻,潜为诗曰:'万户伤心生野烟,百官何日再朝天?秋槐花落空宫里,凝碧池头奏管弦。'贼平,陷贼官三等定罪。维以《凝碧诗》闻于行在,肃宗嘉之。会缙请削己刑部侍郎以赎兄罪,特宥之,责授太子中允。乾元中,迁太子中庶子、中书舍人,复拜给事中,转尚书右丞。"

《新唐书》卷二〇二《文艺中·王维传》:"王维字摩诘。九岁知属辞,与弟缙齐名,资孝友。开元初,擢进士,调太乐丞,坐累为济州司仓参军。张九龄执政,擢右拾遗。历监察御史。母丧,毁几不生。服除,累迁给事中。安禄山反,玄宗西狩,维为贼得,以药下利,阳喑。禄山素知其才,迎置洛阳,迫为给事中。禄山大宴凝碧池,悉召梨园诸工合乐,诸工皆泣,维闻悲甚,赋诗悼痛。贼平,皆下狱。或以诗闻行在,时缙位已显,请削官赎维罪,肃宗亦自怜之,下迁太子中允。久之,迁中庶子,三迁尚书右丞。"

《宣和画谱》卷一〇:"王维,字摩诘,开元初擢进士,官至尚书右丞。"

《唐代名画录·妙品上八人》:"王维字摩诘,官至尚书右丞,家于蓝田辋川,兄弟并以科名,文学冠绝当时。"

(宋)晁公武《郡斋读书志校证》卷一七《别集类上》录《王维集》十卷,注云:"右唐王维,摩诘也。太原人。开元九年进士,终尚书右丞。"

(元)辛文房撰,傅璇琮主编《唐才子传校笺》(册一)卷二《王维》条云:"维字摩诘,太原人……开元十九年状元及第。"按王维开元九年状元及第,见《旧唐书》本传。

(明)徐应秋《玉芝堂谈荟》卷二《历代状元》:"(开元)五年,进士二十五人,状元王维。"

《类说》卷八《集异记·王维登第》:"王维文章得名,性娴音律,岐王重之。维将应举……主曰:'使京兆今年得此生为解头。'……乃为维召试官,传谕。维遂一举登第。"

《登科记考》卷七开元十九年(731)进士科录载王维为是年状元,《登科记考补正》卷七开元九年(721)进士科改正系年。

嘉靖《太原县志》卷二《人物》:"王维,太原人,开元十九年状元及第。"

【寇埕】字子齐,上谷人。开元九年(721)进士及第。

《唐代墓志汇编》开元二二六,寇洋撰开元十四年(726)《寇埕墓志》:"大唐开元十四年正月癸未,前国子进士上谷寇埕卒。埕字子齐,代二千石宋州之次子。幼孝谨,美容仪,学如不及,文而有礼。廿五擢第,卅而终。"按:以志文,寇埕擢第年在开元九年(721)。

《登科记考补正》卷七开元九年(721)进士科增补寇埕。

【薛据】河中宝鼎人。开元九年(721)及第进士。天宝六年又第风雅古调科。终礼部郎中。

(五代)王定保《唐摭言》卷一二《自负》:"开元中,薛据自恃才名,于吏部参选,请受万年录事。流外官共见宰执诉云:'赤录事是某等清要官,今被进士欲夺,则某等色人无措手足矣!'遂罢。"可见据已经进士及第。

《旧唐书》卷一四六《薛播传》:"薛播,河中宝鼎人,中书舍人文思曾孙也。父元晖,什邡令,以播赠工部郎中。播,天宝中举进士,补校书郎,累授万年县丞、武功令、殿中侍御史、刑部员外郎、万年令……初,播伯父元暖终于隰城丞,其妻济南林氏,丹阳太守洋之妹,有母仪令德,博涉《五经》,善属文,所为篇章,时人多讽咏之。元暖卒后,其子彦辅、彦国、彦伟、彦云及播兄据、摠并早孤幼,悉为林氏所训导,以至成立,咸致文学之名。开元、天宝中二十年间,彦辅、据等七人并举进士,连中科名,衣冠荣之。"

(宋)计有功《唐诗纪事》卷二五《薛据》:"据,河中宝鼎人,中书舍人文思曾孙。父元晖,什邡令。开元、天宝间,据与弟播、摠相继登科。终礼部侍郎。"

《新唐书》卷一五九《薛播传》:"薛播,河中宝鼎人。曾祖文思,官中书舍人。播早孤,伯母林通经史,善属文,躬授经诸子及播兄弟,故开元、天宝间,播兄弟七人皆擢进士第,衣冠光韪。"

(宋)魏仲举《五百家注释韩昌黎全集》卷二四《国子助教河东薛君墓志铭》孙注曰:"薛据,开元十九年登进士第。"

(元)辛文房撰,傅璇琮主编《唐才子传校笺》(册一)卷二《薛据》条云:"据,荆南人。开元十九年王维榜进士。天宝六年,又中风雅古调科第一人。"按:据考证,王维开元九年(721)进士科状元及第。

《登科记考》卷七开元十九年(731)进士科录载薛据,《登科记考补正》卷七开元九年(721)进士科改正系年。

孝廉科

【寇鐈】字子美,上谷人。开元九年(721)孝廉及第,授崇文馆校书郎。官至告成县主簿,袭封上国开国子。

《唐代墓志汇编》天宝〇二五,《唐故河南故告成县主簿上谷县开国子寇公墓志铭并序》:"公讳鐈,字子美……弱冠以孝廉及第,明年,授崇文馆校书郎……转告成主簿。洎到官,袭封上谷县开国子。"按:以天宝二年(743)卒,春秋四十二推之,寇鐈弱冠岁在开元九年。按《登科记考补正》卷七开元九年(721)明经科录载寇鐈。

制科

【马季龙】汝州郏城人,开元九年(721)知合孙吴、可以运筹决胜科擢第。官至岚州刺史、幽州经略军使。

《旧唐书》卷一三四《马燧传》:"马燧字洵美,汝州郏城人,其先自右扶风徙焉。祖珉,官至左玉钤卫仓曹。父季龙,尝举明孙吴,倜傥善兵法,官至岚州刺史、幽州经略军使。"

(唐)韩愈《唐故赠绛州刺史马府君(彙)行状》:"季龙为岚州刺史赠司空。"五百家注引孙曰:"季龙举孙吴倜傥善兵法科。"

《登科记考》卷七开元九年(721)制科录载马季龙。

【**王泠然**】开元五年(717)进士及第。九年(721)拔萃登科。小传见进士科。

(宋)李昉等《文苑英华》卷五〇三《判一》录李昂、畅诸、王泠然《历生失度判》,据《全唐文》卷二九四,王泠然《论荐书》:"今尚书右丞王丘于开元九年掌天下选,授补清资,以智见许。"可知(宋)李昉等《文苑英华》所录乃三人拔萃所对。王泠然判文又见《全唐文》卷二九四。

【**李昂**】开元九年(721)拔萃登科。

(宋)李昉等《文苑英华》卷五〇三《判一》录李昂、畅诸、王泠然《历生失度判》,据《全唐文》卷二九四,王泠然《论荐书》:"今尚书右丞王丘于开元九年掌天下选,授补清资,以智见许。"可知(宋)李昉等《文苑英华》所录乃三人拔萃所对。李昂判文又见《全唐文》卷三〇二。

【**杨若虚**】开元九年(721)知合孙吴、可以运筹决胜科擢第。

(宋)李昉等《文苑英华》卷四七八《策二》录载杨若虚《知合孙吴、可以运筹决胜科》对策文。

《登科记考》卷七开元九年(721)制科录载杨若虚,考云:"见《文苑英华》。"

【**张仲宣**】开元九年(721)知合孙吴、可以运筹决胜科擢第。

《全唐文》卷四〇七,作者小传:"仲宣,元宗时对策擢第。"

(宋)李昉等《文苑英华》卷四七八《策二》录载张仲宣《知合孙吴、可以运筹决胜科》对策文。

《登科记考》卷七开元九年(721)制科录载张仲宣,考云:"见《文苑英华》。"

【**畅诸**】开元九年(721)拔萃登科。

(宋)李昉等《文苑英华》卷五〇三《判一》录李昂、畅诸、王泠然《历生失度判》,据《全唐文》卷二九四,王泠然《论荐书》:"今尚书右丞王丘于开元九年掌天下选,授补清资,以智见许。"可知(宋)李昉等《文苑英华》所录乃三人拔萃所对。畅诸判文又见《全唐文》卷五一六。

开元十年壬戌(722)

知贡举:考功员外郎员嘉静

进士科

【**苗含泽**】潞州壶关人。开元十年(722)登进士第。

(宋)魏仲举《五百家注释韩昌黎全集》卷二五《唐故太原府参军苗君墓志铭》孙注曰:含泽开元十年登进士第。

《登科记考》卷七开元十年(722)进士科录载苗含泽。

明经科

【白锽】字确锺，太原人。开元十年(722)明经及第。官至河南府巩县令。

《全唐文》卷六八〇，白居易《故巩县令白府君(锽)事状》："白氏芊姓，楚公族也。楚熊居太子建奔郑，建之子胜居于吴楚间，号白公，因氏焉。楚杀白公，其子奔秦，代为名将，乙丙已降是也。裔孙白起，有大功于秦，封武安君，后非其罪，赐死杜邮，秦人怜之，立祠庙于咸阳，至今存焉。及始皇思武安之功，封其子仲于太原，子孙因家焉，故今为太原人。自武安以下，凡二十七代，至府君高祖讳建，北齐五兵尚书，赠司空。曾祖讳士通，皇朝利州都督。祖讳志善，朝散大夫尚衣奉御。父讳温，朝请大夫检校都官郎中。公讳锽，字确锺，都官郎中第六子。幼好学，善属文，尤工五言诗，有集十卷。年十七明经及第，解褐授鹿邑县尉、洛阳县主簿、酸枣县令，理酸枣有善政。本道节度使令狐章知而重之，秩满，奏授殿中侍御史内供奉，赐绯鱼袋，充滑台节度参谋，军府之要，多咨度焉。居岁余，公尝规章之失，章不听，公因留一书遗章，不辞而去。明年，选授河南府巩县令……大历八年五月三日，遇疾殁于长安，春秋六十八。"按：大历八年(773)卒，春秋六十八推之，白锽十七岁明经及第时在开元十年(722)。

《登科记考》卷七开元十年(722)明经科录载白锽。

【宋裕】字幼宽，广平经城人。开元十年(722)明经及第。官至余杭郡於潜县尉。

《全唐文补遗》千唐志斋新藏专辑，天宝二年(743)十二月七日《唐故余杭郡於潜县尉宋君(裕)墓志铭并序》："君讳裕，字幼宽，广平经成[1]人也……年甫十六，孝廉擢第……遂以天宝二年岁九月，遇疾而归。以是岁十月有五日，终于睢阳郡，春秋卅有七。"按：以天宝二年(743)卒，春秋三十七推之，宋裕十六岁明经及第在开元十年(722)。

孝廉科

【崔泌】清河东武城人。开元十年(722)孝廉及第。十九年授宣城郡宣城县主簿，官至夜郎郡夜郎县尉。

《唐代墓志汇编》天宝〇五三，《夜郎郡夜郎县尉清河崔府君墓志铭并序》："公讳泌，清河东武城人也。祖晕，皇衡州司户参军；父说，皇海州东海丞。公则东海府君第三子也。载廿七，辟孝廉擢第，卅六调授宣城郡宣城县主簿……春秋卌八，以天宝二载三月十一日终于南川郡三溪县公馆。"按以天宝二载(743)卒，春秋卌八推之，崔泌孝廉及第在开元十年(722)。

《登科记考补正》卷七开元十年(722)明经科增补崔泌。

制科

【孙逖】开元十年(722)贤良方正科及第。又第哲人奇士隐伦屠钓科。小传见进士科。

《旧唐书》卷一九〇中《文苑中·孙逖传》："孙逖，潞州涉县人……开元初，应哲人奇

---

① 原志此字疑当为"城"。

士举，授山阴尉。迁秘书正字。十年，应制登文藻宏丽科，拜左拾遗。”

（宋）王应麟《玉海》卷一一五《选举·唐制举》：“孙逖传：开元十年举贤良方正。玄宗御洛城门引见，命苏晋等第其文异等。”

（宋）王应麟《玉海》卷一一五《选举·唐制举》：“哲人奇士隐伦屠钓孙逖。”“孙逖中四科。”

（元）辛文房撰，傅璇琮主编《唐才子传校笺》（册一）卷一《孙逖》条云：“逖，博州人。幼而有文，属思警敏，援笔成篇。开元二年，举手笔俊拔，哲人奇士隐沦屠钓及文藻宏丽等科第一人及第。玄宗引见，擢左拾遗、集贤殿修撰。改考功员外郎，迁中书舍人。与颜真卿、李华、萧颖士皆同时称海内名士。仕终刑部侍郎。”

《登科记考》卷七开元十年（722）制科录载孙逖。

【李诚】字元成，魏郡顿丘人。开元十年（722）举茂才异等登第。曾官秘书少监。

《全唐文》卷三九一，独孤及撰《唐故朝散大夫中书舍人秘书少监顿邱李公（诚）墓志》：“公讳诚，字元成，魏郡顿丘人……年十六，户部尚书姚珽以贤良荐，比之终贾。开元三年举进士，十年举茂才，十七年举文学，皆射策取甲科。”

《登科记考》卷七开元十年（722）制科录载李诚。

【常无名】河内温人。开元十年（722）登文藻宏丽科。官礼部员外郎。

《全唐文》卷四二〇，常衮撰《叔父故礼部员外郎墓志铭》：“宾客讳无名，字某，河内温人也。曾祖渠州咸安令讳绪，王父杞王司马讳毅，皇考庆王文学讳楚珪，咸以清明粹和，高爽显融，经术可以致公卿，道德可以居师傅，所不至者，时之未会欤！府君即文学之第三子也，伯仲叔季，嗣世清德，鸿藻振古，休声动时，每至征贤良，举秀才，一门擅科，半于天下。既冠，进士擢第，其年拔萃登科，补益州新都尉。开元十年举文藻宏丽……与孙逖同入第二等，擢鄠县尉……秩满，判入第三等。自周隋已来，选部率以书判取士，海内之所称服者，二百年间，数人而已，又居其最焉。复以常资授万年尉……入拜起居舍人，搜遗求实，典册大备，撰《开元注记》三十卷，藏在太史。除屯田员外郎，未几转礼部……以天宝三年十二月二十日，薨于西京宣赐里之私第，享年五十有六。”

《登科记考》卷七开元十年（722）制科录载常无名。

开元十一年癸亥（723）

进士科

【源少良】开元十一年（723）状元及第。曾官监察御史。

《寰宇访碑录》卷三：“天竺山监察御史源少良等题名，正书，天宝六载正月。浙江钱塘。”

（元）释圆至《笺注唐贤三体诗法》（明广陵钱元卿刻本）卷一〇：“崔颢，汴州人。开元十一年源少良榜进士，累官至司勋员外，天宝十三载卒。”

（明）徐应秋《玉芝堂谈荟》卷二《历代状元》：“（开元）十一年，进士三十一人，状元源少良。"

《登科记考》卷七开元十一年(723)录源少良是年知贡举,《登科记考补正》卷七改为是年进士科状元。

【崔颢】汴州人。开元十一年(723)第进士。官尚书司勋员外郎。

《旧唐书》卷一九〇下《文苑下·崔颢传》:"崔颢者,登进士第,有俊才,无士行,好蒱博饮酒。及游京师,娶妻择有貌者,稍不惬意,即去之,前后数四。累官司勋员外郎。天宝十三年卒。"

《新唐书》卷二〇三《文艺下·崔颢传》:"崔颢者,亦擢进士第,有文无行……终司勋员外郎。"

(元)辛文房撰,傅璇琮主编《唐才子传校笺》(册一):"开元十一年,源少良下及进士第。"按"源少良下"当作"源少良榜"之误。

(元)释圆至《笺注唐贤三体诗法》(明广陵钱元卿刻本)卷一〇:"崔颢,汴州人。开元十一年源少良榜进士,累官至司勋员外,天宝十三载卒。"

《登科记考》卷七开元十一年(723)进士科录载崔颢。

明经科

【张倜】字不器,清河人。开元十一年(723)明经及第。后授相州成安主簿。考满而逝。

《唐代墓志汇编》大历〇〇七,李系撰大历六年(771)八月十九日《唐故相州成安县主簿张府君(倜)墓志并序》:"府君讳倜,字不器,清河人也……其年十四,以明经擢第,自孝廉郎解褐相州成安主簿。"按:据志文,张倜卒于天宝十载(751),春秋四十二,则其十四岁时在开元十一年。

孝廉科

【卢滔】涿郡范阳人。开元十一年(723)孝廉及第,释褐拜忠王府参军。官终文安郡清苑县令。

《洛阳新获七朝墓志》,崔祑撰天宝十四载(755)八月一日《唐故文安郡清苑县令范阳卢府君墓志铭并序》:"君讳滔,字□,涿郡范阳人也……乡贡举孝廉及第,甲科是擢,吾道是崇。光华照于一门,盛德传于四海。学优则仕,禄以待耕,释褐拜忠王府参军。"按墓志云卢滔十七岁丁忧三年,则其阕满举孝廉当在弱冠之时。以天宝十三载(754)卒,春秋五十一推算,卢滔孝廉及第当在开元十一年(723)。

开元十二年甲子(724)

进士科

【贾季阳】开元十二年(724)状元及第。

(明)徐应秋《玉芝堂谈荟》卷二《历代状元》:"(开元)十二年,进士二十一人,状元贾季阳。"

《登科记考》卷七开元十二年(724)录载贾季阳为是年知贡举,《登科记考补正》卷七改系是年进士科状元。

【郭湜】字澌载。开元十二年(724)擢进士第。官终朝散大夫检校尚书驾部郎中兼同州长史。

《全唐文补遗》千唐志斋新藏专辑,陈翃撰贞元四年(788)《唐故朝散大夫检校尚书驾部郎中兼同州长史郭公(湜)墓志铭并序》:"公讳湜,字澌载,享龄八十九,可谓寿乎!……开元十二年,擢进士第,补山阴尉,调太子典膳丞、四门博士、河东仓曹掾……以贞元四年戊辰岁正月十三日,受啥于官次。"按:以贞元四年(788)卒,享年八十九推之,开元十二年(724)擢进士第时郭湜二十五岁。

【蔡希周】字良傅,润州曲阿人。开元十二年(724)进士第。官监察御史。

嘉定《镇江志》卷一八《人物》:"蔡希周,曲阿人,开元十二年举进士登第,官监察御史。希寂,希周弟,登进士第,终渭南县尉。"按:希周名见殷璠《丹阳集》《御史台精舍题名考》卷三、《新唐书·艺文四》,但难以知晓其生平事迹,《唐代墓志汇编续集》天宝〇三六,收录天宝六载(747)《唐故朝请大夫尚书刑部员外郎骑都尉蔡公墓志铭并序》一文,撰者署"前大理评事张阶字叔平",书者署"第七弟朝议郎行洛阳县尉希寂字季深书",墓志记载了蔡希周的世系籍贯与生平事迹,值得关注。据墓志,希周曾祖衍,隋晋王府东阁祭酒;王父元凯,唐清河郡漳南县令;烈考勗之,汝南郡吴房县令。希周字良傅,天宝六载(747)卒,春秋六十。

明经科

【司马望】字□卿,河内温人。开元十二年(724)明经及第,授同州参军。官至大理寺丞。

《唐代墓志汇编》显圣〇〇一,郑齐冉撰显圣元年(761)六月十九日《大燕故朝议郎前行大理寺丞司马府君(望)墓志铭并序》:"公讳望,字□卿,河内温人也……父锽,兵、吏、中书三侍郎,赠卫尉卿,谥曰穆,公即穆公第四子也……公弱冠专经,以孝廉擢第,廿八筮仕,授同州参军。"按:以显圣元年(761)卒,春秋五十七推之,司马望弱冠岁在开元十二年。

制科

【房自谦】开元十二年(724)将帅科及第。

(宋)王溥《唐会要》卷七六《贡举中·制科举》:"(开元)十二年,将帅科,裴敦复、房自谦及第。"

(宋)王钦若等《册府元龟》卷六四五《贡举部(七)·科目》:"(开元)十二年,将帅科。(裴敦复、房自谦及第。)"

《登科记考》卷七开元十二年(724)制科录载房自谦。

【崔泽】开元十二年(724)将帅科及第。官至振威副尉守右武卫蒲州永安府左果毅都尉。

《唐代墓志汇编》开元三九五,开元二十二年(734)正月二十八日《大唐将帅举文武及第前振威副尉守右武卫蒲州永安府左果毅都尉崔泽夫人张氏墓志铭并序》,按据志文,知崔泽曾应制科将帅举及第。又:志主张氏卒于开元二十一年(734),享年三十。

《登科记考补正》卷七开元十二年(724)制科据陈补录载崔泽。

【裴敦复】开元十二年(724)将帅科及第。

(宋)王溥《唐会要》卷七六《贡举中·制科举》:"(开元)十二年,将帅科,裴敦复、房自谦及第。"

(宋)王钦若等《册府元龟》卷六四五《贡举部(七)·科目》:"(开元)十二年,将帅科。(裴敦复、房自谦及第。)"

《登科记考》卷七开元十二年(724)制科录载裴敦复。

上书拜官

【房琯】字次律,河南河南人。开元十二年(724)上书玄宗,授秘书省校书郎。又应堪任县令举,授虢州卢氏令,天宝十五载(756)拜文部尚书、同中书门下平章事。官终特进、刑部尚书。广德元年(763)八月四日,卒于阆州僧舍,时年六十七,赠太尉。

《旧唐书》卷一一一《房琯传》:"房琯,河南人,天后朝正议大夫、平章事融之子也……开元十二年,玄宗将封岱岳,琯撰《封禅书》一篇及笺启以献。中书令张说奇其才,奏授秘书省校书郎,调补同州冯翊尉。无几去官,应堪任县令举,授虢州卢氏令……宝应二年四月,拜特进、刑部尚书。在路遇疾,广德元年八月四日,卒于阆州僧舍,时年六十七,赠太尉。"

《新唐书》卷一三九《房琯传》:"房琯字次律,河南河南人。父融,武后时,以正谏大夫同凤阁鸾台平章事……(琯)开元中,作《封禅书》,说宰相张说,说奇之,奏为校书郎。举任县令科,授卢氏令。拜监察御史,坐讯狱非是,贬睦州司户参军……(天宝)十五载,帝狩蜀,琯驰至普安上谒,帝喜甚,即拜文部尚书、同中书门下平章事……宝应二年,召拜刑部尚书,道病卒,赠太尉。"

开元十三年乙丑(725)

知贡举:考功员外郎赵冬曦

进士科

【杜绾】开元十三年(725)状元及第。

(元)释圆至《笺注唐贤三体诗法》卷十四:"祖永,开元十三年杜绾榜进士。"

(元)辛文房撰,傅璇琮主编《唐才子传校笺》(册一)卷一《祖咏》:"咏,洛阳人。开元十二年杜绾榜进士。”按《登科记考》卷七列杜绾开元十二年(724)状元,误。《登科记考补正》卷七开元十三年(725)进士科修改系年,考证过程可参看。

【丁仙芝】一作丁仙之,字元祯,润州曲阿人。开元十三年(725)进士,官余杭尉。

《唐代墓志汇编》残志〇六四,载录《唐故随州司法参军陆府君(广成)墓志铭并序》,署“前国子进士丁仙之撰”,志文有“故人万楚敬为铭”,万楚登开元进士第,见《唐诗纪事》卷二〇,《万楚》条,则“丁仙之”与“丁仙芝”当为一人。

(清)彭定求《全唐诗》第四册卷一三八录载储光羲《贻丁主簿仙芝别诗》注云:“丁侯前举,予次年举。”又云:“同年举而丁侯先第。”按光羲于十四年及第,则仙芝在此年也。

嘉定《镇江志》卷一八《人物》:“丁仙芝,曲阿人。进士第,余杭尉。”

【王谭】开元十三年(725)进士。

《唐代墓志汇编》开元二六四,《先府君(高宪)玄堂刻石记》:“先府君讳宪,字志平,族高氏。”按墓志撰于开元十五年(727)闰九月十七日,署“嗣子前乡贡进士盖述。”是知高盖进士及第在开元十五年之前。

陈尚君《〈登科记考〉正补》:“《文苑英华》卷四九收高盖、王谭、张甫、陶举、敬括《花萼楼赋》,皆以‘花萼楼赋一首并序’为韵,为同年试。《玉海》卷一六四引《登科记》:‘开元十三年进士试《花萼楼赋》。’徐氏仅据王赋‘百有二十载’语系于廿五年,非是。《全唐文》卷三九五高盖等三人传作二十三年进士,未详孰据,疑误。”

《登科记考》卷八开元二十五(737)进士科录载王谭,《登科记考补正》卷七开元十三年(725)进士科修改系年。

【张甫】开元十三年(725)进士。

《唐代墓志汇编》开元二六四,《先府君(高宪)玄堂刻石记》:“先府君讳宪,字志平,族高氏。”按墓志撰于开元十五年(727)闰九月十七日,署“嗣子前乡贡进士盖述。”是知高盖进士及第在开元十五年之前。

陈尚君《〈登科记考〉正补》:“《文苑英华》卷四九收高盖、王谭、张甫、陶举、敬括《花萼楼赋》,皆以‘花萼楼赋一首并序’为韵,为同年试。《玉海》卷一六四引《登科记》:‘开元十三年进士试《花萼楼赋》。’徐氏仅据王赋‘百有二十载’语系于廿五年,非是。《全唐文》卷三九五高盖等三人传作二十三年进士,未详孰据,疑误。”

《登科记考》卷八开元二十五(737)进士科录载张甫,《登科记考补正》卷七开元十三年(725)进士科修改系年。

【祖咏】开元十三年(725)进士及第。

(唐)姚合《极玄集》卷上,祖咏下注:“开元十三年进士。”

(宋)计有功《唐诗纪事》卷二〇《祖咏》:“有司试《终南山望余雪》诗,咏赋云:‘终南阴岭秀,积雪浮云端。林表明霁色,城终增暮寒。’四句即纳于有司。或诘之,咏曰:‘意尽。’……咏,登开元进士第……开元中,进士唱第尚书省,落第者至省门散去。咏吟曰:‘落去他三三两两戴帽子,日暮祖侯吟一声,长安竹柏皆枯死。’”

(宋)陈振孙《直斋书录解题》卷一九录载《祖咏集》一卷,注云:“唐祖咏撰。开元十二年进士。”

(元)释圆至《笺注唐贤三体诗法》卷十四:“祖咏,开元十三年杜绾榜进士。”

(元)辛文房撰,傅璇琮主编《唐才子传校笺》(册一)卷一《祖咏》:“咏,洛阳人。开元十二年杜绾榜进士。”

(元)辛文房撰,傅璇琮主编《唐才子传校笺》(册一):“开元十一年,源少良下及进士第。”按“源少良下”当作“源少良榜”之误。

按《登科记考》卷七列祖咏开元十二年(724)进士,误。《登科记考补正》卷七开元十三年(725)进士科修改系年。

【高盖】高宪长子。开元十三年(725)进士。

《唐代墓志汇编》开元二六四,《先府君(高宪)玄堂刻石记》:“先府君讳宪,字志平,族高氏。”按墓志撰于开元十五年(727)闰九月十七日,署“嗣子前乡贡进士盖述。”是知高盖进士及第在开元十五年之前。

《登科记考》卷八开元二十五(737)进士科录载高盖,《登科记考补正》卷七开元十三年(725)进士科修改系年。

陈尚君《〈登科记考〉正补》:“《文苑英华》卷四九收高盖、王谭、张甫、陶举、敬括《花萼楼赋》,皆以‘花萼楼赋一首并序’为韵,为同年试。《玉海》卷一六四引《登科记》:‘开元十三年进士试《花萼楼赋》。’徐氏仅据王赋‘百有二十载’语系于廿五年,非是。《全唐文》卷三九五高盖等三人传作二十三年进士,未详孰据,疑误。”

【陶举】开元十三年(725)进士。

陈尚君《〈登科记考〉正补》:“《文苑英华》卷四九收高盖、王谭、张甫、陶举、敬括《花萼楼赋》,皆以‘花萼楼赋一首并序’为韵,为同年试。《玉海》卷一六四引《登科记》:‘开元十三年进士试《花萼楼赋》。’徐氏仅据王赋‘百有二十载’语系于廿五年,非是。《全唐文》卷三九五高盖等三人传作二十三年进士,未详孰据,疑误。”

《登科记考》卷八开元二十五(737)进士科录载陶举,《登科记考补正》卷七开元十三年(725)进士科、修改系年。

【敬括】字叔弓,河东人。开元十三年(725)进士,又制科及第。为殿中侍御史,后刺同州,天宝末,为果州刺史。官至御史大夫,兵部侍郎。大历六年卒。

《旧唐书》卷一一五《敬晦传》:“敬括,河东人也。少以文词称。乡举进士,又应制登科,再迁右拾遗、内供奉、殿中侍御史。天宝末,宰臣杨国忠出不附己者,括以例为果州刺史。累迁给事中、兵部侍郎、大理卿。性深厚。志尚简淡,在职不务求名,因循而已。大历初,叛臣周智光伏诛,诏选循良为近辅,以括为同州刺史。岁余,入为御史大夫……大历六年三月卒。”

(宋)计有功《唐诗纪事》卷一九《敬括传》:“括,字叔弓,河中人。为殿中侍御史,不谐附杨国忠,出知果州。入为兵侍,志简淡,不求名。后刺同州,隐然持重,大历中卒。”

《新唐书》卷一七七《敬晦传》:“敬晦字日彰,河中河东人。祖括,字叔弓,进士及第,迁殿中侍御史。杨国忠恶不谐己,外除果州刺史,进累兵部侍郎。志简淡,在职不求名。

周智光已诛，议者健括才，选为同州刺史，拜御史大夫。隐然持重，弗以私害公。大历中卒。”

《登科记考》卷八开元二十五年(737)进士科、卷二七《附考·制科》分别录载敬括。《登科记考补正》卷七开元十三年(725)进士科重新系年。

陈尚君《〈登科记考〉正补》：“《文苑英华》卷四九收高盖、王諲、张甫、陶举、敬括《花萼楼赋》，皆以‘花萼楼赋一首并序’为韵，为同年试。《玉海》卷一六四引《登科记》：‘开元十三年进士试《花萼楼赋》。’徐氏仅据王赋‘百有二十载’语系于廿五年，非是。《全唐文》卷三九五高盖等三人传作二十三年进士，未详孰据，疑误。”

明经科

【蒋渤】乐安人。开元十三年(725)明经及第，调补豫州汝阳主簿。

《秦晋豫新出墓志蒐佚续编》六五七，大历十年(775)八月二十九日《唐故居士蒋公墓志铭并序》：“公讳渤，其先乐安人也……弱冠明经擢第，调补豫州汝阳主簿。”按以大历十年(775)卒，春秋七十推之，蒋渤弱冠在开元十三年(725)。

诸科

【刘晏】字士安，曹州南华人。开元十三年(725)第童子科，为秘书正字。代宗时官至吏部尚书、平章事。

《旧唐书》卷一二三《刘晏传》：“刘晏字士安，曹州南华人。年七岁，举神童，授秘书省正字。累授夏县令，有能名。历殿中侍御史，迁度支郎中、杭陇华三州刺史，寻迁河南尹。时史朝义盗据东都，寄理长水。入为京兆尹，顷之，加户部侍郎、兼御史中丞，判度支，委府事于司录张群、杜亚，综大体，议论号为称职。无何，为酷吏敬羽所构，贬通州刺史。复入为京兆尹、户部侍郎，判度支。时颜真卿以文学正直出为利州刺史，晏举真卿自代为户部，乃加国子祭酒。宝应二年，迁吏部尚书、平章事，领度支盐铁转运租庸使。坐与中官程元振交通，元振得罪，晏罢相，为太子宾客。寻授御史大夫，领东都、河南、江淮、山南等道转运租庸盐铁使如故。”

(唐)郑处诲《明皇杂录》卷上：“时刘晏以神童为秘书正字，年十岁，形状狞劣，而聪悟过人。”按据《新唐书》卷一四九本传记载，刘晏卒于建中元年(780)，春秋六十五，则其十岁时在开元十三年。

《登科记考》卷七开元九年(721)诸科录有刘晏。《登科记考补正》卷七改系刘晏开元十三年(725)诸科及第。

制科

【冯万石】开元十三年(725)考判入等。

(宋)乐史《广卓异记》卷一九《九登科选》：“右按《登科记》：冯万石，圣历元年进士及第，大足元年嫉恶科，神龙二年才高位下科，景云三年怀能抱器科，开元二年重考及第，六年超群拔类科，十三年考判入等，十六年又判入等，二十六年文词雅丽科，凡九度登科选。”

《登科记考》卷七开元十三年(725)拔萃科录载冯万石。

【陈居】字达，颍川人。开元十三年(725)制科及第。官至大理评事。

《全唐文补遗》第八辑，陈宗撰天宝四载(745)十二月二十三日《大唐故大理评事陈府君(居)墓志铭并序》："君讳居，字达，颍川人也……弱冠，应文词制举，策试登科。拜鄂王府典签、兼集贤院校理，转谯郡司功参军，迁大理评事……天宝四载十一月六日，终于睢阳郡传舍，春秋四十。"按以天宝四载(745)，春秋四十推之，陈居弱冠之年为开元十三年(725)。

开元十四年丙寅(726)

知贡举：考功员外郎严挺之

进士科

【严迪】开元十四年(726)状元及第。

(元)辛文房撰，傅璇琮主编《唐才子传校笺》(册一)卷一《储光羲》条云："光羲，兖州人。开元十四年严迪榜进士。"

《登科记考》卷七开元十四年(726)进士科录载严迪为状元。

【左光胤】字子明。开元十四年(726)进士及第。同年以岳牧举及第，授蒲州鄄城主簿。官至河南府清河县主簿。

《唐代墓志汇编》天宝〇三七，张楚金撰天宝二年(743)十二月七日《唐故朝请郎行河南府清河县主簿左府君(光胤)墓志铭并序》："君讳光胤，字子明，其先鲁人也……初以国子进士擢第，是岁复以岳牧举策高第，制授濮州甄城主簿。"按《唐代墓志汇编》开元四一四，载开元二十三年(735)三月四日《唐故吏部常选谯郡夏侯□(昣)墓志铭并序》，署"东封应制及第宗杞撰"，《册府元龟》载玄宗于开元十三年十一月东封泰山，十四年"七月癸巳，上御雒城南门楼，亲试岳牧举人及东封献赋颂人"。则宗杞、左光胤东封应制及第(岳牧举)当在开元十四年。

《登科记考补正》卷七开元十四年(726)进士科增补左光胤。

【崔国辅】青州人。开元十四年(726)进士，二十三年(735)牧宰科及第。为集贤直学士，累迁礼部员外郎。

《全唐文》卷四〇二，作者小传："国辅，青州人。应县令举，授抒昌令、集贤直学士，礼部员外郎。"

《全唐文》卷五二八，顾况《监察御史储公集序》："开元十四年，严黄门知考功，以鲁国储公进士高第，与崔国辅员外、綦毋潜著作同时。明年，擢第常建少府王龙标昌龄，此数人皆当时之秀。"

(元)辛文房撰，傅璇琮主编《唐才子传校笺》(册一)卷一《崔国辅》条云："国辅，山阴人。开元十四年严迪榜进士，与储光羲、綦毋潜同时。累迁集贤直学士、礼部郎中。天宝间，坐是王铁近亲，贬竟陵司马。”

《登科记考》卷七开元十四年（726）进士科、卷八开元二十三年（735）制科分别录载崔国辅。

【储光羲】润州延陵人。开元十四年（726）进士，又诏中书试文章，官监察御史。有《正论》十五卷等著述。

储光羲《贻丁主簿仙芝别诗》注：“予后及第，又应制授官。”按《新唐书》卷五九《艺文三》著录储光羲《正论》十五卷，注云：“兖州人，开元进士第，又诏中书试文章，历监察御史，安禄山反，陷贼自归。”

（宋）晁公武《郡斋读书志校证》卷一七《别集类上》录《储光羲集》五卷，注云：“右唐储光羲也。鲁人。登开元十四年进士第，尝为监察御史。后从安禄山伪署，贼平，贬死。”

（元）辛文房撰，傅璇琮主编《唐才子传校笺》（册一）卷一《储光羲》条云：“光羲，兖州人。开元十四年严迪榜进士。”按此云光羲为兖州人，当就其族望而言。（唐）林宝《元和姓纂》卷二《储氏》：“开元汜水尉储光羲，润州人。”又：《新唐书》卷六〇《艺文四》：“包融诗一卷……融与储光羲皆延陵人。”延陵唐时为润州丹阳郡属县，治所在今江苏丹阳西南延陵镇。

《登科记考》卷七开元十四年（726）进士科录载储光羲。

嘉定《镇江志》卷一八：“储光羲，延陵人，进士第，又诏中书试文章，历官监察御史。”

至顺《镇江志》卷一九《科目·储光羲》：“储光羲，延陵人，开元十四年进士第，又诏中书试文章，历官至监察御史。”

【綦毋潜】字孝通，荆南（今湖北江陵）人。开元十四年（726）第进士。

《全唐文》卷五二八，顾况《监察御史储公集序》：“开元十四年，严黄门知考功，以鲁国储公进士高第，与崔国辅员外、綦毋潜著作同时。明年，擢第常建少府王龙标昌龄，此数人皆当时之秀。”

《新唐书》卷六〇《艺文志》：“綦母潜诗一卷。字孝通，开元中，繇宜寿尉入集贤院待制，迁右拾遗，终著作郎。”

（元）辛文房撰，傅璇琮主编《唐才子传校笺》（册一）卷一《綦毋潜》条云：“綦毋潜，荆南人。开元十四年严迪榜进士及第，授宜寿尉，迁右拾遗，入集贤院待制，复授校书。终著作郎。”

《登科记考》卷七开元十四年（726）进士科录载綦毋潜。

明经科

【王季昌】字纂兴，太原晋阳人。开元十四年（726）明经及第。

《邙洛碑志三百种》，天宝八载（749）十一月十一日《唐□季昌墓志》：“公讳季昌，字纂兴，太原晋阳人也。十九，孝廉擢第。”据墓志，季昌终于天宝八载（749）七月二十六日，享龄四十二，可推知其十九岁明经擢第时在开元十四年（726）。又：墓志载季昌曾祖子奇，皇雍州渭南县尉。祖庆玄,皇海州司马。父光宾,皇秘书省著作郎。据《新唐书》,卷七二中《宰相世系表》太原王氏之大房王氏,录有王子奇,青州司户参军;子奇五子:是为庆贤、庆祚、庆符、庆诜、庆玄。庆玄子光复,则季昌姓氏为王。

制科

【开承简】字混成,广陵江都人。开元十四年(726)才堪将帅举及第。

《唐代墓志汇编》开元三八九,郭虚己撰开元二十一年(733)十一月九日《唐故宣州溧阳县令赠秘书丞上柱国开府君(承简)墓志并序》:"公讳承简,字混成,广陵江都人也……去开元十四年,国子博士范行恭举公才堪将率。时中书令燕公以兵权事重,尤难其选,乃于数千人中,得一二俊贤。公居其首,天下以为美谈。惜乎! 官未授而卒,时年六十有六。"

【尹畅】开元十四年(726)登贤良方正科。

《登科记考》卷七开元十四年(726)制科录载尹畅。

【左光胤】字子明。开元十四年(726)进士及第。同年以岳牧举及第,授蒲州鄄城主簿。官至河南府清河县主簿。

《唐代墓志汇编》天宝〇三七,张楚金撰天宝二年(743)十二月七日《唐故朝请郎行河南府清河县主簿左府君(光胤)墓志铭并序》:"君讳光胤,字子明,其先鲁人也……初以国子进士擢第,是岁复以岳牧举策高第,制授濮州甄城主簿。"按《唐代墓志汇编》开元四一四,载开元二十三年(735)三月四日《唐故吏部常选谯郡夏侯□(昣)墓志铭并序》,署"东封应制及第宗杞撰",《册府元龟》载玄宗于开元十三年十一月东封泰山,十四年"七月癸巳,上御雒城南门楼,亲试岳牧举人及东封献赋颂人"。则宗杞、左光胤东封应制及第(岳牧举)当在开元十四年。

《登科记考补正》卷七开元十四年(726)制科增补左光胤。

【宗杞】开元十四年(726)岳牧举及第。

《唐代墓志汇编》开元四一四,载开元二十三年(735)三月四日《唐故吏部常选谯郡夏侯□(昣)墓志铭并序》,署"东封应制及第宗杞撰",《册府元龟》载玄宗于开元十三年十一月东封泰山,十四年"七月癸巳,上御雒城南门楼,亲试岳牧举人及东封献赋颂人"。则宗杞东封应制及第当在开元十四年。

《登科记考补正》卷七开元十四年(726)制科增补宗杞。

【袁映】开元十四年(726)登贤良方正科。

《全唐文》卷三五一,录有袁映《神岳举贤良方正策》,作者小传云:"映,元宗时人。"

(宋)李昉等《文苑英华》卷四八一《策五》,《神岳举贤良方正策》袁映作品下注:"未审何年。"按:玄宗于开元十三年东封,十四年试神岳举人。

《登科记考》卷七开元十四年(726)制科录载袁映。

开元十五年丁卯(727)

知贡举：考功员外郎严挺之

进士科

【李嶷】开元十五年(727)状元及第。

(元)辛文房撰,傅璇琮主编《唐才子传校笺》(册一)卷二《王昌龄》条云:“昌龄字少伯,太原人。开元十五年李嶷榜进士。”

《登科记考》卷七开元十五年(727)进士科录载李嶷。

【王昌龄】字少伯,京兆人。开元十五年(727)进士第,补校书郎。又中博学宏词,迁汜水尉。官秘书郎。

《全唐文》卷五二八,顾况《监察御史储公集序》:“开元十四年,严黄门知考功,以鲁国储公进士高第,与崔国辅员外、綦毋潜著作同时。明年,擢第常建少府王龙标昌龄,此数人皆当时之秀。”

《旧唐书》卷一九〇下《文苑下·王昌龄传》:“王昌龄者,进士登第,补秘书省秘书郎。又以博学宏词登科,再迁汜水县尉。”

(宋)计有功《唐诗纪事》卷二四《王昌龄》:“昌龄,字少伯,江宁人。中第,补校书郎。又中博学鸿词科,迁汜水尉。”按王昌龄籍贯史载有三说:一为江宁说,《新唐书·文艺传》:“昌龄字少伯,江宁人。”《唐诗纪事》记载相同。二是太原说,《河岳英灵集》卷中,王昌龄评有云“太原王昌龄”,《唐才子传》卷二因之。三为京兆人,《旧唐书·文苑传》下云:“开元、天宝间,文士知名者,汴州崔颢、京兆王昌龄、高适、襄阳孟浩然,皆名位不振,唯高适官达,自有传。”《全唐诗》卷一四〇小传记载相同。王昌龄于开元末曾任江宁丞,唐人习称之谓王江宁,此为江宁说之由来。王氏族望太原,太原说非指其籍贯。王昌龄实为京兆(今西安市)人。

《新唐书》卷二〇三《文艺下·王昌龄传》:“昌龄字少伯,江宁人。第进士,补秘书郎。又中宏辞,迁汜水尉。不护细行,贬龙标尉。以世乱还乡里,为刺史闾丘晓所杀。张镐按军河南,兵大集,晓最后期,将戮之,辞曰:‘有亲,乞贷余命。’镐曰:‘王昌龄之亲欲与谁养?’晓默然。昌龄工诗,绪密而思清,时谓王江宁云。”

(宋)晁公武《郡斋读书志校证》卷一七《别集类上》录《王昌龄诗》六卷,注云“右唐王昌龄,少伯也。江宁人。开元十五年进士,为秘书郎,又中宏词科。”

(宋)陈振孙《直斋书录解题》卷一九录载《王江宁集》一卷,注云:“唐龙标尉江宁王昌龄少伯撰。与常建俱开元十四年进士。二十二年选宏辞,超绝群类,为汜水尉,不护细行,贬龙标。”

(元)辛文房撰,傅璇琮主编《唐才子传校笺》(册一)卷二《王昌龄》条云:“昌龄字少伯,太原人。开元十五年李嶷榜进士,授汜水尉,又中宏辞,迁校书郎。”

《登科记考》卷七开元十五年(727)进士科录载王昌龄。

【**杜颀**】开元十五年(727)第进士,与王昌龄同年。

《登科记考》卷七开元十五年(727)进士科录载杜颀。

【**陆据**】字据,一说字德邻,河南人。开元十五年(727)进士及第,初授陈留尉,官至尚书司勋员外郎。

《全唐文补遗》千唐志斋新藏专辑,王端撰天宝十四载(755)五月《大唐故尚书司勋员外郎河南陆府君(据)墓志铭并序》:"伊有唐天宝十有三载十二月戊戌,尚书司勋郎陆公捐馆于长安崇义里之私第,春秋五十有四……公讳据,字据……廿七,进士擢第,解褐陈留尉。"按《登科记考补正》卷二七《附考·进士科》录有及第时间无考之陆据,考云:"《旧书·文苑传》:'陆据,周上庸公腾六代孙。举进士。'《新书》:'据字德邻,河南人。'"孟按:"《全唐文补遗》册六,陆据撰开元二十八年(740)四月《源衍墓志》署'前乡贡进士',则其擢第当在此之前。"现据《陆据墓志》可知:陆据卒于天宝十三载(754),春秋五十四,则其二十七岁进士擢第时在开元十五年(727)。陆据字据,《新书》云字德邻,未知是否陆据曾用字?

【**常建**】长安人。开元十五年(727)第进士。

《全唐文》卷五二八,顾况《监察御史储公集序》:"开元十四年,严黄门知考功,以鲁国储公进士高第,与崔国辅员外、綦毋潜著作同时。明年,擢第常建少府王龙标昌龄,此数人皆当时之秀。"

(宋)晁公武《郡斋读书志校证》卷一七《别集类上》录《常建集》一卷,注云:"右唐常建也。开元十五年进士。"

(宋)陈振孙《直斋书录解题》卷一九录载《王江宁集》一卷,注云:"唐龙标尉江宁王昌龄少伯撰。与常建俱开元十四年进士。二十二年选宏辞,超绝群类,为汜水尉,不护细行,贬龙标。"

《登科记考》卷七开元十五年(727)进士科录载常建。

明经科

【**皇甫□**】开元十五年(727)明经及第。官郑州新郑县尉。

(宋)李昉等《文苑英华》卷九六〇《志》载梁肃《郑州新郑县尉安定皇甫君墓志铭》:"君讳某,字某……弱冠以明经登第,始长安丞。"按:据墓志,皇甫某为侁之弟,攸之父。以兴元元年(784)卒,春秋七十七推之,其弱冠岁在开元十五年。

《登科记考》卷二七《附考·明经科》录载皇甫□,《登科记考补正》卷七开元十五年(727)明经科系年。

【**崔夐**】字光远。开元十五年(727)明经及第。官监察御史、四镇节度判官。

《唐代墓志汇编》乾元〇一〇,裴颖撰乾元二年(759)七月十八日《大唐宣义郎行左卫骑曹参军摄监察御史赐紫金鱼袋四镇节度判官崔君(夐)墓志铭》:"清河崔君讳夐,字光远……年二十七,明经擢第,调补泽州晋城县尉。"按崔夐卒于乾元二年(759),春秋五十九,则其二十七岁明经擢第时在开元十五年。

【王缙】字夏卿，太原祁人，王维之弟。开元十五年(727)举草泽及文辞清丽科上第。累授侍御史、武部员外郎。肃宗时拜黄门侍郎、同中书门下平章事。大历五年，授门下侍郎、中书门下平章事。建中二年卒，年八十二。

《旧唐书》卷一一八《王缙传》："王缙字夏卿，河中人也。少好学，与兄维早以文翰著名。缙连应草泽及文辞清丽举，累授侍御史、武部员外。禄山之乱，选为太原少尹，与李光弼同守太原，功效谋略，众所推先，加宪部侍郎，兼本官。时兄维陷贼，受伪署，贼平，维付吏议，缙请以己官赎维之罪，特为减等。缙寻入拜国子祭酒，改凤翔尹、秦陇州防御使，历工部侍郎、左散骑常侍。撰《玄宗哀册文》，时称为工。改兵部侍郎。属平殄史朝义，河朔未安，诏缙以本官河北宣慰，奉使称旨。广德二年，拜黄门侍郎、同平章事、太微宫使、弘文崇贤馆大学士。其年，河南副元帅李光弼薨于徐州，以缙为侍中、持节都统河南、淮西、山南东道诸节度行营事。缙恳让侍中，从之，加上柱国，兼东都留守。岁余，迁河南副元帅，请减军资钱四十万贯修东都殿宇。大历三年，幽州节度使李怀仙死，以缙领幽州、卢龙节度……二岁，罢河东归朝，授门下侍郎、中书门下平章事……大历十四年，除太子宾客，留司东都。建中二年十二月卒，年八十二。"

《新唐书》卷一四五《王缙传》："王缙字夏卿，本太原祁人，后客河中。少好学，与兄维俱以名闻。举草泽、文辞清丽科上第，历侍御史、武部员外郎。禄山乱，擢太原少尹，佐李光弼，以功加宪部侍郎，迁兵部。史朝义平，诏宣慰河北，使还有指，俄拜黄门侍郎、同中书门下平章事。进侍中，持节都统河南、淮西、山南东道诸节度行营事。辞侍中，加东都留守。"

(宋)计有功《唐诗纪事》卷一六《王缙》："缙，字夏卿，河中人。与兄维俱以名闻。举草泽文辞清丽科上第，相肃宗。"

《登科记考》卷七开元十五年(727)制科录载王缙。

嘉靖《太原县志》卷二《人物》："(维)弟缙，少好学，与兄齐名，举草泽文章清丽科，擢太原少尹。"

【邓景山】开元十五年(727)高才沉沦、草泽自举科及第。

(宋)王溥《唐会要》卷七六《贡举中·制科举》："(开元十五年)高才沉沦、草泽自举科邓景山及第。"

(宋)王钦若等《册府元龟》卷六四五《贡举部(七)·科目》："(开元)十五年二月，制曰：'草泽中有文武高才者，听诣阙自举。'是年，应武足安边科(郑昉、樊衡及第)，高才沉沦草泽自举科。(邓景山及第。)"

《登科记考》卷七开元十五年(727)制科录载邓景山。

【郑昉】开元十五年(727)武足安边科及第。

(宋)王溥《唐会要》卷七六《贡举中·制科举》："(开元)十五年，武足安边科郑昉、樊衡及第。"

(宋)王钦若等《册府元龟》卷六四五《贡举部(七)·科目》："(开元)十五年二月，制曰:‘草泽中有文武高才者,听诣阙自举。’是年,应武足安边科(郑昉、樊衡及第),高才沉沦草泽自举科(邓景山及第)。”

(清)劳格、(清)赵钺《唐尚书省郎官石柱题名考》(月河精舍丛书,光绪丙戌本)三中,记载开元十九年博学宏辞科郑昉及第。仕为吏、户二部郎中。

《登科记考》卷七开元十五年(727)制科录载郑昉。

【管元惠】字元惠,平昌人。开元十五年(727)武足安边科及第。再举武可戢兵。官至中大夫福州刺史。

《全唐文补遗》第三辑,苏预撰天宝元年(742)二月十五日《唐故中大夫福州刺史管府君(元惠)神道碑并序》:“公讳元惠,字元惠,平昌人也……始,门荫为卫官,寻调左金吾长上。一举武可安边,再举武可戢兵,累践甲科,仍安下位。”按:据志文,元惠曾祖崖,隋青州刺史;父琮,成均孝廉。

《登科记考补正》卷七开元十五年(727)制科录载管元惠,考云:元惠卒于开元二十六年(738),春秋七十四。今所知天宝前惟本年有“武足安边科”,因附是年。

【樊诛】一作樊泳,河中人。开元十五年(727)登高才沉沦、草泽自举科。曾官试大理评事、太原府祁县尉。

《全唐文补遗》第四辑,于邵撰贞元九年(793)十月三日《大唐故太原府祁县尉黔中道采访判官赠尚书兵部侍郎南阳樊公(泳)墓志铭并序》:“公讳泳,字泳……今为南阳人也……开元中,有诏征天下贤良方正,公应辟观光,对敭清问。时与故相国王公缙、太原尹邓公□□同登甲科,授濮州鄄城县尉,历深州饶阳、太原祁县尉,非其好也。”

(唐)林宝《元和姓纂》卷四《南阳湖阳县樊氏》:“弘裔孙诛,制举及第,今止河东。”

《旧唐书》卷一二二《樊泽传》:“樊泽字安时,河中人也。父诛,开元中举草泽,授试大理评事,累赠兵部尚书。”

(宋)魏仲举《五百家注释韩昌黎全集》卷三四《樊绍述墓志铭》孙注曰:“开元中泳举草泽科。”

《登科记考》卷七开元十五年(727)制科录载樊诛。

【樊衡】开元十五年(727)武足安边科及第。

(宋)王溥《唐会要》卷七六《贡举中·制科举》:“(开元)十五年,武足安边科郑昉、樊衡及第。”

(宋)王钦若等《册府元龟》卷六四五《贡举部(七)·科目》:“(开元)十五年二月,制曰:‘草泽中有文武高才者,听诣阙自举。’是年,应武足安边科(郑昉、樊衡及第),高才沉沦草泽自举科。(邓景山及第。)”

《登科记考》卷七开元十五年(727)制科录载樊衡。

开元十六年戊辰(728)

知贡举：考功员外郎严挺之

进士科

【虞咸】开元十六年(728)进士科状元及第。又擢书判拔翠科。曾为同官令。

《全唐文》卷四〇〇,虞咸小传云:“咸,开元时擢书判拔翠科。”

(宋)李昉等《太平广记》卷一〇〇《释证二·屈突仲任》引《纪闻》:“同官令虞咸颇知名,开元二十三年春往温县。”

(元)辛文房撰,傅璇琮主编《唐才子传校笺》(册一)卷二《贺兰进明》条云:“进明,开元十六年虞咸榜进士及第”。

《登科记考》卷七开元十六年(728)进士科、卷二七《附考·制科》录载虞咸。

【贺兰进明】开元十六年(728)进士及第。官至御史大夫、岭南节度使。

(宋)计有功《唐诗纪事》卷一七《贺兰进明》:“贺兰进明登开元十六年进士第。肃宗时,进明为北海太守,诣行在。上命房琯以进明为南海太守兼御史大夫、岭南节度使。”

(元)辛文房撰,傅璇琮主编《唐才子传校笺》卷二《贺兰进明》条云:“进明,开元十六年虞咸榜进士及第”。

《登科记考》卷七开元十六年(728)进士科录载贺兰进明。

诸科

【李泌】字长源,京兆人。开元十六年(728)童子科及第。

《新唐书》卷一三九《李泌传》:“李泌,字长源,魏八柱国弼六世孙,徙居京兆。七岁知为文。开元十六年,悉召能言佛、道、孔子者,相答南禁中。有员俶者,九岁升座,词便注射,坐人皆屈。帝异之,曰:‘半千孙,固当然。’因问曰:‘童子岂有类若者?’俶跪奏:‘臣舅子李泌。’帝即驰召之。泌既至,帝方与燕国公张说观弈,因使说试其能。说请赋‘方圆动静’,泌逡巡曰:‘愿闻其略。’说因曰:‘方若棋局,圆若棋子,动若棋生,静若棋死。’泌即答道:‘方若行义,圆若用智,动若骋才,静若得意。’说因贺帝得奇童。”按:据两《唐书》,李泌卒于贞元五年(789)三月,春秋六十八,则其七岁时在开元十六年。

四库本《陕西通志》卷三〇《选举一·诸科·唐》于“童子科”下著录:“李泌,京兆人,举奇童。”

【员俶】开元十六年(728)童子科及第。

《新唐书》卷五九《艺文三》:“员俶《太玄幽赞》十卷。开元四年京兆府童子,进书,召试及第,授散官文学,直弘文馆。”

《新唐书》卷一三九《李泌传》:“李泌,字长源,魏八柱国弼六世孙,徙居京兆。七岁知为文。开元十六年,悉召能言佛、道、孔子者,相答南禁中。有员俶者,九岁升座,词便注射,坐人皆屈。帝异之,曰:‘半千孙,固当然。’因问曰:‘童子岂有类若者?’俶跪奏:‘臣舅子李泌。'帝即驰召之。泌既至,帝方与燕国公张说观弈,因使说试其能。说请赋'方圆动静',泌逡巡曰:'愿闻其略。'说因曰:'方若棋局,圆若棋子,动若棋生,静若棋死。'泌即答道:'方若行义,圆若用智,动若聘才,静若得意。'说因贺帝得奇童。"按据两《唐书》,李泌卵贞元五年(789)三月,春秋六十八,则其七岁时在开元十六年。

制科

【冯万石】开元十六年(728)又考判入等。

(宋)乐史《广卓异记》卷一九《九登科选》:"右按《登科记》:冯万石,圣历元年进士及第,大足元年嫉恶科,神龙二年才高位下科,景云三年怀能抱器科,开元二年重考及第,六年超群拔类科,十三年考判入等,十六年又判入等,二十六年文词雅丽科,凡九度登科选。"

《登科记考》卷七开元十六年(728)制科录载冯万石。

科目未详

【姚阓】字阓,吴兴人。弱冠弘文生高第,释褐左卫率府兵曹。官终魏郡贵乡县令。

《秦晋豫新出墓志蒐佚》五六七,天宝十二载(753)四月二十六日《大唐故魏郡贵乡县令姚府君墓志铭并序》:"公讳阓,字阓,吴兴人也……弱冠弘文生高第,发迹左卫率府兵曹。"按以天宝十一载(752)卒,春秋卌有四推之,姚阓弱冠在开元十六年(728)。

开元十七年己巳(729)

知贡举:考功员外郎赵不为

进士科

【王正卿】开元十七年(729)进士科状元及第。

(宋)李昉等《太平广记》卷二七七《梦二·樊系》引《定命录》:"员外郎樊系,未应举前一年,曾梦及第。榜出,王正卿为榜头,一榜二十六人。明年方举,登科之后,果是王正卿为首,人数亦同。"

《登科记考》卷七开元十七年(729)进士科录载王正卿。

【樊系】开元十七年(729)进士及第。历官校书郎、泾阳县尉。

(宋)李昉等《太平广记》卷二七七《梦二·樊系》引《定命录》:"员外郎樊系,未应举前一年,曾梦及第。榜出,王正卿为榜头,一榜二十六人。明年方举,登科之后,果是王正卿为首,人数亦同。系又自校书郎调选,吏部侍郎达奚珣,深器之。一注金城县尉,系不受。达奚公云:'校书得金城县尉不作,更作何官?'系曰:'不敢嫌畿尉,但此官不是系官。'经月余,本铨更无阙与换,抑令入甲,系又不伏。其时崔异于东铨注泾阳尉,缘是忧缺,不授。异,尚书崔翘之子。遂别求换一阙,适遇系此官不定。当日榜引,达奚谓云:'不作金城耶,与公改注了。公自云合得何官耶?'系云:'梦官合带阳字。'达奚叹曰:'是命也。’因令唱示(示原作云,据明钞本改),乃泾阳县尉。”

《登科记考》卷七开元十七年(729)进士科录载樊系。

诸科

【萧同节】荆州人。开元十七年(729)与兄同和皆童子科及第。

(宋)乐史《广卓异记》卷一九《兄弟同年童子及第》:“右按《登科记》:开元十七年,荆州解童子萧同和并弟同□俱及第。”按《登科记考》卷七开元十七年(729)诸科录载萧同和,萧同□。《登科记考补正》卷七开元十七年(729)诸科补名,考云:“四库本(宋)乐史《广卓异记》‘同□’作‘同节’,今补其名。”

【萧同和】荆州人。开元十七年(729)与弟同节皆童子科及第。

(宋)乐史《广卓异记》卷一九《兄弟同年童子及第》:“右按《登科记》:开元十七年,荆州解童子萧同和并弟同□俱及第。”按《登科记考》卷七开元十七年(729)诸科录载萧同和,萧同□。《登科记考补正》卷七开元十七年(729)诸科补名,考云:“四库本(宋)乐史《广卓异记》‘同□’作‘同节’,今补其名。”

制科

【吴巩】进士及第。开元十七年(729)才高未达、沉迹下僚科及第。

(宋)王溥《唐会要》卷七六《贡举中・制科举》:“(开元)十七年,才高未达、沉迹下僚科,吴巩及第。”

(宋)王钦若等《册府元龟》卷六四五《贡举部(七)・科目》:“(开元)十七年,才高未达沉迹下僚科。(吴巩及第。)”

《登科记考》卷七开元十七年(729)制科录载吴巩。

【李诚】字元成,魏郡顿丘人。开元十七年(729)举文学登第。曾官秘书少监。

《全唐文》卷三九一,独孤及撰《唐故朝散大夫中书舍人秘书少监顿邱李公(诚)墓志》:“公讳诚,字元成,魏郡顿丘人……年十六,户部尚书姚珽以贤良荐,比之终贾。开元三年举进士,十年举茂才,十七年举文学,皆射策取甲科。”按李诚开元三年(715)已举进士及第,则其开元十七年(729)所举文学,当为制科。

【苑咸】字咸。进士及第。开元十七年(729)制科及第。开元末上书拜官,历太子校书、中书舍人、集贤院学士、安陆郡太守。

《洛阳新出土墓志释录》,苑论撰元和六年(811)正月十四日《唐故中书舍人集贤院学士安陆郡太守苑公(咸)墓志铭并序》:“有唐故中书舍人、集贤院学士、安陆郡太守、馆陶县开国男苑公,以至德三年正月二十九日薨于扬州之官舍,享年卌九……公讳咸,字咸……七岁诵诗书,日数千言,十五能文,十八应乡赋,耻以文字进,以经济为己任。开元中,声明文物,振迈汉魏;求名之士,难于登天。公当此时,年始弱冠,为曲江公张九龄表荐。玄宗亲临前殿策试,除太子校书,仍留集贤院。”按:墓志未云苑咸进士及第,以卒于至德三年(758),享年四十九推之,其弱冠年在开元十七年(729)。

【薛僅】字沖用。开元十七年(729)才高未达、沉迹下僚科及第,官屯留县令。

《全唐文》卷三六二,徐季鸰《屯留令薛僅善政碑》:"开元二十年,有敕将幸太原,重巡潞藩。上顾谓侍中裴光庭,先择才能,俾宿储供。公以左拾遗膺是选也。公名僅,字沖用……会有制命举才高未达、沉迹下僚,宏词博识、至公从政者,上御紫宸殿,亲试亲考,入拜献替之司。"

《登科记考》卷七开元十七年(729)制科录载薛僅。

上书拜官

【卜长福】开元十七年(729)上书拜官,授富阳尉。

《新唐书》卷六〇《艺文四》:"卜长福《续文选》三十卷。开元十七年上,授富阳尉。"

《登科记考》卷七开元十七年(729)上书拜官录载卜长福。

【李镇】开元十七年(729)上书拜官,授门下典仪。

《新唐书》卷五八《艺文二》:"李镇注《史记》一百三十卷。开元十七年上,授门下典仪。"

《登科记考》卷七开元十七年(729)上书拜官录载李镇。

【辛之谔】开元十七年(729)上书拜官,授长社尉。

《新唐书》卷五九《艺文三》:"开元十七年,辛之谔上《叙训》二卷,授长社尉。"

《登科记考》卷七开元十七年(729)上书拜官录载辛之谔。

【韩佑】一作韩祐。开元十七年(729)上书拜官,授太常寺太祝。

《新唐书》卷五八《艺文二》:"韩祐《续古今人表》十卷。开元十七年上,授太常寺太祝。"

《登科记考》卷七开元十七年(729)上书拜官录作"韩佑"。

【裴杰】开元十七年(729)上书拜官,授临濮尉。

《新唐书》卷六〇《艺文四》:"裴杰《史汉异义》三卷。河南人,开元十七年上,授临濮尉。"

《登科记考》卷七开元十七年(729)上书拜官录载裴杰。

开元十八年庚午(730)

知贡举:考功员外郎刘日政

进士科

【崔明允】开元十八年(730)进士科状元及第,天宝元年(742)文辞秀逸科登第。

(宋)王钦若等《册府元龟》卷六四五《贡举部(七)·科目》:"天宝元年正月一日,诏:'有儒学博通及文词秀逸,或有军谋越众,或武艺绝伦者,具以名荐。'是年,有举文词秀逸科。(崔明允、颜真卿及第。)"

（元）辛文房撰，傅璇琮主编《唐才子传校笺》（册一）卷二《陶翰》条云："翰，润州人。开元十八年崔明允下进士及第。次年中博学宏词，与郑昉同时。"按文中"崔明允下进士及第"，当为"崔明允榜进士及第"。

《登科记考》卷七，开元十八年（730）："知贡举：崔明允。"按赵守俨点校云："崔明允又见卷九天宝元年文词秀逸科。本年知贡举疑为进士登第之误。"陈尚君考证认为："（赵守俨）所疑甚是。"

【陶翰】润州人。开元十八年（730）进士及第。次年博学宏词登科。官至太常博士、礼部员外郎。

《全唐文》卷五二八，顾况《礼部员外郎陶氏集序》："唐词臣姓陶氏，讳翰……开元十八年进士上第。天宝文明载，登宏词、拔萃两科。累陟太常博士、礼部员外郎。"

（元）辛文房撰，傅璇琮主编《唐才子传校笺》（册一）卷二《陶翰》条云："翰，润州人。开元十八年崔明允下进士及第。次年中博学宏词，与郑昉同时。"按文中"崔明允下进士及第"，当为"崔明允榜进士及第"。

《登科记考》卷七开元十八年（730）进士科录载陶翰。

嘉定《镇江志》卷一八："陶翰，润州人，进士第，历官礼部员外郎。"

至顺《镇江志》卷一九《科目・陶翰》："陶翰，润州人，开元十八年进士第，礼部员外郎。"

万历《丹徒县志》卷三《人物》："陶翰，开元间登进士第，历官礼部员外郎。"

【薛揔】河中宝鼎人。开元十八年（730）进士第。

《旧唐书》卷一四六《薛播传》："薛播，河中宝鼎人，中书舍人文思曾孙也。父元晖，什邡令，以播赠工部郎中。播，天宝中举进士，补校书郎，累授万年县丞、武功令、殿中侍御史、刑部员外郎、万年令……初，播伯父元暧终于隰城丞，其妻济南林氏，丹阳太守洋之妹，有母仪令德，博涉五经，善属文，所为篇章，时人多讽咏之。元暧卒后，其子彦辅、彦国、彦伟、彦云及播兄据、揔并早孤幼，悉为林氏所训导，以至成立，咸致文学之名。开元、天宝中二十年间，彦辅、据等七人并举进士，连中科名，衣冠荣之。"

《新唐书》卷一五九《薛播传》："薛播，河中宝鼎人。曾祖文思，官中书舍人。播早孤，伯母林通经史，善属文，躬授经诸子及播兄弟，故开元、天宝间，播兄弟七人皆擢进士第，衣冠光韪。"

（宋）魏仲举《五百家注释韩昌黎全集》卷二四《国子助教河东薛君墓志铭》孙注曰："薛总，开元十八年登进士第。"按"薛总"当作薛揔。

《登科记考》卷七开元十八年（730）进士科录载薛揔。

明经科

【张翃】字逸翰，安定人。开元十八年（730）明经及第。补郏城尉，官至郴州刺史。

《唐代墓志汇编》建中〇〇一，张士源撰建中元年（780）二月十四日《唐故郴州刺史赠持节都督洪州诸军事洪州刺史张府君（翃）墓志铭并序》："公讳翃，字逸翰，安定人也……

廿二,国子明经上第,解褐补郑城尉。”按张翃卒于大历十三年(778),享年七十,则其二十二岁时在开元十八年。

制科

【张秀明】开元十八年(730)吏部考判入等。

(宋)乐史《广卓异记》卷一九《举选·七登科选》:“右按《登科记》:张秀明,景云二年进士及第,三年拔超群流科,开元二年重考及第,七年超拔群类科,十八年吏部考判入等,十九年又判入等,二十三年宰拔科。凡七登科选。”

《登科记考》卷七开元十八年(730)制举拔萃科录载张秀明。

开元十九年辛未(731)

知贡举:考功员外郎裴敦复

进士科

【张钦敬】开元十九年(731)进士及第。又登博学宏词科。

《登科记考补正》卷七开元十九年(731)进士科录载张钦敬。

陈尚君《〈登科记考〉正补》:“叔孙玄观,开元间官大理司直,见岑仲勉《元和姓纂四校记》卷一〇。按(宋)李昉等《文苑英华》卷二三收叔孙玄观、萧昕、张钦敬三人《仲冬时令赋》,皆‘以题为韵’,同书卷一三八《诗·省试四》收萧昕、郭邕、张钦敬、叔孙玄观《洛出书》。是三人皆与萧昕为同年应试者。今知萧昕本年举博学宏词科,此前曾举进士,天宝初复举宏辞。此一赋一诗当为本年宏词或稍前之进士试题。昕举进士年代不详,故附系本年。参《文史》二十二辑张忱石先生《全唐诗无世次作者事迹考索》。”按:今取陈说。

【叔孙玄观】开元十九年(731)进士及第。又登博学宏词科。官大理司直。

《登科记考补正》卷七开元十九年(731)进士科录载叔孙玄观。

陈尚君《〈登科记考〉正补》:“叔孙玄观,开元间官大理司直,见岑仲勉《元和姓纂四校记》卷一〇。按(宋)李昉等《文苑英华》卷二三收叔孙玄观、萧昕、张钦敬三人《仲冬时令赋》,皆‘以题为韵’,同书卷一三八《诗·省试四》收萧昕、郭邕、张钦敬、叔孙玄观《洛出书》。是三人皆与萧昕为同年应试者。今知萧昕本年举博学宏词科,此前曾举进士,天宝初复举宏辞。此一赋一诗当为本年宏词或稍前之进士试题。昕举进士年代不详,故附系本年。参《文史》二十二辑张忱石先生《全唐诗无世次作者事迹考索》。”按:今取陈说。

【郭邕】字熙朝,太原人。开元十九年(731)进士及第。又登博学宏词科。官濮州雷泽县令。

《唐代墓志汇编》大历〇一九,郭湜撰大历四年(769)《大唐故濮州雷泽县令太原郭府君(邕)墓志铭并序》:“我亡令兄……讳邕字熙朝,太原人也……四登列位,三拜甲科,初以超资授江宁,后以常调署开封、河东、雷泽三邑,卒为奸臣所陷,贬于临贺郡。以天宝九年，终于客舍。”

《登科记考补正》卷七开元十九年(731)进士科录载郭邕。

陈尚君《〈登科记考〉正补》:“叔孙玄观，开元间官大理司直，见岑仲勉《元和姓纂四校记》卷一〇。按(宋)李昉等《文苑英华》卷二三收叔孙玄观、萧昕、张钦敬三人《仲冬时令赋》，皆‘以题为韵’，同书卷一三八《诗·省试四》收萧昕、郭邕、张钦敬、叔孙玄观《洛出书》。是三人皆与萧昕为同年应试者。今知萧昕本年举博学宏词科，此前曾举进士，天宝初复举宏辞。此一赋一诗当为本年宏词或稍前之进士试题。昕举进士年代不详，故附系本年。参《文史》二十二辑张忱石先生《全唐诗无世次作者事迹考索》。”按:今取陈说。

【萧昕】河南人。开元十九年(731)进士及第。又登博学宏词科。

《旧唐书》卷一四六《萧昕传》:“萧昕，河南人。少补崇文进士。开元十九年，首举博学宏辞，授阳武县主簿。天宝初，复举宏辞，授寿安尉，再迁左拾遗……贞元初，兼礼部尚书，寻复知贡举。五年致仕。七年，卒于家，年九十，废朝，谥曰懿。”

(宋)王谠撰，周勋初校证《唐语林校证》卷八《补遗·无时代》:“开元十九年置宏词，始于郑昕。”按“郑昕”为“萧昕”之误。

《登科记考补正》卷七开元十九年(731)进士科录载萧昕。又同书卷二七《附考·进士科》重复录载，当删。

陈尚君《〈登科记考〉正补》:“叔孙玄观，开元间官大理司直，见岑仲勉《元和姓纂四校记》卷一〇。按(宋)李昉等《文苑英华》卷二三收叔孙玄观、萧昕、张钦敬三人《仲冬时令赋》，皆‘以题为韵’，同书卷一三八《诗·省试四》收萧昕、郭邕、张钦敬、叔孙玄观《洛出书》。是三人皆与萧昕为同年应试者。今知萧昕本年举博学宏词科，此前曾举进士，天宝初复举宏辞。此一赋一诗当为本年宏词或稍前之进士试题。昕举进士年代不详，故附系本年。参《文史》二十二辑张忱石先生《全唐诗无世次作者事迹考索》。”按:今取陈说。

明经科

【张诚】一作“张诫”，字老莱，吴郡人。开元十九年(731)明经及第。曾官宋州砀山县令。

《全唐文》卷六七八，白居易《赠尚书工部侍郎张公(诚)神道碑铭》:“公讳诚，字老莱，吴郡人。公年十八，以通经中第。”以大历三年(768)卒、年五十五推之，及第在是年。

《登科记考》卷七开元十九年(731)明经科录载张诚。

孝廉科

【卢沇】字子衡，范阳人。开元十九年(731)孝廉及第。官豪州、郢州刺史。

《唐代墓志汇编》永贞〇〇二，卢洁撰永贞元年(805)十月二十日《唐故朝散大夫豪郢二州刺史上柱国卢府君(沇)夫人陇西李氏墓志铭并序》:“府君讳沇，字子衡，范阳人也……弱冠孝廉登科，调补杭州富阳县尉。”按以大历九年(774)卒，春秋六十三推之，卢氏弱冠岁在开元十九年。

《登科记考补正》卷七开元十九年(731)明经科增补卢沇。

制科

【张秀明】开元十九年(731)吏部考判入等。

(宋)乐史《广卓异记》卷一九《举选・七登科选》:"右按《登科记》:张秀明,景云二年进士及第,三年拔超群流科,开元二年重考及第,七年超拔群类科,十八年吏部考判入等,十九年又判入等,二十三年宰拔科。凡七登科选。"

《登科记考》卷七开元十九年(731)制科录载张秀明。

【张钦敬】开元十九年(731)进士及第。又登博学宏词科。

陈尚君《〈登科记考〉正补》:"叔孙玄观,开元间官大理司直,见岑仲勉《元和姓纂四校记》卷一〇。按(宋)李昉等《文苑英华》卷二三收叔孙玄观、萧昕、张钦敬三人《仲冬时令赋》,皆'以题为韵',同书卷一三八《诗・省试四》收萧昕、郭邕、张钦敬、叔孙玄观《洛出书》。是三人皆与萧昕为同年应试者。今知萧昕本年举博学宏词科,此前曾举进士,天宝初复举宏辞。此一赋一诗当为本年宏词或稍前之进士试题。昕举进士年代不详,故附系本年。参《文史》二十二辑张忱石先生《全唐诗无世次作者事迹考索》。"按今取陈说。

《登科记考补正》卷七开元十九年(731)制科录载张钦敬。

【叔孙玄观】开元十九年(731)进士及第。又登博学宏词科。官大理司直。

《登科记考补正》卷七开元十九年(731)制科录载叔孙玄观。

陈尚君《〈登科记考〉正补》:"叔孙玄观,开元间官大理司直,见岑仲勉《元和姓纂四校记》卷一〇。按(宋)李昉等《文苑英华》卷二三收叔孙玄观、萧昕、张钦敬三人《仲冬时令赋》,皆'以题为韵',同书卷一三八《诗・省试四》收萧昕、郭邕、张钦敬、叔孙玄观《洛出书》。是三人皆与萧昕为同年应试者。今知萧昕本年举博学宏词科,此前曾举进士,天宝初复举宏辞。此一赋一诗当为本年宏词或稍前之进士试题。昕举进士年代不详,故附系本年。参《文史》二十二辑张忱石先生《全唐诗无世次作者事迹考索》。"按:今取陈说。

【郑昉】开元十九年(731)登博学宏词科。

(宋)王溥《唐会要》卷七六《贡举中・制科举》:"(开元)十九年,博学宏词科,郑昉、陶翰及第。"

(宋)李昉等《太平御览》卷六二九:"(开元)十九年博学宏词科:郑昉、陶翰及第。"

(宋)王应麟《玉海》卷一一五《选举・唐制举》:"博学宏词开元十九年郑昉、陶翰。"

【郭邕】字熙朝,太原人。开元十九年(731)进士及第。又登博学宏词科。官濮州雷泽县令。

《唐代墓志汇编》大历〇一九,郭湜撰大历四年(769)《大唐故濮州雷泽县令太原郭府君(邕)墓志铭并序》:"我亡令兄……讳邕字熙朝,太原人也……四登列位,三拜甲科,初以超资授江宁,后以常调署开封、河东、雷泽三邑,卒为奸臣所陷,贬于临贺郡。以天宝九年,终于客舍。"

《登科记考补正》卷七开元十九年(731)制科录载郭邕。

陈尚君《〈登科记考〉正补》:“叔孙玄观,开元间官大理司直,见岑仲勉《元和姓纂四校记》卷一〇。按(宋)李昉等《文苑英华》卷二三收叔孙玄观、萧昕、张钦敬三人《仲冬时令赋》,皆‘以题为韵’,同书卷一三八《诗·省试四》收萧昕、郭邕、张钦敬、叔孙玄观《洛出书》。是三人皆与萧昕为同年应试者。今知萧昕本年举博学宏词科,此前曾举进士,天宝初复举宏辞。此一赋一诗当为本年宏词或稍前之进士试题。昕举进士年代不详,故附系本年。参《文史》二十二辑张忱石先生《全唐诗无世次作者事迹考索》。”按:今取陈说。

【陶翰】开元十九年(731)博学宏词科及第。

(宋)王溥《唐会要》卷七六《贡举中·制科举》:“(开元)十九年,博学宏词科,郑昉、陶翰及第。”

(宋)王应麟《玉海》卷一一五《选举·唐制举》:“博学宏词开元十九年郑昉、陶翰。”

《登科记考》卷七开元十九年(731)制科录载陶翰。

【萧昕】河南人。开元十九年(731)进士及第。又登博学宏词科。

《旧唐书》卷一四六《萧昕传》:“萧昕,河南人。少补崇文进士。开元十九年,首举博学宏辞,授阳武县主簿。天宝初,复举宏辞,授寿安尉,再迁左拾遗……贞元初,兼礼部尚书,寻复知贡举。五年致仕。七年,卒于家,年九十,废朝,谥曰懿。”

(宋)王谠撰,周勋初校证《唐语林校证》卷八《补遗·无时代》:“开元十九年置宏词,始于郑昕。”按“郑昕”为“萧昕”之误。

上书拜官

【冯中庸】字温,望出长乐,河南颍阳人。先天二年(713)应制及第,授郑州荥阳县尉,转同州朝邑县尉。开元十九年(731)上《政录》十卷,授河南汜水县尉。

《秦晋豫新出墓志蒐佚》四六三,魏启心撰开元二十六年(738)八月三十日《大唐故河南府汜水县尉长乐冯君墓志铭并序》:“君讳中庸,字温,其先望在长乐,迁往京邑,今为河南颍阳人……年十九,应制及第,授郑州荥阳县尉,秩满常调,判入高等,转同州朝邑县尉。上《政录》十卷,帝览而嘉之。”按中庸卒于开元二十六年(738),春秋四十四,则其十九岁应制及第在先天二年(713)。

《新唐书》卷五九《艺文三》:“冯中庸《政录》十卷。开元十九年上,授汜水尉。”

开元二十年壬申(732)

知贡举:考功员外郎裴敦复

进士科

【鲜于向】字仲通,渔阳人。开元二十年(732)进士及第。曾官京兆尹、汉阳郡太守。

《全唐文》卷三四三,颜真卿撰《中散大夫京兆尹汉阳郡太守赠太子少保鲜于公神道碑》:“公讳向,字仲通,以字行,渔阳人……开元二十年,年近四十,举乡贡进士高第。”按仲通卒于天宝十四载(755),享年六十二,则其开元二十年时为三十九岁。

《大唐西市博物馆藏墓志》三二四,姜公复撰贞元十三年(797)八月十九日《唐故刑部郎中剑南东川租庸使庐江何公妻陇西李氏夫人墓铭并序》:"有唐故刑部郎中、剑南东川租庸使、庐江何公邕之妻陇西李氏夫人,以贞元十三年五月十二日,寝疾捐舘舍于京兆府长安县崇贤里之私第,春秋五十二……夫人本姓鲜于,渔阳人也。以高叔祖匡绍,由太仆卿出牧于阆,夫人曾祖故简州长史讳士简,少孤,得慈于叔父,以爱从养,悦阆中而居之,今籍于新政三世矣。以烈考蓟襄公德于王,故赐姓李氏。祖讳令征,皇遂宁郡太守,赠太常卿、左散骑常侍。以履仁蕴德,实生夫人伯父讳仲通,举进士,官至京兆尹、剑南三川节度使、兼御史中丞。次生夫人烈考讳叔明,举孝廉,官亦至京兆尹,剑南东川节度使兼中丞、大夫,尚书仆射,太子太傅,真拜左仆射,太子太傅致仕,封蓟国公,谥曰襄。"

《登科记考》卷七开元二十年(732)进士科录载鲜于向。

【谭戭】曲阿人。开元二十年(732)进士及第。官长洲尉。

《登科记考》卷二七《附考·进士科》录载谭戭,《登科记考补正》卷七开元二十年(732)进士科系年。

嘉定《镇江志》卷一八:"谭戭,曲阿人,进士第,官长洲尉。"

至顺《镇江志》卷一九《科目·谭戭》:"谭戭,曲阿人,开元二十年登进士第。"

武举

【马元玚】字符玚,扶风人。开元二十年(732)武举及第。官左武卫中候。

《全唐文补遗》第七辑,《大唐故左武卫中候马府君(元玚)墓志铭并序》:"公讳元玚,字符玚,扶风人也……弱冠,资门荫补左卫翊卫。尝谓雕虫小技,弈叶不为;正鹄大侯,省括期中。又应平射举擢第,解褐右卫左执戟……以天宝叶洽岁夷则月乙卯日,遘疾云亡于长安城西之别舍,享年五十有五。"按其卒年为天宝二年(743)五月十七日,以志文"典历凡三任,考绩共一纪"推之,其擢第当在开元二十年。

《登科记考补正》卷七开元二十年(732)武举科增补马元玚。

上书拜官

【帅夜光】幽州人。开元二十年(732)上书拜官,授校书郎。诏直国子监。

(唐)林宝《元和姓纂》:"帅夜光上《三玄异义》,集贤院试玄策十道及第,诏直国子监。"

《新唐书》卷五九《艺文三》:"帅夜光《三玄异义》三十卷。幽州人。开元二十年上,授校书郎,直国子监。"

《登科记考》卷七开元二十年(732)制科录载帅夜光。

【陈庭玉】开元二十年(732)上书拜官,授校书郎。

《新唐书》卷五九《艺文三》:"陈庭玉上《老子疏》。开元二十年上,授校书郎。卷亡。"

《登科记考》卷七开元二十年(732)制科录载陈庭玉。

【柳縱】开元二十年(732)上书拜官,授章怀太子庙丞。

《新唐书》卷五九《艺文三》:"柳縱《注庄子》。开元二十年上,授章怀太子庙丞。"

《登科记考》卷七开元二十年(732)制科录载柳縱。

【高希峤】开元二十年(732)上书拜官,授清池主簿。

《新唐书》卷五八《艺文二》:"高希峤注《晋书》一百三十卷,开元二十年上,授清池主簿。"

《登科记考》卷七开元二十年(732)制科录载高希峤。

开元二十一年癸酉(733)

知贡举:考功员外郎李彭年

进士科

【徐徵】开元二十一年(733)进士科状元及第,曾官少监。

《新唐书》卷七五下《宰相世系表》五下,徐氏:"徵,少监。"

(元)辛文房撰,傅璇琮主编《唐才子传校笺》(册一)卷一《刘昚虚》条云:"昚虚,崧山人。姿容秀拔。九岁属文,上书召见,拜童子郎。开元十一年徐徵榜进士,调洛阳尉,迁夏县令。"按文中"开元十一年",当为"开元二十一年"。

(元)辛文房撰,傅璇琮主编《唐才子传校笺》(册一)卷二《刘长卿》条云:"长卿字文房,河间人。少居嵩山读书,后移家来鄱阳最久。开元二十一年徐徵榜及第。"

(明)徐应秋《玉芝堂谈荟》卷二《历代状元》:"(开元)二十年,进士二十四人,状元徐徵。"按文中"二十年",当为"二十一年"。

《登科记考》卷八开元二十一年(733)进士科录徐徵为是年状元。

【元德秀】字紫芝,河南河南人。开元二十一年(733)举进士第,又制策入仕,历官龙武军录事参军、鲁山令。

《全唐文》卷五〇〇,权德舆《故尚书工部员外郎赠礼部尚书王公(端)神道碑并序》:"公讳端,字某,太原人……公与河南元德秀、天水阎仲屿同岁中正鹄。"按"阎仲屿"当为"阎伯屿"之误。

《旧唐书》卷一九〇下《文苑下·元德秀传》:"元德秀者,河南人,字紫芝。开元二十一年登进士第。性纯朴,无缘饰,动师古道。父为延州刺史。德秀少孤贫,事母以孝闻。开元中,从乡赋,岁游京师,不忍离亲,每行则自负板舆,与母诣长安。登第后,母亡,庐于墓所,食无盐酪,藉无茵席,刺血画像写佛经。久之,以孤幼牵于禄仕,调授邢州南和尉。佐治有惠政,黜陟使上闻,召补龙武录事参军……天宝十三年卒,时年五十九,门人相与谥为文行先生。士大夫高其行,不名,谓之元鲁山。"

《新唐书》卷一九四《卓行·元德秀传》:"元德秀字紫芝,河南河南人。质厚少缘饰。少孤,事母孝,举进士,不忍去左右,自负母入京师。既擢第,母亡,庐墓侧,食不盐酪,藉无茵席。服除，以窭困调南和尉，有惠政。黜陟使以闻，擢补龙武军录事参军。”

《登科记考》卷八开元二十一年（733）进士科、卷二七《附考·制科》分别录载元德秀。

《登科记考》卷二七《附考·制科》元德秀条云：“《独异志》：‘元公德秀，明经，制策入仕。’……按德秀开元二十一年进士，此误以为明经。”

嘉靖《鲁山县志》卷五《职官》：“（元德秀）举进士……既第，调南和尉。”

【王端】太原人。开元二十一年（733）进士及第。曾官监察御史、殿中侍御史、工部员外郎，宪宗时赠礼部尚书。

《全唐文》卷五〇，权德舆撰《故尚书工部员外郎赠礼部尚书王公（端）神道碑铭并序》：“今皇帝始初清明，永贞纪号，追命故工部员外郎王公为华州刺史。改元元和之明年，再命为礼部尚书……公讳端，字某，太原人。曾祖景肃，皇澧州刺史。祖威，德州司马。父思献，襄阳令。公方严有志尚，沉粹洁清，不流于俗，举进士宏词，连中甲科，授崇文馆校书郎，累迁监察御史殿中侍御史工部员外郎……自开元天宝间，万方砥平，仕进者以文讲业，无他蹊径，荐绅之伦，望二台如登青天。公与河南元德秀、天水阎仲屿同岁中正鹄。”按《旧唐书》卷一九〇下《文苑下·元德秀传》：“元德秀者，河南人，字紫芝。开元二十一年登进士第。”

《登科记考》卷八开元二十一年（733）进士科云其及第。《登科记考补正》卷二七《附考·制科》增补王端。

【刘长卿】字文房，河间人。开元二十一年（733）进士。曾为监察御史、鄂岳观察使。终随州刺史。

（唐）姚合《极玄集》卷下：“刘长卿，字文房，宣城人，开元二十一年进士，历监察御史，终随州刺史。”

（宋）晁公武《郡斋读书志校证》卷一七《别集类上》录《刘长卿集》十卷，注云：“右唐刘长卿字文房。开元末中进士，至德中，监察御史，以检校祠部员外郎为转运使判官，知淮西、岳鄂转运留后……终随州刺史。”

（宋）陈振孙《直斋书录解题》卷一六录载《刘随州集》十卷，注云：“唐随州刺史宣城刘长卿文房撰……长卿，开元二十一年进士。”

（元）辛文房撰，傅璇琮主编《唐才子传校笺》（册一）卷二《刘长卿》条云：“长卿字文房，河间人。少居嵩山读书，后移家来鄱阳最久。开元二十一年徐徵榜及第。”

《登科记考》卷八开元二十一年（733）进士科录载刘长卿，《登科记考补正》卷二七《附考·进士科》改系刘长卿为及第时间无考之进士。今仍从《登科记考》，俟考。

嘉靖《河间府志》卷二十《人物志》：“刘文房……开元中进士。至德宗，为监察御史。”

隆庆《岳州府志》卷一三《官绩列传》：“（刘长卿）开元二十一年进士。”

光绪《畿辅通志》卷三四《选举·唐·进士》：“玄宗年刘长卿，河间人，开元二十一年第，随州刺史。”

【刘昚虚】字全乙，新吴人。开元二十一年（733）第进士。又中宏辞举。官夏县令。

（元）辛文房撰，傅璇琮主编《唐才子传校笺》（册一）卷一《刘昚虚》条云：“昚虚，崧山人。姿容秀拔。九岁属文,上书召见,拜童子郎。开元十一年徐徵榜进士,调洛阳尉,迁夏县令。"按文中"开元十一年",当为"开元二十一年"。

《登科记考补正》卷八开元二十一年(733)进士科录载刘昚虚。

《西江志》卷六六引明代郭子章《豫章书》:"唐崇文馆校书郎新吴刘昚虚:昚虚字全乙,新吴人,时吴兢为洪州刺史,方直少许可,独其高行,改所居之里为孝弟乡,以表异之。开元中举宏辞,累官崇文馆校书郎。"

【房安禹】开元二十一年(733)第进士。官至南阳令。

(唐)钟辂《前定录·裴谞》:"安禹开元二十一年进士及第,官至南阳令。"

《登科记考》卷八开元二十一年(733)进士科录载。

【阎伯屿】一作阎仲屿,天水人。开元二十一年(733)进士第。官银青光禄大夫、尚书刑部侍郎。

《全唐文》卷五〇〇,权德舆《故尚书工部员外郎赠礼部尚书王公(端)神道碑并序》:"公讳端,字某,太原人……公与河南元德秀、天水阎仲屿同岁中正鹄。"按"阎仲屿"当为"阎伯屿"之误。

(唐)林宝《元和姓纂》卷五《广平阎姓》著录:"懿道生伯屿,刑部侍郎。"按岑校云:"伯屿,玄宗时为翰林,见《会要》五七。《尉迟迥碑》,开元二十六年立,称前华州郑县尉阎伯屿撰。《唐语林》一,伯屿自袁州刺史改抚州,到职一年,代宗征拜户侍,未至卒,与此作刑侍异。《载之集》一七《王端神道碑》:'公与河南元德秀、天水阎伯屿同岁中正鹄。'(《丛刊》本)《登科记考》八定为开元二十一年,但引'伯屿'作'仲屿',想见本误也。梁肃《阎氏志》:'银青光禄大夫、尚书刑部侍郎伯屿之女。'《语林》之'户侍'殆误。《丙寅稿崔湛志》,撰人称起居舍人、翰林院待制阎伯屿。"

《登科记考》卷八开元二十一年(733)进士科录作"阎仲屿",《登科记考补正》卷八开元二十一年(733)进士科据(唐)林宝《元和姓纂》岑校改名"阎伯屿"。

明经科

【卢嵒】字叔山,其先范阳涿人。开元二十一年(733)明经及第。官至邓州穰县丞。

《全唐文补遗》第八辑,庾何撰大历十年(775)十月十三日《大唐故邓州穰县丞卢府君(嵒)墓志铭并序》:"公讳嵒,字叔山,其先范阳涿人也……弱冠,明经擢第,解褐补郑州荥阳尉……以大历甲寅岁正月五日,终于县之官舍,春秋六十有一。"卢堪撰贞元十年(794)十月二十日《唐故太子司议郎兼河中府仓曹参军邓州穰县丞范阳卢府君(嵒)夫人博陵崔氏合祔墓志铭并序》载卢嵒生平事迹,唯云卢嵒春秋五十有九。庾何于大历十年(775)撰前志,卢堪于贞元十年(794)撰后志,在没有其他证据的情况下,当以前志所载为准。大历甲寅岁为九年(774),以春秋六十一推之,卢嵒弱冠明经及第在开元二十一年。

【郑洵】字洵,荥阳人。开元二十一年(733)明经擢第。又判入高等。官监察御史贬岳州沅江县尉。

《全唐文补遗》第七辑,郑深撰大历五年(770)四月二十二日《唐故监察御史贬岳州沅江县尉荥阳郑府君(洵)墓志铭并序》:"唐大历四年三月廿七日,前监察御史、贬岳州沅江县尉荥阳郑府君讳洵,春秋五十三,卒于巴陵之官舍……公弱冠孝廉登□,以才望参华州军事。后秩满随调,判入高等,拜奉常协律。"按墓志撰于大历五年(770)四月。

《全唐文补遗》第七辑,柳识撰大历十三年(778)正月《唐故朝议郎行监察御史上柱国郑府君(洵)墓志铭并序》:"府君讳洵,字洵,荥阳人也……弱冠精三礼,经明擢第……以大历四年三月既望,寝疾终于岳州官舍,时年五十六。"按墓志撰于大历十三年(778)正月,作者柳识。该志与郑深所撰墓志所记志主享年不一,今以后志为据,系于本年,俟考。

制科

【李史鱼】赵郡平棘人。开元二十一年(733)多才科登第。曾官侍御史摄御史中丞。

《全唐文》卷五二〇,梁肃《侍御史摄御史中丞赠尚书户部侍郎李公(史鱼)墓志铭》:"公讳史鱼,字某,赵郡平棘人也……开元中以多才应诏,解褐授秘书省正字。时海内和平,士有不由文学而进,谈者所耻。公以盛名冠甲科,群辈仰之,如鸿鹄轩在霄际矣。秩满,调补河南参军长安尉监察御史。时宰相李林甫当国怙权,稍锄去异己者。公外不附离,内不慑惮,竟为所阴中,贬莱阳丞。累移至朝邑令,下车周月,而颂声作。上方税意武功,宠厚边将,拜公殿中侍御史,参安禄山范阳军事……至德一年……授侍御史摄御史中丞,充河南节度参谋河北招谕使……以上元二年七月二十六日,遇疾终于扬州官舍,春秋五十六。"

(宋)王溥《唐会要》卷七六《贡举中·制科举》:"(开元)二十一年,多才科,李史鱼及第。"

(宋)王钦若等《册府元龟》卷六四五《贡举部(七)·科目》:"(开元)二十一年,多才科。(李史鱼及第。)"

《登科记考》卷八开元二十一年(733)制科录载李史鱼。

上书拜官

【徐闿】武功人。开元二十一年(733)上书拜官,授集贤院校理。

《新唐书》卷五九《艺文三》:"《博闻奇要》二十卷。开元武功县人徐闿上,诏试文章,留集贤院校理。"

(宋)王应麟《玉海》卷五五引《唐博闻奇要》:"志杂家《博闻奇要》二十卷,开元武功县人徐闿上,诏试文,留集贤院校理。"按《注记》:"开元二十一年十二月上。"

《登科记考补正》卷八开元二十二年(734)上书拜官条录载徐闿,按陈尚君《〈登科记考〉正补》认为当补入开元二十一年(732),今从之。

开元二十二年甲戌(734)

知贡举：考功员外郎孙逖

进士科

【李琚】字公珮，顿丘人。开元二十二年(734)进士科状元及第。同年博学宏词及第，授秘书省校书郎。官至洛阳县尉。

《全唐文》卷三一五，李华撰《杨骑曹集序》："开元天宝之间，海内和平君子，得从容于学，以是词人材硕者众……宏农杨君，讳极，字齐物，隋观德王之后……举进士时，刑部侍郎乐安孙公逖，以文章之冠为考功员外郎，精试群材，君以南阳张茂之、京兆杜鸿渐、琅邪颜真卿、兰陵萧颖士、河东柳芳、天水赵骅、顿邱李琚、赵郡李噚李欣、南阳张阶、常山阎防、范阳张南容、高平郗昂等连年高第，华亦与焉。"

《唐代墓志汇编》天宝一二四，张阶序、韩液铭《唐故河南府洛阳县尉顿丘李公(琚)墓志铭并序》："公讳琚，字公珮……洎开元廿二载，尚书考功郎孙公，天下词伯，啧以《武库诗》备题，候群子之去就。公含毫有得，词理甚鲜，俾孙公至今道之，其勇于效能忽复兼擅有如是者。遂以乡贡进士擢第。是冬也，朝廷命天官举博学宏词，超绝流辈，利将以大厌详延之望，而会府高张英词，必叩长鸣者千计，中俊者六人，公其褎然，益动时听。明年，授公秘书省校书郎……则予于公泉今洛阳尉韩液，皆同年擢桂之客，同舍校文之郎。"据志可知李琚、张阶、韩液为进士科同年，后又同登博学鸿词科，同授秘书省校书郎。

(宋)乐史《广卓异记》卷一九《进士状元却为宏词头》："右按《登科记》：李琚，开元二十二年进士状元及第，当年宏词头登科。"

(元)辛文房撰，傅璇琮主编《唐才子传校笺》(册一)卷二《阎防》条云："防，河中人。开元二十二年李琚榜及第。"

《登科记考》卷八开元二十二年(734)进士科录载李琚为是年状元。

【王澄】开元二十二年(734)进士。

(宋)李昉等《文苑英华》卷六九《赋六十九》载有魏缜、梁洽、王澄《梓材赋》(以"理材为器如政之术"为韵)。

《登科记考》卷八开元二十二年(734)进士科录载王澄，考云："见《文苑英华》。"

【申堂构】丹徒人。开元二十二年(734)进士第。官武进尉。

《登科记考》卷二七《附考・进士科》录载，《登科记考补正》卷八开元二十二年(734)进士科系年。

嘉定《镇江志》卷一八："申堂构，丹徒人，进士第，官武进尉。"

至顺《镇江志》卷一八《科目・申堂构》："申堂构，丹徒人，开元二十二年进士第，武进尉。"

【杜鸿渐】字之巽，濮州濮阳人。开元二十二年(734)进士，授王府参军。天宝末官至东都留守，充河南淮西、山南东道副元帅。代宗广德二年，以兵部侍郎同中书门下平章事。

大历四年(769)卒。谥曰文宪。

《全唐文》卷三一五,李华撰《杨骑曹集序》:"开元天宝之间,海内和平君子,得从容于学,以是词人材硕者众……宏农杨君,讳极,字齐物,隋观德王之后……举进士时,刑部侍郎乐安孙公逖,以文章之冠为考功员外郎,精试群材,君以南阳张茂之、京兆杜鸿渐、琅邪颜真卿、兰陵萧颖士、河东柳芳、天水赵骅、顿邱李琚、赵郡李崿李欣、南阳张阶、常山阎防、范阳张南容、高平郗昂等连年高第,华亦与焉。"

《旧唐书》卷一〇八《杜鸿渐传》:"杜鸿渐,故相暹之族子。祖慎行,益州长史。父鹏举,官至王友。鸿渐敏悟好学,举进士,解褐王府参军。天宝末,累迁大理司直,朔方留后、支度副使……肃宗即位,授兵部郎中,知中书舍人事,寻转武部侍郎。至德二年,兼御史大夫,为河西节度使、凉州都督。两京平,迁荆州大都督府长史、荆南节度使……岁馀,征拜尚书右丞、吏部侍郎、太常卿,充礼仪使。二圣晏驾,鸿渐监护仪制,山陵毕,加光禄大夫,封卫国公。广德二年,代宗将享郊庙,拜鸿渐兵部侍郎、同中书门下平章事,寻转中书侍郎……后知政事,转门下侍郎,让山南副元帅。三年八月,代王缙为东都留守,充河南、淮西、山南东道副元帅,平章事如故。"

《新唐书》卷一二六《杜鸿渐传》:"鸿渐字之巽……第进士,解褐延王府参军,安思顺表为朔方判官……太子即位,是为肃宗,授鸿渐兵部郎中,知中书舍人事。俄为武部侍郎,迁河西节度使。两京平,又节度荆南……久之,乃召鸿渐为尚书右丞、太常卿,充礼仪使。泰、建二陵制度皆鸿渐综正,以优,封卫国公……代宗广德二年,以兵部侍郎同中书门下平章事。寻进中书侍郎……命鸿渐以宰相兼成都尹、山南西道剑南东川副元帅、剑南西川节度副大使往镇抚之……进门下侍郎。大历三年,兼东都留守、河南淮西山南东道副元帅,辞疾不行。又让山南、剑南副元帅,听之。四年,疾甚,辞宰相,罢三日卒,年六十一,赠太尉,谥曰文宪。"

(宋)潘自牧《记纂渊海》卷三七《科举部・考官》:"孙逖为考功,选贡士多得俊才,初年杜鸿渐至宰相,颜真卿为尚书。"

《登科记考》卷八开元二十二年(734)进士科录载杜鸿渐。

光绪《畿辅通志》卷三四《选举・唐・进士》:"玄宗年,杜鸿渐,濮阳人,兵部侍郎。"

【李蒙】一作濛,字子泉,陇西成纪人。开元二十二年(734)进士及第。又擢博学宏词科。官至华阴县尉。

《全唐文补遗》千唐志斋新藏专辑,天宝三载(744)二月二十八《华阴郡□□县尉陇西李府君(濛)墓志铭并叙》:"公讳濛,字子泉,陇西成纪人也……弱冠,□名□□□□□□□登科,会□□之□俊,争与论交。□□□□□□加□□闻□□诏天官举博学宏词,超□□□□□多□握灵蛇而集者,□□唯公与太平尉□等……权授华阴尉……时天宝三载二月戊戌,春秋卅。"又:《河洛墓刻拾零》,崔卓撰天宝四载(745)正月十五日《唐故城门郎陇西李府君(韶)妻安平崔氏(门徒师)墓志铭并序》:"夫人号门徒师,涿郡人也……知命之年,奄然倾谢,以天宝三载十二月廿日,终于洛阳尊贤里私第……一男蒙,才为时杰,声满国朝,始登秀士甲科,又擢宏词举首……命不与,拟华阴尉而殁,伤哉!"综合两方墓志可知:李濛,又名李蒙,弱冠进士及第,又擢博学宏词科。卒于天宝三载(744),春秋三十,则其弱冠进士及第时在开元二十二年(734)。按徐松《登科记考》,卷五系李蒙先天二年(713)进士及第。孟二冬《登科记考补正》,卷五改系李蒙开元五年(717)进士及第。

【张阶】一作张锴,南阳人。开元二十二年(734)进士。同年博学宏词及第,授秘书省校书郎。曾官大理评事。

《唐代墓志汇编》天宝一二四,张阶序、韩液铭《唐故河南府洛阳县尉顿丘李公(琚)墓志铭并序》:"公讳琚,字公珮……洎开元廿二载,尚书考功郎孙公,天下词伯,啧以《武库诗》备题,候群子之去就。公含毫有得,词理甚鲜,俾孙公至今道之,其勇于效能忽复兼擅有如是者。遂以乡贡进士擢第。是冬也,朝廷命天官举博学宏词,超绝流辈,利将以大厌详延之望,而会府高张英词,必叩长鸣者千计,中俊者六人,公其褎然,益动时听。明年,授公秘书省校书郎……则予于公泉今洛阳尉韩液,皆同年擢桂之客,同舍校文之郎。"墓志署:"前大理寺评事张阶序,洛阳县尉韩液铭。"据志可知李琚、张阶、韩液为进士科同年,后又同登博学鸿词科,同授秘书省校书郎。

《登科记考》卷八以《全唐文》卷三一五,李华撰《杨骑曹集序》为据,系张阶开元二十三年(735)进士登第。又:《文苑英华辨证》引《登科记》作"张锴"。

【张茂之】开元二十二年(734)进士第。

《全唐文》卷三一五,李华撰《杨骑曹集序》:"开元天宝之间,海内和平君子,得从容于学,以是词人材硕者众……宏农杨君,讳极,字齐物,隋观德王之后……举进士时,刑部侍郎乐安孙公逖,以文章之冠为考功员外郎,精试群材,君以南阳张茂之、京兆杜鸿渐、琅邪颜真卿、兰陵萧颖士、河东柳芳、天水赵骅、顿邱李琚、赵郡李岑李欣、南阳张阶、常山阎防、范阳张南容、高平郗昂等连年高第,华亦与焉。"

《登科记考》卷八开元二十二年(734)进士科,录载张茂之。

【郗昂】一作郗纯,字高卿,高平金乡人。开元二十二年(734)进士及第,继以书判制策,三中高第。历拾遗、补阙、员外、郎中、谏议大夫、中书舍人。德宗即位,拜左庶子、集贤学士,除太子詹事致仕。有文集六十卷行于世。

《全唐文》卷三一五,李华撰《杨骑曹集序》:"开元天宝之间,海内和平君子,得从容于学,以是词人材硕者众……宏农杨君,讳极,字齐物,隋观德王之后……举进士时,刑部侍郎乐安孙公逖,以文章之冠为考功员外郎,精试群材,君以南阳张茂之、京兆杜鸿渐、琅邪颜真卿、兰陵萧颖士、河东柳芳、天水赵骅、顿邱李琚、赵郡李岑李欣、南阳张阶、常山阎防、范阳张南容、高平郗昂等连年高第,华亦与焉。"

《全唐文》卷三六一,郗昂小传:"昂,高平人,与李华同举进士。"

《旧唐书》卷一五七《郗士美传》:"郗士美字和夫,高平金乡人也。父纯,字高卿,为李邕、张九龄等知遇,尤以词学见推。与颜真卿、萧颖士、李华皆相友善。举进士,继以书判制策,三中高第,登朝历拾遗、补阙、员外、郎中、谏议大夫、中书舍人……及德宗即位,崔祐甫作相,召拜左庶子、集贤学士。到京,以年老乞身,表三上,除太子詹事致仕,东归洛阳。德宗召见,屡加褒叹,赐以金紫。公卿大夫皆赋诗祖送于都门,搢绅以为美谈。有文集六十卷行于世。”

《登科记考》卷八开元二十二年(734)进士科作“郤昂”。同书卷二七《附考·制科》云其及第。

【阎防】常山人,或云河中人,今山西永济县蒲州。开元二十二年(734)进士。

《全唐文》卷三一五,李华撰《杨骑曹集序》:“开元天宝之间,海内和平君子,得从容于学,以是词人材硕者众……宏农杨君,讳极,字齐物,隋观德王之后……举进士时,刑部侍郎乐安孙公逖,以文章之冠为考功员外郎,精试群材,君以南阳张茂之、京兆杜鸿渐、琅邪颜真卿、兰陵萧颖士、河东柳芳、天水赵骅、顿邱李琚、赵郡李亐李欣、南阳张阶、常山阎防、范阳张南容、高平郗昂等连年高第,华亦与焉。”

(元)辛文房撰,傅璇琮主编《唐才子传校笺》(册一)卷二《阎防》条云:“防,河中人。开元二十二年李琚榜及第。”

《登科记考》卷八开元二十二年(734)进士科录载阎防。

【梁洽】开元二十二年(734)进士。

(宋)李昉等《文苑英华》卷六九《赋六十九》载有魏缜、梁洽、王澄《梓材赋》(以“理材为器如政之术”为韵)。

《登科记考》卷八开元二十二年(734)进士科,录载梁洽,考云:“见《文苑英华》。”

【韩液】开元二十二年(734)进士。同年博学宏词及第,授秘书省校书郎。曾官洛阳县尉。

《唐代墓志汇编》天宝一二四,张阶序、韩液铭天宝七载(748)七月丁酉《唐故河南府洛阳县尉顿丘李公(琚)墓志铭并序》:“公讳琚,字公珮……洎开元廿二载,尚书考功郎孙公,天下词伯,啧以《武库诗》备题,候群子之去就。公含毫有得,词理甚鲜,俾孙公至今道之,其勇于效能忽复兼擅有如是者。遂以乡贡进士擢第。是冬也,朝廷命天官举博学宏词,超绝流辈,利将以大厌详延之望,而会府高张英词,必叩长鸣者千计,中俊者六人,公其褎然,益动时听。明年,授公秘书省校书郎……则予于公泉今洛阳尉韩液,皆同年擢桂之客,同舍校文之郎。”据志可知李琚、张阶、韩液为进士科同年,后又同登博学鸿词科,同授秘书省校书郎。

【颜真卿】字清臣,琅琊临沂人。开元二十二年(734)第进士,又制科高第。曾官监察御史、刑部尚书、吏部尚书等。拜太子少傅(师),封鲁郡公。

《全唐文》卷三一五,李华撰《杨骑曹集序》:“开元天宝之间,海内和平君子,得从容于学,以是词人材硕者众……宏农杨君,讳极,字齐物,隋观德王之后……举进士时,刑部侍郎乐安孙公逖,以文章之冠为考功员外郎,精试群材,君以南阳张茂之、京兆杜鸿渐、琅邪颜真卿、兰陵萧颖士、河东柳芳、天水赵骅、顿邱李琚、赵郡李亐李欣、南阳张阶、常山阎防、范阳张南容、高平郗昂等连年高第,华亦与焉。”

《全唐文》卷三九四,令狐峘撰《光禄大夫太子太师上柱国鲁郡开国公颜真卿墓志铭》:“弱冠进士出身,寻判入高等。”

《全唐文》卷五一四,殷亮撰《颜鲁公行状》:“公姓颜,名真卿,字清臣,小名羡门子,别号应方,京兆长安人也……年弱冠,开元二十二年进士及第,登甲科。”

《旧唐书》卷一二八《颜真卿传》:“颜真卿,字清臣,琅邪临沂人也。五代祖之推,北齐黄门侍郎。真卿少勤学业,有词藻,尤工书,开元中举进士登甲科,事亲以孝闻,四命为监察御史……迁殿中侍御史、东都畿采访判官,转侍御史、武部员外郎。杨国忠怒其不附己,出为平原太守……徵为刑部尚书……旋改检校刑部尚书知省事,累进封鲁郡公……拜刑部尚书……改太子少傅。”

(宋)李昉等《太平广记》卷三二《神仙三十二·颜真卿》:“颜真卿字清臣,琅琊临沂人也。北齐黄门侍郎之推五代孙。幼而勤学,举进士,累登甲科……既中科第,四命为监察御史,充河西陇左军城覆屯交兵使。”

《宣和书谱》卷三:“颜真卿,字清臣,师古五世从孙,琅琊人,官至太子太师,封鲁郡公。初登进士第,又擢制科,以御史出使河陇。”

(宋)晁公武《郡斋读书志校证》卷一七《别集类上》录《颜真卿文》一卷,注云:“右唐颜真卿清臣也。万年人。博学,工辞章。开元二十二年进士,又登制科,代宗时,为太子太师。”

(宋)潘自牧《记纂渊海》卷三七《科举部·考官》:“孙逖为考功,选贡士多得俊才,初年杜鸿渐至宰相,颜真卿为尚书;后年拔李华、萧颖士、赵骅登上第,逖谓人曰:此三人堪掌纶诰。”

(宋)留元刚《颜鲁公年谱》:“开元二十二年甲戌,公年二十六,考功员外郎孙逖下进士及第。”

(明)陶宗仪《书史会要》卷五:“颜真卿,字清臣,琅琊人,师古五世孙。登进士第。官至太子太师,封鲁郡公,骂贼而死。”

《登科记考》卷八开元二十二年(734)进士科录载颜真卿。

弘治《句容县志》卷六《人物类》:“颜真卿……开元中举进士、擢制科,调醴泉尉。”

嘉靖《山东通志》卷三〇《人物三·兖州府》:“(颜真卿)开元中举进士,为监察御史,出为平原太守。”

【魏缜】开元二十二年(734)进士。

《全唐文》卷四〇七,作者小传:“缜,天宝时进士。”按:当为开元时进士。

(宋)李昉等《文苑英华》卷六九《赋六十九》载有魏缜、梁洽、王澄《梓材赋》(以“理材为器如政之术”为韵)。

《登科记考》卷八开元二十二年(734)进士科录载魏缜,考云:“见《文苑英华》。”

明经科

【李抗】字播,赵国赞皇龙门人。开元二十二年(734)明经及第。官至蒙阳郡司户参军。

《文史》总第84辑,苏颜撰《大唐故蒙阳郡司户参军赵国李君(抗)墓志铭并序》(赵君平赠拓):“公讳抗,字播,赵国赞皇龙门人也……年卅,明经高第,补国子大成。”按:李抗卒于天宝十一载(752),春秋四十八,则其明经及第在开元二十二年。

孝廉科

【郑泌】字季洋,荥阳开封人。开元二十二年(734)孝廉及第。官至长安县尉。

《全唐文补遗》千唐志斋新藏专辑,卢佩撰贞元元年(785)二月五日《唐故长安县尉郑府君(泌)墓志铭并序》:"君讳泌,字季洋,荥阳开封人也……弱冠察孝廉,累迁鄠县尉。"按:据志文,郑泌卒于宝应二年(763),时年四十九,则其弱冠年在开元二十二年。

制科

【王昌龄】字少伯,京兆人。开元十五年(727)进士第,补校书郎。开元二十二年(734)中博学宏词,迁汜水尉。官秘书郎。

《全唐文》卷五二八,顾况《监察御史储公集序》:"开元十四年,严黄门知考功,以鲁国储公进士高第,与崔国辅员外、綦毋潜著作同时。明年,擢第常建少府王龙标昌龄,此数人皆当时之秀。"

《旧唐书》卷一九〇下《文苑下·王昌龄传》:"王昌龄者,进士登第,补秘书省校书郎。又以博学宏词登科,再迁汜水县尉……有集五卷。"

(宋)计有功《唐诗纪事》卷二四《王昌龄》:"昌龄,字少伯,江宁人。中第,补校书郎。又中博学鸿词科,迁汜水尉。"

(宋)陈振孙《直斋书录解题》卷一九录载《王江宁集》一卷,注云:"唐龙标尉江宁王昌龄少伯撰。与常建俱开元十四年进士。二十二年选宏辞,超绝群类,为汜水尉,不护细行,贬龙标。"

《登科记考》卷八开元二十二年(734)制科录载王昌龄。

【李琚】字公珮,顿丘人。开元二十二年(734)进士科状元及第。同年博学宏词及第,授秘书省校书郎。官至洛阳县尉。

《全唐文》卷三一五,李华撰《杨骑曹集序》:"开元天宝之间,海内和平君子,得从容于学,以是词人材硕者众……宏农杨君,讳极,字齐物,隋观德王之后……举进士时,刑部侍郎乐安孙公逖,以文章之冠为考功员外郎,精试群材,君以南阳张茂之、京兆杜鸿渐、琅邪颜真卿、兰陵萧颖士、河东柳芳、天水赵骅、顿邱李琚、赵郡李訾李欣、南阳张阶、常山阎防、范阳张南容、高平郗昂等连年高第,华亦与焉。"

《唐代墓志汇编》天宝一二四,张阶序、韩液铭《唐故河南府洛阳县尉顿丘李公(琚)墓志铭并序》:"公讳琚,字公珮……洎开元廿二载,尚书考功郎孙公,天下词伯,啧以《武库诗》备题,候群子之去就。公含毫有得,词理甚鲜,俾孙公至今道之,其勇于效能忽复兼擅有如是者。遂以乡贡进士擢第。是冬也,朝廷命天官举博学宏词,超绝流辈,利将以大厌详延之望,而会府高张英词,必叩长鸣者千计,中俊者六人,公其褎然,益动时听。明年,授公秘书省校书郎……则予于公泉今洛阳尉韩液,皆同年擢桂之客,同舍校文之郎。"据志可知李琚、张阶、韩液为进士科同年,后又同登博学鸿词科,同授秘书省校书郎。

(宋)乐史《广卓异记》卷一九《进士状元却为宏词头》:"右按《登科记》:李琚,开元二十二年进士状元及第,当年宏词头登科。"

《登科记考》卷八开元二十二年(734)制科录载李琚。

【李蒙】一作濛,字子泉,陇西成纪人。开元二十二年(734)进士及第。又擢博学宏词科。官至华阴县尉。

《全唐文补遗》千唐志斋新藏专辑,天宝三载(744)二月二十八《华阴郡□□县尉陇西李府君(濛)墓志铭并叙》:"公讳濛,字子泉,陇西成纪人也……弱冠,□名□□□□□□登科,会□□之□俊,争与论交。□□□□□□加□□闻□□诏天官举博学宏词,超□□□□□多□握灵蛇而集者,□□唯公与太平尉□等……权授华阴尉……时天宝三载二月戊戌,春秋卅。"又:《河洛墓刻拾零》,崔卓撰天宝四载(745)正月十五日《唐故城门郎陇西李府君(韶)妻安平崔氏(门徒师)墓志铭并序》:"夫人号门徒师,涿郡人也……知命之年,奄然倾谢,以天宝三载十二月廿日,终于洛阳尊贤里私第……一男蒙,才为时杰,声满国朝,始登秀士甲科,又擢宏词举首……命不与,拟华阴尉而殁,伤哉!"

【李麟】开元二十二年(734)宗室异能科及第。至德二年(757)拜同中书门下平章事。

《旧唐书》卷一一二《李麟传》:"李麟,皇室之疏属,太宗之从孙也……麟以父任补职,累授京兆府户曹。开元二十二年,举宗室异能,转殿中侍御史,历户部、考功、吏部三员外郎。天宝元年,迁郎中,寻改谏议大夫……至德二年正月,拜同中书门下平章事。"

《新唐书》卷一四二《李麟传》:"麟好学,善文辞。以父荫补京兆府户曹参军,举宗室异能,转殿中侍御史。"

(宋)王应麟《玉海》卷一一五《选举·唐六科》:"举宗室异能:李麟,举宗室异能,转殿中侍御史。"

【杨谏】开元二十二年(734)中博学宏词科。

(宋)李昉等《文苑英华》卷六九《赋六十九》录载杨谏《公孙弘开东阁赋》。

《登科记考》卷八开元二十二年(734)制科录载杨谏。

【张阶】开元二十二年(734)进士。同年博学宏词及第,授秘书省校书郎。曾官大理评事。

《唐代墓志汇编》天宝一二四,张阶序、韩液铭《唐故河南府洛阳县尉顿丘李公(琚)墓志铭并序》:"公讳琚,字公珮……洎开元廿二载,尚书考功郎孙公,天下词伯,啧以《武库诗》备题,候群子之去就。公含毫有得,词理甚鲜,俾孙公至今道之,其勇于效能忽复兼擅有如是者。遂以乡贡进士擢第。是冬也,朝廷命天官举博学宏词,超绝流辈,利将以大厌详延之望,而会府高张英词,必叩长鸣者千计,中俊者六人,公其褒然,益动时听。明年,授公秘书省校书郎……则予于公泉今洛阳尉韩液,皆同年擢桂之客,同舍校文之郎。"墓志署:"前大理寺评事张阶序,洛阳县尉韩液铭。"据志可知李琚、张阶、韩液为进士科同年,后又同登博学鸿词科,同授秘书省校书郎。

【韩液】开元二十二年(734)进士。同年博学宏词及第,授秘书省校书郎。曾官洛阳县尉。

《唐代墓志汇编》天宝一二四,张阶序、韩液铭《唐故河南府洛阳县尉顿丘李公(琚)墓志铭并序》:"公讳琚,字公珮……洎开元廿二载,尚书考功郎孙公,天下词伯,啧以《武库诗》备题,候群子之去就。公含毫有得,词理甚鲜,俾孙公至今道之,其勇于效能忽复兼擅有如是者。遂以乡贡进士擢第。是冬也,朝廷命天官举博学宏词,超绝流辈,利将以大厌详延之望,而会府高张英词,必叩长鸣者千计,中俊者六人,公其褎然,益动时听。明年,授公秘书省校书郎……则予于公泉今洛阳尉韩液,皆同年擢桂之客,同舍校文之郎。"据志可知李琚、张阶、韩液为进士科同年,后又同登博学鸿词科,同授秘书省校书郎。

《登科记考》卷八开元二十二年(734)制科,录载韩液。

开元二十三年乙亥(735)

知贡举:考功员外郎孙逖

进士科

【贾季邻】一名"至"。开元二十三年(735)进士科状元及第。曾官长安主簿。

《新唐书》卷七五上《宰相世系表》:贾季邻官长安主簿。

(金)元好问《唐诗鼓吹》卷四:"李颀,东川人。开元中贾季邻榜进士,调新乡尉。"

(元)辛文房撰,傅璇琮主编《唐才子传校笺》(册一)卷二《李颀》条云:"颀,东川人。开元二十三年贾季邻榜进士及第,调新乡县尉。"

《登科记考》卷八,作"贾至",考云:"李华《三贤论》:'长乐贾至幼邻,名重当时。'"

【韦牧】京兆人。开元二十三年(735)进士及第。官至殿中侍御史、剑南西川检察使。

《秦晋豫新出墓志蒐佚续编》七九七,卢谏卿撰长庆四年(824)二月二十九日《唐故唐州团练推官卢府君夫人京兆韦氏墓志铭并叙》:"夫人京兆韦氏,谏卿从母也。曾祖崇先,皇庐州巢县令。祖讳洽,先天中擢进士,仕至尚书左司员外考功郎中。谏卿外祖讳牧,开元间擅名文场,玄宗廿三年擢第,累官至殿中侍御史。□干蛊忠勇之称,永泰中,主上器之,特授剑南西川检察使,夫人即第三女……(谏卿)元和十一年幸举进士。"墓志署"外孙前河南观察推官前试太常寺协律郎卢谏卿撰"。按志云韦洽先天中擢进士,中宗景云三年(712)正月己丑,改元为太极。五月辛巳,改元为延和。八月庚子,玄宗即位,甲辰,改元为先天。先天二年(713)十二月庚寅朔,改元为开元。唐代科举考试大多在每年的十一月至来年三月之间进行,墓志所云"先天中擢进士",则为先天二年,亦即开元元年(713)擢进士第。

【朱□】名未详。开元二十三年(735)进士第。官武强县尉。

《唐代墓志汇编》天宝二五四,宇文暹撰序、包何撰铭天宝十三载(754)闰十一月十一日《大唐故信都郡武强县尉朱府君墓志》:"年卅,国子进士擢第,以才举也。"按志主卒于天宝十三载(754),春秋四十九,则其三十岁时在开元二十三年。

【李喾】字伯高,赵郡人。开元二十三年(735)第进士。擢制科,迁南华令。官至庐州刺史。

《全唐文》卷三一五，李华撰《杨骑曹集序》："开元天宝之间，海内和平君子，得从容于学，以是词人材硕者众……宏农杨君，讳极，字齐物，隋观德王之后……举进士时，刑部侍郎乐安孙公逖，以文章之冠为考功员外郎，精试群材，君以南阳张茂之、京兆杜鸿渐、琅邪颜真卿、兰陵萧颖士、河东柳芳、天水赵骅、顿邱李琚、赵郡李崿李欣、南阳张阶、常山阎防、范阳张南容、高平郗昂等连年高第，华亦与焉。"

《新唐书》卷一九四《卓行·元德秀传》："元德秀字紫芝，河南河南人……是时程休、邢宇、宇弟宙、张茂之、李崿、崿族子丹叔、惟岳、乔潭、杨拯、房垂、柳识皆号门弟子……休字士美，广平人。宇字绍宗，宙字次宗，河间人。茂之字季丰，南阳人。崿字伯高，丹叔字南诚，惟岳字谟道，赵人。潭字源，梁人。垂字翼明，清河人。拯字齐物，隋观王雄后，举进士，终右骁卫骑曹参军。崿擢制科，迁南华令。大水，他县饥，人至相属，崿为具餰鬻，及去，糗粮送之，吏为立碑。安禄山乱，崿客清河，为乞师平原太守颜真卿，一郡获全。历庐州刺史。拯与崿名最著，潭、识以文传后。"

《登科记考》卷八开元二十三年(735)进士科、卷二七《附考·制科》分别录载李崿。

【李华】字遐叔，赵郡赞皇人。唐玄宗开元二十三年(735)登进士第。又中宏词科，迁监察御史。官至检校吏部员外郎。

《全唐文》卷三八八，独孤及《检校尚书吏部员外郎李公中集序》："开元二十三年举进士，天宝二年举博学宏词，皆为科首。"按：据《登科记考》卷八，李华并非榜首。

《旧唐书》卷一九〇下《文苑下·李华传》："李华字遐叔，赵郡人。开元二十三年进士擢第。天宝中，登朝为监察御史。"

《新唐书》卷二〇三《文艺下·李华传》："李华字遐叔，赵州赞皇人。曾祖太冲……太宗时，擢祠部郎中。华少旷达，外若坦荡，内谨重，尚然许，每慕汲黯为人。累中进士、宏辞科。天宝十一载，迁监察御史。宰相杨国忠支娅所在横猾，华出使，劾按不桡，州县肃然。为权幸见疾，徙右补阙。安禄山反，上诛守之策，皆留不服。玄宗入蜀，百官解窜，华母在鄴，欲间行辇母以逃，为盗所得，伪署凤阁舍人。贼平，贬杭州司户参军。华自伤践危乱，不能完节，又不能安亲，欲终养而母亡，遂屏居江南。上元中，以左补阙、司封员外郎召之。华喟然曰：'乌有隳节危亲，欲荷天子宠乎？'称疾不拜。李岘领选江南，表置幕府，擢检校吏部员外郎。苦风痹，去官，客隐山阳，勒子弟力农，安于穷槁。晚事浮图法，不甚著书，惟天下士大夫家传、墓版及州县碑颂，时时赍金帛往请，乃强为应。大历初，卒。"

(宋)潘自牧《记纂渊海》卷三七《科举部·考官》："孙逖为考功，选贡士多得俊才……后年拔李华、萧颖士、赵骅登上第。"

《登科记考》卷八开元二十三年(735)进士科录载李华。

光绪《畿辅通志》卷三四《选举·唐·进士》："玄宗年，李华，赞皇人，中宏词科，御史。"

【李颀】一作李欣，东川人。开元二十三年(735)进士科及第。调新乡尉。

《全唐文》卷三一五，李华撰《杨骑曹集序》："开元天宝之间，海内和平君子，得从容于学,以是词人材硕者众……宏农杨君,讳极,字齐物,隋观德王之后……举进士时,刑部侍郎乐安孙公逖,以文章之冠为考功员外郎,精试群材,君以南阳张茂之、京兆杜鸿渐、琅邪颜真卿、兰陵萧颖士、河东柳芳、天水赵骅、顿邱李琚、赵郡李崿李欣、南阳张阶、常山阎防、范阳张南容、高平郗昂等连年高第,华亦与焉。"

(宋)计有功《唐诗纪事》卷二〇《李颀》:"颀,开元进士也。"

(宋)陈振孙《直斋书录解题》卷一九录载《李颀集》一卷,注云:"唐李颀撰。开元二十三年进士。"

(宋)彭叔夏《文苑英华辨证》引《登科记》作"李欣"。

(金)元好问《唐诗鼓吹》卷四:"李颀,东川人。开元中贾季邻榜进士,调新乡尉。"

(元)辛文房撰,傅璇琮主编《唐才子传校笺》(册一)卷二《李颀》条云:"颀,东川人。开元二十三年贾季邻榜进士及第,调新乡县尉。"

《登科记考》卷八开元二十三年(735)进士科录载李颀。

【杨拯】一作杨极,弘农人,字齐物。开元二十三年(735)第进士。官司封员外郎。

《全唐文》卷三一五,李华撰《杨骑曹集序》:"开元天宝之间,海内和平君子,得从容于学,以是词人材硕者众……宏农杨君,讳极,字齐物,隋观德王之后……举进士时,刑部侍郎乐安孙公逖,以文章之冠为考功员外郎,精试群材,君以南阳张茂之、京兆杜鸿渐、琅邪颜真卿、兰陵萧颖士、河东柳芳、天水赵骅、顿邱李琚、赵郡李崿李欣、南阳张阶、常山阎防、范阳张南容、高平郗昂等连年高第,华亦与焉。"按:"杨拯",《文苑英华》《全唐文》作"杨极"。

《旧唐书》卷一六四《杨於陵传》:"杨於陵字达夫,弘农人……大中后,杨氏诸子登进士第者十人:嗣复子授、技、拭、捞,绍复子擢、拯、据、揆,师复子拙、振等。擢终给事中。拯司封员外郎。据右补阙。揆左谏议大夫。拙左庶子。振左拾遗。"

《登科记考》卷八开元二十三年(735)进士科录载杨拯。

【邹象先】开元二十三年(735)进士第。官临涣尉。

(宋)计有功《唐诗纪事》卷二二《邹象先》:"象先尉临涣,萧颖士自京邑无成东归,以象先同年生也,作诗赠之。来年,萧补正字,象先寄诗重述前事云:'六月度关雪,三峰玩山翠。尔时黄绶屈,别后青云致。'萧答曰:'桂枝常共擢,茅茨冀同荐。一命何阻修,载驰各州县。壮图悲岁月,明代耻贪贱。回首无津梁,祇今二毛变。'"

【张南容】范阳人。开元二十三年(735)进士第。

《全唐文》卷三一五,李华撰《杨骑曹集序》:"开元天宝之间,海内和平君子,得从容于学,以是词人材硕者众……宏农杨君,讳极,字齐物,隋观德王之后……举进士时,刑部侍郎乐安孙公逖,以文章之冠为考功员外郎,精试群材,君以南阳张茂之、京兆杜鸿渐、琅邪颜真卿、兰陵萧颖士、河东柳芳、天水赵骅、顿邱李琚、赵郡李崿李欣、南阳张阶、常山阎防、范阳张南容、高平郗昂等连年高第,华亦与焉。"

《登科记考》卷八开元二十三年(735)进士科录载张南容。

【张晕】曲阿人。开元二十三年(735)进士第。官校书郎。

(宋)计有功《唐诗纪事》卷一五《张晕》:"晕,开元进士,萧颖士同年生也。萧颖士有《张晕下第归江东》。"

《登科记考》卷八开元二十三年(735)进士科录载张晕。同书卷二七《附考·进士科》重复录载。

嘉定《镇江志》卷一八:"张晕,曲阿人,进士第,官校书郎。"

至顺《镇江志》卷一九《科目·张晕》:"张晕,曲阿人,开元二十三年进士第,官校书郎。"

【柳芳】字仲敷,蒲州河东人。开元二十三年(735)进士第。历左金吾卫骑曹参军、史馆修撰、右司郎中、集贤殿学士。

《全唐文》卷三一五,李华撰《杨骑曹集序》:"开元天宝之间,海内和平君子,得从容于学,以是词人材硕者众……宏农杨君,讳极,字齐物,隋观德王之后……举进士时,刑部侍郎乐安孙公逖,以文章之冠为考功员外郎,精试群材,君以南阳张茂之、京兆杜鸿渐、琅邪颜真卿、兰陵萧颖士、河东柳芳、天水赵骅、顿邱李琚、赵郡李崿李欣、南阳张阶、常山阎防、范阳张南容、高平郗昂等连年高第,华亦与焉。"

(宋)李昉等《太平广记》卷二二二《相二·柳芳》引《定命录》:"柳芳尝应进士举,累岁不及第。诣朝士宴,坐客八九人皆朱绂,亦有畿赤官。芳最居坐末,又衣服粗故,客咸轻焉。有善相者,众情属之(之字原阙,据明钞本补)。独谓芳曰:'柳子合无兄弟姐妹,无庄田资产,孑然一身,羁旅辛苦甚多。后二年当及第,后禄位不歇。一座之客,寿命官禄,皆不如君。'诸客都不之信。后二年果及第,历校书郎畿尉丞,游索于梁宋间。遇太常博士有阙,工部侍郎韦述知其才,通明谱第,又识古今仪注,遂举之于宰辅,恩敕除太常博士。时同座客,亡者已六七人矣。"

《新唐书》卷一三二《柳芳传》:"柳芳,字仲敷,蒲州河东人。开元末,擢进士第,由永宁尉直史馆。肃宗诏芳与韦述缀辑吴兢所次国史,会述死,芳绪成之,兴高祖,讫乾元,凡百三十篇。叙天宝后事,弃取不伦,史官病之。上元中,坐事徙黔中。后历左金吾卫骑曹参军、史馆修撰……改右司郎中、集贤殿学士,卒。"

许友根《〈登科记考补正〉考补》第五章《登科记考补正》史料增补开元二十三年进士科"柳芳"条考证:柳芳,《全唐文补遗》第八辑,开元二十三年(735)十月二十七日《唐故朝议郎行鄜州通义县令上轻车都尉王府君(景元)墓志铭一首并序》,署"前乡贡进士河东柳芳撰"。又:《唐代墓志汇编续集》咸通〇八九,李都撰咸通十三年(872)十二月五日《唐故御史中丞汀州刺史孙公(瑝)墓志并序》:"曾伯祖文公讳进(注:"进"当为"逖")……开元中为考功郎,连总进士柄,非业履可尚,不得在选,其登名者有柳芳、颜真卿、李华、萧颖士之徒,时号得人。"按柳芳进士出身一事见载于《登科记考补正》,卷八开元二十九年(741),考云:"柳芳。《新书·柳登传》:'父芳,字仲敷,开元末擢进士第。'孟按:徐氏原于开元二十三年(735)进士科列有柳芳,考云:'柳芳,李华《三贤论》:"河东柳芳仲敷,该练故事。"《太平广记》引《定命录》:"柳芳尝应进士举,累岁不及第。诣朝士宴,坐客八九人,皆朱绂,亦有畿、赤官。芳最居坐末,又衣服粗故,客咸轻焉。有善相者,众情属目,独谓芳曰：'柳子合无兄弟姊妹，无庄田资产，孑然一身，羁旅辛苦甚多。后二年当及第，后禄位不歇。一座之客，寿命官禄皆不如君。'诸客都不之信。后二年，果及第，历校书郎，畿尉、丞，游索于梁、宋间。遇太常博士有阙，工部侍郎韦述知其才，通明谱第，又识古今仪注，遂举为宰辅。恩敕除太常博士。时同座客亡者六七人矣。'按岑仲勉《订补》：'《记考》廿三年下进士柳芳。按柳芳是附存俟考，具见前引，顾一附不容再附，今《记考》同卷又于开元二十九年进士著录柳芳，云："《新书·柳登传》，父芳，字仲敷，开元末擢进士第。"进士不再举，芳擢第之年既未确知，则宜留廿九年之条，删去廿三年之重见者也。'今从岑说。"现据柳芳撰《王景元墓志》可知王景元卒于开元二十二年(734)，次年十月安葬，则柳芳至迟应在开元二十三年(735)进士及第。又据《孙瑝墓志》知柳芳为孙逖门生，孙逖开元二十一年入为考功员外郎，二十二、二十三两年主持科考，是知《登科记考》所录当有依据，《登科记考补正》增补所云显误。

《登科记考》卷八开元二十三年(735)进士科录载柳芳。

万历《黄岩县志》卷四《职官志》："柳芳，开元登第，为永宁尉入直史馆。"

【赵骅】一作赵铎，又作赵晔，字云卿，邓州穰人，或云天水人。开元二十三年(735)进士。天宝四载(745)博学宏词科及第。历官大理评事、仓部郎中、秘书少监。

《全唐文》卷三一五，李华撰《杨骑曹集序》："开元天宝之间，海内和平君子，得从容于学，以是词人材硕者众……宏农杨君，讳极，字齐物，隋观德王之后……举进士时，刑部侍郎乐安孙公逖，以文章之冠为考功员外郎，精试群材，君以南阳张茂之、京兆杜鸿渐、琅邪颜真卿、兰陵萧颖士、河东柳芳、天水赵骅、顿邱李琚、赵郡李崿李欣、南阳张阶、常山阎防、范阳张南容、高平郗昂等连年高第，华亦与焉。"

《旧唐书》卷一八七下《忠义下·赵晔传》："赵晔，字云卿，邓州穰人，其先自天水徙焉。贞观中主客员外郎德言曾孙也。父敬先，殿中侍御史。晔志学，善属文。开元中，举进士，连擢科第，补太子正字，累授大理评事，贬北阳尉，移雷泽、河东二丞……乾元初，三司议罪，贬晋江尉。数年，改录事参军。征拜左补阙，未至。福建观察使李承昭奏为判官，授试大理司直、兼监察御史。试司议郎、兼殿中侍御史。入为膳部、比部二员外，膳部、仓部二郎中，秘书少监。"

(宋)计有功《唐诗纪事》卷二七《赵骅》："骅，字云卿。擢开元进士第……建中初，为秘书少监。"

《新唐书》卷一五一《赵宗儒传》："赵宗儒字秉文，邓州穰人。八代祖彤，后魏征南将军。父骅，字云卿，少嗜学，履尚清鲠。开元中，擢进士第，补太子正字，调雷泽、河东丞。"

(宋)潘自牧《记纂渊海》卷三七《科举部·考官》："孙逖为考功，选贡士多得俊才，初年杜鸿渐至宰相，颜真卿为尚书；后年拔李华、萧颖士、赵骅登上第，逖谓人曰：此三人堪掌纶诰。"

《登科记考》卷八开元二十三年(735)进士科录载赵骅。

【萧颖士】字茂挺，金坛人，或兰陵人。开元二十三年(735)十九岁第进士。乾元初终扬州都督府功曹参军。

《全唐文》卷三一五，李华撰《杨骑曹集序》："开元天宝之间，海内和平君子，得从容于学，以是词人材硕者众……宏农杨君，讳极，字齐物，隋观德王之后……举进士时，刑部侍郎乐安孙公逖，以文章之冠为考功员外郎，精试群材，君以南阳张茂之、京兆杜鸿渐、琅邪颜真卿、兰陵萧颖士、河东柳芳、天水赵骅、顿邱李琚、赵郡李崿李欣、南阳张阶、常山阎防、范阳张南容、高平郗昂等连年高第，华亦与焉。"

《全唐文》卷三一五，李华《扬州功曹萧颖士文集序》："开元天宝间词人，以德行著于时者，曰河南元君德秀字紫芝，其行事，赵郡李华为墓碣，已书之矣。以文学著于时者，曰兰陵萧君颖士字茂挺，梁鄱阳忠烈王之后。曾祖某官，大父某官，考讳某，莒县丞，咸有德不至尊位。君七岁能诵数经，背碑覆局。十岁以文章知名，十五誉高天下。十九进士擢第，历金坛尉、桂州参军、秘书正字、河南参军。辞官避地江左，永王修书请君，君遁逃不与相见。淮南节度使表君为扬州功曹参军，相国诸道租庸使第五琦请君为介，君以先世寄殡嵩条，因之迁袝终事，至汝南而殁。呜呼！春秋若干。"

《全唐文》卷六九一，符载《萧府君（存）墓志铭》："颖士字茂挺……开元中进士擢第。"

（五代）王定保《唐摭言》卷三《慈恩寺题名游赏赋咏杂纪》："萧颖士开元二十三年及第，恃才傲物，敻无与比。"

《旧唐书》卷一〇二《韦述传》："萧颖士者……开元二十三年登进士第……乾元初，终于扬州功曹。"

《旧唐书》卷一九〇下《文苑下·萧颖士传》："萧颖士者，字茂挺。与华同年登进士第。"

《新唐书》卷二〇二《文艺中·萧颖士传》："萧颖士字茂挺……开元二十三年，举进士，对策第一。"

《开元天宝遗事十种·明皇杂录》卷上："萧颖士，开元二十三年及第。"

（宋）钱易撰，黄寿成点校《南部新书·庚》："萧颖士，开元中年十九，擢进士第。"

《独异志》卷下："唐萧颖士，开元中，年十九，擢进士第，儒、释、道三教，无不该博。"

（宋）晁公武《郡斋读书志校证》卷一七《别集类上》录《萧颖士集》十卷，注云："右唐萧颖士茂挺也。梁宗室之后。举进士，开元二十三年中第，为史馆待制。"

（宋）潘自牧《记纂渊海》卷三七《科举部·考官》："孙逖为考功，选贡士多得俊才，初年杜鸿渐至宰相，颜真卿为尚书；后年拔李华、萧颖士、赵骅登上第，逖谓人曰：此三人堪掌纶诰。"

（宋）李昉等《太平广记》卷一七九《贡举二·萧颖士》引《明皇杂录》："萧颖士开元二十三年及第……颖士终扬州功曹。"

（宋）李昉等《太平广记》卷二四四《褊急·萧颖士》引《朝野佥载》："唐萧颖士，开元中年十九擢进士第。"

《登科记考》卷八开元二十三年（735）进士科录载萧颖士。

至顺《镇江志》卷一八《人材·科举·士著》："萧颖士，开元二十三年进士第。"

明经科

【李著】陇西成纪人。开元二十三年(735)明经及第。

《全唐文补遗》第八辑,开元二十六年(738)八月十三日《(上阙)(李著)墓志铭并序》:"公姓李,讳著,陇西成纪人也……年十四,通左传、尚书、论语、孝经,以其年举孝廉擢第……开元廿六载八月五日,终于万年平康里,春秋十七。"按开元二十六年(738),春秋十七推之,李著十四岁中明经时在开元二十三年。

孝廉科

【宋琇】字秀。父元同,约在高宗武后之时进士及第,官莱州司马。宋琇开元二十三年(735)孝廉擢第,仕历无考。

《大唐西市博物馆藏墓志》二五九,任瑗撰天宝七载(748)《唐故孝廉宋君墓志铭并序》:"君讳琇,字秀。世为西河著姓,后因宦,遂迁于河南……曾祖,皇汾州司马讳满……大父,皇绛州闻喜县令达……烈考,皇莱州司马讳元同……(君)年廿三,孝廉擢第。"按:宋琇开元二十八年(740)四月六日卒,春秋二十八,则其于开元二十三年(735)孝廉擢第。

制科

【刘璀】开元二十三年(735)王霸科及第。

(宋)王溥《唐会要》卷七六《贡举中·制科举》:"(开元)二十三年,王伯科,刘璀、杜绾及第。"按:王伯科即王霸科。

(宋)王钦若等《册府元龟》卷六四五《贡举部(七)·科目》:"(开元)二十三年正月,诏:'其或才有王霸之略,学究天人之际,智勇堪将帅之选,政能当茂宰之举者,五品以下清官及军将、都督、刺史各举一人。孝悌力田,乡闾推挽者,本州刺史长官,各以名闻。'是年,举王霸科(刘璀、杜绾及第),智谋将帅科(张重光、崔图、李广琛及第)。"按文中,"崔图"应作"崔圆"。

《登科记考》卷八开元二十三年(735)制科录载刘璀。

【杜绾】开元二十三年(735)王霸科及第。

(宋)王溥《唐会要》卷七六《贡举中·制科举》:"(开元)二十三年,王伯科,刘璀、杜绾及第。"按:王伯科即王霸科。

(宋)王钦若等《册府元龟》卷六四五《贡举部(七)·科目》:"(开元)二十三年正月,诏:'其或才有王霸之略,学究天人之际,智勇堪将帅之选,政能当茂宰之举者,五品以下清官及军将、都督、刺史各举一人。孝悌力田,乡闾推挽者,本州刺史长官,各以名闻。'是年,举王霸科(刘璀、杜绾及第),智谋将帅科(张重光、崔图、李广琛及第)。"按文中,"崔图"应作"崔圆"。

《登科记考》卷八开元二十三年(735)制科录载杜绾。

【李广琛】一作季广琛,开元二十三年(735)智谋将帅科及第。

(宋)王溥《唐会要》卷七六《贡举中·制科举》:"(开元二十三年)智谋将帅科,张重光、崔圆、李广琛及第。”

（宋）王钦若等《册府元龟》卷六四五《贡举部（七）·科目》：“（开元）二十三年正月，诏：‘其或才有王霸之略，学究天人之际，智勇堪将帅之选，政能当茂宰之举者，五品以下清官及军将、都督、刺史各举一人。孝悌力田，乡闾推挽者，本州刺史长官，各以名闻。’是年，举王霸科（刘璀、杜绾及第），智谋将帅科（张重光、崔图、李广琛及第）。”按文中，“崔图”应作“崔圆”。

《登科记考》卷八开元二十三年（735）制科录载李广琛，赵守俨校云：“岑仲勉云当作‘季广琛’。”

【张秀明】开元二十三年（735）牧宰科及第。

（宋）乐史《广卓异记》卷一九《举选·七登科选》：“右按《登科记》：张秀明，景云二年进士及第，三年拔超群流科，开元二年重考及第，七年超拔群类科，十八年吏部考判入等，十九年又判入等，二十三年宰拔科。凡七登科选。”

《登科记考》卷八开元二十三年（735）牧宰科录载张秀明，考云：“乐史《广卓异记》引《登科记》：‘开元二十三年，张秀明牧宰科。’”

【张重光】开元二十三年（735）智谋将帅科及第。

（宋）王溥《唐会要》卷七六《贡举中·制科举》：“（开元二十三年）智谋将帅科，张重光、崔圆、李广琛及第。”

（宋）王钦若等《册府元龟》卷六四五《贡举部（七）·科目》：“（开元）二十三年正月，诏：‘其或才有王霸之略，学究天人之际，智勇堪将帅之选，政能当茂宰之举者，五品以下清官及军将、都督、刺史各举一人。孝悌力田，乡闾推挽者，本州刺史长官，各以名闻。’是年，举王霸科（刘璀、杜绾及第），智谋将帅科（张重光、崔图、李广琛及第）。”按文中，“崔图”应作“崔圆”。

《登科记考》卷八开元二十三年（735）制科录载张重光。

【崔圆】字有裕，贝州武城人。进士及第。开元二十三年（735）以钤谋对策甲科，授执戟。历京兆府参军，尹萧炅荐之，迁会昌丞。复官扬州大都督府长史、淮南节度观察使。迁特进中书令集贤殿大学士。封赵国公。官至中书侍郎同平章事。大历三年薨，谥昭襄。

《全唐文》卷三一八，李华《唐赠太子少师崔公（景晊）神道碑》：“少师讳景晊，清河东武城人也……嗣子圆，以文学早知名，射策上第，官历台省。”

《旧唐书》卷一〇八《崔圆传》：“崔圆，清河东武城人也。后魏左仆射亮之后。父景晊，官至大理评事。圆少孤贫，志尚闳博，好读兵书，有经济宇宙之心。开元中，诏搜访遗逸，圆以钤谋射策甲科，授执戟。自负文艺，获武职，颇不得意。萧炅为京兆尹，荐为会昌丞，累迁司勋员外郎。宰臣杨国忠遥制剑南节度使，引圆佐理，乃奏授尚书郎，兼蜀郡大都督府左司马，知节度留后。天宝末，玄宗幸蜀郡，特迁蜀郡大都督府长史、剑南节度。圆素怀功名，初闻国难，潜使人探国忠深旨，知有行幸之计，乃增修城池，建置馆宇，储备什器。及乘舆至，殿宇牙帐咸如宿设，玄宗甚嗟赏之，即日拜中书侍郎、同中书门下平章事、剑南节度，余如故……从肃宗还京，以功拜中书令，封赵国公，赐实封五百户。明年，罢知政事，迁太子少师，留守东都……拜扬州大都督府长史、淮南节度观察使，加检校右仆射、兼御史大夫，转检校左仆射知省事。大历三年六月薨，年六十四，辍朝三日，赠太子太师，谥曰昭襄。”

《新唐书》卷一四〇《崔圆传》：“崔圆字有裕，贝州武城人，后魏尚书左仆射亮八世孙。少孤贫，志向卓迈，喜学兵家。开元中，诏举遗逸，以钤谋对策甲科，历京兆府参军，尹萧炅荐之，迁会昌丞。杨国忠遥领剑南节度，引圆为左司马，知留后。玄宗西出，次抚风，迁御史中丞、剑南节度副大使。圆锐功名，初闻难，刺国忠意，乃治城浚隍，列馆宇，储什具。帝次河池，圆疏具陈‘蜀土腴谷羡，储供易办’。帝省书泣下曰：‘世乱识忠臣。’即日拜中书侍郎、同中书门下平章事，仍兼剑南节度使。”

（宋）王溥《唐会要》卷七六《贡举中·制科举》：“（开元二十三年）智谋将帅科，张重光、崔圆、李广琛及第。”

（宋）王钦若等《册府元龟》卷六四五《贡举部（七）·科目》：“（开元）二十三年正月，诏：‘其或才有王霸之略，学究天人之际，智勇堪将帅之选，政能当茂宰之举者，五品以下清官及军将、都督、刺史各举一人。孝悌力田，乡间推挽者，本州刺史长官，各以名闻。’是年，举王霸科（刘璀、杜绾及第），智谋将帅科（张重光、崔图、李广琛及第）。”按文中，“崔图”应作“崔圆”。

（宋）王应麟《玉海》卷一一五《选举·唐制举》：“智谋将帅崔圆三人。”“崔圆、韩思彦、琬中二科。”

《登科记考》卷八开元二十三年（735）制科录载崔圆。

嘉靖《武城县志》卷七《人物志·贤达》：“（崔圆）开元中诏举遗逸，以钤谋对策甲科。”

【崔国辅】青州人。开元十四年（726）进士。二十三年（735）牧宰科及第。为集贤直学士，累迁礼部员外郎。

《全唐文》卷四〇二，作者小传：“国辅，青州人。应县令举，授抒昌令、集贤直学士，礼部员外郎。”

《全唐文》卷五二八，顾况《监察御史储公集序》：“开元十四年，严黄门知考功，以鲁国储公进士高第，与崔国辅员外、綦毋潜著作同时。明年，擢第常建少府王龙标昌龄，此数人皆当时之秀。”

（宋）陈振孙《直斋书录解题》卷一九，录载《崔国辅集》一卷，注云：“唐集贤直学士礼部员外郎崔国辅撰。开元十三年进士，应县令举，为许昌令，天宝中加学士，后以王铁近亲坐贬。”

《登科记考》卷七开元十四年（726）进士科、卷八开元二十三年（735）制科分别录载崔国辅。

开元二十四年丙子(736)

知贡举：考功员外郎李昂

进士科

【张巡】字巡，蒲州河东人。开元二十四年(736)进士及第。曾为清河令。

(唐)杜牧《樊川文集》卷一二《上宣州高大夫书》:"张巡，亦进士也，凡三入判等，以兵九千守睢阳城，凡周岁，据贼十三万兵，使贼不能东进尺寸，以全江淮。"

《旧唐书》卷一八七下《忠义下·张巡传》:"张巡，蒲州河东人。兄晓，开元中监察御史。兄弟皆以文行知名。巡聪悟有才干，举进士，三以书判拔萃入等。天授中，调授清河令。"

《新唐书》卷一九二《张巡传》:"张巡字巡，邓州南阳人……开元末，擢进士第。"

《五百家注韩昌黎集》卷一三《张中丞传后叙》樊注曰:"巡，开元二十四年进士。"

《登科记考》卷八开元二十四年(735)进士科录载张巡。按:同书卷二七《附考·进士科》重复录载。

嘉靖《邓州府志》卷一六《忠烈传》:"(张巡)开元末擢进士第，为清河令。"

嘉靖《归德志》卷五《官师志·守臣》:"(张巡)开元末擢进士第，为清河令。"

【崔亘】开元二十四年(736)登进士第。

(宋)计有功《唐诗纪事》卷二〇《崔亘》:"亘，开元二十四年登进士第。"

《登科记考》卷八开元二十四年(735)进士科录载崔亘。

明经科

【郑宠】字若惊，荥阳开封人。开元二十四年(736)明经及第。官止尚书库部郎中。

《全唐文》卷三九二，独孤及《唐故尚书库部郎中荥阳郑公(宠)墓志铭》:"永泰元年六月四日，尚书库部郎中郑公卒，春秋四十有九……公讳宠，字若惊，荥阳开封人也……二十举明经高第，解褐郧尉。太尉房公之由郧郡而为右扶风也，表公茂才，擢虢县令……诏迁太原少尹，未行，转库部郎中。凡历十官。宰四县。"

《登科记考》卷八开元二十四年(735)明经科录载郑宠。

制科

【马挠】一作"先先"。开元二十四年(736)拔萃登科。

《全唐文》卷四〇一，作者小传:"开元时擢书判拔萃科。"按:"马挠"，一作"马铣"。

(宋)李昉等《文苑英华》卷五一八，录载颜真卿、卢先之、马挠《三命判》文。

《登科记考》卷八开元二十四年(735)制科录载马挠。

【卢先之】开元二十四年(736)拔萃登科。小传见进士科。

(宋)李昉等《文苑英华》卷五一八,录载颜真卿、卢先之、马挠《三命判》文。

《登科记考》卷八开元二十四年(735)制科录载卢先之。

【颜真卿】开元二十四年(736)拔萃登科。

(宋)李昉等《文苑英华》卷五一八录载颜真卿、卢先之、马挠《三命判》文。

(宋)留元刚《颜鲁公年谱》:"开元二十四年丙子,公年二十八,平判入等,授朝散郎、秘书省著作局校书郎。"

《登科记考》卷八开元二十四年(735)制科录载颜真卿。

开元二十五年丁丑(737)

知贡举:礼部侍郎姚奕

进士科

【邵轸】开元二十五年(737)登进士第。曾官司仓。

(唐)李华《寄赵七侍御序》:"(李)华与赵七侍御骅、故萧十功曹颖士、故邵十六轸,未冠进太学,皆苦贫共弊。同年三人登科,相次典校。邵后三人及第也。"

(五代)王定保《唐摭言》卷一《两监》载李华、萧颖士、赵骅及第后,"邵(轸)后二年及第。"李华等开元二十三年登第,邵及第当在二十五年。

《登科记考》卷八开元二十五年(737)进士科录载邵轸。

明经科

【蔡直方】济阳人。开元二十五年(737)明经及第。官金吾卫兵曹参军。

《全唐文补遗》第六辑,《唐故左金吾卫兵曹参军蔡府君(直方)墓志铭并序》:"公讳直方,济阳人也……弱冠明经擢第,授杭州盐官县尉。"按:直方卒于大历四年(769),春秋五十二,则其弱冠岁在开元二十五年。

制科

【杜楚宾】开元二十五年(737)贤良科及第。官雷乡令。

《全唐文》卷三七四,作者小传云:"楚宾,应贤良科擢第,官雷乡令。"录其《雷乡县白石鹿记》,末署:"开元丁丑二月朔七日应贤良举雷乡令杜楚宾记。"

开元二十六年戊寅(738)

知贡举：礼部侍郎姚奕

进士科

【崔曙】宋州人。开元二十六年(738)进士状元及第。

《封氏闻见记》卷四《明堂》:"(开元中)省司试举人,作《明堂火珠诗》,进士崔曙诗最清拔。"

(宋)计有功《唐诗纪事》卷二〇《崔曙》:"曙,开元二十六年登进士第。"

(宋)陈振孙《直斋书录解题》卷一九录载《崔曙集》一卷,注云:"唐崔曙撰。开元二十六年进士状头。"

《登科记考》卷八开元二十六年(738)进士科录载崔曙。

【郑相如】沧州人。开元二十六年(738)进士及第,一说明经及第。官衢州信安尉。

(宋)李昉等《太平广记》卷八二《异人二・郑相如》引《广异记》"有郑相如者,沧州人。应进士举入京……相如若在孔门,当处四科,犹居游、夏之右。若叔在孔门,不得列为四科……然国家至开元三十年,当改年号。后十五年,当有难……相如今年进士及第,五选得授衢州信安尉。至三考,死于衢州。官禄如此,不可强致也。其年果进士及第。"

(宋)李昉等《太平广记》卷一四八《定数三・郑虔》引《前定录》:"开元二十五年,郑虔为广文博士,有郑相如者,年五十余,自陇右来应明经……明年春果明经及第。"

《新唐书》卷二〇二《文艺中・郑虔传》:"有郑相如者,自沧州来,师事虔……是年进士及第,调信安尉。"

《登科记考》卷八开元二十六年(738)明经科录载郑相如,《登科记考补正》卷八开元二十六年(738)改为进士科。

【薛维翰】字维翰,河东人。开元二十六年(738)登进士第。官至晋陵郡武进县尉。

《秦晋豫新出墓志蒐佚》五四五,李伾撰天宝八载(749)十月二十九日《故晋陵郡武进县尉薛公(维翰)墓志铭并序》:"公讳维翰,字维翰,河东人也……年卅二,举秀才甲科擢第,孙弘三道,独暎金门;郗诜一枝,载扬天府。有司归美,时议嘉之。无何,调补武进县尉。"按维翰年卅二擢第,以天宝七载(748)卒,春秋卌二推之,其擢第在开元二十六年(738)。

(宋)计有功《唐诗纪事》卷二〇《薛维翰》:"维翰,登开元进士第。"

《登科记考》卷二七《附考・进士科》录载薛维翰,今据墓志系年。

明经科

【宋微】名未详,现以字录,广平人也。开元十六年(728)明经擢第,解褐常州江阴县尉。官终洛阳县令。

《洛阳新获七朝墓志》,杜芳序、裴探微铭顺天二年(760)十二月十日《燕洛阳县令宋府君墓志》:"公讳(注:原志如此,似有阙字),字微,广平人也……专心经学,十八业成,二十擢第。解褐常州江阴县尉。"按:宋微卒于顺天二年(760)十一月六日,年五十二,则其二十擢第时在开元十六年(728)。又:墓志云其"专心经学",则当为明经出身。

制科

【**王缙**】开元二十六年(738)举文辞清丽科上第。小传见开元十五年(727)制科。

《旧唐书》卷一一八《王缙传》:"缙连应草泽及文辞清丽举,累授侍御史、武部员外。"

(宋)计有功《唐诗纪事》卷一六《王缙》:"王缙,字夏卿,河中人。于兄维俱以名闻,举草泽文辞清丽科上第,相肃宗。"

《新唐书》卷一四五《王缙传》:"(王缙)举草泽、文辞清丽科上第,历侍御史,武部员外郎。"

《登科记考》卷六开元七年(719)制科、卷七开元十五年(727)制科、卷二七《附考·制科》分别录载王缙,《登科记考补正》卷八开元二十六年(738)制科经考证认为系重复录载。

嘉靖《太原县志》卷二《人物》:"(维)弟缙,少好学,与兄齐名,举草泽文章清丽科,擢太原少尹。"

【**冯万石**】开元二十六年(738)文词雅丽科登第。

(宋)乐史《广卓异记》卷一九《九登科选》:"右按《登科记》:冯万石,圣历元年进士及第,大足元年嫉恶科,神龙二年才高位下科,景云三年怀能抱器科,开元二年重考及第,六年超群拔类科,十三年考判入等,十六年又判入等,二十六年文词雅丽科,凡九度登科选。"

《登科记考》卷八开元二十六年(738)制科录载冯万石。

【**孙造**】乐安人。开元二十六年(738)文词清丽举及第。官至詹事府司直。

《唐代墓志汇编》贞元一一三,《唐故宣义郎京兆府蓝田县尉乐安孙府君墓志铭并序》:"父造,天宝初,应文词清丽举,与郭纳同登甲科,官至詹事府司直。"

《登科记考补正》卷八开元二十六年(738)制科增补孙造。

【**姚子彦**】字伯英,河东人。进士及第。开元二十六年(738)制举文词雅丽科登第。二十九年(741)制举明四子科登第。曾官右拾遗、内供奉、左补阙、秘书监。永安县侯。卒赠礼部尚书。

《全唐文》卷三九一,独孤及撰《唐故秘书监赠礼部尚书姚公(子彦)墓志铭》:"有唐秘书监永安县侯姚公讳子彦,字伯英。其先冯翊莲勺人也,至高祖僧洪徙家河东。祖思聪,秘书少监。父坦,汝州梁县丞,赠秘书监……(子彦)公力行博学,温故知新,错综六艺,以作词赋。初举进士,又举词藻,皆升甲科,尉清苑、获嘉、永宁三县。开元二十九年诏立黄老学,亲问奥义,对策者五百余人,公与今相国河南元公载及广平宋少贞等十人,以条奏精辩,才冠等列,授右拾遗内供奉,历左补阙。"

《旧唐书》卷九《玄宗下》:开元二十九年九月"壬辰,御兴庆门,试明《四子》人姚子产、元载等。"按:作"姚子产",误。

《登科记考》卷八开元二十六年(738)制举文词雅丽文词雅丽科、二十九年(741)制举明四子科分别录载姚子彦。

【郭纳】开元二十六年(738)文词清丽科登第。

《唐代墓志汇编》贞元一一三,《唐故宣义郎京兆府蓝田县尉乐安孙府君墓志铭并序》:"父造,天宝初,应文词清丽举,与郭纳同登甲科,官至詹事府司直。"

《登科记考》卷八开元二十六年(738)制科录载郭纳。

开元二十七年己卯(739)

知贡举:礼部侍郎崔翘

进士科

【李岑】开元二十七年(739)进士科状元及第。天宝四载(745)博学宏词科及第。历官京兆府兵曹参军、工部员外郎。

(唐)程元谏《浯田程氏宗谱》卷二载六十五世:"讳元谏祖,字仲几,开元二十七年侍郎崔翘下擢进士第(注:《蓂荚赋》《美玉诗》,状头李岑),再迁蓝田尉,累迁著作郎、大理司直、越骑都尉、汾州巡官,入为卫尉卿、京兆少尹,终于密州刺史。"

(宋)李坊《文苑英华》卷三九二《授李岑工部员外郎制》:"敕:京兆府兵曹参军李岑敏而好学,出言有章,累登甲乙之科。尝居匡辅之任,隽才利器,在邦必闻。俾振翮于仙署,用扬光于列宿。可工部员外郎。"

《登科记考》卷九天宝四载(745)进士科录载李岑,《登科记考补正》卷八,改系李岑为开元二十七年(739)进士科状元。

【吕諲】蒲州河东人。开元二十七年(739)进士。上元初官黄门侍郎同中书门下三品。

《旧唐书》卷一八五下《良吏下・吕諲传》:"吕諲,蒲州河东人。里人程楚宾家富于财,諲娶其女。楚宾及其子震皆重其才,厚与资给,遂游京师。天宝初,进士及第。"按《新唐书》卷一四〇本传:"吕諲,河中河东人。少力于学,志行整饬……开元末,入京师,第进士。调宁陵尉,采访使韦陟署为支使……乾元二年,九节度兵败,帝忧之。擢諲同中书门下平章事,知门下省……三月复召知门下省事,兼判度支,还执政。累封须昌县伯,迁黄门侍郎。上元初,加同中书门下三品。"

《登科记考》卷九天宝元年(742)进士科录载,《登科记考补正》卷八,改系吕諲为开元二十七年(739)进士。

【南巨川】开元二十七年(739)进士。官给事中。

《唐代墓志汇编》元和〇四八,南卓撰元和六年(811)十一月六日《唐故颍川陈君夫人鲁郡南氏墓志铭并序》:"曾祖皇盛王府录事参军讳琰,大父皇给事中讳巨川,烈考皇汉州刺史讳缵。"按《旧唐书》卷一〇《肃宗纪》载巨川至德二载(757)三月官给事中。

《登科记考补正》卷八开元二十七年(739)进士科增补南巨川。

【程谏】一作程元谏，字仲儿，休宁人。开元二十七年（739）进士及第，尉卫卿、京兆少尹、密州刺史。

《全唐文》卷三七四，作者小传：“谏字仲儿，休宁人。灵洗七世孙。开元二十七年进士，再选蓝田尉，累迁著作郎、大理司直、汾州巡官，入为卫尉卿、京兆少尹，终密州刺史。”

（唐）程元谏《浯田程氏宗谱》卷二载六十五世：“讳元谏祖，字仲儿，开元二十七年侍郎崔翘下擢进士第（注：《蓂荚赋》《美玉诗》，状头李岑），再迁蓝田尉，累迁著作郎、大理司直、越骑都尉、汾州巡官，入为卫尉卿、京兆少尹，终于密州刺史。”

《登科记考补正》卷八开元二十七年（739）进士科增补程谏。

弘治《徽州府志》卷八《人物·官业》：“程谏……开元二十七年进士，再选蓝田尉。”

开元二十八年庚辰（740）

知贡举：礼部侍郎崔翘

明经科

【独孤季膺】字季膺，陇西成纪人。开元二十八年（740）明经及第，官润州司马。

《全唐文补遗》第六辑，黎迥撰贞元三年（787）六月二十八日《大唐故润州司马独孤公（季膺）墓志铭并序》：“公讳季膺，字季膺，本陇西李氏……弱冠乡贡明经擢第，解褐濮阳郡临濮县尉。”按墓志撰于贞元三年（787）六月。以卒于贞元三年卒，春秋六十七推之，季膺弱冠岁在开元二十八年。

《全唐文补遗》第六辑，崔师撰大和二年（828）五月六日《唐故润州司马赐绯鱼袋独孤府君（季膺）墓志铭并序》：“公讳季膺，本姓李，陇西成纪人也……明二经，解褐郑州中牟县尉”按墓志撰于大和二年（828）五月。

【萧直】字正仲，梁长沙王后裔。开元二十八年（740）明经及第。曾官给事中。

《全唐文》卷三九二，独孤及撰《故给事中萧公（直）墓志铭》：“公讳直，字正仲。梁长沙王懿七代孙……十岁能属文，工书。十三游上庠。十七举明经上第，名冠太学。”按《登科记考》卷八开元二十八年（740）明经科录载，徐松考证原文中萧直“卒在丁酉”为‘卒在己酉’之误。

开元二十九年辛巳（741）

知贡举：礼部侍郎崔翘

进士科

【李揆】字端卿，望出陇西成纪，郑州人。开元二十九年（741）进士及第。历考功郎中、国子祭酒、礼部尚书,官至宰相。

《旧唐书》卷一二六《李揆传》:"李揆字端卿,陇西成纪人,而家于郑州,代为冠族。秦府学士、给事中玄道玄孙,秘书监、赠吏部尚书成裕之子。少聪敏好学,善属文。开元末,举进士,补陈留尉,献书阙下,诏中书试文章,擢拜右拾遗。改右补阙、起居郎,知宗子表疏。迁司勋员外郎、考功郎中,并知制诰。扈从剑南,拜中书舍人。乾元初,兼礼部侍郎。揆尝以主司取士,多不考实,徒峻其堤防,索其书策,殊未知艺不至者,文史之囿亦不能摛词,深昧求贤之意也。其试进士文章,请于庭中设《五经》、诸史及《切韵》本于床,而引贡士谓之曰:'大国选士,但务得者,经籍在此,请恣寻检。'由是数月之间,美声上闻,未及毕事,迁中书侍郎、平章事、集贤殿崇文馆大学士、修国史……德宗在山南,令充入蕃会盟使,加左仆射。行至凤州,以疾卒,兴元元年四月也,年七十四。赠司空。"

《新唐书》卷一五〇《李揆传》:"李揆,字端卿,系出陇西,为冠族,去客荥阳。祖玄道,为文学馆学士。父成裕,秘书监。揆性警敏,善文章。开元末,擢进士第,补陈留尉。献书阙下,试中书,迁右拾遗,再转起居郎,知宗子表疏,以考功郎中知制诰。扈狩剑南,拜中书舍人……拜中书侍郎、同中书门下平章事,修国史,封姑臧县伯……入为国子祭酒、礼部尚书。"

(明)陶宗仪《书史会要》卷五:"李揆,字端卿,陇西人,擢进士第,官至中书侍郎同平章事。"

《登科记考》卷八开元二十九年(741)进士科录载李揆。

嘉靖《浙江通志》卷二四《官师志》:"李揆……开元末擢进士第。"

【武殷】邺郡人。开元二十九年(741)进士及第。官至尚书郎、韶阳郡守。

(唐)钟辂《前定录·武殷》:"武殷者,邺郡林虑人也……及肃宗在储邸名绍,遂改子元。殷明年擢第。"按肃宗为太子,于开元二十八年更名绍,则武殷擢第当在此年。

(宋)李昉等《太平广记》卷一五九《定数十四·武殷》引《前定录》:"武殷者,邺郡人也……及肃宗在储名绍,遂改为子元也。殷明年擢第。更二年,而子元卒后十余年,历位清显,每求娶辄不应,后自尚书郎谪官韶阳郡守。"

《登科记考》卷八开元二十九年(741)进士科录载武殷。

【周万】开元二十九年(741)登进士第。

(宋)计有功《唐诗纪事》卷二四《周万》:"周万,开元末登第。"

《登科记考》卷八开元二十九年(741)进士科录载周万。

明经科

【韦甫】字至,京兆万年人。开元二十九年(741)明经及第。官至普州刺史。

《全唐文补遗》第九辑,王良士撰贞元十八年(802)十二月十九日《唐故朝议郎使持节普州诸军事普州刺史赏紫金鱼袋京兆韦府君(甫)墓志铭并序》:"公讳甫,字至,京兆万年人也……开元末,以明经擢第,年纔弱冠。"按韦甫卒于贞元十八年(802),春秋八十一,则其弱冠时为开元二十九年,与墓志所云"开元末"楔合。

【元载】字公辅，凤翔岐山人。开元二十九年(741)明四子科高第，授邠州新平尉。代宗立，拜中书侍郎同中书门下平章事，封许昌县子。大历十二年处死。

《全唐文》卷三九一，《唐故秘书监赠礼部尚书姚公(子彦)墓志铭》："有唐秘书监永安县侯姚公讳子彦，字伯英……开元二十九年诏立黄老学，亲问奥义，对策者五百余人，公与今相国河南元公载及广平宋少贞等十人，以条奏精辩，才冠等列，授右拾遗内供奉，历左补阙。"

《旧唐书》卷一一八《元载传》："元载，凤翔岐山人也……天宝初，玄宗崇奉道教，下诏求明庄、老、文、列四子之学者。载策入高科，授邠州新平尉。监察御史韦镒充使监选黔中，引载为判官，载名稍著，迁大理评事。东都留守苗晋卿又引为判官，迁大理司直。"

(宋)王钦若等《册府元龟》卷六四三《贡举部(五)·考试》："(开元)二十九年八月，御兴庆门楼亲试明《道德经》及《庄》《文》《列子》举人……有姚子彦、靳能、元载等入第，各授以官。"

《新唐书》卷一四五《元载传》："元载，字公辅，凤翔岐山人……载少孤，既长，嗜学，工属文。天宝初，下诏举明庄、老、列、文四子学者，载策入高第，补新平尉。韦镒监选黔中，苗晋卿东都留守，皆署判官，浸以名闻。至德初，江都采访使李希言表载自副，擢祠部员外郎、洪州刺史。入为度支郎中，占奏敏给，肃宗异之。累迁户部侍郎，充度支、江淮转运等使……拜同中书门下平章事，领使如故。代宗立，辅国势愈重，数称其才，进拜中书侍郎、许昌县子……帝积怒，大历十二年三月庚辰，仗下，帝御延英殿，遣左金吾大将军吴凑收载及王缙，系政事堂，分捕亲吏、诸子下狱……乃下诏赐载自尽。"

(宋)王应麟《玉海》卷一一五《选举·唐道举》："元载，天宝初举明庄、老、列、文四子学者，载策入高第。"

《登科记考》卷八开元二十九年(741)制科录载元载。

【冯子华】开元二十九年(741)明四子科高第。

(唐)王起《冯宿神道碑》："先府君讳子华。天宝中，明皇以四子列学官，时与计偕，一鸣上策。"

《登科记考》卷八开元二十九年(741)制科，录载冯子华。

【杜暄】字夏日，京兆人。开元二十九年(741)制举及第。官至濮阳郡临濮县令。

《全唐文补遗》第八辑，刘凄岩撰天宝十载(751)四月二十一日《大唐故濮阳郡临濮县令杜府君(暄)墓志铭并序》："公讳暄，字夏日，京兆人也……开元廿九载，皇王下明诏，简贤能。忧百姓之不安，思众才之共理。是知字人之道，宰实攸先。内举其亲，情应审慎。故令溥天之下，率土之官，各举周亲，用当闻荐。公学乃师古，褎然登科。帝曰汝谐，恪居其职。遂拜淮安郡方城县令……以天宝七载冬十月五日，奄终于临濮之廨宇，享年七十二。"按以天宝七载(748)，春秋七十二推之，杜暄开元二十九年制举及第时已经六十五岁。

【宋少贞】广平人。开元二十九年(741)明四子科高第。曾官秘书监。

《全唐文》卷三九一，独孤及《唐故秘书监赠礼部尚书姚公(子彦)墓志铭》："有唐秘书监永安县侯姚公讳子彦,字伯英……开元二十九年诏立黄老学,亲问奥义,对策者五百余人,公与今相国河南元公载及广平宋少贞等十人,以条奏精辩,才冠等列,授右拾遗内供奉,历左补阙。"

《登科记考》卷八开元二十九年(741)制科录载宋少贞。

【姚子彦】字伯英,河东人。进士及第。开元二十六年(738)制举文词雅丽科登第。二十九年(741)制举明四子科登第。曾官右拾遗、内供奉、左补阙、秘书监,永安县侯。卒赠礼部尚书。

《全唐文》卷三九一,独孤及撰《唐故秘书监赠礼部尚书姚公(子彦)墓志铭》:"有唐秘书监永安县侯姚公讳子彦,字伯英。其先冯翊莲勺人也,至高祖僧洪徙家河东。祖思聪,秘书少监。父坦,汝州梁县丞,赠秘书监……(子彦)公力行博学,温故知新,错综六艺,以作词赋。初举进士,又举词藻,皆升甲科,尉清苑、获嘉、永宁三县。开元二十九年诏立黄老学,亲问奥义,对策者五百余人,公与今相国河南元公载及广平宋少贞等十人,以条奏精辩,才冠等列,授右拾遗内供奉,历左补阙。"

《旧唐书》卷九《玄宗下》:开元二十九年九月"壬辰,御兴庆门,试明《四子》人姚子产、元载等。"按作"姚子产",误。

(宋)王钦若等《册府元龟》卷六四三《贡举部(五)·考试》:"(开元)二十九年八月,御兴庆门楼亲试明《道德经》及《庄》《文》《列子》举人……有姚子彦、靳能、元载等入第,各授以官。"

《登科记考》卷八开元二十六年(738)文词雅丽文词雅丽科、二十九年(741)制举明四子科分别录载姚子彦。

【靳能】开元二十九年(741)明四子科高第。

(宋)王钦若等《册府元龟》卷六四三《贡举部(五)·考试》:"(开元)二十九年八月,御兴庆门楼亲试明《道德经》及《庄》《文》《列子》举人……有姚子彦、靳能、元载等入第,各授以官。"

《登科记考》卷八开元二十九年(741)制科录载靳能,考云:"见《册府元龟》"。

上书拜官

【苑咸】字咸,京兆人,一说成都人。进士及第。开元十七年(729)制科及第。开元末上书拜官。历太子校书、中书舍人、集贤院学士、安陆郡太守。

《洛阳新出土墓志释录》,苑论撰元和六年(811)正月十四日《唐故中书舍人集贤院学士安陆郡太守苑公(咸)墓志铭并序》:"有唐故中书舍人、集贤院学士、安陆郡太守、馆陶县开国男苑公,以至德三年正月二十九日薨于扬州之官舍,享年卌九……公讳咸,字咸……七岁诵诗书,日数千言,十五能文,十八应乡赋,耻以文字进,以经济为已任。开元中,声明文物,振迈汉魏;求名之士,难于登天。公当此时,年始弱冠,为曲江公张九龄表荐。玄宗亲临前殿策试,除太子校书,仍留集贤院。"按墓志未云苑咸进士及第,以卒于至德三年(758),享年四十九推之,其弱冠年在开元十七年(729)。

《新唐书》卷六〇《艺文四》："《苑咸集》卷亡。京兆人。开元末上书，拜司经校书、中书舍人，贬汉东郡司户参军，复起为舍人、永阳太守。"

（宋）计有功《唐诗纪事》卷一七《苑咸》："咸，成都人。开元末上书，拜司经校书、中书舍人。颜真卿序孙逖文集曰：……唐人推咸为文诰之最。后贬汉东郡司户参军，复起为舍人，终永阳太守。初，咸举进士在京，仲夏忽染疾而卒，三日复苏。云见人追至阴司，见刘敬则为冥官，乃同举进士也。问其故，乃曰：追咸，乃误召公。速遣押还。咸曰：数上京不捷，家远且贫，试阅籍，若有科第官职，即愿生还。刘谓曰：君来春登第，历台省，至中书舍人。"

《登科记考》卷八开元二十九年（741）上书拜官条录载苑咸。

【是光乂】开元二十九年（741）上书拜官，授集贤院修撰。后赐姓齐。

《新唐书》卷五九《艺文三》："是光乂《十九部书语类》十卷。开元末，自秘书省正字上，授集贤院修撰，后赐姓齐。"

《登科记考》卷八开元二十九年（741）上书拜官条录载是光乂。

天宝元年壬午（742）

正月丁未朔，改元。《册府元龟》《唐大诏令集》。

知贡举：礼部侍郎韦陟

进士科

【王阅】天宝元年（742）进士科状元及第。

（宋）乐史《广卓异记》卷一九《进士状元却为拔萃头》："右按《登科记》：王阅天宝元年进士状元及第，八年拔萃头登科。"

《登科记考》卷九天宝元年（742）进士科录载为是年状元，同卷天宝八载（749）拔萃科录载王阅。

【于益】京兆高陵人，休烈子。天宝初第进士。曾为翰林学士。

《新唐书》卷一〇四《于休烈传》："（于休烈）二子：益、肃，及休烈时，相继为翰林学士。益，天宝初及进士第。"

《登科记考》卷九天宝元年（742）进士科录载于益。

【王佃】字敬祖，琅琊临沂人。天宝初进士登科，署宋州襄邑县尉。官至太子赞善大夫。

《秦晋豫新出墓志蒐佚续编》六六六，刘复撰建中元年（780）二月十五日《唐故太子赞善大夫赐绯鱼袋琅琊王公墓志铭并序》："公讳佃，字敬祖，琅琊临沂人也……天宝初进士登科，署宋州襄邑县尉。"

【卢沼】范阳人。天宝初连登甲科。官左骁卫兵曹参军。

《大唐西市博物馆藏墓志》三二五,崔溉撰贞元十三年(797)十二月庚寅《唐故著作佐郎范阳卢公墓志铭并序》:“公讳克乂,范阳人也,元魏仪曹尚书阳乌九代孙。曾祖讳师亶,邓州司户参军。大父讳孝孙,将作监丞。烈考讳沼,左骁卫兵曹参军,姑藏李氏之出。外祖讳成休,颍州长史。外曾祖讳亶,给事中。中外俱为山东甲望,华姻盛烈,辉灼当代。兵曹府君懿文清行,官薄道优。天宝初,连登甲科,名声藉甚,与赵郡李公华、弘农杨公拯同志友善,时人谓之良游。”按卢沼“天宝初连登甲科”,与赵郡李华等友善,疑为进士及第,今录以俟考。

【许恩】一作许登,润州江宁人。天宝元年(742)进士及第。曾官右拾遗。

《全唐文》卷三六六,贾至《授韦少游祠部员外郎等制》:“敕:左补阙直宏文馆韦少游,修词懿文,终温且惠;守右监门卫胄曹参军许登,振藻扬采,穆如清风,并藏器于身,陈力就列。南宫郎位,是登题柱之才;左禁谏臣,方求折槛之直。少游可检校祠部员外郎,登可右拾遗。”按陶敏《全唐诗人名考证》据此认为岑参诗文中之“许子”,当为“许登”。

《岑参集校注》卷一:《送许子擢第归江宁拜亲因寄王大昌龄》诗云:“君家临秦淮,傍对石头城。十年自勤学,一鼓游上京。青春登甲科,动地闻香名。”按:岑诗作于天宝元年六月,则文中“许子”当为是年擢第。又同上卷三有《送许拾遗恩归江宁拜亲》,杜甫亦有同赋之作《送许八拾遗归江宁觐省甫昔时尝客游此县于许生处乞瓦棺寺维摩图样志诸篇末》(《杜诗详注》卷六),可见“许八”“许拾遗”皆指“许子”,亦即“许恩”。

《登科记考补正》卷九天宝元年,以陶考为据,系许登为是年进士。今按:“许子”究为“许恩”,抑或“许登”?尚难确定,今两存俟考。

【李□】李符彩长兄之子,陇西成纪人。天宝元年(742)进士及第。

《唐代墓志汇编》天宝〇一二,王端撰天宝元年(742)十月十九日《大唐故右金吾卫胄曹参军陇西李府君(符彩)墓志铭并序》:“公讳符彩,字粲,陇西成纪人也。长兄早□,敬事□□□□□□□年秀发,公每抚之流涕曰:祖德不坠,非尔见谁?见尔成名,□死无恨。故远迩称其慈也。及公既殁,二生明而蒙以秀才上第。”按符彩卒于开元二十九年(741)冬,志文作于天宝元年(742)秋七月,则其兄之子登进士第当在是年。

《登科记考补正》卷九天宝元年(742)进士科增补李□。

【李华】字华,渤海蓨人。祖孝信,官绵州司户参军。父克忠,官太中大夫、上柱国、普宁郡别驾。华天宝元年(742)进士及第。

《唐代墓志汇编》天宝一七一,天宝九载(750)十二月七日《□□故前东京国子监大学进士上骑都尉李府君(华)墓志铭并序》:“公讳华,字华,渤海蓨人也……五代祖纲,隋尚书右丞,皇礼、吏二尚书,师保太子,袭新昌公;高祖彦□,隋秘书郎;曾祖敞,皇右羽军大将军;祖孝信,绵州司户参军;父克忠,皇太中大夫、上柱国、普宁郡别驾……(华)天宝春,阶名太学,小宗伯韦公曰:君之才,类能以达。当时所誉,称到于今。”按:志文中所言“小宗伯韦公”,当指礼部侍郎韦陟,本年知贡举。又:开元二十三年(735)登进士第之赞皇人李华,字遐叔,别是一人。

《登科记考补正》卷九天宝元年(742)进士科增补李华。

【李挺】陇西成纪人。约在天宝元年(742)进士及第。历官河西县主簿、监察御史。

《洛阳新出土墓志释录》,李澣撰大历六年(771)五月十一日《唐故监察御史李府君(挺)墓志铭并序》:"公讳挺,其先陇西成纪人……生知礼则,至性友悌,幼学诵六经,悬解指归。弱冠进士举,再赋登科。释巾授同州河西县主簿。"按墓志未明确记载李挺卒年,但归葬之年为大历六年(771),今以归葬之年为其卒年推算弱冠中进士在天宝元年,俟考。

【柳浑】原名柳载,后改柳浑。字夷旷,一字惟深,祖籍河东,后为襄州人。天宝元年(742)进士及第,历官谏议大夫、兵部侍郎,同中书门下平章事。卒谥"贞"。

《新唐书》卷一四二《柳浑传》:"柳浑,字夷旷,一字惟深,本名载,梁仆射惔六世孙,后籍襄州……天宝初,擢进士第,调单父尉,累除衢州司马。弃官隐武宁山。召拜监察御史……俄为袁州刺史。祐甫辅政,荐为谏议大夫、浙江东西黜陟使。入为尚书右丞……贞元元年,迁兵部侍郎,封宜城县伯……三年,以本官同中书门下平章事,仍判门下省……五年卒,年七十五,谥曰贞。"

《柳宗元集》卷八《柳浑行状》:"开元中,举汝州进士,计偕百数,公为之冠。礼部侍郎韦陟异而目之,一举上第。"韩注云:"天宝元年,礼部侍郎韦陟知贡举,柳载中第十四人。载,后改名浑。"

《登科记考》卷九天宝元年(742)进士科录载柳浑,引《柳宗元集》及其注,但误孙注为"韩注"。

正德《袁州府志》卷六《名宦》:"(柳浑)天宝初擢进士第。"

嘉靖《永丰县志》卷四《官绩》:"柳浑,字惟深,举进士。"

【赵涓】冀州人。天宝元年(742)登进士第。拜尚书左丞。

《旧唐书》卷一三七《赵涓传》:"赵涓,冀州人也。幼有文学。天宝初,举进士,补鄠城尉,累授监察御史、右司员外郎。河南副元帅王缙奏充判官,授检校兵部郎中、兼侍御史,迁给事中、太常少卿,出为衢州刺史。永泰初,涓为监察御史……即拜尚书左丞。无何,知吏部选,扈从梁州。兴元元年卒,赠户部尚书。"

《新唐书》卷一六一《赵涓传》:"赵涓,冀州人。幼有文,天宝时第进士,补鄠城尉,稍历台省。"

《登科记考》卷九天宝元年(742)进士科录载赵涓。

光绪《畿辅通志》卷三四《选举・唐・进士》:"玄宗年,赵涓,冀州人,天宝年第,衢州刺史。"

【崔珪璋】清河人。天宝初进士及第。官至尚书工部员外郎。

《唐代墓志汇编》贞元〇九四,李道古撰贞元十三年(797)八月十七日《唐故嗣曹王(李皋)妃清河崔氏(无生忍)墓志铭并序》:"妃讳无生忍,字无生忍,古先受氏,其太公之后乎?……自东莱徙清河,廿九代至守道不仕知隐,卅代至尚书工部员外郎珪璋,天宝初进士及第,文华籍甚,鹰扬河朔。妃即工部第八女也。"

《登科记考补正》卷九天宝元年(742)进士科增补崔珪璋。

明经科

【**归崇敬**】字正礼。苏州长洲人。天宝初明经及第。复再登制科。建中初拜国子司业。官至兵部尚书。卒赠左仆射。

《旧唐书》卷一四九《归崇敬传》:“归崇敬字正礼,苏州吴郡人也……崇敬少勤学,以经业擢第……建中初又拜国子司业,寻选为翰林学士,迁左散骑常侍,加银青光禄大夫。寻兼普王元帅参谋,累加光禄大夫……寻加特进、检校户部尚书,迁工部尚书,并依前翰林学士,充皇太子侍读。累表辞以年老,乞骸骨。改兵部尚书致仕。贞元十五年卒,时年八十。废朝一日,赠左仆射。”按:所谓“以经业擢第”,即以明经中举。

(宋)王钦若等《册府元龟》卷五九七《学校部(一)·世业》:“归崇敬,字正礼,苏州吴人。天宝初,以经业擢第,调授四门助教,转博士、司业。德宗建中初,又拜国子司业。”

《新唐书》卷一六四《归崇敬传》:“归崇敬字正礼,苏州吴人。治理家学,多识容典,擢明经……天宝中,举博通坟典科,对策第一,迁四门博士。有诏举才可宰百里者,复策高第,授左拾遗。”按:《江南通志》《江苏省通志稿》皆云崇敬为天宝年间进士,《登科记考》卷二七列入附考明经,《登科记考补正》卷九于天宝元年(742)明经科录载归崇敬。

【**贾至**】字幼邻,一字幼几,河南洛阳人。天宝元年(742)明经及第。大历中官京兆尹,累官起居舍人知制诰。终散骑常侍。

《新唐书》卷一一九《贾曾传附贾至传》:“贾曾,河南洛阳人……子至。至字幼邻,擢明经第,解褐单父尉。从玄宗幸蜀,拜起居舍人,知制诰……历中书舍人。……宝应初,召复故官,迁尚书左丞……转礼部侍郎,待制集贤院。大历初,徙兵部。累封信都县伯,进京兆尹。七年,以右散骑常侍卒,年五十五,赠礼部尚书,谥曰文。”

(宋)晁公武《郡斋读书志校证》卷一七《别集类上》录《贾至集》十卷,注云:“右唐贾至幼几也。洛阳人。天宝十年,明经擢第,累官起居舍人、知制诰。”

(元)辛文房撰,傅璇琮主编《唐才子传校笺》(册一)卷三《贾至》(480)条云:“字幼邻,洛阳人,曾之子也。曾开元间与苏晋同掌制诰。至,天宝十年明经擢第。”笺云:谓至于天宝十载擢明经第,不确。“十载”当作元年。

《登科记考》卷九天宝十载(751)明经科录载贾至,《登科记考补正》卷九天宝元年(742)明经科重新系年。

【**郭揆**】字良宰,太原人。天宝元年(742)崇文明经及第。曾官河南府参军。

《全唐文》卷三四一,颜真卿撰《河南府参军赠秘书丞郭君(揆)神道碑》:“君讳揆,字良宰,太原人。年十七,崇文生明经及第。侍郎韦陟扬言于朝,称其稽古之力,许其青冥之价。”按以天宝八载(749)卒,春秋二十四推之,郭揆及第在天宝元年。

《登科记考》卷九天宝元年(742)明经科录载郭揆。

制科

【**卢全贞**】字子正,范阳涿人。天宝元年(742)制科登第。官平原郡长河县令。

《全唐文补遗》第六辑,《唐故朝议郎平原郡长河县令卢府君(全贞)墓志铭并序》:“公讳全贞，字子正，范阳涿人也……天宝元载，制求令长，周亲内举。时对扬清问，简在圣心。廷拜平原郡长河县令。”按据志文，制举疑为“堪任县令科”。

【令狐朝】天宝元年(742)军谋越众科及第。

(宋)王钦若等《册府元龟》卷六五〇《贡举部(十二)·应举》:“崔明允，天宝元年，应文词秀逸举明允等二十人，儒学博通刘毖等八人，军谋越众令狐朝等七人，并登科，各依资授官。”

《登科记考》卷九天宝元年(742)制科录载令狐朝。

【刘毖】天宝元年(742)儒学博通科登第。

(宋)王钦若等《册府元龟》卷六五〇《贡举部(十二)·应举》:“崔明允，天宝元年，应文词秀逸举明允等二十人，儒学博通刘毖等八人，军谋越众令狐朝等七人，并登科，各依资授官。”

《登科记考》卷九天宝元年(742)制科录载刘毖。

【萧立】南兰陵人。天宝元年(742)贤良方正登科。曾官殿中侍御史。

《全唐文》卷三八八，独孤及《唐故殿中侍御史赠考功郎中萧府君文章集录序》:“侍御讳立，南兰陵人也，御史中丞汝州刺史府君之仲子……天宝元年，诏征贤良方正，以备多士。公时年十七，射策甲科，盛名翕然，震喧京邑……由是自廷尉评拜监察御史，转殿中侍御史。”

《登科记考》卷九天宝元年(742)制科录载萧立。

嘉定《镇江志》卷一八:“萧立，兰陵人。天宝元年十七中贤良方正科，历佐幕府，入为廷评尉。拜监察御史，转殿中侍御史。”

【萧昕】开元十九年(731)进士及第。又登博学宏词科。天宝元年(742)复登博学宏词科。

《旧唐书》卷一四六《萧昕传》:“萧昕，河南人。少补崇文进士。开元十九年，首举博学宏辞，授阳武县主簿。天宝初，复举宏辞，授寿安尉，再迁左拾遗……贞元初，兼礼部尚书，寻复知贡举。五年致仕。七年，卒于家，年九十，废朝，谥曰懿。”

(宋)王谠撰，周勋初校证《唐语林校证》卷八《补遗·无时代》:“隋置明经、进士科，唐承隋，置秀才、明法、明字、明算，并前六科。主司则以考功郎中，后以考功员外郎。士人所趋，明经、进士二科而已。及大足元年，置拔萃，始于崔翘。开元十九年，置宏词，始于郑昕。开元二十四年，置平判入等，始于颜真卿。”按:“郑昕”为“萧昕”之误。

【崔明允】天宝元年(742)文辞秀逸科登第。

(宋)王溥《唐会要》卷七六《贡举中·制科举》:“天宝元年，文辞秀逸科，崔明允、颜真卿及第。”

(宋)王钦若等《册府元龟》卷六四五《贡举部(七)·科目》:“天宝元年正月一日，诏:‘有儒学博通及文词秀逸，或有军谋越众，或武艺绝伦者，具以名荐。’是年，有举文词秀逸科。(崔明允、颜真卿及第。)”

(宋)王钦若等《册府元龟》卷六五〇《贡举部(十二)·应举》:“崔明允，天宝元年，应文词秀逸举明允等二十人，儒学博通刘毖等八人，军谋越众令狐朝等七人，并登科，各依资授官。”

《登科记考》卷九天宝元年(742)制科录载崔明允。

【颜真卿】天宝元年(742)文辞秀逸科登第。小传见进士科。

《全唐文》卷三九四，令狐峘《颜真卿墓志铭》：“天宝初制策甲科。”

(宋)王溥《唐会要》卷七六《贡举中·制科举》：“天宝元年，文辞秀逸科，崔明允、颜真卿及第。”

(宋)王钦若等《册府元龟》卷六四五《贡举部(七)·科目》：“天宝元年正月一日，诏：‘有儒学博通及文词秀逸，或有军谋越众，或武艺绝伦者，具以名荐。’是年，有举文词秀逸科。(崔明允、颜真卿及第。)”

(宋)留元刚《颜鲁公年谱》：“天宝元年壬午，公年三十四，举文词秀逸科，元宗御勤政殿策试上第。十月授澧泉尉。”

(宋)王谠撰，周勋初校证《唐语林校证》卷六《补遗·起德宗至文宗》：“鲁公制科高第，授长安尉，迁监察御史。”

(宋)王应麟《玉海》卷一一五《选举·唐制举》：“文辞秀逸颜真卿二人。”

《登科记考》卷九天宝元年(742)制科录载颜真卿。

天宝二年癸未(743)

知贡举：礼部侍郎达奚珣

进士科

【刘单】岐山人。天宝二年(743)进士科状元及第。官礼部郎中。

《旧唐书》卷一一八《杨炎传》：“元载自作相，常选擢朝士有文学才望者一人厚遇之，将以代己。初，引礼部郎中刘单；单卒，引吏部侍郎薛邕；邕贬，又引炎。”按：(唐)林宝《元和姓纂》卷五《诸郡刘氏》有礼部侍郎刘单，岐山人，当即此人。

(元)辛文房撰，傅璇琮主编《唐才子传校笺》(册一)卷二《丘为》条云：“为，嘉兴人。初累举不第，归山读书数年。天宝初，刘单榜进士。王维甚称许之，尝与唱和。”

《登科记考》卷九天宝二年(743)进士科录载刘单为是年状元。

【卫庭训】河南人。天宝二年进士(743)进士及第。曾官泾阳县主簿。

(宋)李昉等《太平广记》卷三〇二《神十二·卫庭训》引《集异记》：“卫庭训，河南人，累举不第……(天宝初)至京，明年果成名。释褐授泾阳县主簿。”

《登科记考》卷九天宝二年(743)进士科录载卫庭训。

【乔琳】并州太原人。天宝二年进士(743)进士及第。累佐幕府，大历中除怀州刺史。曾官御史大夫、同中书门下平章事。

《新唐书》卷二二四下《叛臣下·乔琳传》：“乔琳，并州太原人。少孤苦志学，擢进士第。性诞荡无礼检。郭子仪表为朔方府掌书记。与联舍毕曜相掉讦,贬巴州司户参军。历果、绵、遂、怀四州刺史,治宽简,不亲事……琳素善蒲人张涉。涉以国子博士侍太子读,太子即位,召访政事,不淹日,诏入翰林,迁散骑常侍。荐琳任宰相,乃拜御史大夫、同中书门下平章事。天下矍然骇之。琳年高且聩,每进封失次,所言不厌帝旨,在位阅八旬,以工部尚书罢。"

(唐)钟辂《前定录·乔琳》:"琳后擢进士登第,累佐大府。"

(宋)李昉等《太平广记》卷一五〇《定数五·乔琳》引《前定录》:"乔琳以天宝元年冬,自太原赴举……琳后擢进士第,累佐大府。大历中,除怀州刺史。"

《登科记考》卷九天宝二年(743)进士科录载乔琳。

【邱为】一作丘为,嘉兴人。天宝二年(743)进士及第。官太子右庶子。

(元)辛文房撰,傅璇琮主编《唐才子传校笺》(册一)卷二《丘为》条云:"为,嘉兴人。初累举不第,归山读书数年。天宝初,刘单榜进士。王维甚称许之,尝与唱和……累官太子右庶子。"按:《永乐大典》卷二三六八引《苏州府志》于唐进士科"天宝十年,侍郎李麟"下录有"丘为",注云:"亦云天宝中,未详年数。"

《登科记考》卷九天宝二年(743)进士科录载邱为。

《嘉兴府志》卷五一《列传·孝义》:"邱为,文学名世,应进士科,晚乃得第。"

【张谓】天宝二年(743)进士及第。大历间为礼部侍郎。

(宋)计有功《唐诗纪事》卷二五《张谓》:"谓,登天宝二年进士第……大历间为礼部侍郎,典七年、八年、九年贡举。"

《登科记考》卷九天宝二年(743)进士科录载张谓。

【孟彦深】字士源。登天宝二年(743)进士第。天宝末为武昌令。

(宋)计有功《唐诗纪事》卷二四《孟彦深》:"孟彦深,字士源,天宝末为武昌令。""彦深,登天宝二年第。"

《登科记考》卷九天宝二年(743)进士科录载孟彦深。

明经科

【杨暄】杨国忠之子。天宝二年(743)明经及第。

(唐)郑处诲《明皇杂录》卷上:"杨国忠之子暄,举明经,礼部侍郎达奚珣考之,不及格,将黜落,惧国忠而未敢定……因致暄上第。"

《登科记考》卷九天宝二年(743)明经科录载杨暄。

制科

【李华】开元二十三年(735)登进士第。天宝二年(743)又中博学宏词登科宏词。小传见进士科。

《全唐文》卷三八八,独孤及《检校尚书吏部员外郎李公中集序》:"开元二十三年举进士,天宝二年举博学宏词,皆为科首。"按:据《登科记考》卷八,李华并非榜首。

《新唐书》卷二〇三《文艺下·李华传》:"李华字遐叔,赵郡赞皇人……累中进士、宏辞科。"

《登科记考》卷九天宝二年(743)制科录载李华。

隆庆《赵州志》卷七《人物》:"李华……中进士宏辞科。"

光绪《畿辅通志》卷三四《选举·唐·进士》:"玄宗年,李华,赞皇人,中宏词科,御史。"

【樊端】天宝二年(743)高道不仕举及第,拜家丞令。

《职官分纪》卷十五引韦述《集贤记注》:"天宝二年,樊端应高道不仕试,拜家丞令,同正直集贤院,暴卒院中。"

《登科记考补正》卷九天宝二年(743)制科据陈尚君《〈登科记考〉正补》增补樊端。

天宝三载甲申(744)

正月丙申朔,改年为载。《旧唐书·本纪》。

知贡举:礼部侍郎达奚珣

进士科

【赵岳】天宝三载(744)进士科状元及第。

(元)辛文房撰,傅璇琮主编《唐才子传校笺》(册一)卷三《岑参》条云:"参,南阳人,文本之后。天宝三年赵岳榜第二人及第。"

《登科记考》卷九天宝三载(744)进士科录载赵岳为是年状元。

【王伯伦】字重,其先京兆人。天宝三载(744)进士及第、登制科。

《全唐文补遗》千唐志斋新藏专辑,王景撰大和元年(827)十一月十四日《唐故乡贡进士京兆王氏(勋)墓志铭并序》:"公讳勋,字重,其先京兆人也……迄于皇大父伯伦,天宝三载举进士,登制科。"

【乔潭】乔昂之孙。天宝三载(744)进士及第。曾官陆浑县尉。

(五代)王定保《唐摭言》卷四《师友》:"乔潭,天宝十三年及第,任陆浑尉。"按《登科记考》卷九据此录为天宝十三载进士,《登科记考补正》卷九修改系年。

【杨贲】天宝三载(744)进士及第。

(宋)计有功《唐诗纪事》卷二六《杨贲》:"贲,登天宝三年第。"

《登科记考》卷九天宝三载(744)进士科录载杨贲。

【岑参】南阳人。天宝三载(744)进士及第。历官嘉州刺史、职方郎中兼侍御史。

《全唐文》卷四五九,杜确《岑嘉州集序》:"南阳岑公,声称老著,公讳参,代为本州冠族。曾太公文本,大父长倩,伯父羲,皆以学术德望,官至台辅。早岁孤贫,能自砥砺,遍览史籍,尤工缀文,属辞尚清,用意尚切,其有所得,多入佳境,回拔孤秀,出于常情,每一篇绝笔，则人人传写，虽闾里士庶，戎夷蛮貊，莫不讽诵吟习焉。时议拟公於吴均、何逊，亦可谓精当矣。天宝三载进士高第，解褐右内率府兵曹参军，转右威卫录事参军，又迁大理评事，兼监察御史，充安西节度判官，入为右补阙。频上封章，指述权佞，改为起居郎，寻出虢州长史，又改太子中允兼殿中侍御史，充关西节度判官。圣上潜龙藩邸，总戎陕服，参佐僚史，皆一时之选。由是委公以书奏之任，入为祠部考功二员外郎，转虞部库部二正郎，又出为嘉州刺史。副元帅相国杜公鸿渐表公职方郎中兼侍御史，列于幕府，无几使罢，寓居于蜀。”

《唐代墓志汇编》大历〇一七，《唐故瀛州乐寿县丞陇西李公墓志铭》：“时新乡尉李颀、前秀才岑参皆著盛名于世，特相友重。”

（宋）计有功《唐诗纪事》卷二三《岑参》：“参，南阳人，文本之后。登天宝进士第，累为安西、关西节度判官。入为祠功二外郎，虞库二正郎。出为嘉州刺史。”

（宋）晁公武《郡斋读书志校证》卷一七《别集类上》录《岑参集》十卷，注云：“右唐岑参，南阳人。文本裔孙。天宝三年进士，累官补阙、起居郎，出为嘉州刺史。杜鸿渐表置幕府，为职方郎中兼侍御史。罢，终于蜀。”

（宋）陈振孙《直斋书录解题》卷一九录载《岑嘉州集》八卷，注云：“唐嘉州刺史南阳岑参撰。文本之曾孙。天宝三载进士，为补阙左史郎官，与杜甫唱和。”

（元）辛文房撰，傅璇琮主编《唐才子传校笺》（册一）卷三《岑参》条云：“参，南阳人，文本之后。天宝三年赵岳榜第二人及第。”

《登科记考》卷九天宝三载（744）进士科录载岑参。按：《索引》无。

嘉靖《邓州志》卷一六《文苑传》：“（岑参）后登天宝进士。”

明经科

【**朱巨川**】字德源，嘉兴人。曾祖伯道，官襄州司马。祖贞筠，官筠州丰利县令。父循，赠洗马。巨川天宝三载（744）明经及第。复以贤能举，授左卫率府兵曹参军，官至中书舍人。

《全唐文》卷三九五，李纾撰《故中书舍人吴郡朱府君（巨川）神道碑》：“吴郡朱君，其君子欤！讳巨川，字德源，嘉兴人也。此邦之人，不学则农，苟违二业，必自他邑。故王父举秀才，先子举孝廉，皆在上第。君以文承祖，以经传代，行中规，身中度，阳休于气，和积于中，而藻之以文章也。年二十，明经擢第……曾祖伯道，皇朝襄州司马；祖贞筠，皇朝筠州丰利县令；父循，赠洗马，君即洗马府君之元子。”按：巨川建中四年（783）卒，春秋五十九，明经擢第在天宝三年（744）。

《登科记考》卷八系朱巨川开元二十九年（741）明经及第，《登科记考补正》卷八沿袭，皆误。

《嘉兴府志》卷五〇《人物列传》：“（朱巨川）年二十明经擢第，寻以贤能举，授左卫率府兵曹参军。”

制科

【**王伯伦**】其先京兆人。天宝三载(744)进士及第、登制科。

《全唐文补遗》千唐志斋新藏专辑,王景撰大和元年(827)十一月十四日《唐故乡贡进士京兆王氏(勋)墓志铭并序》:"公讳勋,字重,其先京兆人也……迄于皇大父伯伦,天宝三载举进士,登制科。"

天宝四载乙酉(745)

知贡举:礼部侍郎达奚珣

进士科

【**崔祐甫**】字贻孙,博陵人。天宝四载(745)进士及第。授秘书省校书郎。官至门下侍郎、同中书门下平章事。

《唐代墓志汇编》建中〇〇四,邵说撰建中元年(780)十一月二十四日《有唐中书侍郎同中书门下平章事常山县开国子赠太傅博陵崔公(祐甫)墓志铭并序》:"公讳祐甫,字贻孙。系于太岳,代为冠族。高祖隋赵王府长史弘峻,曾祖皇洛县令俨,大父库部员外郎、汝州长史、赠卫尉少卿皚,烈考中书侍郎、太子宾客、赠尚书左仆射孝公沔,咸以文行介直称于天下……(祐甫)年廿五,乡贡进士高第。"按以建中元年(780)卒,春秋六十推之,祐甫二十五岁时在天宝四载。

《登科记考补正》卷二七《附考·进士科》录载崔祐甫。

明经科

【**陈诸**】字诸,颍川人。天宝四载(745)明经及第。始官太子通事舍人,终河南府户曹参军。

《唐代墓志汇编》贞元〇六四,《唐故朝散大夫河南府户□□□陈府君(诸)墓志铭并序》:"公讳诸,字诸,颍川人也……年八岁,弘文馆明经擢第,起家补太子通事舍人……调补河南县丞,次授虢州湖城县令,次授河南府户曹参军,加朝散大夫。"按:以贞元十年(794)卒,春秋五十七推之,陈诸八岁时在天宝四载。又:八岁明经擢第,疑为童子科。

制科

【**李岑**】开元二十七年(739)进士科状元。天宝四载(745)博学宏词科及第。历官京兆府兵曹参军、工部员外郎。

(宋)李昉等《文苑英华》卷三九二《中书制诰十三》录载贾至《授李岑工部员外郎制》:"敕:京兆府兵曹参军李岑敏而好学,出言有章,累登甲乙之科,尝居匡辅之任。"

《登科记考》卷九录李岑为本年进士,《登科记考补正》卷九据陈尚君考证,改系为制科及第,今从之。

【赵骅】天宝四载(745)博学宏词科及第。小传见进士科。

《登科记考》卷九录赵骅为本年进士,《登科记考补正》卷九据陈尚君考证,改系为制科及第,今从之。

【殷寅】天宝四载(745)博学宏词科及第。为永宁尉。

《全唐文》卷三四四,颜真卿撰《曹州司法参军秘书省丽正殿二学士殷君(践猷)墓碣铭》:"君讳践猷,字伯起,陈郡长平人……(子)寅,聪达有精识,能继先父之业,有大名于天下。举宏词,太子校书,永宁尉。"

《旧唐书》卷一〇二《韦述传》:"(殷)践猷,申州刺史仲容从子,明《班史》,通于族姓。子寅,有至性,早孤,事母以孝闻。应宏词举,为永宁尉。"

《新唐书》卷一九九《儒学中·殷践猷传》:"少子寅,举宏词,为太子校书,出为永宁尉。"

《登科记考》卷九录殷寅为本年进士,《登科记考补正》卷九据陈尚君考证,改系为制科及第,今从之。

天宝五载丙戌(746)

知贡举:礼部侍郎达奚珣

进士科

【羊袭吉】天宝五载(746)进士科状元。

(明)徐应秋《玉芝堂谈荟》卷二《历代状元》,在天宝六年状元杨护之前,载三年进士二十九人,状元羊袭吉。徐松《登科记考》卷九考云:按三年状元为赵岳,则"三"字恐"五"字之讹,附此俟考。

明经科

【杨若】字文和。天宝五载(746)明经及第。官至同州夏阳县令。

《全唐文补遗》千唐志斋新藏专辑,葛朝宗撰贞元十五年(799)十一月二十日《故同州夏阳县令杨公(若)墓志铭并序》:"皇唐弘农杨公讳若,字文和,东汉太尉震之裔也……弱冠以门荫补崇玄馆学生,擢明经上第……春秋六十有七。以贞元九年癸酉岁九月一日,遘疾终于华阴县故里私宫。"按杨若贞元九年(793)卒,春秋六十七计之,其弱冠年在天宝五载。

天宝六载丁亥(747)

知贡举：礼部侍郎李岩

进士科

【**杨护**】天宝六载(747)进士科状元及第。

(元)辛文房撰,傅璇琮主编《唐才子传校笺》(册一)卷三《包佶》条云:"佶字幼正,天宝六年杨护榜进士。"

(明)徐应秋《玉芝堂谈荟》卷二《历代状元》:"(天宝)六年,进士二十二人,状元杨护。"

《登科记考》卷九天宝六载(747)进士科录载杨护。

【**石镇**】河南府人。天宝六载(747)进士及第。

《全唐文》卷四〇七,作者小传:"镇,天宝十年进士。"

《唐代墓志汇编》天宝〇六八,《大奉国寺上座龛茔记》,署"河南府乡贡进士石镇文"。天宝四载撰文。

《登科记考》卷九天宝六载(747)进士科录载石镇。

【**包佶**】字幼正,一字幼贞,润州延陵人。天宝六载(747)进士及第,拜谏议大夫。历银青光禄大夫、尚书刑部侍郎、国子祭酒,秘书监,封丹阳郡开国公。卒赠礼部尚书、太子少保。

《唐代墓志汇编》大和〇一一,河东柳汶书大和二年(828)二月十六日《国子祭酒致仕包府君(陈)墓志铭并序》:"君讳陈,字□□。大父融,蕴江山之秀,以文藻知名。开元末,相国曲江公将所赏异,引为集贤殿学士、大理司直,赠秘书监。考讳佶,天宝中,以弱冠之年,升进士甲科。文章之奥府,人物之高选,当时俊贤,咸所景附,洎登朝右,蔚为名臣,历银青光禄大夫、尚书刑部侍郎、国子祭酒,掌礼部□举、秘书监、丹阳郡开国公,赠礼部尚书、太子少保。"

《新唐书》卷一四九《包佶传》:"佶字幼正,润州延陵人。父融,集贤院学士,与贺知章、张旭、张若虚有名当时,号'吴中四士'。佶擢进士第,累官谏议大夫。坐善元载,贬岭南。晏奏起为汴东两税使。晏罢,以佶充诸道盐铁轻货钱物使,迁刑部侍郎,改秘书监,封丹阳郡公。"

(元)辛文房撰,傅璇琮主编《唐才子传校笺》(册一)卷三《包佶》条云:"佶字幼正,天宝六年杨护榜进士。"

《登科记考》卷九天宝六载(747)进士科录载包佶。

嘉定《镇江志》卷一八《人物》:"(包)佶,融子,进士第,累官谏议大夫……贞元二年,以国子祭酒知礼部贡举,后封丹阳郡公。"

至顺《镇江志》卷一九《科目·包佶》:"包佶,字幼贞,集贤学士融子也。延陵人,天宝六年进士第,累任盐铁使。贞元二年以国子祭酒知礼部贡举,后封丹阳郡公。"

万历《丹徒县志》卷三《人物》:“(包)佶,进士,累任盐铁使。”

【孙鎣】天宝六载(747)进士及第。

《唐诗类苑》卷一四六载刘长卿《送孙鎣京监擢第归蜀觐省》:“适贺一枝新,旋惊万里分。礼闱称独步,太学许能文。征马望春草,行人看暮云。遥知倚门处,江树正氛氲。”

《登科记考》卷九天宝六载(747)进士科录载孙鎣。

【刘蕃】天宝六载(747)进士及第。官检校虞部员外郎兼侍御史。

《河洛墓刻拾零》,陈夷行撰大和四年(830)闰十二月二十七日《季舅唐故雅州刺史刘府君(熠)墓志铭并序》:“我季舅讳熠,字叔规,则孝王之十九代孙,今为河间乐成人也……皇考讳蕃,进士升第,河东节度掌书记、检校虞部员外郎兼侍御史。”

(宋)计有功《唐诗纪事》卷四七《刘蕃》:“蕃,登天宝六年进士第。”

《登科记考》卷九天宝六载(747)进士科录载刘蕃。

【李澥】字坚水,赵郡人。天宝六载(747)进士及第。官至刑部郎中。

《全唐文》卷七八四,穆员撰《李澥墓志铭》:“府君讳澥,字坚水。天宝中擢进士,调太子校书。”按《新唐书》卷七二上《宰相世系表》二上,赵郡李氏有“澥”,父雍门,湖城令。兄湜。澥字坚冰,刑部郎中。

《登科记考》卷九天宝六载(747)进士科录载李澥。

【蒋至】天宝六载(747)进士及第。

《全唐文》卷四〇七,作者小传:“至,天宝十年进士。”

《登科记考》卷九天宝六载(747)进士科录载蒋至。

诸科

【萧季江】字季江,兰陵人。天宝六载(747)道举出身。天宝十三载(754)制举洞晓玄经科及第。官太子洗马。

《全唐文补遗》第三辑,《唐故朝散大夫行太子洗马上柱国萧公(季江)墓志铭并序》:“公讳季江,字季江,其先兰陵人也…………弱冠以道举出身。天宝十三载,属玄宗思弘治化,征召贤良,亲自临轩,用加策试。公时应洞晓玄经举,与独孤郎声动寰中,名高朝右。虽古之鼂错、公孙弘之对策,又何逾焉。信为盛矣!”按志文“独孤郎”当指“独孤及”。以卒于贞元十一年(795),春秋六十八推之,萧氏弱冠道举在天宝六载。

制科

【薛据】天宝六载(747)风雅古调科登第。

(宋)王溥《唐会要》卷七六《贡举中 · 制科举》:“(天宝)六载,风雅古调科,薛琚及第。”按:应为“薛据”。

(宋)王钦若等《册府元龟》卷六四五《贡举部(七) · 科目》:“(天宝)六载,风雅古调科。(薛据及第。)”

(元)辛文房撰,傅璇琮主编《唐才子传校笺》(册一)卷二《薛据》条云:“据,荆南人。

开元十九年王维榜进士。天宝六年,又中风雅古调科第一人。"按据考证,王维开元九年(721)进士科状元及第。

《登科记考》卷九天宝六载(747)制科录载薛据。

天宝七载戊子(748)

知贡举:礼部侍郎李岩

进士科

【杨誉】天宝七载(748)进士科状元及第。

(元)辛文房撰,傅璇琮主编《唐才子传校笺》(册一)卷三《包何》条云:"何字幼嗣,润州延陵人,包融之子也。与弟佶俱以诗鸣,时称'二包'。天宝七年杨誉榜及第。"

(元)辛文房撰,傅璇琮主编《唐才子传校笺》(册一)卷三《李嘉祐》条云:"嘉祐字从一,赵州人。天宝七年杨誉榜及第。"

《登科记考》卷九天宝七载(748)进士科录载杨誉。

【包何】字幼嗣,润州延陵人。天宝七载(748)进士及第。终起居舍人。

(元)辛文房撰,傅璇琮主编《唐才子传校笺》(册一)卷三《包何》条云:"何字幼嗣,润州延陵人,包融之子也。与弟佶俱以诗鸣,时称'二包'。天宝七年杨誉榜及第。"

《登科记考》卷九天宝七载(748)进士科录载包何。

嘉定《镇江志》卷一八:"何,字幼嗣,进士第。大历中为起居舍人。"

至顺《镇江志》卷一八《科目·包何》:"包何,字幼嗣,佶弟。天宝七年进士第,起居舍人。"

万历《丹徒县志》卷三《人物》:"(包何)以进士为起居舍人。"

【权皋】字士繇,秦州略阳人,徙润州丹徒,权德舆之父。天宝七载(748)进士及第。历官临清尉、起居舍人、著作郎、大理平事、淮南采访判官、监察御史。卒谥"贞孝"。

《全唐文》卷三二一,李华《著作郎赠秘书少监权君墓表》:"君姓权氏,讳皋,字士繇,天水人。苻秦尚书仆射翼之后,世为著姓。祖某,某官;父某,某官,咸有令德。君既冠,进士及第,试临清尉。时节将兼本道使籍君高名,表为蓟县尉,充判官……迁起居舍人、著作郎。大历元年四月某日,不幸逝于丹徒,因殡焉,享龄四十二。"

《全唐文》卷七三六,沈亚之《旌故平卢军节士文》:"郭昈郭航,本不同族,皆家平卢军。昈父珍岑,天宝七年及第,以举进士,与权著作皋同上第。"

《新唐书》卷一九四《卓行·权皋传》:"权皋字士繇,秦州略阳人,徙润州丹徒,晋安丘公翼十二世孙。父倕与席豫、苏源明以艺文相友,终羽林军参军。皋擢进士第,为临清尉,安禄山藉其名,表为蓟尉,署幕府。皋度禄山且叛,以其猜虐不可谏,欲行,虑祸及亲。天宝十四载,使献俘京师,还过福昌尉仲谟。谟妻,皋妹也,密约以疾召之,谟来,皋阳喑,直视谟而瞑。谟为尽哀,自含敛之。皋逸去,人无知者。吏以诏书还皋母,母谓实死,恸哭感行路,故禄山不之虞,归其母。皋潜候于淇门,奉侍昼夜南奔,客临淮,为驿亭保以诇北方。既度江而禄山反,天下闻其名,争取以为属。高适表试大理评事、淮南采访判官。永王举兵,胁士大夫,皋诡姓名以免。玄宗在蜀闻之,拜监察御史,会母丧,得风痹疾,客洪州,南北梗否,逾年诏命不至。有中人过州,颇求取无厌,南昌令王遘欲按之,谋于皋。皋良久不答,泣曰:'今何由致天子使,而遽欲治之!'掩面去。遘悟,厚谢。浙西节度使颜真卿表为行军司马,召拜起居舍人,固辞。尝曰:'吾洁身乱世,以全吾志,欲持是受名邪?'李季卿为江淮黜陟使,列其高行,以著作郎召,不就。自中原乱,士人率度江,李华、柳识、韩洄、王定皆仰皋节,与友善。洄、定常评皋可为宰辅、师保;华亦以为分天下善恶,一人而已。卒,年四十六,洄等制服行哭,诏赠秘书少监。元和中,谥为贞孝。子德舆,至宰相,别传。"

《登科记考》卷九天宝七载(748)进士科录载权皋。

嘉定《镇江志》卷一八:"权皋,字士繇,居润州丹徒,进士第,为临清尉……大历元年死……元和中谥贞孝。"

至顺《镇江志》卷一九《节义·权皋》:"权皋,字士繇,居润州丹徒,举进士第,为临清尉。"

嘉靖《略阳县志》卷四《科贡》:"(权皋)天宝中举进士,为临清尉。"

万历《丹徒县志》卷三《人物》:"权皋……自略阳徙丹徒,举进士第,为临清尉。"

【李栖筠】字贞一,赵人。天宝七载(748)进士及第。为殿中侍御史,御史大夫,进工部侍郎,进银青光禄大夫,封赞皇县子。卒赠吏部尚书,谥曰文献。

《全唐文》卷四九三,权德舆《唐御史大夫赠司徒赞皇文献公李栖筠文集序》:"赞皇文献公,以文行正直,祇事代宗,中行山立,乃协於极。初未弱冠,隐于汲郡共城山下,营道抗志,不苟合于时。族子华,名知人,尝谓公曰:叔父上邻伊周,旁合管乐,声动律外,气横人间。感激西上,举秀才第一,陟降中外,间关代故……德舆先公,与公天宝中修辞射策,为同门生。"按:德舆父权皋,与李栖筠同年。

《新唐书》卷一四六《李栖筠传》:"李栖筠字贞一,世为赵人。幼孤。有远度,庄重寡言,体貌轩特。喜书,多所通晓,为文章劲迅有体要。不妄交游。族子华每称有王佐才,士多慕向。始,居汲共城山下,华固请举进士,俄擢高第。调冠氏主簿,太守李岘视若布衣交。迁安西封常清节度府判官。常清被召,表摄监察御史,为行军司马。肃宗驻灵武,发安西兵,栖筠料精卒七千赴难,擢殿中侍御史……李光弼守河阳,高其才,引为行军司马,兼粮料使。改绛州刺史,擢累给事中。是时,杨绾以进士不乡举,但试辞赋浮文,非取士之实,请置五经、秀才科。诏群臣议,栖筠与贾至、李廙以绾所言为是。进工部侍郎……以治行进银青光禄大夫,封赞皇县子,赐一子官。人为刻石颂德……卒,年五十八,自为墓志。赠吏部尚书,谥曰文献。"

《登科记考》卷九天宝七载(748)进士科录载李栖筠。

隆庆《赵州志》卷七《人物》:"李栖筠……举进士,高第。"

光绪《畿辅通志》卷三四《选举·唐·进士》:"玄宗年,李栖筠,赞皇人,宰相,谥文献。"

【李嘉祐】别名从一，或曰字，从一，赵州人，一说袁州人。天宝七载（748）进士及第。为秘书正字，泉、台、袁州刺史。

（唐）姚合《极玄集》卷下："李嘉祐，字从一，袁州人，天宝七载进士，大历中泉州刺史。"

（宋）晁公武《郡斋读书志校证》卷一七《别集类上》录《李嘉祐诗》二卷，注云："右唐李嘉祐，别名从一。赵州人。天宝七年进士，为秘书正字，袁、台二州刺史。"

（宋）陈振孙《直斋书录解题》卷一九录载《李嘉祐集》一卷，注云："唐台州刺史李嘉祐从一撰。天宝七载进士。"

（元）辛文房撰，傅璇琮主编《唐才子传校笺》（册一）卷三《李嘉祐》条云："嘉祐字从一，赵州人。天宝七年杨誉榜及第。"

《登科记考》卷九天宝七载（748）进士科录载李嘉祐。

隆庆《赵州志》卷七《人物》："李嘉祐……天宝七年举进士。"

【郭珍岑】天宝七载（748）进士及第。家平卢军。

《全唐文》卷七三六，沈亚之《旌故平卢军节士文》："郭昈郭航，本不同族，皆家平卢军。昈父珍岑，天宝七年及第，以举进士，与权著作皋同上第。"

《登科记考》卷九天宝七载（748）进士科录载郭珍岑。

【廖广】将乐人。天宝七年进士及第。官常州刺史。

弘治《将乐县志》卷七《进士》："廖广，第进士，授秘书正字，累官至常州刺史。"

嘉靖《延平府志》卷一四《选举志》："天宝戊子（进士）一人廖广，将乐人，秘书正字，累官常州刺史。"

天宝八载己丑（749）

知贡举：礼部侍郎李岩

明经科

【卢憕】字平仲，涿郡范阳人。天宝八载（749）明经及第。

《唐代墓志汇编》天宝一九四，天宝十载（751）十一月十一日《唐故孝廉范阳卢公（憕）墓志铭并序》："君讳憕，字平仲，涿郡范阳人也……年廿一，以明经擢第。"按：据墓志，卢憕卒于天宝十载（751），春秋二十三，则其二十一岁时在天宝八载。

【何伯述】字叔良，庐江潜人。天宝八载（749）明经及第。官至太子舍人兼虢州阌乡县令。

《全唐文补遗》千唐志斋新藏专辑，何伯遇撰大历六年（771）十一月二十日《唐故太子舍人兼虢州阌乡县令何府君（伯述）墓志铭并序》："公讳伯述，字叔良，庐江潜人也……弱冠，崇玄明经擢第高等……以大历六年五月廿六日，暴终于洛阳县崇让里之私第，春秋卌有二。"按：伯述大历六年（771）卒，春秋四十二，则其弱冠年在天宝八载。

【李佐】字公辅。天宝八载(749)明经及第。

(宋)李昉等《文苑英华》卷九四四《志十》录载穆员撰《京兆少尹李公墓志》:"有唐故京兆少尹,陇西李府君,讳佐,字公辅……弱冠擢明经,调婺州武义县尉。"按:志载李佐卒于贞元六年(790),春秋六十一,则其弱冠岁在天宝八载。

制科

【王阅】天宝八载(749)拔萃头登科。

(宋)乐史《广卓异记》卷一九《进士状元却为拔萃头》:"右按《登科记》:王阅天宝元年进士状元及第,八年拔萃头登科。"

《登科记考》卷九天宝八载(749)进士科录载王阅。

【高适】字达夫,又字仲武,沧州渤海人。天宝八载(749)举有道科及第。官终左散骑常侍。

《新唐书》卷一四三《高适传》:"(高适)客梁、宋间,宋州刺史张九皋奇之,举有道科中第,调封丘尉,不得志去。"

(宋)晁公武《郡斋读书志校证》卷一七《别集类上》录《高适集》十卷、集外文一卷、别诗一卷,注云:"右唐高适达夫也。渤海人。天宝八年,举有道科中第。永泰初,终散骑常侍。"

(宋)王应麟《玉海》卷一一五《选举・唐制举》:"高适举有道科。"

(元)辛文房撰,傅璇琮主编《唐才子传校笺》(册一)卷二《高适》条云:"适字达夫,一字仲武,沧州人。少性拓落,不拘小节。耻预常科。隐迹博徒,才名便远。后举有道,授封丘尉。未几,哥舒翰表掌书记。"

《登科记考》卷九天宝八载(749)进士科录载高适。

光绪《畿辅通志》卷三四《选举・唐・进士》:"玄宗年,高适,蓨人,天宝年有道科。"

天宝九载庚寅(750)

知贡举:礼部侍郎李暐

进士科

【沈仲昌】天宝九载(750)进士及第。

(宋)计有功《唐诗纪事》卷四七《沈仲昌》:"仲昌,登天宝九年进士第。"

《登科记考》卷九天宝九载(750)进士科录载沈仲昌。

【贾邕】天宝九载(750)进士及第。

(唐)萧颖士《江有归舟诗序》:"后进而余师者,自贾邕、卢冀之后,比岁举进士登科。"

(宋)计有功《唐诗纪事》卷二七《贾邕》:"邕,天宝九年李暐侍郎下登第。"

《登科记考》卷九天宝九载(750)进士科录载贾邕。

明经科

【**崔千里**】字广源，清河东武城人。贞元十二年六十二岁卒。天宝九载(750)明经及第。官至常州司士参军。

《唐代墓志汇编》贞元一二五，《唐故登仕郎常州司士参军袭武城县开国伯崔府君(千里)墓志铭并序》："先考讳千里，字广源，清河东武城人也……年十六，以国子监明经备身。"

上书拜官

【**先朝**】天宝九载(750)上书拜官，授右武卫仓曹、集贤待制。

《职官分纪》卷十五引韦述《集贤记注》："天宝九年，先朝以白衣上书，试经及第，拜右武卫仓曹、集贤待制。是岁，薛须以白衣上书，试经及第，拜右骁卫胄曹、集贤待制。"

【**薛须**】天宝九载(750)上书拜官，授右骁卫胄曹、集贤待制。

《职官分纪》卷十五引韦述《集贤记注》："天宝九年，先朝以白衣上书，试经及第，拜右武卫仓曹、集贤待制。是岁，薛须以白衣上书，试经及第，拜右骁卫胄曹、集贤待制。"

天宝十载辛卯(751)

知贡举：礼部侍郎李麟

进士科

【**李巨卿**】天宝十载(751)进士科状元及第。

(元)辛文房撰，傅璇琮主编《唐才子传校笺》卷四《钱起》条云："起字仲文，吴兴人。天宝十年李巨卿榜及第。"

(明)徐应秋《玉芝堂谈荟》卷二《历代状元》："(天宝)十年，进士二十人，状元李臣卿。"按"臣卿"当为"巨卿"。

《登科记考》卷九天宝十载(751)进士科录载李巨卿。

【**王邕**】天宝十载(751)进士及第。

(宋)李昉等《文苑英华》卷一八四《诗三十四》录载魏璀、钱起(原注：天宝十载)、陈季、庄若讷、王邕所作之《湘灵鼓瑟》诗。

《登科记考》卷九天宝十载(751)进士科录载王邕，考云："见《文苑英华》。"

【**孙翊仁**】天宝十载(751)进士及第。

《全唐文》卷四〇七，作者小传："翊仁，天宝十年进士。"

胡可先《〈登科记考〉匡补三编》增补孙翊仁。

【**庄若讷**】天宝十载(751)进士及第。

《洛阳新获七朝墓志》，天宝十二载(753)二月一日《大唐故韩氏刘夫人墓志铭并序》，署"前国子进士庄若讷撰"。

（宋）李昉等《文苑英华》卷一八四《诗三十四》录载魏璀、钱起（原注：天宝十载）、陈季、庄若讷、王邕所作之《湘灵鼓瑟》诗。

《登科记考》卷九天宝十载（751）进士科录载庄若讷，考云："见《文苑英华》。"

【李徵】天宝十载（751）进士及第，调补江南尉。

（宋）李昉等《太平广记》卷四二七《虎二·李徵》引《宣室志》："陇西李徵，皇族子，家于虢略，徵少博学，善属文，弱冠从州府贡焉，时号名士。天宝十载春于尚书右丞杨没下登进士第。后数年，调补江南尉。"按"杨没"，当作"杨浚"。

《登科记考》卷九天宝十五载（756）进士科录有李徵，《登科记考补正》卷九天宝十载（751）进士科改正系年。

【陈季】天宝十载（751）进士及第。

（宋）李昉等《文苑英华》卷一八四《诗三十四》录载魏璀、钱起（原注：天宝十载）、陈季、庄若讷、王邕所作之《湘灵鼓瑟》诗。

《登科记考》卷九天宝十载（751）进士科录载陈季，考云："见《文苑英华》。"

【房宽】天宝十载（751）进士及第。

《全唐文》卷四〇七，作者小传："宽，天宝十年进士。"

胡可先《〈登科记考〉匡补三编》增补房宽。

【袁傪】陈郡人，天宝十载（751）进士及第。官监察御史、御史中丞。

《唐代墓志汇编》永泰〇〇三，韦应物撰永泰元年（765）十二月九日《大唐故东平郡巨野县令顿丘李府君（璀）墓志铭并序》："公讳璀……有二女……长适御史中丞袁傪。"按：墓志作于永泰元年（765）十二月九日。

（宋）李昉等《太平广记》卷四二七《虎二·李徵》引《宣室志》："陈郡袁傪以监察御史奉诏使岭南……傪昔与徵同登进士第。"

《登科记考》卷九天宝十五载（756）进士科录有袁傪，《登科记考补正》卷九天宝十载（751）进士科改正系年。

【钱起】字仲文，吴兴人。天宝十载（751）进士。释褐校书郎。曾为太清宫使、翰林学士。终考功郎中（员外郎）。

（唐）姚合《极玄集》卷上："钱起，字仲文，吴兴人，天宝十载进士，历校书郎，终尚书郎、太清宫使。"

（唐）高仲武《中兴间气集》卷上："员外诗体格新奇，理致清赡，粤从登第，挺冠词林。"

《旧唐书》卷一六八《钱徽传》："钱徽字蔚章，吴郡人。父起，天宝十年登进士第……释褐秘书省校书郎。大历中，与韩翃、李端辈十人，俱以能诗，出入贵游之门，时号'十才子'，形于图画。起位终尚书郎。"

（宋）李昉等《文苑英华》卷一八四《诗三十四》录载魏璀、钱起（原注：天宝十载）、陈季、庄若讷、王邕所作之《湘灵鼓瑟》诗。

（宋）计有功《唐诗纪事》卷三〇《钱起》："起，吴兴人。天宝进士……终考功郎中。"

（宋）晁公武《郡斋读书志校证》卷一七《别集类上》录《钱起诗》二卷，注云："右谭唐钱起,徽之父也。吴郡人。天宝中举进士……主文李晖深嘉之,擢置高第,释褐授校书郎,终考功。”

(宋)陈振孙《直斋书录解题》卷一九录载《钱考功集》十卷,注云:“唐考功员外郎吴兴钱起撰。天宝十年进士。”

(元)辛文房撰,傅璇琮主编《唐才子传校笺》(册二)卷四《钱起》条云:“起字仲文,吴兴人。天宝十年李巨卿榜及第。”

《登科记考》卷九天宝十载(751)进士科录载钱起。

嘉靖《浙江通志》卷三八《人物志》:“(钱起)天宝十年及第,授秘书郎,终于考功郎中。”

同治《湖州府志》卷七四《人物传·文学一》:“(钱起)天宝十年进士,与郎士元齐名。”

【谢良辅】天宝十载(751)进士及第。曾官商州刺史。

(宋)计有功《唐诗纪事》卷四七《谢良辅》:“良辅,登天宝十一年进士第。德宗时,刺商州,为团练所杀。”按:(宋)李昉等《文苑英华》卷一一三《赋一百十三》,《豹舄赋》有钱起、谢良辅,当从之。

《登科记考》卷九天宝十载(751)进士科录载谢良辅。

【魏璀】天宝十载(751)进士及第。

(宋)李昉等《文苑英华》卷一八四《诗三十四》录载魏璀、钱起(原注:天宝十载)、陈季、庄若讷、王邕所作之《湘灵鼓瑟》诗。

《登科记考》卷九天宝十载(751)进士科录载魏璀,考云:“见《文苑英华》。”

明经科

【贾耽】字敦诗,沧州南皮人。天宝十载(751)明经及第,调授贝州临清县尉。贞元九年以尚书右仆射同中书门下平章事。卒后册赠太傅,谥曰元靖。

《全唐文》卷四七八,郑余庆《左仆射贾耽神道碑》:“公讳耽,字敦诗,其先长乐人也。七代祖元楷,因葛荣之乱避地,始徙家于浮阳。隋开皇中,改浮阳为清池,今为清池人也。烈祖远则,皇德州长河尉。祖知义,皇沁州沁源主簿,赠扬州大都督。考炎之,赠尚书左仆射……公天宝十载明经高第,乾元中授贝州临清尉,州县之职,与公非宜,兵戈甫兴,时不韬才,公诣阙献书,授绛州太平尉。太原节度王思礼察公器重识高,涵泳万顷,署度支判官,转试左骁卫兵曹,试大理司直监察殿中侍御史,职并如故。遂迁检校缮部员外郎兼太原少尹侍御史北都副留守,仍赐金章紫绶,就加检校礼部郎中。凡历数使,宾待益重,奇才愈茂,宏器日彰,天下士君子推公为栋梁。迁汾州刺史,在郡七年……贞元九年入觐,拜尚书右仆射同中书门下平章事,朝廷为之宝,岩廊为之重,天下以之信向,蛮夷以之怀来。加金紫光禄大夫,转左仆射,依前平章事,迁检校司空,依前左仆射平章事……以永贞元年十月一日,薨于长安光福里之私第,享年七十六,辍朝四日,再赠太傅。”

《旧唐书》卷一三八《贾耽传》:“贾耽字敦诗,沧州南皮人。以两经登第,调授贝州临清县尉。上疏论时政,授绛州正平尉。从事河东,检校膳部员外郎、太原少尹、北都副留守。又检校礼部郎中、节度副使。改汾州刺史，在郡七年，政绩茂异。入为鸿胪卿，时左右威远营隶鸿胪，耽仍领其使。大历十四年十一月，检校左散骑常侍、兼梁州刺史、御史大夫、山南西道节度使。建中三年十一月，检校工部尚书、兼御史大夫、山南东道节度使。德宗移幸梁州。兴元元年二月，耽使行军司马樊泽奏事于行在，泽既复命，方大宴诸将，有急牒至，言泽代耽为节度使，而召耽为工部尚书……贞元二年，改检校右仆射、兼滑州刺史、义成军节度使……九年，征为右仆射、同中书门下平章事……顺宗即位，检校司空，守左仆射，知政事如故……永贞元年十月卒，时年七十六。废朝四日，册赠太傅，谥曰元靖。"

《新唐书》卷一六六《贾耽传》："贾耽字敦诗，沧州南皮人，天宝中举明经，补临清尉。"

《登科记考》卷九天宝十载（751）明经科录载，又同书卷二七《附考・明经科》重出，误。

嘉靖《河间府志》卷二六《选举志》："贾耽……天宝中举明经进士。"

光绪《畿辅通志》卷三四《选举・唐・明经乡贡》："玄宗年，贾耽，南皮人，天宝年第，尚书仆射，谥元靖。"

诸科

【常习】字习，河内温人。十四岁道举升第。官至豪州司马。

《秦晋豫新出墓志蒐佚续编》七一二，常次儒撰贞元十五年（799）九月十四日《大唐故豪州司马常府君墓志铭并序》："讳习，字习，河内温人。秀茂于龆年，业就于早岁，至十有四，乃洞贯玄经，道举升第。"按：以建中三年（782）卒，春秋四十有五推算，常习十四岁道举及第在天宝十载（751）。

制科

【归崇敬】字正礼，苏州长洲人。天宝十载（751）明经及第。复再登博通坟典制科。曾官翰林学士、散骑常侍。以兵部尚书致仕。卒年八十八岁。谥曰"宣"。

《新唐书》卷一六四《归崇敬传》："归崇敬字正礼，苏州吴人。治礼家学，多识容典，擢明经……天宝中，举博通坟典科，对策第一，迁四门博士。"

《柳宗元集》卷二六《四门助教厅壁记》韩注曰："归崇敬，天宝中举博通坟典科，对策第一，迁四门博士。有诏举才可宰百里者，复策高等，授左拾遗。"

（宋）王应麟《玉海》卷一一五《选举・唐制举》："归崇敬天宝中举博通坟典科，对策第一。诏举才可宰百里者，复策高第。"

（宋）费枢《廉吏传》卷下《归崇敬》："归崇敬，字正礼，苏州吴人……天宝中举博通坟典科，对策第一，迁四门博士。有诏举才可宰百里者，复策高等，为主客员外郎……以兵部尚书致仕，卒年八十八，谥曰'宣'。"

《登科记考》卷九天宝十载（7511）制科引《苏州府志》列归崇敬于是年。

《吴郡志》卷22："归崇敬，字正礼，吴县人。治礼家学，多识容典，举博通坟典科第一，诏举才可宰百里，复策高等……迁翰林学士、左散骑常侍，余姚郡公……谥曰'宣'。"

正德《姑苏志》卷四七《人物五·名臣》:"(归崇敬)天宝中举博通坟典科对策第一,迁四门博士。"

【程俊】字崧□。天宝十载(751)才可宰百里科及第。官齐州丰齐县令。

《唐代墓志汇编》贞元〇三〇,《唐齐州丰齐县令程府君(俊)墓志铭并序》:"公讳俊,字崧□,姓程氏,帝颛顼之后……补太庙斋郎,解褐恒州参军。刺史张公愿居上不宽,惟公□任,迁青州司户。会天宝九年冬,诏下□□□□县令。时张移密州,公膺首举。明年春,□□□□□策试称旨,制授齐州齐县令。"

【颜允臧】字季宁,京兆长安人。天宝十载(751)才可宰百里科及第。曾官江陵少尹。

《全唐文》卷三四一,颜真卿撰《朝请大夫行江陵少尹兼侍御史荆南行军司马上柱国颜君(允臧)神道碑铭》:"君讳允臧,字季宁,京兆长安人。曹王晋王侍读赠华州刺史昭甫府君之孙,薛王友赠太子少保惟贞府君之第八子也。孝悌惇敏,有才干局力,所居以吏道称。解褐太康尉,太守张倚、采访使韦陟皆器其清严,与之均礼。天宝十载,制举县令对策及第,授延昌令。"

《登科记考》卷九天宝十载(751)制科、卷二七《附考·制科》分别录载颜允臧。

上书拜官

【杜甫】襄州襄阳人。祖审言,进士及第。父闲。杜甫天宝十载(751)上书玄宗,待诏集贤院。官终检校工部员外。

《新唐书》卷二〇一《杜审言传》:"杜审言字必简,襄州襄阳人,晋征南将军预远裔。擢进士,为隰城尉……审言生子闲,闲生甫。甫字子美,少贫不自振,客吴越、齐赵间。李邕奇其材,先往见之。举进士不中第,困长安。天宝十三载,玄宗朝献太清宫,飨庙及郊,甫奏赋三篇。帝奇之,使待诏集贤院,命宰相试文章,擢河西尉,不拜,改右卫率府胄曹参军……会严武节度剑南东、西川,往依焉。武再帅剑南,表为参谋,检校工部员外郎。"按:据《旧唐书》卷九《玄宗下》:玄宗天宝十载正月乙酉朔。壬辰,朝献太清宫。癸巳,朝飨太庙。甲午,有事于南郊。杜甫献赋于是年。

《登科记考》卷九天宝十载(751)上书拜官条录载杜甫。

天宝十一载壬辰(752)

知贡举:礼部侍郎李麟

进士科

【薛播】河中宝鼎人。天宝十一载(752)进士及第。官终礼部侍郎。贞元三年卒,赠礼部尚书。

《全唐诗》第六册卷二〇一录有岑参《送薛播擢第归河东》。

《旧唐书》卷一四六《薛播传》:"薛播,河中宝鼎人,中书舍人文思曾孙也。父元晖,什郝令，以播赠工部郎中。播，天宝中举进士，补校书郎，累授万年县丞、武功令、殿中侍御史、刑部员外郎、万年令。播温敏，善与人交，李栖筠、常衮、崔祐甫皆引擢之。及祐甫辅政，用为中书舍人。出汝州刺史，以公事贬泉州刺史。寻除晋州刺史，河南尹，迁尚书左丞，转礼部侍郎。遇疾，贞元三年卒，赠礼部尚书。初，播伯父元暧终于隰城丞，其妻济南林氏，丹阳太守洋之妹，有母仪令德，博涉《五经》，善属文，所为篇章，时人多讽咏之。元暧卒后，其子彦辅、彦国、彦伟、彦云及播兄据、摠并早孤幼，悉为林氏所训导，以至成立，咸致文学之名。开元、天宝中二十年间，彦辅、据等七人并举进士，连中科名，衣冠荣之。"

《新唐书》卷一五九《薛播传》："薛播，河中宝鼎人。曾祖文思，官中书舍人。播早孤，伯母林通经史，善属文，躬授经诸子及播兄弟，故开元、天宝间，播兄弟七人皆擢进士第，衣冠光韪。"

（宋）魏仲举《五百家注释韩昌黎全集》卷二四《国子助教河东薛君墓志铭》孙注曰："薛播天宝十一载进士登第。"

《登科记考》卷九天宝十一载（752）录载薛播。

诸科

【柳鋋】河东解县人。天宝十一载（752）道举明经擢第。官至同州司户参军事。

《洛阳新获七朝墓志》，柳方叔撰贞元十九年（803）闰十月二十六日《有唐同州司户参军事先府君墓志》："维唐贞元十九年四月二日，前同州司户参军事柳府君违世于新安县龙涧乡之别业，享龄六十有四……府君讳鋋，河东解县人……年十三，道举明经擢第。"按柳鋋"道举明经擢第"，当指道举出身。以贞元十九年（803）享龄六十四推算，其十三岁道举擢第时在天宝十一载（752）。

天宝十二载癸巳（753）

知贡举：礼部侍郎阳浚

进士科

【杨儇】一作"杨众"。天宝十二载（753）进士科状元及第。

（元）辛文房撰，傅璇琮主编《唐才子传校笺》（册一）卷三《鲍防》条云："防字子慎，天宝十二年杨儇榜进士，襄阳人也。"

（明）徐应秋《玉芝堂谈荟》卷二《历代状元》："（天宝）十二年，进士五十六人，状元杨众。"徐松《登科记考》校语云："《玉芝堂谈荟》作'杨众'，盖字形相近致讹。"

《登科记考》卷九天宝十二载（753）进士科录载杨儇。

【长孙铸】天宝十二载（753）进士及第。

（宋）计有功《唐诗纪事》卷二七《长孙铸》："天宝十二年杨浚舍人下登第。"

《登科记考》卷九天宝十二载（753）进士科录载长孙铸。

【邬载】天宝十二载(753)进士及第。

(宋)计有功《唐诗纪事》卷二七《邬载》:“载,天宝十三年杨浚舍人下登第……与钱起友善。”按:《登科记考补正》卷九天宝十二载(753)进士科录载邬载。

【刘太冲】太真兄,金陵人。天宝十二载(753)进士及第。

《全唐文》卷五三八,裴度《刘府君(太真)神道碑铭》:“公讳太真,字仲适,族彭城,晋永嘉末,衣冠南渡,遂为金陵人。一代祖悱,隋伏波将军桂阳太守;高祖关,皇襄州别驾;曾祖轸,皇沂州刺史;祖际,皇洪州录事参军。考若筠,皇赠谏议大夫……公十有五而志于学,弱冠以行义修洁,词藻瑰异,名声藉甚于诸公间。当时文士兰陵萧茂挺,才高意广,诱接甚寡,一见公,便延之座右,以孔门高第,不在兹乎。天宝中,与伯氏太冲迭升太常第,议者荣之。”

(宋)计有功《唐诗纪事》卷二七《刘太冲》:“天宝十二年杨浚舍人下登第。”

《登科记考》卷九天宝十二载(753)进士科录载刘太冲。

至顺《镇江志》卷一九《科目 · 刘太冲》:“刘太冲,居北固,天宝十三年登进士第。”

嘉靖《宁国府志》卷八《人文纪中》:“(刘太贞)兄太冲先一年登第,亦有文名。”

万历《丹徒县志》卷三《人物》:“刘太冲,居北固,天宝十三年登进士。”按:此作十三年,误。

【刘舟】天宝十二载(753)进士及第。

(宋)计有功《唐诗纪事》卷二七《刘舟》:“天宝十二年杨浚舍人下登第。”

【李清】字士澄。天宝十二载(753)进士及第。曾官乌程令。

(宋)计有功《唐诗纪事》卷二四《李清》:“清,登天宝十二年进士第。”

《登科记考》卷九天宝十二载(753)进士科录载李清。

同治《湖州府志》卷六三《名宦录二》:“(李清)天宝二年进士,大历中为乌程令。”按:“天宝二年”应为“天宝十二年”。

【张继】字懿孙,襄州人。天宝十二载(753)进士及第。大历末检校祠部郎中。

(唐)高仲武《中兴间气集》卷下:“员外累代词伯,积袭弓裘,其于为文,不雕不饰,及尔登第,秀发当时。”

(宋)计有功《唐诗纪事》卷二五《张继》:“继,字懿孙,襄州人。登天宝进士第。大历末,检校祠部员外郎,分掌财赋于洪州。”

(元)辛文房撰,傅璇琮主编《唐才子传校笺》(册一)卷三《张继》条云:“继字懿孙,襄州人。天宝十二年,礼部侍郎阳浚下及第。”

《登科记考》卷九天宝十二载(753)进士科录载张继。

【房由】一作房白,天宝十二载(753)进士及第。

(宋)计有功《唐诗纪事》卷二七《房白》:“白,天宝十二载杨浚舍人下登第。”按:《唐代墓志汇编》天宝二五六,《大唐故永王府录事参军卢府君(自省)墓志铭并序》,署“前国子进士房由撰”。撰志时间为天宝十三载(754)闰十一月十一日,是则“房白”为“房由”之误。

《登科记考补正》卷九天宝十二载(753)进士科录载房由(房白)。

【郑愕】天宝十二载(753)进士及第。

(宋)计有功《唐诗纪事》卷二七《郑愕》:"天宝十二年杨浚舍人下登第。"

【皇甫曾】字孝常,丹阳人。天宝十二载(753)进士及第。曾官监察御史、侍御史。

(唐)姚合《极玄集》卷下:"皇甫曾,字孝常,丹阳人,天宝十二载进士。历官监察御史,与兄冉齐名一时。"

《新唐书》卷二〇二《文艺中·皇甫冉传》:"皇甫冉字茂政,十岁便能属文,张九龄叹异之。与弟曾皆善诗。天宝中,踵登进士,授无锡尉……曾字孝常,历监察御史。"

(宋)陈振孙《直斋书录解题》卷一九录载《皇甫曾集》一卷,注云:"唐侍御史皇甫曾孝常撰。天宝十二载进士。兄冉,后曾三载登第。"

(元)辛文房撰,傅璇琮主编《唐才子传校笺》(册一)卷三《皇甫曾》条云:"曾字孝常,冉之弟也。天宝十二年杨儇榜进士。"

《登科记考》卷九天宝十二载(753)进士科录载皇甫曾。

至顺《镇江志》卷一九《科目·皇甫曾》:"皇甫曾,字孝常,冉弟。登天宝十二年进士第。监察御史、殿中侍御史。"

【姚发】天宝十二载(753)进士及第。

(宋)计有功《唐诗纪事》卷二七《姚发》:"天宝十二年杨浚舍人下登第。"

【殷少野】天宝十二载(753)进士及第。

(宋)计有功《唐诗纪事》卷二七《殷少野》:"天宝十二年杨浚舍人下登第。"

【鲍防】字子慎,襄州襄阳人。天宝十二载(753)进士及第。曾官礼部侍郎、工部尚书。

《全唐文补遗》千唐志斋新藏专辑,武元衡撰贞元十三年(797)十一月二十一日《唐故兰陵郡夫人萧氏(鲍宣妻)墓志铭并序》:"大唐贞元十三年龙集丁丑十月三日,故紫金光禄大夫、工部尚书、赠太子少保东海鲍宣公夫人、兰陵郡夫人萧氏,寝疾薨于上都光福里之私第,享年五十八……年十有六,归我宣公。公自弱冠,登进士第。"按以萧氏为鲍宣妻,误。据志文所述,萧氏为鲍防妻。《全唐文》卷七八三,穆员撰《工部侍郎鲍防碑》:公讳防,字子慎,河南洛阳人。贞元六年秋八月景申,薨于洛阳私第。

《新唐书》卷一五九《鲍防传》:"鲍防字子慎,襄州襄阳人。少孤窭,强志于学,善辞章。及进士第,历署节度府僚属。入为职方员外郎。薛兼训帅太原,被病,代宗授防少尹、节度行军司马,召见,慰遣之。俄知留后,兼太原尹、节度使。人乐其治,诏图形别殿。入为御史大夫,历福建、江西观察使,召拜左散骑常侍。从德宗奉天,进礼部侍郎,封东海郡公。贞元元年,策贤良方正,得穆质、裴复、柳公绰、归登、崔邠、韦纯、魏弘简、熊执易等,世美防知人……初,防与知杂御史窦参遇,导骑不引避,参谪其仆。及为相,防尹京兆,迫使致仕,授工部尚书……不得志卒,年六十九,赠太子少保,谥曰宣。"

《新唐书》卷一五九《鲍防传》:"(防)不得志卒,年六十九,赠太子少保,谥曰宣。"按:鲍防卒后谥曰宣,故墓志云鲍宣公;云萧氏为鲍宣公夫人。鲍防为天宝十二载(753)进士,是年三十二岁。墓志云"公自弱冠,登进士第",疑误。又:《登科记考补正》载鲍防曾任兴元元年(784)、贞元元年(785)、贞元三年(787)知贡举,其中贞元三年未毕事,与墓志记载一致。

(元)辛文房撰,傅璇琮主编《唐才子传校笺》(册一)卷三《鲍防》条云:“防字子慎,天宝十二年杨儇榜进士,襄阳人也。”

《登科记考》卷九天宝十二载(753)进士科录载鲍防。

明经科

【**林披**】以经业擢第。授汀州别驾。

(唐)林蕴《睦州刺史府君(披)神道碑》:“曾大父瀛洲刺史讳元泰,生大父饶州郡太守万宠,饶州生府君赠睦州刺史。府君讳披,字茂则。年十有五,自写六经百家子史千余卷。年二十,以经业擢第,授临汀郡曹掾。”

《林氏续庆图》:“字茂彦,万宠次子。天宝十一年擢第。”

《登科记考》卷九录载林披天宝十二载(753)进士及第,《登科记考补正》卷九改系是年明经及第。

正德《姑苏志》卷三八《宦迹二》:“林披……年二十以明经擢第,为汀州别驾。”

嘉靖《汀州府志》卷一二《名宦》:“(林披)年二十以经业擢第,授临汀郡曹。”

科目未详

【**王崇俊**】太原人。天宝十二载(753)进士及第。

《全唐文补遗》第七辑,《唐故鄜坊节度都营田使兼后军兵马使前讨击使同节度副使云麾将军试鸿胪卿兼试殿中监太原县开国子食邑五百户上柱国王府君(崇俊)墓志铭并序》:“唐贞元八年七月七日,太原王君讳崇俊,春秋六十九,终于鄜州中部县玉华川北刚之私第……年卅,乡赋荐用。历官任职,颇有功勋。”按:王氏以“乡赋荐用”,当为科举出身,然科目未详。又:以贞元八年(792),春秋六十九推之,其三十岁在天宝十二载。

《登科记考补正》卷九录王崇俊天宝十二载进士及第,证据不足。

天宝十三载甲午(754)

知贡举:礼部侍郎阳浚

进士科

【**杨紘**】或作杨肱。天宝十三载(754)进士科状元及第。

(元)辛文房撰,傅璇琮主编《唐才子传校笺》(册二)卷四《韩翃》条云:“翃字君平,南阳人。天宝十三载杨紘榜进士。”

(明)徐应秋《玉芝堂谈荟》卷二《历代状元》:“(天宝)十三年,进士三十五人,状元杨肱。”

《登科记考》卷九天宝十三载(754)进士科录杨紘为是年状元。

【元结】字次山,鲁山人。天宝十三载(754)进士及第,复制举登科。官至左金吾卫将军兼御史中丞、容府都督兼侍御史本管经略使。

《全唐文》卷三四四,颜真卿《唐故容州都督兼御史中丞本管经略使元君表墓碑铭并序》:"君讳结,字次山,皇家忠烈义激文武之直清臣也。盖后魏昭成皇帝孙曰常山王遵之十二代孙,自遵七叶,王公相继,著在惇史。高祖善祎,皇朝尚书都官郎中常山郡公。曾祖仁基,朝散大夫褒信令,袭常山公。祖利贞,霍王府参军,随镇改襄州。父延祖,清净恬俭,历魏成主簿、延唐丞。思闲辄自引去,以鲁县商馀山多灵药,遂家焉。及终,门人谥曰太先生,宝应元年追赠左赞善大夫。君聪悟宏达,倜傥而不羁。十七始知书,乃授学于宗兄先生德秀……天宝十二载举进士,作《文编》。礼部侍郎阳浚曰:'一第污元子耳,有司得元子是赖。'遂登高第……乃拜君左金吾兵曹,摄监察御史,充山南东道节度参谋……转容府都督兼侍御史本管经略使……大历四年夏四月,拜左金吾卫将军兼御史中丞,管使如故。"

《新唐书》卷一四三《元结传》:"元结,后魏常山王遵十五代孙。曾祖仁基,字惟固,从太宗征辽东,以功赐宜君田二十顷,辽□并马牝牡各五十,拜宁塞令,袭常山公……结少不羁,十七乃折节向学,事元德秀。天宝十二载举进士,礼部侍郎阳浚见其文,曰:'一第慁子耳,有司得子是赖!'果擢上第。复举制科……久之,拜道州刺史……进授容管经略使,身谕蛮豪,绥定八州。会母丧,人皆诣节度府请留,加左金吾卫将军。民乐其教,至立石颂德。罢还京师,卒,年五十,赠礼部侍郎。"

(宋)晁公武《郡斋读书志校证》卷一七《别集类上》录《元子》十卷、《琦玕子》一卷、《文编》十卷,注云:"右唐元结次山也。后魏之裔。天宝十三年进士,复举制科,授右金吾兵曹,累迁容管经略使。"按:此言十三年及第。

(宋)潘自牧《记纂渊海》卷三七《科举部·及第》:"元结少不羁,十七乃折节向学。天宝十三载举进士,杨浚见其文曰:'一第溷水耳,有司得子是赖。'果擢上第。"

(元)辛文房撰,傅璇琮主编《唐才子传校笺》(册一)卷三《元结》条云:"结字次山,武昌人。鲁山令元资芝族弟也。少不羁,弱冠始折节读书。天宝十三年进士。礼部侍郎杨浚见其文曰:'一第慁子耳!'遂擢高品。后举制科。"

《登科记考》卷九天宝十三载(754)进士科录载元结。

正德《汝州志》卷六《人物》:"(元结)天宝中举进士。"

嘉靖《鲁山县志》卷六《人物·乡贤》:"(元结)天宝十二年举进士第。"

嘉靖《九江府志》卷一三《人物志·文苑》:"元结……擢上第,肃宗朝为苍梧刺史。"

隆庆《瑞昌县志》卷六《人物志·乡贤》:"元结……登天宝十二载进士,复举制科,为苍梧刺史。"

光绪《畿辅通志》卷三四《选举·唐·进士》:"玄宗年,元结,燕人,第进士,见制举。"

【尹徵】天宝十三载(754)进士及第。

(唐)萧颖士《江有归舟诗序》:"门弟子有尹徵之学,刘太真之文,首其选焉。今兹春,连茹甲乙,淑问休阐,为时之冠。浃旬有诏,俾徵点校秘书,且驰传垅首,领元戎书记之事。

四牡骈骈，薄言旋归。而太真元昆，前已甲科，未始间岁，翩其连举。夏五月，回棹京洛，告归江表。”按太真兄太冲，于十二载登第，太真、尹徵“未始间岁”登第，则为十三载也。

《登科记考》卷九天宝十三载(754)进士科录载尹徵。

【刘太真】一作太贞，太冲弟，字仲舒，金陵人。天宝十三载(754)进士及第。曾官刑部侍郎、礼部侍郎。

《全唐文》卷五三八，裴度《刘府君(太真)神道碑铭》：“公讳太真，字仲适，族彭城，晋永嘉末，衣冠南渡，遂为金陵人。一代祖悱，隋伏波将军桂阳太守；高祖关，皇襄州别驾；曾祖轸，皇沂州刺史；祖际，皇洪州录事参军。考若筠，皇赠谏议大夫……公十有五而志于学，弱冠以行义修洁，词藻瑰异，名声藉甚于诸公间。当时文士兰陵萧茂挺，才高意广，诱接甚寡，一见公，便延之座右，以孔门高第，不在兹乎。天宝中，与伯氏太冲迭升太常第，议者荣之……至广德二年，江淮宣慰使御史大夫李公季卿荐授左卫兵曹。永泰二年，河内副元帅太尉李公弼闻风加礼，致望参赞，除大理评事……浙西观察使御史大夫李公栖筠闻之，表为常熟令……兴元反正，拜工部侍郎……贞元元年转刑部侍郎，详刑议狱，无复烦累，改秘书监，遗编脱简，有以刊正。三年拜礼部侍郎，天下宾王之士，尚实远名者窃相贺矣……以贞元八年三月八日，薨于馀干县之旅馆，春秋六十八。”

(唐)萧颖士《江有归舟诗序》：“门弟子有尹徵之学，刘太真之文，首其选焉。今兹春，连茹甲乙，淑问休阐，为时之冠。浃旬有诏，俾徵点校秘书，且驰传垅首，领元戎书记之事。四牡骈骈，薄言旋归。而太真元昆，前已甲科，未始间岁，翩其连举。夏五月，迴棹京洛，告归江表。”按太真兄太冲，于十二载登第，太真、尹徵“未始间岁”登第，则为十三载也。

《新唐书》卷二〇三《文艺下·刘太真传》：“刘太真，宣州人。善属文，师兰陵萧颖士。举高第进士。淮南陈少游表为掌书记，尝以少游拟桓、文，为义士所訾。兴元初，为河东宣慰赈给使，累迁刑部侍郎。德宗以天下平，贞元四年九月，诏群臣宴曲江，自为诗，敕宰相择文人赓和。李泌等请群臣皆和，帝自第之，以太真、李纾等为上，鲍防、于邵等次之，张濛等为下。与择者四十一人，惟泌、李晟、马燧三宰相无所差次。迁礼部，掌贡士，多取大臣贵近子弟，坐贬信州刺史，卒。”

《登科记考》卷九天宝十三载(754)进士科录载刘太真。

至顺《镇江志》卷一九《科目·刘太真》：“刘太真……天宝十五年登进士第。”

嘉靖《宁国府志》卷八《人文纪中》：“刘太贞……唐天宝中举高第进士。”按：此作刘太贞。

万历《丹徒县志》卷三《人物》：“(刘太冲)弟太真，登天宝十五年进士，累历台阁，自中书舍人转工部、刑部侍郎。”按：此与上志均载太真及第在十五年，误。

【吕渭】字君载。天宝十三载(754)进士及第。官潭州刺史、御史大夫中丞。

《全唐文补遗》第四辑，《唐故通议大夫使持节都督潭州诸军事守潭州刺史兼御史大夫中丞充湖南都团练观察处置等使(下阙)鱼袋赠陕州大都督东平吕府君(渭)墓志铭并序》：“吾先府君讳渭，字君载，其先炎帝之胤也……公弱冠举进士高第。”按：以贞元十六年(800)七月一日卒，春秋六十六推之，其弱冠岁在天宝十三载。

【韩翃】或作韩翃。字君平，南阳人。天宝十三载(754)进士及第。官至中书舍人。

(唐)姚合《极玄集》卷下："韩翃，字君平，南阳人，天宝十三载进士，以寒食诗受知德宗，官至中书舍人。"

(宋)李昉等《太平广记》卷四八五《杂传记二·柳氏传》："天宝中，昌黎韩翊有诗名……明年，礼部侍郎杨度擢翊上第。"

《类说》卷二八《异闻录·柳氏述》："天宝中韩翃有诗名，与富人李生友善，以幸姬柳氏与之。明年翃擢上第。"

(宋)晁公武《郡斋读书志校证》卷一七《别集类上》录《韩翃诗》五卷，注云："右唐韩翃君平也。南阳人。天宝十三年进士，淄青侯希逸、宣武李勉继辟幕府。俄以驾部郎中知制诰，终于中书舍人。"

(元)辛文房撰，傅璇琮主编《唐才子传校笺》(册二)卷四《韩翃》条云："翃字君平，南阳人。天宝十三载杨紘榜进士。"

《登科记考》卷九天宝十三载(754)进士科录作韩翃。

明经科

【窦寓】扶风平陵人。天宝十三载(754)明经及第。官至河南府洛阳县尉。

《唐代墓志汇编》大历〇八〇，《唐故河南府洛阳县尉窦公(寓)墓志》："公讳寓，扶风平陵人……弱冠擢第。"按以大历十四年(779)卒，春秋四十五推之，窦寓弱冠岁在天宝十三载。

【薛迅】字迅，河东汾阴人。天宝十三载(754)明经及第。官至河南府密县丞。

《唐代墓志汇编》贞元一〇五，《唐故河南府密县丞河东薛府君(迅)墓志铭并叙》："公讳迅，字迅，河东汾阴人也……天宝十三载，州举孝廉，弱冠擢第，趋庭之训，亲友器之……有司旌于甲科，授许州许昌尉。"按薛迅卒于贞元十七年(801)七月二十二日，春秋七十九，天宝十三载(754)已经三十二岁，志云"弱冠擢第"不当。

《登科记考补正》卷九天宝十三载(754)明经科增补薛迅。

诸科

【韦少华】字维翰，京兆万年人。天宝十三载(754)道举登科。官至银青光禄大夫检校工部尚书。

《大唐西市博物馆藏墓志》三二二，韩皋撰贞元十二年(797)十二月十五日《大唐故银青光禄大夫检校工部尚书兼太府□□□□尚书上柱□□城县开国男食邑三百户京兆韦公墓志铭并序》："公讳少华，字维翰，京兆万年人也……以天宝十三载道举登科，逮兹上元中，调授太常奉礼，次补高陵、万年主簿，华州郑县令，京兆仓曹掾，蓝田令。"

【李舟】字公受，陇西成纪人。天宝十三载(754)制举洞晓玄经科及第。官处州刺史。

《全唐文》卷四四三，作者小传："舟字公受，水部员外郎岑之子，以尚书郎奉使，出为虔州刺史。"

《全唐文》卷五二一，梁肃《处州刺史李公（舟）墓志》："公姓李氏，讳某，陇西成纪人也，字曰公受……生而聪迈，十六以黄老学一举登第，十八典校宏文，二十余以金吾掾假法冠为孟侯暭湖南从事。给事中贺若察宣慰南方，请公为寮佐。其后宰东阳宣城二县，辟宣歙浙东二府。府主崔侯昭，咨以小大之政，由监察转殿中侍御史。建中初，朝廷厘饬百度，高选尚书诸曹，即拜公金部员外郎，选吏部。张镐节制大梁，请公为介，授检校吏部郎中兼侍御史。使辍，遂退耕瀍洛之间。起家除陕州刺史，换处州刺史，累升至朝请大夫，爵陇西县男。既授代，家于鄱阳，享年四十有八，以某年月日遘疾捐馆。"

《新唐书》卷七二上《宰相世系表》二上姑臧大房李氏："舟字公受，虔州刺史，陇西县男。"按：据墓志，李舟当官处州刺史。

《登科记考补正》卷九天宝十三载(754)制举增补李舟。

【杨绾】字公权，华州华阴人。进士及第，补太子正字。天宝十三载(754)词藻宏丽科及第，授右拾遗。元载伏诛，拜为中书侍郎、同中书门下平章事，集贤殿崇文馆大学士。

《旧唐书》卷一一九《杨绾传》："杨绾字公权，华州华阴人也。祖温玉，则天朝为户部侍郎、国子祭酒。父侃，开元中醴泉令，皆以儒行称……（绾）举进士。调补太子正字。天宝十三年，玄宗御勤政楼，试博通坟典、洞晓玄经、辞藻宏丽、军谋出众等举人，命有司供食，既暮而罢。取辞藻宏丽外，别试诗赋各一首。制举试诗赋，自此始也。时登科者三人，绾为之首，超授右拾遗……拜起居舍人、知制诰。历司勋员外郎、职方郎中，掌诰如故。迁中书舍人，兼修国史……再迁礼部侍郎……载伏诛，上乃拜绾中书侍郎、同中书门下平章事、集贤殿崇文馆大学士，兼修国史。"按：杨绾进士及第当在天宝八载(749)之前，《唐代墓志汇编》天宝一四一，天宝八载(749)正月十一日《唐故新定军遂安县尉李府君夫人博陵崔氏墓志铭并序》，署："前乡贡进士弘农杨绾述。"

（宋）王溥《唐会要》卷七六《贡举中·制科举》："（天宝）十三载二月，辞藻宏丽科，杨绾及第。"

（宋）王钦若等《册府元龟》卷六四五《贡举部（七）·科目》："（天宝）十三载二月，诏：'其博通坟典，洞晓玄经，清白著闻，词藻宏丽，军谋出众，武艺绝伦者，任自举。'是年，举词藻宏丽科（杨绾及第）。"

（宋）王应麟《玉海》卷一一五《选举·唐制举》："辞藻宏丽杨绾。玄宗已试，又加诗赋各一篇，绾为冠。制举加试诗赋由绾始。"

《登科记考》卷九天宝十三载(754)制举辞藻宏丽科、同书卷二七《附考·进士科》分别录载杨绾。

【胡□】易州人。天宝十三载(754)制举军谋出众科及第。

（宋）李昉等《太平广记》卷一六九《知人一·李峤》引《定名录》："御史裴周使幽州

日，见参谋姓胡，云是易州人，不记名。项有刀痕，问之，对曰：某昔为番官，曾事特进李峤。峤奖某聪明，每有诗什，皆令收掌。常熟视谓之曰：汝甚聪明，然命薄。少官禄，年至六十以上，方有两政。三十有重厄，不知得过否，尔后轗轲，不得觅身名。胡至三十，忽遇孙（孙原作张，据本书卷一六三孙佺条改）佺北征，便随入军。军败，贼刃颈不断，于积尸中卧，经一宿，乃得活。自此已后，每忆李公之言，更不敢觅官，于寺中洒扫。展转至六十，因至盐州，于刺史郭某家为客。有日者见之，谓刺史曰：此人有官禄，今合举荐，前十月当得官。刺史曰：此边远下州，某无公望，岂敢辄荐举人？俄属有恩赦，令天下刺史各举一人。其年五月，郭举此人有兵谋。至十月，策问及第，得东宫卫佐官，仍参谋范阳军事。"

《登科记考补正》卷九天宝十三载（754）制举增补胡□。

【独孤及】字至之，河南洛阳人。天宝十三载（754）洞晓玄经科及第。历官左拾遗、司封郎中、濠舒常三州刺史。卒后谥曰宪。

《全唐文》卷四〇九，崔祐辅《故常州刺史独孤公（及）神道碑铭并序》："独孤常州讳及，字至之，河南洛阳人……天宝末，以洞晓元经对策上第，诏拜华阴县尉。"

《全唐文》卷五二二，梁肃《独孤公（及）行状》："天宝十三年载，应诏至京师。时玄宗以道莅天下，故黄老教列于学官。公以洞晓玄经对策高第，解褐拜华阴尉。"

（宋）李昉等《文苑英华》卷四七七《策一》录载独孤及《洞晓玄经策》文。

《新唐书》卷一六二《独孤及传》："独孤及字至之，河南洛阳人。为儿时，读《孝经》，父试之曰：'儿志何语？'对曰：'立身行道，扬名于后世。'宗党奇之。天宝末，以道举高第补华阴尉，辟江淮都统李峘府，掌书记。代宗以左拾遗召……俄改太常博士。或言景皇帝不宜为太祖，及据礼条上。谥吕諲、卢弈、郭知运等无浮美，无隐恶，得褒贬之正。迁礼部员外郎，历濠、舒二州刺史。岁饥旱，邻郡庸亡什四以上，舒人独安。以治课加检校司封郎中，赐金紫。徙常州，甘露降其廷。卒，年五十三，谥曰宪。"

（宋）王应麟《玉海》卷一一五《选举·唐道举》："独孤及天宝末道举高第。"

（宋）晁公武《郡斋读书志校证》卷一七《别集类上》录《独孤及毗陵集》二十卷，注云："右唐独孤及至之也，洛阳人。天宝中，举洞晓玄经科。代宗初为太常博士。"

（元）辛文房撰，傅璇琮主编《唐才子传校笺》（册一）卷三《独孤及》条云："及字至之，河南人……天宝末以道举高第。"

《登科记考》卷九天宝十三载（754）制举录载独孤及。

成化《中都志》卷六《名宦》："（独孤及）天宝末以道举高第，补华阴尉，累官礼部员外郎。"

嘉靖《浙江通志》卷二四《官师志》："（独孤及）天宝末以道举高第，为武康令。"

【萧季江】字季江，兰陵人。天宝六载（747）道举出身。天宝十三载（754）制举洞晓玄经科及第。官太子洗马。

《全唐文补遗》第三辑，《唐故朝散大夫行太子洗马上柱国萧公（季江）墓志铭并序》："公讳季江，字季江，其先兰陵人也……弱冠以道举出身。天宝十三载，属玄宗思弘治化，征召贤良，亲自临轩，用加策试。公时应洞晓玄经举，与独孤郎声动寰中，名高朝右。虽古之鼂错、公孙弘之对策,又何逾焉。信为盛矣!"按志文"独孤郎"当指"独孤及"。

天宝十四载乙未(755)

知贡举:礼部侍郎阳浚

进士科

【常衮】京兆人。天宝十四载(755)进士科状元及第。历太子正字、补阙、起居郎、礼部侍郎。元载诛,拜门下侍郎、同平章事,官终福建观察使。建中四年卒,年五十五,赠尚书左仆射。有文集六十卷。

《全唐文》卷四二六,于邵撰《与常相公书》:"相公当时裒然居天下第一。"

《旧唐书》卷一一九《常衮传》:"常衮,京兆人也。父无为,三原县丞,以衮累赠仆射。衮,天宝末举进士,历太子正字,累授补阙、起居郎。宝应二年,选为翰林学士、考功员外郎中、知制诰,依前翰林学士。永泰元年,迁中书舍人……代宗甚顾遇之,加集贤院学士。大历元年,迁礼部侍郎,仍为学士……元载之得罪,令衮与刘晏、李涵等鞫之,狱竟,拜衮门下侍郎、同平章事,太清、太微宫使,崇文、弘文馆大学士,与杨绾同掌枢务……建中元年,迁福建观察使。四年正月卒,时年五十五。久之。赠左仆射。有文集六十卷。"

《新唐书》卷一五〇《常衮传》:"常衮,京兆人,天宝末,及进士第。性狷洁,不妄交游。由太子正字,累为中书舍人……元载死,拜门下侍郎、同中书门下平章事,弘文、崇文馆大学士,与杨绾同执政……建中初,杨炎辅政,起为福建观察使。始,闽人未知学,衮至,为设乡校,使作为文章,亲加讲导,与为客主钧礼,观游燕飨与焉,由是俗一变,岁贡士与内州等。卒于官,年五十五,赠尚书左仆射。其后闽人春秋配享衮于学官云。"

《登科记考》卷九天宝十四载(755)进士科录载常衮。

【于邵】字相门,京兆万年人。天宝十四载(755)进士及第,拔萃登科。曾官礼部侍郎、史馆修撰,为三司使。

《全唐文》卷四二六,于邵撰《与常相公书》:"相公当时裒然居天下第一,愚实不佞,忝从斯列。六子登科,又厕其数。""同时之人,零落向尽。彭杨李贺,冥寞何之。"按:是知邵为常衮同年。

《全唐文》卷四二六,于邵撰《与郭令公书》:"天宝中,忝以进士及第,其年判入超绝科,受校书。"按:《登科记考》天宝十四载仅列于邵一人拔萃科登第,似应有六人:于、常、彭、杨、李、贺。

《旧唐书》卷一三七《于邵传》:"于邵字相门,其先家于代,今为京兆万年人。曾祖筠,户部尚书。邵天宝末进士登科,书判超绝,授崇文馆校书郎。累历使府,入为起居郎,再迁比部郎中,尚二十考第于吏部,以当称。无何,出为道州刺史,未就道,转巴州……节度使李抱玉以闻,超迁梓州,以疾不至,迁兵部郎中。西川节度使崔宁请留为支度副使。寻拜谏议大夫、知制诰,再迁礼部侍郎、史馆修撰,为三司使。以撰上尊号册,赐阶三品,当时大诏令，皆出于邵。顷之，与御史中丞袁高、给事中蒋镇杂理左丞薛邕诏狱。邵以为邕犯在赦前，奏出之，失旨，贬桂州长史。贞元初，除原王傅，后为太子宾客，与宰相陆贽不睦。八年，出为杭州刺史，以疾请告，坐贬衢州别驾，移江州别驾，卒年八十一。”

《新唐书》卷二〇三《文艺下·于邵传》：“于邵字相门，其先自代来，为京兆万年人。天宝末第进士，以书判超绝，补崇文校书郎。繇比部郎中为道州刺史，未行，徙巴州……节度使李抱玉以闻，迁梓州，辞疾不拜，授兵部郎中。崔宁帅蜀，表为度支副使。俄以谏议大夫知制诰，进礼部侍郎，朝有大典册，必出其手。为三司使，治薛邕狱，失德宗旨，贬桂州长史。复为太子宾客，与宰相陆贽不平，出杭州刺史。久疾求告，贬衢州别驾，徙江州。卒，年八十一。”

《登科记考》卷九天宝十四载（755）进士科录载于邵。

【李□】陈留人。天宝十四载（755）进士及第。后又制举擢第。曾官少府。

《全唐文》卷四二八，于邵撰《送陈留李少府归上都序》：“天宝中，以公持刈楚之柄，言采其华，将拔其俗，盖良马逐逐，在公之伯仲乎？忝尝齐衡，永以为好。迨兹二纪，相逢蜀游，不虞斯来，复与前合。况总括六艺，又擢一枝，青春之年，黄绶标映……可以直上人之望也。”按：据墓志，此李少府当与于邵同年。

《登科记考补正》卷九天宝十四载（755）进士科、卷二七《附考·制科》分别录载李□。

明经科

【李彙】字伯揆，陇西郡人。天宝十四载（755）明经及第。官抚州法曹参军。

《唐代墓志汇编》元和〇二五，韦谟撰元和三年（808）七月二十九日《有唐故抚州法曹参军员外置陇西李府君（彙）墓志铭并序》：“公讳彙，字伯揆，陇西郡人也……年才弱冠，明经甲科，解褐授恒王府参军。”按据志文，李彙卒于贞元二十一年（805），春秋七十，则其弱冠岁在本年。

制科

【于邵】天宝十四载（755）进士及第，拔萃登科。

《全唐文》卷四二六，于邵撰《与郭令公书》：“天宝中，忝以进士及第，其年判入超绝科，受校书。”按：《登科记考》天宝十四载仅列于邵一人拔萃科登第，似应有六人——于、常、彭、杨、李、贺。

《旧唐书》卷一三七《于邵传》：“邵天宝末进士登科，书判超绝，授崇文馆校书郎。”

《新唐书》卷二〇三《文艺下·于邵传》：“（于邵）天宝末第进士，以书判超绝，补崇文校书郎。”

《登科记考》卷九天宝十四载（755）制科录载于邵。

天宝十五载丙申(756)

八月甲子,肃宗即位于灵武,尊玄宗为上皇天帝。大赦天下,改元至德。《册府元龟》《资治通鉴》。

知贡举：礼部侍郎阳浚

进士科

【卢庚】一作卢庾。天宝十五载(756)进士科状元及第。

(元)辛文房撰,傅璇琮主编《唐才子传校笺》(册一)卷三《郎士元》条云:“士元,字君胄,中山人也。天宝十五载卢庚榜进士。”

明代广陵钱元卿刻本《笺注唐贤三体诗法》卷十六:“郎士元,字君胄,中山人,天宝十五载卢庾榜进士。”

《登科记考》卷九天宝十五载(756)进士科录载卢庚。

【令狐峘】宜州华原人。天宝十五载(756)进士及第。历官刑部员外郎、礼部侍郎、吉州刺史、秘书少监。卒赠工部尚书。

《旧唐书》卷一四九《令狐峘传》:“令狐峘,德棻之玄孙。登进士第……大历八年,改刑部员外郎……初大历中,刘晏为吏部尚书,杨炎为侍郎,晏用峘判吏部南曹事。峘荷晏之举,每分阙,必择其善者送晏,不善者送炎,炎心不平之。及建中初,峘为礼部侍郎,炎为宰相,不念旧事。有士子杜封者,故相鸿渐子,求补弘文生。炎尝出杜氏门下,托封于峘。峘谓使者曰:‘相公诚怜封,欲成一名,乞署封名下一字,峘得以志之。’炎不意峘卖,即署名托封。峘以炎所署奏论,言宰相迫臣以私,臣若从之,则负陛下,不从则炎当害臣。德宗出疏问炎,炎具言其事,德宗怒甚,曰:‘此奸人,无可奈何!’欲决杖流之,炎苦救解,贬衡州别驾。迁衡州刺史。贞元中,李泌辅政,召拜右庶子、史馆修撰。性既僻异,动失人和。在史馆,与同职孔述睿等争忿细故,数侵述睿。述睿长者,让而不争。无何,泌卒,窦参秉政,恶其为人,贬吉州别驾。久之,授吉州刺史……贬衢州别驾。衢州刺史田敦,峘知举时进士门生也。初峘当贡部,放榜日贬逐,与敦不相面。敦闻峘来,喜曰:‘始见座主。’迎谒之礼甚厚。敦月分俸之半以奉峘。峘在衢州殆十年。顺宗即位,以秘书少监征,既至而卒。元和三年,峘子太仆寺丞丕,始献峘所撰《代宗实录》四十卷。初,峘坐李泌贬,监修国史奏峘所撰实录一分,请于贬所毕功。至是方奏,以功赠工部尚书。”

《新唐书》卷一〇二《令狐德棻传附令狐峘传》:“令狐德棻,宜州华原人。父熙,隋鸿胪卿。其先乃敦煌右姓……峘,德棻五世孙。天宝末,及进士第……贞元五年,坐守衡州冒前刺史户□为己最,窦参素恶之,贬吉州别驾,稍迁刺史……贬衢州别驾。刺史田敦,峘门生也,与峘昧生平,至是迎拜,分俸半以赒给之。在衢十年,顺宗立,以秘书少监召,未至,卒。初,受诏撰《代宗实录》,未就,会贬,诏听在外成书。元和中,其子太仆丞丕献之。以劳赠工部尚书。”

(宋)计有功《唐诗纪事》卷二八《令狐峘》:"峘,德棻五世孙,天宝末第进士……自礼侍贬衡州别驾。"

《登科记考》卷九天宝十五载(756)进士科录载令狐峘。

嘉靖《耀州志》卷三下《选举志第七》:"唐书载举进士者十一人:令狐峘……峘自华原尉拜右拾遗兼史职。"

【关播】字务元,卫州汲人。天宝十五载(756)第进士。德宗初拜中书侍郎、同中书门下平章事,后迁兵部尚书。以太子少师致仕。卒赠太子太保。

《新唐书》卷一五一《关播传》:"关播字务元,卫州汲人。及进士第。邓景山节度青齐、淮南,再署幕府。迁右补阙。与神策军使王驾鹤为姻家,元载恶之,出为河南兵曹参军事,数试属县,政异等。陈少游镇浙东、淮南,表为判官,摄滁州刺史。李灵耀叛,少游屯淮上,所在盗贼蝟奋,播储赀力,给军兴,人无愁苦。杨绾、常衮皆善播,引为都官员外郎。德宗初……历吏部侍郎。帝求宰相,卢杞雅知播韦柔可制,因从容言播材任宰相,其儒厚可镇浮动。乃拜中书侍郎、同中书门下平章事,政一决于杞……贞元初,检校尚书右仆射,持节送咸安公主降回鹘,虏人重其清。还,迁兵部尚书。以太子少师致仕,斥卖车骑,阖门不婴外事。卒,年七十九,赠太子太保。"

《登科记考》卷九天宝十五载(756)进士科录载关播。

【郎士元】字君胄,中山人(今河北定县人)。天宝十五载(756)进士及第,历拾遗,官至郢州刺史。

(唐)姚合《极玄集》卷上:"郎士元,字君胄,天宝十五年进士,与钱起齐名,历拾遗,终郢州刺史。"

(宋)晁公武《郡斋读书志校证》卷一七《别集类上》录《郎士元诗》一卷,注云:"右唐郎士元字君胄。中山人。天宝十五年进士,为郢州刺史。"

(宋)陈振孙《直斋书录解题》卷一九录载《郎士元集》一卷,注云:"唐郢州刺史中山郎士元君胄撰。天宝十五载进士。宝应中选畿县官,肃宗诏试中书,补渭南尉,历拾遗、刺史。"

(元)辛文房撰,傅璇琮主编《唐才子传校笺》(册一)卷三《郎士元》条云:"士元,字君胄,中山人也。天宝十五载卢庚榜进士。"

《登科记考》卷九天宝十五载(756)进士科录载郎士元。

光绪《畿辅通志》卷三四《选举·唐·进士》:"玄宗年,郎士元,定州人,天宝十一年第。"未知何据?

【皇甫冉】字茂政,丹阳人。天宝十五载(756)进士及第。历拾遗、补阙。终年五十四岁。

《全唐文》卷三八八,独孤及《唐故左补阙安定皇甫公集序》:"补阙讳冉,字茂政。元晏先生之后,银青光禄大夫泽州刺史讳敬德之曾孙,朝散大夫饶州乐平县令讳价之孙,中散大夫潭州刺史讳颙之子。十岁能属文,十五岁而老成。右丞相曲江张公深所叹异,谓清颖秀拔,有江、徐之风。伯父秘书少监彬尤器之,自是令闻休畅。举进士第一,历无锡县尉、左金吾兵曹。今相国太原公之推毂河南也，辟为书记。大历二年迁左拾遗，转右补阙。奉使江表，因省家至丹阳。朝廷虚三署郎位以待君之复，不幸短命，年方五十四而殁。”按：皇甫冉非第一。

（唐）姚合《极玄集》卷下：“皇甫冉，字茂政，丹阳人，天宝十五载进士，大历中为左补阙。”

《新唐书》卷二〇二《文艺中·皇甫冉传》：“皇甫冉字茂政，十岁便能属文，张九龄叹异之。与弟曾皆善诗。天宝中，踵登进士，授无锡尉。王缙为河南元帅，表掌书记。迁右补阙，卒。”

《二皇甫集·序》：“补阙讳冉，字茂政……伯父秘书少监彬尤器之，自而令问修畅，举进士第一，历无锡尉。”

（宋）晁公武《郡斋读书志校证》卷一七《别集类上》录《皇甫冉诗》二卷，注云：“右唐皇甫冉茂政也。丹阳人。天宝十五年进士，为无锡尉，历拾遗、补阙。”

（宋）陈振孙《直斋书录解题》卷一九录载《皇甫曾集》一卷，注云：“唐侍御史皇甫曾孝常撰。天宝十二载进士。兄冉，后曾三载登第。”

（元）辛文房撰，傅璇琮主编《唐才子传校笺》（册一）卷三《皇甫冉》条云：“冉字茂政，安定人，避地来寓丹阳……天宝十五年卢庚榜进士，调无锡尉。”

《登科记考》卷九天宝十五载（756）进士科录载皇甫冉。

至顺《镇江志》卷一九《科目·皇甫冉》：“皇甫冉……天宝十五年进士第。”

【封演】天宝十五载（756）进士及第。

《封氏闻见记》卷三《贡举》：“余初擢第，太学诸人共书余姓名于旧纪末。”

《登科记考》卷九天宝十五载（756）进士科录载封演。

明经科

【王求古】字求古，太原人。天宝末明经擢第。官终符宝郎。

《全唐文补遗》第七辑，《唐故符宝郎王府君（求古）墓志铭并叙》：“公讳求古，字求古，太原人也……天宝末载，明经擢第，解褐恒王府参军。”

【卢岳】字周翰，范阳人。天宝末明经及第。曾官陕虢观察使。

《全唐文》卷七八四，穆员《陕虢观察使卢公墓志铭》：“唐贞元四年夏六月。陕虢都防禦观察转运等使陕州刺史兼御史中丞范阳卢公寿六十中疾于位……府君讳岳。字周翰……天宝末擢明经。调宋州襄邑主簿。历婺州夔州二录事参军。”

《登科记考》卷二七《附考·明经科》录载卢岳，按据徐松《登科记考》通例，可系其天宝十五载（756）及第。

【白季庚】太原人。天宝末明经出身。官至襄州别驾。

《全唐文》卷六八〇，白居易《襄州别驾府君事状》：公讳季庚。字某。巩县府君之长子。天宝末明经出身。解褐授萧山县尉。历左武卫兵曹参军宋州司户参军。建中元年授彭城县令……又除检校大理少卿兼襄州别驾。

《登科记考》卷二七《附考·明经科》录载白季庚,按据徐松《登科记考》通例,可系其天宝十五载(756)及第。

【陆康】天宝十五载(756)明经及第。曾官秘书省正字、监察御史。

(唐)钟辂《前定录·刘邈之》:"明年,康明经及第,授秘书省正字。"

(宋)李昉等《太平广记》卷一五〇《定数五·刘邈之》引《前定录》:"刘邈之,天宝中,调授岐州陈仓尉。邈之从母弟吴郡陆康,自江南同官来,有主簿杨豫、尉张颖者……明年,康明经及第,授秘书省正字,充陇右巡官,府罢,调授咸阳尉,迁监察御史盩厔令比部员外郎,连典大郡,历官二十二考。"

《登科记考》卷九天宝十五载(756)明经科录载陆康。

【柳明演】相州汤阴人。天宝十五载(756)明经及第。宝应中,调濮州临濮尉。后出家,法号明演。

《唐代墓志汇编》会昌〇三四,裴休撰会昌四年(844)《唐故禅大德演公塔铭》:"大师俗姓柳,法号明演,累代家于相州汤阴县……天宝季,擢明经第;宝应中,调濮州临濮尉,后迁濮阳丞。"

【柳镇】河东柳氏,贯京兆府万年县人。柳宗元父。天宝末明经及第。官至侍御史。

《柳宗元集》卷一二《先侍御史府君神道表》:"先君讳镇,字某……天宝末,经术高第……授左卫率府兵曹参军。尚父汾阳王居朔方,备礼延望,授左金吾卫仓曹参军,为节度推官,专掌书奏,进大理评事。以为刑法者军旅之桢干,斥候者边鄙之视听,不可以不具。作《晋文公三罪议》《守边论》,议事确直,世不能容。表为晋州录事参军……调长安主簿。居德清君之丧,哀有过而礼不逾,为士者咸服。服既除,常吏部命为太常博士,先君固曰:'有尊老孤弱在吴,愿为宣城令。'三辞而后获,徙为宣城。四年作阌乡令。考绩皆最,吏人怀思,立石颂德,迁殿中侍御史……逾年,卒中以他事,贬夔州司马。作《鹰鹯诗》。居三年,丑类就殛,拜侍御史。"

【崔衍】字著,深州安平人。父伦,开元中进士及第,官至太子宾客。衍天宝末擢明经。德宗时官至宣歙池观察使。

《新唐书》卷一六四《崔衍传》:"崔衍字著,深州安平人。父伦,字叙……及进士第,历吏部员外郎……迁尚书左丞,以疾改太子宾客。卒,年七十一,赠工部尚书,谥曰敬。衍,天宝末擢明经,调富平尉……迁宣歙池观察使。"

《登科记考》卷二七《附考·明经科》录载崔衍,按据徐松《登科记考》通例,可系其天宝十五载(756)及第。

光绪《畿辅通志》卷三四《选举·唐·明经乡贡》:"玄宗年,崔衍,安平人,宣歙池观察使。旧志作进士。"

制科

【独孤愐】天宝末制策登第。官尚书右司郎中。

《全唐文补遗》第三辑,《唐故兖海观察支使朝散大夫检校秘书省著作郎兼侍御史河南独孤府君(骧)墓志铭》:"君讳骧,字希龙,临川八世孙也。曾祖讳道济,蔡州长史,赠秘书少监。王父讳恤,尚书右司郎中,赠工部尚书……尚书天宝末制策登□。"

【蒋镇】洌子,常州义兴人。天宝末举贤良方正及第。曾官给事中、工部侍郎。

《旧唐书》卷一二七《蒋镇传》:"蒋镇,常州义兴人,尚书左丞洌之子也。与兄练并以文学进。天宝末举贤良,累授左拾遗、司封员外郎,转谏议大夫……转给事中、工部侍郎,以简俭称于时。"

《新唐书》卷二二四《叛臣下・乔琳传》:"时又有蒋镇者……擢贤良方正科,累转谏议大夫。"

《登科记考》卷二七《附考・制科》录载蒋镇,按据徐松《登科记考》通例,可系其天宝十五载(756)及第。

上书拜官

【杜亚】字次公,京兆人。至德初上书,授校书郎。

《旧唐书》卷一四六《杜亚传》:"杜亚字次公,自云京兆人也。少颇涉学,善言物理及历代成败之事。至德初,于灵武献封章,言政事,授校书郎。"

附考(玄宗朝)

附考进士(玄宗朝开元进士)

【万楚】开元末进士及第。

(宋)计有功《唐诗纪事》卷二〇《万楚》:"楚,登开元进士第。"按:《国秀集》选万楚诗三首,题"进士万楚"。

《登科记考》卷二七《附考・进士科》录载万楚。

【王岳灵】开元中进士。天宝中累官监察御史。

《全唐文》卷三五三,作者小传:"岳灵,开元中进士,天宝中累官监察御史。"

(宋)计有功《唐诗纪事》卷一五《王岳灵》:"岳灵,登开元进士第。天宝十年,为监察御史。"

《登科记考》卷二七《附考・进士科》录载王岳灵。

【韦弇】字景照,一作景昭,杜陵人。开元中进士第。

(唐)张读撰,萧逸校点《宣室志》卷六:"杜陵韦弇,字景照。开元中举进士第。"

(宋)李昉等《太平广记》卷四〇三《宝四・玉清三宝》引《酉阳杂俎》:"杜陵韦弇,字景昭。开元中,举进士第,寓游于蜀。"

《登科记考》卷二七《附考・进士科》录载韦弇。

【韦镒】京兆杜陵人。祖待价,官至尚书左右仆射同中书门下三品。父令仪,官梁州都督。镒举进士、宏词,又判入高等。官至礼、吏、户三侍郎。

《唐文拾遗》卷二七,吕温撰《唐故银青光禄大夫京兆尹兼御史大夫上柱国赠吏部尚书京兆韦公(武)神道碑铭并序》:“公姓韦氏,讳武,字某,京兆杜陵人也……曾祖皇朝金紫光禄大夫尚书左右仆射同中书门下三品讳待价。致君皇极,时惮其正。祖银青光禄大夫梁州都督讳令仪。布化南夏,民怀其惠。父(镒)举进士、宏词,制策皆入殊科,又判入高等。累任畿赤名尉,迁朝议大夫、监察御史,转殿中御史侍御史尚书礼吏员外中书舍人给事中。擢□礼吏户三侍郎。”

《登科记考补正》卷二七《附考·进士科》、同卷《附考·制科》分别录载韦镒。

【田休光】开元年间进士及第。

《全唐文》卷三二八,作者小传:“休光,京兆人,乡贡进士。”收录其《法藏禅师塔铭》一文。按法藏禅师于开元二年(714)二月十九日舍身于寺,报龄七十有八,以其年十二月二十□日施身于终南山。

《登科记考》卷二七《附考·进士科》录载田休光,考云:“《法藏禅师塔铭》题云‘京兆府前乡贡进士田休光撰文’。”

【卢先之】范阳人。开元中登进士第。开元二十四年(736)拔萃科及第,官河南府汜水县丞。

《全唐文补遗》千唐志斋新藏专辑,王丘撰开元十八年(730)十月十三日《大唐故右监门卫将军上柱国赠银青光禄大夫兖州都督谥曰光范阳卢府君(正言)墓志铭并序》:“君讳正言,字履贞,范阳人也……令子五人:……秀才及第先之。”

《全唐文补遗》第八辑,崔铉撰大中四年(850)十一月十日《唐故陕州平陆县尉卢府君(殷)荥阳郑夫人合祔墓志铭并序》:“府君讳殷,字鼎臣,其先涿郡范阳人也……祖先之,河南府汜水县丞。开元中登进士第,有文学,尤长篇□,尝赋铜爵妓诗,为时人所讽咏。”

《秦晋豫新出墓志蒐佚续编》八九五,崔处一撰咸通二年(861)七月三十日《唐故濮州雷泽主簿范阳卢君墓志并序》:“君讳颢,字子轧,名德之盛胤也……曾祖先之,皇进士及第,汜水丞。”

【卢象】字纬卿。开元间中进士第。补秘书省校书郎,历右卫仓曹掾、河南府司录司勋员外郎,官终主客员外郎。

《全唐文》卷六〇五,刘禹锡《唐故尚书主客员外郎卢公集序》:“公讳象,字纬卿。始以章句振起于开元中,与王维崔颢比肩骧首,鼓行于时。妍词一发,乐府传贵。由前进士补秘书省校书郎,转右卫仓曹掾……丞相曲江公方执文衡,揣摩后进,得公深器之,擢为左补阙河南府司录司勋员外郎。名盛气高,少所卑下,为飞语所中,左迁齐邠郑三郡司马,入为膳部员外郎。时大盗起幽陵入洛师,东夏衣冠不克归王所,为虏劫执,公堕胁从伍中。初谪果州长史,又贬永州司户,移吉州长史。天下无事,朝廷思用宿旧,征拜主客员外郎。道病留武昌,遂不起……公下世后七十三年,其孙元符捧遗草来乞词以表之。尝经乱离,多所散落,今之存者,十有二卷,凡若干篇。”

(宋)计有功《唐诗纪事》卷二六《卢象》:“象,字纬卿。刘梦得纪其文云:公始以章句振起于开元中,与王维、崔颢比肩骧首,鼓行于时。妍词一发,乐府传贵。由前进士补秘书省校书郎,转右卫仓曹掾……征拜主客员外郎。”

《登科记考》卷二七《附考·进士科》录载卢象。

【刘褧】父微之。褧开元中以功臣之后赐进士第。官济州东阿县令。

《邵氏闻见前录》："刘微之子褧，开元中以功臣之后赐进士第，为济州东阿县令。"

《登科记考》卷二七《附考·进士科》录载刘褧。

【李宙】开元年间登进士第。官殿中侍御史、内供奉。

《全唐文》卷三九七，作者小传："宙，开元朝登进士第，官殿中侍御史内供奉。"

《旧唐书》卷一八七下《忠义下·李憕传》："李憕，太原文水人……（开元九年）属宇文融为御史，括田户，奏知名之士……李宙及憕为判官，摄监察御史，分路检察，以课并迁监察御史。"

《登科记考补正》卷二七《附考·进士科》录载李宙。

【李叔恒】旧贯怀州河内人，新籍郑州荥阳。叔恒为商隐曾祖。年十九登进士第，官终安阳令。

《全唐文》卷七八〇，李商隐撰《请卢尚书撰曾祖妣志文状（故相州安阳县姑臧李公夫人范阳卢氏北祖大房）》："夫人姓卢氏，曾祖讳某，某官。父讳某，兵部侍郎东都留守。夫人兵部第三女，年十七，归于安阳君，讳某，字叔洪。姑臧李成宪、荥阳郑钦说等十人，皆僚婿也。安阳君年十九，一举中进士第，与彭城刘长卿、中山刘昚虚、清河张楚金齐名。始命于安阳，年二十九弃代，祔葬于怀州雍店之东原先大夫故美原令之左次……曾孙商隐，以会昌二年由进士第判入等，授秘书省正字。"按：叔恒进士及第当在开元年间。

（唐）李商隐《樊南文集》卷六《祭小侄女寄寄文》："荥水之上，坛山之侧，乃曾乃祖。"由此可见叔恒旧贯为怀州河内人，新贯为郑州荥阳。

《旧唐书》卷一九〇下《文苑下·李商隐传》："李商隐字义山，怀州河内人。曾祖叔恒，年十九登进士第，位终安阳令。祖俌，位终邢州录事参军。父嗣。"

（元）辛文房撰，傅璇琮主编《唐才子传校笺》卷七《李商隐》条云："商隐，自义山，怀州人也……开成二年，高锴知贡举，楚善于锴，奖誉甚力，遂擢进士。"按：《樊南文集》卷六《祭裴氏姐文》："坛山荥水，实为我家。"

【李湜】赵郡人。开元中进士。官至县令。

（宋）李昉等《太平广记》卷三〇〇《神十·李湜》引《广异记》："赵郡李湜，以开元中谒华岳庙，过三夫人院，忽见神女悉是生人……湜问以官，云：'合进士及第，终小县令。'皆如其言。"按：李湜当为开元中进士。

《登科记考》卷二七《附考·进士科》录载李湜。

【李翰】赵州赞皇人。玄宗时登进士第。迁左补阙，翰林学士。

《全唐文》卷五一八，梁肃《补阙李君前集序》："弱冠进士登科。"

《旧唐书》卷一九〇下《文苑下·李华传》："李华字遐叔，赵郡人。开元二十二年进士擢第……华宗人翰，亦以进士知名……上元中，为卫县尉，入朝为侍御史。"

《新唐书》卷二〇三《文艺下·李华传》："李华字遐叔，赵郡赞皇人……宗子翰，从子观，皆有名。翰擢进士第，调卫尉……翰累补左补阙、翰林学士。"

《登科记考》卷二七《附考·进士科》录载李瀚。

光绪《畿辅通志》卷三四《选举·唐·进士》:“玄宗年,李翰,赞皇人,华从子,翰林学士。”

《类说》卷五五《玉壶清话·西斋润笔》:“李翰于和凝榜及第,后与座主同任学士。凝作相,翰为承旨。适当批诏,次日于玉堂,辄开和相旧阁,悉取图画器玩,留诗云:座主登庸归凤阁,门生批诏主鳌头。玉堂旧阁多珍玩,可作西斋润笔不?”

【李霞】字子微,顿丘人。父浦,邹平尉。霞开元年间进士擢第。官至左领军卫仓曹参军。

《唐代墓志汇编》开元四六六,开元二十六年(738)三月二十二日《故左领军卫仓曹参军李府君(霞)墓志铭》:“君讳霞,字子微,其先顿丘人也。祖诚,昔全高尚;父浦,今尉邹平……(李霞)开元四年,始应乡赋……其后进士擢第,累拜秘书正字。”按李霞卒于开元二十六年(738)正月十九日,春秋三十七,则其进士擢第当在开元年间。

《登科记考补正》卷二七《附考·进士科》录载李霞。

【杨极】字齐物。祖正基,鲁王府谘议。父珣,永平令,得进士举,邦族高之。杨极得进士举。官右骁卫骑曹参军。有文集十卷。

《全唐文》卷三一五,李华撰《杨骑曹集序》:“宏农杨君,讳极,字齐物。隋观德王之后。祖正基,鲁王府谘议;父珣,永平令,得进士举,邦族高之……(杨极)举进士时,刑部侍郎乐安孙公逖,以文章之冠为考功员外郎,精试群材,君以南阳张茂之、京兆杜鸿渐、琅邪颜真卿、兰陵萧颖士、河东柳芳、天水赵骅、顿邱李琚、赵郡李崿李欣、南阳张阶、常山阎防、范阳张南容、高平郗昂等连年高第,华亦与焉。既而丁艰,礼足哀馀,名教称之。外调补太子正字,历右骁卫骑曹参军……君孤子年十馀……捧君之集十卷,诗赋赞序颂记策凡一百七十五篇,咨余为序。”按:杨极当为进士出身。

【杨颜】登开元进士第。

(宋)计有功《唐诗纪事》卷一五《杨颜》:“颜,登开元进士第。”

《登科记考》卷二七《附考·进士科》录载杨颜。

【吴巩】郡望渤海,休宁人。开元中第进士。官至中书舍人。

《全唐文补遗》千唐志斋新藏专辑,吴巩撰开元二十六年(738)五月十七日《唐故梓州刺史渤海吴公(嘉宾)墓志铭并序》,署:从弟、前尚书库部员外郎巩撰。

《旧唐书》卷一九〇中《文苑中·吴少微传》:“少微亦举进士,累官至晋阳尉。中兴初,调于吏部,侍郎韦嗣立称荐,拜右台监察御史……微子巩,开元中为中书舍人。”

《登科记考补正》卷二七《附考·进士科》录载吴巩。

嘉靖《新安名族志》下卷《吴姓·休宁·城北》:“少微子巩,开元中第进士,为中书舍人。”

【张佐】开元年间登科。

(唐)孙颀《申宗传》:“开元中前进士张佐。”

(宋)李昉等《太平广记》卷八三《异人三·张佐》引《玄怪录》:“开元中,前进士张佐常为叔父言，少年南次鄠杜，郊行，见有老父。”

《登科记考》卷二七《附考·进士科》录载张佐。

【张闲】进士及第。

《全唐文补遗》第六辑，张闲撰开元十四年（726）五月七日《大唐故朝散郎行潞州上党县尉王少府公（嵩）墓志铭并序》，作者署曰：“前国子进士。”按：张闲进士及第在开元十四年（726）之前。

《登科记考补正》卷二七《附考·进士科》录载张闲。

【张轸】字季心，先范阳方城人，徙居襄阳。张漪之子、张柬之孙。九岁削发为僧，后还俗。开元中进士及第，授河南府参军。

《唐文拾遗》卷一九，吕岩撰开元二十一年十月十六日《唐故河南府参军范阳张府君（轸）墓志铭并序》：“君讳轸，字季心，其先范阳方城人也。九世祖贞，仕宋南徙。五世祖策，随梁北归，寓居襄阳，因为此土旧族。先考漪，朝散大夫著作郎；大父讳柬之，特进中书令汉阳郡王；曾大父讳玄弼，益府功曹，赠都督安随郢沔四州诸军事安州刺史；皆诸侯之选，朝廷之良矣。君著作府君之第四子也。孩而岐嶷，丱而颖亮，卓荦机鉴，汪洋德声，人难其才，共许远大。年九岁，以母氏宿愿，固请为沙门。自削发缁流，持衣绀宇，内求三藏之实，外综六经之徽，蹈其玄镐，得其深趣。盖以为摄慧乘者艮巳以弘物，知理道者徙义以适权，况乎祖之谋孙，初闻遗旨，兄之诫弟，再有忠告哉！所以曳长裾，游太学，不谄不黩，为宠为光。寻以进士甲科，拜河南府参军事。”按《唐代墓志汇编》开元三八二，录载此文。

《唐文拾遗》卷二一，丁凤撰天宝六载（747）十月十二日《唐故河南府参军张君（轸）墓志并序》：“君讳轸，字季心，其先范阳方城人也。曾祖玄弼，皇秀才擢第，拜长安尉、益府功曹，赠都督安随郢沔四州诸军事安州刺史；祖柬之，秀才擢第，宗社艰难，时危反正，特进中书令监修国史上柱国汉阳郡王本州刺史，食封七百户，硕德金章，勋庸茂绩，传诸国史，备列先碑；父漪，秀才擢第，朝散大夫著作郎……（轸）举秀才。无何，拜河南府参军。”按：据志文，张轸卒于开元二十年（732）六月五日，春秋三十六。有集三卷行于代。又：《唐代墓志汇编》天宝一一一，录载此文。

《登科记考》卷二七《附考·进士科》录载张轸。

【张琪】进士及第。曾为弘文馆学士。

（宋）乐史《广卓异记》卷一九《兄弟七人进士及第》条云：“右按《登科记》：张琪、弟環、璜、珮、琬、琚、瑗兄弟七人并进士及第，后琪为弘文馆学士，環集贤学士。”

《登科记考补正》卷二七《附考·进士科》录载张琪。

【张钦敬】开元时进士及第。

《全唐文》卷四〇一，作者小传：“钦敬，开元时擢进士第。”

【张環】开元中进士及第。曾为集贤学士，官至侍御史。

《全唐文》卷三五二，作者小传：“環，开元中进士，官侍御史。”

（宋）李昉等《太平广记》卷一八〇《·张環》引《谭宾录》：“张環兄弟七人并举进士。”

（宋）乐史《广卓异记》卷一九《兄弟七人进士及第》条云：“右按《登科记》：张琪、弟環、璜、珮、琬、琚、瑗兄弟七人并进士及第,后琪为弘文馆学士,環集贤学士。”

《登科记考补正》卷二七《附考·进士科》录载张環。

【张璜】进士及第。

(宋)乐史《广卓异记》卷一九《兄弟七人进士及第》条云:“右按《登科记》:张琪、弟環、璜、珮、琬、琚、瑗兄弟七人并进士及第,后琪为弘文馆学士,環集贤学士。”

《登科记考补正》卷二七《附考·进士科》录载张璜。

【张珮】进士及第。

(宋)乐史《广卓异记》卷一九《兄弟七人进士及第》条云:“右按《登科记》:张琪、弟環、璜、珮、琬、琚、瑗兄弟七人并进士及第,后琪为弘文馆学士,環集贤学士。”

《登科记考补正》卷二七《附考·进士科》录载张珮。

【张琬】进士及第。

(宋)乐史《广卓异记》卷一九《兄弟七人进士及第》条云:“右按《登科记》:张琪、弟環、璜、珮、琬、琚、瑗兄弟七人并进士及第,后琪为弘文馆学士,環集贤学士。”

《登科记考补正》卷二七《附考·进士科》录载张琬。

【张琚】进士及第。

(宋)乐史《广卓异记》卷一九《兄弟七人进士及第》条云:“右按《登科记》:张琪、弟環、璜、珮、琬、琚、瑗兄弟七人并进士及第,后琪为弘文馆学士,環集贤学士。”

《登科记考补正》卷二七《附考·进士科》录载张琚。

【张谦】字景倩,河东郡人。二十四岁进士及第。

《唐代墓志汇编》天宝二〇七,张肃撰天宝十一载(752)九月三十日《唐故河东郡故张府君(谦)墓志铭并序》:“府君讳谦,字景倩,河东郡人也……载廿四,秀才登科。”按据墓志,张谦祖琼,朝请大夫、守寿春郡长史、上柱国;父镜玄,朝议郎范阳郡会昌县令。又:张谦“秀才登科”,当为进士及第。

《登科记考补正》卷二七《附考·进士科》录载张谦。

【张瑗】进士及第。

(宋)乐史《广卓异记》卷一九《兄弟七人进士及第》条云:“右按《登科记》:张琪、弟環、璜、珮、琬、琚、瑗兄弟七人并进士及第,后琪为弘文馆学士,環集贤学士。”

《登科记考补正》卷二七《附考·进士科》录载张瑗。

【张錬】京兆人。玄宗时进士及第。

《全唐文》卷四〇八,作者小传:“錬,京兆人,元宗时进士第。”

【陈章甫】开元进士。

《全唐文》卷三七三,陈章甫小传云:“章甫,开元中进士。”

《登科记考补正》卷二七《附考·制科》(1351)以《封氏闻见记》为据,系章甫制科及第。

【苑咸】字咸,京兆人,一说成都人。进士及第,开元十七年(729)制科及第。开元末上书拜官,历太子校书、中书舍人、集贤院学士、安陆郡太守。

《洛阳新出土墓志释录》,苑论撰元和六年(811)正月十四日《唐故中书舍人集贤院学士安陆郡太守苑公(咸)墓志铭并序》:"有唐故中书舍人、集贤院学士、安陆郡太守、馆陶县开国男苑公,以至德三年正月二十九日薨于扬州之官舍,享年卌九……公讳咸,字咸……七岁诵诗书,日数千言,十五能文,十八应乡赋,耻以文字进,以经济为己任。开元中,声明文物,振迈汉魏;求名之士,难于登天。公当此时,年始弱冠,为曲江公张九龄表荐。玄宗亲临前殿策试,除太子校书,仍留集贤院。"按:墓志未云苑咸进士及第,以卒于至德三年(758),享年四十九推之,其弱冠年在开元十七年(729)。

(五代)王定保《唐摭言》卷一《进士归礼部》:"论曰:永徽之后,以文儒亨达、不由两监者稀矣……有如赵、邵、萧、李,娄、郭、苑、陈,靡不名遂功成,交全分契。"小注曰苑指苑咸。

《新唐书》卷六〇《艺文四》:"《苑咸集》卷亡。京兆人。开元末上书,拜司经校书、中书舍人,贬汉东郡司户参军,复起为舍人、永阳太守。"

(宋)计有功《唐诗纪事》卷一七《苑咸》:"咸,成都人。开元末上书,拜司经校书、中书舍人。颜真卿序孙逖文集曰:……唐人推咸为文诰之最。后贬汉东郡司户参军,复起为舍人,终永阳太守。初,咸举进士在京,仲夏忽染疾而卒,三日复苏。云见人追至阴司,见刘敬则为冥官,乃同举进士也。问其故,乃曰:追瑊,乃误召公。速遣押还。咸曰:数上京不捷,家远且贫,试阅籍,若有科第官职,即愿生还。刘谓曰:君来春登第,历台省,至中书舍人。"

《登科记考》卷二七《附考·进士科》录载苑咸,考云:"进士第,见《唐诗纪事》。"

【周瑝】汝南平舆人。祖绍,官金州西城县丞。父诚,长安二年明经及第,官监察御史。瑝冠年进士擢第。

《唐代墓志汇编》开元四八三,开元二十七年(739)正月二十八日《大唐故朝议郎行监察御史周府君(诚)墓志铭并序》:"君讳诚,字子谅,分族于周,汝南平舆之著姓也。曾祖和举,左散骑常侍、宣州刺史;皇祖仁廓,利州□史;先父绍,金州西城县丞……长子锽,冠年进士擢第。"

《登科记考补正》卷二七《附考·进士科》录载周瑝。

【郑□】约在开元前后登进士科。

《白居易集》卷六七九《故滁州刺史赠刑部尚书荥阳郑公墓志铭并序》:"……公讳某,字某……王父讳某,卫州刺史。皇考讳某,秘书郎,赠郑州刺史。公……进士中第,判入高等,始授鄠城尉,转大理评事……除秘书少监……大历十二年二月十五日薨于扬州……享年七十有八。"

【郑日成】荥阳开封人。开元年间及进士第。

《唐代墓志汇编》开元五〇〇,郑日成撰开元二十七年(739)十月《大唐故右骁卫仓曹参军荥阳郑府君(齐闵)墓志铭并序》,署:"从父侄前乡贡进士日成撰。"按郑齐闵卒于开元二十七年(736),其侄中进士当在开元中。

【郑老莱】一作郑孝莱,荥阳人。开元年间进士及第。官至遂宁郡守。子叔则,明经及第,官至河南尹、户部侍郎、东都留守。

《全唐文》卷七八四，载穆员撰《福建观察使郑公（叔则）墓志铭》：“公讳叔则，字某，荥阳人，自元魏中书令周小司空金乡文公穆，凡五叶至皇朝遂州刺史老莱，代以婚姻德义，俱为家法相授。公则遂州之冢子也。未冠以明经擢第，凡五命至御史府。”

《唐代墓志汇编》大中一二四，裴瓒撰大中十年（856）十一月二十七日《唐故秘书郎兼河中府宝鼎县令李府君夫人荥阳郑氏（秀实）墓志铭并序》：“夫人荥阳郑氏，讳秀实……曾王父讳孝莱，皇进士及第，累官至遂宁郡守。烈祖讳叔则，河南尹、户部侍郎、东都留守。显考讳约，河南府洛阳县主簿。”按“孝莱”亦作老莱，《唐代墓志汇编》大中一三五，王式撰《唐故邵州郑使君（珫）墓志铭》：“使君之曾王父，开元闻人，用前进士科，官至遂宁守，讳老莱。”

《登科记考补正》卷二七《附考·进士科》录载郑老莱（郑孝莱）。

【参开】开元年间登科。

（宋）郑樵撰《通志》卷二八《氏族略第四·以名为氏》“参氏”载“唐开元登科有参开”。

《登科记考》卷二七《附考·进士科》录载参开。

【赵子羽】进士及第。

《全唐文补遗》第六辑，赵子羽撰开元十七年（729）二月十四日《唐故游□将军守左领军卫右郎将上柱国敦煌县开国公太原王公（秘）墓志铭并序》，作者署曰：“前乡贡进士。”按：赵子羽进士及第在开元十七年（729）之前。

《登科记考补正》卷二七《附考·进士科》录载赵子羽。

【赵自励】开元时进士第。

《全唐文》卷四〇一，作者小传：“自励，开元时进士第。”

【荆冬倩】进士及第。曾官校书郎。

《全唐诗》第六册卷二〇三：“荆冬倩，校书郎。诗一首。”录其《奉试泳青》诗。

《全闽诗话》卷一引《唐人试帖》：“按唐制，登进士后又有试名奉试，前崔曙、荆冬倩皆有奉试题是也。”

《登科记考补正》卷二七《附考·进士科》录载荆冬倩。

【胡玖】一作胡玫，河东人。开元中进士第。

（唐）林宝《元和姓纂》卷三《河东胡氏》：“开元中，胡瑜弟瑱、玘并举进士。”［岑校］《昌黎集》《胡明允墓志》注，明允父瑱，伯父玖（？）皆登第。《全文》三一四李华《丹阳复练塘颂》称金坛令胡玘。

《旧唐书》卷一六三《胡证传》：“胡证字启中，河东人。父瑱，伯父玫，登进士第。”

《登科记考》卷二七《附考·进士科》录载胡玖。

【胡玘】河东人。开元中进士第。官金坛令。

（唐）林宝《元和姓纂》卷三《河东胡氏》：“开元中，胡瑜弟瑱、玘并举进士。”［岑校］《昌黎集》《胡明允墓志》注，明允父瑱，伯父玖（？）皆登第。《全文》三一四李华《丹阳复练塘颂》称金坛令胡玘。

《旧唐书》卷一六三《胡证传》:“胡证字启中,河东人。父瑱,伯父玫,登进士第。”

《登科记考》卷二七《附考·进士科》录载胡玘。

【**胡瑜**】河东人,开元中进士第。

《旧唐书》卷一六三《胡证传》:“胡证字启中,河东人。父瑱,伯父玫,登进士第。”

《登科记考》卷二七《附考·进士科》录载胡瑜。按将胡瑜、胡瑱、胡玖、胡玘皆列为登科,似证据不足。今录存俟考。

【**胡瑱**】河东人。开元中进士第。子证,贞元中登科。

(唐)林宝《元和姓纂》卷三《河东胡氏》:“开元中,胡瑜弟瑱、玘并举进士。”[岑校]《昌黎集》《胡明允墓志》注,明允父瑱,伯父玖(?)皆登第。《全文》三一四李华《丹阳复练塘颂》称金坛令胡玘。

《旧唐书》卷一六三《胡证传》:“胡证字启中,河东人。父瑱,伯父玫,登进士第。”

《登科记考》卷二七《附考·进士科》录载胡瑱。

【**姚子彦**】字伯英,河东人。进士及第。开元二十六年(738)制举文词雅丽科登第。二十九年(741)制举明四子科登第。曾官右拾遗、内供奉、左补阙、秘书监。永安县侯。卒赠礼部尚书。

《全唐文》卷三九一,独孤及撰《唐故秘书监赠礼部尚书姚公(子彦)墓志铭》:“有唐秘书监永安县侯姚公讳子彦,字伯英。其先冯翊莲勺人也,至高祖僧洪徙家河东。祖思聪,秘书少监。父坦,汝州梁县丞,赠秘书监……(子彦)公力行博学,温故知新,错综六艺,以作词赋。初举进士,又举词藻,皆升甲科,尉清苑、获嘉、永宁三县。开元二十九年诏立黄老学,亲问奥义,对策者五百余人,公与今相国河南元公载及广平宋少贞等十人,以条奏精辩,才冠等列,授右拾遗内供奉,历左补阙。”

《旧唐书》卷九《玄宗下》:开元二十九年九月“壬辰,御兴庆门,试明《四子》人姚子产、元载等。”按作“姚子产”,误。

《登科记考》卷八开元二十六年(738)文词雅丽文词雅丽科、二十九年(741)制举明四子科分别录载姚子彦。

《登科记考补正》卷二七《附考·进士科》录载姚子彦。

【**啖彦珍**】进士及第。大历间官水部郎中。

(唐)林宝《元和姓纂》卷七《河东啖氏》:“大历水部郎中啖彦珍。”

《宝刻丛编》卷七引《集古录目》:“《唐西明寺上座智远律师塔铭》,唐前进士啖彦珍撰,集贤院书手陈瑰书……碑以开元二十五年立。”按:啖氏进士及第当在立碑之前。

《登科记考补正》卷二七《附考·进士科》录载啖彦珍。

【**崇颖**】开元年间登科。

(宋)郑樵撰《通志》卷二六《氏族略第二·以国为氏》“崇氏”载唐“开元登科有崇颖”。

《登科记考》卷二七《附考·进士科》录载崇颖。

【**崔伦**】字叙,深州安平人。玄宗时进士及第。拜尚书左丞。子衍,天宝末擢明经,德宗时官至宣歙池观察使。

《新唐书》卷一六四《崔衍传》:“崔衍字著,深州安平人。父伦,字叙……及进士第,历吏部员外郎。安禄山反,陷于贼,不污伪官,使子弟间表贼事。贼平,下迁晋州长史。李齐物讼其忠,授长安令,封武邑县男……迁尚书左丞,以疾改太子宾客。卒,年七十一,赠工部尚书,谥曰敬。衍,天宝末擢明经,调富平尉……德宗公其言,为诏度支减赋。迁宣歙池观察使。”

《登科记考》卷二七《附考·进士科》录载崔伦。

光绪《畿辅通志》卷三四《选举·唐·进士》:“玄宗年,崔伦,安平人,开元年第,尚书仆射。”

【崔倚】博陵安平人。祖知道,官终大理司直。父元同,官至刑部侍郎、徐、相二州刺史。倚开元中举进士,天宝之乱,隐居而终。

《全唐文》卷五六六,韩愈撰《崔评事墓志铭》:“君讳翰,字叔清,博陵安平人。曾大父知道,仕至大理司直;大父元同,为刑部侍郎,出刺徐相州;父倚,举进士,天宝之乱,隐居而终。”按崔倚举进士当在开元年间。

《登科记考补正》卷二七《附考·进士科》录载崔倚。

【萧谊】南兰陵人。开元年间进士及第。终司农寺主簿。祖憬,湖州司马。父元佑,郢州京山县令。

《秦晋豫新出墓志蒐佚续编》七〇一,梁宁撰贞元十二年(796)八月二十四日《有唐东都临坛大德玄堂铭并序》:“传崇福足疏律德号行严姓萧氏,受大戒于安国上座……先考讳谊,以词赡登科,名冠时辈。官不充量,自洛阳尉授司农主簿。”

《全唐文补遗》千唐志斋新藏专辑,萧籍撰大和三年(829)十月二日《唐故河南府兵曹参军赐绯鱼袋兰陵萧公(放)墓志铭并序》:“公讳放,字□,其先南兰陵人……曾祖憬,湖州司马。祖元佑,郢州京山县令。祢谊,开元中,严考功选,登进士甲科,终司农寺主簿。”据志文,萧放父谊于开元年间登进士甲科,主司严考公。开元年间严氏任主司者惟有严挺之,主持了开元十四到十六年贡举事宜。

《旧唐书》卷九九《严挺之传》:“开元中,为考功员外郎,典举二年,大称平允,登科者顿减二分之一。迁考功郎中,特敕又令知考功贡举事,稍迁给事中。”萧谊究为何年进士及第,尚需新史料证实。

【韩澄】字伯源,南海人。曾祖瑗,显庆中为宰相,贬官南海。澄进士出身,官至汲郡太守,历兵部郎中。

《登科记考补正》卷二七《附考·进士科》录载韩澄,考云,(唐)林宝《元和姓纂》卷四《南阳堵县(赭阳县)韩氏》:“瑗,侍中。孙澄,汲郡太守。”岑校云:“孙澄,汲郡太守。”《新表》作“曾孙”,当可信,此夺“曾”字。《统谱》二四,澄官至汲郡太守,历兵部郎中。

乾隆《广东通志》卷三一《选举志》:“唐举茂才:韩澄,南海人。”同书卷四四《人物志·孝义·广州府》:“韩澄,字伯源,南海人。曾祖瑗,三原人,显庆中为宰相。高宗立武昭仪为后,瑗力谏,与诸遂良俱得罪。许敬宗、李义府复诬瑗不轨,贬南海,卒。子孙配广州。

澄生长南海,尝默祷于罗浮山神祈复世仇。后以秀才得荐,官至尚书兵部郎中。”按:澄“秀才得荐”后入仕为官,当为进士出身。

【蔡希寂】字季深,曲阿人。祖元凯,唐清河郡漳南县令。考勗之,汝南郡吴房县令。兄希周,开元十二年(724)进士及第。希寂官终渭南县尉。

《全唐文补遗》第六辑,张阶撰天宝六载(747)十月十九日《唐故朝请大夫尚书刑部员外郎骑都尉蔡公(希周)墓志铭并序》:“公讳希周,字良傅……曾祖衍,隋晋王府东阁祭酒。王父元凯,皇清河郡漳南县令;烈考勗之,汝南郡吴房县令……公之令弟曰兹洛阳尉希寂季深,渊英茂异之士,初射策高第,尉于渭南,与公并时焉。”按墓志撰者署“前大理评事张阶字叔平”,书者署“第七弟朝议郎行洛阳县尉希寂字季深书”。

《登科记考》卷二七《附考·进士科》录载蔡希寂。

嘉定《镇江志》卷一八《人物》:“蔡希周,曲阿人,开元十二年举进士登第,官监察御史。希寂,希周弟,登进士第,终渭南县尉。”

至顺《镇江志》卷一九《科目·蔡希寂》:“蔡希寂,曲阿人,开元十二年登进士第,后官至御史。”

【熊曜】南昌人。祖九思,察孝廉。父彦方,广州录事参军。曜开元中及进士第。官贝州参军。

《全唐文》卷三五一,《熊曜小传》:“曜,南昌人,开元中进士,为贝州参军。”

(明)凌迪知《万姓统谱》卷一:“熊曜,南昌人,刚直有词学,与达奚珣、王准(当作维)为文章之友。开元中进士及第,为贝州参军。”

《登科记考补正》卷二七《附考·进士科》录载熊曜。

日本藏万历《新修南昌府志》卷十七《选举·科第》:“开元中进士:熊曜。”同书卷十八《人物传》:“熊曜,南昌人。祖九思,察孝廉。父彦方,广州录事参军。曜刚直有词学,与礼部达奚珣、右丞王维为文章友。开元中及进士第,解褐贝州临清县尉,转左骁卫胄参军,卒。”

【樊晃】一作楚冕,润州人。进士及第,开元时擢书判拔萃科。曾官润州刺史、汀州刺史。

《国秀集》卷下录有“前进士樊晃”诗一首。

《全唐文》卷三九八,作者小传:“冕,开元时擢书判拔萃科。”

岑仲勉《元和姓纂四校记》卷四《樊氏》:“文孙晃兵部员外润州刺史。《金石录》八《怪石铭》,樊晃撰,大历十年立。《新书》六〇:‘《杜甫集》六十卷,《小集》六卷,涯州刺史樊冕集。’余按《少陵集》附录有润州刺史樊晃《杜工部小集序》:‘今采其遗文凡二百九十篇,各以事类,分为六卷。’其名与官与《姓纂》合,则《新志》之‘涯州樊晃’,实‘润州樊晃’之讹。‘晃’‘冕’字形近也。复次,《全文》三九八收楚冕《书判》一篇,云‘楚’一作‘樊’,冕,开元时擢书判拔萃科,以《新志》讹‘樊晃’为‘樊冕’之例例之,此‘樊冕’亦即‘樊晃’,复‘樊’讹‘楚’也。唐景崇《艺文志注》于‘涯’‘冕’两字之讹,亦未校正。《全诗》三函一册刘长卿《和樊使君登润州城楼》,‘使君’当是晃。四函七册皇甫冉《和樊润州秋日登城楼》,又

《同樊润州游郡东山》。《宋僧传》一五《朗然传》，润州刺史樊冕（当在大历十三年前），同书一七《金陵元崇传》，更明著‘大历五年刺史南阳樊公’。复次，嘉定《镇江志》一四引《新唐艺文志》亦作‘润州樊晃’，则当日见本固不讹。《志》又云：‘《唐文粹》有《琴会记》，载大历六年，浙西观察使、苏州刺史、兼御史大夫赞皇公祗命，朝于京阙，春正月夕次朱方，刺史樊公以琴相和。赞皇公系李棲筠，以《旧唐纪》考之，棲筠除在八月，今《琴会记》载次朱方月日，恐是七年春正月尔。’《丹阳集》，句容有硖石主簿樊光，按《集》举之官，系编诗时见任，可于蔡希寂、申堂構等见之。依《姓纂》，樊氏自晋已徙淮南，则晃固南人，余极疑樊光即樊晃，晃亦工诗，故有汇辑《工部集》之举。《镇江志》一八似未详考。晃曾官汀刺，见《新书》二百《林蕴传》。”

【滕云翼】河东人。开元年间进士登第。

（唐）林宝《元和姓纂》卷五《河东滕氏》：“开元进士滕云翼。”

《登科记考》卷二七《附考·进士科》录载滕云翼。按：《登科记考补正》卷二七《附考·进士科》录载滕云冀，误。

【薛幽棲】开元年间进士及第，初授陵郡尉，未秩满辞官。

（宋）陈葆光《三洞群仙录》卷一一“侯楷同尘幽棲混俗”条：“薛幽棲开元中登进士第，勇退不仕，入鹤鸣山访汉天师治所。修行仅一纪，道气愈充。”

（元）赵道一《历世真仙体道通鉴》卷三九“薛幽棲”条：“薛幽棲，蒲州宝鼎人也。性沉静，有敏识卓见。修毕业之暇，好闻方外事。唐明皇开元中及进士第，年始弱冠。调官陵郡尉，秩未满，有林泉之兴，遂拂衣去。”

《登科记考补正》卷二七《附考·进士科》录载薛幽棲。

【魏恬】字安礼，定州鼓城人。玄宗时登进士第。开元中为颖王傅。

《新唐书》卷一一七《魏玄同传》：“魏玄同字和初，定州鼓城人……玄同子恬，字安礼，事亲以孝闻。第进士，为御史主簿。开元中，至颖王傅。”

《登科记考》卷二七《附考·进士科》录载魏恬。

光绪《畿辅通志》卷三四《选举·唐·进士》：“玄宗年，魏恬，鼓城人，颖王傅。”

附考进士（玄宗朝开元天宝之间）

【安雅】临淄人。开元、天宝间进士及第，集贤殿待制。

《全唐文补遗》第七辑，安雅撰天宝二年（743）六月四日《大唐故定远将军右威卫翊府左郎将上柱国罗公（炅）墓志铭并序》，署：“前国子进士、集贤殿待制临淄安雅述。”按：安雅当为开元末天宝初年进士及第。

【李睍】射洪人。开元、天宝年间进士及第。曾官益州户曹。

（明）凌迪知《万姓统谱》卷七一：“李睍，射洪人，少负俊颖，读书过目即悟，举进士，工于诗，时人比之陈子昂、李白。”按：据（宋）李昉等《太平广记》卷二四二《谬误·李睍》引《纪闻》云，李睍与李逢年同时，尝为益府户曹；其名又见于《舆地纪胜》卷一五八《潼川府路·普州》。

（宋）洪迈《容斋续笔》卷一二《紫极观钟》："饶州紫极观有唐钟一□，形制清坚，非近世工铸可比。刻铭其上曰：'天宝九载，岁次庚寅，二月庚申朔，十五日癸酉造，通直郎、前监察御史贬乐平员外尉李逄年铭，前乡贡进士薛彦伟述序，给事中、行参军赵从一书。'"按李逄年天宝九载（750）前已官监察御史，则李晛举进士当在开元、天宝年间。

《登科记考补正》卷二七《附考・进士科》录载李晛。

【张彖】进士及第，释褐授华阳县尉。

（五代）王仁裕撰《开元天宝遗事》卷上《天宝上・依冰山》条云："杨国忠权倾天下，四方之士，争诣其门。进士张彖者，陕州人也，力学有大名，志气高大，未尝低折于人。人有劝彖令修谒国忠，可图显荣，彖曰：'尔辈以谓杨公之势，倚靠如太山；以吾所见，乃冰山也。或皎日大明之际，则此山当误人尔。'后果如其言，时人美张生见几。后年，张生及第，释褐授华阳县尉。时县令、太守俱非其人，多行不法。张生有吏道，勤于政事，每举一事，则太守、令尹抑而不从。张生曰：'大丈夫有凌霄盖世之志，而拘于下位，若立身于矮屋中，使人抬头不得。'遂拂衣长往，归遁于嵩山。"

《登科记考补正》卷二七《附考・进士科》录载张彖。

【郭昭述】进士及第，释褐授天长主簿。

（五代）王仁裕撰《开元天宝遗事》卷下《天宝下・鸡声断爱》条云："长安名妓刘国容，有姿色，能吟诗，与进士郭昭述相爱，他人莫敢窥也。后昭述释褐，授天长簿，遂与国容相别。诘旦赴任，行至咸阳，国容使一女仆驰矮驹赍短书云：'欢寝方浓，恨鸡声之断爱；恩怜未洽，叹马足以无情。使我劳心，因君减食，再期后会，以结齐眉。'长安子弟多诵讽焉。"

《登科记考补正》卷二七《附考・进士科》录载郭昭述，考云："施补云：'郭昭述以进士而释褐入仕，当必登第。《登科记考》未录，可补入附考。'今从之。"

【崔成甫】博陵人。进士及第，官校书郎。

（唐）颜真卿《崔沔宅陋室铭记》："长子成甫，进士、校书郎。祐甫以进士高第，累登台省。"

（唐）李华《崔沔集序》："长子成甫，进士擢第。"

《登科记考》卷二七《附考・进士科》录载崔成甫。

【薛彦云】河中宝鼎人。玄宗开元、天宝间进士及第。

《旧唐书》卷一四六《薛播传》："薛播，河中宝鼎人，中书舍人文思曾孙也。父元晖，什邡令，以播赠工部郎中。播，天宝中举进士，补校书郎，累授万年县丞、武功令、殿中侍御史、刑部员外郎、万年令……初，播伯父元暧终于隰城丞，其妻济南林氏，丹阳太守洋之妹，有母仪令德，博涉《五经》，善属文，所为篇章，时人多讽咏之。元暧卒后，其子彦辅、彦国、彦伟、彦云及播兄据、揔并早孤幼，悉为林氏所训导，以至成立，咸致文学之名。开元、天宝中二十年间，彦辅、据等七人并举进士，连中科名，衣冠荣之。"

《新唐书》卷一五九《薛播传》："薛播，河中宝鼎人。曾祖文思，官中书舍人。播早孤，伯母林通经史，善属文，躬授经诸子及播兄弟，故开元、天宝间，播兄弟七人皆擢进士第，衣冠光韪。"

《登科记考补正》卷二七《附考·进士科》录载薛彦云。

【薛彦伟】河中宝鼎人。玄宗开元、天宝间进士及第。

《全唐诗》第六册卷二〇〇，录岑参《送薛彦伟擢第东归》："时辈似君稀，青春战胜归。名登郗诜第，身著老莱衣。称意人皆羡，还家马若飞。一枝谁不折，棣萼独相辉。"

《旧唐书》卷一四六《薛播传》："薛播，河中宝鼎人，中书舍人文思曾孙也。父元晖，什邡令，以播赠工部郎中。播，天宝中举进士，补校书郎，累授万年县丞、武功令、殿中侍御史、刑部员外郎、万年令……初，播伯父元暧终于隰城丞，其妻济南林氏，丹阳太守洋之妹，有母仪令德，博涉《五经》，善属文，所为篇章，时人多讽咏之。元暧卒后，其子彦辅、彦国、彦伟、彦云及播兄据、揔并早孤幼，悉为林氏所训导，以至成立，咸致文学之名。开元、天宝中二十年间，彦辅、据等七人并举进士，连中科名，衣冠荣之。"

《新唐书》卷一五九《薛播传》："薛播，河中宝鼎人。曾祖文思，官中书舍人。播早孤，伯母林通经史，善属文，躬授经诸子及播兄弟，故开元、天宝间，播兄弟七人皆擢进士第，衣冠光韪。"

（宋）洪迈《容斋续笔》卷一二《紫极观钟》："饶州紫极观有唐钟一□，形制清坚，非近世工铸可比。刻铭其上曰：'天宝九载，岁次庚寅，二月庚申朔，十五日癸酉造，通直郎、前监察御史贬乐平员外尉李逢年铭，前乡贡进士薛彦伟述序，给事中、行参军赵从一书。'"按据此，则彦伟当在天宝九载（750）前进士及第。

《登科记考》卷二七《附考·进士科》录载薛彦伟。

【薛彦国】河中宝鼎人。玄宗开元、天宝间进士及第。

《旧唐书》卷一四六《薛播传》："薛播，河中宝鼎人，中书舍人文思曾孙也。父元晖，什邡令，以播赠工部郎中。播，天宝中举进士，补校书郎，累授万年县丞、武功令、殿中侍御史、刑部员外郎、万年令……初，播伯父元暧终于隰城丞，其妻济南林氏，丹阳太守洋之妹，有母仪令德，博涉《五经》，善属文，所为篇章，时人多讽咏之。元暧卒后，其子彦辅、彦国、彦伟、彦云及播兄据、揔并早孤幼，悉为林氏所训导，以至成立，咸致文学之名。开元、天宝中二十年间，彦辅、据等七人并举进士，连中科名，衣冠荣之。"

《新唐书》卷一五九《薛播传》："薛播，河中宝鼎人。曾祖文思，官中书舍人。播早孤，伯母林通经史，善属文，躬授经诸子及播兄弟，故开元、天宝间，播兄弟七人皆擢进士第，衣冠光韪。"

【薛彦辅】河中宝鼎人。玄宗开元、天宝间进士及第。

《旧唐书》卷一四六《薛播传》："薛播，河中宝鼎人，中书舍人文思曾孙也。父元晖，什邡令，以播赠工部郎中。播，天宝中举进士，补校书郎，累授万年县丞、武功令、殿中侍御史、刑部员外郎、万年令……初，播伯父元暧终于隰城丞，其妻济南林氏，丹阳太守洋之妹，有母仪令德，博涉《五经》，善属文，所为篇章，时人多讽咏之。元暧卒后，其子彦辅、彦国、彦伟、彦云及播兄据、揔并早孤幼，悉为林氏所训导，以至成立，咸致文学之名。开元、天宝中二十年间，彦辅、据等七人并举进士，连中科名，衣冠荣之。"

《新唐书》卷一五九《薛播传》："薛播，河中宝鼎人。曾祖文思，官中书舍人。播早孤，伯母林通经史，善属文，躬授经诸子及播兄弟，故开元、天宝间，播兄弟七人皆擢进士第，衣冠光韪。”

《登科记考补正》卷二七《附考・进士科》录载薛彦辅。

附考进士（玄宗朝天宝间）

【吕诏】一作吕诒。父崇粹，官兵部郎中、谏议大夫。进士及第。

（唐）林宝《元和姓纂》：“兵部郎中、谏议大夫吕崇粹生诏，进士。”按：《宰相世系表》“诏”作“诒”。

《登科记考》卷二七《附考・进士科》录载吕诏。

【刘可大】天宝中进士及第。官至荥阳县尉。

（宋）李昉等《太平广记》卷三〇三《神十三・刘可大》引《广异记》：“刘可大，以天宝中举进士，入京，出东都……吏云：‘刘君明年当进士及第，历官七政。’可大苦求当年，吏云：‘当年只得一政县尉。’相为惜此，可大固求之……至京及第，数年拜荥阳县尉而终。”

《登科记考》卷二七《附考・进士科》录载刘可大。

【刘迥】徐州彭城人。父子玄，开元中官至左散骑常侍。天宝中进士登科。历殿中侍御史、江淮转运使、吉州刺史，官至给事中。

《全唐文》卷五二〇，梁肃撰《给事中刘公（迥）墓志铭》：“公姓刘氏，讳迥，彭城人……公好学善属文，天宝中进士登科。”

《新唐书》卷一三二《刘子玄传》：“刘子玄名知几，以玄宗讳嫌，故以字行……六子：贶、悚、汇、秩、迅、迥……迥以刚直称，第进士，历殿中侍御史，佐江淮转运使。时新更安史乱，迥馈运财赋，力于职。大历初，为吉州刺史，治行尤异。累迁给事中。”

《登科记考》卷二七《附考・进士科》录载刘迥。

【刘乃】字永夷，河南伊阙人。天宝中擢进士第。历司门员外郎，擢给事中，建中四年拜兵部侍郎。卒赠礼部尚书，谥曰贞惠。

《大唐西市博物馆藏墓志》三六八，元和十二年（817）四月十七日《通议大夫尚书刑部侍郎赐紫金鱼袋赠工部尚书广平刘公自撰志文并序》：“□□□□者，广平刘伯刍之志。广平刘氏出汉景帝，其世德爵位，史谍详焉，略而不叙，病故也。六岁识字，十岁耽书。□□□□瀰之间，未尝释手，于今一百九十八甲子矣。盖所阅书，殆逾万卷，其意在通性命，乐黄尧而已。初不务记问，□□□□，好属辞而不敢苟，短章小述，必稽义正。所著文二百廿三篇，编成十三卷。州举进士，一上登丙科……生子三人，长曰宽夫，次曰端夫，幼曰岩夫，咸早奉严训，弱冠皆举进士登第。自贞惠公洎公，下及宽夫等，三叶五升名于太常，时人韪之，以为两重卓绝。”

《旧唐书》卷一五三《刘乃传》：“刘乃字永夷，洺州广平人……父如璠，眗山丞，以乃贵，赠民部郎中。乃少聪颖志学，暗记《六经》，日数千言。及长，文章清雅，为当时推重。天宝中，举进士……其载，补剡县尉。改会稽尉……数日，擢为给事中，寻迁权知兵部侍郎……建中四年夏，但真拜而已。”

《新唐书》卷一九三《忠义下·刘乃传》:“刘乃字永夷,河南伊阙人。少警颖,闇诵《六经》,日数千言。善文词,为时推目。天宝中擢进士第……大历中,召拜司门员外郎……俄擢给事中,权知兵部侍郎。杨炎、卢杞当国,五岁不迁。建中四年,真拜兵部侍郎……(卒)赠礼部尚书,谥曰贞惠。

《登科记考》卷二七《附考·进士科》分别录载刘乃。

嘉靖《长垣县志》卷六《人物·流寓》:“(刘乃)天宝中擢进士第。”

【刘兼】天宝中进士及第。

《全唐文》卷四〇三,作者小传:“兼,天宝时进士。”

【刘湾】字灵源,彭城人。进士及第。曾官侍御史。

(宋)计有功《唐诗纪事》卷二五《刘湾》:“字灵源,彭城人。天宝进士。天宝之乱,以侍御史居衡阳。”

《登科记考补正》卷二七《附考·进士科》录载刘湾。考云:“虽《元和姓纂》卷五岑校谓刘湾天宝‘十载尚未第,则天宝乱时当未至侍御史’,然其当由登进士第而入仕。今补入。”

【孙昌胤】天宝中进士及第。

(宋)计有功《唐诗纪事》卷四六《孙昌胤》:“昌胤,登天宝进士第。”

【苏源明】京兆武功人。天宝初年及进士第。官终秘书少监。

《新唐书》卷二〇二《文艺中·苏源明传》:“苏源明,京兆武功人,初名预,字弱夫。少孤,寓居徐、兖。工文辞,有名天宝间。及进士第,更试集贤院。累迁太子谕德。出为东平太守……召源明为国子司业。安禄山陷京师,源明以病不受伪署。肃宗复两京,擢考功郎中知制诰……后以秘书少监卒。”按:源明当于天宝初年及进士第。

《登科记考》卷二七《附考·进士科》录载苏源明。

【李子简】天宝时进士。

《全唐文》卷三七四,作者小传:“子简,天宝时进士。”

【李收】天宝初年国子进士及第。

《全唐文补遗》第六辑,李收撰天宝十载(751)十月二十一日《唐故丰王府户曹参军皇族叔李府君(复)墓志铭并序》,署:“前国子进士李收述。”

《登科记考补正》卷二七《附考·进士科》录载李收。

【李封】陇西人。天宝初年进士及第。

《唐代墓志汇编》天宝一六〇,张恒撰天宝九载(750)七月二十三日《唐故夫人博陵崔氏墓志铭并序》,文末署:“前进士陇西李封书。”

《登科记考补正》卷二七《附考·进士科》录载李封。

【杨绾】字公权,华州华阴人。进士及第,补太子正字。天宝十三载(754)词藻宏丽科及第,授右拾遗。元载伏诛,拜为中书侍郎、同中书门下平章事,集贤殿崇文馆大学士。

《旧唐书》卷一一九《杨绾传》:“杨绾字公权,华州华阴人也。祖温玉,则天朝为户部侍郎、国子祭酒。父侃,开元中醴泉令,皆以儒行称……(绾)举进士。调补太子正字。天宝十三年,玄宗御勤政楼,试博通坟典、洞晓玄经、辞藻宏丽、军谋出众等举人,命有司供食,既暮而罢。取辞藻宏丽外,别试诗赋各一首。制举试诗赋,自此始也。时登科者三人,绾为之首,超授右拾遗……拜起居舍人、知制诰。历司勋员外郎、职方郎中,掌诰如故。迁中书舍人,兼修国史……再迁礼部侍郎……载伏诛,上乃拜绾中书侍郎、同中书门下平章事、集贤殿崇文馆大学士,兼修国史。”按:杨绾进士及第当在天宝八载(749)之前,《唐代墓志汇编》天宝一四一,天宝八载(749)正月十一日《唐故新定军遂安县尉李府君夫人博陵崔氏墓志铭并序》,署:“前乡贡进士弘农杨绾述。”

(宋)王溥《唐会要》卷七六《贡举中·制科举》:“(天宝)十三载二月,辞藻宏丽科,杨绾及第。”

(宋)王钦若等《册府元龟》卷六四五《贡举部(七)·科目》:“(天宝)十三载二月,诏:‘其博通坟典,洞晓玄经,清白著闻,词藻宏丽,军谋出众,武艺绝伦者,任自举。’是年,举词藻宏丽科。(杨绾及第。)”

(宋)王应麟《玉海》卷一一五《选举·唐制举》:“辞藻宏丽杨绾。玄宗已试,又加诗赋各一篇,绾为冠。制举加试诗赋由绾始。”

《登科记考》卷九天宝十三载(754)制举辞藻宏丽科、同书卷二七《附考·进士科》分别录载杨绾。

【辛平】陇西狄道人。天宝中进士及第。子恽,官殿中侍御史。

(唐)林宝《元和姓纂》卷三《陇西狄道辛氏》:“天宝进士辛平。生恽,殿中侍御史。”

《登科记考》卷二七《附考·进士科》录载辛平。

【沈仲】天宝中进士。

《全唐文》卷四〇七,作者小传:“仲,天宝时进士。”

【邵说】相州安阳人。父琼之,开元中制举及第,官殿中侍御史。邵说天宝中进士及第。德宗时曾官吏部侍郎、太子詹事。

《全唐文》卷四五二,邵说撰《让吏部侍郎表》:“臣祖长白山人贞一,以周朝权统革命,潜遁终身。臣父殿中侍御史琼之,遇元宗拨乱兴邦,扬历数四,累登甲乙之第,再践准绳之任。微臣积衅,殃祸所锺,十六而孤,长于母手,誓心坟史,不出户庭。迨至天宝年中,谬忝词场擢第,适会老母弃背,服丧河洛……肃宗特降中旨,授臣左金吾卫骑曹将军……自是再忝柏台,四登郎署,宰理京剧,倅贰秘书。”

《旧唐书》卷一三七《邵说传》:“邵说,相州安阳人。举进士,为史思明判官,历事思明、朝义,常掌兵事。朝义之败,说降于军前,郭子仪爱其才,流于幕下。累授长安令、秘书少监,迁吏部侍郎、太子詹事,以才干称……建中三年……贬说归州刺史,竟卒于贬所。”

《新唐书》卷二〇三《文艺下·邵说传》:“邵说,相州安阳人。已擢进士第,未调,陷史思明。”

《登科记考》卷二七《附考·进士科》录载邵说。

嘉靖《彰德府志》卷六《人物志》:“邵说,安阳人,擢进士。”

【周颂】天宝中进士及第。官至慈溪令。

(宋)李昉等《太平广记》卷三八二《再生八·周颂》引《广异记》:“周颂者,天宝中,进士登科。永泰中,授慈溪令。”

《登科记考》卷二七《附考·进士科》录载周颂。

【柳成】天宝初年进士及第。

《全唐文补遗》第六辑,天宝九载(750)十一月十七日《故□□李府君(系)墓志铭并序》,署:“前崇文馆进士柳成书。”按《唐代墓志汇编》天宝一六八,作《故陇西李府君(系)墓志铭并序》,撰者柳成作“□成”。

《登科记考补正》卷二七《附考·进士科》录载柳成。

【柳森】河东人。天宝初年乡贡进士及第。

《全唐文补遗》第四辑,元份撰天宝九载(750)二月二十五日《大唐故汴州尉氏县令衡公前夫人范阳卢氏墓志铭并序》:“夫人无子,有三女……次适前乡贡进士河东柳森。”

《登科记考补正》卷二七《附考·进士科》录载柳森。

【畅璀】河东人。天宝年间举进士。官至户部尚书,卒赠太子太师。

《旧唐书》卷一一一《畅璀传》:“畅璀,河东人也。乡举进士。天宝末,安禄山奏为河北海运判官。三迁大理评事,副元帅郭子仪辟为从事。至德初,肃宗即位,大收俊杰,或荐璀,召见悦之,拜谏议大夫。累转吏部侍郎。广德二年十二月,为散骑常侍、河中尹,兼御史大夫。永泰元年,复为左常侍,与裴冕并集贤院待制。大历五年,兼判太常卿,迁户部尚书。十七年七月卒,赠太子太师。”按卷末史臣论曰:“禄山寇陷两京,儒生士子,被胁从、怀苟且者多矣……璀擢第居官,守分无过,又何咎焉。”又:璀天宝末入仕,则其进士及第当在天宝年间。

《登科记考补正》卷二七《附考·进士科》录载畅璀。

【娄元颖】天宝时进士。

《全唐文》卷四〇八,作者小传:“元颖,天宝时进士。”

【班宏】卫州汲人。祖思简,礼部员外郎。父景倩,秘书监。宏天宝中进士及第。德宗中进尚书。

《旧唐书》卷一二三《班宏传》:“班宏,魏州汲人也。祖思简,春官员外郎。父景倩,秘书监。以儒名家。宏少举进士,授右司御胄曹,后为薛景先凤翔掌书记,又为高适剑南观察判官,累拜大理司直,摄监察御史……大历三年,迁为起居舍人,寻兼理匦使,四迁至给事中……贞元初,仍岁旱蝗,上以赋调为急,改户部侍郎,为度支使韩滉之副。迁尚书,复副窦参。”

《新唐书》卷一四九《班宏传》:“班宏,魏州汲人。父景倩,国子祭酒,以儒名家。宏,天宝中擢进士第,调右司御胄曹参军。”

《登科记考》卷二七《附考·进士科》录载班宏。

【谢良弼】天宝年间进士及第。曾官中书舍人。

《云笈七签》卷一一五引《墉城集体仙录》“王氏”条云:“王氏者,中书舍人谢良弼之妻也,东晋右军逸少之后,会稽人也。良弼进士擢第,为浙东从事,而婚焉。”

《新唐书》卷一五九《鲍防传》:"(防)与中书舍人谢良弼友善,时号'鲍谢'云。"按鲍防天宝十二载(753)及进士第,则良弼进士及第亦当在天宝年间。

《登科记考补正》卷二七《附考·进士科》录载谢良弼。

【窦公衡】陇西人。天宝初年进士及第。

《唐代墓志汇编》天宝一七一,天宝九载(750)十二月七日《□□故前东京国子监大学进士上骑都尉李府君(华)墓志铭并序》,署:"前河南府进士窦公衡撰。"

《登科记考补正》卷二七《附考·进士科》录载窦公衡。

【窦承家】天宝中进士及第。官授润州丹徒主簿。

《全唐文补遗》第八辑,《唐故润州丹徒主簿窦君(承家)墓志铭并序》:"君讳承家……天宝中,进士擢第,授丹徒主簿。"

【褚朝阳】天宝时进士及第。

(宋)计有功《唐诗纪事》卷二七《褚朝阳》:"朝阳,登天宝进士第。"

【樊铸】约天宝年间进士及第。

《全唐诗外编·补全唐诗》录樊铸《及第后读书院咏物十首上礼部李侍郎》诗。小传云:"樊铸的诗不见他书,但在敦煌写本内两见,他的作品在唐代流传似较广泛。《十咏》题'前乡贡进士'。"

《登科记考补正》卷二七《附考·进士科》录载樊铸。

附考进士(玄宗朝时期)

【王稷】陇西狄道人。进士及第。天宝七年在世。

《唐代墓志汇编》天宝一三八,《大唐故前济阳郡卢县令王府君并夫人裴氏墓志铭并序》:"息乡贡进士孤子稷撰。"按:王府君天宝七载卒,六十二岁。

【卢□】进士及第。

(宋)李昉等《太平广记》卷二八一《梦六·樱桃青衣》:"天宝初,有范阳卢子,在都应举,频年不第……俄又及秋试之时,姑曰:礼部侍郎与姑有亲,必合极力,更勿忧也。明春遂擢第,又应宏词。姑曰:吏部侍郎与儿子弟当家连官,情分偏洽,令渠为儿必取高第。及榜出,又登甲科,授秘书郎。"

【达奚抚】珣子。进士及第。曾官会昌尉。

《全唐文》卷三〇六,张楚撰《与达奚侍郎书》:"复考进士文策,同就侍郎厅房。信宿重关,差池接席,掎摭之务,仰山弥高。于时贤郎,幼年词翰,公以本司恐谤,不议祁奚。仆闻善必惊,是敬王粲,骤请座主,超升甲科。今果飞腾,已迁京县,虽云报国,亦忝知人。此畴昔之情八也。"

《登科记考补正》卷二七《附考·进士科》录载达奚抚,按语云:"此节言楚与达奚珣当年同于吏部考复进士文策时,珣子登进士甲科。(注:祁奚,春秋时晋人,有'外举不避仇,内举不隐子'之誉,此用其典。)考《明皇杂录》卷上云:'杨国忠之子暄,举明经。礼部侍郎达奚珣考之,不及第,将黜落,惧国忠而未敢定。时驾在华清宫,珣子抚为会昌尉,珣遽召使,以书报抚,令侯国忠具言其状……'又《新唐书·外戚传》亦载此事。知珣子抚,尝擢进士甲科,官会昌尉。"

【刘邈之】中进士及第。拜汝州临汝县令,转润州上元县令。

(唐)钟辂《前定录·刘邈之》:"邈之后留都下,登科,拜汝州临汝县令,转润州上元县令。"

(宋)李昉等《太平广记》卷一五〇《定数五·刘邈之》引《前定录》:"刘邈之,天宝中,调授岐州陈仓尉。邈之从母弟吴郡陆康……邈之后某下登科,拜汝州临汝县令,转润州上元县令。在任无政,皆假掾以终考。"

《登科记考》卷二七《附考·进士科》录载刘邈之,《登科记考补正》《附考·制科》改系刘邈之制科及第。

【何据】进士及第。历官监察御史,起居郎,库部员外,道州刺史。

《大唐西市博物馆藏墓志》三二四,姜公复撰贞元十三年(797)八月十九日《唐故刑部郎中剑南东川租庸使庐江何公妻陇西李氏夫人墓铭并序》:"有唐故刑部郎中、剑南东川租庸使、庐江何公邕之妻陇西李氏夫人,以贞元十三年五月十二日,寝疾捐舘舍于京兆府长安县崇贤里之私第,春秋五十二……既笄,归于刑部郎中庐江何邕,邦之闻人也,与兄据并有高称。天宝中,据以乡举进士,官至监察御史,起居郎,库部员外,道州刺史。"

【李仲辉】进士及第。

《全唐文补遗》千唐志斋新藏专辑,李齐佺撰开元二十九载(741)正月八日《唐故处士赵郡李府君(论)墓志铭并序》:"公讳论,字贞固……考仲辉,桂林擢秀,再尉瓯闽。"按:"桂林擢秀",当指进士及第。

【辛诲】字守诲,陇西狄道人。进士及第。解褐拜常州义兴尉,官终太原府祁县主簿。

《邙洛碑志三百种》,开元二十四年(736)五月六日《大唐故太原府祁县主簿辛府君(诲)墓志并序》:"君讳诲,字守诲,陇西狄道人也……以秀才升科,解褐拜常州义兴尉,转祁县主簿……以开元廿四年正月丁酉,寝疾终于祁县公馆。"

【宋宣远】进士及第。历官侍御史、左司员外郎、京兆少尹、绛州刺史。

《全唐文补遗》千唐志斋新藏专辑,天宝二年(743)十二月七日《唐故余杭郡於潜县尉宋君(裕)墓志铭并序》:"君讳裕,字幼宽,广平经成也……父宣远,皇朝进士擢第,历侍御史、左司员外郎、京兆少尹、绛州刺史。

【张义琛】字义琛,其先吴郡吴人。进士及第。官至楚州司马。

《全唐文补遗》第八辑,祁顺之撰圣武二年(757)十月十六日《唐故楚州司马吴郡张公(义琛)墓志铭并序》:"公讳义琛,字义琛,其先吴郡吴人也……公承家义方,雅有才量。门子之故,补为昭文生。纔逾周星,以进士擢第……即以开元十八年八月□日,终于楚州之馆舍。"

【张峰】天宝四载(745)前乡贡进士及第。

《全唐文补遗》第八辑,天宝四载(745)□月二十七日《大唐同安郡长史郑君(济)故夫人崔氏(悦)墓志铭并序》,署名"前乡贡进士张峰撰"。

【郑守珍】进士及第。官至朝散大夫,京兆府武功县令。

《全唐文补遗》千唐志斋新藏专辑,卢景亮撰贞元二十年(804)十一月十三日《唐朝议郎殿中侍御史内供奉赐绯鱼袋弘农杨君(同愻)夫人荥阳郑氏墓志铭并序》:“夫人荥阳郑氏,景亮叔舅子也……吾妹高祖讳敏才,皇朝朝散大夫、邢州平乡县令。曾祖讳守珍,朝散大夫,京兆府武功县令。王父讳炅之,朝散大夫、富水郡长史。富水季子,吾妹先君,历起居郎、尚书驾部员外郎,出归州刺史讳礒。自平乡至归州,积行余力,工文强学,四世五人,进士高第。吾妹实膺门庆,雅袭家风。”按:据志,郑氏自高祖至先君,四世五人,进士高第。则郑氏敏才、守珍、炅之、礒等四人当为进士出身。

【郑炅之】进士及第。官至朝散大夫、富水郡长史。

《全唐文补遗》千唐志斋新藏专辑,卢景亮撰贞元二十年(804)十一月十三日《唐朝议郎殿中侍御史内供奉赐绯鱼袋弘农杨君(同愻)夫人荥阳郑氏墓志铭并序》:“夫人荥阳郑氏,景亮叔舅子也……吾妹高祖讳敏才,皇朝朝散大夫、邢州平乡县令。曾祖讳守珍,朝散大夫,京兆府武功县令。王父讳炅之,朝散大夫、富水郡长史。富水季子,吾妹先君,历起居郎、尚书驾部员外郎,出归州刺史讳礒。自平乡至归州,积行余力,工文强学,四世五人,进士高第。吾妹实膺门庆,雅袭家风。”按据志,郑氏自高祖至先君,四世五人,进士高第。则郑氏敏才、守珍、炅之、礒等四人当为进士出身。

【郑敏才】进士及第。官至朝散大夫、邢州平乡县令。

《全唐文补遗》千唐志斋新藏专辑,卢景亮撰贞元二十年(804)十一月十三日《唐朝议郎殿中侍御史内供奉赐绯鱼袋弘农杨君(同愻)夫人荥阳郑氏墓志铭并序》:“夫人荥阳郑氏,景亮叔舅子也……吾妹高祖讳敏才,皇朝朝散大夫、邢州平乡县令。曾祖讳守珍,朝散大夫,京兆府武功县令。王父讳炅之,朝散大夫、富水郡长史。富水季子,吾妹先君,历起居郎、尚书驾部员外郎,出归州刺史讳礒。自平乡至归州,积行余力,工文强学,四世五人,进士高第。吾妹实膺门庆,雅袭家风。”按据志,郑氏自高祖至先君,四世五人,进士高第。则郑氏敏才、守珍、炅之、礒等四人当为进士出身。

【郑礒】进士及第。官至朝议郎殿中侍御史内供奉。

《全唐文补遗》千唐志斋新藏专辑,卢景亮撰贞元二十年(804)十一月十三日《唐朝议郎殿中侍御史内供奉赐绯鱼袋弘农杨君(同愻)夫人荥阳郑氏墓志铭并序》:“夫人荥阳郑氏,景亮叔舅子也……吾妹高祖讳敏才,皇朝朝散大夫、邢州平乡县令。曾祖讳守珍,朝散大夫,京兆府武功县令。王父讳炅之,朝散大夫、富水郡长史。富水季子,吾妹先君,历起居郎、尚书驾部员外郎,出归州刺史讳礒。自平乡至归州,积行余力,工文强学,四世五人,进士高第。吾妹实膺门庆,雅袭家风。”按据志,郑氏自高祖至先君,四世五人,进士高第。则郑氏敏才、守珍、炅之、礒等四人当为进士出身。

【郑馥】国子进士及第。

《全唐文补遗》第八辑,开元十九年(731)正月二十三日《唐故处士贾公(季卿)墓志文并序》,署“前国子进士郑馥撰序”。

【赵坚】乡贡进士及第。

《全唐文补遗》第八辑,开元十五年(727)八月三日《大唐朝议郎前湖州参军王璲妻故陇西李夫人(明高)墓铭并序》,署"前乡贡进士赵坚撰"。

【赵俾乂】国子进士及第。

《河洛墓刻拾零》,开元十六年(728)二月十五日《大唐故宣议郎行邵州司法参军薛府君夫人周氏墓志铭并序》,署"前国子进士赵俾乂撰"。

【侯俞】进士及第。

《洛阳新出土墓志释录》,长庆二年(822)九月三日《唐故吴县君侯氏墓志铭并序》:"县君讳钏,其先上谷令族。祖俞,进士出身,名高位下。"

【钳耳□】冯翊人也。弱冠国子生进士及第。

《全唐文补遗》千唐志斋新藏专辑,天宝二年(743)五月二十八日《唐故游骑将军左威卫洛汭府果毅冯翊郡钳耳公墓志铭并序》:"公讳□,字□□,冯翊人也……弱冠,补国子生。秀才擢第,授上党郡潞城尉,迁婺州金华丞……以天宝二年三月□日,薨于建春里之私第,享年□□。"按:"秀才擢第",当为"进士擢第"。

【崔澄】国子进士及第。

《全唐文补遗》千唐志斋新藏专辑,开元十四年(726)正月三十日《大唐故河南府寿安县主簿郑公(翰)墓志铭并序》,署前国子进士崔澄词,前国子进士崔潭书。又:《登科记考补正》卷二七《附考·明经科》载有开元、天宝年间之崔澄,虽生活时代相同,但及第科目不同,当另有一人。

【崔潭】国子进士及第。

《全唐文补遗》千唐志斋新藏专辑,开元十四年(726)正月三十日《大唐故河南府寿安县主簿郑公(翰)墓志铭并序》,署前国子进士崔澄词,前国子进士崔潭书。

【蒋洽】乐安人。太学进士。

《全唐文补遗》第八辑,贞元十二年(796)三月□□日《唐故宣德郎前行河中府解县主簿蒋公(璲)墓志铭并叙》:"主簿讳璲,字允忠,其先乐安人也……祖洽,大学进士,不幸早世。"

【廉休璇】国子进士及第。

《河洛墓刻拾零》,开元二年(714)正月二十三日《唐故三品子丹阳纪君(温馨)墓志铭并序》,署"前国子进士赵郡廉休璇撰"。

【翟均】进士及第。

《全唐文补遗》千唐志斋新藏专辑,开元二十五年(737)十一月十二日《故沛郡夫人武氏墓志铭并序》,署"前进士翟均撰"。

【滕珦】婺州人。玄宗时进士及第。官至右庶子。

(唐)刘禹锡《赠致仕滕庶子先辈》:"朝服归来画锦荣,登科记上更无兄。"按题下原注:"时及第八人中最长。"又:"更无兄"者,谓更无如其年长者。

(宋)王溥《唐会要》卷六七《致仕官》:大和"三年四月,右庶子致仕滕珦奏:'伏蒙天恩致仕,今欲归家,乡在浙东,道途遥远,官参四品,伏乞特给婺州已来券,庶使衰羸获安,光荣乡里。'敕旨:'滕珦致仕乡里,家贫路远,宜假公乘,允其所请。自今以后,更有此类,便为定例。'"

《登科记考补正》卷二七《附考·进士科》录载滕珦。

附考明经(玄宗朝开元明经)

【于偃】字攸宜。宰相惟谦之孙,陈王傅光寓之子。偃开元年间明经及第。补庆王府典签,官至凉州府功曹参军。

《唐代墓志汇编》天宝一六五,天宝九载(750)十一月《大唐故凉州府功曹参军于公(偃)墓志》:"公讳偃字攸宜。曾祖士俊,银青光禄大夫、瀛洲刺史;祖惟谦,金紫光禄大夫、中书侍郎、同中书门下三品;父光寓,银青光禄大夫、陈王傅。公即光禄之嫡子也。弘文馆明经及第,调补庆王府典签,□授凉王府功曹参军……公春秋卌有一,天宝九载十一月四日卒于高平县客舍。"

【王察】琅琊人。父昇,官河内县令。察明经及第。

《全唐文》卷九九五,阙名撰《大唐故范氏夫人墓志铭》:"夫人始……以色事朝请大夫河内县令上柱国琅琊王昇次子前乡贡明经察。"按范氏夫人卒于天宝三载(744)二月,享年三十七,则王察明经及第,当在开元年间。

《登科记考》载有至德二载(757)进士及第之王察,别是一人。

【元真】字深,河南人。祖思忠,滑州灵昌县令。父瓘,庐州刺史。元真约开元年间明经及第,初授润州参军。官终杭州钱唐县尉。

《唐代墓志汇编》大历〇一一,贞元十二年(796)十月四日《唐故杭州钱唐县尉元公(真)墓志铭并序》:"公讳真,字深,河南人,后魏景穆帝之苗裔。曾祖仁虔,皇朝叠州刺史;王考思忠,皇朝滑州灵昌县令;考瓘,皇朝庐州刺史……公即庐州府君之长子也。爰自成童,克勤诗礼,洎乎志学,博综儒书。百氏之言,六经之要,必穷旨趣,不假师资。寻明经及第,调补润州参军。"按:以卒于至德二载(757)五月二日,享年四十推之,其登科约在开元年间。

【韦济】字济,京兆杜陵人。约在开元初明经及第。官至正议大夫行仪王傅。

《全唐文补遗》第二辑,韦述撰天宝十三载(754)闰十一月十一日《大唐故正议大夫行仪王傅上柱国奉明县开国子赐紫金鱼袋京兆韦府君(济)墓志铭并序》:"君讳济,字济,京兆杜陵人也。纳言博昌公之孙,中书令逍遥公第三子也……初以弘文明经,拜太常寺奉礼郎,前鄠县尉。秩满,调补甄城令……春秋六十七,以(天宝)十三载十月十一日,终于京城之兴化里第。"按:据志文,韦济明经擢第约在开元初。

【韦缜】知人子。明经及第。官至朝议大夫、申王府司马。

《全唐文》卷三九〇,载独孤及《唐故朝议大夫申王府司马上柱国赠太常卿韦公神道碑铭并序》:公讳缜,"乡举经行,吏部登贤能,拔授秘书省校书郎。"按:两《唐书》均未载韦缜,据独孤及所述,韦瓒生三子 长曰季武,次曰叔谐,季曰叔谦。叔谦生知人,缜为知人之仲子。

《登科记考》《附考·明经科》录载韦缜。又:唐有进士登第之韦缜,韦端子,别是一人。

【邓承绪】豫章南昌人。开元中明经擢第,又对策三登科甲。

《永乐大典》引《豫章志》:"邓承绪,豫章南昌人。开元中九经擢第,对策三登科甲。"按:承绪"三登科甲",当有制举及第之经历。

《登科记考》卷二七《附考·明经科》、同卷《附考·制科》分别录载邓承绪。

【卢之翰】范阳人。开元时明经及第。官至魏州临黄县尉。

《全唐文补遗》第七辑,卢纶撰贞元十二年(796)十月十六日《唐故魏州临黄县尉范阳卢府君(之翰)玄堂记》:"府君讳之翰,范阳人也……曾祖,监察御史府君讳旭。王父,蒲州永乐县令府君讳钊。皇考,济州司马府君讳祥玉……(府君)弱岁志学,涉通训奥。始以明经登第,调署魏州临黄县尉。"按:之翰卒于至德二年(757),享年四十一,则其明经登第当在开元年间。

【卢招】字子思,涿郡范阳人。祖元亨,孝义县令。考□□,河内县令。卢招开元中明经及第。补魏郡冠氏县尉。

《唐代墓志汇编》天宝二五二,崔祐甫撰天宝十三载(754)十一月十八日《有唐登仕郎行魏郡冠氏县尉云骑尉卢公(招)墓志铭并序》:"公讳招,字子思,涿郡范阳人也……幼丁先夫人忧,既冠丁河内忧,皆哀过于礼,为乡族所称。既而来游京都……俄以乡贡明经,射策上第,调补魏郡冠氏县尉。"按:据志文,卢招曾祖同吉,无极县令;祖元亨,孝义县令;考□□,河内县令。以卒于天宝十三载(754)十月一日,春秋五十三推之,卢招明经及第在开元中。

【卢昂】字子皋。明经及第,初授陕州参军事。官至澧州刺史。

《唐代墓志汇编》大和〇二一,卢商撰大和三年(829)十月二十六日《唐故中大夫澧州刺史赐紫金鱼袋范阳卢府君(昂)墓志铭并序》:"府君讳昂,字子皋……始以明经解褐衣参陕州军事,三迁至鄠县令,自郎将谪邓州司马,以劳锡金紫贵阶,擢随州刺史,改澧州刺史。"按:据志文,卢昂祖献,官黄门侍郎;父翊,官鄂州刺史。以永泰元年(765)六月十八日卒,享寿七十推之,卢昂明经及第约在开元年间。

罗继祖《登科记考补》补入。

【李成性】陇西成纪人。开元中明经及第,官至太子右赞善。

《全唐文》卷四二〇,常衮《赞善大夫李君墓志铭》:"君讳某,字某,其先陇西成纪人也。曾祖元道,皇朝秦王府十八学士给事中银青光禄大夫常州刺史。祖正基,皇太子舍人,父犯肃宗庙讳,皇膳部郎中淄州刺史,文章侍从,给事黄门,官品第三,使符至五……(公)以五经高第,冠名太学……开元中,御史大夫李商隐按察东都,大明黜陟,表公清白尤异。特拜朝散大夫,寻除右卫率府左郎将,迁太子右赞善……以天宝十四载正月十七日,终于东京崇政里之私第,享年若干……有子二人,长曰荣,终润州司功。次曰挺,前监察御监察御史。"

《登科记考》《附考·明经科》录为李□,《登科记考补正》卷二七《附考·明经科》补名，考云："考《新唐书·宰相世系表》二上：陇西李姓，'亨，字嘉令，淄州刺史'；亨子'成性，太子右赞善大夫'；成性子'荣，润州司功参军'。知墓志李某即李成性。"

【**李承**】赵郡高邑人。祖至远，官吏部侍郎。父畲，官国子司业。承玄宗时明经及第。官至检校工部尚书，兼潭州刺史、湖南都团练观察使。卒赠吏部尚书。

《旧唐书》卷一一五《李承传》："李承，赵郡高邑人，吏部侍郎至远之孙，国子司业畲之第二子也。承幼孤，兄晔鞠养之。既长，事兄以孝闻。举明经高第，累至大理评事，充河南采访使郭纳判官。尹子奇围汴州，陷贼，拘承送洛阳。承在贼庭，密疏奸谋，多获闻达。两京克复，例贬抚州临川尉。数月除德清令，旬日拜监察御史。淮南节度使崔圆请留充判官，累迁检校刑部员外郎、兼侍御史。圆卒，历抚州、江州二刺史，课绩连最。迁检校考功郎中兼江州刺史，征拜吏部郎中。寻为淮南西道黜陟使，奏于楚州置常丰堰以御海潮，屯田瘠卤，岁收十倍，至今受其利……建中二年七月，拜同州刺史、河中尹、晋绛都防御观察使。九月，转襄州刺史、山南东道节度观察盐铁等使……承寻改检校工部尚书，兼潭州刺史、湖南都团练观察使。建中四年七月，卒于位，年六十二，赠吏部尚书。"

【**李湍**】陇西姑臧人。祖季义，蔡州上蔡令。父千石，河南府陆浑县令。李湍明经及第。历官滑州匡城尉、瀛州乐寿县丞。

《唐代墓志汇编》大历〇一七，邵说撰大历四年（769）十二月二十日《唐故瀛州乐寿县丞陇西李公（湍）墓志铭》："惟陇西李公湍，地望清甲，冠于邦族。大父季义，蔡州上蔡令；烈考千石，唐州慈丘丞……公始以经术擢第，署滑州匡城尉、次补瀛洲乐寿丞。"按：李湍卒于乾元元年（758），明经及第当在开元天宝时。

《唐代墓志汇编》长庆〇〇八，王玄同撰长庆元年（821）三月十三日《大唐故袁州宜春县尉陇西李府君墓志铭并序》："公讳□，字□□，陇西姑臧人也……曾祖千石，皇河南府陆浑县令；祖湍，皇瀛州乐寿县丞；父荣，皇定州北平县令……公祖乐寿府君以经明行修春官上第。"

《登科记考补正》卷二七《附考·明经科》增补李湍。

【**李憕**】太原文水人。开元年间登明经第。官成安尉。

《旧唐书》卷一八七下《忠义下·李憕传》："李憕，太原文水人……（开元九年）属宇文融为御史，括田户，奏知名之士……李宙及憕为判官，摄监察御史，分路检察，以课并迁监察御史。"

《新唐书》卷一九一《忠义上·李憕传》："李憕，并州文水人……父希倩，神龙初右台监察御史。憕少秀敏，举明经高第，授成安尉。"

《登科记考》卷二七《附考·明经科》录载李憕。

【**岑植**】字德茂，南阳棘阳人。开元中明经及第。官润州句容县令。

《全唐文》卷四〇五，张景毓《县令岑君德政碑》："君名植，字德茂，南阳棘阳人也……弱冠以簪缨贵胄，调补修文生，明经擢第……解褐同州参军事……擢授润州句容县令。"

《登科记考》卷二七《附考·明经科》录载岑植。

【**张严**】南阳人。开元间明经及第。官至华州华阴县尉。

《唐代墓志汇编》大中〇五六，李蜀撰大中五年（851）十月十一日《唐故东畿汝防御使都押衙兼都虞候正议大夫检校太子宾客上柱国南阳张府君（季戎）墓志铭并序》："府君……讳季戎，字定远，其先南阳人也……开元中擢经明华州华阴县尉讳严，公之曾王父也；大历中齐州长史兼侍御史讳赡，公之王父也；元和初陪军副尉守左武卫将军讳泚，公之烈考。"

【张卓】蜀人。开元中明经及第。

（宋）李昉等《太平广记》卷五二《神仙五二·张卓》引《会昌解颐录》："张卓者，蜀人。唐开元中，明经及第，归蜀觐省。"

《登科记考》卷二七《附考·明经科》录载张卓。

【张采】曲江人。父九章，鸿胪卿。采开元中明经及第。官雷州刺史。

《新唐书》卷七二下《宰相世系表》二下载："九章，鸿胪卿。"生"采，雷州刺史。"据此，九章为张采之父。

《登科记考补正》卷二七《附考·明经科》录载张采。

日本藏万历《雷州府志》卷一五《名宦志·府传》："唐：张采，曲江人，祖九章，文献公弟也，奕世显仕。至采以明经刺雷州。"

【张参】泾州人。开元时明经及第。

《全唐诗》第五册卷一六〇，孟浩然《送张参明经举兼向泾州觐省》："十五彩衣年，承欢慈母前。孝廉因岁贡，怀橘向秦川。四座推文举，中郎许仲宣。泛舟江上别，谁不仰神仙。"按：孟浩然卒于开元二十八年（740），见（唐）王士源《孟浩然集序》，则张参明经及第当在开元年间。

《全唐诗》第八册卷二三九，钱起《送张参及第还家》："大学三年闻琢玉，东堂一举早成名。借问还家何处好，玉人含笑下机迎。"

《登科记考》卷二七《附考·进士科》录载张参，误。《登科记考补正》卷二七《附考·明经科》据胡可先考证补入。

【张游艺】清河贝人。天宝中登明经第。官至相州临河县尉。

《唐代墓志汇编》贞元一一九，《唐故相州临河县尉张府君（游艺）墓志铭并序》："府君讳游艺，清河贝人……幼以经术升第，由凉州番禾主簿膺辟于安西，以参节制之画，授相州临河尉。当天宝之中，方镇雄盛，若非名芳行著，无以膺是选。"

【张愐】字愐，清河人。祖识，赵州司马。父炅，河南新安县令。偭开元年间明经及第，官至汝州司户参军。

《唐代墓志汇编》贞元〇〇九，尹云撰贞元三年（787）四月十九日《唐故汝州司户参军张君（偭）墓志铭并序》："君讳愐，字愐，清河人也……曾祖□禄，皇朝刑部郎中；大父识，皇赵州司马；先考炅，皇朝散大夫、河南新安县令。君经明昇第，解褐补濮州范县主簿，郑州新郑县尉，授汝州司户参军。"按：愐卒于建中四年（783）十月七日，享年七十八，则其明经擢第当在开元年间。

【陆广成】吴郡人。开元初明经及第。官至随州司法参军。

《唐代墓志汇编》残志〇六四，前国子进士丁仙之撰序、故人万楚撰铭《唐故随州司法参军陆府君（广成）墓志铭并序》："君□□□广成，吴郡人也……始以弱冠补国子生，明申公诗及左氏传，登太常第，调补随州司法参军。"按：广成当为明经出身。又：墓志撰者丁仙芝，开元十三年（725）进士，万楚亦登开元进士第，结合陆广成宦历可知，其明经及第当在开元初年。

【陈如】颍川人。约天宝时明经及第。官至秘书少监兼汉州别驾。

《全唐文补遗》第六辑，陈苑撰兴元元年（784）正月二十四日《唐故通议大夫试秘书少监兼汉州别驾上柱国陈府君（如）墓志铭并序》："府君讳如，颍川人也……祖瑾，皇赠工部尚书。父希烈，皇太子太师、许国公。府君太师之第十子也。幼而聪明，器识宏达。六经百氏，涣然冰释矣。初弘文明经高第，解褐京兆府参军，累迁鸿胪主簿、太常丞、太子左谕德、殿中少监，三任秘书少监，后以事见出，兼汉州别驾。"按：陈如卒于大历九年（774），享年四十九，则其明经及第约在天宝年间。

【陈利宾】会稽人。弱冠明经擢第。释褐长城尉。

（宋）李昉等《太平广记》卷一〇四《报应三·陈利宾》引《广异记》："陈利宾者，会稽人。弱冠明经擢第。善属文，诗入《金门集》，释褐长城尉。"

《登科记考》卷二七《附考·明经科》录载陈利宾。

【赵仙童】字岸，天水人。祖览，雁门郡长史。父隐忠，朝散大夫、丹杨郡金坛县令。仙童明经擢第，解褐宣城郡宣城县尉，官终余杭郡司户参军。

《唐代墓志汇编遗》天宝〇九二，天宝五载（746）八月十六日《大唐故余杭郡司户参军赵府君（仙童）墓志铭并序》："君讳仙童，字岸，天水人也……曾祖恽，皇西河郡灵石县令；祖览，皇雁门郡长史；父隐忠，皇朝散大夫、丹杨郡金坛县令……（君）明经擢第，解褐宣城郡宣城县尉，以能进也；转文安郡参军，以资授也；又换余杭郡司户参军……以天宝三载闰二月十四日终于官舍，春秋五十有七。"按：据志文，仙童明经及第当在开元初年。

【段良伯】晋阳人。开元时明经及第。

《全唐文补遗》第二辑，开元十五年（727）二月六日《故朝议郎行中书主书上柱国段府君（万顷）墓志铭并序》："府君讳万顷，字礼，其先西河人也……今为晋阳人也。嗣子前乡贡明经良秀，前国子监明经良伯，将仕郎良□等，号天罔极，泣血何从。"按：良秀、良伯明经及第当在开元十五年（727）之前。

【段良秀】晋阳人。开元时明经及第。

《全唐文补遗》第二辑，开元十五年（727）二月六日《故朝议郎行中书主书上柱国段府君（万顷）墓志铭并序》："府君讳万顷，字礼，其先西河人也……今为晋阳人也。嗣子前乡贡明经良秀，前国子监明经良伯，将仕郎良□等，号天罔极，泣血何从。"按：良秀、良伯明经及第当在开元十五年（727）之前。

【贾朝采】河南洛阳人。父令琬，官至相州临河县令。朝采开元后期明经及第。

《唐代墓志汇编》天宝〇〇五，《大唐故朝议郎行相州临河县令上柱国贾公墓志铭并序》："公讳令琬，河南洛阳人也……次子朝采，前国子明经。"按：墓主开元二十九年五十五岁,则其次子为明经当在开元中。

【高宇】宪子,盖弟。宇开元年间明经及第。

《唐代墓志汇编》开元二六四,高盖撰开元十五年(727)闰九月十七日《先府君(高宪)玄堂刻石记》:"先府君讳宪,字志平,族高氏,弱冠明经高第。"按墓志署"嗣子前乡贡进士盖述,次子前乡贡明经宇书",则高宇明经及第当在开元十五年(727)闰九月之前。

【常敬忠】明经及第,拜东宫卫佐,直集贤院。

(宋)王谠撰,周勋初校证《唐语林校证》卷三《夙慧》:"开元初,潞州常敬忠十五明经擢第,数年遍通五经,上书自举,云:'一遍诵千言。'敕赴中书考试,张燕公问曰:'学士能一遍诵千言,十遍诵万言乎?'对曰:'未曾自试。'燕公遂出书,非人间所见也,谓之曰:'可十遍诵之。'敬忠危坐而读,每遍画地为记。读七遍,起曰:'此已诵得。'燕公曰:'可满十遍。'敬忠曰:'若十遍,即是十遍诵得。今七遍已得,何要满十?'燕公执本观览不暇,而敬忠诵毕不差一字,见者莫不嗟叹。即日闻奏,命引对,赐彩衣一副,兼赍物。拜东宫卫佐,仍直集贤院,侍讲《毛诗》,百余日中三改官,为同辈所嫉,中毒而卒。"

《登科记考》卷二七《附考·明经科》录载常敬忠。

【蒋清】莱州胶水人。父钦绪,进士及第,官至汴、魏二州刺史。清举明经中第。调龚县丞,官至东京留守李憕判官,与憕同死国难。赠礼部侍郎。

《新唐书》卷一一二《蒋钦绪传》:"蒋钦绪,莱州胶水人。颇工文辞,擢进士第,累迁太常博士……徙吏部侍郎,历汴、魏二州刺史,卒。子沇,亦专洁博学,少有名。以孝廉授洛阳尉,迁监察御史,与兄演、溶、弟清俱为才吏,有名天宝间……清举明经中第,调龚丞。东京留守李憕贤之,表为判官,与憕同死安禄山乱,赠礼部侍郎。"

【裴胄】字胤叔,河南人。天宝年明经及第。官至荆南节度使兼御史大夫。贞元十九年卒,赠右仆射,谥曰成。

《旧唐书》卷一二二《裴胄传》:"裴胄字胤叔,其先河东闻喜人,今代葬河南。伯父宽,户部尚书,有名于开元、天宝间。胄明经及第,解褐补太仆寺主簿。属二京陷覆,沦避他州。贼平,授秘书省正字,累转秘书郎……淮南节度陈少游奏检校主客员外、兼侍御史、观察判官。寻为行军司马,迁宣州刺史……迁湖南观察都团练使,移江南西道。前江西观察使李兼罢省南昌军千余人,收其资粮,分为月进,胄至,奏其本末,罢之。会荆南节度樊泽移镇襄阳,宰相方议其人,上首命胄代泽,仍兼御史大夫……贞元十九年十月卒,时年七十五,赠右仆射,谥曰成。"

(宋)李昉等《太平广记》卷二四二《谬误·苑紬》引《乾𦠆子》:"唐尚书裴胄镇江陵,常与苑论有旧,论及第后,更不相见,但书札通问而已。"

《新唐书》卷一三〇《裴漼传附裴胄传》:"宽弟子胄,字胤叔,擢明经,佐李抱玉凤翔幕府。"

《登科记考》卷二七《附考·明经科》录载裴胄。

【裴谞】河南人。天宝年明经及第。官至兵部侍郎,至河南尹、东都副留守。卒赠礼部尚书。

《新唐书》卷一三〇《裴漼传附裴谞传》:“谞,字士明,擢明经,调河南参军事。性通绰,举止不烦。累迁京兆仓曹参军。虢王巨表署襄、邓营田判官。母丧,居东都。会史思明乱,逃山谷间……贼平,除太子中允,迁考功郎中,数燕见奏事。代宗幸陕……拜左司郎中,数访政事。载忌之,出为虔州刺史,历饶、卢、亳三州,除右金吾将军。德宗……召为太子右庶子,进兵部侍郎,至河南尹、东都副留守。凡五世为河南,谞视事未尝敢当正处。以宽厚和易为治,不鞫人以赃。卒,年七十五,赠礼部尚书。”

《登科记考》卷二七《附考·明经科》录载裴谞。

【裴翰】河东人。先天元年(712)十月前明经及第。

《唐代墓志汇编》先天〇〇二,先天元年(712)十月廿五日《大唐故右卫率府亲府亲卫上骑都尉王君(杰)墓志铭并序》,署:“前国子明经河东裴翰撰。”按裴翰当在先天元年(712)十月前明经及第,暂系玄宗年间,待考。

【瞿令□】名未详,南楚人。令珪兄弟。开元年间明经及第。

《唐代墓志汇编》贞元〇七一,贞元十二年(796)十月四日《唐故朗州武陵县令博陵瞿府君(令珪)墓志铭》:“府君讳令珪,其先本博陵越人也……晋永嘉二年,迁于南楚……考曰智,皇国子助教,纂修儒业,□□□□向二百年……府君则国子监助教第二子。幼儿孤天□□□弟更相诲训,未尝从师,早岁业成,各登上第。”按:据志文,令珪家族世代“纂修儒业”,则当为明经出身,以卒于贞元十二年(796)七月,享年七十八推算,其兄弟登科当在开元年间。

【瞿令珪】其先博陵越人,迁南楚。开元年间明经及第。官至朗州武陵县令。

《唐代墓志汇编》贞元〇七一,瞿倗撰贞元十二年(796)十月四日《唐故朗州武陵县令博陵瞿府君(令珪)墓志铭》:“府君讳令珪,其先本博陵越人也……晋永嘉二年,迁于南楚……考曰智,皇国子助教,纂修儒业,□□□□向二百年……府君则国子监助教第二子。幼儿孤天□□□弟更相诲训,未尝从师,早岁业成,各登上第。”按:据志文,令珪家族世代“纂修儒业”,则当为明经出身,以卒于贞元十二年(796)七月,享年七十八推算,其兄弟登科当在开元年间。

附考明经(玄宗朝天宝明经)

【王恕】字士宽,太原人。王播、王起之父。天宝中明经及第。官终扬州仓曹参军。

《全唐文》卷六七九,白居易撰《唐扬州仓曹参军王府君墓志铭》:“公讳某,字士宽……故今为太原人。又十九代而生琼,琼为后魏仆射,谥孝简公。又二代而生曾祖讳满,官为河南府王屋县令。王父讳大琎,为嘉州司马。父讳升,为京兆府咸阳令、河南府伊阙令,有文行学术,应制举对沉谋秘略策登科,诗入《正声集》。公即伊阙第三子,好学善属文。天宝中应明经举及第,选授婺州义乌县尉,以清干称。刺史韦之晋知之,署本州防御判官。无何,租庸转运使元载又知之,假本州司仓,专掌运务。岁终课绩居多,遂奏闻真授。永泰中,敕迁越府户曹,属邑有不理者,公假领之,所至必理。大历中,本道观察使薛兼训以公清白尤异,表奏之,有诏权知馀姚县令……建中初选授扬州仓曹参军……有子曰播、曰炎、曰起，咸以进士举及第。播应制举对直言极谏策，授集贤殿校书郎，累迁监察、殿中侍御史、三原令；炎既第未仕；起应博学宏词科，选授集贤殿校书郎。昆弟三人，不十年而五登甲第，时论者荣之。"

《登科记考》卷二七《附考·明经科》录为王□，《登科记考补正》卷二七《附考·明经科》补名，考云：《旧唐书·王播传》："王播字明扬……父恕，扬府参军。"又《新唐书》卷七二中《宰相世系表》二中载王播、王起之父："恕，字士宽，扬府仓曹参军。"今补其名。

【元正】洛阳人，万顷孙。明经及第，授监门卫兵曹参军。后死于国难，赠秘书少监。

《新唐书》卷二〇一《文艺上·元万顷传》："元万顷，后魏京兆王子推裔。祖白泽，武德中，仕至梁、利十一州都督，封新安公。万顷起家为通事舍人……武后时，累迁凤阁侍郎，坐诛……万顷孙正，修名节，擢明经高第，授监门卫兵曹参军。舅孙逖与谭物理，叹己不逮。肃宗初，吏部尚书崔寓典选，正以书判第一召诣京师，以父询倩老，辞疾免。河南节度使崔光远表置其府。史思明陷河、洛，挈父匿山中，贼以名购，正度事急，谓弟曰：'贼禄不可养亲，彼利吾名，难免矣，然不污身而死，吾犹生也。'贼既得，诱以高位，瞋目固拒，兄弟皆遇害，父闻，仰药死，路人为哭。事平，诏录伏节十一姓，而正为冠。赠秘书少监，以其子义方为华州参军。"

《登科记考》卷二七《附考·明经科》录载元正。

【元季方】洛阳人，万顷孙。元正弟。明经及第，调楚丘尉，历殿中侍御史。官至兵部郎中，卒赠同州刺史。

《旧唐书》卷一九〇中《文苑中·元万顷传》："元万顷，洛阳人，后魏景穆皇帝之胤。祖白泽，武德中总管。万顷善属文，起家拜通事舍人。"

《新唐书》卷二〇一《文艺上·元万顷传》："元万顷，后魏京兆王子推裔。祖白泽，武德中，仕至梁、利十一州都督，封新安公。万顷起家为通事舍人……武后时，累迁凤阁侍郎，坐诛。万顷孙正，修名节，擢明经高第，授监门卫兵曹参军……（正）弟季方，举明经，调楚丘尉，历殿中侍御史。兵部尚书王绍表为度支员外郎，迁金、膳二部郎中，号能职。王叔文用事，惮季方不为用，以兵部郎中使新罗。新罗闻中国丧，不时遣，供馈乏，季方正色责之，闭户绝食待死，夷人悔谢，结欢乃还。卒，年五十一，赠同州刺史。"

《登科记考》卷二七《附考·明经科》录载元季方。

【卢倜】字倜。祖齐物，婺州东阳县主簿。父滔，寿州安丰县丞。天宝年间登明经科。官至大理评事。

《唐代墓志汇编》元和一四六，卢泰撰元和十五年（820）九月十日《唐故大理评事赐绯鱼袋范阳卢府君（倜）墓志》："府君讳倜，字倜……王父齐物，皇朝任婺州东阳县主簿；烈考滔，皇朝任寿州安丰县丞……府君弱冠为太学生，明经甲科，释褐豫州上蔡县尉，转左司御兵曹参军，授大理评事赐绯鱼袋。"按：卢倜卒于贞元六年（790）十二月十九日，享年六十四，则其明经及第当在天宝年间。

【孙成】字思退。祖嘉之，宋州司马。父逖，刑部侍郎。天宝间明经及第。官至桂州刺史。

《唐代墓志汇编》贞元〇二六,孙绛撰贞元六年(790)五月七日《唐故中大夫授桂州刺史兼御史中丞充桂州本管都防御经略招讨观察处置等使上柱国乐安县开国男赐紫金鱼袋孙府君(成)墓志》:"君讳成,字思退……祖讳嘉之,皇朝朝散大夫、宋州司马,赠秘书监……烈考刑部侍郎,赠右仆射文公讳逖……君即文公之第三子也,髫岁崇文馆明经及第,参调选部,年甫志学,考判登等,竦听一时,解褐授左内率府兵曹参军。乾元初,荆州长史张惟一表授荆州江阳县尉。"按:孙成卒于贞元五年(789)五月十一日,春秋五十三,则其明经及第当在天宝时。又:孙成髫岁明经及第,似为童子科。俟考。

【刘如珣】京兆三原县人。天宝中明经及第,未仕而卒。

《全唐文补遗》第三辑,魏则之撰会昌元年(841)十月三十日《唐故银青光禄大夫行内侍省内常侍上柱国彭城郡开国子食邑五百户赐紫金鱼袋刘公(渶洌)墓志铭并序》:"公讳渶洌,字得言,京兆三原县人也……祖如珣,皇天宝中明经及第。履仁韬义,德厚气和。□□未縻,早代即世。"

【苏易】武功人。明经及第。官至黄州刺史。

《唐刺史考全编》卷一三四《淮南道·黄州(齐安郡)》"约德宗时"录有苏易,考云:"《姓纂》卷三郿西苏氏:'易,黄州刺史。'《新表四上》苏氏同。乃玄宗相苏颋之孙。"

(明)康海《武功县志》卷三《选举志第七》载唐人擢明经者有苏易。

四库本《陕西通志》卷三〇《选举·唐·明经科》:"苏易,武功人。"

【李彭】太原文水人。天宝年间登明经第。官右补阙。

《新唐书》卷一九一《忠义上·李憕传》:"李憕,并州文水人……憕十余子,江、涵、沨、瀛等同遇害,唯源、彭脱……彭擢明经第。天宝中,选名臣子弟可用者,自咸宁丞迁右补阙。"

《登科记考》卷二七《附考·明经科》录载李彭。

【李巽】字令叔,赵郡赞黄人。明经登科。官吏部尚书。

《旧唐书》卷一二三《李巽传》:"李巽,字令叔,赵郡人。少苦心为学,以明经调补华州参军,拔萃登科,授鄠县尉。周历台省,由左司郎中出为常州刺史。逾年,召为给事中,出为湖南观察使,锐于为理。五年,改江西观察使,加检校散骑常侍、兼御史大夫。……迁兵部尚书,明年改吏部尚书,使任如故……元和四年四月卒,时年七十一,赠尚书左仆射。"

《新唐书》卷一四九《李巽传》:"(李巽)以明经补华州参军事,举拔萃,授鄠尉。"

光绪《畿辅通志》卷三四《选举·唐·明经乡贡》:"代宗年,李巽,赞黄人,又举拔萃,授鄠尉,历吏部尚书。"

【何邕】字季友,庐江人。天宝中明经。官至剑南东川租庸盐铁使、刑部郎中兼侍御史。兄据,天宝中进士及第,历官监察御史,起居郎,库部员外,道州刺史。

《洛阳新获七朝墓志》,陈太阶撰建中元年(780)十二月二十四日《唐故剑南东川租庸盐铁使刑部郎中兼侍御史何公墓志铭并序》:"公讳邕,字季友……天宝中孝廉擢第,调补秘书省校书郎,未经考秩,迁成都府温江县尉。"按天宝年间孝廉科停废,则墓志所云"孝廉擢第",实为"明经擢第"。

《大唐西市博物馆藏墓志》三二四，姜公复撰贞元十三年（797）八月十九日《唐故刑部郎中剑南东川租庸使庐江何公妻陇西李氏夫人墓铭并序》："有唐故刑部郎中、剑南东川租庸使、庐江何公邕之妻陇西李氏夫人，以贞元十三年五月十二日，寝疾捐舘舍于京兆府长安县崇贤里之私第，春秋五十二……既笄，归于刑部郎中庐江何邕，邦之闻人也，与兄据并有高称。天宝中，据以乡举进士，官至监察御史，起居郎，库部员外，道州刺史。"

【沈修祐】吴兴人。天宝四载（745）十月前明经及第。

《全唐文补遗》第六辑，崔藏曜撰天宝四载（745）十月二十五日《大唐颍川郡夫人三原县令卢全寿故夫人陈氏（照）墓志铭并序》，署曰："前乡贡明经吴兴沈修祐书。"按：沈氏明经及第当在天宝四载（745）十月之前。

《唐代墓志汇编》天宝〇七四，《大唐颍川郡夫人三原县令卢全善故夫人陈氏墓志铭并序》署："前乡贡明经吴兴沈修祐书。"

【陈皆】字士素，颍川人。父繇，官礼部郎中。皆天宝中孝廉及第，授左监门兵曹。官至台州刺史。

《唐代墓志汇编》贞元一三〇，崔芃撰贞元二十年（804）二月十五日《唐故中散大夫使持节台州诸军事守台州刺史上柱国赐紫金鱼袋颍川陈公墓志铭并序》："公姓陈氏，颍川人也，讳皆，字士素……隋散骑常侍讳方嘉，公之曾祖也；皇礼部郎中讳繇，公之显考也。公天宝中，孝廉释褐，授左监门兵曹。"

【郑玉】字廷玉，郡望荥阳，任丘人。天宝年间登明经科。官至莫州唐兴军都虞侯兼押衙试鸿胪卿。

《唐代墓志汇编》贞元一二八，贞元十九年（803）十一月十三日《唐莫州唐兴军都虞侯兼押衙试鸿胪卿郑府君（玉）墓志铭》："府君讳玉，字廷玉，本荥阳人也……府君乡举孝廉，弱冠从事，有救世之才。"按：郑玉卒于贞元十八年（802）十二月十九日，春秋六十八，则其举孝廉约在天宝年间。

光绪《畿辅通志》卷三四《选举·唐·进士·附录》："郑玉，任丘人。"

【郑回】一名蛮利，相州人。天宝中举明经，授嶲州西泸县令。嶲州陷，为所虏后更名蛮利，为蛮师，官至南诏清平官。

《旧唐书》卷一九七《南诏蛮传》："有郑回者，本相州人，天宝中举明经，授嶲州西泸县令。嶲州陷，为所虏。阁罗凤以回有儒学，更名曰蛮利。甚爱重之，命教凤迦异。及异牟寻立，又命教其子寻梦凑。回久为蛮师，凡授学，虽牟寻、梦凑，回得箠挞，故牟寻以下皆严惮之。蛮谓相为清平官，凡置六人。牟寻以回为清平官，事皆咨之，秉政用事。余清平官五人，事回卑谨，或有过，回辄挞之。回尝言于牟寻曰：'自昔南诏尝款附中国，中国尚礼义，以惠养为务，无所求取。今弃蕃归唐，无远戍之劳、重税之困，利莫大焉。'牟寻善其言，谋内附者十余年矣。会剑南西川节度使韦皋招抚诸蛮，苴乌星、虏望等归化，微闻牟寻之意，因令蛮寓书于牟寻，且招怀之，时贞元四年也。"

《登科记考》卷二七《附考·明经科》录载郑回。

【郑韬】荥阳人。郑宇长子。明经及第。

《唐代墓志汇编》天宝二三六,天宝十二载(753)十二月二十四日《唐故淮南道采访支使河东郡河东县尉荥阳郑府君(宇)墓志铭并序》:"公讳宇,荥阳人也。六代祖平简公述祖,北齐有传;曾祖怀节,皇朝卫州刺史;祖进思,皇朝博州刺史;父游,晋州临汾县令。公即临汾之元子也……既礼及声成,乃情殷仕进,未几而孝廉擢第……遂授信都郡枣强县尉……长子韬,明经及第。"按:郑宇卒于天宝十二载(753),则其子明经及第在此之前。

【崔器】深州安平人。父肃然,官平阴丞。崔器玄宗时明经及第。天宝六年为万年尉,官至吏部侍郎、御史大夫。上元元年(760)七月卒。

《旧唐书》卷一一五《崔器传》:"崔器,深州安平人也。曾祖恭礼,状貌丰硕,饮酒过斗。贞观中,拜驸马都尉,尚神尧馆陶公主。父肃然,平阴丞。器有吏才,性介而少通,举明经,历官清谨。天宝六载,为万年尉,逾月拜监察御史。中丞宋浑为东畿采访使,引器为判官;浑坐赃流贬岭南,器亦随贬。十三年,量移京兆府司录,转都官员外郎,出为奉先令。逆胡陷西京.器没于贼,仍守奉先……器素与吕諲善,諲引为御史中丞、兼户部侍郎……吕諲骤荐器为吏部侍郎、御史大夫。"按:崔器卒于上元元年(760)七月。

《新唐书》卷二〇九《酷吏・崔器传》:"崔器,深州安平人……天宝中,举明经,为万年尉。"

《登科记考》卷二七《附考・明经科》录载崔器。

光绪《畿辅通志》卷三四《选举・唐・明经乡贡》:"玄宗年,崔器,安平人,户部侍郎。"

【段秀实】字成公,祖籍姑臧,汧阳人。举明经。官至司农卿。卒赠太尉,谥曰忠烈。

《新唐书》卷一五三《段秀实传》:"段秀实字成公,本姑臧人。曾祖师濬,仕为陇州刺史,留不归,更为汧阳人。秀实……举明经,其友易之,秀实曰:'搜章擿句,不足以立功。'乃弃去。天宝四载,从安西节度使马灵詧讨护密有功,授安西府别将……遂召为司农卿……(卒后)兴元元年,诏赠太尉,谥曰忠烈。"

《登科记考》卷二七《附考・明经科》录载段秀实。按:据本传,秀实举明经是否及第,尚需史料证实。

【慕容敞】约天宝时明经及第。

《全唐文补遗》第四辑,元份撰天宝九载(750)二月二十五日《大唐故汴州尉氏县令卫公前夫人范阳卢氏墓志铭并序》:"夫人无子,有三女。长女适前国子明经昌黎慕容敞。"按:慕容氏登第在天宝九载(750)二月之前。

【鲜于叔明】一作李叔明,字晋,阆州新政人。高宗时明经及第。历官京兆尹、剑南东川节度使兼中丞、大夫,尚书仆射,太子太傅,真拜左仆射,以太子太傅致仕,封蓟国公,谥曰襄。兄鲜于仲通,字向,开元二十年(732)进士及第,官京兆尹、剑南三川节度使兼御史中丞。

《新唐书》卷一四七《李叔明传》:"李叔明字晋,阆州新政人。本鲜于氏,世为右族。兄仲通,字向,天宝末为京兆尹、剑南节度使……叔明擢明经,为杨国忠剑南判官。"按:杨国忠遥领剑南节度使在天宝十载至十四载,则叔明明经擢第当在天宝年间。

《大唐西市博物馆藏墓志》三二四,姜公复撰贞元十三年(797)八月十九日《唐故刑部郎中剑南东川租庸使庐江何公妻陇西李氏夫人墓铭并序》:"有唐故刑部郎中、剑南东川租庸使、庐江何公邕之妻陇西李氏夫人,以贞元十三年五月十二日,寝疾捐馆舍于京兆府长安县崇贤里之私第,春秋五十二……夫人本姓鲜于,渔阳人也。以高叔祖匡绍,由太仆卿出牧于阆,夫人曾祖故简州长史讳士简,少孤,得慈于叔父,以爱从养,悦阆中而居之,今籍于新政三世矣。以烈考蓟襄公德于王,故赐姓李氏。祖讳令征,皇遂宁郡太守,赠太常卿、左散骑常侍。以履仁蕴德,实生夫人伯父讳仲通,举进士,官至京兆尹、剑南三川节度使、兼御史中丞。次生夫人烈考讳叔明,举孝廉,官亦至京兆尹,剑南东川节度使兼中丞、大夫,尚书仆射,太子太傅,真拜左仆射,太子太傅致仕,封蓟国公,谥曰襄。"

【穆宁】怀州河内人也。父元休,开元中官至偃师县丞、安阳令。宁明经及第,授盐山尉。贞元六年,以秘书监致仕。

《旧唐书》卷一五五《穆宁传》:"穆宁,怀州河内人也。父元休,以文学著,撰《洪范外传》十篇,开元中献之,玄宗赐帛,授偃师县丞、安阳令。宁清慎刚正,重交游,以气节自任。少以明经调盐山尉……贞元六年,就拜秘书监致仕。"

《新唐书》卷一六三《穆宁传》:"穆宁,怀州河内人。父元休,有名开元间,献书天子,擢偃师丞,世以儒闻……宁刚直,气节自任。以明经调盐山尉……以秘书监致仕,卒。"

《登科记考》卷二七《附考·明经科》录载穆宁。

附考孝廉(玄宗朝孝廉)

【丁潾】鲁郡济阳人。天宝年间孝廉擢第。

《唐代墓志汇编》天宝一二九,天宝七载(748)十月二十三日《唐故延王府户曹丁府君(韶)墓志铭并序》:"公讳韶,字子韶,鲁郡济阳人也……次子潾,孝廉擢第。"按:丁潾孝廉擢第当在天宝七载(748)十月之前。

【王□】约在开元初年孝廉及第。

《全唐文补遗》第八辑,房密撰开元二十九年(741)三月二十一日《唐太原王君故夫人荥阳郑氏墓志铭并序》:"夫人太原丞郑公之第三女也……既笄而字,归我孝廉王君……以开元廿八年十一月廿六日,终于太原府太原县廨。"按:王氏孝廉及第当在开元初年。

【王□庆】琅琊临沂人。祖德仁,隋举孝廉,授剑州临津县主簿。父玄默,入唐官汴州浚仪县令。□庆举孝廉,官至胜州都督府户曹参军。

《唐代墓志汇编》天宝二〇五,天宝十一载(752)八月二十八日《大唐故钜鹿郡南和县令□(王)府君念墓志铭并序》:"公讳念,字同光,琅琊临沂人也……曾祖讳德仁,隋举孝廉,授剑州临津县主簿;祖讳玄默,唐应制,再登甲科,累授汴州浚仪县令;父讳□庆,唐举孝廉擢第,优游经史,不趋于名……晚授胜州都督府户曹参军。"按:志主卒于天宝十一载(752)七月八日,享年六十九,则其父举孝廉约在玄宗初期。

【王义亶】字义亶,琅琊人。约在开元年间孝廉擢第。赠官秘书少监。

《全唐文补遗》千唐志斋新藏专辑,大历三年(768)七月二日《唐赠秘书少监王孝廉(义亶)墓志铭并序》:"孝廉讳义亶,字义亶,其先始于琅琊……家本儒素,笃好文学。州举孝廉，贡于天府。冢宰论士，擢以甲科。”按：义亶举孝廉当在开元年间。

【元复业】河南人。孝廉，授新乡尉。官至京兆府美原县丞。

《唐代墓志汇编》广德〇〇一，广德元年（763）八月十四日《大唐京兆府美原县丞元府君（复业）墓志铭并序》：“府君讳复业，河南人……曾祖濬，皇随州刺史、左武卫大将军、袭云宁公；祖乾直，泗州刺史；父思庄，朝散大夫、右肃政台侍御史……（公）举孝廉，射策第一。历新乡尉、白水丞，又迁美原县丞。”按复业卒于开元二十八年（740）三月二十八日，春秋六十，结合其仕历推测，其孝廉擢第约在开元初年。

【卞奉先】字叔英，安定人。约在开元初年孝廉登科，授宋州砀山尉。

《全唐文补遗》千唐志斋新藏专辑，天宝四载（745）十月二十□日《故睢阳郡砀山县尉卞公（奉先）墓志铭并序》：“公讳奉先，字叔英，安定人也……始以孝廉登科发迹，授宋州砀山尉……以开元五年二月廿日，终于绛郡稷山县夫人河东薛氏之私馆。”按：奉先孝廉登科授官砀山尉，官终是官，则其当在开元初年及第。

【孔守元】鲁人。约在玄宗年间孝廉擢第。

《全唐文补遗》千唐志斋新藏专辑，裴润撰建中三年（782）四月三日《大唐故段府君夫人鲁郡孔氏墓志铭并序》：“夫人姓孔氏，鲁人也。曾祖、祖皆轩冕不绝。父守元，弱冠孝廉擢第。”按：志主建中三年（782）卒，享年六十七，则其生年在开元初，据此推之，其父孔守元弱冠孝廉擢第约在玄宗年间。

【卢说】范阳涿郡人。约在开元年间孝廉擢第。官至魏州元城县尉。

《全唐文补遗》千唐志斋新藏专辑，卢溉撰至德二年（757）三月二十二日《大燕故魏府元城县尉卢府君（说）墓志序》：“公讳说，范阳涿郡人也……公始以孝廉擢第，解褐授豫州汝阳县尉，第二任魏州元城县尉。”按卢说擢第约在开元年间。

【冯贞懿】字贞懿，长乐信都人。约在开元初年孝廉登科。官至朝议郎行城门郎。

《全唐文补遗》千唐志斋新藏专辑，郑馥撰天宝元年（742）十一月二十五日《大唐故朝议郎行城门郎冯公（贞懿）墓志铭并序》：“公讳贞懿，字贞懿，长乐信都人也……学行著称，孝廉登科。”按：冯氏登科当在开元初年。

【豆卢顼】河南人也。本慕容氏，盖部什于豆卢山，因而氏焉。约在开元年间孝廉擢第。解褐汝阴郡司仓参军，官至泉州司马。

《河洛墓刻拾零》，大历三年（768）十一月十八日《故泉州司马豆卢府君（顼）墓志文并序》：“豆卢顼，河南人也。本慕容氏，盖部什于豆卢山，因而氏焉……君孝廉擢弟，解褐汝阴郡司仓参军。”按：豆卢顼卒于大历三年（768），春秋六十三，则其孝廉擢第约在开元年间。

【范志玄】字志玄，顺阳人。约在开元初年举孝廉擢第。

《全唐文补遗》千唐志斋新藏专辑，李叔霁撰天宝三载（744）十一月十三日《大唐故范府君（志玄）墓志铭并序》：“府君讳志玄，字志玄，其先顺阳人也……常以孝行为高，举孝廉擢第。”按：志玄擢第约在开元初年。

【李长】陇西狄道人。祖绾，官吏部郎中。父□，官蔡州长史。李长举孝廉，初任贝州参军。官终明州刺史。

《全唐文》卷五二〇，梁肃撰《明州刺史李公（长）墓志铭》："大历七年冬十月甲子，前明州刺史李公寝疾终于晋陵之无锡私馆。呜呼！公讳长，字某，陇西狄道人。其先自凉武昭王元盛七叶至皇朝工部侍郎岐州刺史义琛，生吏部郎中绾，绾生蔡州长史赠宋州刺史某，某生公。公生而聪明，治《左氏春秋》。举孝廉，初任贝州参军，三迁至国子主簿……由是历随、曹、婺三州，三州辑宁……又换明州。"按：李长卒年七十岁，则其举孝廉当在开元中。

【李仲】陇西成纪人。父景由，官蒲州猗氏县令。李仲开元中孝廉擢第。

《全唐文补遗》第六辑，开元二十六年（738）十一月十五日《唐故蒲州猗氏县令陇西李府君（景由）墓志铭并序》："公讳景由，字逆客，陇西成纪人也……长子伟，不仕。次仲，前孝廉，先夫人卒。"按：李仲母范阳卢氏卒于开元十九年（731）

【李宅心】赵郡人。开元中孝廉擢第。官东海郡司法。

《唐代墓志汇编》天宝一九七，天宝十载（751）十二月十二日《大唐故监察御史赵郡李府君夫人博陵崔氏墓志铭并序》："夫人博陵人也……及府君之没世也，夫人才廿九矣……而亲授诸子，夙兴不怠，能修业者存以燠休，未成功者先之夏楚。故累岁之后，登孝廉者数人，诗礼所至，比之严父矣……长子前东海郡司法宅心，次子前许昌尉居中等，仓卒无地，充穷靡依。"按：据志文，宅心、居中皆以孝廉及第，入仕为官。

【李居中】赵郡人。开元中孝廉擢第。官许昌尉。

《唐代墓志汇编》天宝一九七，天宝十载（751）十二月十二日《大唐故监察御史赵郡李府君夫人博陵崔氏墓志铭并序》："夫人博陵人也……及府君之没世也，夫人才廿九矣……而亲授诸子，夙兴不怠，能修业者存以燠休，未成功者先之夏楚。故累岁之后，登孝廉者数人，诗礼所至，比之严父矣……长子前东海郡司法宅心，次子前许昌尉居中等，仓卒无地，充穷靡依。"按：据志文，宅心、居中皆以孝廉及第，入仕为官。

【李澄】陇西狄道人。约开元初孝廉登科，授并州清源县尉。官终扶风郡司法参军。

《全唐文补遗》第八辑，郑士林撰贞元十五年（799）正月十六日《唐故扶风郡司法参军李公（澄）墓志铭并序》："公讳澄，陇西狄道人……少以孝廉登科，解褐并州清源县尉……天宝六载七月六日，卒于东都。"按李澄天宝六载（747）卒，其孝廉登科约在开元初年。

【杨若先】华阴华阴人。开元年间孝廉登科。

《秦晋豫新出墓志蒐佚》五六六，天宝十二载（753）二月二十二日《大唐故国学生弘农杨府君墓志铭》："公讳若先，姓杨氏，华阴华阴人也……少通《左氏传》，以开元十四年补南馆学生，始举，丁家祸，服阕，河府荐为孝廉，试乃登科。"

【陈希望】字希望，颍川人。开元年间孝廉登科。官至河南府河阳县丞。

《唐代墓志汇编》天宝〇一八，天宝元年（742）十月十六日《唐故处州颍川郡陈府君（懿）夫人渔阳郡宁氏墓志铭并序》："公讳懿，颍川人也……故嗣子希望，硕迈弘敏，贤良方正，爰在弱冠，早著甲科，尉相之滏阳，丞汝之梁县，皆声华载路，惠化在人。"

《洛阳新出土墓志释录》，徐浩撰天宝八载（749）十月九日《唐故河南府河阳县丞陈府君(希望)墓志铭并序》:“府君讳希望,字希望,颍川人也……年十有七,孝廉登科……以天宝八载八月十日遇疾,终于洛阳睦仁里第。”

《登科记考补正》卷二七《附考·进士科》录载陈希望,误。

【张仲臣】中山人。孝廉及第,授沧州清池尉。

《唐代墓志汇编》开元五一〇,开元廿八年(740)十月四日《唐故沧州清池县尉张君(仲臣)墓志铭并序》:“君讳仲臣,其先汉丞相苍,苍孙居中山,古今为中山人也……曾祖憓,洺州永年县令;祖岿,青州司马;父肃,宋州宋城县丞……(君)以孝廉授沧州清池尉。”按:志载仲臣卒于开元二十七年(739)十一月四日,春秋四十三,则其孝廉擢第约在开元年间。

【张仲晖】名未详,以字录,敦煌人。祖思廉,太中大夫行太仆卿,赠太子詹事。父景顺,太中大夫守太仆卿。仲晖开元中孝廉擢第。官至朝议郎行河南府士曹参军。

《全唐文补遗》第三辑,敬括撰天宝十二载(753)八月十六日《大唐故朝议郎行河南府士曹参军敦煌张公(仲晖)墓志铭并序》:“公讳□□,字仲晖,敦煌人也……郡举孝廉,舍拔则获。”按:据志文,仲晖曾祖岁,金紫光禄大夫行太仆卿。祖思廉,太中大夫行太仆卿,赠太子詹事。父景顺,太中大夫守太仆卿。以天宝十二载(753)卒,享龄五十推之,仲晖举孝廉当在开元时。

【张迅】字迅,南阳人。约开元年间孝廉登科。补邢州南和县主簿,官至晋陵郡江阴县尉。

《全唐文补遗》千唐志斋新藏专辑,周方逊撰天宝十一载(752)八月十日《唐故晋陵郡江阴县尉张公(迅)墓志铭并序》:“公讳迅,字迅,南阳人也……修词居业,好学穷经。以孝廉登科,调补邢州南和县主簿。”

【张景阳】字再,清河人。开元中孝廉及第,授魏州莘县尉。又博学举及第,迁右监门卫兵曹参军。

《唐代墓志汇编》开元五三八,开元二十九年(741)十一月二十五日《唐故右监门卫兵曹参军事张君(景阳)墓志铭》:“君讳景阳,字再,去其先清河人也……曾祖昶,隋魏州司功;祖秤,皇易州录事参军;父烈皇盐州白池县令……(君)始以太学孝廉擢第,解褐魏州莘县尉。博学举登科,迁右监门卫兵曹参军。”按:景阳孝廉擢第、制举登科当在开元年间。

【周急】字抱朴子,汝南人。约开元时孝廉及第。

《全唐文补遗》第五辑,天宝某载十一月二十五日《大周故周府君(急)墓志铭并序》:“公讳急,字抱朴子,汝南人也……年未弱冠,以孝廉登科。”按:周急天宝年间,享年二十四,则其孝廉擢第当在开元年间。又据《西安碑林博物馆新藏墓志汇编》一九八所见拓片,周急字抱朴子。

【郑宇】荥阳人。孝廉及第。授信都郡枣强县尉。官至淮南道采访支使兼河东郡河东县尉。

《唐代墓志汇编》天宝二三六,天宝十二载(753)十二月二十四日《唐故淮南道采访支使河东郡河东县尉荥阳郑府君(宇)墓志铭并序》:“公讳宇,荥阳人也。六代祖平简公述祖,北齐有传;曾祖怀节,皇朝卫州刺史;祖进思,皇朝博州刺史;父游,晋州临汾县令。公即临汾之元子也……既礼及声成,乃情殷仕进,未几而孝廉擢第……遂授信都郡枣强县尉。”按郑宇卒于天宝十二载(753)六月十一日,春秋四十五,则其孝廉擢第在开元年间。

【郑兢】字济,荥阳人。开元年间举孝廉。官至宋州下邑县尉。

《河洛墓刻拾零》,卢虚舟撰天宝十三载(754)正月十三日《唐故宋州下邑县尉郑府君(兢)墓志铭并序》:“君讳兢,字济,荥阳人也……年十八,举孝廉射策甲科,廿四调补宋州下邑县尉。”按:据志文,郑兢卒于开元十□年,春秋二十九,则其十八岁举孝廉当在开元年间。

【莫藏珍】字凑,江陵人。约开元年间孝廉登科。官至东阳郡义乌县尉。

《全唐文补遗》第八辑,陈章甫撰天宝九载(750)二月二十五日《唐故东阳郡义乌县尉莫公(藏珍)墓志铭并序》:“公讳藏珍,字凑,江陵人也……弱冠,孝廉擢第,授义乌尉……天宝八载九月廿六日,遘疾终于广陵。”

【倪彬】字子文,常山藁城人。孝廉及第。官至中大夫守晋陵郡别驾。

《唐代墓志汇编》天宝一九六,天宝十载(751)十二月十一日《大唐故中大夫守晋陵郡别驾千乘倪府君(彬)墓志铭并序》:“公讳彬,字子文,常山藁城人也……曾祖范,随齐州录事参军……祖其,皇寿州霍山县令……父若沖,文林郎……(君)以孝廉擢第,调补太常寺太祝,转右武卫胄曹参军。”按倪彬卒于天宝九载(750)十月十日,春秋六十六,则其孝廉擢第在开元年间。

【崔义邕】字嗈,博陵安平人。开元中孝廉及第。官至济阴郡参军。

《唐代墓志汇编》天宝一九五,天宝十载(751)十一月二十七日《故济阴郡参军博陵崔府君(义邕)墓志铭并序》:“公讳义邕,字嗈,博陵安平人也。高祖弘昇,隋开府仪同三司、黄台县开国公;懿曾处直,隋汉王府长史;大父玄应,皇高平郡诃曹;皇考元嘉,皇历阳郡含山令……(公)年十有五,用门荫太学,累举孝廉。”按:义邕卒于天宝十载(751)九月二日,享年四十七,则其孝廉擢第在开元年间。

【崔澄】字澄,清河人。孝廉及第。官至京兆府三原县尉。

《唐代墓志汇编》天宝二〇四,宣城□源撰天宝十一载(752)八月十日《有唐故京兆府三原县尉崔公(澄)墓志铭并序》:“公讳澄,字澄,清河人也……曾祖孝珣,皇朝贝州清阳令;祖晊,贝州宗城丞;父伟,汾州司马……(君)始以孝廉入仕,起家常州武进尉,调绛郡夏县尉,迁京兆府三原尉。”按:倪彬卒于天宝十一载(752)二月十三日,春秋六十三,则其孝廉擢第在开元年间。

【庾若讷】字皎,颍川人。孝廉及第,授北海郡参军。官至赵郡司户参军。

《唐代墓志汇编》天宝〇八七,天宝五载(746)二月三十日《大唐故赵郡司户参军庾公(若讷)墓志铭并序》:“君讳若讷,字皎,颍川人也……曾祖邃,皇银青光禄大夫、太府大卿;祖兴宗,皇朝散大夫、蕲州长史;父师寿,皇朝散大夫、莱州司马……(公)载廿三,临汝郡察以孝廉登科,初命北海郡参军,再命新定郡司兵参军,三命赵郡司户参军。”按若讷孝廉登科约在开元中。

【**源衔**】河南人。父光裕，官至左丞。源衔开元中孝廉擢第。历官郑城尉、家令寺主簿。

《全唐文补遗》第六辑，陆据撰开元二十八年(740)四月《源衔墓志》："君讳衔，河南人也，左丞府君讳光裕之中子。开元中辟孝廉，调补郑城尉。以家艰免。后授家令寺主簿。"按：源衔开元二十八(740)四月卒，时年三十四。

附考诸科（玄宗朝诸科）

【**车孚**】开元中明法及第，未仕而卒。

《唐代墓志汇编》天宝二一八，车谔撰天宝十二载(753)十月一日《亡妻侯氏墓志铭并序》："嗣子孚，十□法律擢第。"按：侯氏卒于天宝十二载(753)，享年五十六，则其年十五适车谔时在景云三年(712)；又据《千唐志斋藏志》八八〇《侯氏墓志》拓片，车孚"十七法律擢第"，可知孚明法及第在开元中。

【**冯子华**】天宝中道举及第。官南昌令、新安郡长史。

《全唐文》卷六四三，王起《银青光禄大夫检校礼部尚书使持节梓州诸军事兼梓州刺史御史大夫充剑南东川节度副大使知节度事管内观察处置静戎军等使上柱国长乐县开国公食邑一千五百户赠吏部尚书冯公(宿)神道碑铭并序》："惟唐开成元年岁在执徐十二月三日，检校礼部尚书东川节度使长乐公享年七十薨于位，太子不视朝一日，赠以天官之秩。是月，公之丧归于西都，其来也……明年五月，克葬于京兆万年县崇道乡白鹿原，从先人茔，礼也……公讳宿，字拱之，冀州长乐人，汉光禄勋奉世廿五代孙也。自光禄勋立功于汉，其下十四叶立国王燕，是为昭成皇帝。其下七叶至五代祖周乌氏侯，讳早惠□，隋为隰州司户，皇朝为婺州常山令。常山生高祖皇婺州纠曹掾讳文俭，纠曹生曾祖茂才高第括州松阳令讳道仪，松阳生大父文林郎宋王府记室参军赠礼部员外郎讳嗣，员外生先府君南昌令新安郡长史赠尚书左仆射讳子华。咸以茂德，光耿史牒。仆射天宝中，明皇以四子列学官，时与计偕，一鸣上第，藏器不耀，以孝节闻，享年八十，累赠尚书左仆射。"按：《登科记考》列于开元二十九年，实误。文中明言天宝中及第。盖道举起于开元末，时仅对生徒(崇玄学生)，至天宝中面向乡贡士子。文中"时与计谐"说明是由乡贡而登道举第，则为天宝时无疑。

【**乔梦松**】约开元时明法及第。官至尚书屯田郎中。

《全唐文补遗》第七辑，陶翰撰开元二十年(732)二月二十三日《唐故朝请大夫上柱国检校尚书屯田郎中梁郡乔府君(梦松)墓志铭并序》："公早以义烈称，刚劲而不犯，文而有礼。以明法高第，补瀛洲河间尉，调同州冯翊尉，迁京兆三原主簿。"按：梦松卒于开元二十年(732)正月十八日，春秋六十二。据其仕历，明法及第约在开元初年。

【**李钧**】温州人，后割贯长安。天宝初道举登第。官至殿中侍御史内供奉，因不守名教，流配施州。

《旧唐书》卷一三一《李皋传》："李皋字子兰，曹王明玄孙，嗣王戢之子……(上元初)皋行县，见一媪垂白而泣，哀而问之，对曰：'李氏之妇，有二子：钧、锷，宦游二十年不归，贫无以自给。'时钧为殿中侍御史，锷为京兆府法曹，俱以文艺登科，名重于时。皋曰："'入则孝，出则悌，行有余力，然后可以学文。'若二子者，岂可备于列位！"由是举奏，并除名勿齿。"

（宋）王钦若等《册府元龟》卷一五二《帝王部（一百五十二）·明罚》记载："代宗永泰元年，殿中侍御史内供奉李钧、钧弟京兆府法曹参军锷并不守名教，配钧于施州、锷于辰州，纵会非常之赦，不在免限。钧、锷，温州人也，天宝中州举、道举，咸赴京师，既升第参官，遂割贯长安，与乡里绝凡二十余载，母死不举。"又见同书卷九二三《总录部·不孝》记载。

《登科记考补正》卷二七《附考·诸科》录载李钧。

【李锷】温州人，后割贯长安。天宝初道举登第。官至京兆府法曹参军，因不守名教，流配辰州。

（宋）王钦若等《册府元龟》卷一五二《帝王部（一百五十二）·明罚》记载："代宗永泰元年，殿中侍御史内供奉李钧、钧弟京兆府法曹参军锷并不守名教，配钧于施州、锷于辰州，纵会非常之赦，不在免限。钧、锷，温州人也，天宝中州举、道举，咸赴京师，既升第参官，遂割贯长安，与乡里绝凡二十余载，母死不举。"又见同书卷九二三《总录部·不孝》记载。

《旧唐书》卷一三一《李皋传》："李皋字子兰，曹王明玄孙，嗣王戢之子……（上元初）皋行县，见一媪垂白而泣，哀而问之，对曰：'李氏之妇，有二子：钧、锷，宦游二十年不归，贫无以自给。'时钧为殿中侍御史，锷为京兆府法曹，俱以文艺登科，名重于时。皋曰："'入则孝，出则悌，行有余力，然后可以学文。'若二子者，岂可备于列位！"由是举奏，并除名勿齿。"

《登科记考补正》卷二七《附考·诸科》录载李锷。

【杨岌】字顺，弘农华阴人。约在开元初年明法及第。官至河内郡武德县令。

《唐代墓志汇编》天宝一〇〇，天宝六载（747）正月二十六日《故河内郡武德县令杨公（岌）墓志铭并序》："公讳岌，字顺，弘农华阴人也……遂究法家之学，以作登科之首，达识者知其无近意焉。解褐补仙州叶县尉，稍迁蒲州安邑县尉、赤水军节度判官、宋州司法参军……秩满，授郓州巨野县令，加朝散大夫、怀州武德县令……天宝五载八月十九日卒于武德县之官舍，春秋六十有七。"按：杨岌当为明法及第，时间约在开元初。

【梁履谦】望出安定，贯河南。曾祖诜，汲郡新乡县令。祖知微，汜水县令。父令直，龙溪郡太守。履谦天宝十四载（755）前道举及第，文部常选。

《唐代墓志汇编》天宝二六七，郭怀琰撰天宝十四载（755）三月一日《唐故朝散大夫使持节龙溪郡诸军事守龙溪郡太守上柱国梁君（令直）墓志铭并序》："公讳令直，字元祥，安定人也……因官于河南，始贯焉。曾祖仁裕，唐金紫光禄大夫、镇国大将军、行秦州刺史；祖诜，唐朝散大夫、行汲郡新乡县令；父知微，唐朝请大夫行汜水县令……嗣子前道举文部常选履谦。"按：履谦道举及第当在天宝十四载（755）三月之前。

【源溥】字至德。祖修业，泾州刺史。父光誉，京兆尹。溥约在天宝时道举及第。官至楚州长史。

《唐代墓志汇编》建中〇一七,蒋钵撰建中四年(783)二月二日《唐故朝议郎守楚州长史赐绯鱼袋源公(溥)墓志铭并序》:"公讳溥,字至德,后魏之裔……曾祖翁归,皇雍州录事参军;祖修业,皇泾州刺史赠相州刺史;父光誉,皇京兆尹赠太子太傅……(公)学综三玄,才通八政,初以崇文生及第,调补太原府参军。"按:志载源溥"学综三玄",当以道举及第。以卒于建中三年(782)十二月二十四日,享年五十五推之,其擢第约在天宝时。

附考制科(玄宗朝制科)

【于休烈】开元二年(714)第进士,又登制策。小传见进士科。

《旧唐书》卷一四九《于休烈传》:"于休烈,河南人也……举进士,又应制策登科,授秘书省正字。"

《新唐书》卷一〇四《于志宁传附于休烈传》:"曾孙休烈……开元初,第进士,又擢制科,历秘书省正字。"

《登科记考》卷二七《附考・制科》录载于休烈。

【于季重】天宝时书判拔萃登科。

《全唐文》卷四〇五,作者小传:"季重,天宝时擢书判拔萃科。"

【卫凭】字佳祖,河东安邑人。贤良登科。授秘书省校书郎。官至彭城郡蕲县令。

《唐代墓志汇编》天宝二四〇,赵向撰天宝十三载(754)正月二十五日《唐故彭城郡蕲县令安邑卫府君(凭)墓志铭并序》:"公讳凭,字佳祖,河东安邑人……曾祖徹,隋江州刺史;祖师,贺州司马;父静,桂州始安县令……(公)策贤良登科,拜秘书省校书郎。"按:卫凭卒于天宝十二载(753)八月十一日,享年六十二,其策贤良当在开元时。

【卫棻】玄宗时书判拔萃科擢第。

《全唐文》卷四〇四,作者小传:"棻,元宗时擢书判拔萃科。"

【万希庄】玄宗时书判拔萃登科。

《全唐文》卷四〇四,作者小传:"希庄,元宗时擢书判拔萃科。"

【王钧】太原祁人。祖宏之,金部员外郎。父悌,司门郎中、齐杭二州刺史。钧制举登科,官至遂州长史。

《唐代墓志汇编续集》大历〇二七,大历十一年(776)二月十五日《唐故遂州长史王公(钧)墓志》:"唐故遂州长史王公名钧,太原祁人也……曾祖文霸,监察御史;祖宏之,金部员外郎;父悌,司门郎中、齐杭二州刺史……(公)以名家子经明行修解褐,补绛州曲沃主簿,转宋王府参军、虢州主吏掾、仙州方城长、寿州司马,恩贬夷州词曹掾、蜀州廪曹掾、利州司马,诏加朝散大夫、领长史。"按"经明行修"属制科,以享年八十一推之,时间约在玄宗时。

【王晃】进士及第。制举文辞政术科高等。小传见进士条。

《全唐文》卷六〇八,刘禹锡撰《唐兴元节度使王公先庙碑》:"大和二年,增新室既成,袝显考于尊位,告飨由礼。观之者以为世程。第一室曰上仪同幽州别驾府君讳元政,以妣博陵崔氏配;第二室曰湖州安吉县令赠尚书刑部员外郎府君讳寔,以妣赠扶风县太君马氏配;第三室曰朝散大夫青州司马赠户部侍郎府君讳祚,以妣赠武威郡太夫人贾氏配;第四室曰温州刺史赠太尉府君讳晃,以妣赠鲁国太夫人博陵崔氏配……惟太尉府君,生于治平时,以文学自奋。年十有五,贲然从秋赋。明年春,升名于司徒。又一年,元宗御层楼,发德音,悬文辞政术科以置髦士。府君策最高,授太常寺太祝。未几,复以能通《道德》《南华》《冲虚》三真经,进周至尉。天宝中历右拾遗、左补阙、礼部司驾二员外郎。属幽陵乱华,遣兵南服,因佐闽粤,改检校比部郎中行军司马。时中原甫宁,江南为吉地,二千石多用名德,乃以府君牧温州。"

《旧唐书》卷一六九《王涯传》:"王涯,字广津,太原人。父晃。"

《登科记考》卷二七《附考·进士科》、同卷《附考·制科》分别录载王晃。

【王铁】太原祁人。约开元时制举入仕。官至御史大夫。

《全唐文》卷四二〇,常衮撰《御史大夫王公(铁)墓志铭》:"公讳铁,太原祁人也……始公以茂才异行首于策诏。凡四佐王官之邑,七领宪府之命。一至殿省,再迁台郎。大司空大司徒各一……以大历三年五月,终于某所。"按:志文未载王铁享年,以其仕历推测,入仕约在开元时。

【元结】天宝十三载(754)进士及第。复制举登科。小传见进士科。

《新唐书》卷一四三《元结传》:"结少不羁,十七乃折节向学,事元德秀。天宝十二年举进士……果擢上第。复举制科。"

(元)辛文房撰,傅璇琮主编《唐才子传校笺》(册一)卷三《元结》条云:"结字次山,武昌人。鲁山令元资芝族弟也。少不羁,弱冠始折节读书。天宝十三年进士。礼部侍郎杨浚见其文曰:'一第慁子耳!'遂擢高品。后举制科。"

【元德秀】开元二十一年(733)举进士第。又制策入仕。小传见进士科。

《登科记考》卷八,开元二十一年(733)进士科、卷二七《附考·制科》分别录载元德秀。

《登科记考》卷二七《附考·制科》元德秀条云:"《独异志》:'元公德秀,明经,制策入仕。'……按德秀开元二十一年进士,此误以为明经。"

【韦镒】举进士、宏词,又判入高等。小传见进士科。

《唐文拾遗》卷二七,吕温撰《唐故银青光禄大夫京兆尹兼御史大夫上柱国赠吏部尚书京兆韦公(武)神道碑铭并序》:"公姓韦氏,讳武,字某,京兆杜陵人也……曾祖皇朝金紫光禄大夫尚书左右仆射同中书门下三品讳待价。致君皇极,时惮其正。祖银青光禄大夫梁州都督讳令仪。布化南夏,民怀其惠。父(镒)举进士、宏词,制策皆入殊科,又判入高等。累任畿赤名尉,迁朝议大夫、监察御史,转殿中御史侍御史尚书礼吏员外中书舍人给事中。擢□礼吏户三侍郎。"

《登科记考补正》卷二七《附考·进士科》、同卷《附考·制科》分别录载韦镒。

【邓承绪】豫章南昌人。开元中明经擢第,又对策三登科甲。

《永乐大典》引《豫章志》:"邓承绪,豫章南昌人。开元中九经擢第,对策三登科甲。"按:承绪"三登科甲",当有制举及第之经历。

《登科记考》卷二七《附考·明经科》、同卷《附考·制科》分别录载邓承绪。

【孔齐参】先天元年(712)明经及第。开元中制科及第。小传见明经科。

《唐代墓志汇编》天宝〇四八,天宝三载(744)四月廿八日《唐故河东郡宝鼎县令会稽孔府君(齐参)墓志铭并序》:"公讳齐参,字齐参……弱冠孝廉擢第,解褐行宋州参卿事……方慎牧宰,大搜其人,公又对策高第,恩授濮州临濮县令,今上亲临前殿,以束帛遣之。优任贤也。"

【卢元裕】本名元裕,后改正已,字子宽。开元时制举出身。官至太子宾客,卒赠太子少保。

《全唐文》卷四二〇,常衮撰《太子宾客卢君(正已)墓志铭》:"大历五年七月癸酉制:故太子宾客卢正已,可赠太子少保……始以经明,四佐大邑,三历京掾,五迁藩镇,三践台郎,一处右辖再兼中宪至于九卿元戎师宾居守小司寇冬官卿。公字子宽,本讳元裕,以声协上之尊称,时方大用,优诏改锡焉。曾祖君胄,虢州参军。王公贞庆,高尚不仕。烈考履冰,历左补阙……追赠之年,二月既望,疾甚。不弛冠带,安坐超然越二十一日甲申,薨于东都循善里之私第,寿七十有九。"按:元裕"始以经明"入仕,当为制举出身。以卒于大历五年(770),寿七十九推之,其擢第当在开元时。

【包融】延陵人。制举及第。开元间仕至大理司直。

(元)辛文房撰,傅璇琮主编《唐才子传校笺》(册一)卷二《包融》:"融,延陵人。开元间仕历大理司直。与参军殷遥、孟浩然交厚。工为诗。二子何、佶,纵声雅道,齐名当时,号三包。有诗一卷行世。"

嘉泰《吴兴志》卷一六《贤贵事实》:"包融,吴兴人,制举擢第,有才名,官至集贤院学士。融子何,起居舍人;佶,刑部侍郎。"

【孙逖】开元初举手笔俊拔、哲人奇士隐伦及第。小传见进士科。

《唐代墓志汇编》残志〇一五,《唐故朝议郎前守蓬州刺史乐安孙府君墓志铭并序》:"高祖府君讳逖,英拔间出,年十八,应制擢科。"

《旧唐书》卷一九〇中《文苑中·孙逖传》:"孙逖,潞州涉县人……开元初,应哲人奇士举,授山阴尉。迁秘书正字。十年,应制登文藻宏丽科,拜左拾遗。"

(宋)王溥《唐会要》卷七六《贡举中·制科举》:"(开元元年)哲人奇士、逸伦屠钓科,孙逖及第。"

(宋)李昉等《文苑英华》卷四八三《策七》载孙逖之对策文。该书录作"贤良方正科",下注"《登科记》作哲人奇士、隐伦屠钓科。"

(宋)王钦若等《册府元龟》卷六四五《贡举部(七)·科目》:"开元二年六月甲子,制:'其有茂才异等,拔萃超群,咸令自举。'其年,有直言极谏科(梁昇卿、袁楚客及第),哲人奇士，隐伦屠钓科（孙逖及第），良才异等科。（张闰之、崔翘及第。）”

《新唐书》卷二〇二《文艺中・孙逖传》：“（孙逖）举手笔俊拔、哲人奇士隐伦屠钓及文藻宏丽科。开元十年，又举贤良方正。”

（宋）计有功《唐诗纪事》卷二六《孙逖》：“逖，河南人。年十五，崔齐公日用试《土火炉赋》，援翰立成。甫冠，三擅甲科。吏侍王邱试《竹簾赋》，降阶纳拜，待以殊礼。其典诰也，宰相张九龄掎摭疵瑕，沉吟久之，不能易一字。公除庶子，苑咸草诏曰：‘西掖掌纶，朝推无对。’张说命二子施伯仲之礼。江夏李邕自陈州入计，缮录其集，诣公托知己之分。可谓人文之宗师，国风之哲匠也。已上颜真卿序其文。逖终刑部侍郎。”

（元）辛文房撰，傅璇琮主编《唐才子传校笺》（册一）卷一《孙逖》条云：：“逖，博州人。幼而有文，属思警敏，援笔成篇。开元二年，举手笔俊拔，哲人奇士隐沦屠钓及文藻宏丽等科第一人及第。玄宗引见，擢左拾遗、集贤殿修撰。改考功员外郎，迁中书舍人。与颜真卿、李华、萧颖士皆同时称海内名士。仕终刑部侍郎。”

【刘系】玄宗开元年间多才科及第。

《河洛墓刻拾零》，开元二十七年（739）二月四日《大唐故承奉郎行蒲州解县尉寇府君（随）墓志铭并序》，署“多才及第刘系文”。按墓主寇随卒于开元二十六年（738），则撰者刘系多才科及第当在玄宗开元年间。

【刘晏】字士安，曹州南华人。开元中神童及第。天宝中，举贤良方正，补温令。小传见开元十三年（721）诸科。

《新唐书》卷一四九《刘晏传》：“刘晏字士安，曹州南华人。玄宗封泰山，晏始八岁，献颂行在，帝奇其幼，命宰相张说试之，说曰：‘国瑞也。’即授太子正字。公卿邀请旁午，号神童，名震一时。天宝中，累调夏令，未尝督赋，而输无逋期。举贤良方正，补温令，所至有惠利可纪，民皆刻石以传。再迁侍御史。禄山乱，避地襄阳。永王璘署晏右职，固辞。”

《登科记考补正》卷二七《附考・制科》录载刘晏。

【刘眘虚】开元二十一年（733）第进士。又中宏辞举。小传见进士科。

《登科记考补正》卷二七《附考・制科》录载刘眘虚。

《西江志》卷六六引明代郭子章《豫章书》：“唐崇文馆校书郎新吴刘眘虚：眘虚字全乙，新吴人，时吴兢为洪州刺史，方直少许可，独其高行，改所居之里为孝弟乡，以表异之。开元中举宏辞，累官崇文馆校书郎。”

【苏盈】武功人。玄宗时制举贤良方正科及第。官嘉王傅。

（唐）林宝《元和姓纂》卷三《郿西苏氏》：“颖生盈、炎。盈，嘉王傅。”岑校：“《华岳题名》有开元二十六年朝请大夫守别驾临潼县开国男苏颖。”其子盈擢贤良方正当在玄宗时。

《新唐书》卷七四上《宰相世系表》四上郿西苏氏：“盈，嘉王傅。”

《登科记考补正》卷二七《附考・制科》录载苏盈。

（明）康海《武功县志》卷三《选举志第七》载唐人举贤良方正者有苏盈。

四库本《陕西通志》卷三〇《选举・唐》贤良方正科：“苏盈，武功人。”

【李萼】开元二十三年(735)第进士。又擢制科。小传见进士科。

《新唐书》卷一九四《卓行·元德秀传》:“元德秀字紫芝,河南河南人……是时程休、邢宇、宇弟宙、张茂之、李萼、萼族子丹叔、惟岳、乔潭、杨拯、房垂、柳识皆号门弟子……休字士美,广平人。宇字绍宗,宙字次宗,河间人。茂之字季丰,南阳人。萼字伯高,丹叔字南诚,惟岳字谟道,赵人。潭字源,梁人。垂字翼明,清河人。拯字齐物,隋观王雄后,举进士,终右骁卫骑曹参军。萼擢制科,迁南华令。大水,他县饥,人至相属,萼为具餰鬻,及去,糗粮送之,吏为立碑。安禄山乱,萼客清河,为乞师平原太守颜真卿,一郡获全。历庐州刺史。拯与萼名最著,潭、识以文传后。”

《登科记考》卷八开元二十三年(735)进士科、卷二七《附考·制科》分别录载李萼。

【李□】天宝十四载(755)进士及第。后又制举擢第。

《全唐文》卷四二八,于邵撰《送陈留李少府归上都序》:“天宝中,以公持刈楚之柄,言采其华,将拔其俗,盖良马逐逐,在公之伯仲乎?忝尝齐衡,永以为好。迨兹二纪,相逢蜀游,不虞斯来,复与前合。况总括六艺,又擢一枝,青春之年,黄绶标映……可以直上人之望也。”按:据墓志,此李少府当与于邵同年。

《登科记考补正》卷九天宝十四载(755)进士科、卷二七《附考·制科》分别录载李□。

【李先】字开物,陇西成纪人。开元年间制科及第。官至东阳郡太守。

《全唐文补遗》第八辑,王利器撰天宝三载(744)六月四日《唐故通议大夫使持节东阳郡诸军事守东阳郡太守上柱国李府君(先)墓志铭并序》:“府君讳先,字开物,成纪人也……刑部尚书崔隐甫素知政绩,特表荐公。其时对策上第,试蕲州刺史,蕲州便之。”按《旧唐书·崔隐甫传》:“(开元)二十一年,起复太原尹,仍为河东采访处置使。复为刑部尚书,兼河南尹。二十四年,车驾还京,以隐甫为东都留守。”则隐甫表荐李先在开元二十三年(735)前后。

【李并】赵郡高邑人。开元年间以制举经明行修登第。官至扬州司马。

《全唐文》卷三二一,李华撰《扬州司马李公(并)墓志铭》:“公讳并,字某,赵郡高邑人也……公少孤,以经明行修登第,直崇文馆,授雍邱尉。属国家升中泰山,县当驰道,征责万计,临事无违。居至卑而不折,当大务而不挠。外兄许公苏尚书颋,特亲重之。秩满,考六经,览群书,手抄二百卷,观其大义,历交城尉。无何,丁内艰,柴毁终礼,授榆次尉……诏加朝散大夫,迁太子洗马,拜右谕德,进阶正议大夫。东宫图书亡逸,有司命公留北部蒐访焉。淮南节度故相崔尚书圆表公为扬州右司马(《世系表》作‘左司马’),将任以州政。方祖道,遘厉而终,享年六十六,广德二年六月十三日也。”按据志文,李并于开元年间以制举经明行修登第。

【李涛】陇西人,宗室子弟。祖景淑,毕国公。父仲康,尚书主客郎中、楚州刺史。涛开元时制举擢第。官至衢州司士参军。

《唐代墓志汇编》大历〇六八,独孤及撰《唐故衢州司士参军府君李公(涛)墓志铭并序》:“公讳涛,皇唐太祖景皇帝六代孙也。曾祖道立,尝典隰、齐、陈三州,封高平郡王;祖景淑，毕国公；父仲康，官至尚书主客郎中、楚州刺史……（公）弱岁好学，笃志经术，专戴氏礼，晚节躭太史公书，酌百代之典故，以辅儒行，遂以经明行修，宗正寺举第一。”按：李涛“经明行修”，当属制举，以乾元二年(759)卒，享年五十推之，其弱岁擢第在开元时。

《登科记考》卷二七《附考·制科》云李涛及第。

【李揆】开元二十九年(741)进士及第。又献书阙下，诏中书试文章，擢拜右拾遗。小传见进士科。

《旧唐书》卷一二六《李揆传》：“李揆字端卿，陇西成纪人，而家于郑州，代为冠族。秦府学士、给事中玄道玄孙，秘书监、赠吏部尚书成裕之子。少聪敏好学，善属文。开元末，举进士，补陈留尉，献书阙下，诏中书试文章，擢拜右拾遗。”

《登科记考》卷八开元二十九年(741)进士科录载李揆。《登科记考补正》卷二七《附考·制科》增补李揆，按语云：《唐语林》卷八：“唐制：常举人之外，又有制科……复有通五经、明一史及献文章并著述之辈，或附中书考试，亦同制举。”徐松所拟体例，上书拜官亦同制举例，故予著录。

【杨瑊】约在开元初年制举及第。官至商州司马。

《唐代墓志汇编》开元二九八，开元十七年(729)十月十六日《大唐故商州司马杨府君(瑊)墓志铭》：“公讳瑊，宣义郎，初应制拜宋州襄邑主簿，恩制拜监察御史，次殿中侍御史，出为太原文水县令，除商州司马，未上而殁。”按：墓志未载杨瑊享年，据其仕历推测，其初应制约在开元初年。

【辛璿】望陇西，贯万年县人，辛秘之父。制举高第。除官处州遂昌令，卒赠左散骑常侍。

《全唐文》卷六八二，牛僧孺《昭义军节度使辛公(秘)神道碑》：“辛氏于陇西为望家，其后因官从帝，或雍或洛，源濬派洪，将微复张，以及于仆射。皇考璿，璿益以儒业自喜，优游尚放，不乐取求。制科高第，乞官山水。朝廷除处州遂昌令，嗜不念归，再移仍南。及亡，累赠至左散骑常侍。仆射讳秘，字藏之，即常侍府君第四子也。”按：据碑文，辛秘卒后葬于万年县洪原乡少陵原，则其父当贯万年县。

《登科记考》卷二七《附考·制科》云辛璿及第。

【陈章甫】制举登科。

(宋)王谠撰，周勋初校证《唐语林校证》卷八《补遗·无时代》：“举人应及第者，关检无籍者，不得与第。陈章甫制策登科，吏部放榜，章甫上书：昨见榜云，户部报无籍者。昔傅说无姓，商后置于盐梅之地；屠羊隐名，楚王延以三旌之位，未闻征籍也。”

《封氏闻见记》卷三《制科》：“陈章甫制策登科，吏部榜放。”

【柏造】魏郡人。开元中以制举出身授获嘉令。

《全唐文补遗》第四辑，郭捐之撰大和六年(832)十一月《唐故中散大夫守卫尉卿上柱国赐紫金鱼袋赠左散骑常侍魏郡柏公(元封)墓志铭》：“公讳元封，字子上，其先晋伯宗之后……至裔孙鸿仕汉为魏郡守，子孙留而不还，遂为魏郡人焉。曾高祖季纂，在隋为祁令，入唐为工部尚书。高祖敬仁,勒州长史。王父謇,赠大理少卿。大父造,赠邓州刺史。父良器,平原郡王,赠司空……公曰:予家世儒也。昔予大父以射策甲科授获嘉令。禄山陷东都,围获嘉,持印不去,为贼所害。”按据志,柏造当为开元中以制举出身授获嘉令。

【邵琼之】相州安阳人,子说,天宝中进士及第,德宗时曾官吏部侍郎、太子詹事。玄宗开元时制举及第,曾官殿中侍御史。

《旧唐书》卷一三七《邵说传》:“邵说,相州安阳人。举进士,为史思明判官,历事思明、朝义,常掌兵事。朝义之败,说降于军前,郭子仪爱其才,流于幕下。累授长安令、秘书少监,迁吏部侍郎、太子詹事,以才干称……建中三年……贬说归州刺史,竟卒于贬所。”

《全唐文》卷四五二,邵说撰《让吏部侍郎表》:“臣祖长白山人贞一,以周朝权统革命,潜遁终身。臣父殿中侍御史琼之,遇元宗拨乱兴邦,扬历数四,累登甲乙之第,再践准绳之任。微臣积衅,殃祸所锺,十六而孤,长于母手,誓心坟史,不出户庭。迨至天宝年中,谬忝词场擢第,适会老母弃背,服丧河洛……肃宗特降中旨,授臣左金吾卫骑曹将军……自是再忝柏台,四登郎署,宰理京剧,倅贰秘书。”

《登科记考》卷二七《附考·制科》录载邵琼之。

【张时誉】字虞卿,安定人。开元时制举及第,官至京兆府渭南县尉。

《唐代墓志汇编》开元三六五,张翃撰开元二十一年(733)三月五日《唐故京兆府渭南县尉张府君(时誉)墓志铭并序》:“君讳时誉,字虞卿,安定人也……年十五,总太学文章,居无何,预南郊礼物,乃历试从调,行衢州参军……再命阌乡县主簿,兼充南台判官……制阙调集,褎然登科……以开元廿一年正月朔日终于官,时春秋卌有六。”按志文云时誉“制阙调集,褎然登科”,当指制举及第。

【张景阳】开元中孝廉及第、博学举登科。小传见孝廉科。

《唐代墓志汇编》开元五三八,开元二十九年(741)十一月二十五日《唐故右监门卫兵曹参军事张君(景阳)墓志铭》:“君讳景阳,字再,去其先清河人也……曾祖昶,隋魏州司功;祖秤,皇易州录事参军;父烈,皇盐州白池县令……(君)始以太学孝廉擢第,解褐魏州莘县尉。博学举登科,迁右监门卫兵曹参军。”按:景阳孝廉擢第、制举登科当在开元年间。

【武就】字广成,河南缑氏人,宰相元衡之父。制举及第。官至殿中侍御史、润州司马。赠吏部尚书。

《全唐文》卷五〇〇,权德舆撰《故中散大夫殿中侍御史润州司马赠吏部尚书沛国武公(就)神道碑铭并序》:“公讳就,字广成,沛国人……(公)始以方闻之士,对诏策,佐宫卫。李梁公岘之守右扶风也,表为兵曹掾。宣皇在岐,供待有劳,改永乐令,历河中府户曹。毂下求吏,转万年丞。建陵复土,推择充奉,拜醴泉令。朝廷嘉其才,擢为殿中侍御史……求为润州司马。”按:武就卒于贞元六年(790)十一月,享年七十八。

《旧唐书》卷一五八《武元衡传》:“武元衡字伯苍,河南缑氏人。曾祖载德,天后从父弟,官至湖州刺史。祖平一,善属文,终考功员外郎、修文馆学士,事在《逸人传》。父就,殿中侍御史,以元衡贵,追赠吏部侍郎。”

【郑洵】开元二十一年(733)明经擢第。又判入高等。小传见明经科。

《全唐文补遗》第七辑,郑深撰大历五年(770)四月二十二日《唐故监察御史贬岳州沅江县尉荥阳郑府君(洵)墓志铭并序》:"唐大历四年三月廿七日,前监察御史、贬岳州沅江县尉荥阳郑府君讳洵,春秋五十三,卒于巴陵之官舍……公弱冠孝廉登□,以才望参华州军事。后秩满随调,判入高等,拜奉常协律。"

【房琯】开元十二年(724)上书玄宗,授秘书省校书郎。又应堪任县令举,授虢州卢氏令。小传见上书拜官。

《旧唐书》卷一一一《房琯传》:"房琯,河南人,天后朝正议大夫、平章事融之子也……开元十二年,玄宗将封岱岳,琯撰《封禅书》一篇及笺启以献。中书令张说奇其才,奏授秘书省校书郎,调补同州冯翊尉。无几去官,应堪任县令举,授虢州卢氏令……宝应二年四月,拜特进、刑部尚书。在路遇疾,广德元年八月四日,卒于阆州僧舍,时年六十七,赠太尉。"

《新唐书》卷一三九《房琯传》:"房琯字次律,河南河南人。父融,武后时,以正谏大夫同凤阁鸾台平章事……(琯)开元中,作《封禅书》,说宰相张说,说奇之,奏为校书郎。举任县令科,授卢氏令。拜监察御史,坐讯狱非是,贬睦州司户参军……(天宝)十五载,帝狩蜀,琯驰至普安上谒,帝喜甚,即拜文部尚书、同中书门下平章事……宝应二年,召拜刑部尚书,道病卒,赠太尉。"

【赵夏日】登进士第。开元中,制举高第。小传见进士科。

《唐代墓志汇编》开元三四四,开元二十年(732)六月十一日《唐故邠王文学天水赵公(夏日)墓志铭并序》:"公讳夏日,其先天水人。七世祖崇,东魏开府仪同三司,封下曲阳公,因家之。至父不器,为监察御史,徙居河南,故今为河南府河南县人也。家世以秀才进士见用,六世于兹矣。公幼而聪慧,八岁善属文,十八入大学,才名冠诸生,弱冠以进士擢第,历宋城、朝邑两县尉。开元中,诏择能为县宰者,公应诏高第,除平□令,风化大行,巡察使以名升,进为第一等,擢拜邠王府文学。王以公名重,常敬事之,逾于师傅……以开元廿年六月十一日,终于私第,春秋五十有九。"

《登科记考》卷二七《附考·进士科》、《登科记考补正》卷三长寿二年(693)进士科、同书卷二七《附考·制科》分别录载赵夏日。

【段俊之】北海人。开元中制举及第,官至朝议郎行白水军兵曹参军。

《全唐文补遗》第六辑,元习撰天宝十二载(753)正月十五日《大唐故朝议郎行白水军兵曹参军段君(俊之)志铭并序》:"君讳俊之,是北海人也。曾祖讳素,朝议郎、□王父典签。父景昌,吏部常选……(君)辞场应制,命□合于龙庭。□南锦酬功,一选举甲,补汉阳郡□川县尉。□满,又迁陇右白水军兵曹参军。"按:据志文,俊之当为制举出身,以卒于天宝六载(747),享年五十九推之,擢第时间当在开元时。

【郗纯】一作郗昂。开元二十二年(734)进士及第。继以书判制策,三中高第。小传见进士科。

《旧唐书》卷一五七《郗士美传》:“郗士美字和夫,高平金乡人也。父纯,字高卿,为李邕、张九龄等知遇,尤以词学见推。与颜真卿、萧颖士、李华皆相友善。举进士,继以书判制策,三中高第,登朝历拾遗、补阙、员外、郎中、谏议大夫、中书舍人。”

《登科记考》卷八开元二十二年(734)进士科作“郤昂”。同书卷二七《附考·制科》云其及第。

【贾怡】长乐人。父钦惠,官沂州丞县令。怡开元初制科及第。官司农主簿。

《唐代墓志汇编》天宝二二七,萧颖士撰天宝十二载(753)十月十七日《唐故沂州丞县令贾君(钦惠)墓志铭并序》:“君讳钦惠,字□□……后家长乐……长子司农主簿怡,茂才异行,观光圣代。”按:贾怡“茂才异行,观光圣代”,疑为制科及第。时间约在玄宗初年。

【萧浮丘】字子真,兰陵人。开元初年应将帅举,对策高第。官至唐州别驾。

《唐代墓志汇编》开元三六四,开元二十一年(733)二月十六日《唐故唐州别驾萧君(浮丘)墓志铭并序》:“君讳浮丘,字子真,兰陵人也……父令思,括州括苍县令……(君)解褐授魏州参军,秩满应将帅举,对策高第,历洛州怀音府别将,温城府果毅、秦州清水府折冲,并兼长上,又迁左金吾郎将巡左使……十八年四月十日,恩勅选旧资,授唐州别驾。”按:据仕历,浮丘应将帅举当在开元初年。

【敬守德】进士及第。制科抚字举、强干有闻科及同清白科及第。小传见进士科。

《唐代墓志汇编》开元五〇七,开元二十八年(740)二月十五日《唐故朝请大夫行晋州洪洞县令敬公(守德)墓志铭并序》:“公讳守德,其先平阳人也……其后因官南徙,今为河东人矣。曾祖坦,隋河间郡丞;祖志文,皇冀州枣强县令;父玄奭,皇茂州石泉县令。公石泉府君之子也。弱冠以进士出身应抚字举及第,授宁州罗川县尉。开元初,献书直谏,敕授幽州新平县主簿。应强干有闻科第二等,同清白第三等,授河南府阳翟县尉,授绛州万泉县令,加朝散大夫转晋州洪洞县令。”按:以开元二十八年(740)正月十二日卒,时年六十八推之,守德弱冠岁在天授三年。

【敬括】开元十三年(725)进士。又制科及第。小传见进士科。

《旧唐书》卷一一五《敬括传》:“敬括,河东人也。少以文词称。乡举进士,又应制登科,再迁右拾遗、内供奉、殿中侍御史。”

《登科记考》卷八开元二十五年(737)进士科、卷二七《附考·制科》分别录载敬括。《登科记考补正》卷七开元十三年(725)进士科重新系年。

【储光羲】开元十四年(726)进士。又诏中书试文章,官监察御史。小传见进士科。

(唐)储光羲《贻丁主簿仙芝别诗》注:“予后及第,又应制授官。”按:《新唐书》卷五九《艺文三》著录储光羲《正论》十五卷,注云:“兖州人,开元进士第,又诏中书试文章,历监察御史,安禄山反,陷贼自归。”

《登科记考补正》卷二七《附考·制科》增补储光羲。

【虞咸】开元十六年(728)进士科状元及第。又擢书判拔翠科。曾为同官令。

《全唐文》卷四〇〇,虞咸小传云:“咸,开元时擢书判拔翠科。”

（宋）李昉等《太平广记》卷一〇〇《释证二·屈突仲任》引《纪闻》："同官令虞咸颇知名，开元二十三年春往温县。"

（元）辛文房撰，傅璇琮主编《唐才子传校笺》（册一）卷二《贺兰进明》条云："进明，开元十六年虞咸榜进士及第"。

《登科记考》卷七开元十六年（728）进士科、卷二七《附考·制科》录载虞咸。

【管元惠】开元十五年（727）武足安边科及第。再举武可戢兵。小传见前制科。

《全唐文补遗》第三辑，苏预撰天宝元年（742）二月十五日《唐故中大夫福州刺史管府君（元惠）神道碑并序》："公讳元惠，字元惠，平昌人也……始，门荫为卫官，寻调左金吾长上。一举武可安边，再举武可戢兵，累践甲科，仍安下位。"

《登科记考补正》卷二七《附考·制科》录载管元惠。

【樊晃】一作楚冕，润州人。进士及第。开元时擢书判拔萃科。

《全唐文》卷三九八，作者小传："冕，开元时擢书判拔萃科。"

《国秀集》卷下录有"前进士樊晃"诗一首。

附考武举（玄宗朝武举）

【元峄】河南人，元振之子。武举及第。调京兆府龙栖府别将，天宝三载（744）官寿城府别将。

《唐代墓志汇编》天宝〇五七，杨光煦撰天宝三载（744）十一月二十六日《大唐故淮安郡桐栢县令元公（振）墓志铭并序》："公讳振，字振，河南氏拓跋后也……胤子峄，执射成名，应宾擢第，调京兆府龙栖府别将，迁西畿寿城府别将。"按：元振卒于天宝三载（744），则其子中举当在开元中。

《登科记考补正》卷二七《附考·武举》录载元峄。

【李偘偘】字元光，陇西狄道人。祖师福，蒋王东阁祭酒。父释子，盐、甘、肃三州刺史使持节巂州都督。开元中武举及第，官至左领军卫执戟。

《唐代墓志汇编》开元三一七，崔珪璋撰开元十八年（730）十二月二十九日《唐故左领军卫执戟李公（偘偘）墓志铭并序》："公讳偘偘，字元光，陇西狄道人也……祖师福，蒋王东阁祭酒；父释子，皇任盐、甘、肃三州刺史使持节巂州都督……（公）虽历年勤戍，空疲汗马之劳；入贡西曹，一举高第，旨授左领军执戟。年卌有九，以开元十七年己巳载六月暴亡轩禁。"按：据志文，偘偘当为开元中武举出身。

《登科记考补正》卷二七《附考·武举》录载李偘偘。

【张嘉祐】范阳人。开元间武举及第。补右领军司戈，官至左金吾将军。

《唐代墓志汇编》天宝〇〇三，天宝元年（742）二月八日《唐故左金吾将军范阳张公（嘉祐）墓志铭并序》。公讳嘉祐，范阳人，相国河东公季弟。曾祖长度，光禄卿；祖俊兴，赠慈州刺史；考思义，赠秦州都督……（公）弱冠武举及第，充祔庙辇脚，补右领军司戈，换同轨府果毅，知含嘉仓幹，其出内转伊川府折冲……廿九年十月甲辰，终于安邑里私第。"按：

《全唐文》卷三五八,柳实撰此志文作“嘉祐”,误。嘉祐为嘉贞季弟,见两《唐书》张嘉贞传附。

《登科记考补正》卷二七《附考·武举》录载张嘉祐。

【夏侯杲】谯郡人。父思泰,官尚书都事。开元二十六年(738)前杲以左卫翊卫武举及第。兵部常选。

《唐代墓志汇编》开元四七四,开元二十六年(738)十一月八日《大唐故朝议郎行尚书都事上柱国夏侯府君(思泰)墓志并序》:“公讳思泰,字懿,谯郡人也……次子左卫翊卫武举及第,兵部常选杲。”按杲武举及第当在开元二十六年之前。

《登科记考补正》卷二七《附考·武举》录载夏侯杲。

【郭子仪】字子仪,华州郑县人。父敬之,制科将帅举及第,历绥、渭、桂、寿、泗五州刺史,以子贵,赠太保,追封祁国公。子仪开元时武举及第。德宗时官至太尉、中书令。建中二年(781)卒,年八十五,赐谥曰忠武,配飨代宗庙庭。

《旧唐书》卷一二〇《郭子仪传》:“郭子仪,华州郑县人。父敬之,历绥、渭、桂、寿、泗五州刺史,以子贵,赠太保,追封祁国公。子仪长六尺余,体貌秀杰,始以武举高等补左卫长史,累列诸军使……德宗即位,诏还朝,摄冢宰,充山陵使,赐号‘尚父’,进位太尉、中书令……建中二年夏……六月十四日薨,时年八十五,德宗闻之震悼,废朝五日……赐谥曰忠武,配飨代宗庙庭。”

《新唐书》卷一三七《郭子仪传》:“郭子仪字子仪,华州郑人。长七尺二寸。以武举异等补左卫长史。”

《登科记考补正》卷二七《附考·武举》录载郭子仪。

【席延宾】虢州湖城人。开元中武举擢第,官授石州善训府别将。

《秦晋豫新出墓志蒐佚续编》六八三,吴□撰贞元四年(788)八月二十七日《唐故别将席公墓志铭并序》:“席公讳延宾,虢州湖城人也……公少负才略,开元中武举擢第,选授石州善训府别将。”

【瞿昙譔】字贞固。开元中武举擢第。官至司天监。

《唐代墓志汇编》大历〇四九,张翃撰大历十一年(776)十月乙酉朔《唐故银青光禄大夫司天监瞿昙公(譔)墓志铭并序》:“公讳譔,字贞固……筮仕之首,以武举及第,授扶风郡山泉府别将。”按:譔卒于大历十一年(776)四月,享年六十五。以年岁推之,其擢第当在开元中。

《登科记考补正》卷二七《附考·武举》录载瞿昙譔。

附考科目未详(玄宗朝科目未详)

【王□】河内人。开元年间科举及第,初授宣城郡宣城县主簿。官至西河郡平遥县尉。

《唐代墓志汇编》天宝一五六,天宝九载(750)三月十四日《皇唐故西河郡平遥县尉王府君墓志铭并序》:“公讳□字□□□□河内人也……早登儒□之科,释巾任宣城郡宣城县主簿。”按:据志文,王氏当为科举出身,科目未详。以卒于天宝九载(751)二月九日,享年五十六推之,其科举及第时间当在开元年间。

《登科记考补正》卷二七《附考·明经科》录载王□,证据不足。

【陆振】吴人,祖象先,官太子少保。父众,官长安县令。振天宝初年科举及第,初授左卫率府录事参军。官至右金吾卫胄曹参军。

《全唐文补遗》第五辑,天宝十载(751)九月五日《大唐故陆府君(振)墓志并序》:“右金吾卫胄曹参军陆振之墓。家本吴人,晋太尉之十四代孙。六代祖讳琛,陈黄门侍郎。皇鸾台侍郎、同凤阁鸾台平章事、赠扬州大都督讳元方之曾孙,皇太子少保、赠左丞相讳象先之孙,今京兆府长安县令众之长子……幼以门荫为昭文生,光胄子□。射策高第,调补左卫率府录事参军,超恒选也。三考有替,改授右金吾卫胄曹参军。”按据志文,陆振以昭文生射策高第,当为科举出身。又:陆振卒于天宝十载(751)八月二十六日,春秋二十七,以仕历推之,其科举及第时间当在天宝初年。

《登科记考补正》卷二七《附考·进士科》录载陆振,证据不足。

卷六

唐肃宗（李亨）朝（757—761）

至德二载丁酉(757)

知贡举：礼部员外郎薛邕
门下侍郎崔涣
礼部侍郎裴士淹
礼部侍郎李希言

进士科

【王察】京兆杜陵人。至德二载(757)进士及第。终连州刺史。

《旧唐书》卷一七八《王徽传》:"徽,字昭文,京兆杜陵人……祖察,至德二年登进士第,位终连州刺史。父自立,位终缑氏令。"

《登科记考》卷一〇至德二载(757)进士科录载王察。

【严维】字正文,越州人。至德二载(757)进士及第。曾官诸暨及河南尉,终校书郎。

(唐)姚合《极玄集》卷下:"严维,字正文,山阴人,至德一载进士,历诸暨及河南尉,终校书郎。"

(元)辛文房撰,傅璇琮主编《唐才子传校笺》(册一)卷三《严维》条云:"维字正文,越州人。至德二年,江淮选补使、侍郎崔涣下以词藻宏丽。进士及第。"

《登科记考》卷一〇至德二载(757)进士科录载严维。

嘉靖《浙江通志》卷三八《人物志》:"(严维)武德二年进士,授校书郎,为诸暨及河南尉。"按:此武德盖至德之误。

【顾况】字逋公(或逋翁),苏州人。至德二载(757)进士及第。官著作郎。

(五代)严子休撰《桂苑丛谈·史遗》:"吴郡顾况,贞元中进士及第。"

(宋)晁公武《郡斋读书志校证》卷一七《别集类上》录《顾况集》二十卷,注云:"右唐顾况字逋公,苏州人。至德二年,江东进士……德宗时,柳浑辅政,以秘书郎召况……久之,迁著作郎。"

(元)辛文房撰,傅璇琮主编《唐才子传校笺》(册一)卷三《顾况》条云:"况字逋翁,苏州人。至德二年,天子幸蜀,江东侍郎李希言下进士。"

《登科记考》卷一〇至德二载(757)进士科录载顾况。

嘉兴《府志》卷五六《海盐列传》:"顾况,字逋翁,至德二载进士。"

正德《姑苏志》卷五《科第表上》:"顾况,登科记无,疑或别科。"

崇祯《吴县志》卷四七《人物·风雅》:"顾况,至德二年进士。"

【戴孚】谯郡人。至德二载(757)进士及第。终饶州录事参军。

《全唐文》卷五二八,顾况(一)《戴氏广异记序》:"谯郡戴君孚,幽赜最深,至德初,况始与同登一科。君自校书郎终饶州录事参军。"

《登科记考》卷一〇至德二载(757)进士科录载戴孚。

制科

【**严维**】字正文，山阴人。至德二载（757）辞藻宏丽科登第。

（宋）陈振孙《直斋书录解题》卷一九录载《严维集》一卷，注云："唐秘书郎山阴严维正文撰。至德二载辞藻宏丽科。"

【**裴札**】河东闻喜人。至德二年（757）应详练时务及第，补梁州参军。官至韶州刺史。

《全唐文补遗》千唐志斋新藏专辑，杜密撰贞元九年（793）十月三日《唐故朝议大夫金部郎中韶州刺史裴府君（札）志铭并序》："公讳札，河东闻喜人也。幼而聪辩，尤善瞩文。虽五行一览，若成诵在心……天宝中，宿卫出身，选举使崔涣下应详练时务及第，补梁州参军。"按：至德二年（757）分四处举行科举考试，崔涣以门下侍郎于江淮知贡举，则裴札当为是年及第。

至德三载戊戌（758）

二月丁未，改至德三载为乾元元年。《旧唐书·本纪》。

知贡举：礼部侍郎裴士淹

进士科

【**苏端**】至德三载（758）进士及第。

《杜甫集》卷二《雨过苏端》，钱笺以为至德二载作，引卞圜曰："端时白衣。《唐科名记》，端明春始及第。"则及第当在是年。

《登科记考》卷一〇至德三载（758）进士科录载苏端。

【**柳伉**】至德三载（758）进士及第。

《困学纪闻》引《登科记》，伉乾元元年进士。按即疏请斩程元振者。

《登科记考》卷一〇至德三藏（758）进士科录载柳伉。

乾元二年己亥（759）

知贡举：礼部侍郎李揆

进士科

【**赖棐**】字忱甫，赣州雩都人。乾元二年（759）进士及第。

（明）李贤等《明一统志》卷五十八《赣州府·人物·唐》："赖棐，雩都人。七岁能文，弱冠通九经百氏。乾元中举进士，拜崇文馆校书郎。"

天一阁藏嘉靖《赣州府志》卷九《选举·进士》："雩都，唐：赖棐，忱甫。七岁能文，弱冠通九经百氏。登乾元二年进士，拜崇文馆校书郎，不就。大历初，邑令李景阳谓耆旧曰：'昔庞统里号冠盖，郑玄闾称道德，方知古人夫复何愧？'即其所居号秘书坊，又为秘书楼表之。"

(明)凌迪知《万姓统谱》卷九七："赖棐，字忱甫，雩都人。七岁能文，弱冠通九经，乾元中举进士，拜崇文馆校书郎，不就，退居田里，人称其居曰秘书里。"

(明)李日华《姓氏谱纂》卷四："赖棐，字忱甫，雩都人。弱冠通九经，登进士，不仕，人称其居曰秘书里。"

《登科记考补正》卷一〇乾元二年(759)进士科增补赖棐。

制科

【姚南仲】吴兴武康人。乾元初，擢制科。拜尚书右仆射。

《全唐文》卷五〇〇，权德舆《故中散大夫守尚书右仆射上柱国赐紫金鱼袋赠太子太保姚公(南仲)神道碑铭并序》："公讳南仲，字某，吴兴武康人也……公抗行厉操，清方廉俭，以规为瑱，以礼为舆，以多文为富，以不贪为宝，洁如大圭，锵若黄钟，宏毅以任重，温贞而能断。自射策筮仕至于绥吉禄、启手足，繇是道也。其初应制条对理道，授太子校书。"

《旧唐书》卷一五三《姚南仲传》："乾元初，制科登第。"

《新唐书》卷一六二《姚南仲传》："姚南仲，华州下邽人。乾元初，擢制科，授太子校书。"

《登科记考》卷一〇乾元二年(759)应制及第录载姚南仲。

上书拜官

【沈浩】乾元二年(759)上书拜官，授校书郎、集贤殿待诏。

(宋)王钦若等《册府元龟》卷六〇一《学校部(五)·恩奖》："沈浩隐居四明山。肃宗乾元二年，进《广孝经》十卷，授秘书郎、集贤殿待诏，仍赐绿袍牙笏。"

《新唐书》卷五七《艺文一》："徐浩《广孝经》十卷。浩称四明山人，乾元二年上，授校书郎。"按据《册府元龟》，"徐浩"当为"沈浩"。

《登科记考》卷一〇乾元二年(759)上书拜官条录载沈浩。

乾元三年庚子(760)

闰四月乙卯，改乾元为上元。《旧唐书·本纪》。

知贡举：中书舍人姚子彦

进士科

【魏颢】初名万。乾元三年(760)进士及第。

（宋）计有功《唐诗纪事》卷二二《魏万》："万后名题，上元初登第。"

《登科记考》卷一〇乾元三年（760）进士科录载魏万。

明经科

【阎士熊】河南县人。乾元三年（760）明经及第，授绥州大斌县丞。官至宋城县尉。

《唐代墓志汇编》贞元〇三二，乔融撰贞元六年（790）十一月十日《唐故宋州宋城县尉河南阎公（士熊）墓志铭并序》："公讳士熊，茂族承家，河南县人也……公弱冠明经出身，解褐绥州大斌县丞。"按：以贞元六年（790）卒，年五十推之，其弱冠岁在乾元三年。

制科

【王翃】字宏肱，太原晋阳人。乾元三年（760）擢才兼文武科。贞元十二年（796）检校礼部尚书，代董晋为东都留守，判尚书省事、东畿汝防御使。十八年（802）卒，时七十余，赠礼部尚书。

《旧唐书》卷一五七《王翃传》："王翃，太原晋阳人也……大历五年迁容州刺史、容管经略使……贞元十二年，检校礼部尚书，代董晋为东都留守，判尚书省事、东畿汝防御使……十八年卒，时七十余，赠礼部尚书。"

《新唐书》卷一四三《王翃传》："王翃字宏肱，并州晋阳人。少治兵家。天宝中授翊卫尉、羽林军宿卫。擢才兼文武科，出为辰州刺史。"

（宋）王应麟《玉海》卷一一五《选举·唐制举》："天宝中王翃治兵家，擢才兼文武科。"

嘉靖《常德府志》卷一二《官守志·历官》："（王翃）少治兵家，擢才兼文武科，出为辰州刺使。"

上元二年辛丑（761）

知贡举：中书舍人姚子彦

进士科

【王绰】上元二年（761）进士及第。

（宋）李昉等《文苑英华》卷一八一《诗三十一》"省试二"录载王绰《迎春东郊》诗。

《登科记考》卷一〇上元二年（761）进士科录载王绰，考云："见《文苑英华》。"

【张濯】上元二年（761）进士及第。

（宋）计有功《唐诗纪事》卷二八《张濯》："濯，登上元进士第。"

《登科记考》卷一〇上元二年（761）进士科录载张濯。

附考（肃宗朝）

附考进士（肃宗朝进士）

【袁高】东光人。唐肃宗时进士及第。官至给事中。卒后赠礼部尚书。

《旧唐书》卷一五三《袁高传》："袁高字公颐，恕己之孙。少慷慨，慕名节。登进士第，累辟使府，有赞佐裨益之誉。代宗登极，征入朝，累官至给事中、御史中丞。建中二年，擢为京畿观察使。以论事失旨，贬韶州长史，复拜为给事中……宪宗朝，宰臣李吉甫尝言高之忠鲠，诏赠礼部尚书。"

《登科记考》卷二七《附考·进士科》录载袁高。

光绪《畿辅通志》卷三四《选举·唐·进士》："肃宗年，袁高，东光人，给事中。"

【程通】约肃宗时进士及第。

《全唐文补遗》第六辑，程通撰乾元二年（759）二月十二日《唐故宣义郎左藏署令王君（□昇）□志》，撰者署"前广文馆进士"。

《登科记考补正》卷二七《附考·进士科》录载程通。

附考明经（肃宗朝明经）

【马文质】上元二年（761）七月前明经及第。

《唐代墓志汇编》宝应〇〇一，宝应元年（762）建子（十一）月廿一日《唐右金吾卫将马君夫人敦煌令狐氏墓志铭并序》："夫人……有子二人：伯曰文质，前乡贡明经。"按：令狐氏卒于上元二年（761）七月廿二日，春秋五十。

【令狐简】敦煌人。上元元年（760）十一月前明经及第。

《全唐文补遗》第七辑，令狐简撰上元元年（760）十一月三日《唐故长安县尉韦公（讽）墓志》，署："前乡贡明经敦煌令狐简撰。"

【张密】字密，范阳方城人。袭爵渔阳县开国男。约在至德初明经及第。官终河南府参军。

《全唐文补遗》第八辑，大历六年（771）二月十五日《唐故河南府参军渔阳县开国男张府君（密）墓志铭并序》："君讳密，字密，范阳方城人……初以荫余延宠，封渔阳县男。寻又经明入官，参河南府军事……（至德）二年十一月庚戌，终于容城，时廿五。"按：张密以"经明入官"，当是指明经及第。又据志文，密卒于肃宗至德二年（757），年二十五，则其卒年当在及第不久。

【魏揩】约在肃宗、代宗间明经及第。官大理评事。

《全唐文补遗》千唐志斋新藏专辑，宋元方撰贞元十一年（795）三月五日《唐故大理评事魏府君（揩）墓志铭并序》："君讳揩，字□□，钜鹿人也……肇自弘文馆明经登弟，解褐曲沃尉。"按：揩卒于贞元十一年，年五十六，则其及第时间约在肃宗、代宗间。

附考制科（肃宗朝制科）

【卢瀜】范阳人。肃宗时制举及第。官检校祠部郎中。

《全唐文补遗》第八辑，李林宗撰大和九年（835）四月十日《唐故楚州营田巡官将仕郎徐州彭城县主簿范阳卢府君（处约）墓志铭并序》："君讳处约，字得之，范阳人……祖瀜，肃宗时应制考，登甲科，官检校祠部郎中，阶至朝散。"

【房凛】字敬叔，河南人。长安令思晦之孙，殷城令齐金之子。以贤良荐授秘书省正字。

《全唐文》卷五二〇，梁肃撰《房正字（凛）墓志》："河南房君讳凛字敬叔者，唐长安令思晦之孙，殷城令齐金之子，相国赠太尉清河公琯之族子也。兴元元年十月，终于盐官县之旅次，旋窆于楚州宝应之某原……始敬叔十岁好学，十五能属文，二十余值陆浑为戎，遁于东南。刘仆射以贤良荐授秘书省正字。"按：凛卒于德宗兴元元年（784），其以贤良得授秘书正字，约在肃宗时。

《登科记考》卷二七《附考·制科》云房凛及第。

卷七

唐代宗（李豫）朝（762—779）

宝应元年壬寅(762)

建巳月甲子,制改元。《通鉴》。

明经科

【卢瑀】字子圭,范阳人。宝应元年(762)明经及第。初授泗州临淮尉,历恭陵台丞。

《全唐文补遗》千唐志斋新藏专辑,裴公俭撰贞元八年(792)八月二十一日《唐故恭陵台丞卢府君(瑀)墓志铭并序》:"有唐卢府君讳瑀,字子圭,其先范阳人也……初冠,明经擢第,释褐从泗州临淮尉,历恭陵台丞。"按志文,卢瑀行年四十七,卒于贞元五年(789),则其初冠年在宝应元年(762)。

制科

【赵□升】字士先。宝应元年(762)制科及第。授汝州临汝县主簿,官终处州司户。

《全唐文补遗》第八辑,李从茂撰元和十一年(816)二月十八日《大唐故承务郎授处州司户赵府君(□升)玄堂志铭并序》:"君讳□升,字士先……年在弱冠,宿卫高科,授汝州临汝县主簿。"按赵□升卒于元和九年(814),享年七十二,弱冠在宝应元年(762)。

上书拜官

【罗珦】越州会稽人。宝应元年(762)上书拜官,廷授太常寺太祝。官终太子宾客。

《全唐文》卷五〇六权德舆《唐故太中大夫守太子宾客上柱国襄阳县开国男赐紫金鱼袋罗公(珦)墓志铭并序》:"公讳珦,其先会稽人……宝应初,上书言事,廷命太祝。"

《新唐书》卷一九七《循吏·罗珦传》:"罗珦,越州会稽人。宝应初,诣阙上书,授太常寺太祝。"

《登科记考补正》卷十宝应元年(762)上书拜官条增补罗珦。

宝应二年癸卯(763)

七月壬子,改元广德。《册府元龟》《唐大诏令集》。

知贡举:礼部侍郎萧昕

进士科

【洪源】宝应二年(763)进士科状元及第。

(元)辛文房撰,傅璇琮主编《唐才子传校笺》(册二)卷四《耿湋》条云:"湋,河东人也。宝应二年洪源榜进士。”

（明）徐应秋《玉芝堂谈荟》卷二《历代状元》：“肃宗宝应元年，进士二十七人，状元洪源。”按：据《登科记考》卷十，文中所云“宝应元年”应为“宝应二年”。

《登科记考》卷十宝应二年（763）进士科录洪源为是年状元。

【古之奇】宝应二年（763）进士及第。

（宋）计有功《唐诗纪事》卷二八《古之奇》：“之奇，登宝应进士第。”

（元）辛文房撰，傅璇琮主编《唐才子传校笺》（册二）卷四《古之奇》条云：“之奇，宝应二年礼部侍郎洪源下及第，与耿湋同时。”按：应是“洪源榜及第”。

《登科记考》卷十宝应二年（763）进士科录载古之奇。

【乔琛】一作乔琮。宝应二年（763）进士及第。

（宋）李昉等《文苑英华》卷二《赋二》，《日中有王字赋》题下署“乔琮”，下注：“《登科记》作乔琛。”赋题与郑锡同，郑宝应二年及第。

《登科记考》卷十宝应二年（763）进士科录载乔琛。

【杜黄裳】字遵素，京兆万年人。宝应二年（763）进士及第。元和二年以检校司空同平章事，封邠国公，三年九月卒，赠司徒，谥曰宣献。

《柳宗元集》卷一二《先君石表阴先友记》：“杜黄裳，京兆人。”孙注：“黄裳，字遵素，京兆杜陵人，宝应二年中进士第。”

《旧唐书》卷一四七《杜黄裳传》：“杜黄裳字遵素，京兆杜陵人也。登进士第、宏辞科，杜鸿渐深器重之。为郭子仪朔方从事，子仪入朝，令黄裳主留务于朔方……贞元末，为太常卿。王叔文之窃权，黄裳终不造其门……（元和）二年正月，检校司空，同平章事，兼河中尹、河中晋绛等州节度使。八月，封邠国公。三年九月，卒于河中，年七十一，赠司徒，谥曰宣献。”

《新唐书》卷一六九《杜黄裳传》：“杜黄裳字遵素，京兆万年人。擢进士第，又中宏辞……贞元末，拜太子宾客，居韦曲……皇太子总军国事，擢黄裳门下侍郎、同中书门下平章事……元和二年，以检校司空同中书门下平章事，为河中、晋绛节度使，俄封邠国公。明年卒，年七十，赠司徒，谥曰宣献。”

《登科记考》卷十宝应二年（763）进士科录载杜黄裳。

【郑锡】宝应年进士及第。曾官礼部员外郎。

《全唐文》卷六三九李翱《故歙州长史陇西李府君墓志铭》：“府君讳则，字某，凉武昭王十三世孙……女子五人，长女婿礼部员外郑锡。”

（宋）计有功《唐诗纪事》卷二八《郑锡》：“锡，登宝应进士第。宝历间为礼部员外郎。”

《登科记考》卷十宝应二年（763）进士科录载郑锡。

【耿湋】河东人。宝应二年（763）进士及第。官至左拾遗或曰终右拾遗。

（唐）姚合《极玄集》卷上：“耿湋，或作纬，宝应二年进士，官至左拾遗。”

《新唐书》卷二〇三《卢纶传》：“（耿）湋右拾遗。”

（宋）计有功《唐诗纪事》卷三〇《耿湋》：“湋，宝应元年进士，为左拾遗。”按：此为元年，误。

（宋）晁公武《郡斋读书志校证》卷一七《别集类上》录《耿湋诗》二卷，注云："右唐耿湋。宝应元年进士，为左拾遗。"按：此袭《唐诗纪事》元年之误。

（元）辛文房撰，傅璇琮主编《唐才子传校笺》（册二）卷四《古之奇》条云："之奇，宝应二年礼部侍郎洪源下及第，与耿湋同时。"按：应是"洪源榜及第"。

（元）辛文房撰，傅璇琮主编《唐才子传校笺》（册二）卷四《耿湋》条云："湋，河东人也。宝应二年洪源榜进士。"

《登科记考》卷十宝应二年（763）进士科录载耿湋。

【高郢】字公楚，卫州人。宝应初第进士，又以茂才异行高第。曾官中书侍郎同中书门下平章事。以尚书右仆射致仕。

《全唐文》卷三七六任华《送李彝宰新都序》："宗室后进有以学术辞藻著称者，彝也。少好学，通九流百家之言，善属文，颇有大节。去年制举不捷。无何，以书历抵二相国，论安边术，由是召试西掖。凡数十百人，彝与庄若讷、高郢同入高等。何垂翅于制举，而奋翼于西掖哉？盖道之屈伸，命之通塞，各有时也。执政以彝大人在蜀，故授新都以荣之。"

《旧唐书》卷一四七《高郢传》："高郢字公楚，其先渤海蓨人。九岁通《春秋》，能属文……后举进士擢第，应制举，登茂才异行科，授华阴尉……未几，征拜主客员外，迁刑部郎中，改中书舍人。凡九岁，拜礼部侍郎。时应进士举者，多务朋游，驰逐声名；每岁冬，州府荐送后，唯追奉宴集，罕肄其业。郢性刚正，尤嫉其风，既领职，拒绝请托，虽同列通熟，无敢言者。志在经艺，专考程试。凡掌贡部三岁，进幽独，抑浮华，朋滥之风，翕然一变。拜太常卿。贞元十九年冬，进位银青光禄大夫，守中书侍郎、同中书门下平章事。顺宗即位，转刑部尚书，为韦执谊等所惮。寻罢知政事，以本官判吏部尚书事。明年，出镇华州。元和元年冬，复拜太常卿，寻除御史大夫。数月，转兵部尚书。逾月，再表乞骸，不许……乃授尚书右仆射致仕。六年七月卒，年七十二。赠太子太保，谥曰贞。"

《新唐书》卷一六五《高郢传》："高郢字公楚，其先自渤海徙卫州，遂为卫州人。九岁通《春秋》，工属文，著《语默赋》，诸儒称之……宝应初，及进士第……贞元末，擢中书侍郎、同中书门下平章事。顺宗立，病不能事，王叔文党根据朝廷，帝始诏皇太子监国，而郢以刑部尚书罢。明年，为华州刺史，政尚仁静……复召为太常卿，除御史大夫。数月，改兵部尚书，固乞骸骨，以尚书右仆射致仕。卒，年七十二，赠太子太保，谥曰贞。"

（宋）洪迈《容斋随笔·五笔》卷七《门生门下见门生》："郢以宝应二年癸卯礼部侍郎萧昕下第九人登科。"

《登科记考》卷十宝应二年（763）进士科录载高郢。

诸科

【王淇】宝应二年（763）童子科及第。

（唐）杜牧《窦列女传》："王淇年十一岁能念五经，举童子及第。"以大和元年（827），春秋七十五推之，及第在是年。

《登科记考》卷十宝应二年(763)诸科录载王淇。

制科

【李郱】李汉之父。宝应二年(763)拔萃科及第。

(唐)韩愈《李郱墓志铭》:"以朝邑员外尉选,鲁公真卿第其所试文为上等。"五百家注引樊注:"颜真卿为吏部侍郎。"按:鲁公于宝应二年三月改吏部侍郎,则李郱拔萃在是年。

《登科记考》卷十宝应二年(763)诸科录载李郱。

【敬宽】宝应二年(763)拔萃科及第。

《全唐文》卷四三五作者小传:"宽,宝应朝擢书判拔萃科。"

《登科记考》卷十宝应二年(763)诸科录载敬宽。

广德二年甲辰(764)

知贡举:礼部侍郎杨绾

进士科

【杨栖梧】广德二年(764)进士科状元及第。

(元)辛文房撰,傅璇琮主编《唐才子传校笺》(册一)卷三《苏涣》条云:"涣,广德二年杨栖梧榜进士。"

《登科记考》卷十广德二年(764)进士科录杨栖梧为是年状元。

【苏涣】广德二年(764)进士及第。累迁侍御史。

(唐)高仲武《中兴间气集》卷上:"涣本不平者,善放白弩,巴中号曰白跖,实人患之以比盗跖。后自知非,变节从学乡赋,擢第,累迁至御史。"

(宋)洪迈《容斋随笔·三笔》卷一六《苏涣诗》:"唐《艺文志》有涣诗一卷,云:'涣……后折节读书,进士及第。湖南崔瓘辟从事,继走交、广,与哥舒晃反,伏诛。'"

(元)辛文房撰,傅璇琮主编《唐才子传校笺》(册一)卷三《苏涣》条云:"涣,广德二年杨栖梧榜进士。"

《登科记考》卷十广德二年(764)进士科录载苏涣。

明经科

【韦羽】字季鸾,京兆杜陵人。广德二年(764)弘文馆明经出身。官至宣德郎、检校尚书户部员外郎兼侍御史。

《大唐西市博物馆藏墓志》三四三,郑素撰元和二年(807)八月十七日《唐故宣德郎检校尚书户部员外郎兼侍御史赐绯鱼袋充剑南西川南道运粮使韦公墓志铭并序》:"公讳羽,字季鸾,京兆杜陵人也……广德二年,弘文馆明经出身。"按:墓志撰者署"子婿将仕郎守越州山阴县尉郑素撰"。

【杨宁】字庶玄，弘农华阴人。广德二年（764）举明经。官终国子祭酒。

《唐代墓志汇编》元和一〇五钱徽撰元和十二年（817）八月十五日《唐故朝议大夫守国子祭酒致仕上骑都尉赐紫金鱼袋赠右散骑常侍杨府君（宁）墓志铭并序》："公讳宁，字庶玄，弘农华阴人也……既冠，擢明经上第，释褐衣授亳州临涣县主簿。"按卒于元和十二年（817），春秋七十四推之，其既冠之年在广德二年。

《登科记考补正》卷十广德二年（764）明经科增补杨宁。

【高仁】字宽仁，贵溪人。广德二年（764）举明经。任福建观察使。

嘉靖《广信府志》卷一七《人物志·宦业》："（高仁）广德纪元举明经，大历间仕福建观察使。"按：宝应二年（763）七月改元广德，则府志所云"广德纪元举明经"，则为次年榜也。

【崔绛】字太素，清河武城人，曾祖晊，官宋州宋城县令，祖倓，官梓州司法，父洽，官舒王府司马。广德二年（764）明经及第。官至永宁县尉。

《秦晋豫新出墓志蒐佚》六三五，敬骞撰贞元七年（791）八月二十六日《唐故永宁县尉清河崔公墓志铭并序》："公清河武城人，姓崔氏，讳绛，字太素……曾祖晊，皇宋州宋城县令。祖倓，皇梓州司法。父洽，皇舒王府司马……（绛）弱冠明经及第。"以贞元七年（791），春秋卌七推之，崔绛弱冠在广德二年（764）。

制科

【李汲】字寡言，赵郡人。广德二年（764）制举及第，授楚州录事参军。官至余姚县令。

《唐代墓志汇编》贞元〇七二贞元十二年（796）十一月二十二日《故越州大都督府余姚县令李府君（汲）墓志铭并序》："公讳汲，字寡言，赵郡人也……广德初，国家广延贤俊，待以不次之位，公乃买符西上，献策金门。郗诜得桂于东堂，汉主擢弘为上第，乃自释褐超迁楚州录事参军。"按：《登科记考补正》卷十录李汲广德二年（764）进士及第，证据不足。

永泰元年乙巳（765）

正月癸巳朔，改广德三年为永泰元年。《旧唐书·本纪》。

知贡举：上都，尚书左丞杨绾
东都，礼部侍郎贾至

进士科

【皇甫徹】一作"皇甫澈"，安定朝那人。永泰元年（765）进士科状元及第。官终蜀州刺史。

《全唐文补遗》第四辑，刘玄章《唐故朝议郎使持节抚州诸军事守抚州刺史柱国皇甫公（炜）墓志铭并序》："公讳皇甫氏，安定朝那人也……皇朝齐州刺史讳胤，公之曾大父也。齐州生蜀州刺史讳徹，永泰初登进士科，首冠群彦。由尚书郎出蜀郡守。文学政事，为时表仪。”按皇甫徹进士科“首冠群彦”，当为是年状元。

《全唐文补遗》第八辑，王良士撰贞元十九年(803)八月二十四日《唐故剑南西川节度副使检校尚书吏部郎中兼御史中丞安定皇甫公(澈)墓志铭并序》：“唐贞元壬午岁，节度副使、中丞皇甫公寝疾终于成都官舍……公名澈，皇朝洛阳丞、赠兵部侍郎讳寡过之曾孙，唐州刺史乾遂之孙，齐州刺史胤之少子，工部侍郎韦公述之甥也……含章挺秀，弱岁能文。自进士甲科，释褐秘书省正字，至于是官，凡九命焉。其间再为御史、尚书郎，历硖、蜀二州刺史。享年六十。”

《全唐文补遗》千唐志斋新藏专辑，刘允章撰咸通四年(863)二月十六日《唐故福建都团练观察处置等使中大夫使持节福州诸军事守福州刺史兼御史中丞柱国安定县开国男食邑三百户赐紫金鱼袋赠左散骑常侍安定皇甫(燠)墓志铭并序》：“公讳燠，字广熙，安定人也……曾大父胤，皇齐州刺史。大父徹，皇蜀州刺史，赠右散骑常侍。父曙，皇汝州刺史，赠吏部尚书。”按：王良士《皇甫澈墓志》与刘允章《皇甫燠墓志》、刘玄章《皇甫炜墓志》、所载皇甫氏家族背景资料一致，唯一不同之处是官蜀州刺史皇甫公的姓名，前者云皇甫澈，后者云皇甫徹，未知孰是？皇甫澈卒于贞元壬午岁(贞元十八年，802)，享年六十，则其于永泰元年(765)进士科及第时二十三岁。

【萧遘】永泰元年(765)进士科状元及第。

(明)徐应秋《玉芝堂谈荟》卷二《历代状元》：“又状元萧遘，年份无考。”按：萧遘列于宝应后、大历之前。《登科记考》卷十附萧遘于永泰元年进士科俟考。《登科记考补正》卷十按语云：“本年状元为皇甫徹，已见上考，然是年贡士分上都试与东京试，或有两状元亦有可能，故萧遘之名仍存。”

许友根《唐代状元研究》第六章收录皇甫徹、萧遘为是年状元。今仍从之，俟考。

【卢虔】永泰元年(765)进士及第。历御史府三院、刑部郎中、江汝二州刺史、秘书监。

《旧唐书》卷一三二《卢从史传》：“父虔，少孤，好学，举进士，历御史府三院、刑部郎中、江汝二州刺史、秘书监。”

《登科记考》卷二七《附考·进士科》录载卢虔，《登科记考补正》卷十永泰元年(765)进士科系年。

【徐申】字维降，东海郯人，寄籍京兆府。永泰元年进士及第。官至岭南节度使，加检校礼部尚书，封东海郡公。

《全唐文》卷五〇二权德舆《金紫光禄大夫检校礼部尚书使持节都督广州诸军事兼广州刺史御史大夫充岭南节度支度营田观察处置本管经略等使东海郡开国公赠太子少保徐公(申)墓志铭并序》：“公讳申，字维降，东海郯人……永泰初，当著作贾常侍至操柄仪曹，搴士林之菁华，举进士上第。”按：仪曹指礼部，是年贾至知贡举。

《全唐文》卷六三九李翱《唐故金紫光禄大夫检校礼部尚书使持节都督广州诸军事兼广州刺史兼御史大夫充岭南节度营田观察制置本管经略等使东海郡开国公食邑二千户徐公(申)行状》：“曾祖仁御，隋吉州大和县丞。祖元之，皇考功员外郎，赠吏部郎中谏议大夫。考义，皇汾州司户参军，赠信州刺史。京兆府万年县青盖乡交原里东海徐公，年七十二。公讳申,字维降,东海剡人。永泰元年,寄籍京兆府,举进士秘书省正字,初辟巡官于江西,又掌书记于岭南行营。哥舒氏之乱平,奏授大理寺评事,转司直兼监察御史,赐绯鱼袋,又充节度判官于朔方,改太子司议郎兼殿中侍御史,选授洪州都督府长史。时刺史嗣曹王举江西兵讨李希烈,故以长史行刺史事,任职有成,曹王荐之,迁韶州刺史……既征入京师,迁朝散大夫使持节都督邕州诸军事守邕州刺史本管经略招讨使,御史中丞赐紫如初,是岁贞元十七年也……二十一年进阶银青光禄大夫,元和元年诏加金紫光禄大夫检校礼部尚书,封东海郡开国公,食邑二千户,余如故。诏书未至,有疾薨于位。"

《新唐书》卷一四三《徐申传》:"徐申字维降,京兆人。擢进士第,累迁洪州长史。"

《登科记考》卷十永泰元年(765)进士科录载徐申。

永泰二年丙午(766)

十一月甲子,改永泰二年为大历元年。《旧唐书·本纪》。

知贡举:上都,尚书左丞贾至

进士科

【吕牧】东平人。永泰二年(766)进士及第。官至泽州刺史。

《柳宗元集》卷一二《先君石表阴先友记》:"吕牧,东平人。由尚书郎刺泽州,卒。"孙注曰:"牧,永泰二年中进士第。"

《登科记考》卷十永泰二年(766)进士科录载吕牧。

【李璹】字东序,一字义璹,赵郡赞皇人。大历元年(766)进士及第。官至京兆府功曹。

《秦晋豫新出墓志蒐佚续编》七一五,郑元简撰贞元十五年(799)十一月九日《故京兆府功曹李公墓志文并序》:"公赵郡人也,其先盛美,备在简书,则赵之将相,亦处其源也。曾祖庆业,皇恒州汲县令。祖志廉,皇房州房陵县主簿。父泌,皇郑州司马。皆以文墨仕于明朝。再从叔莘,皇吏部员外,特以大才著名,挺立千古。公生而片玉,幼则属文,古诗盈千,一诵在□……大历中,以进士登科,旋补校书郎……夫人荥阳郑氏,即皇陕州平陆主簿成之女也。兄琬,见任昭义令。兄倕,见任解县尉。弟偁,秀才登科,前安邑县尉。"

《秦晋豫新出墓志蒐佚续编》七四三,唐衢撰元和三年(808)正月二十七日《唐故京兆府功曹赵郡李府君夫人墓志铭并序》:"公讳璹,字东序,其先赵郡赞皇人也。房陵主簿志廉之孙,郑州司马泌之元子……廿三,专东堂之席,登进士甲科,以此附之,逾彰令问,间年以常调补崇文馆校书,叙福昌县尉。"按:综合两志所载,李璹贞元十五年(799)卒,享年五十六,则其二十三岁登进士第在大历元年(766)。又:咸亨五年(674)进士及第之李璹,字义璹,陇西成纪人。初授建州录事参军,历官叶县、曲沃、屯留三县令。别是一人。

【何士幹】庐江人。永泰二年(766)进士及第。累为藩镇。

《柳宗元集》卷一〇《故岭南盐铁院李侍御墓志》:"妻庐江何氏,凡五世,世郑出,父曰士谔，季父曰士幹，有大名。”孙注曰：“士幹，永泰二年及进士第，累为藩镇。”

《登科记考》卷十永泰二年(766)进士科录载何士幹。

【郑云逵】荥阳人，父昈，终滁州刺史。永泰二年(766)进士及第。元和初官至京兆尹。

《新唐书》卷一六一《郑云逵传》：“郑云逵，系本荥阳。父昈，为郾城尉……终滁州刺史。云逵为人诞谲敢言，已登进士第，去客燕朔……元和初，为京兆尹，卒。”

《登科记考》卷十永泰二年(766)进士科录载郑云逵。

【窦叔向】字遗直，扶风平陵人。大历初进士及第。曾官左拾遗、内供奉、溧水令，卒赠工部尚书。

(元)辛文房撰，傅璇琮主编《唐才子传校笺》(册二)卷四《窦叔向》条云：“叔向，字遗直，扶风平陵人。有卓绝之行，登第于大历初，远振嘉名，为文物冠冕。诗法谨严，又非常格。一流才子，多仰飚尘。少与常衮同灯火，及衮相，引擢左拾遗内供奉。及坐贬，亦出为溧水令。卒赠工部尚书。”

《登科记考》卷十永泰二年(766)进士科录载窦叔向。

【裴枢】字环中。永泰二年(766)进士及第。

(宋)李昉等《太平广记》卷二四四《褊急·裴枢》引《乾𦠆子》：“河东裴枢字环中，季父耀卿，唐玄宗朝，位至丞相……永泰二年，贾至侍郎知举，枢一举而登选。后大历二年，薛邕方知举，枢及第后，归丹阳里，不与杂流交通。”

《登科记考》卷十永泰二年(766)进士科录载裴枢。

大历二年丁未(767)

知贡举：上都，礼部侍郎薛邕

进士科

【王颜】临晋人。大历二年(767)进士及第。官至御史中丞、虢州刺史。

《全唐文》卷五四五作者小传：“颜，太原人。第进士。贞元中累官大理少卿，拜御史中丞，出为虢州刺史。”

乾隆《山西通志》卷六五《科目》：“大历二年进士：王颜，临晋人，虢州刺史。”

乾隆《山西通志》卷一三八《人物三十八·文苑三·蒲州府·唐》：“王颜，临晋人，晋河东太守司空卓之裔，唐慈州文城县令景祚之孙，彬州彬县丞简真之仲子，登大历二年进士，补太子校书，转河东猗氏尉，同州郃阳县令，再转洛阳令，移典杭州，入大理少卿，拜御史中丞，出虢州刺史。”

【刘复】字公孙，彭城绥余里人。大历二年(767)进士及第。历官尚书水部员外郎、著作郎。

《全唐文补遗》第八辑，梁宁撰贞元九年(793)六月□日《唐故尚书水部员外郎以著作郎致仕彭城刘府君(复)墓志文》：“贞元八年，君卧病长安而自叙曰：刘复，字公孙，彭城绥余里人也……广德中，为公车所辟，会足疾，不能应命。大历初，河南尹博陵崔公以文辞荐，登科于宗伯。”按《登科记考补正》卷二七《附考·进士科》载有刘复，考云：“大历进士第，见《唐诗纪事》。”

《全唐诗》第十册卷三〇五录存刘复诗十六首，作者小传云：“刘复，登大历进士第，官水部员外郎。诗十六首。”又：按《登科记考》体例，依据墓志可列刘复为大历二年进士。

【宇文邈】河南人。大历二年(767)进士及第。曾官御史中丞、刺史。

《柳宗元集》卷一二《先君石表阴先友记》：“宇文邈，河南人。有文，谨慤人也。为御史中丞，龌龊自守。然以直免官，复为刺史，卒。”孙注曰：“大历二年进士。”

《新唐书》卷七一下《宰相世系表》一下：“邈，御史中丞。”

《登科记考》卷十大历二年(767)进士科录载宇文邈。

【李觌】陇西人。大历二年(767)进士及第。官至刑部郎中。

《柳宗元集》卷一二《先君石表阴先友记》：“李觌，陇西人。行义甚修。至刑部郎中，卒。”孙注：“大历二年，觌举进士第。”

《登科记考》卷十大历二年(767)进士科录载李觌。

【李竦】大历二年(767)进士及第。官至左庶子。

(宋)计有功《唐诗纪事》卷三二《李竦》：“竦，登大历二年进士第。”

《登科记考》卷十大历二年(767)进士科录载李竦。

【张叔良】大历二年(767)进士及第。

(宋)计有功《唐诗纪事》卷三一《张叔良》：“叔良，登广德二年进士第。”按(宋)李昉等《文苑英华》卷一八〇《诗三十·省试》录张叔良、崔琮、李竦《长至日上公献寿》诗。崔、李皆大历二年进士，叔良亦当为是年举。

《登科记考》卷十广德二年(764)进士科录载张叔良，《登科记考补正》卷十大历二年(767)进士科修改系年。

【武少仪】大历二年(767)进士及第。

(唐)韩愈《上巳日燕太学听弹琴诗序》有“司业武公少仪”，五百家注引韩注：“少仪，大历二年登第。”

《登科记考》卷十大历二年(767)进士科录载武少仪。

【贾弇】长乐人。大历二年(767)进士及第。曾为校书郎。

《柳宗元集》卷一二《先君石表阴先友记》：“贾弇，长乐人。善士也。为校书郎，卒。”孙注曰：“弇，大历二年中进士第。”

(宋)计有功《唐诗纪事》卷四七《贾弇》：“弇，登大历进士第。”

《登科记考》卷十大历二年(767)进士科录载贾弇。

【崔程】字孝武，清河东武城人。大历二年(767)进士及第，授秘书省正字。官至河南县主簿。

《唐代墓志汇编》贞元〇九六陆复礼撰贞元十五年(799)八月甲申(十三日)《唐故河南府河南县主簿崔公(程)墓志铭并序》：“公讳程，字孝武，清河东武城人也……弱冠乡举进士擢第，解褐授秘书省正字。"按：崔程卒于贞元十四年（798），春秋五十一，则其弱冠岁在大历二年。

《唐代墓志汇编》元和一二九郑群撰元和十四年（819）五月景申（十九日）《郑氏季妹（崔珏）墓志铭并序》："我叔父（崔）府君讳程，进士擢第。"按：郑氏季妹姓崔，卒于元和十四年，三十四岁。

【崔琮】大历二年（767）进士及第。

（宋）计有功《唐诗纪事》卷三二《崔琮》："琮，登大历二年进士第。"

《登科记考》卷十大历二年（767）进士科录载崔琮。

【敬骞】大历二年（767）进士第。曾官宣德郎、左卫仓曹参军。

《秦晋豫新出墓志蒐佚》六三五，贞元七年（791）八月二十六日《唐故永宁县尉清河崔公墓志铭并序》，撰者署"宣德郎前□左卫仓曹参军敬骞"。

（宋）李昉等《文苑英华》卷一三六《赋一百三十六》录载敬骞作《射隼高墉赋》（以君子藏器待时为韵）。

《登科记考》卷十大历二年（767）进士科录载敬骞，考云："见《文苑英华》。"

明经科

【冯伉】魏州元城人，徙贯京兆。大历二年（767）登五经秀才科，授秘书郎。历官兵部侍郎、同州刺史、散骑常侍、国子祭酒。卒年六十六，赠礼部尚书。

《旧唐书》卷一八九下《儒学下·冯伉传》："冯伉，本魏州元城人。父玠，后家于京兆。少有经学。大历初，登《五经》秀才科，授秘书郎。建中四年，又登博学《三史》科。三迁尚书膳部员外郎，充睦王已下侍读……顺宗即位，拜尚书兵部侍郎。改国子祭酒，为同州刺史。入拜左散骑常侍，复领太学。元和四年卒，年六十六，赠礼部尚书。子药，进士擢第，又登制科，仕至尚书郎。"按：五经秀才，即五经登第也。

《新唐书》卷一六一《冯伉传》："冯伉，魏州元城人，徙贯京兆。第五经、宏辞，调长安尉。三迁膳部员外郎，为睦王等侍读……伉为著《谕蒙书》十四篇，大抵劝之务农、进学，而教以忠孝。乡乡授之，使转相教督。居七年，韦渠牟荐为给事中、皇太子诸王侍读。对殿中，赐金紫服。进兵部侍郎，出为同州刺史。以散骑常侍召，领国子祭酒者再。卒，年六十六，赠礼部尚书。"

《登科记考》卷十大历二年（767）明经科录载冯伉。

诸科

【程纲】字纲。大历二年（767）道举及第，补邠州新平尉。官终丰陵台令。

李为《唐故朝议郎守丰陵台令程公（纲）墓志》（赵君平赠拓）："君讳纲，字纲……大历初，科究道书，补邠州新平尉。"按：程纲当为道举出身。

【韦正卿】京兆杜陵人。大历二年(767)茂才异行科或贤良方正能直言极谏科制举及第。

《全唐文》卷六三〇吕温《故太子少保赠尚书左仆射京兆韦府君(夏卿)神道碑》:"公讳某,字某,京兆杜陵人……公生而岐嶷,弱而老成,浑粹不散,清明虚映。朱弦遗音,而宫商自韵;大圭不琢,而符彩溢发。邈矣天爵,烂乎人文,鼓钟之声日远,乡曲之誉来逼。释褐太子正字,与仲弟正卿以贤良偕征,策入异等,冥鸿双举,当代荣之。"

《柳宗元集》卷四〇《为韦京兆祭杜河中文》孙注曰:"大历二年,夏卿与弟正卿及确同举贤良方正高第。"

《旧唐书》卷一六五《韦夏卿传》:"韦夏卿字云客,杜陵人。父迢,检校都官郎中、岭南节度行军司马。夏卿苦学,大历中与弟正卿俱应制举,同时策入高等,授高陵主簿。"

(宋)乐史《广卓异记》卷一九《兄弟二人制举同年登科》:"右按《登科记》:大历年中,宣政殿试茂异登科十人,韦夏卿、弟正卿,俱登科入高等。"

《新唐书》卷一六二《韦夏卿传》:"韦夏卿字云客,京兆万年人。少邃于学,善文辞。大历中,与弟正卿同举贤良方正,皆策高第。"

(宋)钱易《南部新书·甲》:"韦夏卿与弟正卿,大历中同日登制科。"

(宋)费枢《廉吏传》卷下《韦夏卿》:"韦夏卿,字云客,京兆万年人。少邃于学,与弟正卿同举贤良方正,皆策高第,为吏部侍郎……官至太子少保。"

《登科记考》卷十大历二年(767)制科录载韦正卿。

【韦夏卿】字云客,京兆杜陵人。大历二年贤良方正科制举及第。曾官京兆尹、东都留守、太子少保,卒赠左仆射。

《全唐文》卷六三〇吕温《故太子少保赠尚书左仆射京兆韦府君(夏卿)神道碑》:"公讳某,字某,京兆杜陵人……公生而岐嶷,弱而老成,浑粹不散,清明虚映。朱弦遗音,而宫商自韵;大圭不琢,而符彩溢发。邈矣天爵,烂乎人文,鼓钟之声日远,乡曲之誉来逼。释褐太子正字,与仲弟正卿以贤良偕徵,策入异等,冥鸿双举,当代荣之。授高陵主簿,迁监察御史,改殿中内供奉东都留守判官,即拜东台殿中侍御史。"

《旧唐书》卷一六五《韦夏卿传》:"韦夏卿字云客,杜陵人。父迢,检校都官郎中、岭南节度行军司马。夏卿苦学,大历中与弟正卿俱应制举,同时策入高等,授高陵主簿。累迁刑部员外郎。时久旱蝗,诏于郎官中选赤畿令,改奉天县令。以课最第一,转长安令。改吏部员外郎,转本司郎中,拜给事中。出为常州刺史。夏卿深于儒术,所至招礼通经之士。时处士窦群寓于郡界,夏卿以其所著史论,荐之于朝,遂为门人。改苏州刺史。贞元末,徐州张建封卒,初授夏卿徐州行军司马,寻授徐泗濠节度使。夏卿未至,建封子愔为军人立为留后,因授旄钺。征夏卿为吏部侍郎,转京兆尹、太子宾客,检校工部尚书、东都留守,迁太子少保。卒时年六十四,赠左仆射。"

《新唐书》卷一六二《韦夏卿传》:"韦夏卿字云客,京兆万年人。少邃于学,善文辞。大历中,与弟正卿同举贤良方正,皆策高第。授高陵主簿,累迁刑部员外郎。"

《柳宗元集》卷四〇《为韦京兆祭杜河中文》孙注曰："大历二年，夏卿与弟正卿及确同举贤良方正高第。"

（宋）钱易《南部新书·甲》："韦夏卿与弟正卿，大历中同日登制科。"

（宋）费枢《廉吏传》卷下《韦夏卿》："韦夏卿，字云客，京兆万年人。少邃于学，与弟正卿同举贤良方正，皆策高第，为吏部侍郎……官至太子少保。"

（宋）乐史《广卓异记》卷一九《兄弟二人制举同年登科》："右按《登科记》：大历年中，宣政殿试茂异登科十人，韦夏卿、弟正卿，俱登科入高等。"

《登科记考》卷十大历二年（767）制科录载韦夏卿。

【庄若讷】天宝十载（751）进士及第，大历二年（767）茂才异行科及第。

《全唐文》卷三七六任华《送李彝宰新都序》："宗室后进有以学术辞藻著称者，彝也。少好学，通九流百家之言，善属文，颇有大节。去年制举不捷。无何，以书历抵二相国，论安边术，由是召试西掖。凡数十百人，彝与庄若讷、高郢同入高等。何垂翅于制举，而奋翼于西掖哉？盖道之屈伸，命之通塞，各有时也。执政以彝大人在蜀，故授新都以荣之。"

【杜确】大历二年（767）贤良方正能直言极谏科制举及第。官至河中尹、河中绛州观察使。

《柳宗元集》卷四〇《为韦京兆祭杜河中文》孙注曰："大历二年，夏卿与弟正卿及确同举贤良方正高第。"

《旧唐书》卷一三《德宗本纪》：贞元十五年十二月"丁酉，以同州刺史杜确为河中尹、河中绛州观察使。"

《登科记考》卷十大历二年（767）制科录载杜确。

【李彝】大历二年（767）茂才异行科及第。

《全唐文》卷三七六任华《送李彝宰新都序》："宗室后进有以学术辞藻著称者，彝也。少好学，通九流百家之言，善属文，颇有大节。去年制举不捷。无何，以书历抵二相国，论安边术，由是召试西掖。凡数十百人，彝与庄若讷、高郢同入高等。何垂翅于制举，而奋翼于西掖哉？盖道之屈伸，命之通塞，各有时也。执政以彝大人在蜀，故授新都以荣之。"

【杨膺】大历二年（767）制举乐道安贫科及第。

（宋）王溥《唐会要》卷七六《贡举中·制科举》："大历二年，乐道安贫科，杨膺及第。"

（宋）王钦若等《册府元龟》卷六四五《贡举部（七）·科目》："（大历）二年，应乐道安贫科。（杨膺及第。）"

《登科记考》卷十大历二年（767）制科录载杨膺。

【高郢】字公楚，卫州人。宝应初第进士，大历二年（767）以茂才异行高第，授华阴尉。官至中书侍郎同中书门下平章事，以尚书右仆射致仕。卒赠太子太保，谥曰贞。

《全唐文》卷三七六任华《送李彝宰新都序》："宗室后进有以学术辞藻著称者，彝也。少好学，通九流百家之言，善属文，颇有大节。去年制举不捷。无何，以书历抵二相国，论安边术，由是召试西掖。凡数十百人，彝与庄若讷、高郢同入高等。何垂翅于制举，而奋翼于西掖哉？盖道之屈伸，命之通塞，各有时也。执政以彝大人在蜀，故授新都以荣之。"

《旧唐书》卷一四七《高郢传》:“高郢字公楚,其先渤海蓨人。九岁通《春秋》,能属文……后举进士擢第,应制举,登茂才异行科,授华阴尉。”

《新唐书》卷一六五《高郢传》:“高郢字公楚,其先自渤海徙卫州,遂为卫州人。九岁通《春秋》,工属文,著《语默赋》,诸儒称之……宝应初,及进士第……以茂才异行高第,果擢咸阳尉。”

(宋)洪迈《容斋随笔·五笔》卷七《门生门下见门生》:“郢以宝应二年癸卯礼部侍郎萧昕下第九人登科。”

光绪《畿辅通志》卷三四《选举·唐·进士》:“肃宗年,高郢,卫州人,宝应年第,尚书仆射,谥曰贞。”

《登科记考》卷十大历二年(767)制科录载高郢。

【萧季江】字季江,兰陵人。天宝六载(747)道举出身,天宝十三载(754)制举洞晓玄经科及第,大历二年(767)复应茂才异行科,官太子洗马。

《全唐文补遗》第三辑,韩章撰贞元十一年(795)八月十二日《唐故朝散大夫行太子洗马上柱国萧公(季江)墓志铭并序》:“公讳季江,字季江,其先兰陵人也……大历二年,复应茂才异行举,策入高第,制授长安县尉。”

大历三年戊申(768)

知贡举:上都,礼部侍郎薛邕

进士科

【高拯】大历三年(768)进士及第。

(宋)计有功《唐诗纪事》卷二九《高拯》:“拯,大历三年进士,试官薛邕也。”按王仲镛校笺云:“三年”原作“十三年”。(五代)王定保《唐摭言》卷一四《主司称意》:“至德二年,驾临岐山,右补阙兼礼部员外郎薛邕下二十一人。后至大历二年,拜礼部侍郎,联翩四榜,共放八十人。”(宋)王谠撰,周勋初校证《唐语林校证》卷八《补遗·无时代》亦载:“神龙元年已来,累为主司者:……薛邕四:大历二年、三年、四年、五年。”则此“十三年”当为“三年”之误。今改。

《登科记考》卷十大历三年(768)进士科录载高拯。

明经科

【殷彪】字文穆,陈郡人,父□科举出身,官大理司直。大历三年(768)明经出身,官明州刺史。

《全唐文补遗》第七辑,郑傪撰宝历二年(826)六月二十五日《唐故朝散大夫使持节明州诸军事守明州刺史上柱国陈郡殷府君(文穆)墓志铭并序》:“公讳□□字文穆,其先陈郡人也。曾祖皇颍州别驾讳导。祖皇夔州录事参军讳崇本。父皇大理司直赠主(阙十一字)同郡袁氏……(公)始弱冠,明经擢第,释褐授亳州参军。耽书不倦,通圣仁微旨,研究《周易》,再登□科……授楚州录事参军……长庆初,拜金州刺史、兼侍御史,又迁明州刺史……先司直出身登科,与公同□□□省正字、蓝田县尉、晋州录事参军。建中中,除试大理司直、充浙江东西道节度推官(阙七字)之盛也。司直早有清白之誉,公实继之。代不乏贤,斯之谓矣。"……授楚州录事参军。"按原志阙名,《登科记考补正》卷十大历三年(768)明经科据郁贤皓《唐刺史考全编》卷二〇三《山南东道·金州》"长庆元年(821)"条增补。

大历四年己酉(769)

知贡举:上都,礼部侍郎薛邕

东都,权知留守张延赏

进士科

【齐映】瀛州高阳人。大历四年(769)进士科状元及第。贞元二年,以中书舍人同中书门下平章事。官终江西观察使。

《旧唐书》卷一三六《齐映传》:"齐映,瀛州高阳人。父圮,试太常少卿,兼检校工部郎中。映登进士第,应博学宏辞,授河南府参军。滑亳节度使令狐彰辟为掌书记,累授监察御史……建中初,卢杞为宰相,荐之,迁刑部员外郎,会张镒出镇凤翔,奏为判官……除御史中丞……拜给事中……转中书舍人。贞元二年,以本官与左散骑常侍刘滋、给事中崔造同拜平章事……贬映夔州刺史,又转衡州。七年,授御史中丞、桂管观察使,又改洪州刺史、江西观察使……贞元十一年七月卒,时年四十八,赠礼部尚书。"

(宋)李昉等《太平广记》卷三五《神仙三十五·齐映》引《逸史》:"齐相公映,应进士举。至省访消息,歇礼部南院……老人笑曰:明年必及第……至春果及第。"

《新唐书》卷一五〇《齐映传》:"齐映,瀛州高阳人。举进士,博学宏词,中之,补河南府参军。"

(宋)魏仲举《五百家注释韩昌黎全集》卷一九《送齐峄下第序》樊注曰:"按登科记,映,大历五年……登进士第。"按:《登科记考》已考此作大历五年及第误。

(元)辛文房撰,傅璇琮主编《唐才子传校笺》(册二)卷四《李益》条云:"李益字君虞,陇西姑臧人。大历四年齐映榜进士,调郑县尉。"

(明)徐应秋《玉芝堂谈荟》卷二《历代状元》:"大历四年,进士二十六人,状元齐映。"

《登科记考》卷十大历四年(769)进士科录载齐映为是年状元。

嘉靖《池州府志》卷六《官秩篇·名宦》:"(齐映)与兄皎并以文名,举进士中博学宏辞。"

嘉靖《河间府志》卷二〇《人物志》:"齐映……举进士、博学宏词。"

光绪《畿辅通志》卷三四《选举·唐·进士》:"代宗年,齐映,高阳人,大历四年状元,见制科。官宰相,封河南县男。"

【李益】字君虞，陇西姑臧人。大历四年（769）进士及第。曾官尚书郎、礼部尚书、集贤殿学士。卒赠太子少师，谥文公。

《秦晋豫新出墓志蒐佚续编》九四六，李昭撰，李藻书乾符四年（877）十月十八日《唐故金紫光禄大夫刑部尚书上柱国陇西县开国子食邑五百户赠尚书左仆射姑臧李公墓志铭并序》："公讳当，字子仁，世为陇西狄道人……烈考益，大历中四登文科，贞元间以歌诗擅名，为一时独步，其所赋咏流在人□，播为乐章，德宗、宪宗尝命中使取去，仍诏以副本置于集贤阁。元和中参掌纶诰，焕发书命，位至礼部尚书致政，赠太子少师，谥文公。"

《柳宗元集》卷一二《先君石表阴先友记》："李益，陇西姑臧人。风流有文词。少有僻疾，以故不得用。年老常望仕，非其志，复为尚书郎。"孙注曰："益，宰相揆之族子。大历四年中进士，长于歌诗。"

（宋）李昉等《太平广记》卷四八七《杂传记四·霍小玉传》："大历中，陇西李生名益，年二十，以进士擢第。其明年，拔萃，俟试于天官。"

（宋）计有功《唐诗纪事》卷三〇《李益》："益，姑臧人，字君虞。大历四年登第……后迁礼部尚书，致仕卒。

（宋）魏仲举《五百家注释韩昌黎全集》卷二〇《送幽州李端公序》韩注曰："端公名益，宰相揆之族子，大历四年登第。"

《类说》卷二八《异闻集·李益再娶》："大历中李益以进士擢第，得应拔萃，待试长安。"

（宋）晁公武《郡斋读书志校证》卷一七《别集类上》录《李益诗》一卷，注云："右唐李益君虞也。姑臧人。大历四年进士，调郑县尉，幽州刘济群从事。宪宗雅闻其名，召为集贤殿学士。"

（宋）陈振孙《直斋书录解题》卷一九录载《李益集》三卷，注云："唐集贤学士右散骑常侍李益君虞撰。益，宰相揆之族子。大历四年进士。"

（元）辛文房撰，傅璇琮主编《唐才子传校笺》（册二）卷四《李益》条云："李益字君虞，陇西姑臧人。大历四年齐映榜进士，调郑县尉。"

《登科记考》卷十进士、同卷制举讽谏主文科、卷十一拔萃科分别录载李益。

【冷朝阳】金陵人。大历四年（769）进士及第。曾为薛嵩幕府。

《全唐诗》第八册卷二三九钱起载有《送冷朝阳擢第后归金陵觐省》；同书第六册卷二〇六李嘉祐载有《送冷朝阳及第东归江宁》。

（宋）计有功《唐诗纪事》卷三〇《冷朝阳》："朝阳，登大历进士第，为薛嵩幕府。"

（元）辛文房撰，傅璇琮主编《唐才子传校笺》（册二）卷四《冷朝阳》条云："朝阳，金陵人。大历四年齐映榜进士及第。"

《登科记考》卷十大历四年（769）进士科录载冷朝阳。

【郑儋】荥阳人。大历四年（769）进士及第。终工部尚书、太原尹兼御史大夫、北都留守。

《全唐文》卷五六二韩愈《河东节度观察使荥阳郑公（儋）神道碑文》："河东节度使赠

尚书右仆射郑公葬在荥阳索上，元和八年六月庚子。太史尚书比部郎中护军韩愈刻其墓碑曰：司马氏迁江南，有郑豁者，仕慕容垂国，为其太子少保。其孙简，当拓跋魏为荥阳太守，后简者号其族为南祖。南祖之郑，入唐有为利之景谷令者曰嘉范，于公为曾祖，是生抚俗，为泗之徐城令。徐城生公之父曰洪，卒官凉之户曹参军。公讳儋，少依母家陇西李氏，举止异凡儿。其舅吏部侍郎季卿谓其必能再立郑氏，稍长，能自课学，明《左氏春秋》，以进士选为太原参军事。对直言策，拜京兆高陵尉……其后为大理丞太常博士，迁起居郎尚书司封吏部二郎中，能官举其名。德宗晚节储将于其军，以公为河东军司马，能以无心处嫌闲，卒用有就。贞元十六年，将说死。即诏授司马节节度河东军，除其官为工部尚书太原尹兼御史大夫北都留守……十七年疾废朝夕，八月庚戌薨，享年六十一。天子为之不能临朝者三日，赠尚书右仆射，即以其年十月辛卯葬索上。”按：五百家注释曰大历四年登第。

《登科记考》卷十大历四年(769)进士科录载郑儋。

【贾全】长乐人。大历四年(769)进士及第。官至御史中丞。

《柳宗元集》卷一二《先君石表阴先友记》：“贾弇，长乐人……弟全，至御史中丞。”孙注曰：“大历四年进士。”

《登科记考》卷十大历四年(769)进士科录载贾全。

制科

【张叔良】大历二年(767)进士及第，大历四年(769)登制举博学宏词科。

(宋)李昉等《文苑英华》卷八《赋八·天象八》收张叔良、崔琮、姚逖、林益《五星同色赋》(以“昊天有成命”为韵)，为本年试宏博赋。

《登科记考》卷十大历四年(769)制科录载张叔良。

【林益】大历四年(769)登制举博学宏词科。

(宋)李昉等《文苑英华》卷八《赋八·天象八》收张叔良、崔琮、姚逖、林益《五星同色赋》(以“昊天有成命”为韵)，为本年试宏博赋。

《登科记考补正》卷十大历四年(769)制科增补林益。

【姚逖】大历四年(769)登制举博学宏词科。

(宋)李昉等《文苑英华》卷八《赋八·天象八》收张叔良、崔琮、姚逖、林益《五星同色赋》(以“昊天有成命”为韵)，为本年试宏博赋。

《登科记考补正》卷十大历四年(769)制科增补姚逖。

【崔淙】大历四年(769)登制举博学宏词科。小传见附考明经(德宗朝明经)崔淙条。

(宋)李昉等《文苑英华》卷八《赋八·天象八》收张叔良、崔琮、姚逖、林益《五星同色赋》(以“昊天有成命”为韵)，为本年试宏博赋。

《登科记考》卷十大历四年(769)制科录载崔淙。

大历五年庚戌(770)

知贡举：上都，礼部侍郎薛邕
东都，留守张延赏

进士科

【李玗】大历五年(770)东都进士科状元及第。

《全唐文》卷三七六任华《夏夜对雨饯李玗擢第还郑州序》:“今年东都秀才登第者,凡十数人,陇西李玗为之称首。”

《登科记考》卷十大历五年(770)进士科录载李玗。按:李玗是年为东都进士科状元,参见许友根《唐代状元研究》中篇李玗条介绍。

【李抟】大历五年(770)进士科状元及第。

(元)辛文房撰,傅璇琮主编《唐才子传校笺》(册二)卷四《李端》条云:“端,赵州人,嘉祐之侄也。大历五年李抟榜进士及第,授秘书省校书郎。”按:是年分西京、东都两处考试,李抟当为西京榜首。

《登科记考》卷十大历五年(770)进士科录载李抟为是年状元。

【卫准】一作“卫单”。大历五年(770)进士及第。

(宋)计有功《唐诗纪事》卷六三《卫准》:“准,大历五年登进士第。”按:“准”一作“单”。

《登科记考》卷十大历五年(770)进士科录载卫准。

【韦重规】大历五年(770)进士及第。

《柳宗元集》卷一二《故殿中侍御史柳公墓表》:“行军司马侍御史韦重规等,匍匐救助,事用无阙。”孙注:“重规,大历五年登进士第。”

《登科记考》卷十大历五年(770)进士科录载韦重规。

【李端】字正己,赵州人。大历五年(770)进士及第。官校书郎,终杭州司马。

(唐)姚合《极玄集》卷上:“李端,字正己,赵郡人。大历五年进士……历校书郎,终杭州司马。”

《旧唐书》卷一六三《李虞仲传》:“李虞仲字见之,赵郡人。祖震,大理丞。父端,登进士第,工诗。”

(宋)晁公武《郡斋读书志校证》卷一七《别集类上》录《李端司马集》三卷,注云:“右唐李端,赵州人。大历五年进士,为校书郎,卒官杭州司马。”

(元)辛文房撰,傅璇琮主编《唐才子传校笺》(册二)卷四《李端》条云:“端,赵州人,嘉祐之侄也。大历五年李抟榜进士及第,授秘书省校书郎。”按是年分西京、东都两处考试,李抟当为西京榜首。

《登科记考》卷十大历五年(770)进士科录载李端。

正德《赵州志》卷一《赵州志·人物》:“李端……大历五年进士,授秘书省校书郎。”

光绪《畿辅通志》卷三四《选举·唐·进士》:“代宗年,李端,赵州人,大历年第,杭州司马。”

【顾少连】字夷仲,吴郡人。大历五年(770)进士及第。曾官兵部尚书兼御史大夫、东都留守。

《全唐文》卷四七八杜黄裳《东都留守顾公(少连)神道碑》:“公讳少连,字夷仲,吴郡人也……曾王父讳君卿,晋朝柳州司马;大父讳克忠,缙云郡司仓参军,赠邠州刺史;烈考讳望,赠秘书监……(公)每躬率耕稼,厉精坟典,齿列上庠,升堂睹奥。时小宗伯薛公邕,深所叹异,以为东南之美尽在,廊庙之器不孤,擢进士甲科……以书判高第典校秘文,秩满授登封主簿……迁吏部尚书,复行太宰之职,转兵部尚书兼御史大夫东都留守。”

《新唐书》卷一六二《顾少连传》:“(顾少连)举进士,尤为礼部侍郎薛邕所器,擢上第,以拔萃补登封主簿。”

《登科记考》卷十大历五年(770)进士科录载顾少连。

崇祯《吴县志》卷四六《人物·刚正》:“(顾少连)唐代宗大历五年擢第。以拔萃补登封主簿。”

明经科

【王甫】字宗源,太原人。大历五年(770)明经及第。官终常州武进县尉。

《全唐文补遗》第八辑,苏说撰大和五年(831)八月七日《唐故常州武进县尉太原王府君(甫)墓志铭并序》:“府君讳甫,字宗源,太原人也……弱冠通经,有司考试上第。吏部以书判殊众,补宣州宁国县尉……元和六年,殁于武进私第,时年六十一。”按:志云王甫“弱冠通经,有司考试上第”,当指明经及第。以元和六年(811)卒,年六十一推之,王甫及明经第时在大历五年(770)。

【张士陵】大历五年(770)明经及第。官终邕州刺史。

《唐代墓志汇编》元和一〇四张士阶撰元和十二年(817)八月三日《唐故朝散大夫使持节都督邕州诸军事守邕州刺史兼御史中丞充本管经略招讨处置等使赐紫金鱼袋张公(士陵)墓志铭并序》:“维唐元和十一年秋九月四日,邕管经略使兼御史中丞张公终于理所……年八岁,以通《古文尚书》《论语》登春官上第。”按:以元和十一年(816)卒,春秋五十四推之,其八岁时在大历五年。

【陈润】大历五年(770)明经及第,大历六年(771)茂才异等科及第。

(宋)计有功《唐诗纪事》卷三九《陈润》:“润,大历间人,终坊州鄜城县令,乐天之外祖也。”

正德《姑苏志》卷五《科第表上·诸科》:“陈润,举明经又中奇才异能科。”

《永乐大典》卷二三六八引《苏州府志》:“大历五年,侍郎薛邕。陈润举明经,又中奇才异能科。”

《登科记考》卷十大历五年(770)明经科、大历六年(771)制科录载陈润。

大历六年辛亥(771)

知贡举：上都，礼部侍郎刘单

东都，留守张延赏

进士科

【王溆】大历六年(771)进士科状元及第。

(元)辛文房撰,傅璇琮主编《唐才子传校笺》(册二)卷四《章八元》条云:“八元,睦州桐庐人。大历六年,王溆榜第三人进士。”

《登科记考》卷十大历六年(771)进士科录载王溆为是年状元。

【于申】字伯厚,河南洛阳人。大历六年(771)进士及第,授校书郎。官至屯田员外郎。

《唐代墓志汇编》贞元〇五五于公异撰贞元九年(793)十月十五日《唐故朝议郎行尚书屯田员外郎上柱国梁县开国子赐绯鱼袋河南于君(申)墓志铭并序》:“君讳申,字伯厚,河南洛阳人也……十八擢进士上第,授校书郎。”按:以贞元九年(793)卒,春秋四十推之,于申十八岁时在大历六年。

【卢景亮】字长晦,幽州范阳人。大历六年(771)进士及第,授秘书郎。宪宗时官至中书舍人。卒赠礼部侍郎。

《柳宗元集》卷一二《先君石表阴先友记》:“卢景亮,涿人。有志义,多所激发。为谏官,奏书如水赴壑。坐贬,废弃甚久。至顺宗时,为尚书郎,升中书舍人,卒。”孙注曰:“景亮,字长晦,幽州范阳人,大历六年中进士第。”

《新唐书》卷一六四《卢景亮传》:“卢景亮字长晦,幽州范阳人。少孤,学无不览。第进士、宏辞,授秘书郎。张延赏节度荆南,表为枝江尉,掌书记。入迁右补阙……至宪宗时,由和州别驾召还,再迁中书舍人……元和初卒,赠礼部侍郎。”

光绪《畿辅通志》卷三四《选举・唐・进士》:“肃宗年,卢景亮,涿人,上元年第,中书舍人。”

《登科记考》卷十大历六年(771)进士科录载卢景亮。

【杨於陵】字达夫。大历六年(771)进士及第,复宏词登科。穆宗时迁户部尚书,以尚书左仆射致仕。大和四年卒,年七十八。册赠司空,谥曰贞孝。

《旧唐书》卷一七六《杨嗣复传》:“杨嗣复字继之,仆射於陵子也。初,於陵十九登进士第,二十再登博学宏词科,谓补润州句容尉。”

《新唐书》卷一六三《杨於陵传》:“杨於陵字达夫,本汉太尉震之裔。父太清,倦宦,客河朔,死安禄山之乱。於陵始六岁,间关至江左,逮长,有奇志。十八擢进士,调句容主簿……拜华州刺史,迁浙东观察使……入为京兆尹……穆宗立,迁户部尚书,为东都留守。数上疏乞身,不许。授太子少傅,封弘农郡公。俄以尚书左仆射致仕,诏赐实俸,让不受。於陵器量方峻,进止有常度,节操坚明,始终不失其正,时人尊仰之。大和四年卒,年七十八。册赠司空,谥曰贞孝。四子:景复仕至同州刺史,绍复中书舍人,师复大理卿,中子嗣复位宰相。”

《全唐文》卷六三九李翱《唐故金紫光禄大夫尚书右仆射致仕上柱国宏农郡开国公食邑二千户赠司空杨公(於陵)墓志铭》:“公讳於陵,字达夫。年十八举进士第,选补润州句容主簿。鄂岳观察使奏为判官,转左骁卫兵曹,累改评事监察御史,历殿中,得绯衣银鱼。使迁江西,公随之,加侍御史著作郎。及府除,屏居建昌,不至京师。贞元八年征拜膳部员外郎,转考功,知别头举,转吏部员外郎。及判南曹,宰相之亲,有以文书不足驳去者,宰相召吏人诘之,坚执不改,遂以公为宣武吊祭使。故事南曹郎未尝有出使者,公既出,宰相之亲由是判成矣,故公卒不得在诏诰之清选,遂为右司郎中。郎官惰于宿直,临直多以假免,公白右丞,建立条例,郎官不悦,为作□语,宰相有知其事者,遽以公为吏部郎中。改京兆少尹,出为绛州刺史。有言公弗当居外者,德宗召见,遂以为中书舍人。其年知吏部选事。时京兆尹李实有宠,去不附己者,故给事中许孟容为太常少卿,而公改秘书少监。德宗崩,为太原、幽、镇等十道告哀使,持节之遗,并辞不受。复命,除华州刺史,赐三品衣鱼。所取宾僚,皆一时名人,后皆显官,有至宰相者……明年迁户部尚书,又一年改太常卿,又一年改东都留守兼兵部尚书御史大夫,充蕲汝都防御使……迁检校左仆射兼太子少傅。”

(宋)钱易《南部新书·壬》:“章八元及第后,居浙西。恃才浮傲,宴游不恭。韩晋公自席械击之,来晨将议刑。时杨於陵乃韩女婿,以同年救之。”

《登科记考》卷十大历六年(771)进士科、大历七年(772)博学宏词科录载杨於陵。按:墓志作大历二年,徐松依本传作此年。

嘉靖《浙江通志》卷二五《官师志》:“(杨於陵)擢进士第。”

《宋元地方志丛书·景定建康志》卷四九:“杨於陵,十八擢进士,调句容县主簿……德宗立,迁户部尚书,以左仆射致仕。”

【沈竦】大历六年(771)进士及第。官左庶子。

(唐)林宝《元和姓纂》卷七《吴兴沈氏》:“(沈)迪,番阳令。迪生竦,大历六年进士,左庶子。”

《登科记考》卷十大历六年(771)进士科录载沈竦。

【张惟俭】宣城当涂人。大历六年(771)进士及第。官至和州刺史。

《柳宗元集》卷一二《先君石表阴先友记》:“张惟俭,宣城当涂人。皆善言谑。(张)式至河南尹。(张)茝,邓州刺史。惟俭,和州刺史。”孙注曰:“惟俭,大历六年进士。”

《登科记考》卷十大历六年(771)进士科录载张惟俭。

【陈京】字庆复,京兆万年人,陈宜都王叔明五世孙。大历六年(771)进士及第。曾官给事中兼集贤殿学士。

《新唐书》卷二〇〇《儒学下·陈京传》:“陈京字庆复,陈宜都王叔明五世孙。父兼,为右补阙、翰林学士。京善文辞,常衮称之,妻以兄子。擢进士第,迁累太常博士……帝器京,谓有宰相才,欲用之。会病狂易,自刺弗殊,又言中书舍人崔邠、御史中丞李汶讪己,帝使诘辨无状,然犹自考功员外再迁给事中,皆兼集贤殿学士。帝疑京为忌者中伤,中人问赉相继。后对延英,帝谕遣,京沮骇走出,罢为秘书少监,卒。”

（宋）魏仲举《五百家注释韩昌黎全集》樊注："京，字庆复，大历元年中进士第。"按：此年十一月改元，大历元年即永泰二年（766）。

《柳宗元集》卷八《唐故秘书少监陈公行状》："公讳陈姓，自颍川来，隶京兆万年胄贵里，讳京。既冠，字曰庆复。举进士，为太子正字、咸阳尉、太常博士、左补阙、尚书省膳部考功员外郎、司封郎中、给事中、秘书少监。"孙注："大历元年，京中进士第。"

《登科记考》卷十录陈京为永泰二年（766）进士及第，《登科记考补正》卷十据陈尚君补正，改系大历六年（771）进士及第。

【郑絪】字文明，洛阳人。大历六年（771）进士及第。历仕德宗、顺宗、宪宗、文宗四朝，官至中书侍郎、平章事，以太子太傅致仕。卒赠司空，谥曰宣。

《旧唐书》卷一五九《郑絪传》："郑絪，字文明。父羡，池州刺史。絪少有奇志，好学，善属文。大历中，有儒学高名如张参、蒋乂、杨绾、常衮，皆相知重。絪擢进士第，登宏词科，授秘书省校书郎、鄠县尉。张延赏镇西川，辟为书记，入除补阙、起居郎，兼史职。无几，擢为翰林，转司勋员外郎、知制诰。德宗朝，在内职十三年，小心兢谦，上遇之颇厚。贞元末，德宗晏驾，顺宗初即位，遗诏不时宣下。絪与同列卫次公密申正论，中人不敢违。及王伾、王叔文朋党擅权之际，絪又能守道中立。宪宗监国，迁中书舍人，依前学士。俄拜中书侍郎、平章事，加集贤殿大学士，转门下侍郎、弘文馆大学士。宪宗初，励精求理，絪与杜黄裳同当国柄。黄裳多所关决，首建议诛惠琳、斩刘辟及他制置。絪谦默多无所事，由是贬秩为太子宾客。出为岭南节度观察等使、广州刺史、检校礼部尚书。以廉政称。为工部尚书，转太常卿，又为同州刺史、长春宫使，改东都留守。入历兵部尚书，旋为河中节度使。大和二年，入为御史大夫、检校左仆射、兼太子少保。絪以文学进，恬淡，践历华显，出入中外者逾四十年。所居虽无赫奕之称，而守道敦笃，耽悦坟典，与当时博闻好古之士，为讲论名理之游，时人皆仰其耆德焉。及文宗即位，以年力衰耄，累表陈乞，遂以太子太傅致仕。三年十月卒，年七十八，赠司空，谥曰宣。子祗德。"

《全唐文补遗》第六辑，卢韶撰大中十二年（858）五月十二日《唐故范阳卢氏（韶）荥阳郑夫人墓志铭》："夫人……祖讳絪，皇太子太傅，赠太保。公进士擢第，首冠宏词，迥出判等，授鄠县尉。"

《登科记考》卷二七《附考・进士科》录载郑絪，《登科记考补正》卷十大历六年（771）进士科据陈尚君补正修改系年。

【赵需】天水人。大历六年（771）进士及第。官至兵部郎中。

《柳宗元集》卷一二《先君石表阴先友记》："赵需，天水人。哼哼儒士也。有名。至兵部郎中，卒。"孙注曰："需，大历六年进士。"

《登科记考》卷十大历六年（771）进士科录载赵需。

【章八元】睦州桐庐人。大历六年（771）进士及第。

《全唐诗》第六册卷一八九录载韦应物《送章八元秀才擢第往上都应制》。

（唐）高仲武《中兴间气集》："会稽严维到驿，问八元曰：'尔能从我学诗乎？'曰：'能。'少顷遂发。八元已辞家。维大异之，遂亲指喻，数年词赋擢第。"

(宋)计有功《唐诗纪事》卷二六《章八元》:“八元,睦州人。登大历进士第。”

(宋)钱易《南部新书·壬》:“章八元及第后,居浙西。”

(元)辛文房撰,傅璇琮主编《唐才子传校笺》(册二)卷四《章八元》条云:“八元,睦州桐庐人。大历六年,王溆榜第三人进士。居京既久,床头金尽,归江南,访韦苏州,待赠甚厚。复来都应制举。贞元中调句容主簿,况簿辞归。”

《登科记考》卷十大历六年(771)进士科录载章八元。

【路季登】阳平冠氏人。大历六年(771)进士及第、宏词登科。官左谏议大夫,赠太子太傅。父齐晖,任比部郎中、睢阳太守,赠左散骑常侍。

《洛阳新获七朝墓志》颜标撰咸通十年(869)十月十日《唐琅邪颜夫人阳平路氏墓铭并序》:“夫人姓路氏,以嗜佛号曰自在心,其先阳平人也……曾祖齐晖,任比部郎中睢阳太守赠左散骑常侍。祖季登,进士擢第、宏词登科,累迁左谏议大夫,赠太子太傅。”

《旧唐书》卷一七七《路岩传》:“祖季登,大历六年登进士第,累辟诸侯府。”

《登科记考》卷十大历六年(771)进士科录载路季登。

【裴佶】字弘正,绛州稷山人。大历六年(771)进士及第。官至工部尚书。

《旧唐书》卷九八《裴耀卿传》:“(耀卿)子综,吏部郎中。综子佶。佶,字弘正,幼能属文,弱冠举进士,补校书郎,判入高等,授蓝田尉……德宗南狩,佶诣行在,拜拾遗,转补阙。李怀光以河中叛,朝廷欲以含垢为意,佶抗议请讨,上深器之,前席慰勉。三迁吏部员外,历驾部兵部郎中,迁谏议大夫……拜同州刺史,征入为中书舍人。迁尚书右丞……就拜吏部侍郎。以疾除国子祭酒,寻迁工部尚书致仕。元和八年卒,年六十二,赠吏部尚书。”按:以元和八年(813)年六十二推之,裴佶大历六年(771)二十岁。

《登科记考》卷十大历五年(770)进士科录载裴佶。考云:“《旧书·裴耀卿传》:‘耀卿子综。综子佶,字弘正,幼能属文,弱冠举进士。’以元和八年年六十二推之,大历六年二十岁。按传云:‘佶授蓝田尉。时有诏命畿内诸县城奉天,时严郢为京兆,政尚峻暴,加以朝旨甚迫,尹正之命,急如风霆。本曹尉韦重规,其室方娠而疾,畏尹之暴,不敢以事故免。佶因请代役,无愆程,当时义之。’重规于五年登第,疑佶之同年,故附载是年。”

《登科记考补正》卷十改系裴佶为大历六年(771)进士。考云:“徐松疑裴佶与韦重规为同年,仅属推测,并无证据,今仍以其‘弱冠举进士’而系本年。”从之。

明经科

【元衮】字山甫。大历六年(771)明经及第。官至鄂岳观察推官、监察御史里行。

《全唐文补遗》第三辑,元仲容撰元和五年(810)二月《唐故鄂岳观察推官监察御史里行上柱国元公(衮)墓铭并序》:“公讳衮,字山甫……未十岁,□左氏传。十四,擢明经第。贞元初,调补汝州参军事。”按:以元和四年(809)卒,春秋五十二推之,元衮十四岁时在大历六年。

制科

【**李益**】大历六年(771)讽谏主文科及第。

(宋)王溥《唐会要》卷七六《贡举中·制科举》:"(大历)六年,讽谏主文科,郑珣瑜、李益及第。"

(宋)王钦若等《册府元龟》卷六四五《贡举部(七)·科目》:"(大历)六年,讽谏主文科。(郑珣瑜、李益及第。)"

《登科记考》卷十大历六年(771)制科录载李益。

【**陈润**】大历五年(770)明经及第,大历六年(771)茂才异等科及第。

(宋)计有功《唐诗纪事》卷三九《陈润》:"润,大历间人,终坊州鄜城县令,乐天之外祖也。"

《永乐大典》卷二三六八引《苏州府志》:"陈润是年举明经,又中奇才异能科。"

《登科记考》卷十大历六年(771)制科录载陈润。考云:"奇才异能,应即茂才异能科。"

正德《姑苏志》卷五《科第表上·诸科》:"陈润,举明经又中奇才异能科。"

【**郑珣瑜**】字元伯,郑州荥泽人。大历六年(771)讽谏主文科及第。顺宗时拜吏部尚书。

《新唐书》卷一六五《郑珣瑜传》:"大历中,以讽谏主文科高第,授大理评事,调阳翟丞,以拔萃为万年尉。"

(宋)王溥《唐会要》卷七六《贡举中·制科举》:"(大历)六年,讽谏主文科,郑珣瑜、李益及第。"

(宋)王钦若等《册府元龟》卷六四五《贡举部(七)·科目》:"(大历)六年,讽谏主文科。(郑珣瑜、李益及第。)"

(宋)王应麟《玉海》卷一一五《选举·唐制举》:"讽谏主文郑珣瑜二人。"

《登科记考》卷十大历六年(771)制科录载郑珣瑜。

大历七年壬子(772)

知贡举:上都,礼部侍郎张谓

进士科

【**张式**】南阳人。大历七年(772)进士科状元及第。官至河南尹。

《柳宗元集》卷一二《先君石表阴先友记》:"张式,南阳人。"孙注曰:"式,大历七年进士。"

《旧唐书》卷一六二《张正甫传》:"初正甫兄式,大历中进士登第。"

(元)辛文房撰,傅璇琮主编《唐才子传校笺》卷四《畅当》条云:"当,河东人。大历七年,张式榜及第。"

《登科记考》卷十大历七年(772)进士科录载张式为是年状元。

【王仲堪】字仲堪,幽州安次人。大历七年(772)进士及第,授太原府参军。官至幽州大都督府监察御史。

《全唐文》卷六一四王叔平《唐故监察御史里行太原王公(仲堪)墓志铭并序》:"公讳仲堪,字仲堪,其先太原人也……五代祖冲,徙居幽州安次县,子孙家焉,今则又为邑人也。为郡右族,继生才贤,曾祖掞,王父幹,儒墨传家,以孝悌自任,故时君不得而官之矣。皇考令仙,蕴孙吴之术,好立奇功,累以勋伐,稍迁大理评事。公即评事府君之元子。生而岐嶷,体备刚柔。越在龆年,便志于学;逮乎弱冠,乃为燕赵闻人。经史该通,词藻艳发。本道廉察使贤而荐之,自乡赋西游太学,群公卿士,聆其声而交之,所居结辙,名动京邑。大历七年进士擢第。稽古之力,自致青云,所谓拔乎其萃,为山九仞者也。解褐授太原府参军事,居无何,丁太夫人忧。服阕,本道节使奏授幽州大都督府户曹参军,以能转兵曹参军事……拜监察御史。"

《登科记考》卷十大历七年(772)进士科录载王仲堪。

【王础】大历七年(772)进士及第。

(宋)魏仲举《五百家注释韩昌黎全集》卷一七《与祠部陆修员外荐士书》孙注曰:"础大历七年中第。"

《登科记考》卷十大历七年(772)进士科录载王础。

【胡珦】字润博,贝州宗城县人。大历七年(772)进士及第。曾官少府监。

《全唐文》卷五六二韩愈《唐故中散大夫少府监胡良公(珦)墓神道碑》:"少府监胡公者,讳珦,字润博,年七十九,以官卒……胡姓本出安定,后徙清河,于今为宗城,属贝州。大父讳秀,武后时以文材征,为麟台正字。父宰臣,用进士卒官平阳冀氏令,赠潭州大都督。公早孤,能自劝学,立节概,非其身力,不以衣食。凡一试进士,二即吏部选,皆以文章占上第。乐为俭勤,自刻削,不干人,以矫时弊。及为富平尉,一府称其断决。建中四年,侍郎赵赞为度支使,荐公为监察御史……迁河南仓曹。魏公贾耽以节镇郑滑,以公佐观察事,检校尚书工部员外郎……贞元十一年,吏部大选,以公考选人艺学,以劳迁奉先令,以治办迁尚书膳部郎中,改坊州刺史。州经乱无孔子庙,公至则命筑宫,造祭器,率博士生讲读以时,如法以祠,人吏聚观叹息。迁舒州刺史,州岁大熟,麦一茎数穗,闾里歌舞之。考功以闻,迁尚书驾部郎中。数以事犯尚书李巽,巽时主盐铁事,富骄恃势,以语丞相,由是退公为凤翔少尹。巽死,迁少大理,改少詹事。元和十二年,朝廷以公年老能自祗力,事职不懈,可嘉,拜少府监,兼知内中尚。明年以病卒。"

(宋)魏仲举《五百家注释韩昌黎全集》卷三〇《胡珦神道碑》:"凡一试进士,二即吏部选,皆以文章占上第。"补注曰:"大历七年珦登第。"

《登科记考》卷十大历七年(772)进士科录载胡珦。

【畅当】河东人。大历七年(772)进士及第。终果州刺史。

(唐)姚合《极玄集》卷上:"畅当,河东人,进士及第,贞元初太常博士,终果州刺史。"

(元)辛文房撰,傅璇琮主编《唐才子传校笺》卷四《畅当》条云:"当,河东人。大历七年，张式榜及第……贞元初太常博士，仕终果州刺史。”

《登科记考》卷十大历七年(772)进士科录载畅当。

明经科

【归登】字冲之，苏州长洲人。大历七年(772)明经及第。贞元初又举贤良及第。拜工部尚书，封长洲县男。谥曰“宪”。

《旧唐书》卷一四九《归登传》：“大历七年，举孝廉高第……贞元初，复登贤良科。”

《新唐书》卷一六四《归登传》：“登字冲之，事继母笃孝。大历中，举孝廉高第，贞元初，策贤良，为右拾遗。”

《登科记考》卷十大历七年(772)明经科录载归登。

《吴郡志》卷二二：“归登，字冲之……举孝廉高第，又策贤良……进工部尚书，封长洲县男，谥曰‘宪’。”

制科

【杨於陵】大历六年(771)进士及第，大历七年(772)博学宏词登科。小传见大历六年(771)进士科条。

《旧唐书》卷一七六《杨於陵传》：“於陵十九登进士第，二十再登博学宏词科。”

《登科记考》卷十大历七年(772)制科录载杨於陵。

大历八年癸丑(773)

知贡举：上都，礼部侍郎张渭

东都，留守蒋涣

进士科

【严绶】华州华阴人或蜀人。大历八年(773)进士及第。曾官山南东道节度使、淮南招讨使。宪宗时官尚书右仆射。

《全唐文》卷六五五元稹《故金紫光禄大夫检校司徒兼太子少傅赠太保郑国公食邑三千户严公(绶)行状》：“曾祖方约，皇利州司功参军赠太常少卿。祖挹之，皇徐州符离县尉。父丹，皇殿中侍御史东川租庸盐铁青苗等使赠礼部尚书。某州某县某乡某里严某字某年七十七。公少好学，始以大历八年举进士，礼部侍郎张谓妙选时彦，在选中。不数年，补太子正字。历栎阳尉，试为大理评事福州支使，复以监察里行为宣歙观察判官，转殿中兼侍御史，充团副，加检校著作郎，赐章服。入拜尚书刑部员外郎，一年转太原少尹，赐金紫。寻加北都副留守兼御史中丞，又加行军司马检校司封郎中。特命为银青光禄大夫检校工部尚书河南节度支度营田观察处置等使兼太原尹御史大夫北都留守，再命加检校尚书右仆射，三命加金紫光禄大夫检校尚书左仆射扶风郡开国公，食邑二千户，四命加检校司空，始特命至是凡九年。朝京师，真拜尚书右仆射，依前检校，寻以检校司空拜荆南节度观察支度等使兼江陵尹御史大夫，进封郑国公，食邑三千户。后累岁迁山南东道节度观察处置支度营田等使兼襄州刺史，司空大夫皆如故，就加淮西招抚使，征拜太子少保，依前检校司空，换检校司徒兼太子少保，判光禄卿事，复换太子少傅，依前检校司徒……长庆二年五月二十七日，薨于家，上为一日不听朝，诏赠太保，出内帛以赠赙之，恩有加也。"

《旧唐书》卷一四六《严绶传》："绶，大历中登进士第，累佐使府。"

《新唐书》卷一二九《严绶传》："绶擢进士第，以侍御史副刘赞为宣歙团练使。"

《登科记考》卷一〇大历八年(773)进士科录载严绶。

【员南溟】大历八年(773)进士及第。

(宋)李昉等《文苑英华》卷一八七《诗三十七 · 省试》录载员南溟《禁中春松》诗。

《登科记考》卷一〇大历八年(773)进士科录载员南溟，考云："见《文苑英华》。"

【陆贽】字敬舆，吴郡嘉兴人。大历八年(773)进士及第。曾为翰林学士，贞元中拜中书侍郎、同门下平章事。

《全唐文》卷四九三权德舆《唐赠兵部尚书宣公陆贽翰苑集序》："公讳贽，字敬舆，吴郡苏人，溧阳令偘之子。年十八登进士第，应博学宏辞科，授郑县尉，非其好也……是岁以书判拔萃调渭南主簿，御史府以监察换之。德宗皇帝春宫时知名，召对翰林，即日为学士，由祠部员外转考功郎中……服阕复内职，权知兵部侍郎，觐见之日，天子为之兴，改容叙吊，优礼如此。内外属望，日夕俟其辅政，为窦参忌嫉，故缓之。真拜兵部侍郎，知贡举，得人之盛，公议称之。贞元八年拜中书侍郎平章事。"

《全唐诗》第七册卷二三七录有钱起《送陆贽擢第还苏州》。

《旧唐书》卷一三九《陆贽传》："年十八登进士第，以博学宏词登科，授华州郑县尉。"

(宋)李昉等《文苑英华》卷一八七《诗三十七 · 省试》录载陆贽《禁中春松》诗。

(宋)乐史《广卓异记》卷一三《翰林学士自著绿赐紫》："右按《唐书》：陆贽十八进士及第，升宏为翰林学士，自著绿便赐紫。"

《新唐书》卷一五七《陆贽传》："陆贽字敬舆，苏州嘉兴人。十八第进士，中博学宏词。"

(宋)费枢《廉吏传》卷下《陆贽》："陆贽字敬舆，苏州嘉兴人。年十八第进士，中博学宏辞。"

(宋)晁公武《郡斋读书志校证》卷一七《别集类上》录《陆贽奏议》十二卷、《翰苑集》十卷，注云："右唐陆贽敬舆也。贽，嘉兴人。大历八年进士，中博学宏词书判拔萃科。德宗初，为翰林学士。从奉天，还，为中书舍人平章事。"

《登科记考》卷一〇大历八年(773)进士科录载。

至元《嘉禾志》卷一三："陆贽，字敬舆，吴郡嘉兴人。年十八第进士，中博学宏辞，调郑尉……为中书侍郎、平章事。"

正德《松江府志》卷二八《人物二 · 名宦》："(陆贽)十八第进士，中博学宏辞，调郑尉。"

嘉靖《浙江通志》卷三八《人物志》:“(陆贽)年十八第进士,中博学宏辞科,调郑县尉。”

【张濛】大历八年(773)进士及第。

《登科记考补正》卷一〇大历八年(773)进士科增补张濛。

【苗秀】大历八年(773)进士及第。

《全唐文》卷四五七作者小传:“秀,大历八年进士。”

《登科记考补正》卷一〇大历八年(773)进士科增补苗秀。

【周存】大历八年(773)进士及第。

(宋)李昉等《文苑英华》卷一八七《诗三十七·省试》录载周存《禁中春松》诗。

《登科记考》卷一〇大历八年(773)进士科录载周存,考云:“见《文苑英华》。”《登科记考补正》卷十亦载。

【郑利用】荥阳人。大历八年(773)进士及第。曾官御史中丞、大理少卿。

《柳宗元集》卷一二《先君石表阴先友记》:“郑利用,余庆从父兄也。真长者。有大理少卿为御史中丞,复由中丞为大理少卿。”孙注曰:“大历八年进士。利用祖长裕,许州刺史。二子谅、慈明。谅为冠氏令,生利用;慈明为太子舍人,生余庆。”

《登科记考》卷一〇大历八年(773)进士科录载郑利用。

【常沂】大历八年(773)进士及第。

(宋)李昉等《文苑英华》卷一八七《诗三十七·省试》录载常沂《禁中春松》诗。

《登科记考》卷一〇大历八年(773)进士科录载常沂,考云:“见《文苑英华》。”

大历九年甲寅(774)

知贡举:上都,礼部侍郎张渭

东都,留守蒋涣

进士科

【杨凭】大历九年(774)进士科状元及第。曾官京兆尹。

《新唐书》卷一六〇《杨凭传》:“(杨凭)善长辞,与弟凝、凌皆有名,大历中,踵擢进士第,时号‘三杨’。”

(宋)计有功《唐诗纪事》卷二八《杨凌》:“凌,字恭履,最善文章。大历中,与兄凭、凝踵进士第,时号‘三杨’。凌终侍御史。子敬之。”

《柳宗元集》卷三〇《与杨京兆凭书》:“丈人以文律通流当世,叔仲鼎列,天下号为文章家。”孙注曰:“大历九年,凭中进士;十三年,凝中进士;十二年,凌中进士。皆有名,时号三杨。”卷四十《为李京兆祭杨凝郎中文》孙注曰:“大历九年凭中进士第一。”

(宋)乐史《广卓异记》卷一九《兄弟二人状元及第》:“右按《登科记》:杨凭,大历九年状元及第。弟□,大历十三年亦状元及第。”

《登科记考》卷十大历九年(774)进士科录载杨凭为是年状元。

【**王濯**】大历九年(774)进士及第。

(宋)计有功《唐诗纪事》卷三一《王濯》:"濯,登大历九年进士第。"

《登科记考》卷十大历九年(774)进士科录载王濯。

【**史延**】大历九年(774)进士及第。

(宋)计有功《唐诗纪事》卷三四《史延》:"大历九年,留守蒋涣试进士于东都,延登第。"

《登科记考》卷十大历九年(774)进士科录载史延。

【**杨瑀**】大历九年(774)进士及第。曾官御史。

《柳宗元集》卷一二《先君石表阴先友记》:"李觌,陇西人。行义甚修。至刑部郎中,卒。故与先君为三司者也。其大理者曰杨瑀。瑀无可言,犹以狱直为御史。"孙注曰:"瑀,大历九年进士。"

《登科记考》卷十大历九年(774)进士科录载杨瑀。

【**张莒**】常山人。大历九年(774)进士及第。曾官吏部员外郎。

《河洛墓刻拾零》,大历十三年(778)十一月十八日《唐故伊阙县令钜鹿魏府君(系)墓志铭并序》,署"前乡贡进士张莒撰"。

《柳宗元集》卷一二《先君石表阴先友记》:"张莒,常山人。"孙注曰:"莒,大历九年进士。"

(宋)计有功《唐诗纪事》卷三一《张莒》:"刘子厚《先友碑》:莒,常山人,登大历九年第。大中时,官吏部外郎。"

《登科记考》卷十大历九年(774)进士科录载张莒。

【**郑辕**】大历九年(774)进士及第。

(宋)计有功《唐诗纪事》卷三一《郑辕》:"辕,大历九年进士。"

《登科记考》卷十大历九年(774)进士科录载郑辕。

【**阎济美**】大历九年(774)进士及第。工部尚书致仕。

《新唐书》卷一五九《阎济美传》:"阎济美者,第进士,有长者名。贞元末,繇婺州刺史为福建观察使,徙浙西。为治简易,居镇未尝增常赋。罢浙西也,方在道,见诏而贡献无所还,故帝为言之。寻出华州刺史,入为秘书监,以工部尚书致仕。卒,谥曰温。"

《登科记考》卷十大历九年(774)进士科录载阎济美。

【**韩濬**】大历九年(774)进士及第。

(宋)计有功《唐诗纪事》卷三一《韩濬》:"濬,大历九年进士。"

《登科记考》卷十大历九年(774)进士科录载韩濬。

大历十年乙卯(775)

知贡举：上都，礼部侍郎常衮

东都，留守蒋涣

进士科

【丁泽】一作“丁春泽”。大历十年(775)进士科考试东都第一,状元及第。

(宋)李昉等《文苑英华》卷二九《赋二十九・地类五》录丁春泽《日观赋》,下注:“大历十年东都试,《登科录》作丁泽。”

(宋)计有功《唐诗纪事》卷三四《丁泽》:“泽,大历十年试《龟负图》诗,为东都第一。”

(元)辛文房撰,傅璇琮主编《唐才子传校笺》(册二)卷四《王建》条云:“建字仲初,颍川人。大历十年丁泽榜第二人及第。”

《登科记考》卷一一大历十年(775)进士科录载丁泽。

【王建】字仲和,一字仲初,颍川人。大历十年(775)进士及第。曾官太府寺丞、秘书丞、侍御史及陕州司马。

(宋)晁公武《郡斋读书志校证》卷一七《别集类上》录《王建诗》十卷,注云:“右唐王建也。大历十年进士。为昭应县丞、太府寺丞。大和中,陕州司马,尤长宫词。”

(宋)陈振孙《直斋书录解题》卷一九录载《王建集》十卷,注云:“唐陕州司马王建仲和撰。建长于乐府,与张籍相上下,大历十年进士也。历官昭应县丞。太和中为陕州司马。”

(元)辛文房撰,傅璇琮主编《唐才子传校笺》(册二)卷四《王建》条云:“建字仲初,颍川人。大历十年丁泽榜第二人及第。释褐授渭南尉,调昭应县丞。诸司历荐,迁太府寺丞、秘书丞、侍御史。大和中出为陕州司马,从军塞上,弓箭不离身。”

《登科记考》卷一一大历十年(775)进士科录载王建。

【卢士阅】一作“卢士开”,大历十年(775)进士及第。

(宋)李昉等《文苑英华》卷二五《赋二十五・地类一》录载卢士开《五色土赋》,附注:“《登科记》作士阅。”

《登科记考》卷一一大历十年(775)进士科录载卢士阅。

【苏子华】大历十年(775)进士及第。

《全唐文》卷四五七作者小传:“子华,大历十年进士。”

【崔恒】一作“崔损”,大历十年(775)进士及第。

(宋)李昉等《文苑英华》卷二五《赋二十五・地类一》录载崔损《五色土赋》,附注:“按唐登科大历十年上都试赋,第四崔恒,第六崔种,无名损者。”

《全唐文补遗》千唐志斋新藏专辑,大历十年(775)二月二十一日《唐故夫人安定梁氏(淑)墓志铭并序》,署“前进士崔恒述”。

《登科记考》卷一一大历十年(775)进士科录载崔恒。

【崔种】一作“崔穜”,大历十年(775)进士及第。

（宋）李昉等《文苑英华》卷二五《赋二十五·地类一》录载崔损《五色土赋》，附注："按唐登科大历十年上都试赋，第四崔恒，第六崔种，无名损者。"

《登科记考》卷一一大历十年（775）进士科录作"崔穜"。

制科

【王申】太原人，父令元，兄华，水部员外郎。大历十年（775）拔萃科及第。

（五代）王定保《唐摭言》卷一三《无名子谤议》："且两京常调，五千余人，书判之流，亦有硕学之辈，莫不风趋洛邑，雾委咸京；其常衮之徒，令天下受屈。且衮以小道矫俗，以大言夸时，宏辞曾下登科，平判又不入等；徒以窃居翰苑，谬践掖垣，虽十年掌于王言，岂一句在于人口！以散铺不对为古，以率意不经为奇。作者见之痛心，后来闻之抚掌。奈何轻蔽天下之才，以自称为已高，以少取为公道！故郗至自伐称兵，处父尚云终丧其族。以兹偏见，求典礼闱，深骇物情，实乖时望。故《诗》曰：'济济多士，文王以宁。'夫圣人用心，异代同体，衮云亲奉密旨，令少取入等，岂圣人容众之意耶！为近臣而厚诬，干处士之横议，甚不可也！况杜亚薄知经籍，素懵文辞；李翰虽以辞藻擢第，不以书判擅名，不慎举人，自贻伊咎。又常衮谓所亲曰，昨者考判，以经语对经，以史对史，皆未点对，考为下等。先翰有常无名判云：'卫侯之政由宁氏，鲁侯之令出季孙。'又常无欲云：'在陵室而须开，阙夷盘而不可。'岂以经对史耶？又严迪云：'下樊姬之车，曳郑崇之履。'岂以史对经耶？数十年之间，布众多之口，纵世人可罔，而先贤安可诬也？今信四竖子，取彼五幽人，且吉中孚判以'大明御宇'为头，以'敢告车轩'为尾，初类是颂，翻乃成箴。其问又'金盘'对于'玉府'，非惟问头不识，抑亦义理全乖；据此口嘲，堪入觌缕。张载华以'江皋'对'瀍洛'；朱邵南以'养老'对'乞言'；理目未通，对仍未识，并考入等，可哀也哉！王申则童子何知，裴通以因人见录，苟容私谒，岂谓公平？夫有西施之容，方可论于美丑；无太阿之利，安可议其断割？使五千之人，嚣然腾口；四海之内，孰肯甘心！况宏辞大国光华，吏曹物色，公明立标榜令尽赴上都东京者，弃而不收，常衮大辱于国，岂以往来败绩，自丧秣陵之师；今日复仇，欲雪会稽之耻。虽擢须贾之发，衮不足以赎罪；负廉颇之荆，公不足以谢过。况所置科目，标在格文，尽无宏辞，固违明敕。欺天必有大咎，陵人必有不祥。足下以此持衡，实负明公；以此求相，实负苍生！况公为主司，自合参议，信衮等升降由己，取舍在心；使士子含冤不得申，结舌不得语。罔上若是，欺下如斯。岂以天德盖高，帝阍难叫；亦由宰臣守道，任公等弄权！呜呼，使朱云在朝，汲黯当位，则败不旋踵，安能保家？宰辅侍郎，非公等所望也！无名子长揖诗曰：'三铨选客不须嗔，五个登科各有因。无识伯和怜吉獠，弄权虞候为王申。载华甲第归丞相，裴子门徒入舍人。莫怪邵南书判好，他家自有景监亲。'"

《新唐书》卷七二中《宰相世系表》二中太原大房王氏著录王申，父令元；兄华，水部员外郎。

《登科记考补正》卷一一大历十年（775）制举增补王申。

【吉中孚】楚州人，始为道士。大历十年（775）制举书判拔萃科及第。

（五代）王定保《唐摭言》卷一三《无名子谤议》："且两京常调，五千余人，书判之流，亦有硕学之辈，莫不风趋洛邑，雾委咸京；其常衮之徒，令天下受屈。且衮以小道矫俗，以大言夸时，宏辞曾下登科，平判又不入等；徒以窃居翰苑，谬践掖垣，虽十年掌于王言，岂一句在于人口！以散铺不对为古，以率意不经为奇。作者见之痛心，后来闻之抚掌。奈何轻蔽天下之才，以自称为已高，以少取为公道！故郗至自伐称兵，处父尚云终丧其族。以兹偏见，求典礼闱，深骇物情，实乖时望。故《诗》曰：'济济多士，文王以宁。'夫圣人用心，异代同体，衮云亲奉密旨，令少取入等，岂圣人容众之意耶！为近臣而厚诬，干处士之横议，甚不可也！况杜亚薄知经籍，素懵文辞；李翰虽以辞藻擢第，不以书判擅名，不慎举人，自贻伊咎。又常衮谓所亲曰，昨者考判，以经语对经，以史对史，皆未点对，考为下等。先翰有常无名判云：'卫侯之政由宁氏，鲁侯之令出季孙。'又常无欲云：'在陵室而须开，阙夷盘而不可。'岂以经对史耶？又严迪云：'下樊姬之车，曳郑崇之履。'岂以史对经耶？数十年之间，布众多之口，纵世人可罔，而先贤安可诬也？今信四竖子，取彼五幽人，且吉中孚判以'大明御宇'为头，以'敢告车轩'为尾，初类是颂，翻乃成箴。其问又'金盘'对于'玉府'，非惟问头不识，抑亦义理全乖；据此口嘲，堪入觇缕。张载华以'江皋'对'瀍洛'；朱邵南以'养老'对'乞言'；理目未通，对仍未识，并考入等，可哀也哉！王申则童子何知，裴通以因人见录，苟容私谒，岂谓公平？夫有西施之容，方可论于美丑；无太阿之利，安可议其断割？使五千之人，嚣然腾口；四海之内，孰肯甘心！况宏辞大国光华，吏曹物色，公明立标榜令尽赴上都东京者，弃而不收，常衮大辱于国，岂以往来败绩，自丧秣陵之师；今日复仇，欲雪会稽之耻。虽擢须贾之发，衮不足以赎罪；负廉颇之荆，公不足以谢过。况所置科目，标在格文，尽无宏辞，固违明敕。欺天必有大咎，陵人必有不祥。足下以此持衡，实负明公；以此求相，实负苍生！况公为主司，自合参议，信衮等升降由己，取舍在心；使士子含冤不得申，结舌不得语。罔上若是，欺下如斯。岂以天德盖高，帝阍难叫；亦由宰臣守道，任公等弄权！呜呼，使朱云在朝，汲黯当位，则败不旋踵，安能保家？宰辅侍郎，非公等所望也！无名子长揖诗曰：'三铨选客不须嗔，五个登科各有因。无识伯和怜吉獠，弄权虞侯为王申。载华甲第归丞相，裴子门徒入舍人。莫怪邵南书判好，他家自有景监亲。'"

《新唐书》卷六〇《艺文四》："《吉中孚诗》一卷。楚州人。始为道士，后官校书郎，登宏词，谏议大夫、翰林学士、户部侍郎，判度支。贞元初卒。"

《登科记考补正》卷一一大历十年(775)制举增补吉中孚。

【朱邵南】大历十年(775)制举拔萃科及第。

(五代)王定保《唐摭言》卷一三《无名子谤议》："且两京常调，五千余人，书判之流，亦有硕学之辈，莫不风趋洛邑，雾委咸京；其常衮之徒，令天下受屈。且衮以小道矫俗，以大言夸时，宏辞曾下登科，平判又不入等；徒以窃居翰苑，谬践掖垣，虽十年掌于王言，岂一句在于人口！以散铺不对为古，以率意不经为奇。作者见之痛心，后来闻之抚掌。奈何轻蔽天下之才，以自称为已高，以少取为公道！故郗至自伐称兵，处父尚云终丧其族。以兹偏见，求典礼闱，深骇物情，实乖时望。故《诗》曰：'济济多士，文王以宁。'夫圣人用心，异代同体，衮云亲奉密旨，令少取入等，岂圣人容众之意耶！为近臣而厚诬，干处士之横议，甚不可也！况杜亚薄知经籍，素懵文辞；李翰虽以辞藻擢第，不以书判擅名，不慎举人，自贻伊咎。又常衮谓所亲曰，昨者考判，以经语对经，以史对史，皆未点对，考为下等。先翰有常无名判云：‘卫侯之政由宁氏，鲁侯之令出季孙。’又常无欲云：‘在陵室而须开，阙夷盘而不可。’岂以经对史耶？又严迪云：‘下樊姬之车，曳郑崇之履。’岂以史对经耶？数十年之间，布众多之口，纵世人可罔，而先贤安可诬也？今信四竖子，取彼五幽人，且吉中孚判以‘大明御宇’为头，以‘敢告车轩’为尾，初类是颂，翻乃成箴。其问又‘金盘’对于‘玉府’，非惟问头不识，抑亦义理全乖；据此口嘲，堪入觌缕。张载华以‘江皋’对‘瀍洛’；朱邵南以‘养老’对‘乞言’；理目未通，对仍未识，并考入等，可哀也哉！王申则童子何知，裴通以因人见录，苟容私谒，岂谓公平？夫有西施之容，方可论于美丑；无太阿之利，安可议其断割？使五千之人，嚣然腾口；四海之内，孰肯甘心！况宏辞大国光华，吏曹物色，公明立标榜令尽赴上都东京者，弃而不收，常衮大辱于国，岂以往来败绩，自丧秣陵之师；今日复仇，欲雪会稽之耻。虽擢须贾之发，衮不足以赎罪；负廉颇之荆，公不足以谢过。况所置科目，标在格文，尽无宏辞，固违明敕。欺天必有大咎，陵人必有不祥。足下以此持衡，实负明公；以此求相，实负苍生！况公为主司，自合参议，信衮等升降由己，取舍在心；使士子含冤不得申，结舌不得语。罔上若是，欺下如斯。岂以天德盖高，帝阍难叫；亦由宰臣守道，任公等弄权！呜呼，使朱云在朝，汲黯当位，则败不旋踵，安能保家？宰辅侍郎，非公等所望也！无名子长揖诗曰：‘三铨选客不须嗔，五个登科各有因。无识伯和怜吉獠，弄权虞侯为王申。载华甲第归丞相，裴子门徒入舍人。莫怪邵南书判好，他家自有景监亲。’”

《登科记考补正》卷一一大历十年(775)制举增补朱邵南。

【张载华】清河东武城人，父衮，虢州刺史。大历十年(775)制举拔萃科及第。官御史中丞。

(五代)王定保《唐摭言》卷一三《无名子谤议》：“且两京常调，五千余人，书判之流，亦有硕学之辈，莫不风趋洛邑，雾委咸京；其常衮之徒，令天下受屈。且衮以小道矫俗，以大言夸时，宏辞曾下登科，平判又不入等；徒以窃居翰苑，谬践掖垣，虽十年掌于王言，岂一句在于人口！以散铺不对为古，以率意不经为奇。作者见之痛心，后来闻之抚掌。奈何轻蔽天下之才，以自称为已高，以少取为公道！故郗至自伐称兵，处父尚云终丧其族。以兹偏见，求典礼闱，深骇物情，实乖时望。故《诗》曰：‘济济多士，文王以宁。’夫圣人用心，异代同体，衮云亲奉密旨，令少取入等，岂圣人容众之意耶！为近臣而厚诬，干处士之横议，甚不可也！况杜亚薄知经籍，素懵文辞；李翰虽以辞藻擢第，不以书判擅名，不慎举人，自贻伊咎。又常衮谓所亲曰，昨者考判，以经语对经，以史对史，皆未点对，考为下等。先翰有常无名判云：‘卫侯之政由宁氏，鲁侯之令出季孙。’又常无欲云：‘在陵室而须开，阙夷盘而不可。’岂以经对史耶？又严迪云：‘下樊姬之车，曳郑崇之履。’岂以史对经耶？数十年之间，布众多之口，纵世人可罔，而先贤安可诬也？今信四竖子，取彼五幽人，且吉中孚判以‘大明御宇’为头，以‘敢告车轩’为尾，初类是颂，翻乃成箴。其问又‘金盘’对于‘玉府’，非惟问头不识，抑亦义理全乖；据此口嘲，堪入觌缕。张载华以‘江皋’对‘瀍洛’；朱邵南以‘养老’对‘乞言’；理目未通，对仍未识，并考入等，可哀也哉！王申则童子何知，裴通以因人见录，苟容私谒，岂谓公平？夫有西施之容，方可论于美丑；无太阿之利，安可议其断割？使五千之人，嚣然腾口；四海之内，孰肯甘心！况宏辞大国光华，吏曹物色，公明立标榜令尽赴上都东京者，弃而不收，常衮大辱于国，岂以往来败绩，自丧秣陵之师；今日复仇，欲雪会稽之耻。虽擢须贾之发，衮不足以赎罪；负廉颇之荆，公不足以谢过。况所置科目，标在格文，尽无宏辞，固违明敕。欺天必有大咎，陵人必有不祥。足下以此持衡，实负明公；以此求相，实负苍生！况公为主司，自合参议，信衮等升降由己，取舍在心；使士子含冤不得申，结舌不得语。罔上若是，欺下如斯。岂以天德盖高，帝阍难叫；亦由宰臣守道，任公等弄权！呜呼，使朱云在朝，汲黯当位，则败不旋踵，安能保家？宰辅侍郎，非公等所望也！无名子长揖诗曰：'三铨选客不须嗔，五个登科各有因。无识伯和怜吉獠，弄权虞侯为王申。载华甲第归丞相，裴子门徒入舍人。莫怪邵南书判好，他家自有景监亲。'"

《新唐书》卷七二下《宰相世系表》二下清河东武城张氏录载有张载华，官兼御史中丞。父衮，虢州刺史。

《登科记考补正》卷一一大历十年(775)制举增补张载华。

【裴通】大历十年(775)制举拔萃科及第。

(五代)王定保《唐摭言》卷一三《无名子谤议》："且两京常调，五千余人，书判之流，亦有硕学之辈，莫不风趋洛邑，雾委咸京；其常衮之徒，令天下受屈。且衮以小道矫俗，以大言夸时，宏辞曾下登科，平判又不入等；徒以窃居翰苑，谬践掖垣，虽十年掌于王言，岂一句在于人口！以散铺不对为古，以率意不经为奇。作者见之痛心，后来闻之抚掌。奈何轻蔽天下之才，以自称为已高，以少取为公道！故郗至自伐称兵，处父尚云终丧其族。以兹偏见，求典礼闱，深骇物情，实乖时望。故《诗》曰：'济济多士，文王以宁。'夫圣人用心，异代同体，衮云亲奉密旨，令少取入等，岂圣人容众之意耶！为近臣而厚诬，干处士之横议，甚不可也！况杜亚薄知经籍，素懵文辞；李翰虽以辞藻擢第，不以书判擅名，不慎举人，自贻伊咎。又常衮谓所亲曰，昨者考判，以经语对经，以史对史，皆未点对，考为下等。先翰有常无名判云：'卫侯之政由宁氏，鲁侯之令出季孙。'又常无欲云：'在陵室而须开，阙夷盘而不可。'岂以经对史耶？又严迪云：'下樊姬之车，曳郑崇之履。'岂以史对经耶？数十年之间，布众多之口，纵世人可罔，而先贤安可诬也？今信四竖子，取彼五幽人，且吉中孚判以'大明御宇'为头，以'敢告车轩'为尾，初类是颂，翻乃成箴。其问又'金盘'对于'玉府'，非惟问头不识，抑亦义理全乖；据此口嘲，堪入觇缕。张载华以'江皋'对'瀍洛'；朱邵南以'养老'对'乞言'；理目未通，对仍未识，并考入等，可哀也哉！王申则童子何知，裴通以因人见录，苟容私谒，岂谓公平？夫有西施之容，方可论于美丑；无太阿之利，安可议其断割？使五千之人，嚣然腾口；四海之内，孰肯甘心！况宏辞大国光华，吏曹物色，公明立标榜令尽赴上都东京者，弃而不收，常衮大辱于国，岂以往来败绩，自丧秣陵之师；今日复仇，欲雪会稽之耻。虽擢须贾之发，衮不足以赎罪；负廉颇之荆，公不足以谢过。况所置科目，标在格文，尽无宏辞，固违明敕。欺天必有大咎，陵人必有不祥。足下以此持衡，实负明公；以此求相，实负苍生！况公为主司，自合参议，信衮等升降由己，取舍在心；使士子含冤不得申，结舌不得语。罔上若是，欺下如斯。岂以天德盖高，帝阍难叫；亦由宰臣守道，任公等弄权！呜呼，使朱云在朝，汲黯当位，则败不旋踵，安能保家？宰辅侍郎，非公等所望也！无名子长揖诗曰：'三铨选客不须嗔，五个登科各有因。无识伯和怜吉獠，弄权虞侯为王申。载华甲第归丞相，裴子门徒入舍人。莫怪邵南书判好，他家自有景监亲。'"

《登科记考补正》卷一一大历十年(775)制举增补裴通。

大历十一年丙辰(776)

知贡举：礼部侍郎常衮

进士科

【王纾】太原人。大历十一年(776)进士及第。曾官尚书郎。

《柳宗元集》卷一二《先君石表阴先友记》："王纾，其弟绍，太原人……纾有学术，鲁直，为尚书郎。"孙注曰："纾，大历十一年中进士第。"

《登科记考》卷一一大历十一年(776)进士科录载王纾。

【许孟容】字公范，京兆长安人。大历十一年(776)进士及第，后又学究登科。曾官刑、吏部侍郎，以尚书左丞宣慰汴、宋、许、河阳行营。

《柳宗元集》卷一二《先君石表阴先友记》："许孟容，吴人。"孙注曰："孟容，字公范，京兆长安人。大历十一年中进士第。"

(五代)王定保《唐摭言》卷九《好及第恶登科》："许孟容进士及第，学究登科，时号锦袄子上着莎衣。"

《旧唐书》卷一五四《许孟容传》："孟容少以文词知名，举进士甲科，后究王氏易，登科授秘书省校书郎。"

(宋)李昉等《太平广记》卷一七九《贡举二·许孟容》引《摭言》："许孟容进士及第，学究登科。时号锦袄子上着莎衣，蔡京与孟容同。"

《新唐书》卷一六二《许孟容传》："许孟容，字公范，京兆长安人，擢进士异等，又第明经，调校书郎。"

成化《中都志》卷六《名宦》："(许孟容)擢进士明经，补校书郎。"

《登科记考》卷一一大历十一年(776)进士科录载许孟容。

【崔损】字至无，清河人。大历十一年(776)进士及第，复宏词登科。官至门下侍郎平章事。贞元十九年卒，赠太子太傅，谥曰靖。

《柳宗元集》卷一二《先君石表阴先友记》："崔损，清河人。畏慎，为相。"孙注曰："损，字至无。系本博陵。大历十一年中进士第。"

《旧唐书》卷一三六《崔损传》："崔损字至无，博陵人。高祖行功已后，名位卑替。损大历末进士擢第，登博学宏词科，授秘书省校书郎，再授咸阳尉。外舅王翃为京兆尹，改大理评事，累迁兵部郎中。贞元十一年，迁右谏议大夫。会门下侍郎平章事赵憬卒，中书侍郎平章事卢迈风病请告，户部尚书裴延龄素与损善，乃荐之于德宗。十二年，以本官同中书门下平章事，与给事中赵宗儒同日知政事，并赐金紫……十四年秋，转门下侍郎平章事……贞元十九年卒,赠太子太傅,赙布帛五百端、米粟四百石。”

《新唐书》卷一六七《崔损传》:“崔损字至无,系本博陵。大历末,中进士、博学宏辞,补校书郎、咸阳尉。避亲,改大理评事。累劳至右谏议大夫。于时,宰相赵憬卒,卢迈属疾,裴延龄素善损,荐之德宗。贞元十二年,以本官同中书门下平章事……逾年,进门下侍郎……卒,赠太子太傅,谥曰靖。”

《登科记考》卷一一大历十一年(776)进士科录载崔损。

光绪《畿辅通志》卷三四《选举·唐·进士》:“代宗年,崔损,安平人,大历末第,谏议大夫同平章事,谥曰‘靖’。”

明经科

【李子卿】字万。大历十一年(776)明经及第。官至金城尉。

《全唐文》卷四五八李季卿《三坟记》:“□(子)卿字万……弱冠以明□(经)观国,莅鹿邑、虞乡二尉……转金城尉。”

《登科记考补正》卷一一大历十一年(776)明经科增补李子卿。

【吴士平】字贞之,祖珪,郫县丞,父溆,右金吾大将军。大历十一年(776)明经及第,官至大理司直。

《全唐文补遗》第七辑,陈鸿撰元和四年(809)十一月八日《唐故朝议郎行大理司直临濮县开国男吴君(士平)墓志铭并序》:“元和四年五月甲戌,大理司直吴君终于长安□兴里私第,享年卌八……高祖绚,德阳县令,赠司空。曾祖训,神泉县令,赠司徒。祖珪,郫县丞,赠太尉。父溆,右金吾大将军,赠太子太傅。四朝经明,藉在春官。人物公望,仪冠当时。才如命何,不为将相。代宗践祚,始以外戚受封。君讳士平,字贞之,太傅第三子……年十五,弘文馆明经出身,释褐补太子通事舍人。”按以元和四年(809)卒,享年三十八推之,吴氏大历十一年十九岁。

《登科记考补正》卷一一大历十一年(776)明经科增补吴士平。

大历十二年丁巳(777)

知贡举:礼部侍郎常衮

进士科

【黎逢】大历十二年(777)进士状元及第。

(五代)王定保《唐摭言》卷五《以其人不称才试而后惊》:“黎逢气貌山野,及第年,初场后至,便于帘前设席。主司异之,诮其生疏,必谓文词称是,专令人伺之,句句来报。初闻云:‘何人徘徊?’曰:‘亦是常言。’既而将及数联,莫不惊叹,遂擢为状元。”

(宋)计有功《唐诗纪事》卷三六《黎逢》:“逢,登大历十二年进士第。”

《登科记考》卷一一大历十二年(777)进士科录载黎逢。

【丁位】大历十二年(777)进士及第。

《全唐诗》第九册卷二八八作者小传:“丁位,大历进士第。诗一首。”

《登科记考补正》卷一一大历十二年(777)进士科增补丁位。

【元友直】大历十二年(777)进士及第。

《全唐诗》第九册卷二八八作者小传:“元友直,结之子。大历进士。诗一首。”

《登科记考补正》卷一一大历十二年(777)进士科增补元友直。

【任公叔】大历十二年(777)进士及第。

《登科记考》卷一一大历十二年(777)进士科录载任公叔。

【杨系】大历十二年(777)进士及第。

《登科记考》卷一一大历十二年(777)进士科录载杨系。

【杨凌】字恭履,虢州弘农人。大历十二年(777)进士及第。终侍御史。

《柳宗元集》卷三〇《与杨京兆凭书》:“丈人以文律通流当世,叔仲鼎列,天下号为文章家。”孙注曰:“大历九年,凭中进士;十三年,凝中进士;十二年,凌中进士。皆有名,时号三杨。”

《新唐书》卷一六〇《杨凭传》:“(杨凭)长善文辞,与弟凝、凌皆有名,大历中,踵擢进士第,时号‘三杨’。”

(宋)计有功《唐诗纪事》卷二八《杨凌》:“凌,字恭履,最善文章。大历中,与兄凭、凝踵进士第,时号‘三杨’。凌终侍御史。子敬之。”

《登科记考》卷一一大历十一年(776)进士科录载杨凌,《登科记考补正》卷一一大历十二年(777)进士科移正年份。

【张昔】大历十二年(777)进士及第。

《全唐文》卷四五五作者小传:“昔,大历中进士。”

《全唐诗》第九册卷二八八作者小传:“张昔,大历进士第。诗一首。”

《登科记考补正》卷一一大历十二年(777)进士科增补张昔。

【张季略】大历十二年(777)进士及第。

《全唐诗》第九册卷二八八作者小传:“张季略,大历进士第。诗一首。”

《登科记考补正》卷一一大历十二年(777)进士科增补张季略。

【沈迥】大历十二年(777)进士及第。

《全唐文》卷四四四作者小传:“迥,大历中进士。”

《全唐诗》第九册卷二八八作者小传:“沈迥,大历进士第。诗一首。”

《登科记考补正》卷一一大历十二年(777)进士科增补沈迥。

【周澈】其先汝南人,隋代迁居淮阴。大历十二年进士及第。

《全唐文》卷五〇六权德舆《唐故朝散大夫守秘书少监致仕周君(渭)墓志铭并序》:“君讳渭,字兆师,其先汝南人。六代祖衡,仕隋为淮阴郡司马,子孙因家焉。曾祖顶(阙一字)杭州长史。祖守则,婺州金华丞。父随州枣阳令。三叶沉晦,缨榖未华,皆以义行称于州里。君服儒笃学,工为词赋。大历末,常潘继居小宗伯,号为得士,君与令弟澈,联中正鹄于二有司之下。是岁，孝文帝嗣大统，详延诸生，又以贞师伐谋，对有明法，授汝州襄城尉。时太傅崔文贞公以匪躬当国，兼综书殿，表为校理，历富平长安尉，拜监察御史，董选补于南方。南方吏理清而风俗阜，抑君是赖，复命其劳，转殿中侍御史。平理诏狱，清公不苛，迁膳部员外郎祠部郎中，典曹草议，遵道循性，居太微积星之位，十年不徙官……上皇践阼，章叙时俊，君已感疾，拜章请老，有诏授秘书少监以优遂之……永贞元年冬十一月甲戌，奄然大病，以启手足，春秋六十六。"

《登科记考》卷一一大历十二年(777)进士科录载周澈。

【郑余庆】字居业，荥阳人。大历十二年(777)进士及第。二次为相。

《旧唐书》卷一五八《郑余庆传》:"郑余庆字居业，荥阳人。祖长裕，官至国子司业，终颍川太守。长裕弟少微，为中书舍人、刑部侍郎。兄弟有名于当时。父慈，与元德秀友善，官至太子舍人。余庆少勤学，善属文。大历中举进士。建中末，山南节度使严震辟为从事，累官殿中侍御史，丁父忧罢。贞元初入朝，历左司、兵部员外郎，库部郎中。八年，选为翰林学士。十三年六月，迁工部侍郎，知吏部选事……十四年，拜中书侍郎、平章事……贬郴州司马，凡六载。顺宗登极，征拜尚书左丞。宪宗嗣位之月，又擢守本官平章事……三年，检校兵部尚书，兼东都留守。六年四月，正拜兵部尚书……九年，拜检校右仆射，兼兴元尹，充山南西道节度观察使，三岁受代。十二年，除太子少师。寻以年及悬车，请致仕，诏不许……十三年，拜尚书左仆射……十四年，兼太子少师、检校司空，封荥阳郡公，兼判国子祭酒事。以太学荒毁日久，生徒不振，奏率文官俸给修两京国子监。及穆宗登极，以师傅之旧，进位检校司徒，优礼甚至。元和十五年十一月卒，诏曰:'故金紫光禄大夫、检校司徒、兼太子少师、上柱国、荥阳郡开国公、食邑二千户郑余庆，始以衣冠礼乐，行于山东，余力文章，遂成志学。出入清近，盈五十年。再秉台衡，屡分戎律。凡所要职，无不践更。贵而能贫，卑以自牧。謇谔闻于台阁，柔睦化于闺门。受命有考父之恭，待士比公孙之广。焚书逸礼，尽可□传；古史旧章，如因心匠。朕方咨禀，庶罔昏逾。神将祝予，痛悼何及！乞言既阻，赗礼宜优，可赠太保。'时年七十五，谥曰贞。"

《新唐书》卷一六五《郑余庆传》:"余庆少善属文，擢进士第。"

《柳宗元集》卷一二《先君石表阴先友记》:"郑余庆，荥阳人。再为相。始天下皆以为长者，及为大官，名益少。今为尚书、河南尹，无恙。"孙注曰:"余庆，字居业，郑州荥阳人。大历十一年中进士第。"按:《登科记考》页395列入大历十二年，亦据是文。唯"孙注"作"韩注"，"十一年"作"十二年"，或版本有别，或徐松抄录之误，待考。

《书史会要》卷五:"郑余庆，字居业，郑州荥阳人，擢进士第，官至尚书左仆射。"

《登科记考》卷一一大历十二年(777)进士科录载郑余庆。

【崔绩】大历十二年(777)进士及第。

《全唐诗》第九册卷二八八作者小传:"崔绩，大历进士第。诗一首。"

《登科记考补正》卷一一大历十二年(777)进士科增补崔绩。

【裴达】闻喜人，大历十二年(777)进士及第。

(宋)计有功《唐诗纪事》卷三二《裴达》:"达，登大历进士第。"

四库本《山西通志》卷六五《科目·唐》:“大历中进士:裴达,闻喜人。”

《登科记考补正》卷一一大历十二年(777)进士科增补裴达。

明经科

【萧征】字公辟,兰陵人。大历十二年(777)明经及第,官至河南府洛阳县丞。

《全唐文补遗》第八辑,李直撰长庆四年(824)十一月二十一日《大唐故河南府洛阳县丞兰陵萧府君(征)墓志铭并叙》:“府君讳征,字公辟,其先兰陵人也……弱冠,以经明擢第,释褐补朗州录事参军……以长庆四年九月八日,遘疾于河南府寿安县连理乡之别墅,享年六十七。”按“经明擢第”,即明经及第。以长庆四年(824)卒,春秋六十七推之,萧征明经及第时在大历十二年。

大历十三年戊午(778)

知贡举:礼部侍郎潘炎

进士科

【杨凝】字茂功或懋功,虢州弘农人。大历十三年(778)进士科状元及第。曾官侍御史,官至兵部郎中。

《新唐书》卷一六〇《杨凭传》:“(杨凭)长善文辞,与弟凝、凌皆有名,大历中,踵擢进士第,时号‘三杨’。”

《柳宗元集》卷三〇《与杨京兆凭书》:“丈人以文律通流当世,叔仲鼎列,天下号为文章家。”孙注曰:“大历九年,凭中进士;十三年,凝中进士;十二年,凌中进士。皆有名,时号三杨。”卷四十《为李京兆祭杨凝郎中文》孙注曰:“(大历)十三年,凝中第一。”

(宋)计有功《唐诗纪事》卷二八《杨凌》:“凌,字恭履,最善文章。大历中,与兄凭、凝踵进士第,时号‘三杨’。凌终侍御史。子敬之。”

(明)徐应秋《玉芝堂谈荟》卷二《历代状元》:“(大历)十三年,进士三十一人,状元杨凝。”

正德《姑苏志》卷五《科第表上·进士》录载杨凝。

《登科记考》卷一一大历十三年(778)进士科录载杨凝为是年状元。

【卫次公】字从周,河东人。大历十三年(778)进士及第。官至太子宾客,改尚书右丞,兼判户部事,拜陕、虢等州都防御观察处置等使。元和十三年(818)卒,年六十六,赠太子少保,谥曰敬。

《旧唐书》卷一五九《卫次公传》:“卫次公字从周,河东人。器韵和雅,弱冠举进士。礼部侍郎潘炎目为国器,擢居上第。参选调。礼部侍郎卢翰嘉其才,补崇文馆校书郎,改渭南尉……贞元八年,征为左补阙,寻兼翰林学士……转司勋员外郎。久之,以本官知制诰,赐紫金鱼袋,仍为学士,权知中书舍人。寻知礼部贡举,斥浮华,进贞实,不为时力所摇。真拜中书舍人,仍充史馆修撰,迁兵部侍郎、知制诰,复兼翰林学士。与郑絪善,会郑絪罢相,次公左授太子宾客,改尚书右丞,兼判户部事,拜陕、虢等州都防御观察处置等使……元和十三年十月,受代归朝,道次病卒。赠太子少保,年六十六,谥曰敬……子洙,登进士第,尚宪宗女临真公主。累官至给事中、驸马都尉、工部侍郎。"

《登科记考》卷一一大历十三年(778)进士科录载卫次公。

【仲子陵】成都府人,大历十三年举进士甲科调补秘书省校书郎,历同官醴泉二县尉;贞元十年登贤良方正能直言极谏科,历太常博士,官至尚书司门员外郎。

《全唐文》卷五〇二权德舆《尚书司门员外郎仲君(子陵)墓志铭并序》:"君讳子陵,字某……曾祖辩,始自彭城徙于蜀都。祖袭,博究六艺,州闾推重。考远,清静寡欲,好老严之言……(君)大历十三年举进士甲科,调补秘书省校书郎,历同官醴泉二县尉。贞元十年举贤良方正,拜太常博士,转主客司门二员外郎。十八年六月乙巳,寝疾殁于靖恭里第,享年五十有九。"

《登科记考》卷一一大历十三年(778)进士科录载仲子陵。

【姜公辅】爱州日南人。大历十三年(778)进士及第,复登贤良方正科。官至谏议大夫同中书门下平章事。

(唐)韦绚《刘宾客嘉话录》:"崔造相公方为兵部郎中,与前进士姜公辅同在薛侍郎坐中。"

(唐)陆贽《姜公辅左庶子制》:"姜公辅首举高第,擢居谏曹。"

《旧唐书》卷一三八《姜公辅传》:"登进士第,为校书郎。应制策高等授左拾遗,招入翰林为学士。"

《新唐书》卷一五二《姜公辅传》:"姜公辅,爱州日南人。第进士,补校书郎,以制策异等授右拾遗,为翰林学士。"

(宋)李昉等《太平广记》卷一五一《定数六・薛邕》:"薛邕侍郎,有宰相望,时有张山人善相,崔造方为兵部郎中,与前进士姜公辅同在薛侍郎坐中。"

《登科记考》卷二七《附考・进士科》录载姜公辅,《登科记考补正》卷一一大历十三年(778)进士科系年。

《安南志略》卷一五《仕中国者》:"姜公辅,神翊孙,挺子也。唐德宗朝第进士,补校书郎,以制策异等授右拾遗、翰林学士。"

乾隆《广东通志》卷三一《选举志一・唐进士》:"大历十三年戊午:赵德,海阳人。姜公辅,钦州人,翰林学士。"

科目未详

【薛纬】字□辅,河东汾阴人。大历十三年(778)举弘文生擢第。官至蔚州刺史。

《秦晋豫新出墓志蒐佚续编》七八三,长庆元年(821)二月二十三日《唐故蔚州刺史充横野军使兼知当州铸钱事河东薛公故夫人扶风马氏合祔墓志铭并序》:"公讳纬,字□辅,河东汾阴人也……洎十有五岁,举弘文生擢第。"按:以元和十五年(820)卒,春秋五十七推算，薛纬十五岁时在大历十三年(778)。

大历十四年己未(779)

知贡举：礼部侍郎潘炎

进士科

【**王储**】大历十四年(779)进士科状元及第。

(宋)李昉等《文苑英华》卷三《赋三・天象三》录载《寅宾出日赋》，题下注云："大历十四年，王储作魁。"

(元)辛文房撰，傅璇琮主编《唐才子传校笺》(册二)卷四《窦常》条云："常字中行，叔向之子也。京兆人。大历十四年王储榜及第。"

(明)徐应秋《玉芝堂谈荟》卷二《历代状元》："(大历)五年，进士二十七人，状元王储。"按：《登科记考》考大历五年状元为李挎，则《玉芝堂谈荟》误。

《登科记考》卷一一大历十四年(779)进士科录载王储为是年状元。

【**王表**】大历十四年(779)进士及第。

《乾䐁子》："侍郎潘炎进士榜有六异：朱遂为朱滔太子；王表为李纳女婿，彼军呼为驸马；赵博宣威冀定押衙；袁同直入番为阿师；窦常二十年称前进士；奚某亦有事。时谓之六差。"

(宋)计有功《唐诗纪事》卷三二《王表》："表，大历十四年潘炎下登第。"

《登科记考》卷一一大历十四年(779)进士科录载王表。

【**卞俛**】大历十四年(779)进士及第。曾官商州刺史。

《全唐文》卷七六一褚藏言《窦常传》："府君大历十四年举进士，与故吏部侍郎奚陟、商州牧卞俛、秘校独孤授同年上第。"

(唐)褚藏言《窦氏联珠集》卷一："府君(窦常)大历十四年举进士，与故吏部侍郎奚陟、商州牧卞俛、秘校独孤授同年上第。"

《登科记考》卷一一大历十四年(779)进士科录载卞俛。

【**朱遂**】大历十四年(779)进士及第。

《乾䐁子》："侍郎潘炎进士榜有六异：朱遂为朱滔太子；王表为李纳女婿，彼军呼为驸马；赵博宣威冀定押衙；袁同直入番为阿师；窦常二十年称前进士；奚某亦有事。时谓之六差。"

(宋)计有功《唐诗纪事》卷三二《王表》："表，大历十四年潘炎下登第。"

《登科记考》卷一一大历十四年(779)进士科录载朱遂。

【**赵博宣**】冀州人，涓子。进士及第。

《旧唐书》卷一三七《赵涓传》："赵涓，冀州人也。幼有文学。天宝初，举进士，补鄎城尉，累授监察御史、右司员外郎。河南副元帅王缙奏充判官，授检校兵部郎中、兼侍御史，迁给事中、太常少卿，出为衢州刺史。永泰初，涓为监察御史……即拜尚书左丞。无何，知吏部选，扈从梁州。兴元元年卒，赠户部尚书。子博宣，登进士第，文章俊拔，性率多酒。”

《新唐书》卷一六一《赵涓传》：“赵涓，冀州人。幼有文，天宝时第进士，补鄠城尉，稍历台省……子博宣，亦擢进士第，藻翰豪迈，沉于酒。”

《乾腰子》：“侍郎潘炎进士榜有六异：朱遂为朱滔太子；王表为李纳女婿，彼军呼为驸马；赵博宣威冀定押衙；袁同直入番为阿师；窦常二十年称前进士；奚某亦有事。时谓之六差。”

《登科记考》卷一一大历十四年（779）进士科、《登科记考补正》卷一一大历十四年（779）进士科录载赵博宣。

【独孤绶】一作“独孤授”，大历十四年（779）进士及第，同年博学宏词科甲科。

（宋）李昉等《文苑英华》卷三《赋三·天象三》录载《寅宾出日赋》，独孤授文下注：“《登科记》作独孤绶，第十八人。”

《全唐文》卷七六一褚藏言《窦常传》：“府君大历十四年举进士，与故吏部侍郎奚陟、商州牧卞俛、秘校独孤授同年上第。”

（唐）褚藏言《窦氏联珠集》卷一：“府君（窦常）大历十四年举进士，与故吏部侍郎奚陟、商州牧卞俛、秘校独孤授同年上第。”

《登科记考》卷一一大历十四年（779）进士科录作独孤绶。

【周渭】字兆师，汝南人，隋代迁居淮阴。大历十四年（779）进士及第。官至秘书少监。

《全唐文》卷五〇六权德舆《唐故朝散大夫守秘书少监致仕周君（渭）墓志铭并序》：“君讳渭，字兆师，其先汝南人。六代祖衡，仕隋为淮阴郡司马，子孙因家焉。曾祖顶（阙一字）杭州长史。祖守则，婺州金华丞。父随州枣阳令。三叶沉晦，缨縠未华，皆以义行称于州里。君服儒笃学，工为词赋。大历末，常潘继居小宗伯，号为得士，君与令弟澈，联中正鹄于二有司之下。是岁，孝文帝嗣大统，详延诸生，又以贞师伐谋，对有明法，授汝州襄城尉。时太傅崔文贞公以匪躬当国，兼综书殿，表为校理，历富平长安尉，拜监察御史，董选补于南方。南方吏理清而风俗阜，抑君是赖，复命其劳，转殿中侍御史。平理诏狱，清公不苛，迁膳部员外郎祠部郎中，典曹草议，遵道循性，居太微积星之位，十年不徙官……上皇践阼，章叙时俊，君已感疾，拜章请老，有诏授秘书少监以优遂之……永贞元年冬十一月甲戌，奄然大病，以启手足，春秋六十六。”

（宋）李昉等《文苑英华》卷三《赋三·天象三》录载《寅宾出日赋》，周渭作品题下注：“《登科记》第二人。”

《登科记考》卷一一大历十四年（779）进士科录载周渭。

【袁同直】大历十四年（779）进士及第。

（宋）李昉等《文苑英华》卷三《赋三·天象三》录载《寅宾出日赋》，袁同直作品题下注：“《登科记》第五人。”

《登科记考》卷一一大历十四年（779）进士科录载袁同直。

【奚陟】字殷卿，一作字殷衡，京兆人。大历十四年（779）进士及第，又文辞清丽科登

第。曾官吏部侍郎。

《全唐文》卷六〇九刘禹锡《唐故朝议郎守尚书吏部侍郎上柱国赐紫金鱼袋赠司空奚公(陟)神道碑》:"公讳陟,字殷衡,其先在夏为车正,以功封于薛,下古以降为谯郡人。或因仕适楚,复之秦,今为京兆人。隋唐之际,再世以明经为博士,家有赐书。曾祖简亦以文学为太子司议郎。大父乾绎,仕至光州刺史。烈考讳某,有道而尚晦,终徐州司功参军,赠和州刺史,由子贵也……幼而擢陵苕之秀,长而成清庙之器。群伦月旦,咸以第一流处之。及从乡赋,洎升名太常,果居上第。明年,诏郡国征贤良,设四科以尽材。公居文词清丽之目,授宏文馆校书郎……遂转左司郎中,寻迁中书舍人……转刑部侍郎……居一年,授权知吏部侍郎,又一年即真。"

《全唐文》卷七六一褚藏言《窦常传》:"府君大历十四年举进士,与故吏部侍郎奚陟、商州牧卞侻、秘校独孤授同年上第。"

《柳宗元集》卷一二《先君石表阴先友记》:"奚陟,江都人。柔敏。至吏部侍郎。"孙注曰:"陟,字殷卿,其先自谯亳徙为京兆人。大历十四年中进士。"

(唐)褚藏言《窦氏联珠集》卷一:"府君(窦常)大历十四年举进士,与故吏部侍郎奚陟、商州牧卞侻、秘校独孤授同年上第。"

《新唐书》卷一六四《奚陟传》:"奚陟字殷卿,其先自谯亳西徙,故为京兆人。少笃志,通群书。大历末,擢进士、文辞清丽科,授弘文馆校书郎。德宗立,谏议大夫崔河图持节使吐蕃,表陟自副,以亲老辞不拜。杨炎辅政,召授左拾遗。居亲丧,毁瘠过礼。朱泚反,走间道及车驾于兴元,拜起居郎、翰林学士,不就职。贼平,改太子司议郎,历金部、吏部员外。会左右丞缺,转左司郎中。贞元八年,迁中书舍人……迁刑部侍郎……卒,年五十五,赠礼部尚书。"

《登科记考》卷一一大历十四年(779)进士科录载奚陟。

【窦常】字中行,扶风平陵人,一说京兆金城人。大历十四年(779)进士及第。贞元十四年授秘书省校书郎,为淮南节度使参谋,又曾为郎州刺史、抚州刺史。以国子祭酒致仕,卒赠越州都督。会昌元年,武宗即位,准赦改赠太子少保。有文一十八卷。

《全唐文》卷七六一褚藏言《窦常传》:"府君讳常,字中行,扶风平陵人也。祖亶,同昌郡司马,赠水部郎中。皇考叔向,仕至左拾遗,赠尚书右仆射。当代宗皇帝朝,善五言诗,名冠流辈……府君大历十四年举进士,与故吏部侍郎奚陟商州牧卞侻秘校独孤授同年上第……洎贞元十四年秋,成德军节度使太尉王公命从事御史卢泚贶五百金,辟为掌记,不就。其年,淮南节度左仆射霸陵杜公奏为参谋,授秘书省校书郎。厥后历泉府从事,繇协律郎迁监察御史里行。居无何,湘东倅戎,转殿中侍御史,赐绯鱼袋。元和六年,繇侍御史入为水部员外郎,亦既二岁,婚嫁未毕,求牧守之官,出为朗州刺史,转固陵浔阳临川三郡。既罢秩,东归旧业。时宰嘉招,固辞衰疾。因除国子祭酒致仕。宝历元年秋,寝疾告终于广陵之白沙别业,卒时年七十。其年诏赠越州都督。会昌元年,武宗即位,恩覃中外。嗣子宏余,任黄州刺史,准赦改赠太子少保。有文一十八卷,西江逸民褚藏言制序。"

(唐)褚藏言《窦氏联珠集》卷一:"府君讳常,字中行,扶风平陵人也……府君(窦常)

大历十四年举进士，与故吏部侍郎奚陟、商州牧卞俛、秘校独孤授同年上第……由擢第至释褐二十年……洎贞元十四秋……其年淮南节度左仆射霸陵杜，公奏为参谋，授秘书省校书郎……除国子祭酒致仕。宝历元年秋寝疾告终于广陵之白沙别业。”

《旧唐书》卷一五五《窦群传》：“窦群字丹列，扶风平陵人。祖亶，同昌郡司马。父叔向，以工诗称，代宗朝，官至左拾遗。群兄常、牟。弟巩，皆登进士第……兄常字中行，大历十四年登进士第，居广陵之柳杨。结庐种树，不求苟进，以讲学著书为事，凡二十年不出。贞元十四年，镇州节度使王武俊闻其贤，遣人致聘，辟为掌书记，不就。其年，杜佑镇淮南，奏授校书郎，为节度参谋。元和六年，自湖南判官入为侍御史，转水部员外郎。出为朗州刺史，历固陵、浔阳、临川三郡守。入为国子祭酒，求致仕。宝历元年卒，时年七十。子弘余，会昌中为黄州刺史。”

（宋）李昉等《太平广记》卷一七九《贡举二・潘炎》：“窦常新及第。”

（宋）王钦若等《册府元龟》卷七二九《幕府部（十四）・科目》：“窦常，字中行，大历十四年，登进士第。”

《新唐书》卷一七五《窦群传》：“窦群字丹列，京兆金城人。父叔向，以诗自名，代宗时，位左拾遗。群兄弟皆擢进士第……兄常、牟，弟庠、巩，皆为郎，工词章，为《联珠集》行于时，义取昆弟若五星然。常，字中行，大历中及进士第，不肯调，客广陵，多所论著，隐居二十年。镇州王武俊闻其才，奏辟不应。杜佑镇淮南，署为参谋。历朗夔江抚四州刺史、国子祭酒，致仕。卒，赠越州都督。牟字贻周，累佐节度府。晚从昭义卢从史，从史寖骄，牟度不可谏，即移疾归东都。从史败，不以觉微避去自贤。位国子司业。庠字胄卿，终婺州刺史。巩字友封，雅裕，有名于时。平居与人言若不出口，世号‘嗫嚅翁’。元稹节度武昌，奏巩自副，卒。”

（宋）计有功《唐诗纪事》卷三一《窦叔向》：“叔向，字遗直，京兆人。代宗时，常衮为相，用为左拾遗、内供奉。及贬，亦出为溧水令。四子登第，群以处士隐毗陵，韦夏卿荐之朝，德宗擢为左拾遗，代武元衡为中丞，荐吕温、羊士谔为御史。李吉甫以二人躁险，持不下。群怨吉甫，伺吉甫阴事，几为宪宗所诛。群与兄常、牟，弟庠、巩，皆为郎，工词章，为《联珠集》，行于时，义取昆弟若五星然。”

（宋）计有功《唐诗纪事》卷三一《窦常》：“常初登第，桑道茂云：二十年后出官。后五度奏官，敕皆不下，即摄职久之；至大历十四年及第，即二十年矣。”

（宋）魏仲举《五百家注释韩昌黎全集》卷二三《祭窦司业文》孙注曰：“常字中行，大历十四年登第。”

（宋）魏仲举《五百家注释韩昌黎全集》卷三三《窦牟墓志铭》补注曰：“常，字中行，大历十四年进士。”

（元）辛文房撰，傅璇琮主编《唐才子传校笺》（册二）卷四《窦常》条云：“常字中行，叔向之子也。京兆人。大历十四年王储榜及第。”

《登科记考》卷一一大历十四年（779）进士科录载窦常。

嘉靖《常德府志》卷一二《官守志・历官》：“（窦常）大历间进士，累官郎州司马。”

【独孤良器】大历十四年(779)博学宏词科及第。

(宋)李昉等《文苑英华》卷一三六《诗三十六·省试七》)录载独孤良器《沉珠于渊》诗。

《登科记考》卷一一大历十四年(779)博学宏词科录有独孤良器,考云:"见《文苑英华》。"

【独孤绶】大历十四年(779)进士及第,同年举博学宏词甲科。

《旧唐书》卷一三七《于邵传》:"独孤绶举博学宏词,吏部考为乙第。在中书覆升甲科,人称其当。"

(宋)李昉等《文苑英华》卷一三六《诗三十六·省试七》录载独孤绶《沉珠于渊》诗。

《登科记考》卷一一大历十四年(779)进士科录载独孤绶。

附考(代宗朝)

附考进士(代宗朝进士)

【于尹躬】大历中进士及第。元和间为中书舍人。

(宋)计有功《唐诗纪事》卷三二《于尹躬》条云:"尹躬,大历进士,元和间为中书舍人。坐其弟皋汉以赃获罪,左授洋州刺史。"

《登科记考补正》卷二七《附考·进士科》录载于尹躬。

【王翁信】一作王羽。大历中进士及第。

《全唐诗》第九册卷二七三有戴叔伦《送王信翁及第归江东旧隐》:"南行无俗侣,秋雁与寒云。野趣自多惬,名香日总闻。吴山中路断,浙水半江分。此地登临惯,含情一送君。"

《登科记考补正》卷二七《附考·进士科》录载王信翁,考证云《登科记考》卷二七《附考·进士科》录载之王羽为王信翁之讹夺,可参看。

【韦缜】大历中进士及第。

《登科记考》卷二七《附考·进士科》录载韦缜,考云:"《华州下邽县丞韦公夫人墓志》题曰'哀子前乡贡进士缜撰'。按缜为韦端子,韦公夫人卒于大历十三年,葬于贞元六年,缜登第当在大历间。"按:《唐文拾遗》卷二三载有《大唐华州下邽县丞京兆韦公夫人墓志铭并序》。

【卢纶】字允言,河中人。大历中进士及第。德宗时为户部郎中。

(宋)计有功《唐诗纪事》卷三〇《卢纶》:"纶,字允言,河中人。大历进士,与吉中孚、韩翃、钱起、司空曙、苗发、崔峒、耿湋、夏侯审、李端皆能诗,号'大历十才子'。"

【司空曙】字文初,广平人,大历末登进士及第,历剑南西川节度使从事,水部郎中,终虞部郎中。

《新唐书》卷一七七《韦表微传》:"韦皋镇西川,王纬、司空曙、独孤良弼、裴说居幕府,皆厚相推挹。”

(宋)计有功《唐诗纪事》卷三〇《司空曙》:“曙,字文初,广平人。登进士第,从韦皋于剑南。贞元中,为水部郎中,终虞部郎中。”

(元)辛文房撰,傅璇琮主编《唐才子传校笺》(册二)卷四《司空曙》条云:“曙字文明,广平人也。磊落有奇才。韦皋节度剑南,辟致幕府。授洛阳主簿,未几迁长林县丞。累官左拾遗,终水部郎中。”

《登科记考》卷二七《附考·进士科》录载司空曙。

光绪《畿辅通志》卷三四《选举·唐·进士》:“德宗中,司空曙,广平人,水部郎中。”

【齐抗】高阳人。唐代宗时进士及第。

光绪《畿辅通志》卷三四《选举·唐·进士》:“代宗年,齐抗,高阳人,大历年第,户部尚书。”

【刘从一】魏州观城人。进士及第,大历中宏词登科。拜中书侍郎,德宗时拜刑部侍郎同中书门下平章事。

《旧唐书》卷一二五《刘从一传》:“刘从一,中书侍郎林甫之玄孙也。祖令植,礼部侍郎。父孺之,京兆府少尹。从一少举进士,大历中宏词,授秘书省校书郎,以调中第,补渭南尉,雅为常衮所推重。及衮为相,迁监察御史……宰相卢杞荐之,超迁侍御史。居数月,以亲避除刑部员外郎。建中末,普王之为元帅也,迁吏部郎中、兼御史中丞,为元帅判官。德宗居奉天,拜刑部侍郎、平章事,从幸梁州。明年六月,改中书侍郎、平章事。岁中,加集贤殿大学士、修史……除户部尚书。寻卒,年四十四,辍朝三日,赠太子太傅。初,林甫生祥道,麟德初为右相,祥道即从一曾伯祖也。令植从父兄齐贤,弘道初为侍中。自祥道至从一,刘氏凡三相。”

《新唐书》卷一〇六《刘祥道传》:“刘祥道字同寿,魏州观城人呢。父林甫……令植孙从一,擢进士宏词第,调渭南尉。”

《登科记考》卷二七《附考·进士科》录载刘从一。

【刘复】大历中进士及第。曾为水部员外郎。

(宋)计有功《唐诗纪事》卷二九《刘复》条云:“复,登大历进士第,尝为水部员外郎。”

《登科记考》卷二七《附考·进士科》录载刘复。

【阳城】北平人。唐代宗时进士及第,官谏议大夫。

《新唐书》卷一七五《杨虞卿传》:“杨虞卿字师皋,虢州弘农人。父宁,有高操,谈辩可喜。擢明经,调临涣主簿,弃官还夏,与阳城为莫逆交。”

(宋)王溥《唐会要》卷五五《省号下·谏议大夫》:“贞元二年六月,以秘书郎阳城为谏议大夫,仍遣长安县尉杨宁,赍束帛诣夏县所居致礼,城遂以褐衣赴京师,且诣阙上表陈让。”

光绪《畿辅通志》卷三四《选举·唐·进士》:“代宗年,阳城,北平人,道州刺史。”

《登科记考》卷二七《附考·进士科》录载阳城。

【苏弁】字元容,京兆府武功县人,曾叔祖良嗣,天后朝宰相。苏弁约代宗初登进士第,授秘书省正字。官至户部侍郎。

《旧唐书》卷一八九下《儒学下·苏弁传》:“苏弁字元容,京兆武功人。曾叔祖良嗣,天后朝宰相,国史有传。弁少有文学,举进士,授秘书省正字,转奉天主簿……迁户部侍郎,依前判度支,改太子詹事……唯弁与韩皋得起为刺史,授滁州,转杭州。”

《新唐书》卷一〇三《苏世长传》:“苏世长,京兆武功人……子良嗣,高宗时为周王府司马……(良嗣)子践言,官太常卿……从孙弁,字元容,擢进士,调奉天主簿……迁户部侍郎,判度支,改太子詹事……数年,起弁为滁州刺史,卒。”

《登科记考》卷二七《附考·进士科》录载苏弁。

【苏奕】武功人。进士及第。官工部郎中、荆南府司马。

《新唐书》卷七四上《宰相世系表》四上郿西苏氏:“奕,光州刺史。”

(宋)曾肇《曲阜集》卷三《赠司空苏公(颂)墓志铭》:“(苏)瓌世家武功,元和中曾孙奕卒光州刺史,始家固始。”

《登科记考补正》卷二七《附考·进士科》录载苏奕。

(明)康海《武功县志》卷三《选举志第七》载唐人举进士者有苏奕。

四库本《陕西通志》卷三〇《选举·唐》进士科:“苏奕,武功人。”

【李为】大历二年(767)前进士及第。

《文史》,总第84辑(2008年第3辑),《故朝议郎守丰陵台令程公(纲)墓志》(赵君平赠拓),署“前乡贡进士李为撰”。按:志主陈纲大历二年(767)道举及第。

【李伸】大历十年(775)前乡贡进士及第。

《河洛墓刻拾零》,大历十年(775)四月五日《唐故右街使河南府岩邑府折冲都尉上柱国高君(望琮)墓铭并序》,署“前乡贡进士李伸撰”。

【李鄘】字建侯,江夏人。大历中进士及第。宪宗元和十二年拜相,官终太子太傅,卒赠太子太保,谥曰肃。

《旧唐书》卷一五七《李鄘传》:“李鄘字建侯,江夏人。北海太守邕之侄孙。父暄,官至起居舍人。鄘大历中举进士,又以书判高等,授秘书正字……顺宗登极,拜御史中丞,迁京兆尹、尚书右丞。元和初,以京师多盗,复选为京兆尹。擒奸禁暴,威望甚著。寻拜检校礼部尚书、凤翔尹、凤翔陇右节度使……入为刑部尚书、兼御史大夫、诸道盐铁转运使……十二年,征拜门下侍郎、同平章事……寻以太子太傅致仕。元和十五年八月卒,赠太子太保,谥曰肃。”

《新唐书》卷一四六《李鄘传》:“李鄘字建侯,北海太守邕之从孙。第进士,又以书判高等补秘书省正字。”

《登科记考》卷二七《附考·进士科》录载李鄘。

【何涣】字千里。进士及第,官殿中侍御史。

《洛阳新获七朝墓志》陈太阶撰建中元年(780)十二月二十四日《唐故剑南东川租庸盐铁使刑部郎中兼侍御史何公墓志铭并序》:“公讳邕,字季友……考殿中侍御史涣,字千里。以秀才登科旋而结绶,风姿杰出,墙仞是高。持斧声雒,清飚远路。中朝英达,皆相友善。"

【沈房】大历中进士及第。官至监察御史。

《登科记考补正》卷二七《附考·进士科》录载沈房。

嘉泰《吴兴志》卷一六《贤贵事实》:"沈房,大历中进士及第。官至监察御史。"

嘉靖《武康县志》卷七《儒林传》:"沈房,大历中进士,位御史。"

【张少博】大历中进士及第。

《全唐文》卷四五五作者小传:"少博,大历中进士。"

【张何】大历中进士及第。

《全唐文》卷四五七作者小传:"何,大历中进士。"

【张造】一作张遇。大历初进士及第。官渭南县尉。

《全唐文》卷六二一作者小传:"造,贞元中官渭南县尉。"

《唐代墓志汇编》大历〇三〇大历六年(771)十月二十一日《唐故衢州别驾王府君(守质)墓志》,署:"前乡贡进士张造撰。"

《登科记考补正》卷二七《附考·进士科》录载张造(张遇)。

【张骥】广德元年(763)前乡贡进士及第。

《大唐西市博物馆藏墓志》二七七,广德元年(763)十月一日《大唐故正议大夫胜州都〔督〕东莞郡开国公臧府君墓志铭》,署名"前乡贡(进)士张骥撰"。

【昔丰】汝州人,父安仁。大历登科,官大理评事。

(明)凌迪知《万姓统谱》卷一二二"唐":"昔丰,大历登科。"

(唐)林宝《元和姓纂》卷一〇《昔氏》:"开元昔安仁生丰,大理评事,汝州人。"

《登科记考补正》卷二七《附考·进士科》录载昔丰。

【郑高】字履中,荥阳开封人。大历中登进士高第,调补太子正字。历鄂岳观察使推官,官至江西道团练使副使。

《全唐文补遗》第六辑,杜信撰贞元二十一年(805)正月二十六日《大唐故侍御史江西道都团练副使郑府君(高)墓志并序》:"府君讳高,字履中,荥阳开封人也。北齐侍中、度支尚书述祖七代孙,晋州襄陵县令赠博州刺史进思之曾孙,金部郎中、坊亳二州刺史愿之元孙,大理评事宝之长子。弱不好弄,长而敦敏。强学侍问,余力工文。艺冠等伦,进士高第,莺迁乔木,骥骋长衢,调补太子正字。"同书崔群撰元和二年(807)五月十日《唐故江南西道都团练副使侍御史荥阳郑府君(高)夫人清河崔氏权厝志铭并序》:"夫人姓崔氏,清河东武城人……夫人钟积庆之余,禀先觉之智,幼而柔谦,长而诚明,服婉娩之教,渐组紃之事,志其大者,不尚华侈。先府君洎诸父固已异之,重难择配。建中末因官徙居,违难远迹,故全家南行,止于毗陵之义兴。无何,郑君高以休行茂迹,声如琳琅,持藻缋之文,升甲乙之第。士林指目,许其有抟扶摇轶青冥之举。来抵门闾,以嘉姻为请。佥谓得选,是克配焉。"

《全唐文补遗》第四辑,崔群撰长庆三年(823)十月十六日《唐故江西道都团练副使侍御史内供奉郑府君(高)合祔墓志铭并叙》:"君讳高,字履中,荥阳开封人。赠博州刺史进思之曾孙,金部郎中、亳州刺史愿之孙,大理评事宝之长子。德礼官阀,炳然史谍。君大历中举进士上第,调补太子正字。"

《登科记考补正》卷二七《附考·进士科》录载郑高。

【**赵宗儒**】字秉文,父骅,为秘书监。大历中进士及第,贞元十二年入相,官终司空。

《洛阳新获七朝墓志》赵宗儒撰长庆四年(824)十月十日《唐故扶风郡夫人京兆韦氏墓志铭并序》:"长庆四年正月十三日,余室家韦氏夫人终于上都靖恭里之私第,结发卌五年,忽伤逝殁,惊恸为痛,情难抑裁。私门之事,备历荣显,欲讬他人之述,恐遗夫人之美,故自秉翰,庶夫详焉。夫人虢州司马景林之曾孙,司勋郎中咸之孙,长安县丞单之女。夫人名信初,性惟柔嫕,特禀聪情。能诵诗书,尤妙毫翰。好录文集,盈于箱囊。建中元年七月,余修纳彩之礼,才过亲迎,家世迁秘书少监,余家恩授右拾遗充翰林学士同日拜命……夫人十七归我,始生及终俱在甲辰之岁。"

《旧唐书》卷一六七《赵宗儒传》:"宗儒字秉文。八代祖彤,仕后魏为征南将军。父骅,为秘书监。宗儒举进士,初授弘文馆校书郎。满岁,又以书判入高等,补陆浑主簿。数月,征拜右拾遗,充翰林学士……(贞元)十一年,迁给事中。十二年,与谏议大夫崔损同日以本官同中书门下平章事,俱赐紫金鱼袋……大和六年,诏以司空致仕。是岁九月卒,年八十七。"

(五代)王定保《唐摭言》卷一五《杂记》:"长庆中,赵相宗儒为太常卿,赞郊庙之礼,罢相三十余年,年七十六,众论其精健。有常侍李益笑曰:'仆为东府试官所送进士。'"按宗儒贞元间宰相,卒于文宗大和六年(832),享年八十七,则其撰墓志时已经八十高龄。墓志云"夫人十七归我,始生及终俱在甲辰之岁",则韦氏生于代宗广德二年(764),德宗建中元年(780)十七岁出适宗儒。据此可知,宗儒进士及第当在代宗大历年间。

《登科记考》卷二七《附考·进士科》录载赵宗儒。

【**侯季文**】大历初进士及第。

《华岳题名》大历七年有前乡贡进士侯季文。

《登科记考》卷二七《附考·进士科》录载侯季文。

【**穆员**】字与直,大历中登进士第。官至侍御史。

《旧唐书》卷一五五《穆宁传》:"穆宁,怀州河内人也。父元休,以文学著,撰《洪范外传》十篇,开元中献之,玄宗赐帛,授偃师县丞、安阳令。宁清慎刚正,重交游,以气节自任。少以明经调盐山尉……贞元六年,就拜秘书监致仕……四子:赞、质、员、赏……员工文辞,尚节义,杜亚为东都留守,辟为从事、检校员外郎。早卒,有文集十卷。"

《新唐书》卷一六三《穆宁传》:"穆宁,怀州河内人。父元休,有名开元间,献书天子,擢偃师丞,世以儒闻……宁刚直,气节自任。以明经调盐山尉……以秘书监致仕,卒……四子:赞、质、员、赏。宁之老,赞为御史中丞,质右补阙,员侍御史,赏监察御史……员字与直,工为文章。杜亚留守东都,署佐其府,蚤卒。"

《登科记考》卷一三贞元九年(793)进士科录载穆员,《登科记考补正》卷二七《附考·进士科》改系穆员为时间未详之附考进士。

【濮阳守】大历中进士及第。

（唐）林宝《元和姓纂》卷一〇《陈留濮阳》："大历进士濮阳守。"

《登科记考》卷二七《附考·进士科》录载濮阳守。

附考明经（代宗朝明经）

【马曙】代宗大历间明经及第。

《全唐文补遗》第六辑，常衮撰大历十二年（777）六月五日《大唐故四镇北庭行营节度兼泾源颍郑等节度观察使尚书左仆射扶风郡王赠司徒马府君（璘）墓志铭并序》："公讳璘，字仁杰……（嗣子）前弘文馆明经曙等，匍匐拜赐，充穷衔恤。"按马曙登第当在代宗大历年间。

按：唐有进士及第之马曙，别是一人。

【王助】字士幹，京兆人。大历年间明经及第。

《邙洛碑志三百种》，大历十五年（780）正月六日《唐故前乡贡明经王助墓志文》："王助字士幹，其先京兆人也……幼而敏慧，性积淳和，年方就傅，克志于学，两经乐习，一举登科。"按：王助卒于大历十四年（779）十二月十三日，时方弱冠，则其明经及第当在大历年间。

【王鍊】字弘范，太原祁人。约为代宗年间明经，授汴州封丘尉。官至陕州芮城县主簿。

《全唐文补遗》千唐志斋新藏专辑，贞元十七年（801）十月二十日《唐故陕州芮城县主簿太原王府君（鍊）墓志铭并序》："府君讳鍊，字弘范，太原祁人也……明经擢第，赴家汴州封丘尉。" 又：《全唐文补遗》千唐志斋新藏专辑，崔希逸撰会昌元年（841）十月《唐故（王鍊妻）陇西李夫人（洞真）归葬墓志铭并序》："夫人讳洞真，字洞真，其先陇西人也……及笄，乃归于太原王公鍊之室。事长而闺门言孝，抚下而闾里称仁。公始以明经授汴州封丘尉，再授芮城县主簿。"按据志文，王鍊卒于贞元十七年（801），享年五十五。其妻李洞真卒于大和八年（834），享年七十一。

【王澈】字德明。明经及第，初授单父县主簿。官至朝散大夫、太原府大谷县令。

《河洛墓刻拾零》，狄慎思撰大和九年（835）十一月八日《唐故朝散大夫太原府大谷县令王公（澈）墓志铭并序》："公讳澈，字德明……公幼敏，读《春秋左氏传》，精索大义，用汧国荫，补弘文馆明经，初授单父县主簿。"按：王澈卒于大和四年（830），春秋七十四，则其明经及第当在代宗至德宗年间。

【令狐丞简】令狐楚之父。约大历中登明经科。官终太原府首掾。

《全唐文》卷六〇八刘禹锡《东都留守令狐楚家庙碑》："今上元年七月十三日，汴州刺史宣武军节度副大使知节度事汴宋亳等州观察处置使银青光禄大夫检校礼部尚书兼御史大夫上柱国彭阳县开国伯令狐公西向拜章上言：守臣楚蒙被恩泽，列为元侯，得立家庙，以奉常祀。制书下其奏于有司，于是善相考祥，得地于京师通济里。居无何，新庙成……第三室曰太原府功曹参军赠太子太保讳丞简，以妣赠魏国太夫人富春孙氏配……惟太保府君志为君子儒,以明经居上第,调补阳安县主簿,历正平县尉、汾州司法参军、陕西大都督府兵曹,终于太原府首掾。”按:即楚之父。

《登科记考》卷二七《附考·明经科》条云令狐丞简及第。

【冯渐】河东人。大历初登明经科。归隐。

(宋)李昉等《太平广记》卷七五《冯渐》引《宣室志》:“河东冯渐,名家子。以明经入仕,性与俗背,后弃官隐居伊水上。”

《登科记考》卷二七《附考·明经科》录载冯渐。

【乔钦道】高邮人。代宗间明经及第。

(宋)王象之《舆地纪胜》卷四十三《淮南东路·高邮军》:“桥康舜,高邮人。初,唐代宗朝吏部有选人桥叔献、乔钦道,以明经出身,同甲科而奏。帝见乔、桥二姓,批其状曰:‘大高为乔,理甚明白,加之以木,一何赘乎?’并令去木为乔。”

【许孟容】字公范,京兆长安人。大历十一年(776)进士及第,后又学究登科。小传见进士科许孟容条。

《柳宗元集》卷一二《先君石表阴先友记》:“许孟容,吴人。读书为文口辩。为给事中,常论事。由太常少卿为刑部侍郎。”孙注曰:“孟容,字公范,京兆长安人。大历十一年中进士第。”

《旧唐书》卷一五四《许孟容传》:“孟容少以文词知名,举进士甲科,后究王氏易,登科授秘书省校书郎。”

(五代)王定保《唐摭言》卷九《好及第恶登科》:“许孟容进士及第,学究登科,时号锦袄子上着莎衣。”

(宋)李昉等《太平广记》卷一七九《贡举二·许孟容》引《摭言》:“许孟容进士及第,学究登科。时号锦袄子上着莎衣,蔡京与孟容同。”

《新唐书》卷一六二《许孟容传》:“许孟容,字公范,京兆长安人,擢进士异等,又第明经,调校书郎。”

《登科记考》卷一一《进士科》、卷二七《附考·明经科》录载许孟容。

成化《中都志》卷六《名宦》:“(许孟容)擢进士明经,补校书郎。”

【桥叔献】高邮人。代宗间明经及第。

(宋)王象之《舆地纪胜》卷四十三《淮南东路·高邮军》:“桥康舜,高邮人。初,唐代宗朝吏部有选人桥叔献、乔钦道,以明经出身,同甲科而奏。帝见乔、桥二姓,批其状曰:‘大高为乔,理甚明白,加之以木,一何赘乎?’并令去木为乔。”

【乘著】字太质,魏郡人,父鹤,官信州贵溪县令、江陵府仓曹参军。孝廉擢第,起授越州萧山县尉,次任潭州益阳县丞,官终朝散郎守珍王府录事参军飞骑尉。

《唐代墓志汇编》元和一四二崔筥撰元和十五年(820)七月九日《唐故朝散郎守珍王府录事参军飞骑尉乘府君(著)墓志铭并序》:“公讳著,字太质,魏郡人也……大王父道卿……烈考鹤,经明修行,书判优美,解褐信州贵溪县令,次任江陵府仓曹参军……(公)年未弱冠,以孝廉擢第,起授越州萧山县尉,次任潭州益阳县丞。”按:乘著卒于元和十四年

(819)十一月十三日,春秋六十六,则其"未弱冠"擢第,时间当在大历前期。

【殷亮】陈郡长平人。宝应二年(763)前明经及第。官至给事中、华州刺史。

《全唐文》卷三四四颜真卿《曹州司法参军秘书省丽正殿二学士殷君(践猷)墓碣铭》:"君讳践猷,字伯起,陈郡长平人……(子)寅,聪达有精识,能继先父之业,有大名于天下。举宏词,太子校书,永宁尉……其子监察御史亮。"

乾隆《河南通志》卷四四《选举一・荐辟・唐》:"德宗:殷亮,践猷孙,举明经。"按:殷亮举明经当在宝应二年(763)之前。(唐)林宝《元和姓纂》卷四《陈郡长平县殷氏》:"践猷生寅,永宁尉。寅生亮,给事中、杭州刺史、驾部郎中。"岑校:"《华州司士碑》:'故给事中华州刺史亮,其兄也。今侍御史郴州刺史永,其弟也。'(贞元九年作)永泰中,亮与颜真卿同次东林西林二寺,见《鲁公集》六。宝应二年官校书郎,见《旧书》一一四。"

【蒋璲】字允忠,乐安人。代宗年间明经及第,解褐江陵府参军,转安州云梦县令。官终宣德郎行河中府解县主簿。

《全唐文补遗》第八辑,贞元十二年(796)三月□□日《唐故宣德郎前行河中府解县主簿蒋公(璲)墓志铭并叙》:"主簿讳璲,字允忠,其先乐安人也……初以门荫,补弘文馆明经。解褐江陵府参军,转安州云梦县令……春秋五十一,以贞元十二年正月十日,终于舒州馆舍。"按:据志文,蒋璲当在代宗年间及第。

【薛安亲】河东人。大历间明经及第。

《全唐文》卷三七五李建《黔州刺史薛舒神道碑》:"薛氏之先……河东冠族。代不乏贤……府君讳舒,字仲和……长子前乡贡明经安亲。"按:碑文作于大历十一年(776)七月,则安亲登第当在大历年间。

【窦靖】字子恭,扶风人。约在代宗年间明经及第。释褐补溧水尉,官至朗州司马。

《河洛墓刻拾零》,裴鲁撰大和三年(829)十月二十三日《唐故朗州司马扶风窦府君(靖)墓志铭并序》:"公讳靖,字子恭,扶风人也……公以经明上第,幼不好弄,有成人之风,名闻缙绅间,公释褐补溧水尉。"按:窦靖"经明上第"当为明经及第。以卒于元和七年(812)十月二十三日,春秋六十推之,其明经及第约在代宗年间。

附考诸科(代宗朝诸科)

【王澡】太原祁人,祖悌,司门郎中、齐杭二州刺史,父钧,制举登科,官至遂州长史。大历时道举及第。

《唐代墓志汇编续集》大历〇二七大历十一年(776)二月十五日《唐故遂州长史王公(钧)墓志》:"唐故遂州长史王公名钧,太原祁人也……曾祖文霸,监察御史;祖宏之,金部员外郎;父悌,司门郎中、齐杭二州刺史……(公)以名家子经明行修解褐,补绛州曲沃主簿,转宋王府参军、虢州主吏掾、仙州方城长、寿州司马,恩贬夷州词曹掾、蜀州廪曹掾、利州司马,诏加朝散大夫、领长史……三子澡,明道经登科。"按:王澡"明道经登科",即道举及第,时间当在代宗大历时。

【吴卓】字山立,渤海人。代宗时童子明经及第,拜卫尉寺主簿。官终云州刺史。

《全唐文补遗》第二辑,王叔简撰元和九年(814)七月二十八日《唐故正议大夫持节都督云州刺史充大同军使兼侍御史赐紫金鱼袋长乐郡王食邑三千户渤海吴府君(卓)墓志铭并序》:"公讳卓,字山立。其先太伯以建国命氏,吴有世家。其后子孙强盛,勋德茂著,至秦州伏羌县令、赠泽州刺史游璟。伏羌生光禄卿赠太子少保燕客,光禄生开府仪同三司太子詹事仲孺,詹事生公。公即詹事之次子也……以童子明经上第,特拜卫尉寺主簿。"按以童子与明经两科并提,当为童子科登第。以元和八年(813)六十三岁推之,及第当在代宗时。

【吴通玄】海州人。父道瓘,通玄幼应神童举,释褐秘书正字。建中元年文词清丽及第,授同州司户。历京兆户曹、翰林学士、起居舍人、中书舍人,官至谏议大夫。

《旧唐书》一九〇下《文苑下・吴通玄传》:"吴通玄,海州人。父道瓘为道士,善教诱童孺。大历中,召入宫,为太子诸王授经……通玄幼应神童举,释褐秘书正字、左骁卫兵曹、大理评事。建中初,策贤良方正等科,通玄应文词清丽,登乙第,授同州司户、京兆户曹。贞元初,召充翰林学士。迁起居舍人、知制诰,与陆贽、吉中孚、韦执谊等同视草……七年,自起居郎拜谏议大夫、知制诰……(贬)通玄泉州司马……行至华州长城驿,赐死。"

《新唐书》卷一四五《吴通玄传》:"吴通玄者,海州人……始,通玄举神童,补秘书正字。又擢文辞清丽科,调同州司户参军。德宗立,弟兄踵召为翰林学士……贞元十年,通玄拜谏议大夫,自以久次,当得中书舍人,大觖望。"

(宋)王溥《唐会要》卷七六《贡举中・制科举》:"(建中元年)文辞清丽科,奚陟、梁肃、刘公亮、郑辕、沈封、吴通元及第。"

(宋)王钦若等《册府元龟》卷六四五《贡举部(七)・科目》:"建中元年,应贤良方正能直言极谏科(姜公辅、元友直、樊泽臣、元膺及第),文词清丽科(奚陟、梁辅、刘公亮、郑□、沈封、吴通玄及第);经学优深科(孙玭、黎逢、季随及第),高韬丘园科(张绅、卫良儒、苏哲及第),军谋越众科(夏侯审、平知和、郑儋、陵正、周渭、丁悦及第),孝悌力田闻于乡闾科(郭黄中、崔浩、李牧及第。)"《玉海》卷一一五《选举・唐制举》略同。

《登科记考》卷一一建中元年(780)云吴通玄文辞清丽科擢第,卷二七《附考・诸科》云吴通玄神童举及第。

附考制科(代宗朝制科)

【王论】晋州洪洞县人,约在代宗朝登贤良方正科。

《全唐文补遗》第七辑,朱藩撰会昌七年(847)正月二十四日《唐故琅琊王公(恽)墓志铭并序》:"曾祖论,家本晋州洪洞县人,以文德俊成乡荐,登贤良□正,任至本郡守。祖濬,应兵部武举,授官汴州大梁折冲都尉,职兼宣武军倅。"按:所缺字定为"方",墓主会昌五年春秋五十七卒,则王论约代宗朝登第。

【孙宿】河南府河南县人。约在代宗前后登制科。历谏议大夫、中书舍人,终华州刺史。

《唐代墓志汇编》残志〇一五孙徽《唐故朝议郎前守蓬州刺史安乐孙府君(说)墓志铭

并序》:"曾祖府君讳宿,笃富刀翰,摛丽瑰藻,判入高等,授秘书省校书郎,迁谏议大夫、中书舍人、华州刺史。大父府君讳公器,抗志耽学,应书判超绝登第,授京兆府鄠县主簿,迁监察御史,终于邕管经略招讨等使兼御史中丞,累赠司空。"

《全唐文补遗》第四辑,令狐绹撰大中十一年(857)十一月二十六日《唐故银青光禄大夫检校司空□□□□□□司□□上柱国乐安县开国侯食邑一千户赐□□孙公(简)墓志铭并序》:"公讳简,字枢中……大父讳宿,又传文公之业,登制举为谏议大夫、中书舍人,终华州刺史。烈考讳□(公)器,又继词科高第,历监察,后为濠、信二州刺史、于邕管经略使、兼御史中丞。"

《全唐文补遗》第六辑,孙綵撰乾符二年(875)四月九日《唐故湖南观察巡官前同州郃阳县尉乐安孙府君(绚)墓志铭并序》:"府君讳绚,字佩之,其先有妫之后……曾祖府君讳宿,判入高等,累迁中书舍人、终华州刺史。大父府君讳公器,超绝登科,累迁邕管经略招讨等使、兼御史中丞,赠司空。"

【韩昆】大历中制举及第。

(宋)钱易《南部新书·甲》:"韩昆,大历中为制科第三等敕头,代宗异之。诏下日,坐以采舆翠笼(笼,一作龙),命近臣持采仗鞭,厚锡缯帛,以示殊泽。"

《登科记考》卷二七《附考·制科》云韩昆及第。

卷八

唐德宗（李适）朝（780—805）

建中元年庚申(780)

知贡举：礼部侍郎令狐峘

正月丁巳朔,改元建中。《旧唐书》本纪。

进士科

【孔戣】字君严,郡望曲阜,贯东都洛阳人,士族。建中元年(780)进士及第。历郑滑节度使卢群从事(三佐使府)、侍御史、谏议大夫、吏部侍郎。官至右散骑常侍,以礼部尚书致仕,赠兵部尚书,谥曰贞。

《全唐文》卷五六三韩愈《正议大夫尚书左丞孔公(戣)墓志铭》:"孔子之后三十八世,有孙曰戣,字君严,事唐为尚书左丞。年七十三,三上书去官,天子以为礼部尚书,禄之终身,而不敢烦以政……公始以进士佐三府,官至殿中侍御史。元和元年,以大理正征,累迁江州刺史谏议大夫。事有害于正者,无所不言。加皇太子侍读,改给事中,言京兆尹阿纵罪人,诏夺京兆尹三月之俸。权知尚书右丞,明年拜右丞,改华州刺史。明州岁贡海虫淡菜蛤蚶可食之属,自海抵京师,道路水陆递夫积功,岁为四十三万六千人,奏疏罢之。下邦令笞外桉小儿,系御史狱,公上疏理之。诏释下邽令,而以华州刺史为大理卿。十二年自国子祭酒拜御史大夫。"按:其籍贯为东都洛阳,见孔戢小传按语、孔纾小传按语。

《旧唐书》卷一五四《孔巢父传附孔戣传》:"戣字君严。登进士第,郑滑节度使卢群辟为从事……入为侍御史,累转尚书郎。元和初,改谏议大夫……俄兼太子侍读,迁吏部侍郎,转左丞。九年……寻出为华州刺史、潼关防御等使。入为大理卿,改国子祭酒。十二年……穆宗即位,召为吏部侍郎。长庆中……改右散骑常侍。二年,转尚书左丞。累请老,诏以礼部尚书致仕……长庆四年正月卒,时年七十三。"

《新唐书》卷一六三《孔巢父传附孔戣传》:"戣字君严,擢进士第。郑滑卢群辟为判官……入为侍御史,累擢谏议大夫……俄兼太子侍读,改给事中……再迁尚书左丞……历大理卿、国子祭酒……即拜岭南节度……穆宗立,以吏部侍郎召,改右散骑常侍,还为左丞……以礼部尚书致仕……卒,年七十三。赠兵部尚书,谥曰贞。"

(宋)魏仲举《五百家注释韩昌黎全集》卷三三《正议大夫尚书左丞孔公墓志铭》:"孔子之后三十八世,有孙曰戣,字君严,事唐为尚书左丞……公始以进士佐三府。"补注:"建中元年戣进士及第。"

《登科记考》卷一一建中元年(780)进士科条云孔戣及第。

【田敦】建中元年(780)登进士科。历衢州刺史、谏议大夫、兵部郎中。官至兵部侍郎。

《旧唐书》卷一四九《令狐峘传》:"(峘)贬衢州别驾。衢州刺史田敦,峘知举时进士门生也。初峘当贡部,放榜日贬逐,与敦不相面。敦闻峘来,喜曰:'始见座主。'迎谒之礼甚厚。敦月分俸之半以奉峘。峘在衢州殆十年。"按《旧唐书》卷一二《德宗上》:大历十四年九月"丙戌,秘书少监邵说为吏部侍郎,给事中刘乃为兵部侍郎,中书舍人令狐峘为礼部侍郎”。

（宋）钱易《南部新书·丁》：“贞元十五年，以谏议田敦为兵部郎中。上将用敦为兵部侍郎，疑其年少，故有此拜。”

《登科记考》卷一一建中元年（780）进士科条云田敦及第。

【杜兼】字处弘，郡望京兆，贯怀州，士族，父廙，为郑州录事参军事。建中元年（780）进士及第。历河东节度使掌书记（累辟使府）、徐泗节度使从事、濠州刺史、刑部吏部郎中、给事中、河南少尹。官至河南尹。

《旧唐书》卷一四六《杜兼传》：“杜兼，京兆人，贞观中宰相杜正伦五代孙。举进士，累辟诸府从事，拜濠州刺史……元和初，入为刑部、吏部郎中，拜给事中，除金商防御使，旋授河南少尹、知府事，寻正拜河南尹。皆杜佑在相位所借护也。元和四年，卒于官。”

《新唐书》卷一七二《杜兼传》：“杜兼字处弘，中书令正伦五世孙。初，正伦无子，故以兄子志静为后。父廙，为郑州录事参军事……建中初，进士高第，徐泗节度使张建封表置其府。积劳为濠州刺史。性浮险，尚豪侈。德宗既厌兵，大抵刺史重代易，至历年不徙。兼探帝意，谋自固，即修武备，募占劲兵三千。帝以为才，遂横恣。僚官韦赏、陆楚皆闻家子，有美誉，论事忤兼，诬劾以罪。帝遣中人至，兼廷劳毕，出诏执赏等杀之，二人无罪死，众莫不冤。又妄系令狐运而陷李藩，欲杀之，不克。元和初，入为刑部郎中，改苏州刺史。比行，上书言李锜必反，留为吏部郎中。寻擢河南尹……卒，年七十。”

（宋）魏仲举《五百家注释韩昌黎全集》卷二六《唐故中散大夫河南尹杜君墓志铭》：“（杜兼）今居京兆诸杜，其后也。其季宽，孝廉郎中。宽后三世曼，为河东太守，葬其父洹水之阳。其后世皆从葬洹水。及正伦为太宗宰相，犹封襄阳公。太宗始诏葬京兆。襄阳公无子，以兄正藏子志静后，遂嗣襄阳公。生侨，为怀州长史，弃官，老沁水上，为富家，卒葬怀州武陟。长史生损，为左司郎中，卒赠少大理。大理生廙，为郑州录事参军，死思明乱，赠吏部郎中。公讳兼，字某，郎中第三子，举进士第。司徒北平王燧战河北，掌书记，累官至监察御史。其后佐徐泗州军，遂至濠州刺史。徐泗州军乱，以兵甲三千人防淮，道不绝，有功，加御史中丞，赐紫衣金鱼。入为刑部郎中，以能官拜苏州刺史。即辞行，上书曰：‘李锜且反，必且奏族臣。’上固爱其才，书奏，即除吏部郎中，遂为给事中，出为商州刺史金商防御使。改河南少尹，行大尹事。半岁，拜大尹。元和四年十一月二十二日，无疾暴薨，年六十。明年二月甲午，从葬怀州。”韩注曰：“建中元年兼策进士。”

《登科记考》卷一一建中元年（780）进士科条云杜兼及第。

【辛恽】陇西人。建中元年（780）进士及第。

（宋）魏仲举《五百家注柳宗元文集》卷一二《先君石表阴先友记》：“辛恽，陇西人。”孙注曰：“恽，建中元年进士。”

《登科记考》卷一一建中元年（780）进士科条云辛恽及第。

【唐次】字文编，并州晋阳人。建中元年（780）进士及第。累辟使府，历侍御史、礼部员外郎、开州刺史、礼部郎中、知制诰，官至中书舍人。

《旧唐书》卷一九〇下《文苑下·唐次传》：“唐次，并州晋阳人也，国初功臣礼部尚书俭之后。建中初进士擢第,累辟使府。贞元初,历侍御史。窦参深重之,转礼部员外郎……德宗省之……改夔州刺史。宪宗即位,与李吉甫同自峡内召还,授次礼部郎中。寻以本官知制诰,正拜中书舍人,卒。"

《新唐书》卷八九《唐俭传》:"唐俭字茂约,并州晋阳人……裔孙次,字文编。建中初,及进士第,历侍御史。窦参数荐之,改礼部员外郎。参贬,出为开州刺史,积十年不迁。韦皋镇蜀,表为副使……宪宗立,召还,授礼部郎中,知制诰,终中书舍人。"

(宋)魏仲举《五百家注柳宗元文集》卷一二《先君石表阴先友记》:"唐次,北海人……永贞中,召为中书舍人。道病,去长安七十里,死传舍。"孙注:"次,字文编,并州晋阳人,建中元年进士第。"

《登科记考》卷一一建中元年(780)进士科条云唐次及第。

【崔遂】字通玄,博陵人,贯洛阳河南县,小姓,曾祖绍,冀州武邑令;祖项,同州白水令;父播,苏州司法参军。建中元年(780)进士及第,尉夏县佐曹,终秘书省校书郎。

《全唐文补遗》第八辑,李仍叔纂元和六年(811)四月九日《唐故秘书省秘书郎博陵崔公(遂)墓志铭并序》:"博陵崔公病元和庚寅岁十二月二十八日,甚明年一月四日,身体亡魂魄十三日……公讳遂,字通玄。建中元年,以文字试礼部省,叶所择者情,书名姓进士籍,闻见天下人耳目…… 自生之日,至亡之日,甲子年减三。"按:元和庚寅岁为元和五年(810),则崔遂卒于元和六年(811),享年"甲子年减三",则为五十七岁,据此推算,崔遂建中元年(780)及进士第时二十六岁。又:墓志撰者"前乡贡进士李仍叔",为元和五年(810)进士,崔遂第六女婿。

《秦晋豫新出墓志蒐佚续编》七八一,赵文质撰元和十五年(820)十一月二十二日《唐故试右武卫兵曹参军博陵崔府君墓志铭并叙》:"君讳贽,字文珪,博陵第二房人……父遂,秘书省秘书郎,君即秘书之长子。秘书进士及第,文翰冠世,郁为名儒。"

【魏弘简】一作"宏简",字裕之,洛阳人(或吴人)。建中元年(780)进士及第,贞元元年(785)贤良方正能直言极谏科及第。历太子正字,桂管、江西、福建、宣歙四府判官、副使、协律郎、大理评事、御史、度支员外郎、户部郎中。终户部郎中。

《柳宗元集》卷九《唐故尚书户部郎中魏府君墓志》:"魏氏世墓于某县某原。唐兴,有闻士讳之遏者,与子及孙,咸举进士,嗣为儒,家绵州。涪城尉讳全琉,魏州临黄主簿讳钦慈,太常主簿讳绲,尚书膳部员外郎兼江陵少尹讳万成,凡五代,名高而不浮于行,才具而不得其禄。江陵府君益之以闳达之量,经纬之谋,故豪士贤大夫痛慕加厚。生郎中府君讳宏简,字曰裕之,以文行知名。既冠,而德礼闻于乡党;既仕,而法制立于官政。温柔发乎外,见而人莫不亲;直方存乎内,久而人莫不敬。由进士策贤良,连居科首,孙注曰:'建中元年,弘简中进士第。贞元元年,又中贤良。'授太子校书,历桂管、江西、福建、宣歙四府为判官副使,累授协律郎、大理评事,三为御史,赐绯鱼袋。在州六年,而人乐之。廉使崔衍曰:'吾敢专天下之士,独惠兹人乎?'遂献于天子,拜度支员外郎,转户部郎中。邦赋克举,人望逾重。年四十七,贞元二十年九月三十日不疾而殁……十有一月,遣车归于洛师。某日,祔于墓。"

（宋）王溥《唐会要》卷七六《贡举中·制科举》："贞元元年九月，贤良方正能直言极谏科……魏宏简及第。"《册府元龟》卷六四五《贡举部·科目》略同。今从其墓志铭作魏弘简。

《登科记考》卷一一建中元年（780）条云魏弘简进士及第。

明经科

【崔稃】字嘉成，郡望清河崔氏，贯河南洛阳，祖湛官至郑州长史，父虔官至廷尉评。建中元年（780）登明经科。释褐陕州大都督府参军，调补右金吾尉录事参军，诏授权知怀州录事参军。

《唐代墓志汇编》元和一〇一郑涵撰元和十二年（817）七月十二日《唐故怀州录事参军崔公合祔墓志铭》："……公讳稃，字嘉成，清河武城人也……祖讳湛，郑州长史赠郑州刺史；外王父讳虔，官至廷尉评……（公）弱冠治鲁春秋与虞夏商周之书，荐于有司，明经上第，释褐参陕州大都督府军事……元和四年，调补右金吾卫录事参军……诏授权知怀州录事参军……元和十二年……享寿五十七……葬于河南洛阳县平阴乡先茔之侧。"按其弱冠及第，元和十二年五十七岁，其登第年当在建中元年。又：墓志署："外甥朝议郎行尚书考功员外郎柱国荥阳郑涵撰。"据罗继祖《登科记考补》补入。

制科

【丁悦】建中元年（780）军谋越众科及第。

（宋）王溥《唐会要》卷七六《贡举中·制科举》：（建中元年）"军谋越众科……凌正、周渭、丁悦及第。"

（宋）王钦若等《册府元龟》卷六四五《贡举部（七）·科目》："建中元年，应贤良方正能直言极谏科（姜公辅、元友直、樊泽臣、元膺及第），文词清丽科（奚陟、梁辅、刘公亮、郑□、沈封、吴通玄及第）；经学优深科（孙玭、黎逢、季随及第），高韬丘园科（张绅、卫良儒、苏哲及第），军谋越众科（夏侯审、平知和、郑儋、陵正、周渭、丁悦及第），孝悌力田闻于乡闾科（郭黄中、崔浩、李牧及第）。"

《登科记考》卷一一建中元年（780）云丁悦军谋越众科及第。

【元友直】父元结。建中元年（780）贤良方正能言极谏科及第。历度支员外，官至河南、江、淮南勾勘两税钱帛使。

（宋）王溥《唐会要》卷七六《贡举中·制科举》："建中元年贤良方正能言极谏科姜公辅、元友直、樊泽、吕元膺及第。"参考《册府元龟》卷六五四作"元直"。

《资治通鉴》卷二三二贞元三年："以度支员外郎元友直为河南、江、淮南勾勘两税钱帛使。"

《登科记考》卷一一建中元年（780）贤良方正科条云元友直及第。

【卫良儒】建中元年（780）高蹈邱园科及第。

（宋）王溥《唐会要》卷七六《贡举中·制科举》："（建中元年）高蹈邱园科，张绅、卫良儒、苏哲及第。”

（宋）王钦若等《册府元龟》卷六四五《贡举部（七）·科目》：“建中元年，应贤良方正能直言极谏科（姜公辅、元友直、樊泽臣、元膺及第），文词清丽科（奚陟、梁辅、刘公亮、郑□、沈封、吴通玄及第）；经学优深科（孙玭、黎逢、季随及第），高韬丘园科（张绅、卫良儒、苏哲及第），军谋越众科（夏侯审、平知和、郑儋、陵正、周渭、丁悦及第），孝悌力田闻于乡闾科（郭黄中、崔浩、李牧及第）。”参考《登科记考》卷一一建中元年（780）云卫良儒高蹈邱园科及第。

【平知和】建中元年（780）军谋越众科及第。

（宋）王钦若等《册府元龟》卷六四五《贡举部（七）·科目》：“建中元年，应贤良方正能直言极谏科（姜公辅、元友直、樊泽臣、元膺及第），文词清丽科（奚陟、梁辅、刘公亮、郑□、沈封、吴通玄及第）；经学优深科（孙玭、黎逢、季随及第），高韬丘园科（张绅、卫良儒、苏哲及第），军谋越众科（夏侯审、平知和、郑儋、陵正、周渭、丁悦及第），孝悌力田闻于乡闾科（郭黄中、崔浩、李牧及第）。”《登科记考》卷一一作“凌正”。（宋）王溥《唐会要》卷七六《贡举中·制科举》：建中元年，“军谋越众科……凌正、周渭、丁悦及第”。

《登科记考》卷一一建中元年（780）云平知和军谋越众科及第。

【白季随】太原人。建中元年（780）经学优深科及第。

（宋）王溥《唐会要》卷七六《贡举中·制科举》：“（建中元年）经学优深科，孙玭、黎逢、白季随及第。”

（宋）王钦若等《册府元龟》卷六四五《贡举部（七）·科目》：“建中元年，应贤良方正能直言极谏科（姜公辅、元友直、樊泽臣、元膺及第），文词清丽科（奚陟、梁辅、刘公亮、郑□、沈封、吴通玄及第）；经学优深科（孙玭、黎逢、季随及第），高韬丘园科（张绅、卫良儒、苏哲及第），军谋越众科（夏侯审、平知和、郑儋、陵正、周渭、丁悦及第），孝悌力田闻于乡闾科（郭黄中、崔浩、李牧及第）。”

《登科记考》卷一一建中元年（780）云白季随经学优深科及第。

乾隆《山西通志》卷六五《科目》：“建中元年经术优深科，白季随，太原人。”

【吕元膺】字景夫，郓州东平人，祖霈，殿中侍御史；父长卿，右卫仓曹参军。建中元年（780）贤良方正能直言极谏科及第。授同州安邑尉，历长春宫判官、渭北节度使判官、殿中侍御史、侍御史、右司员外郎、谏议大夫 、给事中、御史中丞、河中节度使。官至太子宾客，赠吏部尚书。

《旧唐书》卷一五四《吕元膺传》：“吕元膺字景夫，郓州东平人。曾祖绍宗，右拾遗。祖霈，殿中侍御史。父长卿，右卫仓曹参军，以元膺赠秘书监……（元膺）建中初，策贤良对问第，授同州安邑尉。同州刺史侯鐈闻其名，辟为长春宫判官……贞元初，论惟明节制渭北，延在宾席，自是名达于朝廷。惟明卒，王栖曜代领其镇。德宗俾栖曜留署使职，咨以军政。累转殿中侍御史，征入，真拜本官，转侍御史。丁继母忧，服阕，除右司员外郎。出为蕲州刺史……元和初，征拜右司郎中、兼侍御史，知杂事，迁谏议大夫、给事中……寻拜御史中丞。未几，除鄂岳观察使，入为尚书左丞……改河中尹，充河中节度等使。时方镇多事姑息,元膺独以坚正自处,监军使洎往来中贵,无不敬惮。入拜吏部侍郎,因疾固让,改太子宾客。元和十五年二月卒,年七十二,赠吏部尚书。"

(宋)王溥《唐会要》卷七六《贡举中·制科举》:"建中元年贤良方正能言极谏科姜公辅、元友直、樊泽、吕元膺及第。"参考《册府元龟》卷六四五《贡举部·科目》。

《新唐书》卷一六二《吕元膺传》:"吕元膺字景夫,郓州东平人……策贤良高第,调安邑尉,辟长春宫判官……入拜殿中侍御史。历右司员外郎。出为蕲州刺史……元和中,累擢给事中。俄为同州刺史……江西裴堪按虔州刺史……选拜东都留守……改河中节度使……入拜吏部侍郎……以疾改太子宾客。居官始终无訾缺。卒,年七十二,赠吏部尚书。"

《登科记考》卷一一建中元年(780)贤良方正科条云吕元膺及第。

【刘公亮】建中元年(780)文词清丽科及第。历监察御史。

(宋)王溥《唐会要》卷七六《贡举中·制科举》:"(建中元年)文辞清丽科奚陟、梁肃、刘公亮……及第。"

(宋)王钦若等《册府元龟》卷六四五《贡举部(七)·科目》:"建中元年,应贤良方正能直言极谏科(姜公辅、元友直、樊泽臣、元膺及第),文词清丽科(奚陟、梁辅、刘公亮、郑□、沈封、吴通玄及第);经学优深科(孙玭、黎逢、季随及第),高韬丘园科(张绅、卫良儒、苏哲及第),军谋越众科(夏侯审、平知和、郑儋、陵正、周渭、丁悦及第),孝悌力田闻于乡闾科(郭黄中、崔浩、李牧及第)。"《玉海》卷一一五《选举·唐制举》略同。参考《登科记考》卷一一文词清丽科条云刘公亮及第。《全唐诗》第十一册卷三四九欧阳詹《福州送郑楚材赴京时监察刘公亮有感激郑意》。

【孙玭】建中元年(780)经学优深科及第。

(宋)王溥《唐会要》卷七六《贡举中·制科举》:"(建中元年)经学优深科,孙玭、黎逢、白季随及第。"

(宋)王钦若等《册府元龟》卷六四五《贡举部(七)·科目》:"建中元年,应贤良方正能直言极谏科(姜公辅、元友直、樊泽臣、元膺及第),文词清丽科(奚陟、梁辅、刘公亮、郑□、沈封、吴通玄及第);经学优深科(孙玭、黎逢、季随及第),高韬丘园科(张绅、卫良儒、苏哲及第),军谋越众科(夏侯审、平知和、郑儋、陵正、周渭、丁悦及第),孝悌力田闻于乡闾科(郭黄中、崔浩、李牧及第)。"

《登科记考》卷一一建中元年(780)云孙玭经学优深科及第。

【刘莒】建中元年(780)制科登第,授洪州建昌县丞。官至徐泗节度营田巡官试大理评事。

《河洛墓刻拾零》,杜兼撰贞元十二年(796)十二月十五日《唐故徐泗节度营田巡官试大理评事刘公(莒)墓志铭并序》:"公讳莒,字莒……建中元祀,皇帝丕受宝图,惟新景命,诏访武德功臣之后,才业优深者,所在方岳,得以名闻。公为河南府表荐,所司考核登第,授洪州建昌县丞。"墓志载刘莒卒于贞元十二年(796)七月四日,享年五十九。

【李牧】建中元年(780)孝弟力田闻于乡闾科及第。

（宋）王溥《唐会要》卷七六《贡举中·制科举》："（建中元年）孝弟力田闻于乡闾科，郭黄中、崔浩、李牧及第。"

（宋）王钦若等《册府元龟》卷六四五《贡举部（七）·科目》："建中元年，应贤良方正能直言极谏科（姜公辅、元友直、樊泽臣、元膺及第），文词清丽科（奚陟、梁辅、刘公亮、郑□、沈封、吴通玄及第）；经学优深科（孙玭、黎逢、季随及第），高韬丘园科（张绅、卫良儒、苏哲及第），军谋越众科（夏侯审、平知和、郑儋、陵正、周渭、丁悦及第），孝悌力田闻于乡闾科（郭黄中、崔浩、李牧及第）。"

《登科记考》卷一一建中元年（780）云李牧孝弟力田闻于乡闾科及第。

【苏哲】建中元年（780）高蹈邱园科及第。

（宋）王溥《唐会要》卷七六《贡举中·制科举》："（建中元年）高蹈邱园科，张绅、卫良儒、苏哲及第。"

（宋）王钦若等《册府元龟》卷六四五《贡举部（七）·科目》："建中元年，应贤良方正能直言极谏科（姜公辅、元友直、樊泽臣、元膺及第），文词清丽科（奚陟、梁辅、刘公亮、郑□、沈封、吴通玄及第）；经学优深科（孙玭、黎逢、季随及第），高韬丘园科（张绅、卫良儒、苏哲及第），军谋越众科（夏侯审、平知和、郑儋、陵正、周渭、丁悦及第），孝悌力田闻于乡闾科（郭黄中、崔浩、李牧及第）。"

《登科记考》卷一一建中元年（780）云苏哲高蹈邱园科及第。

【吴通玄】海州人，父道瓘。幼应神童举，释褐秘书正字；建中元年（780）文词清丽及第，授同州司户。历京兆户曹、翰林学士、起居舍人、中书舍人，官至谏议大夫。

《旧唐书》一九〇下《文苑下·吴通玄传》："吴通玄，海州人。父道瓘为道士，善教诱童孺。大历中，召入宫，为太子诸王授经……通玄幼应神童举，释褐秘书正字、左骁卫兵曹、大理评事。建中初，策贤良方正等科，通玄应文词清丽，登乙第，授同州司户、京兆户曹。贞元初，召充翰林学士。迁起居舍人、知制诰，与陆贽、吉中孚、韦执谊等同视草……七年，自起居郎拜谏议大夫、知制诰……（贬）通玄泉州司马……行至华州长城驿，赐死。"

（宋）王溥《唐会要》卷七六《贡举中·制科举》："（建中元年）文辞清丽科奚陟、梁肃、刘公良……郑辕、沈封、吴通玄及第。"

（宋）王钦若等《册府元龟》卷六四五《贡举部（七）·科目》："建中元年，应贤良方正能直言极谏科（姜公辅、元友直、樊泽臣、元膺及第），文词清丽科（奚陟、梁辅、刘公亮、郑□、沈封、吴通玄及第）；经学优深科（孙玭、黎逢、季随及第），高韬丘园科（张绅、卫良儒、苏哲及第），军谋越众科（夏侯审、平知和、郑儋、陵正、周渭、丁悦及第），孝悌力田闻于乡闾科（郭黄中、崔浩、李牧及第）。"《玉海》卷一一五《选举·唐制举》略同。

《新唐书》卷一四五《吴通玄传》："吴通玄者，海州人……始，通玄举神童，补秘书正字。又擢文辞清丽科，调同州司户参军。德宗立，弟兄踵召为翰林学士……贞元十年，通玄拜谏议大夫，自以久次，当得中书舍人，大觖望。"

《登科记考》卷一一建中元年（780）云吴通玄文辞清丽科擢第，卷二七《附考·诸科》云吴通玄神童举及第。

【沈封】建中元年(780)文词清丽科及第。

(宋)王溥《唐会要》卷七六《贡举中·制科举》:“(建中元年)文辞清丽科奚陟、梁肃、刘公亮……郑辕、沈封、吴通玄及第。”

(宋)王钦若等《册府元龟》卷六四五《贡举部(七)·科目》:“建中元年,应贤良方正能直言极谏科(姜公辅、元友直、樊泽臣、元膺及第),文词清丽科(奚陟、梁辅、刘公亮、郑□、沈封、吴通玄及第);经学优深科(孙玭、黎逢、季随及第),高韬丘园科(张绅、卫良儒、苏哲及第),军谋越众科(夏侯审、平知和、郑儋、陵正、周渭、丁悦及第),孝悌力田闻于乡闾科(郭黄中、崔浩、李牧及第。)”

《登科记考》卷一一建中元年(780)文词清丽科条云沈封及第。

【张绅】建中元年(780)高蹈邱园科及第。

(宋)王溥《唐会要》卷七六《贡举中·制科举》:“(建中元年)高蹈邱园科,张绅、卫良儒、苏哲及第。”

(宋)王钦若等《册府元龟》卷六四五《贡举部(七)·科目》:“建中元年,应贤良方正能直言极谏科(姜公辅、元友直、樊泽臣、元膺及第),文词清丽科(奚陟、梁辅、刘公亮、郑□、沈封、吴通玄及第);经学优深科(孙玭、黎逢、季随及第),高韬丘园科(张绅、卫良儒、苏哲及第),军谋越众科(夏侯审、平知和、郑儋、陵正、周渭、丁悦及第),孝悌力田闻于乡闾科(郭黄中、崔浩、李牧及第。)”

《登科记考》卷一一建中元年(780)云张绅高蹈邱园科及第。

【周渭】字兆师,河南汝南县人,祖守则婺州金华丞,父隋州枣阳令。大历十四年(779)登进士科,建中元年(780)军谋越众科及第,授汝州襄城尉。官至秘书少监。

《全唐文》卷五〇六权德舆《唐故朝散大夫守秘书少监致仕周君(渭)墓志铭并序》:“君讳渭,字兆师,其先汝南人。六代祖衡,仕隋为淮阴郡司马,子孙因家焉。曾祖顶□杭州长史。祖守则,婺州金华丞。父随州枣阳令。三叶沈晦,缨毂未华,皆以义行称于州里。君服儒笃学,工为词赋。大历末,常潘继居小宗伯,号为得士,君与令弟澈,联中正鹄于二有司之下。是岁,孝文帝嗣大统,详延诸生,又以贞师伐谋,对有明法,授汝州襄城尉。时太傅崔文贞公以匪躬当国,兼综书殿,表为校理,历富平长安尉,拜监察御史,董选补于南方。南方吏理清而风俗阜,抑君是赖,复命其劳,转殿中侍御史。平理诏狱,清公不苛,迁膳部员外郎祠部郎中,典曹草议,遵道循性,居太微积星之位,十年不徙官……有诏授秘书少监以优遂之。先筑室于崇德里,有嘉树修竹,休沐吟咏,以文自娱。每得一佳句,如获官禄,恬于进取,用此故也。赤绂华发,燕居考祥,方啬精神以顺和理。永贞元年冬十一月甲戌,奄然大病,以启手足,春秋六十六。”

(宋)王溥《唐会要》卷七六《贡举中·制科举》:(建中元年)“军谋越众科……凌正、周渭、丁悦及第。”

(宋)王钦若等《册府元龟》卷六四五《贡举部(七)·科目》:“建中元年,应贤良方正能直言极谏科(姜公辅、元友直、樊泽臣、元膺及第),文词清丽科(奚陟、梁辅、刘公亮、郑□、沈封、吴通玄及第);经学优深科(孙玭、黎逢、季随及第),高韬丘园科(张绅、卫良儒、苏哲及第),军谋越众科(夏侯审、平知和、郑儋、陵正、周渭、丁悦及第),孝悌力田闻于乡闾科(郭黄中、崔浩、李牧及第。)"

《全唐文》卷四五三周渭小传云:"渭,大历十四年进士,贞元中官度支员外郎。"

《登科记考》卷一一建中元年(780)云周渭军谋越众科及第。

【郑儋】荥阳人。大历四年(769)进士及第,建中元年(780)登军谋越众科。历太原参军、京兆高陵尉、工部尚书、太原尹、御史大夫、北都留守。官至工部尚书。

《全唐文》卷五六二韩愈《河东节度观察使荥阳郑公神道碑文》:"河东节度使赠尚书右仆射郑公葬在荥阳索上,元和八年六月庚子,太史尚书比部郎中护军韩愈刻其墓碑曰:司马氏迁江南,有郑豁者,仕慕容垂国,为其太子少保。其孙简,当拓跋魏为荥阳太守。后简者号其族为'南祖'。南祖之郑,入唐有为利之景谷令者曰嘉范,于公为曾祖;是生抚俗,为泗之徐城令;徐城生公之父曰洪,卒官凉之户曹参军。公讳儋,少依母家陇西李氏,举止异凡儿,其舅吏部侍郎季卿谓其必能再立郑氏。稍长,能自课学,明《左氏春秋》,以进士选为太原参军事。对直言策,拜京兆高陵尉。考府之进士,能第上下以实不奸。樊仆射泽以襄阳兵战淮西,公以参谋留府,能任后事。户曹殡于凉,凉地入西戎,自景谷、徐城三世,皆未还荥阳葬。公解官,举五丧为三墓,葬索东。徐城墓无表,公能幼长哀感,心求不置,以得旧人指告其处。其后为大理丞太常博士,迁起居郎尚书司封吏部二郎中,能官举其名。德宗晚节储将于其军,以公为河东军司马,能以无心处嫌间,卒用有就。贞元十六年,将说死,即诏授司马节,节度河东军,除其官为工部尚书太原尹兼御史大夫北都留守。公之为司马,用宽廉平正,得吏士心;及升大帅,持是道不变。部将有因贵人求要职者,公不用,用老而有功、无势而远者。削四邻之交贿,省娉嬉之大燕;校讲民事,施罢不俟日:用能以十月成政,氓征就宽,军给以饶。十七年,疾废朝夕,八月庚戌薨,享年六十一。天子为之不能临朝者三日,赠尚书右仆射。即以其年十月辛卯葬索上。疾比薨,医问交道;比葬,吊赠赐使者相及。凡河东军之士,与太原之氓吏,及旁九郡百邑之鳏寡,外夷狄之统于府者,闻公之薨,皆哭曰:'吾其如何!'"

《韩昌黎文集》卷六《郑儋神道碑》:"儋以进士选为太原参军,对直言策,拜京兆高陵尉。"

(宋)王溥《唐会要》卷七六《贡举中·制科举》:"(建中元年)军谋越众科夏侯审、平知和、郑儋……及第。"

(宋)王钦若等《册府元龟》卷六四五《贡举部(七)·科目》载,建中元年,军谋越众科,夏后审、平知和、郑儋、陵正、周渭、丁悦及第。"

《登科记考》卷一一建中元年(780)云郑儋军谋越众科及第。

【郑辕】建中元年(780)文词清丽科及第。

(宋)王溥《唐会要》卷七六《贡举中·制科举》:"(建中元年)文辞清丽科奚陟、梁肃、刘公亮……郑辕、沈封、吴通玄及第。"

(宋)王钦若等《册府元龟》卷六四五《贡举部(七)·科目》:"建中元年,应贤良方正能直言极谏科(姜公辅、元友直、樊泽臣、元膺及第),文词清丽科(奚陟、梁辅、刘公亮、郑

□、沈封、吴通玄及第）；经学优深科（孙玭、黎逢、季随及第），高韬丘园科（张绅、卫良儒、苏哲及第），军谋越众科（夏侯审、平知和、郑儋、陵正、周渭、丁悦及第），孝悌力田闻于乡闾科（郭黄中、崔浩、李牧及第。）”按：据《唐会要》，“郑□”当为“郑辕”。

《登科记考》卷一一建中元年（780）文词清丽科条云郑辕及第。

【姜公辅】爱州日南人，寒素。大历十三年（778）进士科及第，为校书郎；建中元年（780）登贤良方正能直言极谏科，授左拾遗。历翰林为学士。官至宰相，赠礼部尚书。

《全唐文》卷五六〇韩愈《顺宗实录二》：三月“壬申，以故相抚州别驾姜公辅为吉州刺史”。

《旧唐书》卷一三八《姜公辅传》：“姜公辅，不知何许人。登进士第，为校书郎。应制策科高等，授左拾遗，召入翰林为学士。岁满当改官……建中四年十月……从幸至奉天，拜谏议大夫，俄以本官同中书门下平章事。乃罢为左庶子。寻丁母忧，服阕，授右庶子，久之不迁。洎陆贽知政事，以有翰林之旧，数告贽求官……帝怒，贬公辅为泉州别驾，又遣中使赍诏责窦参。顺宗即位，起为吉州刺史，寻卒。宪宗朝，赠礼部尚书。”

（宋）王溥《唐会要》卷七六《贡举中・制科举》：“建中元年贤良方正能言极谏科姜公辅、元友直、樊泽、吕元膺及第。”

《新唐书》卷一五二《姜公辅传》：“姜公辅，爱州日南人。第进士，补校书郎，以制策异等授右拾遗，为翰林学士。岁满当迁，上书以母老赖禄而养，求兼京兆户曹参军事。公辅有高材，每进见，敷奏详亮，德宗器之……泚兵果至，如所言，乃擢公辅谏议大夫、同中书门下平章事。”

（宋）魏仲举《五百家注柳宗元文集》卷一二《先君石表阴先友记》：“姜公辅，为内学士。”孙注：“姜公辅，爱州日南人。”

《登科记考》卷一一建中元年（780）贤良方正科条云姜公辅及第。

【夏侯审】建中元年（780）军谋越众科第一，释褐校书郎。历参军、宁国县丞、侍御史、主客郎中，官至祠部郎中。

《全唐诗》第六册卷二〇六李嘉祐《送夏侯审参军游江东》。《郎官石柱题名考》卷二六主客员外郎、卷一三度支郎中均有夏侯审。

（宋）王溥《唐会要》卷七六《贡举中・制科举》：“（建中元年）军谋越众科，夏侯审、平知和、郑儋、凌正、丁悦及第。”

（宋）王钦若等《册府元龟》卷六四五《贡举部（七）・科目》：“建中元年，应贤良方正能直言极谏科（姜公辅、元友直、樊泽臣、元膺及第），文词清丽科（奚陟、梁辅、刘公亮、郑□、沈封、吴通玄及第）；经学优深科（孙玭、黎逢、季随及第），高韬丘园科（张绅、卫良儒、苏哲及第），军谋越众科（夏侯审、平知和、郑儋、陵正、周渭、丁悦及第），孝悌力田闻于乡闾科（郭黄中、崔浩、李牧及第。）”《全唐诗》第七册卷二三七钱起《送夏侯审校书东归》。

（元）辛文房撰，傅璇琮主编《唐才子传校笺》（册二）卷四《夏侯审》条云：“审，建中元年礼部侍郎令狐峘下试军谋越众科第一，释褐校书郎。又为参军，仕终侍御史。”

《登科记考》卷一一建中元年（780）云夏侯审军谋越众科及第。

【奚陟】字殷卿，又字殷衡，望亳州，贯京兆，小姓，祖乾绎仕至光州刺史，父终徐州司功参军。登进士科，建中元年（780）登文词清丽科，授弘文馆校书郎。历大理评事、佐吐蕃使、左拾遗、起居郎、翰林学士、吏部员外郎、左司郎中、中书舍人、刑部侍郎，官至吏部侍郎，赠礼部尚书。

《刘禹锡全集》卷二《唐故朝议郎尚书吏部侍郎上柱国赐紫金鱼袋赠司空奚公神道碑》："呜呼！有唐清臣尚书吏部侍郎奚公，贞元十五年十月甲子薨于位。诏赠礼部尚书。太常考行，谥曰某。是岁腊月丁酉，葬于万年县之某原。后三十有四年，子为诸侯，为大夫，门户有炜。于是门下生琢石纪德，揭于新阡云。公讳陟，字殷衡，其先在夏为车正，以功封于薛下，古以降为谯郡人。或因仕适楚，复之秦，今为京兆人。隋唐之际，再世以明经为博士，家有赐书。曾祖简亦以文学为太子司议郎。大父乾绎，仕至光州刺史。烈考讳某，有道而尚晦，终徐州司功参军，赠和州刺史，由子贵也……及从乡赋，暨升名太常，果居上第。明年，诏郡国征贤良，设四科以尽材。公居文词清丽之目，授弘文馆校书郎……复命称旨，转吏部员外郎。是曹在南宫为眉目，在选士为司命。公执直笔，阅簿书，纷挐盘错，一瞬而剖。时文昌缺左右丞，都曹差重，遂转左司郎中，寻迁中书舍人。执事者系公识精，以斟酌大政，非独用文饰也。会江淮间民被水祸，上愍焉，特命公宣抚之，许以便宜及物。赤车所至，如东风变枯，条其利病，复奏咸可。转刑部侍郎。时主计臣延龄以险刻贵幸，而与京兆尹相恶，以危事中之，尹坐谴，已又逮系其吏峻绳之。事下司寇，主奏议者欲文致而甘心焉。公侃然持平，挫彼岳岳。君子闻之，善其知道不私。刑曹既清，以余刃兼领选事。居一年，授权知吏部侍郎，又一年即真。是秩言能审官者，本朝有裴、马、卢、李四君子，物论以公媲焉……公少以名器自任，及显达，急于推贤。视其所举，则在西省荐权丞相，由右史掌训辞；在中铨表杨仆射，由地曹郎综吏部。二公后为天下伟人。凡执文章权衡以揣量多士，一入中禁考策词，三在天官第章句。披沙剖璞，由我而显者落落然居多。推是风鉴，移于大冶，则镕范之内无非祥金。嗟乎！天不遐其福而孤民望，使《由庚》之什不作于贞元中，惜也！"

《旧唐书》卷一四九《奚陟传》："奚陟字殷卿，亳州人也。祖翰绎，天宝中弋阳郡太守。陟少好读书，登进士第，又登制举文词清丽科，授弘文馆校书，寻拜大理评事……召拜起居郎、翰林学士……贞元八年，擢拜中书舍人……迁刑部侍郎……迁吏部侍郎。所莅之官，时以为称职。贞元十五年卒，年五十五，赠礼部尚书。"

（宋）王钦若等《册府元龟》卷六四五《贡举部（七）·科目》："建中元年，应贤良方正能直言极谏科（姜公辅、元友直、樊泽臣、元膺及第），文词清丽科（奚陟、梁辅、刘公亮、郑□、沈封、吴通玄及第）；经学优深科（孙玭、黎逢、季随及第），高韬丘园科（张绅、卫良儒、苏哲及第），军谋越众科（夏侯审、平知和、郑儋、陵正、周渭、丁悦及第），孝悌力田闻于乡闾科（郭黄中、崔浩、李牧及第。）"参考《唐会要》卷七六《贡举中·制科举》《登科记考》卷一一、《玉海》卷一一五《选举·唐制举》。

《新唐书》卷一六四《奚陟传》："奚陟字殷卿，其先自谯亳西徙，故为京兆人。少笃志，通群书。大历末，擢进士、文辞清丽科，授弘文馆校书郎。德宗立，谏议大夫崔河图持节使吐蕃，表陟自副，以亲老辞不拜。杨炎辅政，召授左拾遗。居亲丧，毁瘠过礼。朱泚反，走间道及车驾于兴元，拜起居郎、翰林学士，不就职。贼平，改太子司议郎，历金部、吏部员外。会左右丞缺，转左司郎中……陟寻知吏部选事，迁侍郎。铨综平允，时谓与李朝隐略等，不能擿发清明如裴行俭、卢从愿也。十五年，病痈，帝遣医疗视，敕曰：'陟，贤臣，为我善治之。'卒，年五十五，赠礼部尚书。"

【凌正】建中元年(780)军谋越众科及第。

(宋)王溥《唐会要》卷七六《贡举中·制科举》："(建中元年)军谋越众科……凌正、周渭、丁悦及第。"

(宋)王钦若等《册府元龟》卷六四五《贡举部(七)·科目》："建中元年，应贤良方正能直言极谏科(姜公辅、元友直、樊泽臣、元膺及第)，文词清丽科(奚陟、梁辅、刘公亮、郑□、沈封、吴通玄及第)；经学优深科(孙玭、黎逢、季随及第)，高韬丘园科(张绅、卫良儒、苏哲及第)，军谋越众科(夏侯审、平知和、郑儋、陵正、周渭、丁悦及第)，孝悌力田闻于乡闾科(郭黄中、崔浩、李牧及第。)"

《登科记考》卷一一建中元年(780)云凌正军谋越众科及第。

【郭黄中】建中元年(780)孝弟力田闻于乡闾科及第。

(宋)王溥《唐会要》卷七六《贡举中·制科举》："(建中元年)孝弟力田闻于乡闾科，郭黄中、崔浩、李牧及第。"

(宋)王钦若等《册府元龟》卷六四五《贡举部(七)·科目》："建中元年，应贤良方正能直言极谏科(姜公辅、元友直、樊泽臣、元膺及第)，文词清丽科(奚陟、梁辅、刘公亮、郑□、沈封、吴通玄及第)；经学优深科(孙玭、黎逢、季随及第)，高韬丘园科(张绅、卫良儒、苏哲及第)，军谋越众科(夏侯审、平知和、郑儋、陵正、周渭、丁悦及第)，孝悌力田闻于乡闾科(郭黄中、崔浩、李牧及第。)"

(宋)王应麟《玉海》卷一一五《选举·唐制举》："孝悌力田建中元年郭黄中三人。"

《登科记考》卷一一建中元年(780)孝弟力田闻于乡闾科云郭黄中及第。

【崔浩】建中元年(780)孝弟力田闻于乡闾科及第。

(宋)王溥《唐会要》卷七六《贡举中·制科举》："(建中元年)孝弟力田闻于乡闾科，郭黄中、崔浩、李牧及第。"

(宋)王钦若等《册府元龟》卷六四五《贡举部(七)·科目》："建中元年，应贤良方正能直言极谏科(姜公辅、元友直、樊泽臣、元膺及第)，文词清丽科(奚陟、梁辅、刘公亮、郑□、沈封、吴通玄及第)；经学优深科(孙玭、黎逢、季随及第)，高韬丘园科(张绅、卫良儒、苏哲及第)，军谋越众科(夏侯审、平知和、郑儋、陵正、周渭、丁悦及第)，孝悌力田闻于乡闾科(郭黄中、崔浩、李牧及第。)"

《登科记考》卷一一建中元年(780)云崔浩孝弟力田闻于乡闾科及第。

【梁肃】字宽中，又字敬之，郡望安定，贯吴越，祖昱终莫州任邱令，父逵官至司御率府兵曹参军事。建中元年(780)文词清丽科及第，授太子校书。历淮南节度使杜佑掌书记、右拾遗、修史、监察御史、右补阙、翰林学士。官至太子侍读，赠礼部郎中。

《全唐文》卷五二三崔元翰《右补阙翰林学士梁君(肃)墓志铭》:“唐右补阙翰林学士皇太子诸王侍读史馆修撰梁君,讳肃,字宽中,其先安定人。繇汉魏已降,至于隋氏,世有爵位,家贵门盛。刑部尚书邯郸公曰毗,君之五代祖;以至于唐朝散大夫右台侍御史赵王行台记室宜春公曰敬,实公之高祖;朝散大夫右台侍御史曰愕,君之曾祖。祖昱,终于莫州任邱令。父逵,止于司御率府兵曹参军事,安卑于燕蓟,避乱于吴越,故其世少衰焉。君尝为《司御府君灵表》,以表其墓,自叙其世系甚备。公建中初以文词清丽应制,授太子校书。”

(宋)王溥《唐会要》卷七六《贡举中·制科举》:“(建中元年)文辞清丽科奚陟、梁肃、刘公良……及第。”《册府元龟》卷六四五《贡举部·科目》作“梁辅”。

《新唐书》卷二〇二《文艺中·苏源明传》:“(梁)肃字敬之,一字宽中。隋刑部尚书毗五世孙,世居陆浑。建中初,中文辞清丽科,擢太子校书郎。萧复荐其材,授右拾遗,修史,以母羸老不赴。杜佑辟淮南掌书记,召为监察御史,转右补阙、翰林学士、皇太子诸王侍读。卒,年四十一,赠礼部郎中。”

(宋)钱易《南部新书·丁》:“王栖曜善射。尝与文士游虎邱寺,平野霁日,先以一箭射空,再发中之,江东文士梁肃以下咸歌咏之。”

【韩皋】字仲闻,京兆长安人,士族,祖休官至宰相,父滉官至江淮转运使。建中元年(780)贤良方正能直言极谏科及第。历右拾遗、左补阙、考功员外郎、知制诰、中书舍人、御史中丞、尚书右丞、兵部侍郎、岳鄂观察使、尚书右仆射。官至左仆射,赠太子太保,谥贞。

《旧唐书》卷一二九《韩滉传附韩皋传》:“皋字仲闻……由云阳尉擢贤良科,拜右拾遗,转左补阙,累迁起居郎、考功员外郎。俄……御笔加知制诰。迁中书舍人、御史中丞、尚书右丞、兵部侍郎,皆称职。改京兆尹……元和八年六月,加检校吏部尚书,兼许州刺史,充忠武军节度等使……入为吏部尚书,兼太子少傅,判太常卿事。元和十一年三月,皇太后王氏崩,以皋充大明宫使……长庆元年正月,正拜尚书右仆射。二年四月,转左仆射……其年,以本官东都留守,行及戏源驿暴卒,年七十九。赠太子太保。大和元年,谥曰贞。”

《新唐书》卷一二六《韩休传》:“韩休,京兆长安人……遂拜黄门侍郎、同中书门下平章事……宝应元年,赠太子太师。子浩、洽、洪、汯、滉、浑、洄,皆有学尚……滉……贞元元年,加检校左仆射、同中书门下平章事、江淮转运使,封郑国公……子群、皋。群终国子司业。皋字仲闻……由云阳尉策贤良方正异等,拜右拾遗。累迁考功员外郎……帝为加知制诰。迁中书舍人、御史中丞、兵部侍郎,号称职。俄拜京兆尹……贞元十四年……贬抚州员外司马。未几,改杭州刺史,入拜尚书右丞……(王)叔文怒,出为鄂岳蕲沔观察使。叔文败,即拜节度,徙镇海,入为户部尚书,历东都留守、忠武军节度使……召拜吏部尚书,兼太子少傅。庄宪太后崩,充大明宫留守。穆宗以旧傅恩,加检校尚书右仆射,俄为真。又进左仆射。长庆四年,复为东都留守,卒于道,年七十九,赠太子太保,谥曰贞。”

《登科记考》卷一一建中元年(780)贤良方正科条云韩皋及第。

【樊泽】字安时,河中人,父咏授试大理评事。初为磁州司仓,建中元年(780)制科登

第。历山南节度使行军司马、补阙、都官员外郎、御史中丞、谏议大夫、兼御史中丞、行军右司马、襄州刺史。官至山南东道节度使，赠司空，谥成。

《旧唐书》卷一二二《樊泽传》："樊泽字安时，河中人也。父咏，开元中举草泽，授试大理评事，累赠兵部尚书。泽长于河朔，相卫节度薛嵩奏为磁州司仓、尧山县令。建中元年，举贤良对策，礼部侍郎于邵厚遇之。与杨炎善，荐为补阙，历都官员外郎……寻兼御史中丞，充通和蕃使，蕃中用事宰相尚结赞深礼之。寻从凤翔节度张镒与吐蕃会盟于清水，迁金部郎中、御史中丞、山南节度行军司马。时李希烈背叛，诏以普王为行军元帅，征泽为谏议大夫、元帅行军右司马。属驾幸奉天，普王不行，泽改右庶子、兼中丞，复为山南东道行军司马。寻代贾耽为襄州刺史、兼御史大夫、山南东道节度观察等使……（建中）三年，代张伯仪为荆南节度观察等使、江陵尹、兼御史大夫……复代曹王皋为襄州刺史、山南东道节度使。十二年，加检校右仆射。卒年五十，赠司空。"

《旧唐书》卷一三七《于邵传》："初，樊泽常举贤良方正，邵一见之于京师，曰：'将相之材也。'不十五年，泽为节将。"

（宋）王溥《唐会要》卷七六《贡举中·制科举》："建中元年贤良方正能言极谏科姜公辅、元友直、樊泽、吕元膺及第。"

《新唐书》卷一五九《樊泽传》："樊泽字安时，河中人……相卫节度使薛嵩表为尧山令。举贤良方正……是岁，泽上第，杨炎善之，擢左补阙……累迁山南东道司马，就拜节度使……复徙山南东道，加检校尚书右仆射。十四年卒，年五十七，赠司空，谥曰成。"

《登科记考》卷一一建中元年（780）贤良方正科条云樊泽及第。参考《册府元龟》卷六四五《贡举部·科目》、（五代）王定保《唐摭言》卷四。

【黎逢】建中元年经学优深科及第。历监察御史。

《全唐文》卷五一九梁肃《郑县尉厅壁记》："自华而东，东距洛师，抗雄都，临大道，其县有七，若壤接天府，号因旧国。郑为之首，又斜瞵其六焉。天官每铨士补吏，常属意于此……若风俗疆土，与置邑之年代分于尉，今监察御史黎逢尝编为《郑志》，藏在州府中，可覆视也，故不书。时御史中丞董公为邦之三载，秋九月，安定梁肃记。"

（宋）王溥《唐会要》卷七六《贡举中·制科举》："（建中元年）经学优深科，孙玭、黎逢、白季随及第。"

（宋）王钦若等《册府元龟》卷六四五《贡举部（七）·科目》："建中元年，应贤良方正能直言极谏科（姜公辅、元友直、樊泽臣、元膺及第），文词清丽科（奚陟、梁辅、刘公亮、郑□、沈封、吴通玄及第）；经学优深科（孙玭、黎逢、季随及第），高韬丘园科（张绅、卫良儒、苏哲及第），军谋越众科（夏侯审、平知和、郑儋、陵正、周渭、丁悦及第），孝悌力田闻于乡闾科（郭黄中、崔浩、李牧及第）"

《登科记考》卷一一建中元年云黎逢经学优深科及第。

建中二年辛酉(781)

知贡举：礼部侍郎于邵

进士科

【于公异】苏州吴人。建中二年(781)进士及第。历神策营招讨使李晟掌书记。官至祠部员外郎。

《洛阳新获七朝墓志》贞元五年(789)八月十五日《唐故大理主簿清河崔公墓志铭并序》,署名“尚书膳部员外郎于公异撰”。

《旧唐书》卷一三七《于公异传》:“于公异者,吴人。登进士第,文章精拔,为时所称。建中末,为李晟招讨府掌书记……及贞元中陆贽为宰相,奏公异无素行,黜之。诏曰:‘祠部员外郎于公异,顷以才名,升于省闼……其举公异官尚书左丞卢迈,宜夺俸两月。’时中书舍人高郢荐监察御史元敦义,及睹公异谴逐,惧为所累,乃上疏首陈敦义亏于礼教,诏嘉郢之知过,俾敦义罢归。公异竟名位不振,轗轲而卒,人士惜其才,恶贽之褊急焉。”

《新唐书》卷二〇三《文艺下·于公异传》:“于公异,苏州吴人。进士擢第,李晟表为招讨府掌书记。”按:《旧唐书》卷一二《德宗上》:建中三年五月丁酉“神策营招讨使李晟右散骑常侍,赏破田悦功也”。

《登科记考》卷一一建中二年(781)进士科条云于公异及第。参考《吴郡志》卷二二。

正德《姑苏志》卷二五《科第表上·进士唐》:“建中二年,知贡举,侍郎于邵,进士于公异。”

【郑元均】荥阳人,祖峻之宋州下邑县丞,父沘亳州鹿邑县丞。建中二年(781)进士及第。历淮南节度使判官,濠、泗等州观察使判官。

《全唐文》卷五八八柳宗元《先君石表阴先友记》:“郑元均,荥阳人。强抗少所推让,然以此多怨,困不得位。”(宋)魏仲举《五百家注柳宗元文集》卷一二《先君石表阴先友记》:“郑元均”,孙注曰:“元均,建中二年进士。”

《全唐文补遗》第七辑《唐右庶子韦公夫人故荥阳县君郑氏墓志铭并序》云:“维元和三年岁次戊子春三月廿九日辛亥,夫人被疾,殁于长安长兴里第,享年六十八……祖峻之,宋州下邑县令。父沘,亳州鹿邑县丞。世甲于婚姻,而不以轩裳为务,故官不至大。洎伯兄述诚、仲氏元均、叔氏通诚,皆懿以辞才,继登进士第于太常,当时号为卓绝。”

《旧唐书》卷一四七《杜佑传》:“(杜)佑兼濠、泗等州观察使。在扬州开设营垒三十余所,士马修葺,然于宾僚间依阿无制,判官南宫僔、李亚、郑元均争权,颇紊军政,德宗知之,并窜于岭外。”参考《登科记考》卷一一建中二年进士科条云郑元均及第。

【郑秉彝】建中二年(781)进士及第。

《全唐文补遗》第一辑,崔说撰大和五年(831)十月二十六日《唐故试太常寺太祝范阳卢府君妻清河崔夫人墓志铭并序》:夫人“子与女子子之存者犹三,长女适荥阳郑秉彝,次女未从人,皆先夫人夭殁”。

《全唐文补遗》千唐志斋新藏专辑,张惟素撰元和十一年(816)八月二十七日《唐故谏议大夫清河崔府君(备)墓志铭并序》:“元和十一年春三月,谏议大夫崔公,寝疾终于长安安邑里之私第,春秋七十。公讳备,字顺之,其先清河人也……举进士□□释褐书判。超等授秘书省正字……余忝公忘言,又同年登第十七人中,零落已尽。前年丧秉彝,今春公长往,则余之形影,谁与相吊。”按:据墓志,撰者张惟素云其与崔备同年,同年中尚有前年去世之□秉彝,是知张惟素、□秉彝均为建中二年进士。

《新唐书》卷七五上《宰相世系表》五上郑氏载有官怀州长史之秉彝,疑即此人。

【张惟素】建中二年(781)登进士科。曾官给事中。

《全唐文补遗》千唐志斋新藏专辑,张惟素撰元和十一年(816)八月二十七日《唐故谏议大夫清河崔府君(备)墓志铭并序》:“元和十一年春三月,谏议大夫崔公,寝疾终于长安安邑里之私第,春秋七十。公讳备,字顺之,其先清河人也……举进士□□释褐书判。超等授秘书省正字……余忝公忘言,又同年登第十七人中,零落已尽。前年丧秉彝,今春公长往,则余之形影,谁与相吊。”按:墓志署给事中张惟素撰,则知张惟素与崔备、□秉彝均为建中二年进士。

【高孚】建中二年(781)登进士科。

(宋)李昉等《文苑英华》卷一二《赋十二·天象十二》收高孚《白云起封中赋》:以“皇汉施德、介丘告成”为韵。《登科记考》卷一一建中二年进士科条云是年原试《白云起封中赋》。则高孚当建中二年进士科及第。陈尚君《〈登科记考〉正补》补入其名。

【崔元翰】名鹏,以字行,郡望博陵,贯卫州,父良佐官至湖城主簿。建中二年(781)进士科及第,登博学宏词科,贞元四年又应贤良方正直言极谏科,三举皆升甲第。历义成节度使从事、河东节度使掌书记,守比部郎中。终散位。

(唐)裴庭裕《东观奏记》卷中:“建中二年,崔元翰、崔敖、崔备三人,府元、府副、府第三人,于邵知贡举放及第。”

《旧唐书》卷一三七《崔元翰传》:“崔元翰者,博陵人。进士擢第,登博学宏词制科,又应贤良方正直言极谏科,三举皆升甲第,年已五十余。李汧公镇滑台,辟为从事……又为(马)燧府掌书记。入朝为太常博士、礼部员外郎……竟罢知制诰,守比部郎中……终于散位。”

《旧唐书》卷一三七《于邵传》:“崔元翰年近五十,始举进士,邵异其文,擢第甲科,且曰:‘不十五年,当掌诏令。’竟如其言。”

《新唐书》卷二〇三《文艺下·崔元翰传》:“崔元翰名鹏,以字行。父良佐,与齐国公日用从昆弟也。擢明经甲科,补湖城主簿,以母丧,遂不仕。治《诗》《易》《书》《春秋》,撰《演范》《忘象》《浑天》等论数十篇。隐共北白鹿山之阳。卒,门人共谥曰贞文孝父。元翰举进士、博学宏词、贤良方正,皆异等。”

(宋)钱易《南部新书·丙》:“崔元翰晚年取应,咸为首捷,京兆解头,礼部状头,宏词敕头,制科三等敕头。”参考《登科记考》卷一一建中二年(781)进士科条、(宋)乐史《广卓异记》卷一九《进士状元却为制举头》、(唐)李肇《唐国史补》卷下、(宋)王谠《唐语林》卷一《政事上》、(五代)王定保《唐摭言》卷九、(宋)李昉等《太平广记》卷一七〇、卷一八〇。

【崔敖】建中二年(781)进士及第。官至太常博士。

(唐)裴庭裕《东观奏记》卷中:"建中二年,崔元翰、崔敖、崔备三人,府元、府副、府第三人,于邵知贡举放及第。"

(唐)李肇《唐国史补》卷下:"崔元翰为杨崖州所知,欲拜补阙,恳曰:'愿得进士。'由此独步场中。然亦不晓呈试,故先求题目为地。崔敖知之。旭日都堂始开,敖盛气白侍郎曰:'若试《白云起封中赋》,敖请退。'侍郎为其所中,愕然换其题,是岁二崔俱捷。"

(五代)王定保《唐摭言》卷九《好知己恶及第》:"崔元翰,为杨崖州炎所知,欲奏补阙,恳曰:'愿进士。'由此独步场中,然不晓呈试,先求题目为地。崔敖知之,旭日都堂始开,盛气白侍郎曰:'白云起封中赋,敖请退。'主司于帘中卒愕换之,是岁二崔俱捷。"

(清)阎若璩《潜邱札记》卷三:"故唐博士崔敖曰:盐池乃黄河阴潜之,功浸淫中,条融为巨浸,盖有所见矣。"见《登科记考》卷一一建中二年(781)进士科崔敖条。

【崔备】字顺之。建中二年(781)登进士科。历西川节度判官、工部郎中、谏议大夫。

《全唐文补遗》千唐志斋新藏专辑,张惟素撰元和十一年(816)八月二十七日《唐故谏议大夫清河崔府君(备)墓志铭并序》:"元和十一年春三月,谏议大夫崔公,寝疾终于长安安邑里之私第,春秋七十。公讳备,字顺之,其先清河人也……举进士□□释褐书判。超等授秘书省正字。"

(唐)裴庭裕《东观奏记》卷中:"建中二年,崔元翰、崔敖、崔备三人,府元、府副、府第三人,于邵知贡举放及第。"参考(宋)乐史《广卓异记》卷一九《进士状元却为制举头》、(唐)李肇《唐国史补》卷下、(宋)王谠《唐语林》卷一《政事上》、(五代)王定保《唐摭言》卷九、(宋)李昉等《太平广记》卷一七〇、一八〇。

(宋)计有功《唐诗纪事》卷四五《崔备》:"备,登建中进士第,终工部郎中。备,偘兄弟……元衡在蜀,淡于接物,而开府极一时选,公绰为少尹,正壹观察判官,备度支判官,裴度掌书记,卢士玫观察推官,杨嗣复节度推官。"见《登科记考》卷一一建中二年(781)进士科条。

【崔黄左】字黄左,清河武城人。建中二年(781)登进士第。

罗继祖《〈登科记考〉补》:"崔黄左墓志,字黄左,清河武城人,至强仕之年,方举进士,非其本志。以志中贞元十二年,卒年五十五推之,则强仕之年当在是岁。"

明经科

【董溪】字惟深,郡望河中虞乡,贯河南河南县。祖伯良赠尚书左仆射,父宰相董晋。建中二年(781)明经及第。秘书省秘书郎,三迁万年令,历度支郎中、御史中丞、东道行营粮料使。官至商州刺史,赠朝散大夫。

《全唐文》卷五六四韩愈《朝散大夫商州刺史除名徙封州董府君(溪)墓志铭》:"公讳溪,字惟深。丞相赠太师陇西恭惠公第二子,十九岁,明两经,获第有司……杨凝、孟叔度以材德显名朝廷,及来佐幕府,诣门请交,屏所挟为。太师薨,始以秘书郎选参军京兆府法曹，日伏阶下，与大尹争是非，大尹屡黜己见。岁中奏为司录参军，与一府政。以能拜尚书度支员外郎，迁仓部郎中万年令。兵诛恒州，改度支郎中，摄御史中丞，为粮料使。兵罢，迁商州刺史。粮料吏有忿争相牵告者，事及于公，因征下御史狱。公不与吏辩，一皆引伏，受垢除名，徙封州。元和六年五月十二日，死湘中，年四十九。明年，立皇太子，有赦令许归葬。其子居中始奉丧归。元和八年十一月甲寅葬于河南河南县万安山下太师墓左。"

《全唐文》卷五六七韩愈《故金紫光禄大夫检校尚书左仆射同中书门下平章事兼汴州刺史充宣武军节度副大使知节度事管内支度营田汴宋亳颍等州观察处置等使上柱国陇西郡开国公赠太傅董公（晋）行状》："曾祖仁琬，皇任梁州博士。祖大礼，皇赠右散骑常侍。父伯良，皇赠尚书左仆射。公讳晋，字混成，河中虞乡万岁里人。少以明经上第……四子：全道、溪、全素、澥。全道、全素皆上所赐名。全道为秘书省著作郎，溪为秘书省秘书郎，全素为大理评事，澥为太常寺太祝：皆善士，有学行。"参考《登科记考》卷一一建中二年（781）明经科条。按元和六年四十九岁，推算其是年及第。

《新唐书》卷一五一《董晋传附董溪传》："董晋字混成，河中虞乡人。擢明经……子溪，字惟深，亦擢明经，三迁万年令。讨王承宗也，擢度支郎中，为东道行营粮料使。坐盗军赀流封州，至长沙，赐死。"

建中三年壬戌（782）

知贡举：中书舍人赵赞

进士科

【韦执谊】京兆人，父浼，官卑。建中三年（782）登进士及第，贞元元年（785）登贤良方正能直言极谏科及第，授右拾遗。历翰林为学士、吏部郎中，以尚书左丞同中书门下平章事（宰相），后因参与永贞革新贬死。

《旧唐书》卷一三五《韦执谊传》："韦执谊者，京兆人。父浼，官卑。执谊幼聪俊有才，进士擢第，应制策高等，拜右拾遗，召入翰林为学士，年才二十余。德宗尤宠异……及顺宗即位，久疾不任朝政，王叔文用事，乃用执谊为宰相，乃自朝议郎、吏部郎中、骑都尉、赐绯鱼袋，授尚书左丞、同平章事，仍赐金紫。"

《新唐书》卷一六八《韦执谊传》："韦执谊，京兆旧族也。幼有才。及进士第，对策异等，授右拾遗。年逾冠，入翰林为学士……顺宗立，以疾不亲政，叔文用事，乃擢执谊为尚书左丞、同中书门下平章事……及宪宗受内禅，流叔文、伾，分北支党，贬执谊为崖州司户参军。帝以宰相杜黄裳之婿，故最后贬。"

《登科记考》卷一二贞元元年（785）贤良方正能直言极谏科条云韦执谊及第。按：《登科记考》卷二七《附考·进士科》条云韦执谊及第。《韩昌黎文集外集》卷下引《顺宗实录》："执谊，进士对策高等。"集注："执谊，京兆人。建中三年中进士第，贞元元年中贤良方正能直言极谏科第一人。"

胡可先《〈登科记考〉匡补三编》补入建中三年条。

【李德方】建中三年(782)进士及第。官至检校尚书户部郎中兼御史中丞。

《全唐文补遗》第九辑,陈右撰元和三年(808)十月二十一日《唐故检校尚书户部郎中兼御史中丞陇西李君(德方)墓志铭并序》:"元和三年戊子岁秋七月庚戌晦,平卢军支度副使、御史中丞陇西李君卒,享年卌六……君讳德方,字□,故检校右散骑常侍、赠同州刺史□华之四子。王父颐,皇朝润州上元县令。君冠年以文学登进士高弟,辟东平府记室,授秘书省校书郎。"按李德方卒于元和三年(808),享年四十六,则其冠年为建中三年(782)。

明经科

【张汶】字清德,京兆长安人。建中三年(782)明经及第。官至河南府颍阳县尉。

《全唐文补遗》第八辑,杨太玄撰元和十三年(818)三月二十六日《唐故河南府颍阳县尉张府君(汶)墓志铭并序》:"清河张君讳汶,字清德,京兆长安人也……建中三年,擢第孝廉……以元和十三年初吉月廿三日,不婴疾,不因伤,遂暴终于温柔里维私之第也。"

建中四年癸未(783)

知贡举：礼部侍郎李纾

进士科

【薛展】建中四年(783)进士科状元及第。

(宋)佚名《分门古今类事》卷一〇《薛展状元》:"薛展为儿时,有相者曰此儿必为状元。及应进士举,与侍郎李纾有隙,常为所抑。后李知举,薛欲东归,相者又曰:'君今岁为状元决矣!'由是乃止,及策试排榜,乃翰林学士壻赵日华为状元,朝列疑之,谕李改去。李不觉,遽写薛展二字,既奏名,方悟其夙怨。翌日,展谢,李曰:'天假吾手!非子之才!'由是观之,则命已前定,虽仇敌之家,亦不得而改也。(《国史补遗》)"

(元)辛文房撰,傅璇琮主编《唐才子传校笺》(册二)卷四《武元衡》条云:"元衡字伯苍,河南人。建中四年薛展榜进士。"

《登科记考》卷一一建中四年(783)进士科条云薛展状元及第。

【韦同正】建中四年(783)进士及第。

(宋)计有功《唐诗纪事》卷三三《韦同则》:"同则,建中时诗人也。有韦同正者,登建中四年第。"

《登科记考》卷一一建中四年(783)进士科云韦同正及第。

【韦纯】字贯之,名纯,以字行,京兆人,士族。建中四年(783)进士及第,又登贤良科,授校书郎。从调判入等,再转长安县丞。历监察御史、右补阙、秘书丞、礼部员外郎、改吏部员外郎、巴州刺史、都官郎中、知制诰、拜中书舍人、礼部侍郎。位至宰相,赠尚书右仆射，谥曰贞，后更谥曰文。

《旧唐书》卷一五八《韦贯之传》："韦贯之本名纯，以宪宗庙讳，遂以字称。八代祖夐，仕周，号逍遥公。父肇，官至吏部侍郎，有重名于时。贯之即其第二子。少举进士。贞元初，登贤良科，授校书郎。秩满，从调判入等，再转长安县丞……永贞中，始除监察御史。上……转右补阙，而纁代为监察。元和元年，杜从郁为左补阙……改为秘书丞……转礼部员外郎……改吏部员外郎。三年，复策贤良之士，又命贯之与户部侍郎杨於陵、左司郎中郑敬、都官郎中李益同为考策官。贯之奏居上第者三人，言实指切时病，不顾忌讳，虽同考策者皆难其词直，贯之独署其奏。遂出为果州刺史，道中黜巴州刺史。俄征为都官郎中、知制诰。逾年，拜中书舍人，改礼部侍郎。凡二年，所选士大抵抑浮华，先行实，由是趋竞者稍息。转尚书右丞，中谢日，面赐金紫。明年，以本官同中书门下平章事……寻迁中书侍郎……罢为吏部侍郎。不涉旬，出为湖南观察使……由是罢为太子詹事，分司东都。上（穆宗）即位，擢为河南尹，征拜工部尚书。未行，长庆元年卒于东都，年六十二，诏赠尚书右仆射。"

《新唐书》卷一六九《韦贯之传》："韦贯之名纯，避宪宗讳，以字行。后周柱国夐八世孙。父肇……除吏部侍郎……贯之及进士第，为校书郎，擢贤良方正异等，补伊阙、渭南尉。河中郑元、泽潞郗士美以厚币召，皆不应……进吏部员外郎，坐考贤良方正牛僧孺等策独署奏，出为果州刺史，半道贬巴州……进中书舍人……改礼部侍郎……改尚书右丞，俄同中书门下平章事。迁中书侍郎……穆宗立，即拜河南尹，以工部尚书召。未行，卒，年六十二，赠尚书右仆射，谥曰贞，后更谥曰文。"

《登科记考》卷一一建中四年(783)进士科条云韦纯及第。

【武元衡】字伯苍，河南缑氏人，祖平一终考功员外郎，父就殿中侍御史。建中四年(783)进士及第，累辟使府，历监察御史、华原县令、比部员外郎、户部侍郎。官至宰相，赠司徒，谥忠愍。

《旧唐书》卷一五八《武元衡传》："武元衡字伯苍，河南缑氏人。曾祖载德，天后从父弟，官至湖州刺史。祖平一，善属文，终考功员外郎、修文馆学士，事在《逸人传》。父就，殿中侍御史，以元衡贵，追赠吏部侍郎。元衡进士登第，累辟使府，至监察御史。后为华原县令……贞元二十年，迁御史中丞……宪宗即位……复拜御史中丞……寻迁户部侍郎。元和二年正月，拜门下侍郎、平章事，赐金紫，兼判户部事……乃拜为右仆射，令入朝……以元衡代崇文，拜检校吏部尚书，兼门下侍郎、平章事，充剑南西川节度使……八年，征还。至骆谷，重拜门下侍郎、平章事……册赠司徒……谥曰忠愍。"

《新唐书》卷一五二《武元衡传》："武元衡字伯苍……元衡举进士，累为华原令……召拜比部员外郎，岁内三迁至右司郎中……元和二年，拜门下侍郎、同中书门下平章事，兼判户部事……赠司徒，谥曰忠愍。"参考(元)辛文房《唐才子传》卷四《武元衡》、《郡斋读书志》卷四上、《登科记考》卷一一建中四年(783)进士科。

【柳涧】建中四年(783)登进士第。官至华阴令。

《全唐文》卷六三九李翱《故正议大夫行尚书吏部侍郎上柱国赐紫金鱼袋赠礼部尚书

韩公(愈)行状》:"华州刺史奏华阴县令柳涧有罪,遂将贬之,公上疏请发御史辩曲直,方可处以罪,则下不受屈。既柳涧有犯,公由是复为国子博士。"

《旧唐书》卷一六〇《韩愈传》:"韩愈字退之,昌黎人……元和初,召为国子博士,迁都官员外郎。时华州刺史阎济美以公事停华阴令柳涧县务,俾摄掾曹。居数月,济美罢郡,出居公馆,涧遂讽百姓遮道索前年军顿役直。后刺史赵昌按得涧罪以闻,贬房州司马。愈因使过华,知其事,以为刺史相党,上疏理涧,留中不下。诏监察御史李宗奭按验,得涧赃状,再贬涧封溪尉。"

《登科记考》卷一一建中四年(783)进士科柳涧条:"涧建中四年进士,见洪兴祖《韩子年谱》。按涧为华阴令,以赃贬。昌黎上疏理涧,复为国子博士。"

【韩弇】邓州昌黎人。建中四年(783)登进士科。历朔方节度使掌书记,累迁殿中侍御史,"清水之盟"遇害。

《唐代墓志汇编》贞元一二一《大唐故朔方节度掌书记殿中侍御史昌黎韩君夫人京兆府韦氏墓志铭》:韩弇"进士及第"。

《李文公集》卷一五《韦氏墓志铭》:"夫人姓京兆韦氏,尚舍奉御说之次女也。年十三,执妇道于昌黎韩氏府君讳弇。自后魏尚书令安定桓王六世生礼部郎中云卿,礼部实生府君。进士及第,朔方节度请掌书记,得秘书省校书郎,累迁殿中侍御史。贞元三年,吐蕃乞盟,诏朔方节度使即塞上与之盟,宾客皆从。其五月,吐蕃不肯盟,殿中君于是遇害,时年三十有五。"

《旧唐书》卷一九六下《吐蕃下》:贞元三年七月"司勋员外郎郑叔矩、检校户部郎中路泌、殿中侍御史韩弇……各与一子八品官"。

陈尚君《〈登科记考〉正补》建中四年(783)条云其见"《韩子年谱》引《唐科名记》"。徐《考》列入附考。

【熊执易】建中四年(783)进士及第,贞元十年(794)登贤良方正能直言极谏科。历西川节度使推官、右补阙、库部员外郎、御史中丞、入蕃副使。官至御史中丞。

《全唐文补遗》第八辑,殷恪撰会昌元年(841)正月二十五日《唐乡贡进士陈郡殷恪妻钟陵熊夫人(休)墓志铭并序》:"夫人讳休,字居美,姓熊氏……烈考执易,一举秀才上第,两登制策甲乙科。屈就常调,抑居尤等。德行文学,称为帝师。"按:志主熊休为熊执易之女,撰者殷恪为熊执易之婿。

(唐)李肇《唐国史补》卷下:"熊执易通于《易》理,会建中四年,试《易知险阻论》,执易端坐剖析,倾动场中,乃一举而捷。"

(五代)王定保《唐摭言》卷四《气义》:"熊执易赴举,行次潼关……倾囊济之(樊泽)。执易其年罢举,泽明年登科。"

(宋)李昉等《太平广记》卷一七九《贡举二·熊执易》引《国史补》:"熊执易通于《易》义。建中四年,侍郎李纾试'易简知险阻论'。执易端座割析,倾动场中,一举而捷。"

明经科

【**陆亘**】字景山，吴郡人，祖元明官至睦州司马，父持诠官至惠陵台令。建中四年(783)明经及第。元和二年(807)策制科中第，补万年丞，再迁太常博士，累迁户部郎中、太常少卿，卒赠礼部尚书。

《洛阳新出土墓志释录》，归融撰大和八年(834)十二月二十七日《唐故宣歙池等州都团练观察处置等使通议大夫宣州刺史兼御史大夫上柱国赐紫金鱼袋赠礼部尚书陆府君(亘)墓志铭并序》："公讳亘，字景山，吴郡人也……即苦节读书，年二十，通经及第。"按：《登科记考补正》元和三年(808)进士科录有陆亘，考云："亘元和三年进士，书判高等，见《册府元龟》。按本传不言举进士。"由墓志可知陆亘二十岁时明经及第，以大和八年(834)，年七十一推之，明经及第年在建中四年(783)。

诸科

【**冯伉**】京兆人。大历初五经秀才科及第，授秘书郎；建中四年(783)登博学三史科。历膳部员外郎、给事中、皇太子及诸王侍读、赐金紫、尚书兵部侍郎、国子祭酒、同州刺史，官至左散骑常侍，卒赠礼部尚书。

《旧唐书》卷一八九下《儒学下·冯伉传》："冯伉，本魏州元城人。父玠，后家于京兆。少有经学。大历初，登《五经》秀才科，授秘书郎。建中四年，又登博学《三史》科。三迁尚书膳部员外郎，充睦王已下侍读……顺宗即位，拜尚书兵部侍郎。改国子祭酒，为同州刺史。入拜左散骑常侍，复领太学。元和四年卒，年六十六，赠礼部尚书。子药，进士擢第，又登制科，仕至尚书郎。"按：五经秀才，即五经登第也。

《新唐书》卷一六一《冯伉传》："冯伉，魏州元城人，徙贯京兆。第五经、宏辞，调长安尉。三迁膳部员外郎，为睦王等侍读……伉为著《谕蒙书》十四篇，大抵劝之务农、进学，而教以忠孝。乡乡授之，使转相教督。居七年，韦渠牟荐为给事中、皇太子诸王侍读。对殿中，赐金紫服。进兵部侍郎，出为同州刺史。以散骑常侍召，领国子祭酒者再。卒，年六十六，赠礼部尚书。"

《登科记考》卷一一建中四年(783)诸科录载冯伉。

科目选

【**韦绶**】字子章，京兆人。明经及第，建中四年(783)拔萃科及第。历翰林学士。官至礼部尚书，赠尚书右仆射。

《旧唐书》卷一五九《路随传附路泌传》：路随"父泌字安期……建中末，以长安尉从调，与李益、韦绶等书判同居高第"。

《旧唐书》卷一六二《韦绶传》："韦绶字子章，京兆人……初为长安县尉……于頔镇襄阳，辟为宾佐……入朝为工部员外，转屯田郎中。元和十年，改职方郎中，充太子诸王侍读，再迁谏议大夫……乃罢侍读，出为虔州刺史。穆宗即位，以师友之恩，召为尚书右丞，兼集贤院学士……长庆元年三月，转礼部尚书，判集贤院事……二年十月，检校户部尚书、兴元尹、山南西道节度使……赠尚书右仆射。”

《新唐书》卷一六九《韦贯之传附韦绶传》:“绶,贯之兄。举孝廉,又贡进士,礼部侍郎潘炎将以为举首,绶以其友杨凝亲老,故让之,不对策辄去,凝遂及第。后擢明经,辟东都幕府。”

【李益】宗室,京兆人,宰相揆之族子。进士及第,建中四年(783)拔萃科及第。历幽州从事、秘书少监、集贤殿学士、太子宾客、集贤学士判院事。官至右散骑常侍,以礼部尚书致仕。

《旧唐书》卷一五九《路随传附路泌传》:路随“父泌字安期……建中末,以长安尉从调,与李益、韦绶等书判同居高第”。

《旧唐书》卷一三七《李益传》:“李益,肃宗朝宰相揆之族子。登进士第,长为歌诗。贞元末……益不得意,北游河朔,幽州刘济辟为从事……宪宗雅闻其名,自河北召还,用为秘书少监、集贤殿学士……俄复用为秘书监,迁太子宾客、集贤学士判院事,转右散骑常侍。大和初,以礼部尚书致仕,卒。”

《新唐书》卷二〇三《文艺下·李益传》:“李益,故相揆族子,于诗尤所长。贞元末,名与宗人贺相……宪宗雅知名,召为秘书少监、集贤殿学士……累迁右散骑常侍。大和初,以礼部尚书致仕,卒。”

【路泌】魏州人。建中四年(783)登拔萃科,授城门郎。历鄜坊节度使从事、副元帅判官。官至御史中丞,赠太子少保。

《旧唐书》卷一五九《路随传附路泌传》:“路随字南式,其先阳平人。高祖节,高宗朝为越王府东阁祭酒。曾祖惟恕,官至睦州刺史。祖俊之,仕终太子通事舍人。父泌,字安期……建中末,以长安尉从调,与李益、韦绶等书判同居高第,泌授城门郎……累奏为副元帅判官、检校户部郎中、兼御史中丞。河中平,随、瑊与吐蕃会盟于平凉,因劫盟陷蕃……卒于戎鹿……宪宗悯之,赠绛州刺史……泌累赠太子少保。”按:阳平县为汉代县,贞观后改为魏州。见《登科记考》卷一一建中四年拔萃科。

兴元元年甲子(784)

知贡举:礼部侍郎鲍防

正月癸酉朔,改建中五年为兴元元年。《册府元龟》《唐大诏令》。

进士科

【马异】河南人,一作“睦州人”。兴元元年(784)进士及第。

(宋)计有功《唐诗纪事》卷四〇《马异》:“异,河南人,与卢仝结交。”后人常据此认为马异的籍贯为河南,如胡应麟《诗薮》外编卷四称“卢玉川马河南”。参考《登科记考》卷一一兴元元年(784)进士科。

(元)辛文房撰,傅璇琮主编《唐才子传校笺》(册二)卷五《马异》条云:“异,睦州人也。兴元元年，礼部侍郎鲍防下进士第二人。少与皇甫湜同砚席，赋性高疎，词调怪涩，虽风骨棱棱，不免枯瘠。卢仝闻之，颇合己志，愿与结交，遂立同异之论，以诗赠答，有云：'昨日仝不同，异自异，是谓大同而小异。今日仝自同，异不异，是谓同不往而异不至。'斯亦怪之甚也。后不知所终。集今传世。"

德宗贞元元年乙丑(785)

正月丁酉朔，改元贞元。《旧唐书》本纪。

知贡举：礼部侍郎鲍防

【郑全济】荥阳人。贞元元年(785)进士科状元及第。

(元)辛文房撰，傅璇琮主编《唐才子传校笺》(册二)卷五《麴信陵》条云："信陵，贞元元年郑全济榜及第。仕为舒州望江县令，卒。工诗，有集一卷，今传。"

《登科记考》卷一二贞元元年(785)进士科条云郑元济状元及第。

乾隆《河南通志》卷四五《选举二・进士・唐》："郑全济，荥阳人，贞元二年状元。"

【卢汀】字云夫。贞元元年(785)登进士第。历天德军从事、侍御史、虞部司门、库部郎曹、谏议大夫、中书舍人、给事中。

(唐)孟郊《孟东野诗集》卷八《送别下・送卢汀侍御归天德幕》："仲宣领骑射，结束皆少年。匹马黄河岸，射雕清霜天。旌旗防日北，道路上云巅。古雪无销铄，新冰有堆填。清溪徒耸诮，白璧自招贤。岂比重思者，闭门方独全。"

(宋)魏仲举《五百家注昌黎文集》卷五《酬司门卢四兄云夫院长望秋作》，五百家注引集注云："卢四名汀，公诗有《和虞部卢四汀酬翰林钱士徽赤藤杖歌》，又有《和卢郎中寄示送盘谷子诗》，又有《和库部卢四兄元日朝回》，又有《早赴行香赠卢李二中舍》，又有《酬卢给事曲江荷花行》。云夫贞元元年进士，新旧书无传，以此数诗考之，历虞部司门、库部郎曹，迁中书舍人，为给事中，其后莫知所终矣。此诗元和六年秋所作，时公自河南令入为职方员外郎作。"《东雅堂昌黎集注》卷五《古诗》载《酬司门卢四兄云夫院长望秋作》条注相同。

《登科记考》卷一二贞元元年(785)进士科录载卢汀。

【羊士谔】字谏卿，郡望泰山，新籍洛阳人。贞元元年(785)进士及第。初仕阳羡县尉，历宣歙巡官，元和初擢监察御史，迁户部郎中。官至资州刺史。

《全唐文》卷五六〇韩愈《顺宗实录四》："六月乙亥，贬宣州巡官羊士谔为汀州宁化县尉。士谔性倾躁，时以公事至京，遇叔文用事，朋党相煽，颇不能平，公言其非。叔文闻之，怒，欲下诏斩之，执谊不可；则令杖杀之，执谊又以为不可，遂贬焉。"

(宋)计有功《唐诗纪事》卷四三《羊士谔》："《顺宗实录》：元年六月，贬宣州巡官羊士谔为汀州宁化县尉……士谔受知李吉甫，又最善吕温。荐为御史，尝为资州刺史。"按：羊士谔一字谏卿，孟简《建南镇碣记》(《会稽掇英总集》卷一八)云："太山谏卿由进士尉阳羡……"文中的事迹与羊士谔相吻合。劳格《唐尚书省郎官石柱题名考》卷一一户部郎中："谏卿当士谔字。"《唐才子传校笺》册二考订羊士谔郡望泰山，籍贯河南府洛阳。

(宋)晁公武《郡斋读书志校证》卷一七《别集类上》录《羊士谔诗》一卷，注云："右唐羊士谔也。贞元元年，擢进士第。顺宗时，为宣歙巡官，王叔文所恶之，贬汀州宁化尉。元和初，李吉甫知奖，擢监察御史，掌制诰。尝出为资州刺史。"

(元)辛文房撰，傅璇琮主编《唐才子传校笺》(册二)卷五《羊士谔》条云："士谔，贞元元年礼部侍郎鲍防下进士。顺宗时，累至宣歙巡官，为王叔文所恶，贬汀州宁化尉。元和初，宰相李吉甫知奖，擢为监察御史，掌制诰。后以与窦群、吕温等诬论宰执，出为资州刺史。士谔工诗，妙造梁《选》，作皆典重。早岁尝游女几山，有卜隐之志，勋名相迫，不遂初心。有诗集行于世。"

《登科记考》卷一二贞元元年(785)进士科录载羊士谔。

【刘翕习】宿州符离县人。登贞元元年(785)进士科。历歧阳主簿。

光绪《宿州志》卷一八《人物志二·儒林》："刘翕习，符离人……贞元初进士，出为歧阳主簿……与同县二张、二贾为知名士，时称'符离五子'。"

【陆瀍】贞元元年(785)登进士科。历给事中。

(宋)计有功《唐诗纪事》卷五九《陆瀍》："给事中陆瀍……瀍，登贞元元年进士第。"

《登科记考》卷一二贞元元年(785)进士科录载陆瀍。

【姚系】郡望陕州，贯河中府。贞元元年(785)登进士科。终身未仕。

《全唐文》卷四三〇李翰《河中鹳鹊楼集序》："吴兴姚系、长乐冯曾、清河崔邠，鸿笔佳什，声闻远方。"

(元)辛文房撰，傅璇琮主编《唐才子传校笺》(册二)卷五《姚系》条云："系，河中人，贞元元年进士。与韦应物同时……终身不言禄。"按：《旧唐书》卷三八《地理志一》："大足元年，割绛州之夏县来属，寻却还绛州。天宝元年，改为陕郡，置军。"《新唐书》卷七四下《宰相世系表》四下云陕郡姚氏有姚系。《唐才子传校笺》考订陕州为其郡望，河中为其本贯。

(元)王恽《秋涧集》卷五一《碑》："《大元中奉大夫参知政事稷山姚氏先德碑铭》：至元改元之五载秋七月……谨按东雍之姚系，出唐宰相文贞公遐裔，远祖伯禄尝任绛州观察判官，卒葬属县稷山之南阳里，子孙因占籍为邑人，今姚其氏者尚余七十家。"

《登科记考》卷一二贞元元年(785)进士科录载姚系。

【钱徽】字蔚章，郡望吴兴，贯京兆，父起官至尚书郎。贞元元年(785)进士及第，同年又登贤良方正能直言极谏科。历山南东道节度使掌书记、祠部员外郎，充翰林学士、祠部郎中、知制诰、司封郎中，赐绯鱼袋，拜中书舍人、礼部侍郎，贬江州刺史。官至尚书左丞，授吏部尚书致仕。

《旧唐书》卷一六八《钱徽传》："钱徽字蔚章，吴郡人。父起，天宝十年登进士第……起位终尚书郎。徽，贞元初进士擢第，从事戎幕。元和初入朝，三迁祠部员外郎，召充翰林学士……拜中书舍人。十一年……罢徽学士之职，守本官。长庆元年，为礼部侍郎……寻贬徽为江州刺史……徽明年迁华州刺史、潼关防御、镇国军等使。文宗即位,征拜尚书左丞。大和元年十二月,复授华州刺史。二年秋,以疾辞位,授吏部尚书致仕。三年三月卒,时年七十五。”

《新唐书》卷一七七《钱徽传》:“钱徽字蔚章。父起,附见《卢纶传》。徽中进士第,居谷城。谷城令王郢善接侨士游客,以财贷馈,坐是得罪。观察使樊泽视其簿,独徽无有,乃表署掌书记。”

《登科记考》卷一二贞元元年(785)进士科录载钱徽。参考同治《湖州府志》卷六七《人物传列传四》。按:《城坊考》云新昌里有“考功郎中钱起宅”,则钱徽贯长安。

【黄益逊】太原祁人。贞元元年(785)登进士第。历秘书省正字。

光绪《安徽通志》卷一五四《选举表四·进士》:“贞元乙丑榜:黄益逊,祁人,秘书省正字。”按:贞元乙丑榜即贞元元年。胡可先《〈登科记考〉匡补三编》补入。

【崔从】字子乂,郡望清河武城,贯太原府,士族。贞元元年(785)进士及第,释褐山南西道推官。历西川节度使从事、宣歙团练观察副使,改给事中、陕虢团练观察使、山南西道节度观察等使、淮南节度副大使。官至户部尚书,赠司空,谥曰贞。

《旧唐书》卷一七七《崔慎由传附崔从传》:“崔慎由字敬止,清河武城人。高祖融,位终国子司业,谥曰文,自有传。曾祖翘,位终礼部尚书、东都留守。祖异,位终渠州刺史。父从,少孤贫。寓居太原……贞元初,进士登第,释褐山南西道推官。府公严震,待以殊礼。以父优免。弟兄庐于父墓,手植松柏。免丧,不应辟命。久之,西川节度使韦皋开西南夷,置两路运粮使,奏从掌西山运务,后权知邛州事。及皋薨,副使刘辟阻命,欲并东川,以谋告从。从以书谕辟,辟怒,出兵攻之,从婴城拒守,卒不从之。高崇文平蜀,从事坐累多伏法,惟从以拒辟免。卢坦在宣州,辟为团练观察副使。元和初入朝,累迁吏部员外郎。九年,裴度为中丞,奏从为侍御史知杂,守右司郎中……选辟御史……改给事中,数月,出为陕州大都督府长史、陕虢团练观察使、兼御史中丞,赐紫金鱼袋。入为尚书右丞……其年八月,出为兴元尹、御史大夫、山南西道节度观察等使……穆宗即位,召拜尚书左丞。长庆二年,检校礼部尚书、鄜州刺史、鄜坊丹延节度等使……四年,入为吏部侍郎,寻改太常卿。宝历二年,检校吏部尚书,充东都留守。大和三年,入为户部尚书……改检校尚书右仆射、太子宾客,东都分司。从请告百日,罢官,物论咎执政。宗闵惧,四年三月,召拜检校左仆射,兼扬州大都督府长史、御史大夫,充淮南节度副大使,知节度事……六年十月,卒于镇,赠司空,谥曰贞。”

《新唐书》卷一一四《崔融传附崔从传》:融“曾孙从。从字子乂,少孤贫,与兄能偕隐太原山中……擢进士第。从山南严震府为推官”。

《登科记考》卷一二贞元元年(785)进士科录载崔从。参考《册府元龟》卷七二九、嘉靖《山东通志》卷二八《人物》。

【崔廷】字彦实,望博陵,贯洛阳河南县梓泽乡。贞元初进士及第,释褐校书郎。历山南西道节度使从事、侍御史、尚书职方员外郎,摄御史中丞,赐紫金鱼袋,充吊祭册立使、太府少卿、河中少尹。官至太子詹事,以光禄卿致仕。

《千唐志斋藏志》一〇二四，长庆四年(824)二月十六日《唐故朝散大夫光禄卿致仕上柱国赐紫金鱼袋崔公(廷)墓志铭》："公讳廷，字彦实，博陵人也……贞元初，进士及第，诚慤居实。名声籍甚。其年为山南西道节度使严震重币厚礼辟为从事，授秘书省校书郎，累迁监察御史……请转侍御史……元和初……擢拜公为尚书职方员外郎、摄御史中丞，赐紫金鱼袋，充吊祭册立使……授太府少卿……历河中少尹，除太子少詹事……寻除光禄卿致仕。"

《唐代墓志汇编》大中〇六八《唐故荥阳县君郑夫人墓志铭并序》：崔廷"贞元初，名昇太常，元和中，位陪省署……(夫人)归祔于河南县梓泽乡"。

【崔颋】博陵安平人。贞元元年(785)进士及第。官终同州刺史。

《旧唐书》一七七《崔珙传》："崔珙，博陵安平人。祖懿。父颋，贞元初进士登第。元和初累官至少府监。四年，出为同州刺史，卒。"

《新唐书》卷一八二《崔珙传》："崔珙，其先博陵人。父颋，官同州刺史，生八子，皆有才，世以拟汉荀氏'八龙'。"

《登科记考》卷一二贞元元年(785)进士科录载崔颋。

【薛存诚】字资明，河中宝鼎人，父胜，能文。贞元元年(785)进士及第，累辟使府。历监察御史、殿中侍御史、度支员外郎、起居郎、转司勋员外、刑部郎中、侍御史、兵部郎中、给事中、御史中丞。官至御史中丞，暴卒，赠刑部侍郎。

《全唐文》卷六六〇白居易《薛存诚除御史中丞制》："敕：庶官之政，得人则举，况中执宪，准绳之司，所以提振纪纲，端肃内外，盖一职修者，其斯任之谓欤。给事中薛存诚，选自郎署，列于左曹，居必静专，言皆谠正，章疏驳议，多所忠益。可以执宪，立于朝端。况副相方缺，台纲是领，纠正百官，尔得专之。夫直而不绞，威而不猛，不附上而急下，不犯弱以违强，率是而行，号为称职。敬服斯命，往其懋哉。可御史中丞，余如故。"

《旧唐书》卷一五三《薛存诚传》："薛存诚字资明，河东人。父胜，能文……存诚进士擢第，累辟使府，入朝为监察御史，知馆驿。元和初……转殿中侍御史，迁度支员外郎。裴垍作相，用为起居郎，转司勋员外、刑部郎中、兼侍御史、知杂事，改兵部郎中、给事中……擢拜御史中丞……再授给事中……遂复为御史中丞。未视事，暴卒。宪宗深惜之，赠刑部侍郎。"

《新唐书》卷一六二《薛存诚传》："薛存诚字资明，河中宝鼎人。中进士第。擢累监察御史"。

(宋)魏仲举《五百家注释韩昌黎全集》卷二二《祭薛中丞文》："中丞名存诚，字资明，河中宝鼎人，贞元中登第。"

《登科记考补正》卷一二，贞元元年(785)进士科录载薛存诚，考云：原列卷二七《附考·进士科》，徐氏考云："贞元进士第，见《唐诗纪事》。《旧书》本传：'存诚父胜。'韩愈《祭薛中丞文》五百家注引樊曰：'存诚字资明，河中宝鼎人。贞元中登第。'"孟按：两《唐书》本传皆载存诚进士擢第。又：宋蜀刻本《新刊经进详注昌黎先生文》卷二二《祭薛中丞文》，文谠注："薛存诚字资明，河中宝鼎人。正元初进士第。"按文谠注昌黎集所多征引

《登科记》,此语亦必有所据,今改正。

【麴信陵】苏州吴县人。贞元元年(785)进士及第,同年又登贤良方正能直言极谏科及第。终舒州望江令。

(宋)乐史《太平寰宇记》卷一二五《淮南道三》:“麴令祠堂在(望江)县北三里五十步,按《唐登科记》,麴信陵贞元中进士擢第。本县图经云,为兹邑令时,亢旱精诚,祈祷刊文于石,沉于江中,神明立降甘雨。贞元五年百姓感其惠,立祠祭祀。白居易诗云:‘我闻望江县,麴令抚惸嫠。在官有二政,名不闻京师。身殁欲归葬,百姓遮路岐,攀辕不得去,留葬此江湄。至今道其名,男女涕皆垂。’”

(宋)计有功《唐诗纪事》卷三五《麴信陵》:“信陵,贞元元年进士,为舒州望江令,卒。”

(宋)陈振孙《直斋书录解题》卷一九录载《麴信陵集》一卷,注云:“唐望江令麴信陵撰,贞元元年进士。”参考《郡斋读书志》卷四上、《容斋五笔》卷七。按:其籍贯,《唐才子传校笺》考订为苏州吴县。

(元)辛文房撰,傅璇琮主编《唐才子传校笺》(册二)卷五《麴信陵》条云:“信陵,贞元元年郑全济榜及第。仕为舒州望江县令,卒。工诗,有集一卷,今传。”

《登科记考》卷一一云:《永乐大典》引《苏州府志》:贞元元年麴信陵登同年贤良方正能直言极谏科。

《登科记考》卷一二贞元元年(785)进士科录载麴信陵。

崇祯《吴县志》卷四五《人物·政事》:“(麴信陵)贞元初进士及第,官舒州望江令。”

明经科

【孙公乂】河南人,祖遹左羽林军兵曹,父会常州刺史。公乂贞元初登明经科。调补杨州天长县尉。官至太常卿。

《唐代墓志汇编》大中〇五四冯牢撰大中五年(851)七月三日《唐故银青光禄大夫工部尚书致仕上柱国乐安县开国男食邑五百户孙府君(公乂)墓志铭》:“公讳公乂,字□。其先魏之乐安人。曾祖嘉之,徙河南,因而贯焉。嘉之,皇宋州司马、赠秘书监;祖遹,皇左羽林军兵曹、赠秘书少监;父会,皇彬、温、庐、宣、常五州刺史,赠工部尚书……(公)年十四,初通两经,随乡荐上第,未及弱冠……遂即以前明经调补杨州天长县尉……(会昌)六年五月,征入拜大理卿……当大中三年秋,以工部尚书致仕……(五年)享年八十……第四子瑝,登进士第,以校书郎为浙右从事。”按:据志文,公乂大历七年(772)十一月二十一日生,则其十四岁时在贞元元年(785)。

制科

【韦执谊】京兆人,父祖官卑。建中三年(782)进士及第,贞元元年(785)贤良方正能直言极谏科及第,授右拾遗。后历翰林为学士、吏部郎中,顺宗立,擢执谊为尚书左丞、同中书门下平章事(宰相)。后因参与永贞革新贬为崖州司户参军,死贬所。

《旧唐书》卷一三五《韦执谊传》:“韦执谊者,京兆人。父浼,官卑。执谊幼聪俊有才,进士擢第,应制策高等,拜右拾遗,召入翰林为学士,年才二十余。德宗尤宠异……及顺宗即位,久疾不任朝政,王叔文用事,乃用执谊为宰相,乃自朝议郎、吏部郎中、骑都尉赐绯鱼袋,授尚书左丞、同平章事,仍赐金紫。"

(宋)王溥《唐会要》卷七六《贡举中·制科举》:"贞元元年九月,贤良方正能直言极谏科,韦执谊、郑利用……及第。"

(宋)王钦若等《册府元龟》卷六四五《贡举部·科目》略同。《登科记考》卷一二贞元元年(785)贤良方正能直言极谏科条云韦执谊及第。

《新唐书》卷一六八《韦执谊传》:"韦执谊,京兆旧族也。幼有才。及进士第,对策异等,授右拾遗。年逾冠,入翰林为学士……为吏部郎中……顺宗立,以疾不亲政,叔文用事,乃擢执谊为尚书左丞、同中书门下平章事……及宪宗受内禅,流叔文、伾,分北支党,贬执谊为崖州司户参军。帝以宰相杜黄裳之婿,故最后……贬死。"

【韦纯】字贯之,名纯,以字行,京兆人。建中四年(783)进士及第,贞元初又登贤良科,授校书郎。从调判入等,再转长安县丞,历监察御史、礼部侍郎。位至宰相,赠尚书右仆射,谥曰贞,后更谥曰文。

《旧唐书》卷一五八《韦贯之传》:"韦贯之本名纯,以宪宗庙讳,遂以字称。八代祖敻,仕周,号逍遥公。父肇,官至吏部侍郎,有重名于时。贯之即其第二子。少举进士。贞元初,登贤良科,授校书郎。秩满,从调判入等……擢为河南尹,征拜工部尚书。未行,长庆元年卒于东都,年六十二,诏赠尚书右仆射。"

《新唐书》卷一五九《鲍防传》:"鲍防字子慎,襄州襄阳人……贞元元年,策贤良方正,得穆质、裴复、柳公绰、归登、崔邠、韦纯、魏弘简、熊执易等,世美防知人。"

《新唐书》卷一六九《韦贯之传》:"韦贯之名纯,避宪宗讳,以字行。后周柱国敻八世孙。父肇……除吏部侍郎……贯之及进士第,为校书郎,擢贤良方正异等……穆宗立,即拜河南尹,以工部尚书召。未行,卒,年六十二,赠尚书右仆射,谥曰贞,后更谥曰文。"

【归登】字冲之,苏州长洲人,祖待聘赠秘书监,父归崇敬赠左仆射。大历七年(772)举孝廉高第,补四门助教;贞元元年(785)贤良方正能直言极谏科及第,自美原尉拜右拾遗。后历右补阙、起居舍人、兵部侍郎。官至工部尚书,赠太子少保,累封长洲县男,谥曰宪。

《旧唐书》卷一四九《归崇敬传》:"归崇敬字正礼,苏州吴郡人也……父待聘,亦赠秘书监……改兵部尚书致仕。贞元十五年卒,时年八十,废朝一日,赠左仆射。子登、翩。登,字冲之……大历七年,举孝廉高第,补四门助教。贞元初,复登贤良科,自美原尉拜右拾遗……转右补阙、起居舍人,三任十五年……顺宗初,以东朝旧恩,超拜给事中……迁工部侍郎……转兵部侍郎,兼判国子祭酒事,迁工部尚书。元和十五年卒,年六十七,赠太子少保。"

(宋)王溥《唐会要》卷七六《贡举中·制科举》:"贞元元年九月贤良方正能直言极谏科……归登……及第。"

(宋)王钦若等《册府元龟》卷六四五《贡举部(七)·科目》:"贞元元年九月,诏:'贤良方正能直言极谏第三等人，委中书门下即超资与处分；第四等人，即优与处分；第五等人，即与处分。'是年，举贤良方正能直言极谏科（韦执谊、郑利用、穆质、杨邵、裴复、柳公绰、归登、李直方、崔邠、郑敬、魏弘简、沈回、元禄、徐兖及第），博通坟典达于教化科（熊执易、刘简甫及第），识洞韬略堪任将帅科（许贽及第）。"

《新唐书》卷一五九《鲍防传》："鲍防字子慎，襄州襄阳人……贞元元年，策贤良方正，得穆质、裴复、柳公绰、归登、崔邠、韦纯、魏弘简、熊执易等，世美防知人。"

《新唐书》卷一六四《归崇敬传》：归登"进工部尚书，累封长洲县男。卒，年六十七，赠太子少师，谥曰宪"。

《登科记考》卷一二贞元元年（785）贤良方正能直言极谏科条云归登及第。

【田元祐】贞元元年（785）贤良方正能直言极谏科及第。

（宋）王溥《唐会要》卷七六《贡举中·制科举》："贞元元年九月，贤良方正能直言极谏科……田元祐……及第。"《册府元龟》卷六四五《贡举部·科目》作"元禄"，今从《唐会要》。

《登科记考》卷一二贞元元年（785）贤良方正能直言极谏科条亦云田元祐及第。

【刘简甫】贞元元年（785）博通坟典达于教化科及第。

（宋）王溥《唐会要》卷七六《贡举中·制科举》："（贞元元年）博通坟典达于教化科，熊执易、刘简甫及第。"

（宋）王钦若等《册府元龟》卷六四五《贡举部（七）·科目》："贞元元年九月，诏：'贤良方正能直言极谏第三等人，委中书门下即超资与处分；第四等人，即优与处分；第五等人，即与处分。'是年，举贤良方正能直言极谏科（韦执谊、郑利用、穆质、杨邵、裴复、柳公绰、归登、李直方、崔邠、郑敬、魏弘简、沈回、元禄、徐兖及第），博通坟典达于教化科（熊执易、刘简甫及第），识洞韬略堪任将帅科（许贽及第）。"

《登科记考》卷一二贞元元年（785）博通坟典达于教化科条云刘简甫及第。

【许贽】贞元元年（785）识洞韬略堪任将帅科及第。

（宋）王溥《唐会要》卷七六《贡举中·制科举》："（贞元元年）识洞韬略堪任将相科，许贽及第。"

（宋）王钦若等《册府元龟》卷六四五《贡举部（七）·科目》："贞元元年九月，诏：'贤良方正能直言极谏第三等人，委中书门下即超资与处分；第四等人，即优与处分；第五等人，即与处分。'是年，举贤良方正能直言极谏科（韦执谊、郑利用、穆质、杨邵、裴复、柳公绰、归登、李直方、崔邠、郑敬、魏弘简、沈回、元禄、徐兖及第），博通坟典达于教化科（熊执易、刘简甫及第），识洞韬略堪任将帅科。（许贽及第）。"

《登科记考》卷一二贞元元年（785）识洞韬略堪任将帅科云许贽及第。

【沈迴】一作"沈回"。贞元元年（785）贤良方正能直言极谏科及第。历山南西道节度使从事。

《全唐文》卷四四四沈迴《武侯庙碑铭并序》："皇帝御极，贞元三祀。时乘盛秋，府主左仆射冯翊严氏，总帅文武将佐，洎蒙轮突蹄之旅，疆理南鄙，营军沔阳。先声驰于种落，伐谋息其狂狡。于时威武震叠，虏骑收迹，塞垣肃修，烽燧灭焰。士无保障之役，马无服辕之劳。重关弛柝，边毂栖野，我师惟扬，则有余力。乃升高访古，周览原隰，敬修兹庙。"按：沈迥应当为山南西道节度使严砺从事。

（宋）王溥《唐会要》卷七六《贡举中·制科举》："贞元元年九月贤良方正能直言极谏科……沈迥……及第。"

（宋）王钦若等《册府元龟》卷六四五《贡举部（七）·科目》："贞元元年九月，诏：'贤良方正能直言极谏第三等人，委中书门下即超资与处分；第四等人，即优与处分；第五等人，即与处分。'是年，举贤良方正能直言极谏科（韦执谊、郑利用、穆质、杨邵、裴复、柳公绰、归登、李直方、崔邠、郑敬、魏弘简、沈回、元禄、徐兖及第），博通坟典达于教化科（熊执易、刘简甫及第），识洞韬略堪任将帅科（许贽及第）。"

《登科记考》卷一二贞元元年（785）贤良方正能直言极谏科条云沈迥及第。

【李直方】贞元元年（785）贤良方正能直言极谏科及第。历监察御史、邠宁庆等州节度支度营田观察处置等副使、司勋郎中。

《全唐文》卷六三宪宗（八）《赠高崇文司徒册文》："维元和四年岁次己丑十月癸酉朔十三日乙酉，皇帝若曰：自我有国，大诸侯之勋劳者，必勒功图形，播于钟鼎，藏于盟府，殁则极异等之礼，以嘉魂魄，使奋乎百代之上。百代之下为臣者，莫不兴起也。咨尔故邠宁庆等州节度支度营田观察处置等使充京畿诸军都统开府仪同三司检校司空同中书门下平章事持节邠州诸军事兼邠州刺史上柱国南平郡王食邑三千户高崇文……故命国子祭酒刘宗经、副使司勋郎中李直方、持节册赠尔为司徒，赙禭命数，率礼加等。式表无原之功，用申不检之赏，将我痛悼，告于幽神。"

（宋）王溥《唐会要》卷七六《贡举中·制科举》："贞元元年九月，贤良方正能直言极谏科……李直方……及第。"

（宋）王钦若等《册府元龟》卷六四五《贡举部（七）·科目》："贞元元年九月，诏：'贤良方正能直言极谏第三等人，委中书门下即超资与处分；第四等人，即优与处分；第五等人，即与处分。'是年，举贤良方正能直言极谏科（韦执谊、郑利用、穆质、杨邵、裴复、柳公绰、归登、李直方、崔邠、郑敬、魏弘简、沈回、元禄、徐兖及第），博通坟典达于教化科（熊执易、刘简甫及第），识洞韬略堪任将帅科（许贽及第）。"

《登科记考》卷一二贞元元年（785）贤良方正能直言极谏科条有李直方。（宋）王溥《唐会要》卷六〇《御史台上·监察御史》云："（贞元）十一年二月，黔中监察御史崔穆，为部人告赃二十七万贯，及他犯，遣监察御史李直方往黔州覆按。"

【杨邵】贞元元年（785）贤良方正能直言极谏科及第。

（宋）王溥《唐会要》卷七六《贡举中·制科举》："贞元元年九月，贤良方正能直言极谏……杨邵、裴复……及第。"

（宋）王钦若等《册府元龟》卷六四五《贡举部（七）·科目》："贞元元年九月，诏：'贤良方正能直言极谏第三等人，委中书门下即超资与处分；第四等人，即优与处分；第五等人，即与处分。'是年，举贤良方正能直言极谏科（韦执谊、郑利用、穆质、杨邵、裴复、柳公绰、归登、李直方、崔邠、郑敬、魏弘简、沈回、元禄、徐究及第)，博通坟典达于教化科(熊执易、刘简甫及第)，识洞韬略堪任将帅科。(许赞及第)。”

《登科记考》卷一二贞元元年(785)贤良方正能直言极谏科条云杨邵及第。

【郑利用】贯荥阳，士族。贞元元年(785)贤良方正能直言极谏科及第。由大理少卿为御史中丞。

《全唐文》卷五八八柳宗元《先君石表阴先友记》:“郑利用，余庆从父兄也。真长者。由大理少卿为御史中丞，复由中丞为大理少卿。”

《柳宗元集》卷一二《先君石表阴先友记》:“郑利用，余庆从父兄也。真长者。有大理少卿为御史中丞，复由中丞为大理少卿。”孙注曰:“大历八年进士。利用祖长裕，许州刺史。二子谅、慈明。谅为冠氏令，生利用；慈明为太子舍人，生余庆。”

《旧唐书》卷一五八《郑余庆传》:“郑余庆字居业，荥阳人。祖长裕，官至国子司业，终颍川太守。长裕弟少微，为中书舍人、刑部侍郎。兄弟有名于当时。父慈，与元德秀友善，官至太子舍人。”

(宋)王溥《唐会要》卷七六《贡举中·制科举》:“贞元元年九月，贤良方正能直言极谏科，韦执谊、郑利用……及第。”

(宋)李昉等《太平御览》卷六二九《治道部十·贡举下》:“贞元元年九月，贤良方正能直言极谏科(韦执谊、郑利用、穆贤、杨鄘、裴复、柳公绰、归登直、李言、崔邠、郑敬、魏弘、简回、元估、徐衮及第)。”

(宋)王钦若等《册府元龟》卷六四五《贡举部(七)·科目》:“贞元元年九月，诏:‘贤良方正能直言极谏第三等人，委中书门下即超资与处分；第四等人，即优与处分；第五等人，即与处分。’是年，举贤良方正能直言极谏科(韦执谊、郑利用、穆质、杨邵、裴复、柳公绰、归登、李直方、崔邠、郑敬、魏弘简、沈回、元禄、徐究及第)，博通坟典达于教化科(熊执易、刘简甫及第)，识洞韬略堪任将帅科(许赞及第)。”

《登科记考》卷一二贞元元年(785)制科条有郑利用。

【郑敬】字子和，洛阳人，贞元元年(785)贤良方正能直言极谏科及第。小传见附考明经(时间无考明经)郑敬条。

《唐代墓志汇编》元和〇八八郑易撰元和十一年(816)二月十三日《唐故朝散大夫绛州刺史上柱国赐紫金鱼袋郑公(敬)墓志铭并叙》:“公讳敬，字子和……郑氏之先，自桓公祚土，缁衣之美，被于本支。后七国荡折，以国为姓，自西汉之初，以至于北齐，世有名德，涣于前史。而平简公德冠当时，遂首出诸侯，三世而至于博州府君讳进思，实有纯行至德，位不充亮，追赠以州。博州生太常府君讳游，学为士师，行为士表，生常侍府君讳宝，学通今古，道映当时，中立不倚，身否而道亨。公即常侍府君之嫡长子也……(公)俄以明经为郎，寻丁家艰……时有诏征天下贤良文学之士，上亲御正殿策焉。公与吏部侍郎崔公邠、兵部侍郎归公登、中书侍郎韦公执谊、给事中、穆公质等并为上第，起家授京兆府参军……寻而山南观察使相国严公(砺)辟为支使，授大理评事，俄迁监察御史……漳州刺史……授尚书金部员外郎，迁户部郎中、左司郎中……入为京兆少尹……出为绛州刺史。”按:其死后归葬于洛阳芒山,可见其为洛阳人。王其祎、周晓薇《〈登科记考〉补续》补入制科。

(宋)王溥《唐会要》卷七六《贡举中·制科举》:"贞元元年九月贤良方正能直言极谏科……郑敬……及第。"

(宋)王钦若等《册府元龟》卷六四五《贡举部(七)·科目》:"贞元元年九月,诏:'贤良方正能直言极谏第三等人,委中书门下即超资与处分;第四等人,即优与处分;第五等人,即与处分。'是年,举贤良方正能直言极谏科(韦执谊、郑利用、穆质、杨邵、裴复、柳公绰、归登、李直方、崔邠、郑敬、魏弘简、沈回、元禄、徐究及第),博通坟典达于教化科(熊执易、刘简甫及第),识洞韬略堪任将帅科(许赞及第)。"

《登科记考》卷一二贞元元年(785)贤良方正能直言极谏科条云郑敬及第。

【柳公绰】字起之,又字宽,京兆华原人,士族,祖正礼邠州士曹参军,父子温丹州刺史。贞元元年(785)登贤良方正能直言极谏科,贞元四年(788)又登贤良方正能直言极谏科,授秘书省校书郎。历渭南尉、慈隰观察使判官、西川节度使武元衡判官、宣歙观察使副使、侍御史、吏部员外郎、湖南观察使。官至兵部尚书,赠太子太保,谥曰成。

《旧唐书》卷一六五《柳公绰传》:"柳公绰字起之,京兆华原人也。祖正礼,邠州士曹参军。父子温,丹州刺史。公绰幼聪敏。年十八,应制举,登贤良方正、直言极谏科,授秘书省校书郎,贞元元年也。贞元四年,复应制举,再登贤良方正科,时年二十一。制出,授渭南尉……慈隰观察使姚齐梧奏为判官,得殿中侍御史。冬,荐授开州刺史,入为侍御史,再迁吏部员外郎……公绰素与裴垍厚,李吉甫出镇淮南,深怨垍。六年。吉甫复辅政,以公绰为潭州刺史、兼御史中丞,充湖南观察使……八年,移为鄂州刺史、鄂岳观察使……十一年,入为给事中……十四年,起为刑部侍郎,领盐铁转运使。转兵部侍郎、兼御史大夫,领使如故。长庆元年,罢使,复为京兆尹、兼御史大夫……敬宗即位,加检校左仆射。宝历元年,入为刑部尚书。二年,授邠州刺史、邠宁庆节度使……大和四年,复检校左仆射、太原尹、北都留守、河东节度观察等使……六年,以病求代。三月,授兵部尚书,征还京师。四月卒,赠太子太保,谥曰成。"

《新唐书》卷一五九《鲍防传》:"鲍防字子慎,襄州襄阳人……贞元元年,策贤良方正,得穆质、裴复、柳公绰、归登、崔邠、韦纯、魏弘简、熊执易等,世美防知人。"

【钱徽】苏州吴县人。贞元元年(785)进士及第,同年又贤良方正能直言极谏科及第。官至尚书左丞,授吏部尚书致仕。详见同年进士科钱徽条。

《登科记考》卷一二贞元元年(785)贤良方正能直言极谏科条云钱徽及第。

【徐究】又作"徐衮"。贞元元年(785)贤良方正能直言极谏科及第。

(宋)王溥《唐会要》卷七六《贡举中·制科举》:"贞元元年九月,贤良方正能直言极谏科……徐衮……及第。"

(宋)王钦若等《册府元龟》卷六四五《贡举部(七)·科目》:"贞元元年九月,诏:'贤良方正能直言极谏第三等人,委中书门下即超资与处分;第四等人,即优与处分;第五等人,即与处分。'是年,举贤良方正能直言极谏科(韦执谊、郑利用、穆质、杨邵、裴复、柳公绰、归登、李直方、崔邠、郑敬、魏弘简、沈回、元禄、徐究及第),博通坟典达于教化科(熊执易、刘简甫及第),识洞韬略堪任将帅科(许贽及第)。"

《登科记考》卷一二贞元元年(785)贤良方正能直言极谏科条云徐兖及第。

【崔邠】字处仁,郡望贝州武城,贯偃师,祖结官卑,父倕位吏部侍郎。贞元元年(785)贤良方正能直言极谏科及第,授渭南尉。迁补阙、以兵部员外郎知制诰、中书舍人、礼部侍郎、吏部侍郎,赐以金紫。官至太常卿,赠吏部尚书,谥文简。

《旧唐书》卷一五五《崔邠传》:"崔邠字处仁,清河武城人。祖结,父倕,官卑。邠少举进士,又登贤良方正科。贞元中授渭南尉。迁拾遗、补阙。常疏论裴延龄,为时所知。以兵部员外郎知制诰至中书舍人,凡七年。又权知吏部选事。明年,为礼部侍郎,转吏部侍郎,赐以金紫。邠温裕沉密,尤敦清俭。上亦器重之。裴垍将引为相,病难于承答,事竟寝。兄弟同时奉朝请者四人,颇以孝敬怡睦闻。后改太常卿,知吏部尚书铨事。故事,太常卿初上,大阅《四部乐》于署,观者纵焉。邠自私第去帽亲导母舆,公卿逢者回骑避之,衢路以为荣。居母忧,岁余卒,元和十年三月也,时年六十二。赠吏部尚书,谥曰文简。弟鄯、郾、郸等六人。子璀、璜,璀子彦融,皆登进士第,历位台阁。"

(宋)王溥《唐会要》卷七六《贡举中·制科举》:"贞元元年九月贤良方正能直言极谏科……崔邠……及第。"

(宋)王钦若等《册府元龟》卷六四五《贡举部(七)·科目》:"贞元元年九月,诏:'贤良方正能直言极谏第三等人,委中书门下即超资与处分;第四等人,即优与处分;第五等人,即与处分。'是年,举贤良方正能直言极谏科(韦执谊、郑利用、穆质、杨邵、裴复、柳公绰、归登、李直方、崔邠、郑敬、魏弘简、沈回、元禄、徐兖及第),博通坟典达于教化科(熊执易、刘简甫及第),识洞韬略堪任将帅科(许贽及第)。"参考《登科记考》卷一二贞元元年(785)制科条崔邠、嘉靖《山东通志》卷三一《人物四·东昌府》。

《新唐书》卷一五九《鲍防传》:"鲍防字子慎,襄州襄阳人……贞元元年,策贤良方正,得穆质、裴复、柳公绰、归登、崔邠、韦纯、魏弘简、熊执易等,世美防知人。"

《新唐书》卷一六三《崔邠传》:"崔邠字处仁,贝州武城人。父倕……位吏部侍郎。邠第进士,复擢贤良方正,授渭南尉,迁补阙……久乃为太常卿,知吏部尚书铨……赠吏部尚书,谥曰文简。"

【裴复】字茂绍,河东人,祖旷京畿采访使,父虬谏议大夫。贞元元年(785)贤良方正能直言极谏科及第,拜同官尉。历掌书记、侍御史、殿中侍御史、刑部郎中。官至河南少尹。

《全唐文》卷五六五韩愈《河南少尹裴君(复)墓志铭》:"公讳复,字茂绍,河东人。曾大父元简,大理正。大父旷,御史中丞京畿采访使。父虬,以有气略敢谏诤为谏议大夫。引正大疑,有宠代宗朝,屡辞官不肯拜,卒赠工部尚书。公举贤良,拜同官尉,仆射南阳公开府徐州,召公主书记,三迁至侍御史,入朝殿中侍御史,累迁至刑部郎中,疾病,改河南少尹,舆至官若干日卒。"参考《唐代墓志汇编》元和〇二三《唐故河南少尹裴君墓志铭》。

(宋)王溥《唐会要》卷七六《贡举中·制科举》:"贞元元年九月,贤良方正能直言极谏科……裴复、柳公绰……及第。"

（宋）王钦若等《册府元龟》卷六四五《贡举部（七）·科目》："贞元元年九月，诏：'贤良方正能直言极谏第三等人，委中书门下即超资与处分；第四等人，即优与处分；第五等人，即与处分。'是年，举贤良方正能直言极谏科（韦执谊、郑利用、穆质、杨邵、裴复、柳公绰、归登、李直方、崔邠、郑敬、魏弘简、沈回、元禄、徐兖及第），博通坟典达于教化科（熊执易、刘简甫及第），识洞韬略堪任将帅科（许贽及第）。"《记纂渊海》卷三七略同。

《新唐书》卷一五九《鲍防传》："鲍防字子慎，襄州襄阳人……贞元元年，策贤良方正，得穆质、裴复、柳公绰、归登、崔邠、韦纯、魏弘简、熊执易等，世美防知人。"

《登科记考》卷一二贞元元年（785）制科条有裴复。

【熊执易】贞元元年（785）博通坟典达于教化科及第，贞元十年（794）登贤良方正能直言极谏科。小传见建中四年（783）进士科熊执易条。

《全唐文补遗》第八辑，殷恪撰会昌元年（841）正月二十五日《唐乡贡进士陈郡殷恪妻钟陵熊夫人（休）墓志铭并序》："夫人讳休，字居美，姓熊氏……烈考执易，一举秀才上第，两登制策甲乙科。"

（宋）王溥《唐会要》卷七六《贡举中·制科举》："（贞元元年）博通坟典达于教化科，熊执易、刘简甫及第。"《册府元龟》卷六四五《贡举部·科目》略同。

（宋）王钦若等《册府元龟》卷六四五《贡举部（七）·科目》："贞元元年九月，诏：'贤良方正能直言极谏第三等人，委中书门下即超资与处分；第四等人，即优与处分；第五等人，即与处分。'是年，举贤良方正能直言极谏科（韦执谊、郑利用、穆质、杨邵、裴复、柳公绰、归登、李直方、崔邠、郑敬、魏弘简、沈回、元禄、徐兖及第），博通坟典达于教化科（熊执易、刘简甫及第），识洞韬略堪任将帅科（许贽及第）。"

《新唐书》卷一五九《鲍防传》："鲍防字子慎，襄州襄阳人……贞元元年，策贤良方正，得穆质、裴复、柳公绰、归登、崔邠、韦纯、魏弘简、熊执易等，世美防知人。"

《登科记考》卷一二贞元元年（785）博通坟典达于教化科条云熊执易及第。

【穆贽】又作"穆质"，郡望怀州河内，籍东都，士族。贞元元年（785）贤良方正能直言极谏科及第，自补阙至给事中。历太子左庶子。官至开州刺史。

《千唐志斋藏志》一〇〇六元和十一年郑易述《郑敬墓志》："给事中穆公质等并对为上第。"《登科记考》卷一二贞元元年制科条有穆贽，云："《文苑英华》作'穆质'。注引《登科记》作'贽，第二人。'"

《旧唐书》卷一五五《穆宁传》："穆宁，怀州河内人也。父元休，以文学著。撰《洪范外传》十篇，开元中献之。玄宗赐帛，授偃师县丞、安阳令……贞元六年，就拜秘书监致仕。四子：赞、质、员、赏……质强直，应制策入第三等。其所条对，至今传之。自补阙至给事中，时政得失，未尝不先论谏。元和初，掌赋使院多擅禁系户人，而有笞掠至死者。质乃论奏盐铁转运司应决私盐系囚，须与州府长吏监决。自是刑名画一。宪宗以王承宗叛，用内官吐突承璀为招讨使。质率同列伏阁论奏，言自古无以中官为将帅者。上虽改其名，心颇不悦，寻改质为太子左庶子。五年，坐与杨凭善，出为开州刺史。未几卒。"

（宋）王钦若等《册府元龟》卷六四五《贡举部（七）·科目》："贞元元年九月，诏：'贤良方正能直言极谏第三等人，委中书门下即超资与处分；第四等人，即优与处分；第五等人，即与处分。'是年，举贤良方正能直言极谏科（韦执谊、郑利用、穆质、杨邵、裴复、柳公绰、归登、李直方、崔邠、郑敬、魏弘简、沈回、元禄、徐兖及第），博通坟典达于教化科（熊执易、刘简甫及第），识洞韬略堪任将帅科（许贽及第）。"

《新唐书》卷一五九《鲍防传》："鲍防字子慎，襄州襄阳人……贞元元年，策贤良方正，得穆质、裴复、柳公绰、归登、崔邠、韦纯、魏弘简、熊执易等，世美防知人。"

《新唐书》卷一六三《穆宁传》："穆宁，怀州河内人。父元休……罢归东都。以秘书监致仕，卒……质，性强直，举贤良方正，条对详切，频擢至给事中，政事得失，未尝不尽言。元和时，盐铁、转运诸院擅系囚，笞掠严楚，人多死。质奏请与州县吏参决，自是不冤。后论吐突承璀不宜为将，宪宗不悦，改太子左庶子。坐与杨凭善，出为开州刺史，卒。"按：穆宁已迁居东都，穆质实籍东都。

（元）辛文房撰，傅璇琮主编《唐才子传校笺》（册一）卷三《鲍防》条云："防字子慎，天宝十二年杨儇榜进士，襄阳人也。善辞章，笃志于学。累官至太原尹、河东节度使。人乐其治，不减龚、黄，诏图形别殿。又历福建、江西观察使。丁乱，从幸奉天，除礼部侍郎，封东海公。又迁御史大夫。贞元元年，策贤良方正，得穆质、柳公绰等，皆位至台鼎，世美其知人。"

【魏弘简】字裕之，洛阳人（或吴人）。建中元年（780）进士及第，贞元元年（785）贤良方正能直言极谏科及第。历太子正字，桂管、江西、福建、宣歙四府判官、副使、协律郎、大理评事、御史、度支员外郎、户部郎中，终户部郎中。

《柳宗元集》卷九《唐尚书户部郎中魏府君墓志》："由进士策贤良，连居科首。"孙注曰："建中元年，弘简中进士第。贞元元年，又中贤良。"今从其墓志铭作魏弘简。

（宋）王溥《唐会要》卷七六《贡举中·制科举》："贞元元年九月贤良方正能直言极谏科……魏宏简及第。"

（宋）王钦若等《册府元龟》卷六四五《贡举部（七）·科目》："贞元元年九月，诏：'贤良方正能直言极谏第三等人，委中书门下即超资与处分；第四等人，即优与处分；第五等人，即与处分。'是年，举贤良方正能直言极谏科（韦执谊、郑利用、穆质、杨邵、裴复、柳公绰、归登、李直方、崔邠、郑敬、魏弘简、沈回、元禄、徐兖及第），博通坟典达于教化科（熊执易、刘简甫及第），识洞韬略堪任将帅科（许贽及第）。"

《新唐书》卷一五九《鲍防传》："鲍防字子慎，襄州襄阳人……贞元元年，策贤良方正，得穆质、裴复、柳公绰、归登、崔邠、韦纯、魏弘简、熊执易等，世美防知人。"

《登科记考》卷一二贞元元年（785）贤良方正能直言极谏科云魏弘简及第。

【麴信陵】苏州吴县人。贞元元年（785）进士及第，同年又登贤良方正能直言极谏科及第，终舒州望江令。详见同年进士科麴信陵条。

《登科记考》卷一二贞元元年（785）贤良方正能直言极谏科条云麴信陵及第。

科目未详

【成元亮】字长明，文安人。贞元初科举出身，官至浙西都团练左押衙左厢兵马使、银青光禄大夫、检校太子宾客。

《秦晋豫新出墓志蒐佚》七五八，姚赞先撰开成五年(840)二月十三日《唐故前浙西都团练左押衙左厢兵马使银青光禄大夫检校太子宾客兼监察御史上柱国新平郡开国男食邑三百户赐紫金鱼袋成公墓志铭并序》："公讳元亮，字长明，其先文安人……公贞元初实□□□及第，后诣府果毅。"据墓志，元亮当为贞元初科举出身，科目未详。

贞元二年丙寅(786)

知贡举：礼部侍郎鲍防

进士科

【张正甫】字践方，南阳人，士族，祖绍贞尚书右丞，父泚官苏州司马。贞元二年(786)进士科状元及第。历襄阳从事、监察御史、殿中侍御史、户部员外郎、司封员外、户部郎中，改河南尹、尚书右丞、同州刺史，拜左散骑常侍、集贤殿学士判院事、工部尚书、检校兵部尚书。官至太子詹事，以吏部尚书致仕，累赠太师。

《全唐文》卷七六一褚藏言《窦牟传》："府君讳牟，字贻周……贞元二年举进士，与从父弟故相赠司徒易直，故相赠少师李公夷简、故兵部侍郎张公贾、故工部侍郎张公正甫同年上第。"

《旧唐书》卷一六二《张正甫传》："张正甫字践方，南阳人。曾祖大礼，坊州刺史。祖绍贞，尚书右丞。父泚，苏州司马。正甫登进士第，从樊泽为襄阳从事，累转监察御史……后由邕府征拜殿中侍御史，迁户部员外郎，转司封员外、兼侍御史知杂事。迁户部郎中，改河南尹。由尚书右丞为同州刺史，入拜左散骑常侍、集贤殿学士判院事。转工部尚书。五年，检校兵部尚书、太子詹事。明年，以吏部尚书致仕……大和八年九月卒，年八十三，累赠太师。"

《登科记考》卷一二贞元二年(786)进士科条云张正甫进士科状元及第。

【齐据】高阳人。贞元二年登进士科。

《柳宗元集》卷二三《送严公贶下第归兴元觐省诗序》："若高阳齐据者，偕赋命余序引。"孙注曰："据贞元二年中第。"

《登科记考》卷一二贞元二年(786)进士科条云齐据进士及第。

【刘辟】字大初。贞元二年(786)登进士科，后登宏辞科。历西川从事、御史中丞、支度副使、西川节度留后、给事中、检校工部尚书。官至剑南西川节度使，叛逆，伏诛。

《旧唐书》卷一四〇《刘辟传》："刘辟者，贞元中进士擢第，宏词登科，韦皋辟为从事，累迁至御史中丞、支度副使。永贞元年八月，韦皋卒，辟自为西川节度留后……除给事中……遂授辟检校工部尚书，充剑南西川节度使……遂举兵围梓州……辟乃伏罪。"

《新唐书》卷一五八《刘辟传》:“刘辟者,字太初,擢进士宏词科,佐韦皋府,迁累御史中丞、支度副使。”

(宋)计有功《唐诗纪事》卷四八《刘辟》:“辟,字太初,擢进士宏词科,佐韦皋府,后为西川节度,以叛诛。”

《登科记考》卷一二贞元二年(786)进士科条云刘辟及第。

【李夷简】字易之,宗室,补郑丞。贞元二年(786)擢进士第,又中拔萃科,调蓝田尉。历监察御史、殿中侍御史、御史中丞、赐金紫、户部侍郎判度支、检校礼部尚书、山南东道节度使、御史大夫。官至宰相、检校左仆射兼太子少师,分司东都,卒,赠太子太保。

《全唐文》卷七六一褚藏言《窦牟传》:“府君讳牟,字贻周……贞元二年举进士,与从父弟故相赠司徒易直,故相赠少师李公夷简、故兵部侍郎张公贾、故工部侍郎张公正甫同年上第。”

《新唐书》卷一三一《宗室宰相·李夷简传》:“李夷简字易之,郑惠王元懿四世孙。以宗室子始补郑丞……夷简弃官去,擢进士第,中拔萃科,调蓝田尉。迁监察御史。坐小累,下迁虔州司户参军。九岁,复为殿中侍御史。元和时,至御史中丞……夷简赐金紫,以户部侍郎判度支。俄检校礼部尚书、山南东道节度使……阅三岁……十三年,召为御史大夫,进门下侍郎、同中书门下平章事……以检校尚书左仆射平章事为淮南节度使……以右仆射召,辞不拜,复以检校左仆射兼太子少师,分司东都。明年卒,年六十七,赠太子太保。”

《登科记考》卷一二贞元二年(786)进士科条云李夷简是年登第。

【李俊】江宁人。贞元二年(786)登进士科。官至岳州刺史。

(宋)李昉等《太平广记》卷三四一《鬼二十六·李俊》引《续玄怪录》:“岳州刺史李俊举进士,连不中第。贞元二年,有故人国子祭酒包佶者,通于主司,援成之。榜前一日,当以名闻执政……遂揩去温字,注俊字。及榜出,俊名果在已前所指处……不绝于道,才得岳州刺史,未几而终。”按:(唐)李复言《续玄怪录》卷二作“兴元中”。

《登科记考》卷一二贞元二年(786)进士科条云李俊是年及第。

【李稜】贞元二年(786)登进士科。历河中掌书记。官至殿中侍御史。

(宋)李昉等《太平广记》卷一五一《定数六·李稜》引《续定命录》:“故殿中侍御史李稜,贞元二年擢第。有别业在江宁,其家居焉。是岁浑太师瑊镇蒲津,请稜为管记从事。稜乃曰:‘公所欲稜者,然奈某不闲检束。夙好蓝田山水,据使衔合得畿尉。虽考秩浅,如公勋望崇重,特为某奏请,必谐矣。某得此官,江南迎老亲,以及寸禄,即某之愿毕矣。’浑遂表荐之。德宗令中书商量,当从浑之奏。稜闻桑道茂先生言事神中,因往诣焉,问所求成败。茂曰:‘公求何官?’稜具以本末言之。对曰:‘从此二十年,方合授此官,如今则不得。’稜未甚信。经月余,稜诣执政,谓曰:‘足下资历浅,未合入畿尉。如何凭浑之功高,求侥幸耳?’遂检吏部格上。时帝方留意万机,所奏遂寝。稜归江南,果丁家艰。已近七八年,又忽得躄疾,殆将一纪。元和元年冬,始入选,吏曹果注得蓝田县尉。一唱,忻而授之,乃具说于交友。”按:管记为掌书记。

【张贾】贝州人。贞元二年(786)进士科及第。历侍御史、华州上佐、礼部员外郎。历兵部侍郎,官至鸿胪卿,兵部尚书致仕。

《全唐文》卷六三〇吕温《故太子少保赠尚书左仆射京兆韦府君神道碑》:韦夏卿"开府辟士则有今右司郎中敦煌段平仲、仓部员外郎安定皇甫镈、礼部员外郎清河张贾"。

《全唐文》卷七六一褚藏言《窦牟传》:"府君讳牟,字贻周……贞元二年举进士,与从父弟故相赠司徒易直,故相赠少师李公夷简、故兵部侍郎张公贾、故工部侍郎张公正甫同年上第。"

《旧唐书》卷一七下《文宗下》:大和四年夏四月"丁未,兵部尚书致仕张贾卒"。

《资治通鉴》卷二四六会昌元年条云:"时诏以鸿胪卿张贾为巡边使,使察回鹘情伪,未还。"

(宋)计有功《唐诗纪事》卷五九《张贾》:"贾为韦夏卿所知,后至达官。初以侍御史为华州上佐。"

【张署】河间人,祖利贞,父郇。贞元二年(786)进士科及第,又登宏辞科,授校书郎。历京兆武功尉、监察御史、殿中侍御史、京兆府司录诸曹、凤翔判官、礼部员外郎、尚书刑部员外郎。官至河南令。

《全唐文》卷五六五韩愈《河南令张君墓志铭(元和十二年作)》:"君讳署,字某,河间人。大父利贞,有名元宗世。为御史中丞,举弹无所避,由是出为陈留守,领河南道采访处置使,数岁卒官。皇考讳郇,以儒学进,官至侍御史。君方质有气,形貌魁硕,长于文词。以进士举博学宏词,为校书郎。自京兆武功尉拜监察御史。为幸臣所谗,与同辈韩愈、李方叔三人俱为县令南方。三年逢恩俱徙掾江陵。半岁,邕管奏君为判官,改殿中侍御史,不行,拜京兆府司录,诸曹白事,不敢平面视;共食公堂,抑首促促就哺歠,揖起趋去,无敢阑语。县令丞尉畏如严京兆,事以办治。京兆改凤翔尹,以节镇京西,请与君俱,改礼部员外郎,为观察使判官。帅他迁,君不乐久去京师,谢归,用前能拜三原令。岁余,迁尚书刑部员外郎。守法争谏,棘棘不阿。改虔州刺史。民俗相朋党,不诉杀牛,牛以大耗;又多捕生鸟爵鱼鳖,可食与不可食相买卖,时节脱放,期为福祥。君视事,一皆禁督立绝。使通经吏与诸生之旁大郡,学乡饮酒丧婚礼,张施讲说,民吏观听从化大喜。度支符州,折民户租,岁征緜六千屯,比郡承命惶怖,立期日,惟恐不及事被罪。君独疏言:'治迫岭下,民不识蚕桑。'月余,免符下,民相扶携,守州门叫欢为贺。改澧州刺史。民税出杂产物与钱,尚书有经数;观察使牒州征民钱倍经。君曰:'刺史可为法,不可贪官害民。'留噤不肯从,竟以代罢。观察使使剧吏案簿书十日,不得毫毛罪。改河南令。"

《韩昌黎集》卷七《河南令张署墓志铭》:"君讳署,河间人。大父利贞,皇考讳郇,使君……以进士举,博学宏词,为校书郎。自京兆武功尉拜监察御史……改殿中侍御史,不行拜京兆府司录诸曹……改礼部员外郎……迁尚书刑部员外郎……改虔州刺史……"《五百家注释韩昌黎全集》卷三〇《张署墓志铭》补注云:"贞元二年进士及第。"

《登科记考》卷一二贞元二年(786)进士科、卷二七《附考·制科》云张署及第。

【皇甫镛】字穌卿,郡望安定,贯河阴县,祖邻几,汝州刺史;父愉,常州刺史。贞元二年

(786)登进士科。累历宣歙、凤翔使府从事,入为殿中侍御史,转比部员外郎、河南县令、都官郎中、河南少尹、右庶子、国子祭酒,改太子宾客、秘书监。

《全唐文》卷六七九白居易《唐银青光禄大夫太子少保安定皇甫公(镛)墓志铭并序》:“公姓皇甫,讳镛,字穌卿……公由进士出身,补夏阳主簿,试左武卫兵曹,充宣歙观察推官,转大理评事,诏征授监察御史,改秘书郎殿中侍御史内供奉,始赐朱绂银印,充凤翔节度判官营田副使,旋又征还,真拜殿中,改比部员外郎河南令、都官郎中河南少尹,历太子左右庶子并分司东都,俄又征拜国子祭酒,未几谢疾,改太子宾客,转秘书监分司,又就拜检校左散骑常侍兼太子宾客,转秘书监分司,始加命服正三品,又迁太子少保分司,封安定县开国男,食邑三百户,始立家庙,享三世……以开成元年七月十日,寝疾薨于东都宣教里第,享年七十七,皇帝废朝一日。是岁十月三日,用大葬之礼,归全于河阴县广武原,从太保府君先茔,以卢夫人合祔焉。”按:其贯应以其归葬地为是。

《千唐志斋藏志》一〇三三,张贾《唐国子祭酒致仕包府君墓志铭并序》:“右揆平章事窦公、工部尚书张正甫、太子宾客皇甫镛、洎左散骑常侍张贾,皆门生也,感恩追旧,永愿扶奖。”按:皇甫镛与张正甫、窦易直既然为同为门生,当在贞元二年登进士科。

《旧唐书》卷一三五《皇甫镈传》:“皇甫镈,安定朝那人。祖邻几,汝州刺史。父愉,常州刺史。镈贞元初登进士第……镈弟镛,端士也。亦进士擢第,累历宣歙、凤翔使府从事,入为殿中侍御史,转比部员外郎、河南县令、都官郎中、河南少尹。时镈为宰相,领度支,恩宠殊异。镛恶其太盛,每弟兄宴语,即极言之,镈颇不悦。乃求为分司,除右庶子。及镈获罪,朝廷素知镛有先见之明,不之罪,征为国子祭酒,改太子宾客、秘书监。开成初,除太子少保分司,卒年四十九。”

《新唐书》卷一六七《皇甫镈传》:“皇甫镈,泾州临泾人……镈弟镛,字穌卿,第进士。”

《登科记考》卷二七《附考·进士科》条有皇甫镛。

【窦牟】字贻周,扶风平陵人。贞元二年(786)进士科及第,试校书郎。历东都留守巡官、河阳、昭义从事,迁检校水部郎中,再为留守判官,入为都官郎中,出为泽州刺史。官至国子祭酒,卒赠给事中。

《全唐文》卷五六三韩愈《国子司业窦公(牟)墓志铭》:“国子司业窦公,讳牟,字某。六代祖敬远,尝封西河公。大父同昌司马,比四代仍袭爵名。同昌讳允,生皇考讳叔向,官至左拾遗溧水令,赠工部尚书。尚书于大历初名能为诗文。及公为文,亦最长于诗。孝谨厚重,举进士登第。佐六府五公,八迁至检校虞部郎中。元和五年,真拜尚书虞部郎中,转洛阳令都官郎中泽州刺史,以至司业。年七十四,长庆二年二月丙寅,以疾卒。其年八月某日,葬河南偃师先公尚书之兆次……公一兄三弟:常群庠巩。常进士,水部员外郎朗夔江抚四州刺史;群以处士征,自吏部郎中拜御史中丞,出帅黔容以卒;庠三佐大府,自奉先令为登州刺史;巩亦进士,以御史佐淄青府:皆有才名。公子三人:长曰周余,好善学文,能谨谨致孝,述父之志,曲而不黩;次曰某,曰某,皆以进士贡。女子三人。”

《全唐文》卷七六一褚藏言《窦牟传》:“府君讳牟,字贻周。家世所传,载于首序。府君贞元二年举进士,与从父弟故相赠司徒易直、故相赠少师李公夷简、故兵部侍郎张公贾、故工部侍郎张公正甫,同年上第。府君初授秘校东都留守巡官,历河阳昭义从事,累转协律郎评事监察御史里行。府罢,复为留守判官,转殿中侍御史,寻为昭义节度判官,累迁检校水部员外,转本司郎中兼御史,赐绯鱼袋。后为留守判官检校尚书都官郎中,出为泽州刺史,改国子祭酒。长庆二年春,寝疾告终于宣平里之私第,享年七十四。嗣子周余,任秘书监。今上即位,恩覃内外。准赦文,大中四年赠给事中。"

《旧唐书》卷一五五《窦群传》:"窦群字丹列,扶风平陵人。祖亶,同昌郡司马。父叔向,以工诗称,代宗朝,官至左拾遗。群兄常、牟,弟巩,皆登进士第……兄常字中行,大历十四年登进士第,居广陵之柳杨。结庐种树,不求苟进,以讲学著书为事,凡二十年不出。贞元十四年,镇州节度使王武俊闻其贤,遣人致聘,辟为掌书记,不就。其年,杜佑镇淮南,奏授校书郎,为节度参谋。元和六年,自湖南判官入为侍御史,转水部员外郎。出为朗州刺史,历固陵、浔阳、临川三郡守。入为国子祭酒,求致仕。宝历元年卒,时年七十。子弘余,会昌中为黄州刺史。"

《新唐书》卷一七五《窦群传》:"窦群字丹列,京兆金城人。父叔向,以诗自名,代宗时,位左拾遗。群兄弟皆擢进士第……兄常、牟,弟庠、巩,皆为郎,工词章,为《联珠集》行于时,义取昆弟若五星然。常,字中行,大历中及进士第,不肯调,客广陵,多所论著,隐居二十年。镇州王武俊闻其才,奏辟不应。杜佑镇淮南,署为参谋。历朗夔江抚四州刺史、国子祭酒,致仕。卒,赠越州都督。牟字贻周,累佐节度府。晚从昭义卢从史,从史寖骄,牟度不可谏,即移疾归东都。从史败,不以觉微避去自贤。位国子司业。庠字胄卿,终婺州刺史。巩字友封,雅裕,有名于时。平居与人言若不出口,世号'嗫嚅翁'。元稹节度武昌,奏巩自副,卒。"

【窦易直】字宗玄,京兆始平人,祖元昌彭州九泷县令,父彧庐州刺史。贞元二年(786)进士及第,补秘书省校书郎;再以判入等,授蓝田尉。累历右司、兵部、吏部三郎中,御史中丞,赐绯鱼袋,迁给事中、陕虢都防御观察使,仍赐紫,入为京兆尹,后贬金州刺史,迁宣州刺史、宣歙池都团练观察等使,任吏部侍郎、御史大夫,官至宰相,改门下侍郎,封晋阳郡公。卒赠司徒,谥曰恭惠。

《全唐文》卷七六一褚藏言《窦牟传》:"府君讳牟,字贻周……贞元二年举进士,与从父弟故相赠司徒易直,故相赠少师李公夷简、故兵部侍郎张公贾、故工部侍郎张公正甫同年上第。"

(唐)赵璘《因话录》卷六《羽部》:"窦相易直……及德宗幸奉天日,公方举进士。"

《旧唐书》卷一六七《窦易直传》:"窦易直字宗玄,京兆人。祖元昌,彭州九陇县令。父彧,庐州刺史。易直举明经,为秘书省校书郎,再以判入等,授蓝田尉。累历右司、兵部、吏部三郎中。元和六年,迁御史中丞。谢日,赐绯鱼袋。八年,改给事中。九月,出为陕虢都防御观察使,仍赐紫。入为京兆尹……贬易直金州刺史,正晤长流昭州。十三年六月,迁宣州刺史、宣歙池都团练观察等使……(长庆二年)九月,以李德裕代还,为吏部侍郎。十一月,改户部,兼御史大夫,判度支。四年五月,以本官同平章事,判使如故。改门下侍郎,封晋阳郡公。宝历元年七月,罢判度支。大和二年十月罢相,检校左仆射、平章事、襄州刺史、山南东道节度使。五年，入为左仆射，判太常卿事。十一月，检校司空、凤翔尹、凤翔陇节度使。六年，以疾求还京师。七年四月卒，赠司徒，谥曰恭惠。”

《新唐书》卷一五一《窦易直传》：“窦易直字宗玄，京兆始平人。擢明经，补校书郎。十年不应辟，以判入等，为蓝田尉。”

《登科记考》卷一二贞元二年(786)条云窦易直是年进士及第。按：两《唐书》云窦易直明经及第有误。

制科

【**朱放**】字长通，襄州襄阳县人。贞元二年(786)，诏举韬晦奇才，拜左拾遗，不就。

(唐)姚合《极玄集》卷下：“朱放，字长通，襄州人。”按：襄州下有襄阳县，《唐才子传》言南阳，为襄阳之误。

《新唐书》卷六〇《艺文四》：“《朱放诗》一卷。字长通，襄州人，隐居剡溪。嗣曹王皋镇江西，辟节度参谋，贞元初召为拾遗，不就。”

(元)辛文房撰，傅璇琮主编《唐才子传校笺》(册二)卷五《朱放》条云：“放字长通，南阳人也……大历中，嗣曹王皋镇江西，辟为节度参谋……贞元二年，诏举韬晦奇才。诏下聘礼，拜左拾遗，不就。”此事见于(宋)计有功《唐诗纪事》卷二六《朱放》。

贞元三年丁卯(787)

知贡举：礼部侍郎薛播（未毕事），礼部尚书萧昕（放榜）

进士科

【**牛锡庶**】贞元三年(787)进士科状元及第。

(唐)阙名《玉泉子》：牛锡庶“贞元元年，因问日者，曰：‘君明年状头及第。’……明年，果状头及第”。

(五代)王定保《唐摭言》卷八《遭遇》：“贞元二年，牛锡庶、谢登，萧少保下及第。”

(宋)李昉等《太平广记》卷一八〇《贡举三·牛锡庶》引《逸史》：“牛锡庶性静退寡合，累举不举。贞元元年，因问日者，曰：‘君明年合状头及第。’锡庶但望偶中一第尔，殊不信也。时已八月，未命主司。偶至少保萧昕宅前，值昕杖策，将独游南园。锡庶遇之，遽投刺，并贽所业。昕独居，方思宾友，甚喜，延与之语。及省文卷，再三称赏。因问曰：‘外间议者以何人当知举?’锡庶对曰：‘尚书至公为心，必更出领一岁。’昕曰：‘必不见命。若尔，君即状头也。’锡庶起拜谢。复坐未安，忽闻驰马传呼曰：‘尚书知举。’昕遽起。锡庶复再拜曰：‘尚书适已赐许，皇天后土，实闻斯言。’昕曰：‘前言期矣。’明年果状头及第。”

(明)徐应秋《玉芝堂谈荟》卷二《历代状元》：“德宗二年，状元牛锡庶。”按：《登科记考》卷一二贞元三年(787)进士科条云牛锡庶是年状元及第，今从《登科记考》。

【**赵修**】郡望天水，洛阳河南县人。贞元三年(787)登进士科，贞元四年(788)登制科。

历监察里行浙东观察判官、高陵县令。

《唐代墓志汇编》大中〇一一赵璜撰大中元年(847)九月十四日《唐故进士赵君(珪)墓志铭》:"进士赵珪,字子达,天水人也……曾祖府君讳驷,制策登科朝散大夫魏郡司马;司马生皇祖府君讳涉,进士及第朝散大夫侍御史;侍御史府君生皇考府君讳伉,进士及第监察御史。秀才监察府君第三子也……长兄江西观察判官监察御史里行璘,寄财毕葬事;次兄京兆府鄠县尉璜,乞假护丧东归……世以进士相贵重,自吾皇祖皇考伯傪、叔伸、叔佶、叔儹及吾昆仲,爰暨中外,咸以科名光显记册。"

(唐)赵璘《因话录》卷一《宫部》:"伯父讳傪,贞元三年进士及第,当年制策登科。"

(宋)王谠撰,周勋初校证《唐语林校证》卷一《政事上》:"德宗躬亲庶政,中外除授皆自揽。监察里行浙东观察判官赵傪特受高陵县令……傪,贞元六年进士及第,又制策登科。"《登科记考》卷一二贞元三年进士科条,按傪于贞元四年登制科,则《唐语林》误。

【谢登】贞元三年(787)进士科及第。历泾原节度使从事。官至大理丞。

《请施行新编格后敕奏(大和七年十二月刑部)》:"先奉敕详定前大理丞谢登《新编格后敕》六十卷者。臣等据谢登所进,详诸理例,参以格式。或事非久要,恩出一时;或前后差舛;或书写错误,并已下落,及改正讫。去繁举要,列司分门,都为五十卷。伏请宣下施行。"

(五代)王定保《唐摭言》卷八《遭遇》:"贞元二年,牛锡庶、谢登,萧少保下及第。"按:《登科记考》卷一二贞元三年(787)条云谢登是年进士及第,今从《登科记考》。

【裴垍】字弘中,郡望河东闻喜裴氏。贞元三年(787)进士及第,贞元十年(794)登贤良方正能直言极谏科,授美原县尉。历监察御史、殿中侍御史、尚书礼部考功二员外郎、翰林学士、考功郎中、知制诰、中书舍人、户部侍郎,宪宗朝拜为宰相,后历集贤院大学士、监修国史、兵部尚书,卒太子宾客,赠太子少傅。

《全唐文补遗》第四辑,孙纬撰咸通十四年(873)二月二十五日《唐知盐铁陈许院事侍御史内供奉赐绯鱼袋孙虬故室河东裴氏墓志铭并序》:"裴氏其先,河东闻喜人……烈祖垍,以德行文学擢进士第,升贤良科。当元和朝,天子以武定河塞之猘吠者,且急于自辅,故擢公于宰相之任。"

(唐)杜牧《樊川文集》卷一二《上宣州高大夫书》:"元和中,宰相河东司空公,中书令裴公,皆进士也,裴公仍再得宏辞制策科。"按:元和宰相河东司空公者,裴垍也。

《旧唐书》卷一四八《裴垍传》:"裴垍字弘中,河东闻喜人。垂拱中宰相居道七代孙。垍弱冠举进士。贞元中,制举贤良极谏,对策第一,授美原县尉。秩满,藩府交辟,皆不就。拜监察御史,转殿中侍御史、尚书礼部考功二员外郎……元和初,召入翰林为学士,转考功郎中、知制诰,寻迁中书舍人……(三年)罢垍翰林学士,除户部侍郎。然宪宗知垍好直,信任弥厚。其年秋,李吉甫出镇淮南,遂以垍代为中书侍郎、同平章事。明年,加集贤院大学士、监修国史……元和五年,中风病……罢为兵部尚书,仍进阶银青。明年,改太子宾客。卒,废朝,赙礼有加,赠太子少傅。"按:(宋)王溥《唐会要》卷七六《贡举中·制科举》:"(贞元)十年十二月贤良方正能直言极谏科裴珣、王播……及第。"未言裴垍登科,《册府元龟》卷六四五《贡举部·科目》亦作裴珣。《登科记考》卷一三贞元十年(794)条贤良方正能直言极谏科作“裴垍”。

(宋)乐史《广卓异记》卷七《制科同年五相》:“右按《唐书》:贞元十年,应贤良方正能直言极谏科,十四人登科,其后裴垍等五人,相次拜相。”

《新唐书》卷一六九《裴垍传》:“裴垍字弘中,绛州闻喜人。擢进士第,以贤良方正对策第一补美原尉。藩府交辟,不就。四迁考功员外郎。吏部侍郎郑珣瑜委垍校辞判,研核精密,皆值才实。宪宗元和初,召入翰林为学士,再迁中书舍人……为户部侍郎。帝器垍方直,以为任公卿,薄其过,眷信弥厚。吉甫罢,乃拜垍中书侍郎、同中书门下平章事。加集贤殿大学士,监修国史。垍始承旨翰林,天子新翦蜀乱,厉精致治,中外机筦,垍多所参与,以小心慎默称帝意。既当国,请绳不轨,课吏治,分明淑慝,帝降意顺纳……”

(宋)洪迈《容斋续笔》卷一三《贞元制科》:“唐德宗贞元十年,贤良方正科十六人,裴垍为举首。”

《登科记考》卷二七《附考·进士科》录载裴垍,考云:《旧书》本传:“垂拱中宰相居道七代孙。垍弱冠举进士。”

《登科记考补正》卷一二贞元三年(787)录载裴垍,考云:《新唐书·萧昕传》载:“昕始荐张镐、来瑱,在礼部擢杜黄裳、高郢、裴垍。其后镐兴布衣,不数年位将相,瑱为将有威名,黄裳等继辅政,并为名宰云。”萧昕凡三知礼部贡举:宝应二年(763)、广德二年(764)、贞元三年(787),皆见《记考》。杜黄裳与高郢于宝应二年(763)萧昕下擢进士第。裴垍于贞元十年(794)中贤良方正能直言极谏科,其年座主为顾少连。以上亦皆见《记考》。因知垍“弱冠举进士”必在萧昕门下。若以垍宝应二年或广德二年进士第,则其至贞元十年登制科时年已五十余,此似无有可能。若以其登贞元三年进士第,则登制科时为二十七岁,较合情理。据《旧唐书》本传知裴垍卒于元和六年(811),则其享年为四十五岁。

【裴墐】字封叔,河东闻喜(绛州)人,士族,祖稹刑部员外郎,父儆大理卿府君。贞元三年(787)登进士科。历校书崇文馆、金州刺史。官至太常丞佐。

《柳宗元集》卷九《唐故万年令裴府君墓碣》:“公讳墐,字封叔,河东闻喜人……刑部员外郎府君讳稹,实祖。大理卿府君讳儆,实父。公由进士上第,校书崇文馆……刺金州。”孙注:“贞元三年,墐中进士第。”

《旧唐书考证》卷二七:“开元制礼亦未详尽,至杜黄裳择裴墐为太常。”翰林院侍读学士何焯《义门读书记》卷三三《昌黎集碑志杂文》:“裴墐《崇丰二陵集礼后序》:‘墐字封叔,以太常丞佐,杜佑是其人也。’”《裴墐崇丰二陵集礼后序》:“旧史咸以为荣今裴氏太尉公以礼匡义嗣(墐之高祖裴行俭),侍中公以礼议封禅(曾祖光庭),祠部公以礼承大事大理(祖稹迁祠部员外郎),公以礼辅东宫(父儆大理卿),而墐也以礼奉三陵又能成书以充其阙,其为爱礼近古也。源远乎哉!墐字封叔,其伯仲咸以文学显于世,大理之兄正平节公儆四子(坚、墐、埙、埴,皆有文学)。”《五百家注柳先生集》卷二一《裴墐崇丰二陵集礼后序》:“礼仪使择其僚以备损益,于是河东裴墐(补注裴瑾字封叔河东闻喜人)。以太常丞陇西辛秘以博士用焉(孙曰秘贞元中擢明经第其学于礼家尤洽高郢为太常卿奏为主簿再辟礼仪使府)。”

《登科记考》卷一二贞元三年(787)进士科条云裴墐是年及第。

贞元四年戊辰(788)

知贡举：礼部侍郎刘太真

进士科

【王良士】贞元四年(788)登进士科。历西川节度使从事。官至嘉州刺史。

《全唐文》卷五三八裴度《刘府君(太真)神道碑铭并序》:“公讳太真,字仲适,族彭城……(贞元)三年,拜礼部侍郎。天下宾王之士,尚实远名者窃相贺矣……门生之在朝廷者,谏议大夫杜羔、中书舍人裴度、起居舍人卢士玫、殿中侍御史李修、光禄少卿卢长卿、右司郎中韦乾度、工部员外郎李君何。在藩牧者,浙东观察都团练使御史中丞李逊、黔中观察经略使御史中丞李道古、泽州刺史御史卢项、嘉州刺史王良士、复州刺史郑群、沔州刺史严公弼、慈州刺史刘元鼎。其在幕府者,侍御史田伯、殿中侍御史卢播马逢、监察御史冯鲁杨巨源。其在畿者,栎阳令麻仲容、蓝田丞崔立之、盩厔尉麴澹等。咸怀赏鉴,自悼遗阙。”

《旧唐书》卷一一一《房琯传附从子式传》:“式,琯之侄,举进士。李泌观察陕州,辟为从事。泌入为相,累迁起居郎,出入泌门,为其耳目。及泌卒,再除忠州刺史,韦皋表为云南安抚使,兼御史中丞。皋卒,诏除兵部郎中。属刘辟反,式留不得行。性便佞,又惧辟,每于座中数赞辟之德美,比之刘备,同陷于贼者皆恶之。高崇文既至成都,式与王良士、崔从、卢士玖等白衣麻蹻衔土请罪,崇文宽礼之,乃表其状,寻除吏部郎中。”按:卢士玖时入幕西川节度使,王良士应当也入幕西川节度使。

(宋)李昉等《文苑英华》卷一八〇《省试诗》有崔立之、裴次元、王良士(误作士良)《南至日隔霜仗望含元殿炉香》诗,《〈登科记考〉正补》考订是年此诗为贞元四年制科省试诗。《登科记考》卷一二贞元五年进士科条有王良士。

【卢播】洛阳人,范阳卢氏,祖寰,皇临汝长史;父政,皇太子中允。贞元四年(788)进士科擢第。历黔南观察判官、监察殿中御史佐湖南东川幕,充荆南节度判官,终刺史。

《全唐文》卷五三八裴度《刘府君(太真)神道碑铭并序》:“公讳太真,字仲适,族彭城……(贞元)三年,拜礼部侍郎。天下宾王之士,尚实远名者窃相贺矣……门生之在朝廷者,谏议大夫杜羔、中书舍人裴度、起居舍人卢士玫、殿中侍御史李修、光禄少卿卢长卿、右司郎中韦乾度、工部员外郎李君何。在藩牧者,浙东观察都团练使御史中丞李逊、黔中观察经略使御史中丞李道古、泽州刺史御史卢项、嘉州刺史王良士、复州刺史郑群、沔州刺史严公弼、慈州刺史刘元鼎。其在幕府者,侍御史田伯,殿中侍御史卢播、马逢,监察御史冯鲁、杨巨源。其在畿者,栎阳令麻仲容、蓝田丞崔立之、盩厔尉麴澹等。咸怀赏鉴,自悼遗阙。”按:《登科记考》卷一二云卢播贞元五年(789)进士科及第。岑仲勉《〈登科记考〉订补》、罗继祖《登科记考补》补入贞元四年(788)进士科条。

《唐代墓志汇编》元和一三一《唐故归州刺史卢公墓志铭并序》:“元和戊戌(十三)岁正月……葬于邙山大墓……公讳璠,字璠……举进士上第,补西府文学。德宗后元中……充黔南观察判官……历监察殿中御史佐湖南东川幕……充荆南节度判官。居一年,复表授归州刺史。”

【包谊】江浙人。贞元四年(788)登进士科。

(五代)王定保《唐摭言》卷八《误放》:“包谊者,江东人也,有文辞。初与计偕,到京师后时,趁试不及。宗人祭酒佶怜之,馆于私第。谊多游佛寺,无何,唐突中书舍人刘太真,睹其色目,即举人也。命一介致问,谊勃然曰:‘进士包谊素不相识,何劳要问?’太真甚衔之,以至专访其人于佶。佶闻谊所为,大怒而忌之,因诘责遣徙他舍,谊亦无怍色。明年太真主文,志在致其永弃,故过杂文,俟终场明遣之。既而自悔之曰:‘此子既忤我,从而报之,是为浅丈夫也必矣;但能永废其人,何必在此!”于是放入策。太真将放榜,先巡宅呈宰相。榜中有姓朱人及第,宰相以朱泚近大逆,未欲以此姓及第,亟遣易之。太真错愕趋出,不记他人,惟记谊尔。及谊谢恩,方悟已所恶也。因明言。乃知得丧非人力也,盖假手而已。”

(宋)王谠撰,周勋初校证《唐语林校证》卷四《自新》:“包谊,江浙人,下第游汉南。与刘太真相会辩难,刘辞屈,责其不敬,谊掷杯中其额。后太真为礼部侍郎,谊应举。太真览其文卷于包侍郎佶之家,初甚惊叹,及视其名,乃包谊也,遂默然。至出榜,宰相欲有去留,面问太真换一名。太真不能对;忽记谊之姓名,遽言之,遂中第。”

《登科记考》卷一二贞元四年(788)进士科云包谊及第。

【郑群】字弘之,郡望荥阳,贯郑州。贞元四年(788)登进士科,又中平判科,授正字。历鄠县尉、监察御史、虞部员外郎、襄阳左司马、刑部员外郎、副支度使、复州刺史,迁祠部郎中。官至库部郎中。

《全唐文》卷五六三韩愈《朝散大夫尚书库部郎中郑君墓志铭》:“君讳群,字宏之,世为荥阳人。其祖于元魏时有假封襄城公者,子孙因称以自别。曾祖匡时,晋州霍邑令。祖千寻,彭州九陇丞。父迪,鄂州唐年令,娶河南独孤氏女,生二子,君其季也。以进士选吏部考功,所试判为上等,授正字,自鄠县尉拜监察御史,佐鄂岳使。裴均之为江陵,以殿中侍御史佐其军,均之征也。迁虞部员外郎。均镇襄阳,复以君为襄府左司马刑部员外郎,副其支度使事。均卒,李夷简代之,因以故职留君。岁余,拜复州刺史,迁祠部郎中。会衢州无刺史,方选人,君愿行,宰相即以君应诏。治衢五年,复入为库部郎中。行及扬州,遇疾,居月余,以长庆元年八月二十四日卒,春秋六十。即以其年十一月二十二日,从葬于郑州广武原先人之墓次。”《五百家注释韩昌黎全集》卷三二《郑群墓志铭》樊注:“贞元四年群登进士第。”

《登科记考》卷一二贞元四年(788)进士科条云是年郑群及第。

【崔立之】字斯立,郡望博陵。贞元四年(788)登进士科,贞元六年(790)中宏词科。以前大理评事言得失黜官,再转蓝田县丞。

《全唐文》卷五三八裴度《刘府君(太真)神道碑铭并序》:“公讳太真,字仲适,族彭城……(贞元)三年,拜礼部侍郎。天下宾王之士,尚实远名者窃相贺矣……门生之在朝廷者,谏议大夫杜羔、中书舍人裴度、起居舍人卢士玫、殿中侍御史李修、光禄少卿卢长卿、右司郎中韦乾度、工部员外郎李君何。在藩牧者,浙东观察都团练使御史中丞李逊、黔中观察经略使御史中丞李道古、泽州刺史御史卢顼、嘉州刺史王良士、复州刺史郑群、沔州刺史严公弼、慈州刺史刘元鼎。其在幕府者,侍御史田伯、殿中侍御史卢璠马逢、监察御史冯鲁杨巨源。其在畿者,栎阳令麻仲容、蓝田丞崔立之、盩厔尉麴澹等。咸怀赏鉴,自悼遗阙。"

《全唐文》卷五五七韩愈《蓝田县丞厅壁记》:"博陵崔斯立种学绩文,以蓄其有,泓涵演迤,日大以肆。贞元初,挟其能战艺于京师,再进再屈□人。元和初,以前大理评事言得失黜官,再转而为丞兹邑。"

(宋)计有功《唐诗纪事》卷四三《崔立之》:"立之,登贞元进士第。"《五百家注释韩昌黎全集》卷一三《蓝田县丞厅壁记》集注:"立之,贞元四年进士第。"(宋)李昉等《文苑英华》卷一八〇《省试诗》有崔立之、裴次元、王良士(误作士良)《南至日隔霜仗望含元殿炉香》诗,此诗为贞元四年进士省试诗。

(宋)洪迈《容斋续笔》卷一二《崔斯立》:"崔立之,字斯立,在唐不登显仕,他亦无传,而韩文公推奖之备至……又《登科记》:'立之以贞元三年第进士,七年,中宏词科。'正与诗合。"

《登科记考》卷一二贞元四年(788)进士科条云崔立之是年及第。

【裴次元】贞元四年(788)进士登科,贤良方正能直言极谏科及第。终江西观察使。

《全唐文》卷六一一裴次元小传云:"次元,贞元中进士官吏部员外郎,元和中为福州刺史河南尹,终江西观察使。"

《全唐文》卷四八七权德舆《谢河南尹裴次元充东都副留守状》:"右。伏奉今月十九日敕:'东都留镇,创立新军,所招将士,切须精选。要得府县,共详簿书,况分正副守,仰惟旧典。宜令裴次元以本官充东都副留守者。'伏以居守之任,分政是崇,旧制河尹,多兼副职。以臣虚薄,谬忝保釐,陛下俯忧败阙,命此陪贰。今淮右狂寇,尚稽天诛;洛京重地,每轸宸虑。况新承诏旨,创置军师,其于选募,多阙府县。以尹守之剧。同此在公;佐庸菲之材,俯矜不逮。"

(宋)王溥《唐会要》卷七六《贡举中·制科举》:"(贞元)四年贤良方正能直言极谏科……裴次元……及第。"《册府元龟》卷六四五《贡举部·科目》略同。

(宋)李昉等《文苑英华》卷一八〇《省试诗》有崔立之、裴次元、王良士(误作士良)《南至日隔霜仗望含元殿炉香》诗,《〈登科记考〉正补》考订此诗为贞元四年制科省试诗。《登科记考》卷一二制科条未收。《登科记考》卷一二贞元四年贤良方正能直言极谏科裴次元及第。按:《登科记考补正》卷一二贞元四年进士科,以陈尚君补正为据,系裴次元是年及第。

(宋)钱易《南部新书·丙》:"裴次元,制策、宏词同日敕下,并为敕头,时人荣之。"

明经科

【林蕴】字复梦，泉州莆田人。贞元四年(788)登明经科，又应贤良方正科及第。历西川节度使推官，官至邵州刺史。

《全唐文》卷四八二林蕴小传云："蕴字复梦，泉州莆田人，累迁礼部员外郎，出为邵州刺史，坐杖人死流儋州，卒。"

《全唐文》卷八二五黄滔《莆山灵岩寺碑铭》："初侍御史济南林公藻与其季水部员外郎蕴，贞元中谷兹而业文，欧阳四门舍泉山而诣焉(四门家晋江泉山在郡城之北其集有与王式书云莆阳读书即兹寺也)。其后皆中殊科，御史省试《珠还合浦赋》，有神授之名。水部应贤良方正科擅比干之誉(策云臣远祖比干因谏而死天不厌直生微臣也)。欧阳垂四门之号，与韩文公齐名，得非山水之灵秀乎?"

《新唐书》卷二〇〇《儒学下·林蕴传》："林蕴字复梦，泉州莆田人……蕴世通经，西川节度使韦皋辟推官……沧景程权辟掌书记……蕴迁礼部员外郎。刑部侍郎刘伯刍荐之于朝，出为邵州刺史……杖流儋州而卒。"

(宋)王谠撰，周勋初校证《唐语林校证》卷四《企羡》："闽自贞元以前，未有进士。观察使李锜始建庠序，请独孤常州及为《新学记》：'缦胡之缨，化为青衿。'林藻弟蕴与欧阳詹睹之叹息，相与结誓，继登科第。"

(明)林俊《见素集》卷二四《邵州公赞》："公讳蕴字梦复，睦州第六子，与兄藻、欧阳詹读书泉山，贞元四年明经及第，复举贤良，有天不厌直，复生微臣之对，辟蜀推官，刘辟反，公切陈，辟怒欲杀之，公曰：'危邦不入，乱邦不居，得死为幸。'辟阴戒侩人以刀磨其颈，胁使屈。公叱曰：'死即死，我颈岂尔砺石耶?'贬摄唐昌尉，辟败还京，说沧帅程权归阙，除水部员外郎，拜邵州刺史，知洪州。唐书有传赞曰：明明我祖精忠卓识，结志藏修，奎缠有奕，贤良落对，式是亭直抗义，陈词秋霜杲日载。"

制科

【王及】贞元四年(788)贤良方正能直言极谏科及第。

(宋)王溥《唐会要》卷七六《贡举中·制科举》："(贞元)四年贤良方正能直言极谏科……王及……及第。"《册府元龟》卷六四五《贡举部·科目》作"王乃"。

《登科记考》卷一二贞元四年(788)贤良方正能直言极谏科云王及及第。

【王真】贞元四年(788)贤良方正能直言极谏科及第。

(宋)王溥《唐会要》卷七六《贡举中·制科举》："(贞元)四年贤良方正能直言极谏科……王真及第。"《册府元龟》卷六四五《贡举部·科目》略同。

《登科记考》卷一二贞元四年(788)贤良方正能直言极谏科云王真及第。

【元易】贞元四年(788)贤良方正能直言极谏科及第。

(宋)王溥《唐会要》卷七六《贡举中·制科举》："(贞元)四年贤良方正能直言极谏科……元易……及第。"《册府元龟》卷六四五《贡举部·科目》略同。

《登科记考》卷一二贞元四年(788)贤良方正能直言极谏科云元易及第。

【韦彭寿】贞元四年(788)贤良方正能直言极谏科及第。

(宋)王溥《唐会要》卷七六《贡举中·制科举》:“(贞元)四年贤良方正能直言极谏科……韦彭寿……及第。”《册府元龟》卷六四五《贡举部·科目》略同。

《登科记考》卷一二贞元四年(788)贤良方正能直言极谏科云韦彭寿及第。

【史牟】贞元四年(788)贤良方正能直言极谏科及第。历殿中侍御史、郎中、榷盐使。

《全唐文》卷五五五韩愈《送窦从事序》:“逾瓯闽而南,皆百越之地,于天文,其次星纪,其星牵牛。连山隔其阴,钜海敌其阳,是维岛居卉服之民,风气之殊,著自古昔。唐之有天下,号令之所加,无异于远近。民俗既迁,风气亦随,雪霜时降,疠疫不兴,濒海之饶,固加于初。是以人之之南海者,若东西州焉。皇帝临天下二十有二年,诏工部侍郎赵植为广州刺史,尽牧南海之民,署从事扶风窦平。平以文辞进。于其行也,其族人殿中侍御史牟,合东都交游之能文者二十有八人,赋诗以赠之。于是昌黎韩愈嘉赵南海之能得人,壮从事之答于知我,不惮行之远也;又乐贻周之爱其族叔父,能合文辞以宠荣之,作《送窦从事少府平序》。”

(宋)王溥《唐会要》卷七六《贡举中·制科举》:“(贞元)四年贤良方正能直言极谏科……史牟……及第。”《册府元龟》卷六四五《贡举部·科目》略同。

(宋)王谠撰,周勋初校证《唐语林校证》卷六《补遗·起德宗至文宗》:“贞元中,郎中史牟为榷盐使。”

《登科记考》卷一二贞元四年(788)贤良方正能直言极谏科云史牟及第。

【杜伦】京兆杜陵人。贞元四年(788)贤良方正能直言极谏科及第。历殿中侍御史。

《唐代墓志汇编》大和六二,郑澣撰大和七年(833)十一月甲寅《唐故同州司兵参军上柱国京兆杜府君(行方)墓志铭并序》:“公讳行方,字友直,京兆杜陵人也。曾祖讳元志,杭州刺史;王父讳参谟,陕州司仓赠礼部郎中;烈考讳伦,文术政事,为时龟主,异时选部,第书判,明廷策贤良,皆登甲科,价压公论,夺宪闱郎署,而后出分符竹。”按:甲科为平判入等科。

《旧唐书》卷一六七《赵宗儒传》:“贞元六年,领考功事,定百吏考绩,黜陟公当,无所畏避。右司郎中独孤良器、殿中侍御史杜伦,各以过黜之。”

(宋)王溥《唐会要》卷七六《贡举中·制科举》:“(贞元)四年贤良方正能直言极谏科……杜伦……及第。”《册府元龟》卷六四五《贡举部·科目》略同。

《新唐书》卷一五一《赵宗儒传》:“右司郎中独孤良器、殿中侍御史杜伦以过黜考,左丞裴郁、御史中丞卢佋降考中中,凡入中上者,才五十人。”

《登科记考》卷一二贞元四年(788)贤良方正能直言极谏科云杜伦及第。

【李巽】字令叔,赵州赞皇人。贞元四年(788)前登明经及第,补华州参军事。贞元四年(788)清廉守节政术可称堪任县令科及第,授鄠尉。官至吏部尚书,赠尚书右仆射。

《全唐文》卷五〇五权德舆《唐故银青光禄大夫守吏部尚书兼御史大夫充诸道盐铁转运使上柱国赵郡开国公赠尚书右仆射李公(巽)墓志铭并序》:“惟元和四年夏五月丁卯,冢宰赵郡公巽寝疾薨于永崇里,享年六十三。天子悯然不视朝,追命右仆射。冬十月乙西,返葬于洛师缑氏县芝田乡之大墓。公字令叔,赵郡赞皇人。曾祖知让,皇河南府长水县主簿。祖承允,江州别驾,赠太府少卿。父嶷,右武卫录事参军,饰终四加至尚书右仆射。代载德善,至公昌大。始以明经筮仕为华州参军。试言超绝,补鄠县尉,登朝为监察御史殿中侍御史,由美原县令课最为刑部员外郎,由万年县令课最为户部左司二郎中,由常州刺史理刑第一征为给事中,以御史中丞领潭州刺史湖南观察使,就加右散骑常侍,以右散骑常侍领洪州刺史江西观察使,就加御史大夫,同二府报政入为兵部侍郎,在涂加度支盐铁副使。至止逾月,代今司徒岐公为使,明年迁兵部尚书,间一岁转吏部尚书。总八柄,平九赋,左右理道,以纾元元。天子方推心竦意,倚以为相,奄然大病,斯可痛也。"按:其登第当在贞元四年前。

《旧唐书》卷一二三《李巽传》:"李巽字令叔,赵郡人。少苦心为学,以明经调补华州参军,拔萃登科,授鄠县尉。周历台省,由左司郎中出为常州刺史。逾年,召为给事中,出为湖南观察使,锐于为理。五年,改江西观察使,加检校散骑常侍、兼御史大夫。巽持下以法,吏不敢欺,而动必察之。顺宗即位,入为兵部侍郎。司徒杜佑判度支盐铁转运使,以巽干治,奏为副使。佑辞重位,巽遂专领度支盐铁使。榷筦之法,号为难重,唯大历中仆射刘晏雅得其术,赋入丰羡……元和四年四月卒,时年七十一,赠尚书左仆射。"

(宋)王溥《唐会要》卷七六《贡举中·制科举》:"(贞元)四年贤良方正能直言极谏科……李巽……及第。"《册府元龟》卷六四五《贡举部·科目》作"李异"。

《新唐书》卷一四九《李巽传》:"李巽字令叔,赵州赞皇人。以明经补华州参军事,举拔萃,授鄠尉。进累左司郎中、常州刺史,召拜给事中,出为湖南观察使。贞元五年,徙江西……顺宗立,擢兵部侍郎。杜佑表为盐铁、转运副使,俄代佑……再迁吏部尚书……元和四年疾革……是夕卒,年六十三,赠尚书右仆射。"

《登科记考》卷一二贞元四年(788)清廉守节政术可称堪任县令科云李巽及第。

【李彝】宗室。贞元四年(788)贤良方正能直言极谏科及第。

《全唐文》卷三七六任华《送李彝宰新都序》:"宗室后进有以学术辞藻著称者,彝也。少好学,通九流百家之言,善属文,颇有大节。去年制举不捷。无何,以书历抵二相国,论安边术,由是召试西掖。凡数十百人,彝与庄若讷、高郢同入高等。何垂翅于制举,而奋翼于西掖哉?盖道之屈伸,命之通塞,各有时也。执政以彝大人在蜀,故授新都以荣之。"

(宋)王溥《唐会要》卷七六《贡举中·制科举》:"(贞元)四年贤良方正能直言极谏科……李彝……及第。"《册府元龟》卷六四五《贡举部·科目》略同。

《登科记考》卷一二贞元四年(788)贤良方正能直言极谏科云李彝及第。

【邹儒立】贞元四年(788)贤良方正能直言极谏科及第。

(宋)王溥《唐会要》卷七六《贡举中·制科举》:"(贞元)四年贤良方正能直言极谏科……邹儒立……及第。"《册府元龟》卷六四五《贡举部·科目》略同。

《登科记考》卷一二贞元四年(788)贤良方正能直言极谏科云邹儒立及第。

【陆震】贞元四年(788)贤良方正能直言极谏科及第。

(唐)林宝《元和姓纂》卷一〇《嘉兴陆氏》:"又歙州刺史陆参,司封员外陆震、大理司直陆羽，并吴人。”

（宋）王溥《唐会要》卷七六《贡举中·制科举》：“（贞元）四年贤良方正能直言极谏科……陆震……及第。”《册府元龟》卷六四五《贡举部·科目》略同。

《登科记考》卷一二贞元四年（788）贤良方正能直言极谏科云陆震及第。

【张皓】贞元四年（788）孝弟力田闻于乡闾科及第。

（宋）王溥《唐会要》卷七六《贡举中·制科举》：“（贞元四年）孝弟力田闻于乡闾科张皓及第。”《册府元龟》卷六四五《贡举部·科目》略同。

《登科记考》卷一二贞元四年（788）孝弟力田闻于乡闾科云张皓及第。

【柳公绰】贞元四年（788）贤良方正能直言极谏科登第。小传见贞元元年（785）贤良方正能直言极谏科柳公绰条。

《旧唐书》卷一六五《柳公绰传》：“柳公绰字起之，京兆华原人也。祖正礼，邠州士曹参军。父子温，丹州刺史。公绰幼聪敏。年十八，应制举，登贤良方正能直言极谏科，授秘书省校书郎，贞元元年也。贞元四年，复应制举，再登贤良方正科，时年二十一。制出，授渭南尉……慈隰观察使姚齐梧奏为判官，得殿中侍御史。冬，荐授开州刺史，入为侍御史，再迁吏部员外郎……公绰素与裴垍厚，李吉甫出镇淮南，深怨垍。六年。吉甫复辅政，以公绰为潭州刺史、兼御史中丞，充湖南观察使……八年，移为鄂州刺史、鄂岳观察使……十一年，入为给事中……十四年，起为刑部侍郎，领盐铁转运使。转兵部侍郎、兼御史大夫，领使如故。长庆元年，罢使，复为京兆尹、兼御史大夫……敬宗即位，加检校左仆射。宝历元年，入为刑部尚书。二年，授邠州刺史、邠宁庆节度使……大和四年，复检校左仆射、太原尹、北都留守、河东节度观察等使……六年，以病求代。三月，授兵部尚书，征还京师。四月卒，赠太子太保，谥曰成。”

【赵傪】贞元三年（787）登进士科，贞元四年（788）登贤良方正能直言极谏科。小传见贞元三年（787）进士科赵傪条。

（宋）王溥《唐会要》卷七六《贡举中·制科举》：“（贞元）四年贤良方正能直言极谏科……赵傪。”《册府元龟》卷六四五《贡举部·科目》略同。

【徐弘毅】高平人。贞元四年（788）登贤良方正能直言极谏科。历侍御史。

（唐）佚名《大唐传载》：“高平徐弘毅为弹侍御史，创一知班官，令自宣政门检朝官之失仪者，到台司举而罚焉。有公卿大僚令问之曰：‘未到班行之中，何必拾人细事。’弘毅报之曰：‘为我谢公卿，所以然者，以恶其无礼于其君。’”

（宋）王溥《唐会要》卷七六《贡举中·制科举》：“（贞元）四年贤良方正能直言极谏科……徐弘毅。”《册府元龟》卷六四五《贡举部·科目》略同。

（宋）王谠撰，周勋初校证《唐语林校证》卷三《方正》：“高平徐弘毅为知弹侍御史，创置一知班官，令自宣政门检朝官之失仪者，到台司举而罚焉。有公卿大僚令问之曰：‘未到班行之中，何必拾人细事？’弘毅报曰：‘为我谢公卿。所以然，不以恶其无礼于其君。’”

【崔元翰】名鹏，以字行，博陵人。建中二年（781）进士及第，登博学宏词科，贞元四年（788）又应贤良方正、直言极谏科，三举皆升甲第。历义成节度使从事、河东节度使掌书记，守比部郎中。终散位。

（唐）裴庭裕《东观奏记》卷中："建中二年，崔元翰、崔敖、崔备三人，府元、府副、府第三人，于邵知贡举放及第。"

《旧唐书》卷一三七《崔元翰传》："崔元翰者，博陵人。进士擢第，登博学宏词制科，又应贤良方正直言极谏科，三举皆升甲第，年已五十余。李汧公镇滑台，辟为从事……又为（马）燧府掌书记。入朝为太常博士、礼部员外郎……竟罢知制诰，守比部郎中……终于散位。"

《旧唐书》卷一三七《于邵传》："崔元翰年近五十，始举进士，邵异其文，擢第甲科 ，且曰：'不十五年，当掌诏令。'竟如其言。"

《新唐书》卷二〇三《文艺下・崔元翰传》："崔元翰名鹏，以字行……举进士、博学宏词、贤良方正，皆异等。"

（宋）钱易《南部新书・丙》："崔元翰晚年取应，咸为首捷，京兆解头，礼部状头，宏词敕头，制科三等敕头。"参考《登科记考》卷一一建中二年进士科条、《广卓异记》卷一九《进士状元却为制举头》、（唐）李肇《唐国史补》卷下、（宋）王谠《唐语林》卷一《政事上》、（五代）王定保《唐摭言》卷九、（宋）李昉等《太平广记》卷一七〇、一八〇。

【崔农】贞元四年（788）贤良方正能直言极谏科及第。

（宋）王溥《唐会要》卷七六《贡举中・制科举》："（贞元）四年贤良方正能直言极谏科……崔农……及第。"《册府元龟》卷六四五《贡举部・科目》略同。

《登科记考》卷一二贞元四年（788）贤良方正能直言极谏科云崔农及第。

【裴次元】贞元四年（788）进士登科，贤良方正能直言极谏科及第。官至江西观察使。

《全唐文》卷四八七权德舆《谢河南尹裴次元充东都副留守状》："右。伏奉今月十九日敕：'东都留镇，创立新军，所招将士，切须精选。要得府县，共详簿书，况分正副守，仰惟旧典。宜令裴次元以本官充东都副留守者。'伏以居守之任，分政是崇，旧制河尹，多兼副职。以臣虚薄，谬忝保釐，陛下俯忧败阙，命此陪贰。今淮右狂寇，尚稽天诛；洛京重地，每轸宸虑。况新承诏旨，创置军师，其于选募，多阙府县。以尹守之剧。同此在公；佐庸菲之材，俯矜不逮。"

《全唐文》卷六一一裴次元小传云："次元，贞元中进士，官吏员外郎，元和中为福州刺史河南尹，终江西观察使。"

（宋）王溥《唐会要》卷七六《贡举中・制科举》："（贞元）四年贤良方正能直言极谏科……裴次元……及第。"《册府元龟》卷六四五《贡举部・科目》略同。

（宋）李昉等《文苑英华》卷一八〇《省试诗》有崔立之、裴次元、王良士（误作士良）《南至日隔霜仗望含元殿炉香》诗，《登科记考补正》考订此诗为贞元四年制科省试诗。《登科记考》卷一二贞元四年贤良方正能直言极谏科裴次元及第。按：《登科记考补正》卷一二贞元四年进士科，以陈尚君补正为据，系裴次元是年及第。

（宋）钱易《南部新书・丙》："裴次元，制策、宏词同日敕下，并为敕头。"

贞元五年己巳(789)

知贡举：礼部侍郎刘太真

进士科

【卢项】贞元五年(789)进士科状元及第。历昭义节度使从事，泽州刺史、中丞。

《全唐文》卷五三八裴度《刘府君(太真)神道碑铭并序》："公讳太真，字仲适，族彭城……(贞元)三年，拜礼部侍郎。天下宾王之士，尚实远名者窃相贺矣……门生之在朝廷者，谏议大夫杜羔、中书舍人裴度、起居舍人卢士玫、殿中侍御史李修、光禄少卿卢长卿、右司郎中韦乾度、工部员外郎李君何。在藩牧者，浙东观察都团练使御史中丞李逊、黔中观察经略使御史中丞李道古、泽州刺史御史卢项、嘉州刺史王良士、复州刺史郑群、沔州刺史严公弼、慈州刺史刘元鼎。其在幕府者，侍御史田伯、殿中侍御史卢播马逢、监察御史冯鲁杨巨源。其在畿者，栎阳令麻仲容、蓝田丞崔立之、盩厔尉麴澹等。咸怀赏鉴，自悼遗阙。"

《洛阳新出土墓志释录》，贞元六年(790)十一月十日《唐前乡贡进士范阳卢项故妻陇西李氏墓志铭并序》，署"卢项撰并书"。

(唐)牛僧孺《玄怪录》辑佚《卢项表姨》："洺州刺史卢项表姨常畜一猧子，名花子，每加念焉。一旦而失，为人所毙。后数月，卢氏忽亡。冥间见判官姓李，乃谓曰：'夫人天命将尽，有人切论，当得重生一十二年。'拜谢而出。"

《新唐书》卷一四七《王虔休传》："德宗嘉之，以邕王为昭义节度大使，擢虔休潞州左司马，领留后。本名延贵，至是赐名。号令抚循，军中大治。初，抱真之丧，军司马元谊据洺州叛，虔休遣将李廷芝讨之，战长桥，斩级数百；次鸡泽，又破之。守戍皆奔魏博，即决水灌城，将坏，遣掌书记卢项入见谊，陈利害。谊请朝，即以项为洺州别驾，使守洺。谊出，亦奔魏。"

(元)辛文房撰，傅璇琮主编《唐才子传校笺》(册二)卷五《马逢》条云："逢，关中人。贞元五年卢项榜进士。"

《登科记考》卷一二贞元五年(789)进士科条云卢项状元及第。

【马逢】关中人。贞元五年(789)进士擢第。历荆南节度使从事、殿中御史。

《全唐文》卷五三八裴度《刘府君(太真)神道碑铭并序》："公讳太真，字仲适，族彭城……(贞元)三年，拜礼部侍郎。天下宾王之士，尚实远名者窃相贺矣……门生之在朝廷者，谏议大夫杜羔、中书舍人裴度、起居舍人卢士玫、殿中侍御史李修、光禄少卿卢长卿、右司郎中韦乾度、工部员外郎李君何。在藩牧者，浙东观察都团练使御史中丞李逊、黔中观察经略使御史中丞李道古、泽州刺史御史卢项、嘉州刺史王良士、复州刺史郑群、沔州刺史严公弼、慈州刺史刘元鼎。其在幕府者，侍御史田伯、殿中侍御史卢播马逢、监察御史冯鲁杨巨源。其在畿者，栎阳令麻仲容、蓝田丞崔立之、盩厔尉麴澹等。咸怀赏鉴，自悼遗阙。"

(唐)刘禹锡《刘宾客文集》卷二九《送僧二十四首·重送鸿举赴江陵谒马逢侍御》："西北秋风雕蕙兰，洞庭波上碧云寒。茂陵才子江陵住，乞取新诗合掌看。"

(唐)元稹《元氏长庆集》卷一一《日春社至华岳寺憩窦师院曾未逾月又复徂东再谒窦师因题四韵而已》:"山前古寺临长道,来往淹留为爱山。双燕营巢始西别,百花成子又东还。暝驱羸马频看堠,晓听鸣鸡欲度关。羞见窦师无外役,竹窻依旧老身闲。"注:"贞元二十年五月十四日,夜宿天坛石幢侧。十五日得周至马逢少府书,知予远上天坛,因以长句见赠,篇末仍云灵溪试为访金丹因于坛。"

(元)辛文房撰,傅璇琮主编《唐才子传校笺》(册二)卷五《马逢》条云:"逢,关中人。贞元五年卢项榜进士。佐镇戎幕府,尝从军出塞。"

《登科记考》卷一二贞元五年(789)进士科条云马逢及第。

【王叔雅】字元宏,士族,郡望太原王氏,京兆咸阳县人。贞元五年(789)登进士科甲科。历山南东道从事、山南西道观察使判官、东川节度使从事,终江西观察使判官监察御史里行。

《全唐文》卷七一三许志雍《唐故江南西道观察判官监察御史里行太原王公(叔雅)墓志铭》:"公讳叔雅,字元宏。太原祁人也。其先食采于祁,因邑命氏。轩盖蝉联,奕叶□茂,忠贞孝友,史不绝书。素风懿范,继华绍烈,诚有国之柱石,为令族之领袖。三代祖祐,周骠骑大将军开府仪同三司光禄卿,隋拜司空兼中书令,谥曰忠烈。忠烈生皇朝比部郎中资州刺史师感,公之高祖也。资州生朝请大夫泽王府司马清源县开国男守节,公之曾祖也。清源生渝州刺史赠怀州刺史□一,公之王父也。怀州生金紫光禄大夫试秘书监兼御史中丞衢州刺史赠扬府大都督讳承俊,公之先考也。以中书之勋烈,比部之令望,清源之宏茂,怀州之懿德,中丞之雄迈,世济其美,庆锺后昆。公即中丞第四子也……郡举进士,才及京师,动目屈指,倾盖结辙,为礼部侍郎刘太真深见知遇,再举而登甲科……俄为山南东道嗣曹王皋辟为从事。丁太夫人忧,服阕调补右卫率府兵曹参军。环卫望高,以优贤也。未几,为岭南连帅韦公丹举列上介,表迁左金吾卫兵曹参军。莲府才雄,军门瞻重,每下徐孺之榻,独夺陈琳之笔。属本使节制东川,府幕遂散,邀公独行,奏迁廷尉评兼监察御史。府公再迁慈晋,俄领江西,复随镇拜监察御史里行。以南康□牧假行刺史事。尽闾里之情,祛疲茶之疾,人得归厚,吏不敢欺。岁月之间,□增□复□临川□南郡之理,仁风所被……以元和四年正月七日,告终于洪州南昌县之官舍,春秋五十有五……归窆京兆府咸阳县之延陵乡,祔先茔。礼也。"参考《唐代墓志汇编》元和〇三三《唐故江南西道观察判官监察御史里行太原王公墓志铭》。

【韦乾度】贞元五年(789)进士擢第。历西川节度使从事、兵部郎中。

《全唐文》卷五三八裴度《刘府君(太真)神道碑铭并序》:"公讳太真,字仲适,族彭城……(贞元)三年,拜礼部侍郎。天下宾王之士,尚实远名者窃相贺矣……门生之在朝廷者,谏议大夫杜羔、中书舍人裴度、起居舍人卢士玫、殿中侍御史李修、光禄少卿卢长卿、右司郎中韦乾度、工部员外郎李君何。在藩牧者,浙东观察都团练使御史中丞李逊、黔中观察经略使御史中丞李道古、泽州刺史御史卢项、嘉州刺史王良士、复州刺史郑群、沔州刺史严公弼、慈州刺史刘元鼎。其在幕府者,侍御史田伯、殿中侍御史卢播马逢、监察御史冯鲁杨巨源。其在畿者,栎阳令麻仲容、蓝田丞崔立之、盩厔尉麹澹等。咸怀赏鉴,自悼遗阙。"

（宋）李昉等《太平广记》卷四九七《杂录五·韦乾度》引《乾𦠆子》："韦乾度为殿中侍御史，分司东都。牛僧孺以制科敕首，除伊阙尉。台参，乾度不知僧孺授官之本，问何色出身，僧孺对曰：'进士。'又曰：'安得入畿？'僧孺对曰：'某制策连捷，忝为敕头。'僧孺心甚有所讶，归以告韩愈。愈曰：'公诚小生，韦殿中固当不知。愈及第十有余年，猖狂之名，已满天下，韦殿中尚不知之。子何怪焉？'"

（宋）王谠撰，周勋初校证《唐语林校证》卷一《政事上》："韦皋参佐房式、韦乾度、独孤密、符载、郗士美（原注：本名犯文宗庙讳），皆即论荐。馆驿巡官沈衍、段文昌，辟迫令刺按，礼同上介，亦接诸公后谒。崇文谓文昌曰：'公必为将相，未敢奉荐。'叱起沈衍，令枭首于驿门外。举酒与诸公尽欢，俳优请为刘辟责买戏，崇文曰：'辟是大臣谋反，非鼠窃狗盗。国家自有刑法，安得下人辄为戏弄？'杖优者，皆令戍边。（原注：房式除给事中，韦乾度除兵部郎中，独孤密除起居郎，郗士美除太常博士，符载除秘书郎，并未到阙而命下。）"

《登科记考》卷一二贞元五年（789）进士科条云韦乾度及第。

【卢士玫】字子珣，范阳人。贞元五年（789）登进士科。官至太子宾客，卒赠工部尚书。

《全唐文》卷五三八裴度《刘府君（太真）神道碑铭并序》："公讳太真，字仲适，族彭城……（贞元）三年，拜礼部侍郎。天下宾王之士，尚实远名者窃相贺矣……门生之在朝廷者，谏议大夫杜羔、中书舍人裴度、起居舍人卢士玫、殿中侍御史李修、光禄少卿卢长卿、右司郎中韦乾度、工部员外郎李君何。在藩牧者，浙东观察都团练使御史中丞李逊、黔中观察经略使御史中丞李道古、泽州刺史御史卢顼、嘉州刺史王良士、复州刺史郑群、沔州刺史严公弼、慈州刺史刘元鼎。其在幕府者，侍御史田伯、殿中侍御史卢璠马逢、监察御史冯鲁杨巨源。其在畿者，栎阳令麻仲容、蓝田丞崔立之、盩厔尉麴澹等。咸怀赏鉴，自悼遗阙。"

《秦晋豫新出墓志蒐佚续编》七九九，郑涵撰宝历元年（825）七月二十二日《唐故正议大夫守太子宾客上柱国赐紫金鱼袋赠工部尚书范阳卢府君墓志铭并序》："公讳士玫，字子珣，范阳人也……贞元初擢进士科，其后以博学宏词超等，名荐公府。"墓志署"表侄朝议大夫守中书舍人上柱国荥阳郑涵撰""男文林郎守亳州参军遵方书"。

《旧唐书》卷一六二《卢士玫传》："卢士玫，山东右族，以文儒进。性端厚，与物无竞，雅有令闻。始为吏部员外郎，称职，转郎中、京兆少尹。奉宪宗园寝，刑简事集，时论推其有才，权知京兆尹事。会幽州刘总愿释兵柄入朝，请用张弘靖代己。复请析瀛、漠两州，用士玫为帅，朝廷一皆从之。士玫遂授检校右常侍，充瀛、漠两州都防御观察使。无何，幽州乱，害宾佐，絷弘靖，取裨将朱克融领军务，遣兵袭瀛、漠。朝廷虑防御之名不足抗凶逆，即日除士玫检校工部尚书，充瀛漠节度使。士玫亦罄家财助军用，坚拒叛徒者累月。竟以官军救之不至，又瀛漠之卒亲爱多在幽州，遂为其下阴导克融之兵以溃。士玫及从事皆被拘执，送幽州，囚于宾馆。及朝廷宥克融之罪，士玫方得归东洛。寻拜太子宾客，留司洛中，旋除虢州刺史，复为宾客。宝历元年七月卒，赠工部尚书。"

《登科记考》卷一二贞元五年（789）进士科条云卢士玫及第。

【卢长卿】贞元五年（789）进士擢第。历光禄少卿。

《全唐文》卷五三八裴度《刘府君（太真）神道碑铭并序》："公讳太真，字仲适，族彭城……（贞元）三年，拜礼部侍郎。天下宾王之士，尚实远名者窃相贺矣……门生之在朝廷者，谏议大夫杜羔、中书舍人裴度、起居舍人卢士玫、殿中侍御史李修、光禄少卿卢长卿、右司郎中韦乾度、工部员外郎李君何。在藩牧者，浙东观察都团练使御史中丞李逊、黔中观察经略使御史中丞李道古、泽州刺史御史卢顼、嘉州刺史王良士、复州刺史郑群、沔州刺史严公弼、慈州刺史刘元鼎。其在幕府者，侍御史田伯、殿中侍御史卢播马逢、监察御史冯鲁杨巨源。其在畿者，栎阳令麻仲容、蓝田丞崔立之、盩厔尉麴澹等。咸怀赏鉴，自悼遗阙。”

《登科记考》卷一二贞元五年（789）进士科条云卢长卿及第。

【**田伯**】贞元五年（789）进士擢第。历侍御史。

《全唐文》卷五三八裴度《刘府君（太真）神道碑铭并序》：“公讳太真，字仲适，族彭城……（贞元）三年，拜礼部侍郎。天下宾王之士，尚实远名者窃相贺矣……门生之在朝廷者，谏议大夫杜羔、中书舍人裴度、起居舍人卢士玫、殿中侍御史李修、光禄少卿卢长卿、右司郎中韦乾度、工部员外郎李君何。在藩牧者，浙东观察都团练使御史中丞李逊、黔中观察经略使御史中丞李道古、泽州刺史御史卢顼、嘉州刺史王良士、复州刺史郑群、沔州刺史严公弼、慈州刺史刘元鼎。其在幕府者，侍御史田伯、殿中侍御史卢播马逢、监察御史冯鲁杨巨源。其在畿者，栎阳令麻仲容、蓝田丞崔立之、盩厔尉麴澹等。咸怀赏鉴，自悼遗阙。”

朱玉麒《〈登科记考〉补遗、订正》补入。

【**冯鲁**】贞元五年（789）进士擢第。历监察御史。

《全唐文》卷五三八裴度《刘府君（太真）神道碑铭并序》：“公讳太真，字仲适，族彭城……（贞元）三年，拜礼部侍郎。天下宾王之士，尚实远名者窃相贺矣……门生之在朝廷者，谏议大夫杜羔、中书舍人裴度、起居舍人卢士玫、殿中侍御史李修、光禄少卿卢长卿、右司郎中韦乾度、工部员外郎李君何。在藩牧者，浙东观察都团练使御史中丞李逊、黔中观察经略使御史中丞李道古、泽州刺史御史卢顼、嘉州刺史王良士、复州刺史郑群、沔州刺史严公弼、慈州刺史刘元鼎。其在幕府者，侍御史田伯、殿中侍御史卢播马逢、监察御史冯鲁杨巨源。其在畿者，栎阳令麻仲容、蓝田丞崔立之、盩厔尉麴澹等。咸怀赏鉴，自悼遗阙。”

《登科记考》卷一二贞元五年（789）进士科条云冯鲁及第。

【**刘元鼎**】贞元五年（789）进士擢第。历太原参军，磁州刺史，官至大理卿。

《全唐文》卷五三八裴度《刘府君（太真）神道碑铭并序》：“公讳太真，字仲适，族彭城……（贞元）三年，拜礼部侍郎。天下宾王之士，尚实远名者窃相贺矣……门生之在朝廷者，谏议大夫杜羔、中书舍人裴度、起居舍人卢士玫、殿中侍御史李修、光禄少卿卢长卿、右司郎中韦乾度、工部员外郎李君何。在藩牧者，浙东观察都团练使御史中丞李逊、黔中观察经略使御史中丞李道古、泽州刺史御史卢顼、嘉州刺史王良士、复州刺史郑群、沔州刺史严公弼、慈州刺史刘元鼎。其在幕府者，侍御史田伯、殿中侍御史卢播马逢、监察御史冯鲁杨巨源。其在畿者，栎阳令麻仲容、蓝田丞崔立之、盩厔尉麴澹等。咸怀赏鉴，自悼遗阙。”

《全唐文》卷六六二白居易《太子詹事刘元鼎可大理卿兼御史大夫充西番盟会使右司郎中刘师老可守本官充盟会副使通事舍人太仆丞李武可守本官兼监察御史充盟会判官三人同制》：“敕：太子詹事刘元鼎等：夫选可任而任之，则用无不适，择可劳而劳之，则事无不成，盖君使臣臣事君之端也。属西夷乞盟，求可以莅之者，历选多士，吾得三人。今以元鼎之博通，师老之诚谅，武之恭敏，合而为用，不亦可乎？尔宜临之以庄，示之以信，形仪辞气，皆有可观。必能率服彼戎。"

《新唐书》卷二一六下《吐蕃下》：长庆元年"以大理卿刘元鼎为盟会使，右司郎中刘师老副之"。

《登科记考》卷一二贞元五年(789)进士科条云刘元鼎及第。

【严公弼】梓州人。贞元五年(789)进士擢第。历沔州刺史、太子中舍。

《全唐文》卷五三八裴度《刘府君(太真)神道碑铭并序》："公讳太真，字仲适，族彭城……(贞元)三年，拜礼部侍郎。天下宾王之士，尚实远名者窃相贺矣……门生之在朝廷者，谏议大夫杜羔、中书舍人裴度、起居舍人卢士玫、殿中侍御史李修、光禄少卿卢长卿、右司郎中韦乾度、工部员外郎李君何。在藩牧者，浙东观察都团练使御史中丞李逊、黔中观察经略使御史中丞李道古、泽州刺史御史卢顼、嘉州刺史王良士、复州刺史郑群、沔州刺史严公弼、慈州刺史刘元鼎。其在幕府者，侍御史田伯、殿中侍御史卢璠马逢、监察御史冯鲁杨巨源。其在畿者，栎阳令麻仲容、蓝田丞崔立之、盩厔尉麴澹等。咸怀赏鉴，自悼遗阙。"

《全唐文》卷五七〇柳宗元《贺践祚表》："臣某言：太子中舍严公弼至，奉某月日敕书慰谕。伏承陛下以某月日虔奉典册，允升宝位，凡在群生，孰不庆幸！臣某诚欢诚忭，顿首顿首。臣闻天地泰而圣人出，雷雨解而品物荣。"

(宋)王钦若等《册府元龟》卷六八三《牧守部(十三)·遗爱第二》："严公弼为随州刺史，亡母墓在沔州，为盗所发。公弼奔赴沔州，随州百姓耆老相率见观察使柳公绰，称公弼在州甚有惠政。公绰上言，却令守本官以从人欲。可之。"

(宋)童宗说等《柳河东集注》卷三七《表·贺践阼表》："臣某言太子中舍严公弼至顺宗即位宗元代节镇作此。公弼乃山南西道节度严震之子。"

(宋)计有功《唐诗纪事》卷三二《严公弼》："公弼、公贶，严震之子。震，梓州人，建中中为凤州刺史，治行为山南第一，封郧国公，公弼袭封。"

《登科记考》卷一二贞元五年(789)进士科条云严公弼及第。

乾隆《四川通志》卷三三《选举·唐》："严公弼盐亭县人。"

【杜羔】襄阳杜氏，京兆人。贞元五年(789)进士及第。历万年令、户部郎中、谏议大夫。官至振武节度使，以工部尚书致仕，赠尚书右仆射，谥曰敬。

《全唐文》卷五三八裴度《刘府君(太真)神道碑铭并序》："公讳太真，字仲适，族彭城……(贞元)三年，拜礼部侍郎。天下宾王之士，尚实远名者窃相贺矣……门生之在朝廷者，谏议大夫杜羔、中书舍人裴度、起居舍人卢士玫、殿中侍御史李修、光禄少卿卢长卿、右司郎中韦乾度、工部员外郎李君何。在藩牧者，浙东观察都团练使御史中丞李逊、黔中观察经略使御史中丞李道古、泽州刺史御史卢顼、嘉州刺史王良士、复州刺史郑群、沔州刺史严公弼、慈州刺史刘元鼎。其在幕府者，侍御史田伯、殿中侍御史卢璠马逢、监察御史冯鲁杨巨源。其在畿者，栎阳令麻仲容、蓝田丞崔立之、盩厔尉麴澹等。咸怀赏鉴，自悼遗阙。"

《全唐文》卷六五八白居易《故工部尚书致仕杜羔赠右仆射制》："敕：故某官杜羔，生于仁族，发为公器，敦厚孝友，本乎天性，文学政事，出于余力。自立朝右，蔼然素风，司谏平刑，驳议廉问，凡所践历，不懈于位。以年致政，以疾就第，出处进退，皆叶时中。遽此沦谢，恻恻兴念。夫生有荣禄，殁有宠赠，所以极君道，厚时风，亦圣人有始卒之义也。宜追端揆，以申褒饰，犹有精爽，知吾不忘。可赠尚书右仆射。”

《新唐书》卷一七二《杜兼传附杜羔传》：“从弟羔，贞元初及进士第，有至性。父死河北……元和中，为万年令……授户部郎中，后历振武节度使，以工部尚书致仕。卒，赠尚书右仆射，谥曰敬。”

《登科记考》卷一二贞元五年（789）进士科条云杜羔及第。

【李方叔】贞元五年（789）登进士科。历县令。

《全唐文》卷五六五韩愈《河南令张君墓志铭》：“君讳署，字某，河间人。大父利贞，有名玄宗世。为御史中丞，举弹无所避，由是出为陈留守，领河南道采访处置使，数岁卒官。皇考讳郇，以儒学进，官至侍御史。君方质有气，形貌魁硕，长于文词。以进士举博学宏词，为校书郎。自京兆武功尉拜监察御史。为幸臣所谗，与同辈韩愈、李方叔三人俱为县令南方。”

《韩昌黎集》卷三〇《张署墓志铭》，五百家注樊曰：“时三人俱为监察御史。方叔，贞元五年登第。”

【李夷亮】宗室，京兆府人。贞元五年（789）登进士第。

《全唐文》卷五九四李夷亮小传云：“夷亮，宰相夷简之弟，贞元五年进士。”《登科记考》卷二七《附考·进士科》未言其登第时间，胡可先《〈登科记考〉匡补三编》补入。

《旧唐书》卷一七六《李宗闵传》：“夷简诸弟夷亮、夷则、夷范，皆登进士第。”

（宋）李昉等《文苑英华》卷一三《赋十三·天象十三》收张正元、吴仲舒、李夷亮、李方叔《南风之薰赋》。张正元、李方叔为贞元五年进士，则《南风之薰赋》为是年赋题。

【李君何】贞元五年（789）进士及第。历工部员外郎、吊祭使。

（宋）李昉等《文苑英华》卷一八八《诗三十八·省试九》《曲江亭望慈恩寺杏园花发》下有李君何。

《登科记考》卷一二贞元元年引（五代）王定保《唐摭言》卷三《慈恩寺题名游赏赋咏杂纪》云“贞元中，刘太真侍郎试慈恩寺望杏园花发诗”，并附在贞元四年省试诗。陈尚君《〈登科记考〉正补》考订此诗为贞元五年省试诗。《登科记考》卷一二进士科条据《文苑英华》所录省试诗云李君何、周弘亮、曹著、陈翥皆贞元四年进士及第。《登科记考》卷一二贞元四年进士科条云周弘亮及第。陈尚君《〈登科记考〉正补》云其当移至贞元五年。《通鉴》卷二三九元和七年（812）九月条：“遣工部员外郎李君何吊祭。”

【李逊】字友道，赵郡李氏，荆州贯，祖珍玉，昌明令；父震，雅州别驾，世寓于荆州之石首。贞元五年（789）擢进士第。历襄阳掌书记、湖南从事、池濠二州刺史、虞部郎中、衢州刺史、户部侍郎，充山南东道节度、观察等使，授太子宾客分司、左散骑常侍、京兆尹、国子祭酒、忠武节度、陈许溵蔡等州观察处置等使。官至刑部尚书，赠右仆射，谥曰恭肃。

《全唐文》卷六七八白居易《有唐善人墓碑铭并序》：“唐有善人曰李公，公名建，字杓直,陇西人……长庆元年二月二十三日夜,无疾即世于长安修行里第,是岁五月二十五日归祔于凤翔某县某乡某原之先茔……公养有余力,读书属文,业成,与兄逊起应进士,俱中第,为校书。”按:其贯当以荆州为确,凤翔当为其先之旧籍。

《旧唐书》卷一五五《李逊传》:“李逊字友道,后魏申公发之后,于赵郡谓之申公房。曾祖进德,太子中允。祖珍玉,昌明令。父震,雅州别驾。世寓于荆州之石首。逊登进士第,辟襄阳掌书记。复从事于湖南,主其留务,颇有声绩,累拜池、濠二州刺史……入拜虞部郎中。元和初,出为衢州刺史……俄迁户部侍郎。元和十年,拜襄州刺史,充山南东道节度、观察等使……左授太子宾客分司,又降为恩王傅。十三年,李师道效顺,命逊为左散骑常侍……除京兆尹,改国子祭酒。十四年,拜许州刺史,充忠武节度、陈许溵蔡等州观察处置等使……长庆元年……改刑部尚书。长庆三年正月卒,年六十三,废朝一日,赠右仆射……谥曰恭肃。”

《新唐书》卷一六二《李逊传》:“李逊字友道,魏申公发之后,赵郡所谓申公房者,客居荆州。始署山南东道掌书记,累迁濠州刺史……入为虞部郎中……入为给事中……迁户部侍郎……久乃历京兆尹、国子祭酒……以疾求解为刑部尚书。卒,年六十三,赠尚书右仆射,谥曰贞。”按:《旧唐书》云其望为赵郡李氏,白居易云其郡望为陇西李氏。

【李道古】宗室,洛阳河南县人,父李皋赠右仆。贞元五年(789)登进士科,授秘书省校书郎,充集贤校理。历司门员外郎,处、随、唐、睦四州刺史,黔中观察,鄂、岳、沔、蕲、安、黄团练观察使,入为宗正卿。官至左金吾卫将军。

《全唐文》卷五六三韩愈《昭武校尉守左金吾卫将军李公(道古)墓志铭》:“公讳道古,字某,曹成王子。其先王明,以太宗子王曹,绝辄复封,五世而至成王。成王讳皋,有功建中贞元间,以多才能、能行赏诛为名。至今追数当时内外文武大臣,成王必在其间。公以进士举及第,献《文舆》三十卷,拜校书郎集贤学士,四迁至宗正丞。宪宗即位,选擢宗室,迁尚书司门员外郎,以选为利随唐睦州刺史,迁少宗正。元和九年,以御史中丞持节镇黔中。十一年来朝,迁镇鄂州,以鄂岳道兵会平淮西,以功加御史大夫。十三年,征拜宗正,转左金吾。上即位,以先朝时尝信佞人柳泌能烧水银为不死药荐之,泌以故起闾阎氓为刺史,不效,贬循州司马。其年九月三日,以疾卒于贬所,年五十三。长庆元年诏曰:左降而死者,还其官以葬。遂以其年某月日,葬于东都某县。”

《唐代墓志汇编》贞元〇九三《有唐山南东道节度使赠尚书右仆射嗣曹王墓志铭并序》:李皋五子“而道古擢秀才第,又献书金门,授秘书省校书郎,充集贤校理”。

《旧唐书》卷一三一《李皋传》:“李皋字子兰,曹王明玄孙,嗣王戢之子……子象古、道古、复古……道古登进士第,迁司门员外郎……历处、随、唐、睦四州刺史,由黔中观察为鄂岳沔蕲安黄团练观察使,时元和十一年也……元和十三年,入为宗正卿……后又为左金吾卫将军。”

(宋)魏仲举《五百家注释韩昌黎全集》卷三二《李道古墓志铭》:“以进士举及第。”补注:“贞元五年登第。”

《登科记考》卷一二贞元五年(789)进士科条云李道古及第。

【李修】贞元五年(789)进士擢第。历殿中侍御史、浙西观察使。

《全唐文》卷五三八裴度《刘府君(太真)神道碑铭并序》:"公讳太真,字仲适,族彭城……(贞元)三年,拜礼部侍郎。天下宾王之士,尚实远名者窃相贺矣……门生之在朝廷者,谏议大夫杜羔、中书舍人裴度、起居舍人卢士玫、殿中侍御史李修、光禄少卿卢长卿、右司郎中韦乾度、工部员外郎李君何。在藩牧者,浙东观察都团练使御史中丞李逊、黔中观察经略使御史中丞李道古、泽州刺史御史卢顼、嘉州刺史王良士、复州刺史郑群、沔州刺史严公弼、慈州刺史刘元鼎。其在幕府者,侍御史田伯、殿中侍御史卢璠马逢、监察御史冯鲁杨巨源。其在畿者,栎阳令麻仲容、蓝田丞崔立之、盩厔尉麴澹等。咸怀赏鉴,自悼遗阙。"

(唐)张读《宣室志·李修》:"唐浙西观察使李修,元和七年为绛郡守。是岁,其属县龙门有龙见,时观者千数。郡以状闻于太府。时相国河东府张弘靖为河中节度使,相国之子故舒州刺史以宗尝为文以赞其事。"

(宋)王溥《唐会要》卷七八《诸使中·诸使杂录上(奏荐附)》:"(元和)十三年二月,浙东观察使孟简授代,诏书到日,援故事,署留后而行。及常州,堂牒勒还旧镇,待割使事而后行。初,李修授浙西观察使,中谢日,请留所替,以待交割使事。至是因举为例,非旧制也。"

《登科记考》卷一二贞元五年(789)进士科条云李修及第。

【杨巨源】字景山,蒲中人。贞元五年(789)进士擢第。历河中节度使从事、监察御史、礼部郎中。官至少尹。

《全唐文》卷五三八裴度《刘府君(太真)神道碑铭并序》:"公讳太真,字仲适,族彭城……(贞元)三年,拜礼部侍郎。天下宾王之士,尚实远名者窃相贺矣……门生之在朝廷者,谏议大夫杜羔、中书舍人裴度、起居舍人卢士玫、殿中侍御史李修、光禄少卿卢长卿、右司郎中韦乾度、工部员外郎李君何。在藩牧者,浙东观察都团练使御史中丞李逊、黔中观察经略使御史中丞李道古、泽州刺史御史卢顼、嘉州刺史王良士、复州刺史郑群、沔州刺史严公弼、慈州刺史刘元鼎。其在幕府者,侍御史田伯、殿中侍御史卢璠马逢、监察御史冯鲁杨巨源。其在畿者,栎阳令麻仲容、蓝田丞崔立之、盩厔尉麴澹等。咸怀赏鉴,自悼遗阙。"

《全唐文》卷六四八元稹《授杨巨源郭同元河中兴元少尹制》:"敕:具官杨巨源,诗律铿金,词锋切玉,相如有凌云之势,陶潜多把菊之情。朝请郎前守华阴县令郭同元,文战得名,吏途称最,刘超推出纳之善,王涣著抑挫之名。皆用己长,各居官守,固其满秩,议以序迁。稽其器局之良,宜参尹正之亚,巨源可守河中少尹,同元可权知兴元少尹。"

《新唐书》卷六〇《艺文四》:"《杨巨源诗》一卷。字景山,大和河中少尹。"

(宋)魏仲举《五百家注释韩昌黎全集》卷二一《送杨巨源少尹序》集注曰:"巨源,新旧史无传,艺文志云:字景山,贞元五年第进士。"

(元)辛文房撰,傅璇琮主编《唐才子传校笺》(册二)卷五《杨巨源》条云:"巨源字景山,蒲中人。贞元五年刘太真下第二人及第。初,为张弘靖从事,拜虞部员外郎,后迁太常博士、国子祭酒。大和中,为河中少尹,入拜礼部郎中。巨源才雄学富,用意声律,细挹得无穷之源,缓隽有愈永之味。长篇刻琢,绝句清泠,盖得于此而失于彼者矣。有诗一卷,行于世。”按:《郡斋读书志》卷四上:“杨巨源,字景山,河中人。”

《登科记考》卷一二贞元五年(789)进士科条云杨巨源及第。

【杨衡】贞元五年(789)进士及第。曾官左金吾卫仓曹参军,终大理评事。

《全唐文》卷四八一符载《杨府君(鸥)墓志铭》:“有才子衡,进士擢第。”

《全唐文》卷六九一符载《犀浦令杨府君(鸥)墓志铭》:“有才子衡,进士擢第,官曰左金吾卫仓曹参军。”

(五代)王定保《唐摭言》卷二《争解元》:“杨衡后因中表盗衡文章及第,诣阙寻其人,遂举,亦及第。”

(五代)孙光宪《北梦琐言》卷五《符载侯翩归隐》:“杨衡擢进士第。”

(宋)李昉等《太平广记》卷一九八《文章一·符载》引《北梦琐言》:“唐符载字厚之,蜀郡人。有奇才,始与杨衡、宋济栖青城山习业,杨衡擢第,宋济先死。”

(宋)计有功《唐诗纪事》卷五一《杨衡》:“(杨衡)初隐庐山,有盗其文登第者,衡因诣阙,亦登第。”

同治《湖州府志》卷七四《人物传文学一》:“(杨衡)大历进士,以诗鸣,仕终大理评事。”

【吴仲舒】贞元五年(789)登进士科。

(宋)李昉等《文苑英华》卷一三《赋十三·天象十三》收张正元、吴仲舒、李夷亮、李方叔《南风之薰赋》。张正元、李方叔为贞元五年进士,则《南风之薰赋》为是年赋题。

《登科记考》卷二七《附考·进士科》未言吴仲舒登第时间。胡可先《〈登科记考〉匡补三编》补入。

【张正元】贞元五年(789)进士第。历校书郎、岭南节度掌书记、试大理评事、邕州刺史、御史中丞、邕管经略使。

《全唐诗》第九册卷二七九卢纶《秋夜宴集陈翃郎中圃亭美校书郎张正元归乡》。

《旧唐书》卷一三《德宗下》:“(贞元十八年)八月壬寅,以邕管经略使徐申为广州刺史、岭南节度使。甲辰,以岭南节度掌书记、试大理评事张正元为邕州刺史、御史中丞、邕管经略使,给事中许孟容以非次迁授,封还诏书。”

(宋)计有功《唐诗纪事》卷五〇《张正元》:“正元,登贞元五年进士及第。”

《登科记考》卷一二贞元五年(789)进士科条云张正元及第。

【张汾】贞元五年(789)登进士科。历西川节度使安抚巡官,摄广都县令。

《乾𦠆子》:“贞元初,邢君牙为陇右临洮节度,进士张汾往谒。后二年及第。”

(宋)李昉等《太平广记》卷四九六《杂录四·邢君牙》引《乾𦠆子》:“贞元初,邢君牙为陇右临洮节度,进士刘师老、许尧佐往谒焉。二客方坐,一人仪形甚异,头大足短,衣麻衣而入。都不待宾司引报,直入见君牙。拱手于额曰:‘进士张汾不敢拜。’君牙从戎多年,殊不以为怪,乃揖汾坐,曾不顾尧佐、师老。俄而有吏过桉,宴设司欠失钱物。君牙阅历簿书,有五十余千散落,为所由隐漏。君牙大怒,方令分析去处。汾乃拂衣而起曰:‘且奉辞。’牙谢曰:‘某适有公事,略须决遣,未有所失于君子,不知遽告辞何也?’汾对曰:‘汾在京之日，每闻京西有邢君牙上柱天，下柱地。今日于汾前，与设吏论牙三五十千钱。此汉争中？'君牙甚怪，便放设吏，与汾相亲。汾谓君牙曰：'某在京应举，每年常用二千贯文，皆出往还。剑南韦二十三，徐州张十三，一日之内，客有数等，上至给舍，即须法味。中至补遗，即须煮鸡豚或生或鲙。'既而指师老、尧佐云：'如举子此公之徒，远相访，即膳胡而已，何不如此耶？'尧佐矍然。逡巡，二客告辞而退，君牙各赠五缣。张汾洒扫内厅安置，留连月余，赠五百缣。汾却至武功，尧佐方卧病在馆，汾都不相揖。后二年及第，又不肯选，遂患腰脚疾。武元衡镇西川，哀其龙钟，奏充安抚巡官，仍摄广都县令，一年而殂。"

《新唐书》卷一五六《邢君牙传》："初，布衣张汾者，无绍而干君牙，轩然坐客上。会吏擿簿书，以盗设宴钱五万，君牙怒其欺，汾不谢去，曰：'吾在京师，闻邢君牙一时豪俊，今乃与设吏论钱，云何？'君牙惭，遽释吏，引为上客，留月余，以五百缣为谢。其屈己好士类此。"

《登科记考》卷一二贞元五年(789)进士科张汾条按："邢君牙拜节度在贞元三年，则汾登第疑在此年。"

【陈翥】贞元五年(789)进士及第。

《登科记考》卷一二贞元元年引(五代)王定保《唐摭言》卷三《慈恩寺题名游赏赋咏杂纪》，"贞元中，刘太真侍郎试慈恩寺望杏园花发诗"，并附为贞元四年省试诗。陈尚君《〈登科记考〉正补》考订此诗为贞元五年省试诗。

《登科记考》卷一二进士科条据《文苑英华》卷一八八所录省试诗云李君何、周弘亮、曹著、陈翥皆贞元四年进士及第。《登科记考》卷一二贞元四年进士科条云周弘亮及第。陈尚君《〈登科记考〉正补》云其当移至贞元五年。

【罗玠】衡山人。贞元五年(789)登进士科。官至御史。

(五代)王定保《唐摭言》卷三《慈恩寺题名游赏赋咏杂纪》："罗玠，贞元五年及第关宴，曲江泛舟，舟沉，玠以溺死。后有关宴前卒者，谓之'报罗'。"

《登科记考》卷一二贞元五年(789)进士条按："玠衡山人，刘禹锡《送周鲁儒诗序》言玠升俊造，仕甸服，官至御史，则《摭言》未确。"按：《送周鲁儒诗序》见《刘禹锡全集》外集卷八。

【周弘亮】贞元五年(789)登进士科。

《全唐诗》第十四册卷四六六周弘亮《曲江亭望慈恩寺杏园花发》："江亭闲望处，远近见秦源。古寺迟春景，新花发杏园。萼中轻蕊密，枝上素姿繁。拂雨云初起，含风雪欲翻。容辉明十地，香气遍千门。愿莫随桃李，芳菲不为言。"

(宋)计有功《唐诗纪事》卷四五《周弘亮》："弘亮，登贞元进士第。"

《登科记考》卷一二贞元元年引(五代)王定保《唐摭言》卷三《慈恩寺题名游赏赋咏杂纪》，"贞元中，刘太真侍郎试慈恩寺望杏园花发诗"，并附为贞元四年省试诗。陈尚君《〈登科记考〉正补》考订此诗为贞元五年省试诗。

《登科记考》卷一二进士科条据《文苑英华》所录省试诗云李君何、周弘亮、曹著、陈翥皆贞元四年进士及第。

《登科记考》卷一二贞元四年进士科条云周弘亮及第。陈尚君《〈登科记考〉正补》云其当移至贞元五年。

【胡证】字启中，河东人，父瑱，伯父玫，登进士第。贞元五年(789)登进士科，又中武制举。历河中从事、殿中侍御史、韶州刺史、京兆尹、左散骑常侍。官至户部尚书，赠左仆射。

(五代)王定保《唐摭言》卷三《慈恩寺题名游赏赋咏杂纪》："胡证尚书质状魁伟，膂力绝人，与裴晋公度同年。"

《旧唐书》卷一六三《胡证传》："胡证字启中，河东人。父瑱，伯父玫，登进士第。证，贞元中继登科，咸宁王浑瑊辟为河中从事。自殿中侍御史拜韶州刺史，以母年高不可适远，改授太子舍人。襄阳节度使于頔请为掌书记，检校祠部员外郎。元和四年，由侍御史历左司员外郎、长安县令、户部郎中。田弘正以魏博内属，请除副贰，乃兼御史中丞，充魏博节度副使，仍兼左庶子。入迁左谏议大夫。九年，以党项寇边，以证有安边才略，乃授单于都护、御史大夫、振武军节度使……十三年，征为金吾大将军，依前兼御史大夫。十四年，充京西、京北巡边使，访其利害以闻。长庆元年，大和公主出降回纥，诏以本官检校工部尚书充和亲使……拜工部侍郎。敬宗即位之初，检校户部尚书，守京兆尹。数月，迁左散骑常侍。宝历初，拜户部尚书、判度支，上表乞免，愿效籓服。二年，检校兵部尚书、广州刺史，充岭南节度使。大和二年，以疾上表求还京师。是岁十月卒于岭南，时年七十一，废朝一日，赠左仆射。"

《新唐书》卷一六四《胡证传》："胡证字启中，河中河东人。举进士第，浑瑊美其才，又以乡府奏置幕下。繇殿中侍御史为韶州刺史……拜工部侍郎，改京兆尹、左散骑常侍。宝历初，以户部尚书判度支，固辞，拜岭南节度使。卒，年七十一，赠尚书右仆射。"

(宋)祝穆《古今事文类聚前集》卷二七《仕进部》录杨巨源《重送胡大夫赴振武诗》，题下注："武举。"诗云："向年擢桂儒生业，今日分茅圣主恩。旌旆仍将过乡路，轩车争看出都门。人间文武能双捷，天下安危待一论。布惠宣威大夫事，不妨诗思许琴尊。"按："胡大夫"即胡证，见陶敏《全唐诗人名考证》及钱仲联《韩昌黎诗系年集释》卷八《奉酬振武胡十二丈大夫》诗注。又按：胡证进士及第后所中"武举"，当为武制举。

《登科记考》卷一二贞元五年(789)进士科条云胡证是年及第。《登科记考补正》卷二七《附考·制科》增补胡证武制举及第。

【曹著】贞元五年(789)进士及第。

《登科记考》卷一二贞元元年引(五代)王定保《唐摭言》卷三《慈恩寺题名游赏赋咏杂纪》，"贞元中，刘太真侍郎试慈恩寺望杏园花发诗"，并附为贞元四年省试诗。陈尚君《〈登科记考〉正补》考订此诗为贞元五年省试诗。

《登科记考》卷一二进士科条据《文苑英华》卷一八八所录省试诗云李君何、周弘亮、曹著、陈翥皆贞元四年进士及第。

《登科记考》卷一二贞元四年进士科条云周弘亮及第。陈尚君《〈登科记考〉正补》云其当移至贞元五年。

【崔简】字子敬，郡望博陵，贯长安，祖崔鲵，父崔翬。贞元五年(789)进士科及第。历山南西道掌书记、留后，永州刺史。官至刺史。

《柳宗元集》卷九《故永州刺史流配驩州崔君权厝志》："博陵崔君，由进士入山南西道节度府，始掌书记，至府留后，凡五徒职。六增官，至刑部员外郎。出刺连、永两州……元和七年正月二十六日卒……夫人河东柳氏，德硕行淑，先崔君十年卒。其葬在长安东南少陵北，君以窜没，家又有海祸，力不克祔。三年，将复故葬也。徒志其一二大者云。鲵为祖，翬为父。世文儒，积弥厚。简其名，子敬字。年五十，增以二。"

《柳宗元集》卷四一《祭姊夫崔使君简文》："永州刺史博陵崔公之灵。"孙注："简贞元五年中进士第。"

《登科记考》卷一二贞元五年(789)进士科条云崔简是年及第。

【麻仲容】贞元五年(789)进士擢第。历栎阳令。

《全唐文》卷五三八裴度《刘府君(太真)神道碑铭并序》："公讳太真，字仲适，族彭城……(贞元)三年，拜礼部侍郎。天下宾王之士，尚实远名者窃相贺矣……门生之在朝廷者，谏议大夫杜羔、中书舍人裴度、起居舍人卢士玫、殿中侍御史李修、光禄少卿卢长卿、右司郎中韦乾度、工部员外郎李君何。在藩牧者，浙东观察都团练使御史中丞李逊、黔中观察经略使御史中丞李道古、泽州刺史御史卢顼、嘉州刺史王良士、复州刺史郑群、沔州刺史严公弼、慈州刺史刘元鼎。其在幕府者，侍御史田伯、殿中侍御史卢璠马逢、监察御史冯鲁杨巨源。其在畿者，栎阳令麻仲容、蓝田丞崔立之、盩厔尉麴澹等。咸怀赏鉴，自悼遗阙。"

《登科记考》卷一二贞元五年(789)进士科条云麻仲容及第。

【窦平】扶风平陵人。贞元五年(789)登进士科。历岭南从事。

《全唐文》卷五五五韩愈《送窦从事序》："逾瓯闽而南，皆百越之地，于天文，其次星纪，其星牵牛。连山隔其阴，钜海敌其阳，是维岛居卉服之民，风气之殊，著自古昔。唐之有天下，号令之所加，无异于远近。民俗既迁，风气亦随，雪霜时降，疠疫不兴，濒海之饶，固加于初。是以人之之南海者，若东西州焉。皇帝临天下二十有二年，诏工部侍郎赵植为广州刺史，尽牧南海之民，署从事扶风窦平。平以文辞进。于其行也，其族人殿中侍御史牟，合东都交游之能文者二十有八人，赋诗以赠之。于是昌黎韩愈嘉赵南海之能得人，壮从事之答于知我，不惮行之远也；又乐贻周之爱其族叔父，能合文辞以宠荣之，作《送窦从事少府平序》。"

(宋)魏仲举《五百家注昌黎文集》卷一九《送窦平从事序》："平，扶风平陵人。贞元五年登第。"

《登科记考》卷一二贞元五年(789)进士科条云窦平及第。

【裴度】字中立，河东闻喜人，祖有邻濮州濮阳令，父溆河南府渑池丞。贞元五年(789)擢进士第，贞元八年(792)又登宏词科，贞元九年(793)举贤良方正能直言极谏科，授河阴尉。历西川节度使掌书记、迁监察御史、起居舍人、中书舍人、御史中丞，拜宰相，蔡州刺史，充彰义军节度、申光蔡观察等使，后相穆宗、敬宗、文宗，封晋国公、食邑三千户、食实封三百户，终中书令，册赠太傅，谥文忠，会昌元年，加赠太师。

（唐）杜牧《樊川文集》卷一二《上宣州高大夫书》：“元和中，宰相河东司空公，中书令裴公，皆进士也，裴公仍再得宏辞制策科。”按：中书令裴公，裴度也。

《旧唐书》卷一七〇《裴度传》：“裴度字中立，河东闻喜人。祖有邻，濮州濮阳令。父溆，河南府渑池丞。度，贞元五年进士擢第，登宏辞科。应制举贤良方正能直言极谏科，对策高等，授河阴县尉。迁监察御史……元和六年，以司封员外郎知制诰，寻转本司郎中……九年十月，改御史中丞……（十年六月）诏以度为门下侍郎、同中书门下平章事……（十二年）朝议大夫、守中书侍郎、同平章事、飞骑尉、赐紫金鱼袋裴度……可门下侍郎、同中书门下平章事、蔡州刺史，充彰义军节度、申光蔡观察等使，仍充淮西宣慰招讨处置使。诏出，度以韩弘为淮西行营都统，不欲更为招讨，请只称宣慰处置使……诏加度金紫光禄大夫、弘文馆大学士，赐勋上柱国，封晋国公，食邑三千户，复知政事……十四年，检校左仆射、同中书门下平章事、太原尹、北都留守、河东节度使。穆宗即位，长庆元年秋……进位检校司空，兼充押北山诸蕃使……寻罢度兵权，守司徒、同平章事，充东都留守……以功加门下侍郎、集贤殿大学士、太清宫使，余如故……赐实封三百户……文宗遣御医诊视，日令中使抚问。四年六月……特进、守司徒、兼门下侍郎、同中书门下平章事，充集贤殿大学士、上柱国、晋国公、食邑三千户、食实封三百户裴度……可司徒、平章军国重事，待疾损日，每三日、五日一度入中书。散官勋封实封如故。仍备礼册命……九月，加守司徒、兼侍中、襄州刺史，充山南东道节度观察、临汉监牧等使……八年三月，以本官判东都尚书省事，充东都留守。九年十月，进位中书令……四年正月，诏许还京，拜中书令……而度已薨，四年三月四日也。上闻之，震悼久之，重令缮写，置之灵座。时年七十五，册赠太傅。”

《新唐书》卷一七三《裴度传》：“裴度字中立，河东闻喜人。贞元初，擢进士第，以宏辞补校书郎。举贤良方正异等，调河阴尉。迁监察御史，论权嬖梗切，出为河南功曹参军。武元衡帅西川，表掌节度府书记。召为起居舍人。元和六年，以司封员外郎知制诰……拜中书侍郎、同中书门下平章事……穆宗即位，进检校司空……乃以本官兼中书侍郎、平章事……大和四年……乃诏进司徒、平章军国重事……册赠太傅，谥文忠……会昌元年，加赠太师。”

《登科记考》卷一二（451）贞元五年（789）进士科录载裴度。

【麴澹】贞元五年（789）进士擢第。历盩厔尉。

《全唐文》卷五三八裴度《刘府君（太真）神道碑铭并序》：“公讳太真，字仲适，族彭城……（贞元）三年，拜礼部侍郎。天下宾王之士，尚实远名者窃相贺矣……门生之在朝廷者，谏议大夫杜羔、中书舍人裴度、起居舍人卢士玫、殿中侍御史李修、光禄少卿卢长卿、右司郎中韦乾度、工部员外郎李君何。在藩牧者，浙东观察都团练使御史中丞李逊、黔中观察经略使御史中丞李道古、泽州刺史御史卢顼、嘉州刺史王良士、复州刺史郑群、沔州刺史严公弼、慈州刺史刘元鼎。其在幕府者，侍御史田伯、殿中侍御史卢璠马逢、监察御史冯鲁杨巨源。其在畿者，栎阳令麻仲容、蓝田丞崔立之、盩厔尉麴澹等。咸怀赏鉴，自悼遗阙。”

《登科记考》卷一二贞元五年（789）进士科条云麴澹及第。

明经科

【丁公著】字平子，苏州吴郡人。贞元五年（789）五经及第，明年登开元礼，授集贤校书郎。官至礼部尚书，赠右仆射。

《全唐文补遗》千唐志斋新藏专辑，丁强立撰大和三年（829）十月八日《唐河南府文学权易容夫人济阳丁氏墓志铭并述》："（夫人）曾祖衷，赠给事中。祖绪，赠礼部尚书。父公著，见任浙江西道都团练观察处置等使、检校户部尚书、兼润州刺史、御史大夫。"

《旧唐书》卷一八八《孝友·丁公著传》："丁公著，字平子，苏州吴郡人。祖衷，父绪，皆不仕。公……年二十一，《五经》及第。明年，又通《开元礼》，授集贤校书郎……荐授太子文学，兼集贤殿校理……授右补阙。迁集贤直学士，寻授水部员外郎，充皇太子及诸王侍读。著《皇太子及诸王训》十卷。转驾部员外，仍兼旧职。穆宗即位……未几，迁工部侍郎，仍兼集贤殿学士……改尚书右丞，转兵部、吏部侍郎，迁礼部尚书、翰林侍讲学士……改授太常卿，以疾请归乡里，未至而终，年六十四。赠右仆射。"

《新唐书》卷一六四《丁公著传》："丁公著字平子，苏州吴人……举明经高第，授集贤校书郎……淮南节度使李吉甫表授太子文学，兼集贤校理。会入辅政，擢为右补阙，迁直学士，充皇太子、诸王侍读，因著《太子诸王训》十篇。穆宗立……乃擢给事中，迁工部侍郎，知吏部选事……四迁礼部尚书、翰林侍讲学士。长庆中……拜观察使……入为太常卿。大和中……卒，年六十四，赠尚书右仆射。"

《吴郡志》卷二二："丁公著，字平子，吴人……举明经，授校书郎。"

【韦孟明】字孟明。贞元五年（789）登明经科，调补左内率兵曹。官至同州澄城县主簿。

《隋唐五代墓志汇编》陕西卷第二册《唐故同州澄城县主簿韦府君（孟明）墓志铭并序》："君讳孟明，字孟明……弱冠举明经，调补左内率兵曹。"按：以其元和三年（808）春秋三十九卒推之，孟明当于贞元五年及第。

贞元六年庚午（790）

知贡举：礼部侍郎张濛（未毕事），刑部侍郎杜黄裳（放榜）。

进士科

【王公亮】琅耶王氏，洛阳人。贞元六年（790）登进士第。历司门郎中、商州刺史、潭州刺史、湖南都团练观察，官至御史大夫。

《全唐文补遗》千唐志斋新藏专辑，贞元十八年（802）十月十四日《唐故河南府伊阳县令荥阳郑府君（闉）墓志铭并序》，署"外甥、前乡贡进士王公亮撰"。

《唐代墓志汇编》咸通〇五六《唐故滑州匡城县令王公墓志并序》："公讳虔畅，字承休，其先琅耶人……少曰公亮，贞元六年进士登第……官至潭州刺史、御史大夫、湖南都团练观察使……窆于洛阳县杜郭村大茔礼也。"岑仲勉《〈登科记考〉订补》补入。

（宋）计有功《唐诗纪事》卷四〇《王公亮》："公亮，登贞元进士第。长庆初，上《兵书》十八卷，自司门郎中为商州刺史。"

【许尧佐】父审，兄康佐官至礼部尚书。贞元六年（790）进士及第，贞元十年登贤良方正能直言极谏科，授太子校书郎。官至谏议大夫。

《旧唐书》卷一八九下《儒学下·许康佐传》："许康佐，父审。康佐登进士第，又登宏词科……弟尧佐、元佐，尧佐子道敏，并登进士第，历官清显。"

《新唐书》卷二〇〇《儒学下·许康佐传》：许康佐"诸弟皆擢进士第，而尧佐最先进，又举宏辞，为太子校书郎。八年，康佐继之。尧佐位谏议大夫"。

（宋）计有功《唐诗纪事》卷四一《许尧佐》："尧佐，贞元十六年与敦煌张宗本、荥阳郑权皆佐征西府。后位谏议大夫，卒。"按：《唐会要》卷七六云贞元十年贤良方正能直言极谏科有许尧佐及第，《册府元龟》卷六四五《贡举部·科目》作"贞元十一年"。《登科记考》卷一三贞元十年贤良方正能直言极谏科条云许尧佐及第。《新唐书》《唐诗纪事》所云宏词科当指贤良方正能直言极谏科。

《登科记考补正》卷一二贞元六年（790）进士科许尧佐条按语云：徐《考》惟于贞元十年（794）著录尧佐登博学宏词科，然其登进士第则失收。今考《文苑英华》卷一八九《省试赋》收许尧佐、李君房《石季伦金谷园》诗，君房为本年进士及第，则尧佐亦当于本年登进士科。

【李君房】贞元六年（790）登进士科。历官著作佐郎、太子舍人。

《全唐文》卷五五九韩愈《爱直赠李君房别》："左右前后皆正人也，欲其身之不正，乌可得邪？吾观李生在南阳公之侧，有所不知，知之未尝不为之思；有所不疑，疑之未尝不为之言；勇不动于气，义不陈乎色。南阳公举措施为，不失其宜，天下之所以窥观称道洋洋者，抑亦左右前后有其人乎！凡在此趋公之庭，议公之事者，吾既从而游矣。言而公信之者，谋而公从之者，四方之人则既闻而知之矣。李生，南阳公之甥也。人不知者，将曰李生之托婚于贵富之家，将以充其所求而止耳。故吾乐为天下道其为人焉。今之从事于彼也，吾为南阳公爱之；又未知人之举李生于彼者何辞，彼之所以待李生者何道。举不失辞，待不失道，虽失之此足爱惜，而得之彼为欢忻，于李生道犹若也。举之不以吾所称，待之不以吾所期，李生之言不可出诸其口矣。吾重为天下惜之。"

（宋）魏仲举《五百家注昌黎文集》卷一三《爱直赠李君房别》，五百家注引集注："南阳公谓徐帅张建封也。李君房，张婿也，贞元六年进士。公以十五年秋来佐徐州幕，作此文，其后君房自著作佐郎，除太子舍人，知宗子表疏。"《全唐文》卷五三六录载李君房《献茧赋》（以"将以给宗庙之服"为韵）。

《登科记考》卷一二贞元六年（790）进士科云李君房及第。

【郑权】开封人。贞元六年（790）登进士第，释褐泾原从事。历行军司马、御史中丞、仓部郎中、河南尹、襄州刺史、山南东道节度使、华州刺史、潼关防御、镇国军使、德棣沧景节度使、授权邠宁节度、原王傅、右金吾卫大将军、左街使、左散骑常侍、回鹘告哀使、河南尹、工部侍郎、工部尚书、检校右仆射、岭南节度使，官至左散骑常侍。

《全唐文》卷七八五穆员《舒州刺史郑公(甫)墓志铭》:“有唐循吏故舒州刺史荥阳郑府君讳甫字某,享年五十有四……兄子前乡贡进士权,遵诸孤之请,见访为志。”

《旧唐书》卷一六二《郑权传》:“郑权,荥阳开封人也。登进士第,释褐泾原从事……自试卫佐擢授行军司马、御史中丞。入朝为仓部郎中,累迁至河南尹。十一年,代李逊为襄州刺史、山南东道节度使。十二年,转华州刺史、潼关防御、镇国军使。十三年,迁德州刺史、德棣沧景节度使……授权邠宁节度……权降授原王傅。寻迁右金吾卫大将军,充左街使。穆宗即位,改左散骑常侍,充入回鹘告哀使……长庆元年使还。出为河南尹,入拜工部侍郎,迁本曹尚书……检校右仆射、广州刺史、岭南节度使。”

《新唐书》卷一五九《郑权传》:“郑权,汴州开封人。擢进士第,佐泾原节度刘昌府。昌被病入朝,度其军必乱,以权宽厚容众,檄主后务。昌去,军果乱,权挺身冒刃,明谕逆顺,杀首乱者,一军畏伏。德宗方厌兵,藩屯校佐得士心者,皆就命之,权自试参军拜行军司马。擢累河南尹,进拜山南东道节度使,徙领德棣沧景军……”

(宋)魏仲举《五百家注释韩昌黎全集》卷二一《送郑权尚书序》,孙注曰:“权,汴州开封人,贞元六年举进士第。”

【姜诚】岭南人。贞元六年(790)登进士科。官至少府少监。

乾隆《广东通志》卷三一《选举志一·唐进士》:“贞元六年庚午,姜诚,东莞人,少府少监;张仲方,曲江人。”按:姜诚登第,《登科记考》未收。张仲方登贞元十二年进士第。

【唐款】一作“唐欸”“唐欵”,字嘉言,并州人,又云北海人,士族。贞元六年(790)登进士科甲科。历鄜坊节度使从事(累辟使府)、御史。官至刺史。

《全唐文》卷五〇三权德舆《鄜坊节度使推官大理评事唐君(欵)墓志铭并序》:“君讳欵,字嘉言,北海人。曾祖贞休,皇比部郎中河南少尹。祖诩,太子洗马。考试,河南府士曹参军。代有懿行,远承华构,君清方敏厚,幼有立志,与伯氏文编讲艺修词,知名于士友闻。其文华浃洽而长于比兴,其义行洁修而笃于友悌。贞元初举进士甲科,解巾补官卫纪纲掾,右辅守臣,抚封辟士。表为支使,转左领军仓曹,明年复调为左金吾胄曹……会故人彭城刘景通,受天子推毂之重,镇于洛郡,辟书既至,命书继下,以廷尉评事理军讼。未几,请急省兄于盛山,又东南至于云安,间关巴峡,婴冒雾露。俄而景通入觐,为冬官司空,方欲盛荐君于献纳侍从之列,景通既殁,左右曹中执法多所引重,而枕疾不起。悲夫!时二十年秋八月壬子,其年四十有九。”

《旧唐书》卷一九〇下《文苑下·唐次传》:“唐次,并州晋阳人也,国初功臣礼部尚书俭之后。建中初进士擢第,累辟使府……次弟欢、款、欣。款贞元六年登进士第,累辟使府,登朝为御史,出为郡守,卒。”

《登科记考》卷一二贞元六年(790)进士科作“唐欸”。按:欸、款音近,疑为同名。

明经科

【丁公著】字平子,苏州吴郡人。贞元五年(789)五经及第,明年登开元礼,授集贤校书郎。官至礼部尚书,赠右仆射。

《旧唐书》卷一八八《孝友·丁公著传》:“丁公著,字平子,苏州吴郡人。祖裒,父绪,皆不仕。公……年二十一,《五经》及第。明年,又通《开元礼》,授集贤校书郎……荐授太子文学,兼集贤殿校理……授右补阙。迁集贤直学士,寻授水部员外郎,充皇太子及诸王侍读。著《皇太子及诸王训》十卷。转驾部员外,仍兼旧职。穆宗即位……未几,迁工部侍郎,仍兼集贤殿学士……改尚书右丞,转兵部、吏部侍郎,迁礼部尚书、翰林侍讲学士……改授太常卿,以疾请归乡里,未至而终,年六十四。赠右仆射。”

《新唐书》卷一六四《丁公著传》:“丁公著字平子,苏州吴人……举明经高第,授集贤校书郎……淮南节度使李吉甫表授太子文学,兼集贤校理。会入辅政,擢为右补阙,迁直学士,充皇太子、诸王侍读,因著《太子诸王训》十篇。穆宗立……乃擢给事中,迁工部侍郎,知吏部选事……四迁礼部尚书、翰林侍讲学士。长庆中……拜观察使……入为太常卿。大和中……卒,年六十四,赠尚书右仆射。”

《吴郡志》卷二二:“丁公著,字平子,吴人……举明经,授校书郎。”

【张浑】字万流,洛阳人。贞元六年(790)登明经上第,调补滁州掾。

《洛阳出土历代墓志辑绳》大中元年韦邈《张浑墓志》:“公讳浑,字万流,其先洛阳人。弱冠明经上第,调补滁州掾。”按:其会昌六年(846)七十六岁,则其弱冠之岁为是年。胡可先《〈登科记考〉匡补续编》补入。

【林著】泉州莆田人。贞元六年(790)登明经科。历巴东令、邕州经略推官,官至横州刺史。

(明)林俊《见素文集》卷二五《横州公赞》:“公讳著,小名友直,睦州第三子,贞元六年明经及第,初归州巴东令,次邕州经略推官,终横州刺史。”

乾隆《福建通志》卷三三《选举》:“贞元六年明经:林著,莆田人。披子,横州刺史。”

【高徵】贞元六年(790)登明经科。官至摄忻州秀容县令。

《全唐文补遗》第七辑,沙门还浦撰开成三年(838)九月十二日《唐故摄忻州长史秀容县令将仕郎前守易州涞水县令高君(徵)墓志铭并序》:“高氏华望渤海……祖讳昱,朝散大夫、使持节平州诸军事、守平州刺史、上柱国,父讳晏,朝请郎、守镇州灵寿县令……公讳徵,摄忻州秀容县令,前守易州涞水县令。气叶龟龙,神资剑镜。志学之岁,精博九经。贡谒礼闱,铨之擢第……开成三年八月廿六日,薨于县宅,春秋六十有三。”按:《论语·为政》:“吾十有五而志于学。”后遂以志学之岁、志学之年借指十五岁。以其开成三年(838)春秋六十三卒逆推,徵十五明经及第当在此年。

科目选

【崔立之】字斯立。贞元四年(788)登进士科,贞元六年(790)中宏词科。

(宋)李昉等《文苑英华》卷一八〇《省试诗》有崔立之、裴次元、王良士(误作士良)《南至日隔霜仗望含元殿炉香》诗,是此诗为贞元四年进士省试诗。

(宋)计有功《唐诗纪事》卷四三《崔立之》:“立之,登贞元进士第。”

(宋)魏仲举《五百家注释韩昌黎全集》卷一三《蓝田县丞厅壁记》集注:“立之,贞元四年进士第。”

(宋)洪迈《容斋续笔》卷一二《崔斯立》:“崔立之,字斯立,在唐不登显仕,他亦无传,而韩文公推奖之备至……又《登科记》:‘立之以贞元三年第进士,七年,中宏词科。’正与诗合。”

《登科记考》卷一二贞元六年(790)博学宏辞科条云崔立之及第。

贞元七年辛未(791)

知贡举:礼部侍郎张濛(未毕事),刑部侍郎杜黄裳(放榜)。

进士科

【尹枢】阆州人。贞元七年(791)进士科状元及第。

(唐)阙名《玉泉子》:“杜黄裳知贡举,闻尹枢时名籍籍……其年枢状头及第。”

(五代)王定保《唐摭言》卷八《自放状头》:“杜黄门第一榜,尹枢为状头。”

(宋)李昉等《太平广记》卷一八〇《贡举三·尹极》引《闽川名士传》:“贞元七年,杜黄裳知举,闻尹极时名籍籍……其年极状头及第。”按:“尹极”当为“尹枢”字误。

(元)辛文房撰,傅璇琮主编《唐才子传校笺》(册二)卷五《令狐楚》条云:“楚字殼士,敦煌人也。五岁能文章。贞元七年尹枢榜进士及第。”

(明)徐应秋《玉芝堂谈荟》卷二《父子兄弟状元》:“兄弟状元者,唐贞元七年阆州尹枢,元和八年尹极。”

【王履贞】贞元七年(791)进士及第。

(宋)计有功《唐诗纪事》卷三五《王履贞》:“履贞,贞元七年《青云干吕》诗登第。”

《登科记考》卷一二贞元七年(791)进士科录载王履贞,考云:“见《文苑英华》。”

【令狐楚】字殼士,敦煌令狐氏德棻之裔,贯并州。贞元七年(791)进士及第,累辟使府。历殿中侍御史、右拾遗、太常博士、礼部员外郎、刑部员外郎、翰林学士、职方郎中、中书舍人、华州刺史,元和十四年拜相(中书侍郎、同平章事),再拜穆宗宰相,后历太子宾客兼御史大夫、陕虢观察使、河南尹、宣武军节度、汴宋亳观察等使、户部尚书、东畿汝都防御使、天平军节度郓曹濮观察等使、检校右仆、守尚书左仆射,进封彭阳郡开国公,卒山南西道节度使,册赠司空,谥曰文。

《全唐文》卷六〇五刘禹锡《唐故相国赠司空令狐公集序》:“起文章而陟大位,丹青景化,焜燿藩方,如非烟祥风,缘饰万物,而与令名相终始者,有唐文臣令狐公实当之。公名楚,字殼士,敦煌人,今占数于长安右部。天授神敏,性能无师。始学语言,乃协宫征,故五岁已为诗成章。既冠,参贡士,果有名字。时司空杜公以重德知贡举,擢居甲科。琅邪王拱识公于童丱,雅器重之。至是拱自虞部正郎领桂州,锐于辟贤,以酬不次之遇,先拜章而后告公。既而授试宏文馆校书郎,公为人子,重难远行,禀命而去。居一岁,竟迫方寸而归。家在并汾间,急于禄养,捧从事檄于并州。凡更三牧,官至监察御史。”

（唐）阙名《玉泉子》："杜黄裳知贡举，闻尹枢时名籍籍，乃微服访之。问场中名士，枢唯唯……即言子弟崔元略，孤寒有林藻、令狐楚数人。黄裳大喜。其年枢状头及第。"

《旧唐书》卷一七二《令狐楚传》："令狐楚，字殼士，自言国初十八学士德棻之裔。祖崇亮，绵州昌明县令。父承简，太原府功曹。家世儒素。楚儿童时已学属文，弱冠应进士，贞元七年登第。桂管观察使王拱爱其才，欲以礼辟召，惧楚不从，乃先闻奏而后致聘……李说、严绶、郑儋相继镇太原，高其行义，皆辟为从事。自掌书记至节度判官，历殿中侍御史……征拜右拾遗，改太常博士、礼部员外郎……楚与皇甫镈、萧俛同年登进士第。元和九年，镈初以财赋得幸，荐俛、楚俱入翰林，充学士，迁职方郎中、中书舍人……元和十三年四月，出为华州刺史……十四年四月，裴度出镇太原。七月，皇甫镈荐楚入朝，自朝议郎授朝议大夫、中书侍郎、同平章事，与镈同处台衡，深承顾待。十五年正月，宪宗崩，诏楚为山陵使，仍撰哀册文……长庆元年四月，量移郢州刺史，迁太子宾客，分司东都。二年十一月，授陕州大都督府长史、兼御史大夫、陕虢观察使……敬宗即位，逢吉逐李绅，寻用楚为河南尹、兼御史大夫。其年九月，检校礼部尚书、汴州刺史、宣武军节度、汴宋亳观察等使……大和二年九月，征为户部尚书。三年三月，检校兵部尚书、东都留守、东畿汝都防御使。其年十一月，进位检校右仆射、郓州刺史、天平军节度、郓曹濮观察等使……七年六月，入为吏部尚书，仍检校右仆射……九年六月，转太常卿。十月，守尚书左仆射，进封彭阳郡开国公……（开成元年）四月，检校左仆射、兴元尹，充山南西道节度使。二年十一月，卒于镇，年七十二，册赠司空，谥曰文。"

（宋）计有功《唐诗纪事》卷四二《令狐楚》："贞元七年，杜黄裳知举，微服访名士于尹枢。枢言子弟有崔元略，孤进有林藻、令狐楚……是年楚第五，藻第十一。"

（元）辛文房撰，傅璇琮主编《唐才子传校笺》（册二）卷五《令狐楚》条云："楚字殼士，敦煌人也。五岁能文章。贞元七年尹枢榜进士及第。"

【陆复礼】贞元七年（791）登进士科，贞元八年（792）登博学宏词科。

（宋）计有功《唐诗纪事》卷四〇《陆复礼》："贞元八年，宏词试《中和节诏赐公卿尺》……是岁复礼第一人，李观、裴度次之。"

《登科记考》卷一二贞元七年（791）进士科条录有陆复礼，云见《文苑英华》。

【林藻】字纬乾，泉州莆田人。贞元七年（791）登进士科。历岭南节度使副使。

《全唐文》卷八二六黄滔《祭陈侍御峤》："维光化三年岁次庚申正月庚寅朔十五日甲辰，将仕郎守国子四门博士黄滔，谨以清酌之奠，敬祭于侍御陈君延封之灵……林端公贞元七年首闽越之科第，以《珠还合浦赋》擅名。后十年莆邑许员外荣登。自此文学之士继踵，而悉不偶。时旷八十七年始钟于延封。其文以申秦续篇擅名，后六七年徐正字及第，兼滔尘忝。林端公同延封榜皆第十二人，皆开路于后人，皆终使府大判官。判官皆柏台。林荆南、延封闽中也。"

《全唐文》卷八二六黄滔《司直陈公墓志铭》："愚与公同邑，闽越江山，莆阳为灵秀之最。贞元中，林端公藻冠东南之科第，十年而许员外稷继翔其后。"

（唐）阙名《玉泉子》："杜黄裳知贡举，闻尹枢时名籍籍，乃微服访之。问场中名士，枢唯唯……即言子弟崔元略,孤寒有林藻、令狐楚数人,黄裳大喜。其年枢状头及第。"

(宋)计有功《唐诗纪事》卷四二《令狐楚》:"贞元七年,杜黄裳知举,微服访名士于尹枢。枢言子弟有崔元略,孤进有林藻、令狐楚……是年楚第五,藻第十一。"

(宋)陈振孙《直斋书录解题》卷一六录载《林藻集》一卷,注云:"唐岭南节度副使莆田林藻纬乾撰。藻,贞元七年进士。"

【房次卿】字蜀客,河南人。贞元七年(791)进士科擢第。

《全唐文》卷五六五韩愈《兴元少尹房君墓志铭》:"房故为官族,称世有人。自大尉琯以德行为相,相元宗肃宗,名声益彰彻大行,世号其门为'太尉家',宗族子弟皆法象其贤。公曾祖讳玄静,尚书膳部郎中,历资简泾隰四州刺史,太尉之叔父也。祖讳肱,为虢州司马。父讳峦,都水使者,皆名能守家法。公讳武,字某,以明经历官至兴元少尹。谨饬畏慎。年七十三,以其官终。幼壮为良子弟,老为贤父兄,历十二官,处事无纤毫过差。尝以殿中侍御史副丹阳军使,其后为盩厔令施州刺史,丹阳盩厔施州吏民,至今思之。娶荥阳郑氏女,生男六人。其长曰次卿。次卿有大才,不能俯仰顺时,年四十余,尚守京兆兴平尉。然其友皆曰:'房氏有子也。'次曰次公、次膺、次回、次衡、次元,始学而未仕。女三人,皆嫁为士人妻。初公之在施州,夫人卒焉,殡于江陵。元和五年,次卿与其群弟奉公之丧,自兴元至,堂殡于伊水之南。六年正月,次公奉夫人之丧,自江陵至,遂以其月十四日,合葬河南缑氏之高龙原。公母弟式,自给事中为河南尹,孝友慈良,尽费其财以奉公葬。"

(宋)魏仲举《五百家注释韩昌黎全集》卷二五《唐故兴元少尹房君墓志铭》,樊注:"次卿,字蜀客,贞元七年登第。"(宋)魏仲举《五百家注释韩昌黎全集》卷二五《将归赠孟东野房蜀客诗》,五百家注引樊注曰:"《讳行录》:房次卿字蜀客。《登科记》蜀客贞元七年登第。"

【皇甫镈】一作"皇甫铸",泾州人,祖邻几,汝州刺史;父愉,常州刺史。贞元七年(791)登进士科,贞元十年(794)登贤良方正能直言极谏科,授监察御史。历吏部员外郎、判南曹、吏部郎中、司农卿、兼御史中丞、赐金紫、判度支、户部侍郎、御史大夫。官至宰相。

《旧唐书》卷一三五《皇甫镈传》:"皇甫镈,安定朝那人。祖邻几,汝州刺史。父愉,常州刺史。镈贞元初登进士第,登贤良文学制科,授监察御史……转吏部员外郎、判南曹,凡三年,颇钤制奸吏。改吏部郎中,三迁司农卿、兼御史中丞,赐金紫,判度支,俄拜户部侍郎……加兼御史大夫。十三年,与盐铁使程异同日以本官同平章事,领使如故……镈卒于贬所。"按:安定为宁州,《新唐书》作泾州临泾人。

(宋)乐史《广卓异记》卷七《礼部同年三人同时在相位》:"右按《唐书》:贞元七年,礼部侍郎杜黄裳下三十人及第,其后令狐楚、皇甫镈二人先在相位,乃同表荐萧俛拜相。"

《新唐书》卷一六七《皇甫镈传》:"皇甫镈,泾州临泾人。贞元初,第进士,又擢制科,为监察御史……镈败,朝廷贤之,授国子祭酒。开成初,以太子少保卒。"按:《册府元龟》卷六四五《贡举部·科目》贞元十年贤良方正能直言极谏科录载皇甫铸。

【独孤寔】河南人。贞元七年(791)登进士科。官至尚书膳部员外郎、国子博士。

《全唐诗》第十册卷三一八独孤寔《奉陪武相公西亭夜宴陆郎中》:"仙郎膺上才,夜宴接三台。烛引银河转,花连锦帐开。静看歌扇举,不觉舞腰回。寥落东方曙,无辞尽玉杯。"

《唐代墓志汇编续集》咸通〇〇二史霖撰咸通二年(861)二月二十八日《唐故兖海观察支使朝散大夫检校秘书省著作郎兼侍御史河南独孤府君(骧)墓志铭并序》:"君讳骧,字希龙,临川八世孙也。曾祖讳道济,蔡州长史,赠秘书少监;王父讳愐,尚书右司郎中赠工部尚书;皇考讳寔,尚书膳部员外郎国子博士;夫人博陵崔氏。尚书天宝末制策登□员外,贞元初进士擢第。文学之美,世济家传。"

《柳宗元集》卷二二《送邠宁独孤书记赴辟命序》:"独孤生与仲兄寔连举进士。"孙注:"贞元七年,寔举进士。"

《登科记考》卷一二贞元七年(791)进士科条云独孤寔及第。

【萧俛】字思谦,洛阳人,祖华袭徐国公,父恒赠吏部尚书。贞元七年(791)登进士科,元和元年(806)登才识兼茂明于体用科,拜右拾遗。历翰林学士、御史中丞,宪宗拜为宰相(中书侍郎、同中书门下平章事),再相穆宗(中书侍郎、平章事),进门下侍郎,又历尚书左仆射、吏部尚书、左仆射。官至太子太傅,袭爵徐国公。

《旧唐书》卷一七二《萧俛传》:"萧俛字思谦。曾祖太师徐国公嵩,开元中宰相。祖华,袭徐国公,肃宗朝宰相。父恒,赠吏部尚书。皆自有传。俛,贞元七年进士擢第。元和初,复登贤良方正制科,拜右拾遗,迁右补阙。元和六年,召充翰林学士。七年,转司封员外郎。九年,改驾部郎中、知制诰,内职如故……十三年,皇甫镈用事,言于宪宗,拜俛御史中丞。俛与镈及令狐楚,同年登进士第。明年,镈援楚作相,二人双荐俛于上。自是,顾眄日隆,进阶朝议郎、飞骑尉,袭徐国公,赐绯鱼袋。穆宗即位之月,议命宰相,令狐楚援之,拜中书侍郎、平章事,仍赐金紫之服。八月,转门下侍郎……长庆元年正月,守左仆射,进封徐国公,罢知政事……宝历二年,复以少保分司东都。文宗即位,授检校左仆射、守太子少师。俛称疾笃,不任赴阙,乞罢所授官。诏曰:'新除太子少师萧俛……可银青光禄大夫、守尚书左仆射致仕。'"

(宋)王溥《唐会要》卷七六《贡举中·制科举》:"元和元年四月,才识兼茂明于体用科,元稹……李瑀、元修、沈师传、萧俛、柴宿及第。"《册府元龟》卷六四五《贡举部·科目》略同。按:《旧唐书》误,当作"才识兼茂明于体用科"。参考(宋)李昉等《太平广记》卷二四二、(宋)乐史《广卓异记》。

《新唐书》卷一〇一《萧瑀传附萧俛传》:"俛字思谦,恒子。贞元中,及进士第,又以贤良方正对策异等,拜右拾遗。元和六年,召为翰林学士,凡三年,进知制诰。会张仲方以李吉甫数调发疲天下,訾其谥,宪宗怒,逐仲方,而俛坐与善,夺学士,下除太仆少卿。皇甫镈荐为御史中丞。镈与令狐楚皆善俛,两人同辅政,数称其善,故帝待俛厚。袭徐国公。穆宗立,逐镈,议所以代者,楚荐之,授中书侍郎、同中书门下平章事,进门下侍郎。"

【彭伉】袁州宜春人。贞元七年(791)登进士第,辟府浙西幕。官至评事。

《全唐诗》第十四册卷四七七李涉《酬彭伉》:"公孙阁里见君初,衣锦南归二十余。莫叹屈声犹未展,同年今日在中书。"

（五代）王定保《唐摭言》卷八《以贤妻激劝而得者》："彭伉，湛贲，俱袁州宜春人，伉妻即湛姨也。伉举进士擢第，湛犹为县吏。"

（宋）计有功《唐诗纪事》卷三五《彭伉》："伉贞元七年杜黄裳下试《青云干吕》诗登第。伉，宜春人。"同书卷七九《彭伉妻》："彭伉评事，宜阳徵君之孙，及第后，浙西廉使于公辟入幕。"

《登科记考》卷一二贞元七年（791）进士科彭伉条云：《永乐大典》引《宜春志》："彭伉，贞元七年登进士第。"

【窦楚】贞元七年（791）登进士科。历湖州刺史。官至宰相。

（宋）吴曾《能改斋漫录》卷四《林藻欧阳詹相继登第》："德宗贞元七年是岁辛未刑部杜黄裳知贡举，所取三十人，尹枢为首，林藻第十一人，是榜其后为宰相者四人：令狐楚、窦楚、皇甫镈、萧俛。"

《全闽诗话》卷一《林藻》："德宗贞元七年是岁辛未刑部侍郎杜黄裳知贡举，所取二十人尹枢为首，林藻第十人，是榜其后为宰相者四人：令狐楚、窦楚、皇甫铸、萧俛，赋题《珠还合浦诗题青云干吕》（《登科记》）。"

四库本《浙江通志》卷一一二《职官二·湖州刺史》："窦楚，已上宪宗时任。"

【薛放】字达夫，河中宝鼎人，其兄薛戎，赠左散骑常侍。贞元七年（791）进士擢第。累佐籓府，历试大理评事、拜右拾遗、补阙，水部、兵部二员外，兵部郎中、太子侍读、赐金紫、工部侍郎、集贤学士、刑部侍郎、兵部侍郎，官至礼部尚书，卒江西观察使。

《旧唐书》卷一五五《薛戎传附薛放传》："薛戎，字元夫，河中宝鼎人……赠左散骑常侍……（弟）放登进士第……累佐籓府，莅事干敏。官至试大理评事，擢拜右拾遗，转补阙，历水部、兵部二员外，迁兵部郎中。遇宪宗以储皇好书，求端士辅导经义，选充皇太子侍读。及穆宗嗣位……赐以金紫之服。转工部侍郎、集贤学士。虽任非峻切，而恩顾转隆。转刑部侍郎，职如故……转兵部侍郎、礼部尚书 ，判院事……宝历元年，卒于江西观察使，废朝一日。"

《新唐书》卷一六四《薛戎传附薛放传》："弟放，端厚寡言。第进士，擢累兵部郎中。穆宗为太子，拜侍读……终江西观察使，谥曰简。"

（宋）魏仲举《五百家注释韩昌黎全集》卷三二《薛戎墓志铭》："放，字达夫，贞元七年登第。"

贞元八年壬申（792）

知贡举：兵部侍郎陆贽

进士科

【贾稜】贞元八年（792）进士科状元及第。

（唐）李冗《独异志》卷下《巢燕词》："贾稜、陈羽、李观、李绛、韩愈……等与四门同年，其名流于海岳。"

(宋)吴曾《能改斋漫录》卷四《辩误》:"贞元八年是岁壬申兵部侍郎陆贽知贡举,所取二十三人,贾稜为首,欧阳詹第二人,是榜其后为宰相者三人:王涯、李绛、崔群,赋题《明水诗题御沟新柳》。"

(宋)祝穆《古今事文类聚前集》卷二九《同龙虎榜》:"唐贞元八年,陆贽主司试《明水赋御沟新柳诗》。其人贾稜、陈羽、欧阳詹、李博、李观、冯宿、王涯、张季友、齐孝若、刘遵古、许季同、侯继、穆贽、韩愈、李绛、温商、庾承宣、员结、胡谅、崔群、邢册、裴光辅、万玽,是年一榜多天下孤隽伟杰之士,号龙虎榜(《科举记》)。"

(明)徐应秋《玉芝堂谈荟》卷二《历代状元》:"(贞元)八年,状元贾稜。"

(明)周祈《名义考》卷五《人部·玉笋班龙虎榜》:"李宗敏知贡举,门生多清秀俊茂,唐伸、薛庠、袁郁辈时谓之玉笋。陆贽主试,得韩愈、欧阳詹、贾稜、陈羽等,皆天下孤俊伟杰之士,号龙虎榜,今人谓朝班为玉笋,揭晓悬龙虎画于榜前者,可笑也。"

《登科记考》卷一三贞元八年(792)进士科云贾稜及第。

【万玽】渤海人。贞元八年(792)进士及第。

(宋)洪兴祖《韩子年谱》卷三引《科名记》:"贞元八年,陆贽主司……其人……胡谅、崔群……裴光辅、万玽。是年一榜多天下孤俊伟杰之士,号'龙虎榜'。"

乾隆《山东通志》卷一五《选举志》:"万玽,渤海人。"

【王涯】字广津,太原人,祖祚,登进士科,又登贤良科,官至朝散大夫、青州司马,卒赠户部侍郎;父晃,进士及第,制举文辞政术科高第,历左补阙、温州刺史。贞元八年(792)登进士科,贞元十八年又登宏辞科,释褐蓝田尉。德宗朝历翰林学士、左补阙、起居舍人、都官员外郎、兵部员外郎、知制诰、舍人、工部侍郎、知制诰、通议大夫、清源县开国男、中书侍郎、同平章事(宰相);穆宗朝历检校礼部尚书御史大夫;敬宗朝历户部侍郎、御史大夫、礼部尚书、山南西道节度使、检校司空;文宗朝历太常卿再次入相(同平章事),进封代国公、食邑二千户,死于甘露之变。

《全唐文》卷六〇八刘禹锡《唐兴元节度使王公先庙碑》:"大和二年,增新室既成,祔显考于尊位,告飨由礼。观之者以为世程。第一室曰上仪同幽州别驾府君讳元政,以妣博陵崔氏配;第二室曰湖州安吉县令赠尚书刑部员外郎府君讳寔,以妣赠扶风县太君马氏配;第三室曰朝散大夫青州司马赠户部侍郎府君讳祚,以妣赠武威郡太夫人贾氏配;第四室曰温州刺史赠太尉府君讳晃,以妣赠鲁国太夫人博陵崔氏配……(王晃)生三子,皆聪明绝人。长曰沼,以神童仕至检校礼部郎中。次曰洁,以奇文仕至国子司业。今代郡公寔季子也。早在文士籍,射策连中,咸世其家。贞元中,德宗闻其名,自蓝田尉召入禁中视草。厥后三典书命,再参内庭。宪宗器之,付以国柄。翊赞有道,虽策免,常居大僚。今年自梁州请觐,上思用旧臣为羽仪,遂领太常,其公府如故。以一心事六君,显官重务靡不扬历。且夫起诸生至三公,而心愈卑,道益广。出授黄钺以临诸侯,入服华章以谒家庙。"

《旧唐书》卷一六九《王涯传》:"王涯字广津,太原人。父晃。涯,贞元八年进士擢第,登宏辞科。释褐蓝田尉。二十年十一月,召充翰林学士,拜右拾遗、左补阙、起居舍人,皆充内职。元和三年……守都官员外郎，再贬虢州司马。五年，入为吏部员外。七年，改兵部员外郎、知制诰。九年八月，正拜舍人。十年，转工部侍郎、知制诰，加通议大夫、清源县开国男，学士如故。十一年十二月，加中书侍郎、同平章事……穆宗即位，以检校礼部尚书、梓州刺史、剑南东川节度使……（长庆）三年，入为御史大夫。敬宗即位，改户部侍郎、兼御史大夫，充盐铁转运使，俄迁礼部尚书，充职。宝历二年，检校尚书左仆射、兴元尹、山南西道节度使，就加检校司空。大和三年正月，入为太常卿……七年七月，以本官同平章事，进封代国公，食邑二千户。八年正月，加检校司空、门下侍郎、弘文馆大学士、太清宫使。九年五月，正拜司空，仍令所司册命，加开府仪同三司，仍兼领江南榷茶使。十一月二十一日，李训事败……涯等苍惶步出……吏卒争取杀之。"

《新唐书》卷一七九《王涯传》："王涯字广津，其先本太原人，魏广阳侯冏之裔。祖祚，武后时谏罢万象神宫知名；开元时，以大理司直驰传决狱，所至仁平。父晃，历左补阙、温州刺史。涯博学，工属文。往见梁肃，肃异其才，荐于陆贽。擢进士，又举宏辞，再调蓝田尉。久之，以左拾遗为翰林学士，进起居舍人。元和初，会其甥皇甫湜以贤良方正对策异等，忤宰相，涯坐不避嫌，罢学士，再贬虢州司马，徙为袁州刺史。宪宗思之，以兵部员外郎召，知制诰，再为翰林学士，累迁工部侍郎，封清源县男。"

《新唐书》卷二〇三《文艺下・欧阳詹传》："欧阳詹字行周，泉州晋江人……举进士，与韩愈、李观、李绛、崔群、王涯、冯宿、庾承宣联第，皆天下选，时称'龙虎榜'。"

【冯宿】字拱之，冀州冯氏，贯京兆人。贞元八年（792）登进士科。历浙东观察使从事、裴度彰义判官、徐州张封建掌书记、感化巡官。官至兵部侍郎，赠吏部尚书，谥曰懿。

《全唐文》卷六四三王起《银青光禄大夫检校礼部尚书使持节梓州诸军事兼梓州刺史御史大夫充剑南东川节度副大使知节度事管内观察处置静戎军等使上柱国长乐县开国公食邑一千五百户赠吏部尚书冯公（宿）神道碑铭并序》："惟唐开成元年岁在执徐十二月三日，检校礼部尚书东川节度使长乐公享年七十薨于位，太子不视朝一日，赠以天官之秩。是月，公之丧归于西都，其来也……明年五月，克葬于京兆万年县崇道乡白鹿原，从先人茔，礼也……公讳宿，字拱之，冀州长乐人，汉光禄勋奉世廿五代孙也。自光禄勋立功于汉，其下十四叶立国王燕，是为昭成皇帝。其下七叶至五代祖周乌氏侯，讳早惠□，隋为隰州司户，皇朝为婺州常山令。常山生高祖皇婺州纠曹掾讳文俭，纠曹生曾祖茂才高第括州松阳令讳道仪，松阳生大父文林郎宋王府记室参军赠礼部员外郎讳嗣，员外生先府君南昌令新安郡长史赠尚书左仆射讳子华。咸以茂德，光耿史牒。仆射天宝中，明皇以四子列学官，时与计偕，一鸣上第，藏器不耀，以孝节闻，享年八十，累赠尚书左仆射。先妣彭城刘氏，皇成都府参军沔之女，嫔则母范，惟家之肥，累赠彭城郡太夫人。公即仆射之元子也，奇伟倜傥，与人诚直，言无诡随，行不苟合，望之也长戟森于武库，即之也大珪植于琼田。丱岁侍仆射府君庐于员外府君之墓左，有灵芝产于埏隧，白兔扰于松槚，仆射恶其显异，抑而不言，识者咸谓纯孝殊祥，又重之以阴德，其门必大也。弱冠以工文硕学称，年廿六举进士，是时明有司即兵部侍郎陆公贽其人也。又应宏词科，试《百步穿杨叶赋》，虽为势夺，而其文至今讽之，后生以为楷。已而有志于四方，历东诸侯，为彭门仆射张公建封所器异，因表为试太常寺奉礼郎,充节度巡官。张公杰迈简达,尊贤礼能,幕府始建,群彦翘首,与公同升者李藩韩愈之伦,皆诸侯之选,及公曳裾之后,有置醴之遇,其书檄奏记,公皆专焉。及张公寝疾,公常出入卧内,献替戎事,一军感其诚明。"可见冯宿旧望为冀州长乐人,五代祖因做官,而定居婺州,其子孙后又迁居京兆。参考(宋)计有功《唐诗纪事》卷四三。

(唐)李冗《独异志》卷下《巢燕词》:"贾稜、陈羽、李观、李绛、韩愈、王涯、刘遵古、崔群、冯宿、李博等与四门同年,其名流于海岳。"

《旧唐书》卷一六八《冯宿传》:"冯宿,东阳人……宿登进士第,徐州节度张建封辟为掌书记……从浙东观察使贾全府辟……征为太常博士……转虞部、都官二员外郎。元和十二年,从裴度东征,为彰义军节度判官。淮西平,拜比部郎中……出为歙州刺史。入为刑部郎中。十五年,权判考功……翰林学士……长庆元年,以本官知制诰。二年,转兵部郎中,依前充职……二年,以宿检校右庶子、兼御史中丞,赐紫金鱼袋……拜中书舍人,转太常少卿。敬宗即位……改左散骑常侍,兼集贤殿学士,充考制策官。大和二年,拜河南尹……大和四年,入为工部侍郎。六年,迁刑部侍郎……迁兵部侍郎。九年,出为剑南东川节度使,检校礼部尚书。开成元年十二月卒,废朝,赠吏部尚书,谥曰懿。"

《新唐书》卷一七七《冯宿传》:"冯宿字拱之,婺州东阳人。父子华,庐亲墓,有灵芝、白兔,号'孝冯家'。"

《新唐书》卷二〇三《文艺下·欧阳詹传》:"欧阳詹字行周,泉州晋江人……举进士,与韩愈、李观、李绛、崔群、王涯、冯宿、庾承宣联第,皆天下选,时称'龙虎榜'。"

【齐孝若】字考叔,高阳人。贞元八年(792)登进士科。官至户部尚书。

《全唐文》卷三三〇崔颢《荐齐秀才书》:"某官至,辱垂下问,令公举一人,可管记之任者。愚以为军中之书记,节度使之喉舌。指事立言而上达,思中天心;发号出令以下行,期悦人意。谅非容易,而可专据。窃见前进士高阳齐孝若考叔,年二十四。举必专授,文皆雅正,词赋甚精,章表殊健。疏眉目,美风姿,外若坦荡,中甚畏慎。执事倘引在幕下,列于宾佐,使其驰一檄、飞一书,必能应马上之急求,言腹中之所欲。夫掇芳刈楚,不弃幽远。况孝若相门子弟,射策甲科,家居君侯之宇下,且数年矣。不劳重币,而获至宝,甚善甚善!雄都大府,多士如林,最所知者,斯人也。请为阁下记其若此,唯用与舍,高明裁之。谨再拜。"

《全唐文》卷五四三令狐楚《荐齐孝若书》:"某官至,辱垂下问,令公举一人,可管记之任者。愚以为军中之书记,节度之喉舌:指事立言而上达,思中天心;发号出令以下行,期悦人意。谅非容易,而可专据。窃见前进士高阳齐孝若,字考叔,年二十四,学必专授,文皆雅正,词赋甚精,章表殊健;疏眉目,美风姿;外若坦荡,中甚畏慎。执事傥引在幕下,列于宾佐,使其驰一檄,飞一书,必能应马上之急求,言腹中之所欲。夫掇芳刈楚,不弃幽远,况孝若相门子弟,射策甲科,家居君侯之化下,且数年矣。不劳重币,而获至宝,甚善甚善!雄都大府,多士如林,最所知者,实斯人也。请为阁下记其若此,惟用与舍,高明裁之。"按:《唐摭言》卷六《公荐》载崔颢《荐齐秀才书》:"窃见前进士高阳齐孝若考叔,年二十四,学必专授,文皆雅正。"

光绪《畿辅通志》卷三四《选举·唐·进士》："代宗年齐孝若，高阳人，大历年第，户部尚书。"

【邢册】贞元八年(792)登进士科。历河中节度判官、殿中侍御史。

(宋)洪兴祖《韩子年谱》卷三引《科名记》："贞元八年，陆贽主司……其人……胡谅、邢册……裴光辅、万玽。是年一榜多天下孤俊伟杰之士，号'龙虎榜'。"

(宋)魏仲举《五百家注释韩昌黎全集》卷二三《祭虞部张季友员外文》注："维元和十年月日，中书舍人王涯、考功郎中、知制诰韩愈，礼部侍郎崔群，京兆尹许季同，考功员外郎虞承宣，河中节度使判官、殿中侍御史邢册等。"

(明)陈文耀《天中记》卷三八《主试》："龙虎榜。唐贞元八年，陆贽主司试《明水赋御沟新柳诗》，其人贾稜、陈羽、欧阳詹……胡谅、崔郡、邢册、裴光辅……"

《登科记考》卷一三贞元八年(792)进士科条云邢册及第。

【刘遵古】贞元八年(792)进士及第。卒大理卿。

(唐)李冗《独异志》卷下《巢燕词》："贾稜、陈羽、李观、李绛、韩愈、王涯、刘遵古、崔群、冯宿、李博等与四门同年，其名流于海岳。"

《旧唐书》卷一七上《敬宗 文宗上》："(宝历元年秋九月)丁丑，卫尉卿刘遵古役人安再荣告前袁王府长史武昭谋害宰相李逢吉，诏三司鞫之……(宝历二年春正月)甲午，以卫尉卿刘遵古为湖南观察使，以国子祭酒卫中行为福建观察使。"

《旧唐书》卷一七下《文宗下》："(大和七年六月)壬午，大理卿刘遵古卒。"

《登科记考》卷一三贞元八年(792)进士科条云刘遵古及第。

【许季同】京兆府长安县人。贞元八年(792)进士及第。历西川节度使判官、监察御史、长安令、迁兵部郎中、大理卿、秘书监、宣歙观察使、大理卿，卒太子宾客。

《全唐文》卷六六二白居易《许季同可秘书监制》："敕：大理卿许季同：国朝以来，有刘得(一作德)威张文瓘唐临为大理卿，有魏徵虞世南颜师古为秘书监，设官之重，得贤之盛，人到于今称之。今季同以明慎钦恤理刑狱，以文学博雅掌图籍，由廷尉而掌秘府，论者荣之。宜自重其官，自远其道，又思与刘张唐魏虞颜为比，不亦自多乎？可秘书监。"

《旧唐书》卷一七上《敬宗 文宗上》："(长庆四年)秋七月戊申朔。己酉，睦州、清溪等六县大雨，山谷发洪水泛溢，漂城郭庐舍。庚辰，以前河中节度使郭钊为兵部尚书。戊午，太子宾客许季同卒。"

《旧唐书》卷一五四《许孟容传》："许孟容字公范，京兆长安人也。父鸣谦，究通《易象》，官至抚州刺史，赠礼部尚书。"按：孟容为季同兄长，则季同亦当为京兆府长安县人。

《新唐书》卷一六二《许孟容传》："许孟容字公范，京兆长安人。擢进士异等，又第明经，调校书郎……弟季同，始署西川韦皋府判官……拜监察御史。历长安令，再迁兵部郎中。孟容为礼部侍郎，徙季同京兆少尹。时京兆尹元义方出为鄜坊观察使，奏劾宰相李绛与季同举进士为同年，才数月辄徙……终宣歙观察使。"

【李观】字元宾，陇西李氏，江东人。贞元八年(792)进士科，同年又登博学宏辞科。释褐太子校书，英年早卒。

《全唐文》卷五六六韩愈《李元宾墓铭》："李观字元宾。其先陇西人也，始来自江之东，年二十四举进士，三年登上第，又举博学宏词，得太子校书，又一年，年二十九客死于京师。"此碑收入《唐代墓志汇编》残志〇〇八《唐故太子校书前进士李君墓铭》。

《全唐文》卷八一三陆希声《唐太子校书李观文集序》："贞元中，天子以文化天下，天下翕然兴于文。文之九高者李元宾观韩退之愈。始元宾举进士，其文称居退之之右。及元宾死，退之之文日益高。今之言文章，元宾反出退之之下。论者以元宾早世，其文未极，退之穷老不休，故能卒擅其名。予以为不然。要之所得不同，不可以相上下者。"

（唐）李冗《独异志》卷下《巢燕词》："贾稜、陈羽、李观、李绛、韩愈……等与四门同年，其名流于海岳。"

《新唐书》卷二〇三《文艺下·李华传》："李华字遐叔，赵郡赞皇人……宗子翰，从子观，皆有名……观字元宾。贞元中，举进士、宏辞，连中，授太子校书郎。卒，年二十九。"

《新唐书》卷二〇三《文艺下·欧阳詹传》："欧阳詹字行周，泉州晋江人……举进士，与韩愈、李观、李绛、崔群、王涯、冯宿、庾承宣联第，皆天下选，时称'龙虎榜'。"

（宋）晁公武《郡斋读书志校证》卷一七《别集类上》录《李观文编》三卷、《外编》二卷，注云："右唐李观元宾也。华之从子。贞元八年进士，中宏词科，终太子校书郎。"

【李绛】字深之，赵州赞皇李氏，祖刚官终宰邑，父元善襄州录事参军。贞元八年（792）登进士甲科，又登宏词科，授秘书省校书郎。历渭南尉、拜监察御史、户部侍郎，拜宰相（中书侍郎、同中书门下平章事），爵封高邑县男、赵郡开国公，赠司徒，谥曰贞。

《旧唐书》卷一六四《李绛传》："李绛字深之，赵郡赞皇人也。曾祖贞简。祖刚，官终宰邑。父元善，襄州录事参军。绛举进士，登宏辞科，授秘书省校书郎。秩满，补渭南尉。贞元末，拜监察御史。元和二年，以本官充翰林学士。未几，改尚书主客员外郎。逾年，转司勋员外郎。五年，迁本司郎中、知制诰……乃授中书舍人，依前翰林学士。翌日，面赐金紫……罢学士，守户部侍郎，判本司事……（宪宗）降制，以绛为中书侍郎、同中书门下平章事……八年，封高邑县男。绛以足疾，拜章求免。九年，罢知政事，授礼部尚书。十年，检校户部尚书，出为华州刺史。未几，入为兵部尚书……穆宗即位，改御史大夫……长庆元年，转吏部尚书。是岁，加检校尚书右仆射，判东都尚书省事，充东都留守。二年正月……兖海节度观察待使。三年，复为东都留守。四年，就加检校司空。宝历初，入为尚书左仆射……（大和）二年，检校司空，出为兴元尹、山南西道节度使。三年冬……绛乃为乱兵所害，时年六十七……文宗闻奏震悼，下制曰：'……赵郡开国公、食邑二千户李绛……可赠司徒。'"

《新唐书》卷一五二《李绛传》："李绛字深之，系本赞皇。擢进士、宏辞，补渭南尉，拜监察御史……文宗立，召为太常卿，以检校司空为山南西道节度使，累封赵郡公。四年，南蛮寇蜀道……绛遂遇害，年六十七……册赠司徒，谥曰贞。"

《新唐书》卷二〇三《文艺下·欧阳詹传》："欧阳詹字行周，泉州晋江人……举进士，与韩愈、李观、李绛、崔群、王涯、冯宿、庾承宣联第，皆天下选，时称'龙虎榜'。"

《读书志》卷四上："李绛，赞皇人，贞元八年进士，中宏词。"

【李博】陇西人。贞元八年(792)登进士科。历秘书省校书郎。

《全唐文》卷五五五韩愈《送杨支使序》:“愈在京师时,尝闻当今藩翰之宾客,惟宣州为多贤。与之游者二人:陇西李博、清河崔群。群与博之为人,吾知之:道不行于主人,与之处者非其类,虽有享之以季氏之富,不一日留也。以群博论之,凡在宣州之幕下者,虽不尽与之游,皆可信而得其为人矣。愈未尝至宣州,而乐颂其主人之贤者,以其取人信之也。今中丞之在朝,愈日侍言于门下,其来而镇兹土也,有问湖南之宾客者,愈曰:知其客可以信其主者,宣州也;知其主可以信其客者,湖南也。去年冬,奉诏为邑于阳山,然后得谒湖南之宾客于幕下,于是知前之信之也不失矣。及仪之之来也,闻其言而见其行,则向之所谓群与博者,吾何先后焉?仪之智足以造谋,材足以立事,忠足以勤上,惠足以存下,而又侈之以《诗》《书》六艺之学,先圣贤之德音,以成其文、以辅其质,宜乎从事于是府,而流声实于天朝也。夫乐道人之善以勤其归者,乃吾之心也;谓我为邑长于斯,而媚夫人云者,不知言者也。工乎诗者,歌以系之。”

(唐)李冗《独异志》卷下《巢燕词》:“贾稜、陈羽、李观、李绛、韩愈、王涯、刘遵古、崔群、冯宿、李博等与四门同年,其名流于海岳。”

(宋)魏仲举《五百家注释韩昌黎全集》卷一三《徐泗濠三州节度掌书记厅石记》:“记之任亦难矣!元戎整齐三军之士,统理所部之甿,以镇守邦国,赞天子施教化,而又外与宾客四邻交,其朝觐、聘问、慰荐、祭祀、祈祝之文,与所部之政,三军之号令升黜,凡文辞之事,皆出书记。非闳辨通敏兼人之才,莫宜居之。然皆元戎自辟,然后命于天子。苟其帅之不文,则其所辟或不当,亦其理宜也。南阳公自御史大夫豪寿庐三州观察使授节移镇徐州,历十一年,而掌书记者三人,其一陇西李博,自前乡贡进士授秘书省校书郎为之。南阳公文章称天下,其所辟,实所谓闳辨通敏兼人之才者也。后之人苟未知南阳公之文章,吾请观于三君子;苟未知三君子之文章,吾请观于南阳公可知矣:蔚乎其相章,炳乎其相辉,志同而气合,鱼川泳而鸟云飞也。愈乐是宾主之相得也,故请刻石以记之,而陷置于壁间,俾来者得以览观焉。”

【张季友】字孝权,安定张氏,京兆府长安县人,大父孝先太子通事舍人,父庭光赠绥州刺史。贞元八年(792)登进士科,释褐河南府文学,后又平判入高等。历徐州判官、协律郎、鄠县尉、监察御史、殿中监察御史,官至虞部员外郎。

《全唐文》卷五六五《虞部员外郎张府君墓志铭》:“尚书虞部员外郎安定张君,讳季友,字孝权……归葬长安县马额原……孝权与余同年进士,其上世有嚣者,当宇文时,为车骑大将军鄜城太守,卒葬河北,谥日忠,公至孝权,间五世矣。孝权大父讳孝先,太子通事舍人;父讳庭光,赠绥州刺史。绥州之卒,孝权盖尚小。母曰太原县君。卒,既葬,孝权守墓,树松柏,三年而后归选,为河南府文学,去官,徐州使拜章请为判官,授协律郎。孝权始不痛绝,诏下大悔,即诈称疾,不言三年。元和初,徐使死,孝权疾即日已。试判入高等,授鄠县尉。明年,故相赵宗儒镇荆南,以孝权为判官,拜监察御史。经二年,拜真御史。明年,分司东台,转殿中。”

(宋)魏仲举《五百家注释韩昌黎全集》卷二九《张季友墓志铭》:“孝权与余同年进

士。”樊注：“贞元八年进士第八。”

【陈羽】江东人。贞元八年(792)进士及第。历东宫卫佐。

(唐)李冗《独异志》卷下《巢燕词》：“贾稜、陈羽、李观、李绛、韩愈、王涯、刘遵古、崔群、冯宿、李博等与四门同年，其名流于海岳。”

(宋)计有功《唐诗纪事》卷三五《陈羽》：“韩退之有《落叶送羽》：‘谁云少年别，流泪各沾衣。’羽与退之同年登第。”

(宋)陈振孙《直斋书录解题》卷一九录载《陈羽集》一卷，注云：“唐东宫卫佐陈羽撰。贞元八年陆贽下第二人。”

(元)辛文房撰，傅璇琮主编《唐才子传校笺》(册二)卷五《陈羽》条云：“羽，江东人。贞元八年，礼部侍郎陆贽下第二人登科，与韩愈、王涯等共为‘龙虎榜’。后仕历东宫卫佐。”

【欧阳詹】字行周，泉州晋江县人。贞元八年(792)登进士科。历太原从事。官至国子四门助教。

《全唐文》卷五四四李贻孙《故四门助教欧阳詹文集序》：“欧阳君生于闽之里，幼为儿孩时，即不与众童亲狎，行止多自处。年十许岁，里中无爱者；每见河滨山畔有片景可采，心独娱之，常执卷一编，忘归于其间。逮风月清晖，或暮而尚留，窅不能释，不自知所由，盖其性所多也。未甚识文字，随人而问章句，忽有一言契于心，移日自得，长吟高啸，不知其所止也……会故相常衮来为福之观察使，有文章高名，又性颇嗜诱进后生，推拔于寒素中，惟恐不及。至之日，比君为芝英，每有一作，屡加赏进。游娱燕飨，必召同席。君加以谦德，动不逾节。常公之知，日又加深矣。君之声渐腾于江淮，且达于京师矣。时人谓常公能识真。寻而陆相贽知贡举，搜罗天下文章，得士之盛，前无伦比，故君名在榜中。常与君同道而相上下者，有韩侍郎愈、李校书观。洎君并数百岁杰出，人到于今伏之。君之文新无所袭，才未尝困。”

《全唐文》卷五六七韩愈《欧阳生哀辞》：“欧阳詹世居闽越，自詹已上，皆为闽越官，至州县佐令者，累累有焉……闽越之人举进士繇詹始，建中贞元间，予就食江南，未接人事，往往闻詹名闾巷间，詹之称于江南也久。贞元三年予始至京师举进士，闻詹名尤甚，八年春遂与詹文辞同考试登第。”

《全唐文》卷八一七黄璞《欧阳行周传》：“欧阳詹字行周，泉州晋江人。弱冠能属文，天纵浩汗。贞元年登进士第。毕关试，薄游太原，于乐籍中因有所悦，情甚相得。及归，乃与之盟曰：至都当相迎耳。即洒泣而别。仍赠之诗曰：驱马渐觉远，回头长路尘。高城已不见，况复城中人。去意既已甘，居情谅多辛。五原东北晋，千里西南秦。一屦不出门，一车无停轮。流萍与系匏，早晚期相亲。寻除国子四门助教。往乐籍中者思之不已，经年得疾且甚。乃危妆引髻，刃而匣之。顾谓女弟曰：吾其死矣。苟欧阳生使至，可以是为信。又遗之诗曰：自从别后减容光，半是思郎半恨郎。欲识旧时云髻样，为奴开取镂金箱。绝笔而逝。及詹使至，女弟如言。径持归京，具白其事。詹启函阅之，又见其诗，一恸而卒。故孟简赋诗哭之。序曰：闽越之英，惟欧阳生以能文擢第。爰始一命，食太学之禄，助成均之教,有庸绩矣。我唐贞元己卯岁,献书相府论大事,风韵清雅,词旨切直。会东方军兴,府县未暇慰荐。久之,倦游太原,还来帝京,卒官灵台。悲夫!生于单贫,以徇名故心专,勤俭不识声色。及兹筮仕,未知洞房纤腰之为蛊惑。初抵太原,居大将军宴席上,妓有北方之尤者,屡目于生。生感悦之,留赏累月,以为燕婉之乐,尽在是矣。既而南辕,妓请同行。生曰:十目所视,不可不畏。辞焉,请待至都而来迎。许之,乃诀去。生竟以连蹇不克如约。过期,命甲遣乘,密往迎妓。妓因积望成疾,不可为也。先大故之夕,翦其云髻,谓侍儿曰:所欢应访我,当以髻为贶。甲至得之,以乘空归,授髻于生。生为恸怨。涉旬而生亦殁。则韩退之作《何蕃传》,所谓欧阳詹者生也。河南穆元道访予,尝叹息其事。呜呼!钟爱于男女,索其效死,夫亦不蔽也。大凡以时断割,不为丽色所汩,岂若是乎?古乐府诗有《华山畿》,《玉台新咏》有庐江小吏,更相死类于此。"

《新唐书》卷二〇三《文艺下·欧阳詹传》:"欧阳詹字行周,泉州晋江人。其先皆为本州州佐、县令。闽越地肥衍,有山泉禽鱼,虽能通文书吏事,不肯北宦。及常衮罢宰相为观察使,始择县乡秀民能文辞者,与为宾主钧礼,观游飨集必与,里人矜耀,故其俗稍相劝仕。初,詹与罗山甫同隐潘湖,往见衮,衮奇之。辞归,泛舟饮饯。举进士,与韩愈、李观、李绛、崔群、王涯、冯宿、庾承宣联第,皆天下选,时称'龙虎榜'。闽人第进士,自詹始。詹事父母孝,与朋友信义。其文章切深,回复明辩。与愈友善。詹先为国子监四门助教,率其徒伏阙下,举愈博士。卒,年四十余。崔群哭之甚,愈为詹哀辞,自书以遗群。初,徐晦举进士不中,詹数称之,明年高第,仕为福建观察使。语及詹,必流涕。"

【员结】贞元八年(792)登进士科。

《氏族大全》卷一八《十四泰》:"员结,唐贞元龙虎榜中人。"

(明)凌迪知《万姓统谱》卷一〇〇《去声》:"员结贞元龙虎榜中人。"

(明)陈文耀《天中记》卷三八《主试》:"龙虎榜。唐贞元八年,陆贽主司试《明水赋御沟新柳诗》,其人贾棱、陈羽、欧阳詹……韩愈、李绛、温商、庾承宣、员结……"

(明)彭大翼《山堂肆考》卷八四《科第·虎榜》:"唐贞元八年,陆贽主文试《明水赋御沟新柳诗》,榜中得人如贾棱……庾承宣、元结、胡谅、崔群、邢册、裴光辅、万珰等,皆天下孤隽伟杰之士,时称'龙虎榜'。"按:《山堂肆考》作"元结",误,元结者为天宝十三载进士。

《登科记考》卷一三贞元八年进士科条云员结及第。

【胡谅】贞元八年(792)进士及第。

(宋)洪兴祖《韩子年谱》卷三引《科名记》:"贞元八年,陆贽主司……其人……胡凉、崔群……号'龙虎榜'。"

《氏族大全》卷三《胡》:"胡谅中龙虎榜。"

(明)陈文耀《天中记》卷三八《主试》:"龙虎榜。唐贞元八年,陆贽主司试《明水赋御沟新柳诗》,其人贾棱、陈羽、欧阳詹……胡谅……"

(明)彭大翼《山堂肆考》卷八四《科第·虎榜》:"唐贞元八年,陆贽主文试《明水赋御沟新柳诗》,榜中得人如贾棱……庾承宣、元结、胡谅、崔群、邢册、裴光辅、万当等,皆天下孤隽伟杰之士,时称'龙虎榜'。"

《登科记考》卷一三贞元八年(792)进士科条云胡谅及第。

【侯继】上谷侯氏,河南府洛阳县人。贞元八年(792)登进士科。历河中府参谋。

(宋)魏仲举《五百家注释韩昌黎全集》卷四《送侯参谋赴河中幕》韩注:"侯参谋继也,继与公同举贞元八年进士。"同书卷一六《答侯继书》韩注曰:"贞元八年继与公同登进士第。"

《唐代墓志汇编》大和一〇〇《唐故朝议郎行陕州硖石县令上柱国侯公墓志铭并叙》:"公讳绩,字夏士,上谷人……祖进士出身,幽州固安县令,父讳润…… 累赠左仆射……公兄继以文科入仕。"按:侯绩从先茔葬于河南府洛阳县。

《登科记考》卷一三贞元八年(792)进士科条云侯继及第。

【崔群】字敦诗,清河崔氏,贝州武城人。贞元八年(792)登进士科, 贞元十年(794)制科擢第,授秘书省校书郎。宪宗朝历右补阙、翰林学士、中书舍人、礼部侍郎、户部侍郎,拜宰相;穆宗朝历兵部尚书;卒吏部尚书,册赠司空。

《全唐文》卷五五五韩愈《送杨支使序》:"愈在京师时,尝闻当今藩翰之宾客,惟宣州为多贤。与之游者二人:陇西李博、清河崔群。群与博之为人,吾知之:道不行于主人,与之处者非其类,虽有享之以季氏之富,不一日留也。以群、博论之,凡在宣州之幕下者,虽不尽与之游,皆可信而得其为人矣。愈未尝至宣州,而乐颂其主人之贤者,以其取人信之也。今中丞之在朝,愈日侍言于门下,其来而镇兹土也,有问湖南之宾客者,愈曰:知其客可以信其主者,宣州也;知其主可以信其客者,湖南也。去年冬,奉诏为邑于阳山,然后得谒湖南之宾客于幕下,于是知前之信之也不失矣。及仪之之来也,闻其言而见其行,则向之所谓群与博者,吾何先后焉?仪之智足以造谋,材足以立事,忠足以勤上,惠足以存下,而又侈之以《诗》《书》六艺之学,先圣贤之德音,以成其文、以辅其质,宜乎从事于是府,而流声实于天朝也。夫乐道人之善以勤其归者,乃吾之心也;谓我为邑长于斯,而媚夫人云者,不知言者也。工乎诗者,歌以系之。"

《全唐文》卷五七七柳宗元《送崔群序》:"贞松产于岩领,高直耸秀,条畅硕茂,粹然立于千仞之表。和气之发也,禀和气之至者,必合以正性。于是有贞心劲质,用固其本,御攘冰霜,以贯岁寒,故君子仪之。清河崔敦诗,有柔儒温文之道,以和其气,近仁复礼,物议归厚,其有禀者欤?有雅厚质方之诚,以正其性,悫论忠告,交道甚直,其有合者欤?是故日章之声,振于京师。尝与陇西李杓直南阳韩安平洎予交友。杓直敦柔深明,冲旷坦夷,慕崔君之和;安平厉庄……于崔君,有通家之旧,外党之亲,然吾不以是合之。崔君以文学登于仪曹,扬于王庭,甲俊造之选,首雠校之列,然吾不以是视之。于其序也,故载之其末云。"

(五代)王定保《唐摭言》卷四《师友》:"崔群字敦诗,贞元八年陆贽下及第,与韩愈为友。"

《旧唐书》卷一五九《崔群传》:"崔群字敦诗,清河武城人,山东著姓。十九登进士第,又制策登科,授秘书省校书郎,累迁右补阙。元和初,召为翰林学士,历中书舍人……迁礼部侍郎……转户部侍郎。二年七月,拜中书侍郎、同中书门下平章事……出为湖南观察都团练使。穆宗即位,征拜吏部侍郎……拜御史中丞。浃旬,授检校兵部尚书,兼徐州刺史、武宁军节度、徐泗濠观察等使……未几,改华州刺史、兼御史大夫。复改宣州刺史、歙池等州都团练观察等使,征拜兵部尚书。久之,改检校吏部尚书、江陵尹、荆南节度观察使。逾岁,改检校右仆射,兼太常卿。大和五年,拜检校左仆射,兼吏部尚书。六年八月卒,年六十一,册赠司空。”

《新唐书》卷二〇三《文艺下·欧阳詹传》:“欧阳詹字行周,泉州晋江人……举进士,与韩愈、李观、李绛、崔群、王涯、冯宿、庾承宣联第,皆天下选,时称‘龙虎榜’。”

【庾承宣】贞元八年(792)进士及第,贞元十年(794)宏辞科。历郑滑等州观察使判官、礼部侍郎,官至太常卿,摄太尉。

《全唐文》卷六一五庾承宣《唐前义成军节度郑滑等州观察使检校吏部尚书兼御史大夫李公二州慰思述》:“顾谓观察判官殿中侍御史庾承宣,以从事在兹,详备闻见,盍叙之而昭示永永焉?”

《全唐文》卷六六二白居易《庾承宣可尚书右丞制》:“敕:朝议大夫守尚书刑部侍郎骁骑尉庾承宣:昔我太宗文皇帝尝谓尚书丞百职纲维,事一失中,则天下有受其弊者,因命戴胄魏徵及杜正伦刘洎辈继领是职,分居左右,官修事理,人到于今称之。故吾前命崔戎(一作从)持左纲,今命承宣操右辖,众口籍籍,颇为得人。况承宣端谅勤敏,周知典故,必能为我纽有条之纲,柅妄动之轮,坐曹得出入郎官,立朝得奏弹御史,决会政要,扶树理本,无俾戴魏刘杜专美于贞观中。可守尚书右丞,散官勋,如故。”

《旧唐书》卷一七下《文宗下》:“(大和八年春正月)丙寅,修太庙。令太常卿庾承宣摄太尉,遍告九室,迁神主于便殿。”

《旧唐书》卷一七上《敬宗 文宗上》:“(大和元年春正月)癸未,以吏部侍郎庾承宣为京兆尹、兼御史大夫。”

《旧唐书》卷一七下《文宗下》:“(大和七年)二月己未朔。己巳,以吏部侍郎庾承宣为太常卿。”

(宋)王溥《唐会要》卷七六《贡举中·缘举杂录》:“元和十三年十月,权知礼部侍郎庾承宣奏:‘臣有亲属应明经、进士举者,请准旧例送考功试。’从之。”

《新唐书》卷二〇三《文艺下·欧阳詹传》:“欧阳詹字行周,泉州晋江人……举进士,与韩愈、李观、李绛、崔群、王涯、冯宿、庾承宣联第,皆天下选,时称‘龙虎榜’。”

(宋)尤袤《全唐诗话》卷三《章孝标》:“孝标,元和十三年下第,时辈多为诗以刺主司,独孝标为《归燕诗》留献。侍郎庾承宣得诗,展转吟讽。庾重典礼曹,孝标来年登第。”

【韩愈】字退之,邓州南阳县人。贞元八年(792)登进士科。贞元十四年(798)为大梁巡官,历徐州宾佐、四门博士、监察御史,宪宗朝历国子博士、都官员外郎、改比部郎中、拜中书舍人、赐金紫、刑部侍郎、潮州刺史、国子祭酒、兵部侍郎、吏部侍郎、京兆尹、御史大夫,卒吏部侍郎,赠礼部尚书,谥曰文。

《全唐文》卷六三九李翱《故正议大夫行尚书吏部侍郎上柱国赐紫金鱼袋赠礼部尚书韩公(愈)行状》:“曾祖泰,皇任曹州司马。祖濬素,皇任桂州长史。父仲卿,皇任秘书郎,赠尚书左仆射。公讳愈,字退之,昌黎人。生三岁父殁,养于兄会舍。及长读书,能记他生之所习,年二十五上进士第。汴州乱,诏以旧相东都留守董晋为平章事宣武军节度使,以平汴州。晋辟公以行,遂入汴州,得试秘书省校书郎,为观察推官。晋卒,公从晋丧以出,四日而汴州乱,凡从事之居者皆杀死。武宁军节度使张建封奏为节度推官,得试太常寺协律郎,选授四门博士,迁监察御史。为幸臣所恶,出守连州阳山令。政有惠于下,及公去,百姓多以公之姓以命其子。改江陵府法曹参军,入为权知国子博士。宰相有爱公文者,将以文学职处公,有争先者,构公语以非之,公恐及难,遂求分司东都。权知三年,改真博士,入省为分司都官员外郎,改河南县令,日以职分辨于留守及尹,故军士莫敢犯禁。入为职方员外郎。华州刺史奏华阴县令柳涧有罪,遂将贬之,公上疏请发御史辩曲直,方可处以罪,则下不受屈。既柳涧有犯,公由是复为国子博士。改比部郎中史馆修撰,转考功郎中,修撰如故,数月以考功知制诰……元和十三年秋,以兵老久屯,贼未灭,上命裴丞相为淮西节度使以招讨之。丞相请公以行,于是以公因本官兼御史中丞,赐三品服及鱼,为行军司马,从丞相居于郾城……承宗果大恐,上表请割德棣二州以献。丞相归京师,公迁刑部侍郎……贬潮州刺史。移袁州刺史,百姓以男女为人隶者,公皆计佣以偿其直而出归之。入迁国子祭酒……改兵部侍郎……转吏部侍郎……长庆四年得病,满百日假,既罢,以十二月二日卒于靖安里第……享年五十七,赠礼部尚书。”

《全唐文》卷六八七皇甫湜《韩愈神道碑》:“韩氏出晋穆侯。晋灭武穆之韩,而邑穆侯孙万于韩,遂以为氏。后世称王。汉之兴,故韩襄王孙信有功,复封韩王,条叶遂著。后居南阳,又隶延州之武阳。拓跋后魏之帝,其臣有韩茂者,以武功显,为尚书令,实为安定桓王。次子均袭爵,官至金部尚书,亦能以功名终。尚书曾孙叡素,为唐桂州长史,善化行于江岭之间,于先生为王父,生赠尚书左仆射讳仲卿。仆射生先生。先生讳愈,字退之。乳抱而孤,熊熊然角,嫂郑氏异而恩鞠之。七岁属文,意语天出。长悦古学,业孔子孟子,而侈其文。秀人伟生,多从之游,俗遂化服,炳炳烈烈,为唐之章。贞元十四年,用进士从军宰相董晋平汴州之乱,又佐徐州青淄,通漕江淮。入官于四门,先生实师之。擢为御史。十九年,关中旱饥,人死相枕藉,吏刻取息。先生列言天下根本,民急如是,请宽民徭而免田租之弊。专政者恶之,行为连州阳山令,阳山民至今多以先生氏洎字呼其子孙。累除国子博士,不丽邪宠,惧而中请分司东都避之。除尚书都官郎中,分司判祠部。中官号功德使,司京城观寺,尚书敛手就职。先生按《六典》,尽索之以归,诛其无良,时其出入,禁哗众以正浮屠。授河南令。魏郓幽镇各为留邸,贮潜卒以橐罪士,官无敢问者。先生将擿其禁,以壮朝廷,断民署吏,候旦发,留守尹以闻,皆大恐,令遽相禁。有使还为言,宪宗悦曰:韩愈助我者。是后郓邸果谋反东都,将屠留守以应淮蔡。华州刺史奏华阴令柳涧赃,诏贬涧官。先生守尚书职方郎中,奏疏言:华近在国城门外,刺史奏县令罪,不参验,坐郡。御史考实,奏事如州,宰相不为坚白本意,先生竟责出省。复比部郎中修史,主柄者不喜,不卒展用。再迁中书舍人,廷议蔡叛可诛,与众意违,改右庶子。十二年七月,诏御史中丞司彰义君讨元济。出关趋汴,说都统宏,宏悦用命,遂至郾城。势审其贼虚实,请节度使裴度曰:某领精兵千人取元济。度不听察。居数日,李愬自文城果行,无人,擒贼以献,遂平蔡方，三军之士为先生恨。复谓度曰：今藉声势，王承宗可以辞取，不烦兵矣。得柏耆，先生受词，使耆执笔书之，持以入镇，承宗恐惧，割德棣以降，遣子入侍。还拜刑部侍郎。宪宗盛仪卫迎佛骨，士女纵观倾城，先生大惧，遂移典校上章极谏，贬潮州刺史。大官谪为州县，薄不治务，先生临之，若以资迁。洞究海俗，海夷陶然，遂生鲜鱼稻蟹，不暴民物。掠卖之口，计庸免之，未相直，辄与钱赎。及还，著之赦令。转刺袁州，治袁州如潮。征拜国子祭酒，其属一奏用儒生，日集讲说生徒，官之以艺学浅深为顾，侍品豪曹游益不留。既除兵部侍郎，方镇反，太原兵以轻利诱回纥，召先生祸福，譬引虎啮臃血，直今所患，非兵不足，遽疏陈得失。王廷凑屠衣冠，围牛元翼，人情望之若大蚖虺，先生奉诏入贼，渊然无事行者。既至，召众贼帅前，抗声数责，致天子命，词辩而锐，悉其机情，贼众惧伏。贼帅曰：惟公指。公乃约之出元翼，归士大夫之丧。功可意而复，穆公大喜，且欲相之。迁吏部侍郎。会京兆尹以不治闻，遂以迁拜，敕曰：朕屈韩愈公为尹，宜令无参御史，不得为故常。兼御史大夫用优之。禁军老奸，宿恶不摄，尽缚送狱，京理恪然。御史中丞有宠，旦夕且相，先生不诣，固为耻矣。械囚送府，令取尹状决之，先生脱囚械纵去。御史悉奏，宰相乘之，两改其官。复为吏部侍郎，铨不锁，入吏，选父七十母六十身七十，悉与三利取才，财势路绝。病满三月免。四年十二月丙子，薨靖安里第，年五十七。嗣天子不御朝，赠礼部尚书。宝历元年三月癸酉，葬河南某县。先叔父云卿，当肃宗代宗朝，独为文章官。兄会，亦显名，官至起居舍人。会妻之亡，先生以期衰服服焉，用报之。”

《全唐文》卷六八七皇甫湜《韩文公墓志铭并序》：“长庆四年八月，昌黎韩先生既以疾免吏部侍郎，书谕湜曰：死能令我躬所以不随世磨灭者惟子，以为嘱。其年十二月丙子，遂薨。明年正月，其孤昶，使奉功绪之录，继讣以至。三月癸酉，葬河南河阳，乃哭而叙铭其墓，其详将揭之于神道碑云。先生讳愈，字退之，后魏安桓王茂六代孙。祖朝散大夫桂州长史讳叡素，父秘书郎赠尚书左仆射讳仲卿。先生七岁好学，言出成文。及冠，恣为书以传圣人之道，人始未信。既发不掩，声震业光，众方惊爆，而萃排之。乘危将颠，不懈益张，卒大信于天下。先生之作，无圆无方，至是归工。抉经之心，执圣之权，尚友作者，跋邪觝异，以扶孔氏，存皇之极。知与罪，非我计。茹古涵今，无有端涯，浑浑灏灏，不可窥校。及其酣放，豪曲快字，凌纸怪发，鲸铿春丽，惊耀天下。然而栗密窈眇，章妥句适，精能之至，入神出天。呜呼极矣，后人无以加之矣，姬氏以来，一人而已矣！始先生以进士三十有一仕历官。其为御史尚书郎中书舍人，前后三贬，皆以疏陈治事，廷议不随为罪。常惋佛老氏法溃圣人之堤，乃唱而筑之，及为刑部侍郎，遂章言宪宗迎佛骨非是，任为身耻，震怒天颜，先生处之安然，就贬八千里海上。呜呼！古所谓非苟知之亦允蹈之者耶？吴元济反，吏兵久屯无功，国涸将疑，众惧汹汹，先生以右庶子兼御史中丞行军司马，宰相军出潼关，请先乘遽至汴，感说都统，师乘遂和，卒擒元济。王庭凑反，围牛元翼于深，救兵十万，望不敢前，诏择庭臣往谕，众栗缩，先生勇行。元稹言于上曰：韩愈可惜。穆宗悔，驰诏无径入，先生曰：止君之仁，死臣之义。遂至贼营，麾其众责之，贼恇汗伏地，乃出元翼。《春秋》美臧孙辰告籴于齐，以为急病，校其难易，孰为宜褒？呜呼先生，真古所谓大臣者耶！还拜京兆尹，敛禁军貼旱籴，齧幸臣之铓。再为吏部侍郎。薨年五十七，赠礼部尚书。先生与人洞朗轩辟，不施戟级。族姻友旧不自立者，必待我然后衣食嫁娶丧葬。平居虽寝食，未尝去书，怠以为枕，餐以饴口，讲评孜孜，以磨诸生。恐不完美，游以诙笑啸歌，使皆醉义忘归。呜呼！可谓乐易君子，钜人长者矣。夫人高平郡君范阳卢氏，孤前进士昶，婿左拾遗李汉、集贤校理樊宗懿，次女许嫁陈氏，三女未笄。”

(唐)韦绚《刘宾客嘉话录》：“韩十八愈，直是太轻薄，谓李二十六程曰：‘某与丞相崔大群同年往还，直是聪明过人。’”

《旧唐书》卷一六〇《韩愈传》：“韩愈字退之，昌黎人。父仲卿，无名位……寻登进士第。宰相董晋出镇大梁，辟为巡官。府除，徐州张建封又请为其宾佐……调授四门博士，转监察御史……元和初，召为国子博士，迁都官员外郎……改比部郎中、史馆修撰。逾岁，转考功郎中、知制诰，拜中书舍人……元和十二年八月，宰臣裴度为淮西宣慰处置使，兼彰义军节度使，请愈为行军司马，仍赐金紫。淮、蔡平，十二月随度还朝，以功授刑部侍郎……贬为潮州刺史……十五年，征为国子祭酒，转兵部侍郎……改吏部侍郎。转京兆尹，兼御史大夫……为吏部侍郎。长庆四年十二月卒，时年五十七，赠礼部尚书，谥曰文。”

《新唐书》卷一七六《韩愈传》：“韩愈，字退之，邓州南阳人……父仲卿，为武昌令……愈生三岁而孤，随伯兄会贬官岭表……擢进士第。会董晋为宣武节度使，表署观察推官……依武宁节度使张建封，建封辟府推官……召拜国子祭酒，转兵部侍郎……转吏部侍郎……遂以愈为京兆尹、兼御史大夫……遂罢愈为兵部侍郎，而出绅江西观察使。绅见帝，得留，愈亦复为吏部侍郎。长庆四年卒，年五十七，赠礼部尚书，谥曰文。”

《新唐书》卷二〇三《文艺下·欧阳詹传》：“欧阳詹字行周，泉州晋江人……举进士，与韩愈、李观、李绛、崔群、王涯、冯宿、庾承宣联第，皆天下选，时称‘龙虎榜’。”

【温商】贞元八年(792)进士及第。曾官淮南节度掌书记、将仕郎试太常寺协律。

《洛阳新出土墓志释录》，贞元二十年(804)八月十八日《唐故相州滏阳县尉陇西李公夫人太原王氏墓志铭并序》，署“淮南节度掌书记将仕郎试太常寺协律郎温商撰并书”。

(宋)洪兴祖《韩子年谱》卷三引《科名记》：“贞元八年，陆贽主司……其人……温商、虞承宣……号‘龙虎榜’。”

(宋)祝穆《古今事文类聚前集》卷二九《仕进部·同龙虎榜》：“唐贞元八年，陆贽主司试《明水赋御沟新柳诗》，其人贾稜、陈羽、欧阳詹、李博、李观、冯宿、王涯、张季友、齐孝若、刘遵古、许季同、侯继、穆贽、韩愈、李绛、温商、庾承宣、员结、胡谅、崔群、邢册、裴光辅、万琄，是年一榜多天下孤隽伟杰之士，号‘龙虎榜’。”

《氏族大全》卷五〇《二十文·状元自期》：“温宪咸通中及第，与张乔等为‘十哲’……温商贞元中及第，号‘龙虎榜’。”

(明)凌迪知《万姓统谱》卷二二《上平声》：“温宪，咸通中及第，与张乔等为‘十哲’。温商贞元中及第，号‘龙虎榜’。”

(明)陈文耀《天中记》卷三八《主试》：“龙虎榜。唐贞元八年，陆贽主司试《明水赋御沟新柳诗》，其人贾稜、陈羽、欧阳詹……韩愈、李绛、温商、庾承宣、员结……”

《登科记考》卷一三贞元八年(792)进士科条云温商及第。

【裴光辅】贞元八年(792)进士第。

(宋)洪兴祖《韩子年谱》卷三引《科名记》:“贞元八年,陆贽主司……其人……胡谅、崔群……裴光辅、万珰。是年一榜多天下孤俊伟杰之士,号‘龙虎榜’。”

(宋)祝穆《古今事文类聚前集》卷二九《仕进部》:“唐贞元八年陆贽主司《试明水赋御沟新柳诗》。其人贾稜、陈羽、欧阳詹、李博……裴光辅、万珰。是年一榜多天下孤隽伟杰之士,号‘龙虎榜’。”

(明)陈文耀《天中记》卷三八《主试》:“龙虎榜。唐贞元八年,陆贽主司试《明水赋御沟新柳诗》,其人贾稜、陈羽、欧阳詹……胡谅、崔郡、邢册、裴光辅……”

明经科

【林荐】莆田人。贞元八年(792)登明经科。官至韶州刺史。

(明)林俊《见素文集》卷二五《赞·韶州公赞》:“公讳荐,睦州第四子。贞元十二年侍郎陆贽下明经及第,初衢州文学守郊社令,历北阳,终韶州刺史。”

《登科记考》贞元十二年明经科条云:“按陆贽知贡举在是年,言十二年,误。”兹从之,改在贞元八年(792)。

乾隆《福建通志》卷三三《选举·唐科目》:“贞元十二年丙子,明经林荐,莆田人,披子,韶州刺史。”

【周匡业】清漳人。贞元八年(792)登明经科。官至鄱阳令。

《全唐文》卷五九七欧阳詹《送周孝廉擢第归觐序》:“始未与周相接,二年间语音贡府稠人中见之,年甚华,神甚清……今春献义,果登孝廉上第。予以片言只字进,亦同年成名。”

嘉靖《龙溪县志》卷七《选举》:“周匡业,贞元六年以明经举,守鄱阳令。”

乾隆《福建通志》卷三三《选举·唐科目》贞元八年:“龙溪县周匡业,番阳令。”

乾隆《福建通志》卷五一《文苑·漳州府·唐》:“州人举进士自匡物始,兄匡业,亦登第为鄱阳令。”

诸科

【张□】贞元八年(792)登童子科。

《全唐文》卷五五五韩愈《赠张童子序》:“张童子生九年,自州县达礼部,一举而进立于二百之列。又二年,益通二经,有司复上其事。繇是拜卫兵曹之命。”

(宋)魏仲举《五百家注释韩昌黎全集》卷二〇《赠张童子序》:“愈与童子俱陆公门人也。”樊注:“贞元八年兵部侍郎陆贽知贡举,公登第,时童子升于礼部。”按:《登科记考》列于卷一三贞元八年诸科条。

科目选

【吕渭】字君载,河中人,父延之,越州刺史、浙江东道节度使。贞元八年(792)试宏词科，以中和节应诏。累授婺州永康令、大理评事、浙西观察使支使、殿中侍御史、舒州刺史、吏部员外、驾部郎中、知制诏、中书舍人、太子右庶子、礼部侍郎、潭州刺史、兼御史中丞、湖南都团练观察使。

《旧唐书》卷一三七《吕渭传》："吕渭字君载，河中人。父延之，越州刺史、浙江东道节度使。渭举进士，累授婺州永康令、大理评事。浙西观察使李涵辟为支使，再迁殿中侍御史。涵自御史大夫改太子少傅，渭上言：'涵父名少康，今涵为少傅，恐乖朝典。'由是特授渭司门员外郎。寻为御史台劾奏：'涵再任少卿，此时都不言；今为少傅，疑以散慢，乃为不可。'由是贬渭歙州司马，改涵检校工部尚书、兼光禄卿。渭累授舒州刺史、吏部员外、驾部郎中、知制诏、中书舍人，母忧罢。服阕，授太子右庶子、礼部侍郎。中书省有柳树，建中末枯死，兴元元年车驾还京后，其树再荣，人谓之瑞柳。渭试进士，取瑞柳为赋题，上闻而嘉之。渭又结附裴延龄之子操，举进士，文词非工，渭擢之登第，为正人嗤鄙。因入阁遗失请托文记，遂出为潭州刺史、兼御史中丞、湖南都团练观察使，在任三岁，政甚烦碎。贞元十六年卒，年六十六，赠陕州大都督。"

（宋）计有功《唐诗纪事》卷二《德宗》："（吕渭）贞元八年试宏词诗，以中和节应诏。"

【李观】贞元八年（792）登进士科，同年登博学宏辞科。小传见进士科李观条。

《全唐文》卷五六六韩愈《李元宾墓铭》："李观字元宾。其先陇西人也，始来自江之东，年二十四举进士，三年登上第，又举博学宏词，得太子校书，又一年，年二十九客死于京师。"此碑收入《唐代墓志汇编》残志〇〇八《唐故太子校书前进士李君墓铭》。

《全唐文》卷八一三陆希声《唐太子校书李观文集序》："贞元中，天子以文化天下，天下翕然兴于文。文之尤高者李元宾观韩退之愈。始元宾举进士，其文称居退之之右。及元宾死，退之之文日益高。今之言文章，元宾反出退之之下。论者以元宾早世，其文未极，退之穷老不休，故能卒擅其名。予以为不然。要之所得不同，不可以相上下者。"

（唐）李冗《独异志》卷下《巢燕词》："贾稜、陈羽、李观、李绛、韩愈……等与四门同年，其名流于海岳。"

《新唐书》卷二〇三《文艺下·李华传》："李华字遐叔，赵郡赞皇人……宗子翰，从子观，皆有名……观字元宾。贞元中，举进士、宏辞，连中，授太子校书郎。卒，年二十九。"

（宋）计有功《唐诗纪事》卷三三《李观》："字元宾，以文驰声，贞元中卒于校书郎……贞元八年宏词试《中和节诏赐公卿尺》诗。"

（宋）计有功《唐诗纪事》卷四〇《陆复礼》："贞元八年，宏词试《中和节诏赐公卿尺》……是岁复礼第一人，李观、裴度次之。"

（宋）晁公武《郡斋读书志校证》卷一七《别集类上》录《李观文编》三卷、《外编》二卷，注云："右唐李观元宾也。华之从子。贞元八年进士，中宏词科，终太子校书郎。"

【陆复礼】贞元八年（792）登博学宏辞科。

《全唐文》卷五四六陆复礼小传："复礼，贞元八年宏词第一人。"

（宋）计有功《唐诗纪事》卷四〇《陆复礼》："贞元八年，宏词试《中和节诏赐公卿尺》……是岁复礼第一人，李观、裴度次之。"

【裴度】贞元八年(792)登博学宏辞科。小传见贞元五年(789)进士科裴度条。

(宋)计有功《唐诗纪事》卷四〇《陆复礼》:"贞元八年,宏词试《中和节诏赐公卿尺》……是岁复礼第一人,李观、裴度次之。"

(宋)计有功《唐诗纪事》卷三三《裴度》:"贞元八年,公试宏词,有司以《中和节诏赐公卿尺》为题。"

贞元九年癸酉(793)

知贡举:户部侍郎顾少连

进士科

【苑论】字言扬,郡望马邑,荆衡人。贞元九年(793)进士科状元及第。曾官朝议郎前殿中侍御史内供奉。

《洛阳新出土墓志释录》,元和六年(811)正月十四日《唐故中书舍人集贤院学士安陆郡太守苑公(咸)墓志铭并序》,署"遗孙朝议郎前殿中侍御史内供奉赐绯鱼袋论撰"。按:苑论家世及生平事迹史料极为有限,墓志云苑咸"长男籍,大历中,授河南府伊阳县尉,不幸早世"。长孙苑论,朝议郎前殿中侍御史、内供奉赐绯鱼袋。次孙苑询、季孙苑詘也都学有所成。

《柳宗元集》卷二二《送苑论登第后归觐诗序》:"(贞元)八年冬,予与马邑苑言扬(原注:论字言扬,齐大夫苑何忌之后)联贡于京师。自时而后,车必挂轊,席必交衽。量其志,知其达于昭代;究其文,辨其胜于太常。探而讨之,则明韬于朴厚之质,行浮于休显之问。游公卿之间,质直而不犯,恪谨而不摄,交同列之群,以诚信闻。予拜而兄之,以为执谊而固。临节不夺,在兄而已。是岁,小司徒顾公守春官之缺,而权择士之柄。明年春,同趋权衡之下,并就重轻之试。观其掉鞅于术艺之场,游刃乎文翰之林,风雨生于笔札,云霞发于简牍,左右圜视,朋侪拱手,甚可壮也。(贞元九年)二月丙子,有司题甲乙之科,揭于南宫,予与兄又联登焉。予不厚颜怀愧而陪其游久矣。夏四月,告归荆衡,拜手行迈,轮移都门之辙,辕指秦岭之路。方将高堂称庆,里闬更贺,曳裾峨冠,荣南诸侯之邦,遐登王粲之楼,高视刘表之榻,桂枝片玉,光生于家。是宜砥商雒之阻艰,带江汉之浩荡,以谈笑顾眄,超越千里而无倦极也。"按:荆衡,唐代指荆州,则苑论的郡望为马邑,贯荆州。

(宋)李昉等《太平广记》卷二四二《谬误·苑詘》引《乾膘子》:"唐尚书裴胄镇江陵,常与苑论有旧,论及第后,更不相见,但书札通问而已。"

(元)辛文房撰,傅璇琮主编《唐才子传校笺》(册二)卷五《柳宗元》条云:"宗元字子厚,贞元九年苑论榜第进士,又试博学宏词。"

【卫中行】字大受,御史中丞晏之子,士族,郡望中山,贯河南。贞元九年(793)登进士科。历东都留后从事、陕虢观察使。官至尚书右丞。

《全唐文》卷六四八元稹《授卫中行陕州观察使制》:"敕:邵伯听事于棠阴之下,而人勿翦其树,我知之,非忠信仁爱以得之耶?今自关东由洛而右,数百里之地,尽置为轺车臣所理。盖有以表率方夏,张皇京洛,聿求其良,用副优寄。朝请大夫守华州刺史兼御史中丞卫中行,始以词赋深美,轩然有名,甲乙符昇,遂拾青紫。逮其书命……可守陕州大都督府长史兼御史大夫,充陕虢等州都防御观察处置等使。"

《全唐文》卷五六五韩愈《监察御史卫府君墓志铭》:"君讳某,字某,中书舍人御史中丞讳某之子,赠太子洗马讳某之孙。家世习儒学词章,昆弟三人,俱传父祖业,从进士举。君独不与俗为事,乐弛置自便。父中丞薨,既三年,与其弟中行别曰:'若既克自敬勤,及先人存,趾美进士,续闻成宗,惟服任遂功,为孝子在不怠……'……(公)至南海,未几竟死,年五十三。子曰某。元和十年十二月某日,归葬河南某县某乡某村附先茔。于时中行为尚书兵部郎,号名人,而与余善,请铭。"按:中行兄死归葬河南府,则其贯为河南。

《全唐文》卷六三〇吕温《故太子少保赠尚书左仆射京兆韦府君神道碑》:"(韦夏卿)分正东郊,开府辟士,则有今右司郎中敦煌段平仲、仓部员外郎安定皇甫镈、礼部员外郎清河张贾,洎京兆尹韦词、陇西李景俭、中山卫中行、平阳路随,皆群彦之秀出,一时之高选,可以观其所任矣。"

《旧唐书》卷一六《穆宗》:"乙卯,以前陕虢观察使卫中行为尚书右丞。"

(宋)魏仲举《五百家注释韩昌黎全集》卷一七《与卫中行书》集注云:"中行,字大受,御史中丞晏之子,贞元九年进士。"《东雅堂昌黎集注》卷一七《与卫中行书》略同。

《登科记考》卷一三贞元九年(793)进士科条云卫中行及第。

【马徵】一作"马征",扶风人。贞元九年(793)登进士科。卒右卫胄曹。

《柳宗元集》卷一〇《唐故岭南经略副使御史马君墓志》:"元和九年月日,扶风马君卒。命于守龟,祔于先君食。卜葬明年某月庚寅亦食。其孤使来以状谒铭,宗元删取其辞,曰:君凡受署,往来桂州、岭南、江西、荆南道,皆大府。凡命官,更佐军卫录王府事、番禺令、江陵户曹录府事、监察御史,皆为显官。凡佐治,由巡官、判官至押番舶使、经略副使,皆所谓右职……君讳某,字某。曾祖某,某官。祖某,某官。父某,某官。嗣子陇西李氏出,曰徵,由进士为右卫胄曹,早没。"

(唐)韦绚《刘宾客嘉话录》:"唐柳宗元与刘禹锡同年及第,题名于慈恩塔。谈元茂秉笔……张复已下,马徵、邓文佐名尽著版子矣。题名皆以姓望,而辛南容人莫知之……俄而辛至,人问其望,曰'渤海'。"

《登科记考》卷一三云贞元九年(793)进士科条云马征及第。

【邓文佐】贞元九年(793)登进士科。

(唐)韦绚《刘宾客嘉话录》:"唐柳宗元与刘禹锡同年及第,题名于慈恩塔。谈元茂秉笔……张复已下,马徵、邓文佐名尽著版子矣。题名皆以姓望,而辛南容人莫知之……俄而辛至,人问其望,曰'渤海'。"

《登科记考》卷一三云贞元九年(793)进士科条云邓文佐及第。

【许志雍】字仲舆,安州安陆县人。贞元九年(793)登进士科。历监察御史、郢州刺史。

(宋)魏仲举《五百家注释韩昌黎全集》卷一九《送许郢州志雍序》樊注:"韩曰:志雍安

陆人，贞元九年登第，十八年刺郢州，时于頔节制山南郢为属邑。"

（宋）王伯大《别本韩文考异》卷一九《送许郢州序》下注："或作《送许使君刺郢州序》，仍注仲舆二字，或作志雍。樊云：志雍，安陆许氏，贞元九年进士，终监察御史。"

《登科记考》卷一三贞元九年（793）进士科条云许志雍及第。

【刘禹锡】字梦得，彭城刘氏，洛阳人。贞元九年（793）登进士科，又登博学宏辞科。历淮南节度使从事、监察御史、屯田员外郎、连州刺史、朗州司马、连州刺史、主客郎中、礼部郎中、集贤院学士、苏州刺史、赐金紫、汝州刺史、太子宾客、分司东都，官至检校礼部尚书、太子宾客分司，赠户部尚书。

《全唐文》卷六一〇刘禹锡《子刘子自传》："子刘子名禹锡，字梦得。其先汉景帝贾夫人子胜，封中山王，谥曰靖，子孙因封，为中山人也。七代祖亮，事北朝为冀州刺史散骑常侍，遇迁都洛阳，为北部都昌里人。世为儒而仕，坟墓在洛阳北山，其后地狭不可依，乃葬荥阳之檀山原。由大王父已还，一昭一穆如平生。曾祖凯，官至博州刺史。祖锽，由洛阳主簿察视行马外事，岁满，转殿中丞侍御史，赠尚书祠部郎中。父讳绪，亦以儒学，天宝末应进士，遂及大乱，举族东迁，以违患难，因为东诸侯所用，后为浙西从事。本府就加盐铁副使，遂转殿中……初禹锡既冠举进士，一幸而中试。间岁又以文登吏部取士科，授太子校书。官司间旷，得以请告奉温凊。是时年少，名浮于实，士林荣之。及丁先尚书忧，迫礼不死，因成痼疾。既免丧，相国扬州节度使杜公领徐泗，素相知，遂请为掌书记。捧檄入告，太夫人曰：吾不乐江淮间，汝宜谋之于始。因白丞相以请，曰诺。居数月而罢徐泗，而河路犹艰难，遂改为扬州掌书记。涉二年而道无虞，前约乃行，调补京兆渭南主簿。明年冬，擢为监察御史。"

《旧唐书》卷一六〇《刘禹锡传》："刘禹锡字梦得，彭城人。祖云。父溆，仕历州县令佐，世以儒学称。禹锡贞元九年擢进士第，又登宏辞科……从事淮南节度使杜佑幕，典记室，尤加礼异。从佑入朝，为监察御史。与吏部郎中韦执谊相善。贞元末……禹锡尤为叔文知奖，以宰相器待之。顺宗即位……转屯田员外郎、判度支盐铁案，兼崇陵使判官……时号'二王、刘、柳'。叔文败，坐贬连州刺史。在道，贬朗州司马……初，禹锡、宗元等八人犯众怒，宪宗亦怒，故再贬……会程异复掌转运，有诏以韩皋及禹锡等为远郡刺史……元和十年……乃改授连州刺史。去京师又十余年。连刺数郡。大和二年，自和州刺史征还，拜主客郎中……累转礼部郎中、集贤院学士……授苏州刺史，就赐金紫。秩满入朝，授汝州刺史，迁太子宾客，分司东都……开成初，复为太子宾客分司，俄授同州刺史。秩满，检校礼部尚书、太子宾客分司。会昌二年七月卒，时年七十一，赠户部尚书。"

（宋）李昉等《文苑英华》卷一〇四《赋一百四》录载刘禹锡、李宗和、陈佑所作之《平权衡赋》。

《新唐书》卷一六八《刘禹锡传》："刘禹锡字梦得，自言系出中山。世为儒。擢进士第，登博学宏辞科，工文章。淮南杜佑表管书记，入为监察御史。"

（宋）晁公武《郡斋读书志校证》卷一七《别集类上》录《刘禹锡集》三十卷，注云："右唐刘禹锡梦得也。中山人。贞元九年进士，登博学宏词科。贬朗州司马……会昌时，加检校礼部尚书。"按:中山、彭城皆为刘氏郡望,刘禹锡的籍贯为洛阳,《刘禹锡全集》卷一七《汝州上后谢宰相状》:"家本荥上,籍洛阳。"

【李宗和】贞元九年(793)登进士科。

《全唐文》卷五九四李宗和小传云:"宗和,贞元九年进士。"

《全唐文》卷五九四有李宗和《平权衡赋》。按:《登科记考》卷一三贞元九年(793)条云是年进士科省试诗《平权衡赋》,则李宗和应于贞元九年及第。

(宋)李昉等《文苑英华》卷一〇四《赋一百四》录载刘禹锡、李宗和、陈佑所作之《平权衡赋》。

《登科记考》卷一三贞元九年(793)进士科李宗和条云见《文苑英华》。

【陈祜】一作"陈祐""陈佑"。贞元九年(793)登进士科,元和元年(806)登制科。历淄青节度使副使。

《全唐文》卷五九四陈佑小传云:"佑,贞元九年进士,为淄青节度副大使,李师道寮属。师道叛,佑抗节忤贼被囚。"

《全唐文》卷五九四有陈佑《平权衡赋》。按:《登科记考》卷一三贞元九年(793)条云是年进士科省试诗《平权衡赋》,则陈佑应于贞元九年及第。

(宋)李昉等《文苑英华》卷一〇四《赋一百四》录载刘禹锡、李宗和、陈佑所作之《平权衡赋》。

(宋)李昉等《文苑英华》卷一八三《省试四·风光草际浮五首》下有陈璀、吴秘。《登科记考》卷一三贞元九年进士科陈祐条云见《文苑英华》,《文苑英华》作"陈祜",徐氏误。

【陈璀】贞元九年(793)登进士科。

(宋)李昉等《文苑英华》卷一八三《诗三十三·省试四》,《风光草际浮》诗下有陈璀。

《登科记考》卷一三贞元九年(793)进士科陈璀条云见《文苑英华》。

【吴祕】贞元九年(793)登进士科。

(宋)李昉等《文苑英华》卷一八三《诗三十三·省试四》,《风光草际浮》诗下有吴祕。

《登科记考》卷一三贞元九年(793)进士科吴祕条云见《文苑英华》。

【邱绛】河南人。贞元九年(793)登进士科。历魏博节度使从事,赠中丞。

《刘禹锡集》卷三〇《遥伤邱中丞并引》:"河南邱绛有词藻,与余同升进士科,从事邺下,不幸遇害,故为伤词。"按:"中丞",当为赠官。

《旧唐书》卷一四一《田承嗣传》:"有进士邱绛者,尝为田绪从事,及季安为帅,绛与同职侯臧不协,相持争权。季安怒,斥绛为下县尉;使人召还,先掘坎于路左,既至坎所,活排而瘞之,其凶暴如此!"

(宋)王钦若等《册府元龟》卷四四八《将帅部(一百九)·残酷》:"田季安为魏博节度使,宪宗元和中,有进士丘锋者,尝为田绪从事。及季安从军后,与同府侯臧相持争权,季安怒斥锋,摄下邑尉,使人先路穴地以待。至,则排入而瘞之。其凶暴惨毒如此。"按:文中所云"丘锋"当为"邱绛"。

【邱颖】贞元九年(793)登进士科,贞元十年(794)登制科。

《全唐文》卷四九三权德舆《送邱颖应制举序》："邱侯文似相如，而检度过之，则令名贵仕，何逃吾彀？故前年举秀才上第，今之应诏诣公车，方今皇明照烛，茂遂生物。修西汉旧典，详延天下方闻之士，而之子世父冠貂蝉，叔父冠惠文，皆以清词重当世。则文学政事，子之家法，冥冥戾天，实自兹始。"

《登科记考》卷一三进士科条邱颖云："按颖于十年登制科，当亦九年登进士也。"

【张复元】贞元九年(793)登进士科，历县尉。

《刘禹锡集》卷二八《送张盥赴举并引》："古人以偕受学为同门友，今人以偕升名为同年友……余于张盥为友人，由是道人。"

(唐)韦绚《刘宾客嘉话录》："唐柳宗元与刘禹锡同年及第，题名于慈恩塔。谈元茂秉笔……张复元已下，马徵、邓文佐名尽著版子矣。题名皆以姓望，而辛南容人莫知之……俄而辛至，人问其望，曰'渤海'。"

(宋)王谠撰，周勋初校证《唐语林校证》卷一《政事上》："又陈讽、张复元各注畿县尉，请换县，允之。"

《登科记考》卷一三云贞元九年进士科条云张复元及第。

【武儒衡】字庭硕，河南洛州缑氏县人，祖平一官至考功员外郎，父登赠礼部侍郎。贞元九年(793)登进士科。历四门助教、伊阙尉、水陆运判官、东都从事、监察御史、殿中御史、侍御史、司封员外郎、户部郎中、选谏议大夫、知制诰、中书舍人、赐三品衣鱼。官至礼部侍郎。

《全唐文》卷六三九李翱《兵部侍郎赠工部尚书武公(儒衡)墓志铭》："公讳儒衡，字庭硕，年二十四得进士第，历四门助教，故相郑公余庆尹河南，奏授伊阙尉，充水陆运判官，及郑公守东都，又请自佐，得监察御史，转殿中、御史台，奏其材，诏即以为真。历侍御史司封员外郎户部郎中，选谏议大夫，三月以本官知制诰，岁满转中书舍人，二年迁礼部，入谢，赐三品衣鱼。数月……权知兵部侍郎……长庆四年四月壬辰，竟薨，年五十六……曾大父载德，颍川郡王左羽林将军。大父平一，惩后族之祸，逃官于嵩山，中宗初，征拜起居舍人考功员外郎，有文章传于当时。父登，常州江阴县令，赠礼部侍郎。夫人陇西李氏，先公卒。嗣子曰筹，年十五，次子年十三。女二人，长女许嫁卢立，立良士，为兴元节度司空晋公从事；次女嫁前进士崔搏，搏有学行。其从父子浑，以五月丙子，奉公之丧归祔河南缑氏礼部先公之墓次。"

《旧唐书》卷一五八《武元衡传》："元衡从父弟儒衡。儒衡，字庭硕。才度俊伟，气直貌庄，言不妄发，与人交友，终始不渝。相国郑余庆不事华洁，后进趋其门者多垢衣败服，以望其知。而儒衡谒见，未尝辄易所好，但与之正言直论，余庆因亦重之。宪宗以元衡横死王事，尝嗟惜之，故待儒衡甚厚。累迁户部郎中。十二年，权知谏议大夫事，寻兼知制诰……迁礼部侍郎。长庆四年卒，年五十六。"

《柳宗元集》卷二六《四门助教厅壁记》："与武公同升于礼部。"孙注曰："贞元九年，公与儒衡同举进士。"

【辛南容】瑞州人。贞元九年(793)登进士科。历昭义节度使从事，累迁国子祭酒。

《氏族大全》卷十六《三十六养·编贝贯珠》:“幸南容,唐贞元中穆寂榜登进士第,试《平权衡赋》,与柳子厚同年,子厚有《送归联句序》。”

《柳宗元集》卷二二《送幸南容归使联句诗序》:“渤海幸君,既登于太常之籍,又应邯郸之召,北会元戎……我同升之友。”韩注:“南容与公同年登进士第。”

(唐)韦绚《刘宾客嘉话录》:“唐柳宗元与刘禹锡同年及第,题名于慈恩塔。谈元茂秉笔……张复已下,马徵、邓文佐名尽著版子矣。题名皆以姓望,而辛南容人莫知之……俄而辛至,人问其望,曰‘渤海’。”

(明)李贤等《明一统志》卷五七《瑞州府》:“幸南容墓,在府城西七十里,又有宅去城西北七十里……幸南容,高安人,贞元中举进士,累迁国子祭酒。”按:瑞州府,即唐代之瑞州。

《钦定大清一统志》卷二五一《瑞州府》:“唐幸南容墓,在高安县西七十里。”《畿辅通志》卷六一《选举》:“幸南容,渤海人,贞元年第。”

四库本《江西通志》卷四九《选举·唐》贞元中进士云:“幸南容,高安人,官祭酒。”

【柳宗元】字子厚,河东柳氏,贯京兆府万年县。贞元九年(793)登进士科。后登博学宏辞科,授集贤殿校书郎,历蓝田尉、监察御史、礼部员外郎、邵州刺史、贬永州司马。官至柳州刺史。

《全唐文》卷五七五柳宗元《与杨诲之疏解车义第二书》:“张操来,致足下四月十八日书,始复去年十一月书,言《说车》之说及亲戚相知之道。是二者,吾于足下固具焉不疑,又何逾岁时而乃克也?徒亲戚,不过欲其勤读书,决科求仕,不为大过,如斯已矣。告之而不更则忧,忧则思复之;复之而又不更则悲,悲则怜之。何也?戚也。安有以尧舜孔子所传者而往责焉者哉?徒相知,则思责以尧舜孔子所传者,就其道施于物斯已矣。告之而不更则疑,疑则思复之……吾年十七求进士,四年乃得举。二十四求博学宏词科,二年乃得仕。其间与常人为群辈数十百人。当时志气类足下,时遭讪骂诟辱,不为之面,则为之背。积八九年,日思摧其形,锄其气,虽甚自挫折,然已得号为狂疎人矣。及为蓝田尉,留府庭,旦暮走谒于大官堂下,与卒伍无别。居曹则俗吏满前,更说买卖,商算赢缩。又二年为此,度不能去,益学和其光,同其尘,虽自以为得,然已得号为轻薄人矣。及为御史郎官,自以登朝廷,利害益大。”

《全唐文》卷六〇五刘禹锡《唐故尚书礼部员外郎柳君文集序》:“八音与政通,而文章与时高下。三代之文至战国而病,涉秦汉复起。汉之文至列国而病,唐兴复起。夫政厖而土裂,三光五岳之气分,太音不完,故必混一而后大振。初贞元中,上方向文章。昭回之光,下饰万物。天下文士,争执所长,与时而奋,粲焉如繁星丽天,而芒寒色正,人望而敬者,五行而已。河东柳子厚,斯人望而敬者欤!子厚始以童子有奇名于贞元初,至九年为名进士,十有九年为材御史,二十有一年以文章称首,入尚书为礼部员外郎。是岁,以疏隽少检获讪,出牧邵州,又谪佐永州。居十年,诏书征,不用,遂为柳州刺史。”

《柳宗元集》卷一二《先侍御史府君神道表》:“贞元九年,宗元得进士第。”按:柳宗元的籍贯争论较大,其先为河东柳氏,至其高祖以下已贯长安万年县,死后均葬于长安万年县少陵原。见《故弘农令柳府君坟前石表辞》(魏仲举《五百家注柳宗元文集》卷一二),又柳宗元《先太夫人河东县太君归祔志》:"某始四岁,居京城西田庐中,先君在吴。"(《柳宗元集》卷一三)可见柳宗元的籍贯当在京兆府万年县。后来因安史之乱,而避难吴地,但到肃宗朝已归京师。如《新唐书》卷一六八《柳宗元传》:"柳宗元字子厚,其先盖河东人。从曾祖奭为中书令,得罪武后,死高宗时。父镇,天宝末遇乱,奉母隐王屋山,常间行求养,后徙于吴。肃宗平贼,镇上书言事,擢左卫率府兵曹参军。佐郭子仪朔方府,三迁殿中侍御史。以事触窦参,贬夔州司马。还,终侍御史。"

《旧唐书》卷一六〇《柳宗元传》:"柳宗元字子厚,河东人。后魏侍中济阴公之系孙。曾伯祖奭,高祖朝宰相。父镇,太常博士,终侍御史……(柳宗元)登进士第,应举宏辞,授校书郎、蓝田尉。贞元十九年,为监察御史……转尚书礼部员外郎。叔文欲大用之,会居位不久,叔文败,与同辈七人俱贬。宗元为邵州刺史。在道,再贬永州司马……元和十年,例移为柳州刺史……请以柳州授禹锡,自往播州……元和十四年十月五日卒,时年四十七。子周六、周七,才三四岁。观察使裴行立为营护其丧及妻子还于京师。"

(元)辛文房撰,傅璇琮主编《唐才子传校笺》(册二)卷五《柳宗元》条云:"宗元字子厚,贞元九年苑论榜第进士,又试博学宏词。"

【谈元茂】贞元九年(793)登进士科。历万年县主簿。

《全唐文》卷六三一吕温《祭座主故兵部尚书顾公书》:"维贞元十年岁次甲申月日,门生侍御史王播,监察御史刘禹锡、陈讽、柳宗元,左拾遗吕温、李逢吉,右拾遗卢元辅,剑南西川观察支使李正叔,万年县主簿谈元茂,集贤殿校书郎王启,秘省校书郎李建,京兆府文学李逢,渭南县尉席夔,鄠县尉张隶初,奉礼郎独孤郁,协律郎萧节,奉礼郎时元佐,荥阳主簿李宗衡,前乡贡进士郑素等,谨以清酌之奠,祭于座主故兵部尚书东都留守顾公之灵。"

(唐)韦绚《刘宾客嘉话录》:"唐柳宗元与刘禹锡同年及第,题名于慈恩塔。谈元茂秉笔……张复已下,马徵、邓文佐名尽著版子矣。题名皆以姓望,而辛南容人莫知之……俄而辛至,人问其望,曰'渤海'。"

(宋)李昉等《太平广记》卷二五六《嘲诮四·柳宗元》引《嘉话录》:"唐柳宗元与刘禹锡,同年及第,题名于慈恩塔,谈元茂秉笔。时不欲名字著彰,曰:押缝版子上者,率多不达,或即不久物故。"

(清)王原祁等《御定佩文斋书画谱》卷二八《书家传七·唐三》:"谈元茂。谈元茂,德宗时人。唐柳宗元、刘禹锡题名慈恩寺,谈元茂秉笔。"

《登科记考》卷一三贞元九年(793)谈元茂登进士科。

四库本《陕西通志》卷九八《拾遗一》:"唐柳宗元与刘禹锡同年及第,题名于慈恩塔,谈元茂秉笔。"

【崔约】字夷中,天水博陵人。贞元九年(793)进士及第。

《全唐文补遗》第八辑,崔顗撰大和五年(831)四月二十八日《唐故博陵崔府君(约)墓志铭并序》:"君讳约,字夷中,天水博陵人也……以科名世传,不敢失坠,年十七,举进士。嗜学属文,尤善词赋。近岁与杨巨源、卢拱、王建游,甚熟,遂留心于章句。每因酬赠,尝为数公敬伏,云深得诗家之风态。亦累为前辈仰重。故宣歙观察使房公式、给事中卢公汀、今冯翊守吴公士矩,皆悉心知奖,为称誉当时……以大和四年十二月十一日,终于扬州扬子县白沙里之私第,享年五十四。"按崔约卒于大和四年(830),享年五十四,其十七岁举进士时在贞元九年(793)。又:墓志中提及的杨巨源为贞元五年(789)进士,卢汀为贞元元年(785)进士,皆一时之名士。

【裴杞】贞元九年(793)登进士科。

(宋)李昉等《文苑英华》卷一八三《诗三十三·省试四》,《风光草际浮》诗下有裴杞。

《登科记考》卷一三贞元九年(793)进士科裴杞条云见《文苑英华》。

【薛公达】字大顺,京兆府人,父薛播。贞元九年(793)登进士科,补家令主簿,历凤翔节度使从事、河阳节度使从事,官至国子助教。

《全唐文》卷五六五《国子助教河东薛君墓志铭》:"君讳公达,字大顺,薛姓。曾祖曰希庄,抚州刺史,赠大理卿。祖曰元晖,果州流溪县丞,赠左散骑常侍。父曰播,尚书礼部侍郎。侍郎命君后兄据,据为尚书水部郎中,赠给事中。君少气高,为文有气力,务出于奇,以不同俗为主。始举进士,不与先辈揖,作《胡马》及《圜丘》诗,京师人未见其书,皆口相传以熟。及擢第,补家令主簿,佐凤翔军。军帅武人,君为作书奏,读不识句,传一幕以为笑,不为变……后佐河阳军任事,去害兴利,功为多,拜协律郎……诏拜国子助教,分教东都生。元和四年,年三十七,二月十四日疾暴卒……葬于京兆府万年县少陵原,合祔王夫人茔。"

《新唐书》卷一五九《薛播传》:"薛播,河中宝鼎人。曾祖文思,官中书舍人……以礼部侍郎卒,赠本曹尚书。子公达,擢进士第。佐凤翔军……复佐河阳军。以国子助教居东都卒。"按:薛公达死时居官东都,合葬京兆府万年县,则属归葬,其当为京兆人。

(宋)魏仲举《五百家注释韩昌黎全集》卷二四《国子助教河东薛君墓志铭》孙注:"贞元九年公达登第。"

【穆寂】穆宁之孙,穆质之子,怀州河内人,士族。贞元九年(793)登进士科,贞元末应科目及第。

《旧唐书》卷一五五《穆宁传》:"穆宁,怀州河内人也……贞元六年,就拜秘书监致仕。宁好学,善教诸子,家道以严称。事寡姊以悌闻。通达体命,未尝服药。每诫诸子曰:'吾闻君子之事亲,养志为大,直道而已。慎无为谄,吾之志也。'贞元十年十月卒,时年七十九。四子:赞、质、员、赏……质强直,应制策入第三等。其所条对,至今传之。自补阙至给事中,时政得失,未尝不先论谏。元和初,掌赋使院多擅禁系户人,而有笞掠至死者。质乃论奏盐铁转运司应决私盐系囚,须与州府长吏监决。自是刑名画一。宪宗以王承宗叛,用内官吐突承璀为招讨使。质率同列伏阁论奏,言自古无以中官为将帅者。上虽改其名,心颇不悦,寻改质为太子左庶子。五年,坐与杨凭善,出为开州刺史。未几卒。"

《氏族大全》卷十六《三十六养·编贝贯珠》:"幸南容,唐贞元中穆寂榜登进士第,试《平权衡赋》,与柳子厚同年,子厚有《送归联句序》。"

(明)凌迪知《万姓统谱》卷一一二《入声》:"穆寂,穆宁之孙,穆质之子,河内人,士族。”

《登科记考》卷一三贞元九年(793)进士科条,《永乐大典》载《瑞阳志》:“贞元九年,穆寂榜。”误。

《登科记考补正》卷一五贞元二十一年“应科目及第”录载穆寂,考云:《刘宾客嘉话录》载穆寂于贞元末“应科目及第”。按:穆寂于贞元九年(793)登进士第,已见本书卷十三。其于贞元末“应科目及第”,则科目未详,录此俟考。

明经科

【元稹】字微之,郡望河南元氏,贯京兆府万年县。贞元九年(793)登明经科,元和元年(806)登才识兼茂明于体用科,书判入等,授秘书省校书郎。历右拾遗、江陵府士曹参军、膳部员外郎、祠部郎中、知制诰、工部侍郎;长庆二年(822)拜平章事(宰相),又历同州刺史、越州刺史、兼御史大夫、浙东观察使;大和初加检校礼部尚书,又历检校户部尚书、鄂州刺史、御史大夫,卒武昌军节度使,赠尚书右仆射。

《全唐文》卷六五〇元稹《同州刺史谢上表》:“臣稹言:……臣八岁丧父,家贫无业,母兄乞丐,以供资养,衣不布体,食不充肠。幼学之年,不蒙师训。因感邻里儿稚,有父兄为开学校,涕咽发愤,愿知《诗》《书》。慈母哀臣,亲为教授。年十有五,得明经出身。自是苦心为文,夙夜强学。年二十四登吏部乙科,授校书郎。年二十八蒙制举首选,授左拾遗。始自为学,至于升朝,无朋友为臣吹嘘,无亲党为臣援庇,莫非苦己,实不因人。独立成性,遂无交结。任拾遗日,屡陈时政,蒙先皇帝召问延英。旋为宰相所憎,贬臣河南县尉。及为监察御史,又不敢规避,专心纠绳。复为宰相怒臣不庇亲党,因以他事贬臣江陵判司。废弃十年,分死沟渎。”参考《宣和书谱》卷三、《新唐书》卷一六九《元稹传》等。

《全唐文》卷六七九白居易《唐故武昌军节度处置等使正议大夫检校户部尚书鄂州刺史兼御史大夫赐紫金鱼袋赠尚书右仆射河南元公(稹)墓志铭并序》:“公讳稹,字微之,河南人。六代祖岩,隋兵部尚书,封平昌公;五代祖宏,隋北平太守;高祖义端,魏州刺史;曾祖延景,岐州参军;祖讳悱,南顿县丞,赠兵部员外郎;考讳宽,比部郎中舒王府长史,赠尚书右仆射。妣荥阳郑氏,追封陈留郡太夫人。公即仆射府君第四子,后魏昭成皇帝十五代孙也。公受天地粹灵,生而岐然,孩而嶷然。九岁能属文,十五明经及第,二十四试判入四等,署秘省校书,二十八应制策入三等,拜左拾遗。即日献《教本书》,数月间上封事六七,宪宗召对,言及时政,执政者疑忌,出公为河南尉。丁陈留太夫人忧,哀毁过礼,杖不能起。服除之明日,授监察御史使于蜀,按任敬仲狱得情,又劾奏东川帅违诏条过籍税,又奏平涂山甫等八十八家冤事,名动三川,三川人慕之,其后多以公姓字名其子。”

《白居易集》卷四二《唐河南府君夫人荥阳郑氏墓志铭》:“君讳宽……夫人有四子二女,长曰沂……次曰稹,河南县尉……夫人为母时,府君既殁,积与稹方髫龀,家贫,无师以授业。夫人亲执诗书,诲而不倦,四五年间二子皆通经入仕,稹既第判入等,授秘书省校书郎。”

《旧唐书》卷一六六《元稹传》:“元稹字微之,河南人……曾祖延景,岐州参军。祖悱,南顿丞。父宽，比部郎中、舒王府长史，以稹贵，赠左仆射。稹……十五两经擢第。二十四调判入第四等，授秘书省校书郎。二十八应制举才识兼茂明于体用科，登第者十八人，稹为第一，元和元年四月也。制下，除右拾遗……贬为江陵府士曹参军……十四年，自虢州长史征还，为膳部员外郎……长庆初……即日转祠部郎中、知制诰……授工部侍郎。上恩顾未衰。长庆二年，拜平章事……乃出稹为同州刺史……在郡二年，改授越州刺史、兼御史大夫、浙东观察使……大和初，就加检校礼部尚书……四年正月，检校户部尚书，兼鄂州刺史、御史大夫、武昌军节度使。五年七月二十二日暴疾，一日而卒于镇，时年五十三，赠尚书右仆射。"按：河南为元氏郡望，《元稹集》卷三〇《诲侄等书》："吾生长京师。"

【**韦冰**】字祥风，京兆人。贞元九年(793)明经及第。官至同州录事参军。

《全唐文补遗》第三辑，崔中规撰大和元年(827)五月二十三日《唐故同州录事参军京兆韦府君(冰)墓志铭并序》："维唐冯翊郡督邮韦冰，字祥风，享年五十四。时大和元年四月十四日，终于位……公始佩觿，颇立志概，不由师资，一举明经上第。"按："佩觿"言成年，以弱冠二十岁计，韦冰明经及第当在贞元九年。

【**卢伯卿**】河南金谷县人，祖晏殿中省进马，父初滑州司法参军。约在贞元九年(793)登明经科，辟府，始补绛州万泉尉。官至殿中侍御史。

《唐代墓志汇编》开成〇四九《唐故知盐铁转运盐城监事殿中侍御史内供奉范阳卢府君墓志铭并序》："维开成五年岁在庚申六月……殿中侍御史内供奉范阳卢公享年六十七，终于河南府济源县之私室……迁窆于河南县金谷乡……公讳伯卿，字元章……鄂州生殿中省进马讳晏，进马生滑州司法参军讳初……公即司法之长子也……既冠，擢明经第，始补绛州万泉尉……转殿中侍御史……有二子：……次曰知晦，前乡贡明经……"按：其开成五年(840)六十七岁，其弱冠登第年应为贞元九年。

【**杜行方**】字友直，京兆杜陵人。贞元九年(793)明经及第，释褐右司御率府胄曹参军，历同州澄城县丞。官至左冯翊司兵掾。

《唐代墓志汇编》大和六二，郑澣撰大和七年(833)十一月甲寅《唐故同州司兵参军上柱国京兆杜府君(行方)墓志铭并序》："公讳行方，字友直，京兆杜陵人也。曾祖讳元志，杭州刺史；王父讳参谟，陕州司仓赠礼部郎中；烈考讳伦，文术政事，为时龟玉，异时选部，第书判，明廷策贤良，皆登甲科，价压公论，夺宪闱郎署，而后出分符竹……公即澧州府君之长子，弱冠游国庠，以经明擢第，释褐任右司御率府胄曹参军，久之从调，授同州澄城县丞，三改秩至左冯翊司兵掾。"以大和七年卒，葬于"万年县龙首乡龙首原"。

《登科记考》以大和七年年六十推之，弱冠为贞元九年，误作进士科及第。卞孝萱《〈登科记考〉纠谬》认为杜行方非贞元九年登第，兹从《登科记考》。

制科

【**陆亘**】贞元九年(793)书判拔萃及第。小传见建中四年(783)明经科陆亘条。

《洛阳新出土墓志释录》，归融撰大和八年(834)十二月二十七日《唐故宣歙池等州都团练观察处置等使通议大夫宣州刺史兼御史大夫上柱国赐紫金鱼袋赠礼部尚书陆府君

(亘)墓志铭并序》:“公讳亘,字景山,吴郡人也……贞元九年,实以书判六节,擢甲科,得雠书集贤殿。”

科目选

【**李绛**】贞元八年(792)登进士科,贞元九年(793)登博学宏词科。小传见进士科李绛条。

《旧唐书》卷一六四《李绛传》:“李绛字深之,赵郡赞皇人也。曾祖贞简。祖刚,官终宰邑。父元善,襄州录事参军。绛举进士,登宏辞科,授秘书省校书郎。”

《新唐书》卷一五二《李绛传》:“李绛字深之,系本赞皇。擢进士、宏辞,补渭南尉,拜监察御史。”

《登科记考》卷一三贞元九年(793)博学宏词科录载李绛。

【**张复元**】贞元九年(793)登进士科,同年登宏辞科。小传见进士科张复元条。

(宋)李昉等《文苑英华》卷一二五《赋一百二十五》之《道释·太清宫观紫极舞赋二首》下有张复元,《太清宫观紫极舞赋》,是年宏词科赋题。又(宋)李昉等《文苑英华》卷一八〇《诗三十》有李绛、张复元《恩赐耆老布帛》,为贞元九年宏词科试诗。

贞元十年甲戌(794)

知贡举:礼部侍郎顾少连

进士科

【**陈讽**】贞元十年(794)进士科状元及第,当年登宏词科。历吏部郎中。

(宋)王溥《唐会要》卷三九《定格令》:“(元和)十三年八月,凤翔节度使等,详定格后勅三十卷,左司郎中崔郾、吏部郎中陈讽……”

(宋)李昉等《文苑英华》卷六八《赋六十八·治道二》收李逢吉、陈讽、柳道伦、陈左流、窦从直、范传正《进善旌赋》,均以“设之通衢,俾人进善”为韵。除窦从直之外,其他五人均见《登科记考》贞元十年进士科条,则窦从直亦当本年进士及第。

(宋)乐史《广卓异记》卷一九《进士状元却为宏词头》:“右按《登科记》:陈讽,贞元十年进士状元及第,当年宏词头登科。”

《登科记考》卷一三贞元十年进士科条云:“《文苑英华》注:‘陈讽,贞元十年及第。”

【**王启**】贞元十年(794)进士科及第。历集贤殿校书郎。

《全唐文》卷六三一吕温《祭座主故兵部尚书顾公书》:“维贞元十年岁次甲申月日,门生侍御史王播,监察御史刘禹锡、陈讽、柳宗元,左拾遗吕温、李逢吉,右拾遗卢元辅,剑南西川观察支使李正叔,万年县主簿谈元茂,集贤殿校书郎王启,秘省校书郎李建,京兆府文学李逢,渭南县尉席夔,鄠县尉张隶初,奉礼郎独孤郁,协律郎萧节,奉礼郎时元佐,荥阳主簿李宗衡,前乡贡进士郑素等,谨以清酌之奠,祭于座主故兵部尚书东都留守顾公之灵。”

按:《登科记考》未收,王启当补入是年进士科。

【王播】一作"王璠",字明歇,郡望太原王氏,贯扬州,祖升,咸阳令;父恕,扬府参军。贞元十年(794)登进士科,同年贤良方正能直言极谏科及第,授集贤殿校书郎。历迁监察御史、御史中丞、京兆尹、刑部侍郎、诸道盐铁转运使、礼部尚书、剑南西川节度使、刑部尚书,穆宗朝拜宰相,敬宗朝再拜宰相,封太原公,赠太尉。

《全唐文》卷七一四李宗闵《故丞相尚书左仆射赠太尉太原王公神道碑铭并序》:"上即位五年正月,丞相左仆射太原王公以癸巳发疾,其明日,遂薨于位。天子震悼愍恻,遽命内谒者诣其室,索其所以饮食寝作之端,既详其无他状,遂赠布帛菽粟,率用峻等。既又不塞痛轸之意,加内府之绢千匹以锡之。为之罢朝三日。命兵部侍郎一人,持节驾驷马,箫鼓出自正殿,直抵柩前,册公为太尉……公讳播,字明歇,太原人。周灵王太子晋之后,以历世为王,因而受氏。高祖满,汾州长史。生大琎,嘉州司马给事中。司马生升,咸阳县令太子少师。少师生恕,杨州仓曹参军尚书左仆射。公仆射元子也。忠敬而本仁,宽明而有制,内显而敏,外肃而和。贞元十年举进士第。是岁策贤良,以直言校书于集贤殿。其言平戎经国之术,粲然可举。调尉盩厔,断狱首出,御史中丞李汶爱之,奏为监察御史。按云阳丞源咸季以赃免,用(疑)文不宜调而调,因谒于台,遂捕劾之。追奸胥,穷律旨,奏流咸季。刑曹郎罢所居官,给事中以省诏非是夺俸。缘而坐罪者甚众,自是风声不可遏矣。为侍御史时,京兆尹李实,文皇宠委,能祸福卿士,凡其荣衰,系所附背,举朝迎避其锋。公在途而实来揖,公移文诋之。其词可羞,实遂奏公为三原令,求其不足于礼以持之。公至尹署洎郡吏之馆还其邑,敬府之礼无不具。实既出其算,反加畏焉……元和四年为御史中丞,岁中知京兆尹。六年为刑部侍郎,充盐铁转运使。上言流人会赦而归,独配囚为隔,遂无还者,请率以七岁为竟,至今用之。寻加礼部尚书,益以御史大夫,又以户部尚书节度西蜀。长庆初觐穆宗,言中外之事,遂留为刑部尚书,复斡盐铁。冬拜中书侍郎平章事,仍其职。匡维激发,始以进贤为急。上方有意河朔,以财赋始出于方土。二年,公用相印为淮南节度使,以其职随。四年,言事者谓盐运之设,宜留京师,用制方士,加检校司空,去其使。未几,上念公成法,又以使属公,加司徒。今上践祚,急召征公,至即拜左仆射同中书门下平章事,仍其使。寻兼太清宫使,累进爵至太原郡开国公,食邑二千户,进阶至金紫光禄大夫。年七十二而薨。公入官三十二政,逮事六帝。出统楚蜀之师,入极台宰之尊,前后三总盐铁,既出又复,几二十年。天之所覆,地之所载,宁有独私于公耶?必有以当其然也。一署吏,苟不犯,无能夺其任者。岁时奏课,上于策太史。"参考《登科记考》卷一三贞元十年条。按:《册府元龟》卷六四五《贡举部·科目》贞元十年(794)贤良方正能直言极谏科条作"王璠"。

《全唐文》卷六七九白居易《唐扬州仓曹参军王府君墓志铭(代裴颋舍人作)》:"公讳某,字士宽。其先出自周灵王太子晋,凡二十一代而生翦,翦为秦将军。又三世而生珣,珣居太原,故今为太原人。又十九代而生琼,琼为后魏仆射,谥孝简公。又二代而生曾祖讳满,官为河南府王屋县令。王父讳大琎,为嘉州司马。父讳升,为京兆府咸阳令、河南府伊阙令,有文行学术,应制举对沉谋秘略策登科,诗入《正声集》……贞元二十年十一月十三日，疾终于三原县之官舍，享年六十二。有子曰播、曰炎、曰起，咸以进士举及第。播应制举对直言极谏策，授集贤殿校书郎，累迁监察、殿中侍御史、三原令；炎既第未仕；起应博学宏词科，选授集贤殿校书郎。昆弟三人，不十年而五登甲第，时论者荣之。一女适范阳卢仲通。播等号护灵舆，以永贞元年十月二十五日，迁祔于京兆府计富平县淳化乡之某原，从吉兆也。"

《旧唐书》卷一六四《王播传》："王播字明敭。曾祖琎，嘉州司马。祖升，咸阳令。父恕，扬府参军。播擢进士第，登贤良方正制科，授集贤校理，再迁监察御史，转殿中，历侍御史。贞元末……后奏播为三原令……顺宗即位，除驾部郎中，改长安令。岁中，迁工部郎中……转考功郎中，出为虢州刺史。李巽领盐铁，奏为副使、兵部郎中。元和五年，代李夷简为御史中丞……京兆尹……六年三月，转刑部侍郎，充诸道盐铁转运使……十年四月，改礼部尚书……穆宗即位……十月，兼中书侍郎、平章事，领使如故……文宗即位，就加检校司徒……拜尚书左仆射、同平章事，领使如故。二年，进封太原公、太清宫使。四年……卒，时年七十二。废朝三日，赠太尉。"

（宋）计有功《唐诗纪事》卷四五《王播》："王播少孤贫，尝客扬州惠照寺木兰院。"

【齐昭】贞元十年(794)登进士科。

（宋）魏仲举《五百家注释韩昌黎全集》卷一九《送齐暤下第序》樊注："昭，贞元十年……登进士第。"

《登科记考》卷一三贞元十年(794)进士科条云齐昭及第。

【豆卢荣】贞元十年(794)进士及第。

《全唐诗》第十一册卷三四七作者小传云："豆卢荣，贞元进士。诗一首。"按：《文苑英华》卷一八三《诗三十三・省试四》收陈九流、张汇、范传正、陈通方、柳道伦、崔立之、郭遵、豆卢荣、邵偃等人的《春风扇微和诗》。范传正、陈通方登贞元十年进士科，见《登科记考》，豆卢荣应是年进士及第。

【豆卢署】本名辅真。贞元十年(794)登进士科。历秘书少监，官至衢州刺史。

（唐）钟辂《前定录・豆卢署》："豆卢署，本名辅真。贞元六年举进士下第……既二年，又下第……后二年，果登第，盖自更名后四举也。"

（唐）佚名《大唐传载》："豆卢署少年旅于衢州，梦老人云：'君后二十年为牧兹郡。'已果为衢州，于所梦之地立征梦亭。"

（唐）张读《宣室志・虹蜺天使》："韦皋镇蜀，宴客西亭，暴风雨，俄顷而霁，有虹蜺自空而下，垂首筵上，吸其饮食且尽。其首似驴，五色若霞。公惧，罢宴。少尹豆卢署曰：'虹蜺，天使也。降于邪则为戾，降于正则为祥。公，正人也。某敢以贺。'旬日拜中书令。"

（宋）李昉等《太平广记》卷一五一《定数六・豆卢署》引《前定录》："豆卢署，本名辅真。贞元六年，举进士下第。将游信安，以文谒郡守郑武瞻，瞻甚礼之。馆给数日，稍狎，因谓署曰：'子复姓，不宜两字为名。将改之，何如？'署因起谢，且求其所改。式瞻书数字，若著者、助者、署者，曰：'吾虑子宗从中有同者，故书数字，当自择之。'其夕宿于馆，梦一老人谓署曰：'闻使君与子更名，子当四举成名，四者甚佳。后二十年，为此郡守。'因指郡隙地曰:‘此可以建亭台。’既寤思之,四者署字也,遂以为名。既二年,又下第,以为梦无征,知者或诮之。后二年,果登第,盖自更名后四举也。大和九年,署自秘书少监为衢州刺史。既至,周览郡内,得梦中所指隙地,遂构一亭,因名之曰‘征梦亭’矣。”

《登科记考》卷一三贞元十年(794)进士科条云豆卢署及第。

【李师】贞元十年(794)登进士科。

(宋)李昉等《太平广记》卷一五一《定数六·李师》引《感定录》:“贞元中,有举人李师,方就举,声价极振,忽梦一人紫衣云:‘当礼部侍郎顾少连下及第。’寐觉,省中朝并无姓顾者,及顷,有人通刺,称进士顾少连谒,师惊而见之,具述当为门生。顾曰:‘某才到场中,必无此事。’来年,师果落第。自此不入试,罢归。至贞元九年,顾少连自户部侍郎权知贡举,师犹未第,因潜往造焉。临放榜,时相特嘱一人,师又落,但泣而已。来年秋,少连拜礼部侍郎,师乃登第。”

(明)徐应秋《玉芝堂谈荟》卷五《数有前定》:“贞元中有举人李师声价极振,忽梦人云当礼部侍郎顾少连下及第……(复落)来年秋,少连拜礼部侍郎,师乃登第。”

《登科记考》卷一三贞元十年(794)进士科条云李师及第。

【李逢吉】字虚舟,陇西李氏,祖颜,父归期。先登明经科,贞元十年(794)登进士科,释褐振武军节度使掌书记。历左拾遗、左补阙,侍御史,入吐蕃册命副使、工部员外郎、充入南诏副使、祠部郎中、给事中、中书舍人、权知礼部贡举、骑都尉,赐绯,加朝议大夫、门下侍郎、同平章事(宰相),封凉国公,又历太子太师,守司徒,赠太尉,谥曰成。

《旧唐书》卷一六七《李逢吉传》云:“李逢吉字虚舟,陇西人。贞观中学士李玄道曾孙。祖颜,父归期。逢吉登进士第,释褐授振武节度掌书记。入朝为左拾遗、左补阙,改侍御史,充入吐蕃册命副使、工部员外郎,又充入南诏副使。元和四年,使还,拜祠部郎中,转右司。六年,迁给事中。七年,与司勋员外郎李巨并为太子诸王侍读。九年,改中书舍人。十一年二月,权知礼部贡举、骑都尉,赐绯。四月,加朝议大夫、门下侍郎、同平章事,赐金紫……出为剑南东川节度使、检校兵部尚书。穆宗即位,移襄州刺史、山南东道节度使……长庆二年三月,召为兵部尚书……敬宗初即位……逢吉寻封凉国公,邑千户,兼右仆射……宝历初……逢吉检校司空、平章事、襄州刺史、山南东道节度使……大和二年,改汴州刺史、宣武军节度使。五年八月,入为太子太师、东都留守、东畿汝防御使,加开府仪同三司。八年,李训用事。三月,征拜左仆射,兼守司徒……九年正月卒,时年七十八。赠太尉,谥曰成。”

《新唐书》卷一七四《李逢吉传》:“李逢吉字虚舟,系出陇西。父颜,有痼疾,逢吉自料医剂,遂通方书。举明经,又擢进士第。范希朝表为振武掌书记,荐之德宗,拜左拾遗。元和时,迁给事中、皇太子侍读。改中书舍人,知礼部贡举。未已事,拜门下侍郎、同中书门下平章事。诏礼部尚书王播署榜。”

【李虚中】字常容,郡望陇西李氏,贯河南府洛阳县。贞元十年(794)登进士科,又试书判入等,补秘书正字。历太子校书、佐水陆运事、剑南西川观察推官、监察御史,迁殿中侍御史,卒起居舍人。

《全唐文》卷五六四韩愈《殿中侍御史李君(虚中)墓志铭》:“殿中侍御史李君,名虚中,字常容。其十一世祖冲,贵显拓跋世。父恽,河南温县尉,娶陈留太守薛江童女,生六子,君最后生,爱于其父母。年少长,喜学;学无所不通,最深于五行书。以人之始生年月日所直日辰,支干相生,胜衰死王相斟酌,推人寿夭、贵贱利不利;辄先处其年时,百不失一二。其说汪洋奥美。关节开解,万端千绪,参错重出。学者就传其法,初若可取,卒然失之。星官历翁,莫能与其校得失。进士及第试书判入等,补秘书正字。母丧去官,卒丧,选补太子校书、河南尹奏疏授伊阙尉,佐水陆运事……宰相武公元衡之出剑南奏夺为观察推官,授监察御史……元和八年四月,诏征既至,宰相欲白以为起居舍人。经一月,疽发背,六月乙酉卒,年五十二。其年十月戊申,葬河南洛阳县,距其祖渑池令府君侨墓十里。”参见《唐代墓志汇编》元和〇六五,韩愈《大唐故殿中侍御史陇西李府君(虚中)墓志铭并序》。

(宋)魏仲举《五百家注释韩昌黎全集》卷二八《殿中侍御史李君(虚中)墓志铭》韩注:“贞元十一年虚中登第。”按:(宋)李昉等《太平广记》卷二六五《轻薄一・陈通方》:“陈通方,闽县人。贞元十年顾少连下进士及第……与王播同年……同年李虚中时为副使。”当以贞元十年为确。

《登科记考》卷一三贞元十年(794)进士科条云李虚中及第。

【张仲孚】韶州始兴人,士族,父抗赠右仆射,兄张仲方。贞元十年(794)登进士科。历御史。

《旧唐书》卷一七一《张仲方传》:“张仲方,韶州始兴人。祖九皋,广州刺史、殿中监、岭南节度使。父抗,赠右仆射。仲方伯祖始兴文献公九龄,开元朝名相。仲方,贞元中进士擢第,宏词登科,释褐集贤校理……弟仲孚,登进士第,为监察御史。”

乾隆《广东通志》卷三一《选举志一・唐进士》:“贞元十年甲戌,张仲孚,曲江人,御史。”

胡可先《〈登科记考〉匡补》补入张仲孚。

【张汇】贞元十年(794)登进士科。

《全唐文》卷六一五作者小传:“汇,贞元十年进士。”按:《文苑英华》卷一八三《诗三十三・省试四》收陈九流、张汇、范传正、陈通方、柳道伦、崔立之、郭遵、豆卢荣、邵偃等人的《春风扇微和诗》。范传正、陈通方登贞元十年进士科,见《登科记考》,张汇应是年进士及第。

《全唐诗》第十一册卷三六八作者小传云:“张汇,贞元十年进士。诗三首。”一作“汇征”。

胡可先《〈登科记考〉匡补三编》补入张汇。

【张忠】韶州始兴人。贞元十年(794)登进士科。

乾隆《广东通志》卷三一《选举志一・唐进士》:“贞元十年甲戌,张仲孚,曲江人,御史。张忠,曲江人。”胡可先《〈登科记考〉匡补三编》补入。按:张仲孚为韶州始兴人,张忠之籍贯当与之相同。

【陈左流】一作“陈九流”。贞元十年(794)进士及第。

《全唐文》卷五九四《陈左流小传》:“左流,贞元十二年进士。”注云:“《英华》注总目作九流。”

《全唐诗》第十一册卷三四七作者小传云:“陈九流,贞元中进士。诗一首。”胡可先《〈登科记考〉匡补三编》补入是年。

(宋)李昉等《文苑英华》卷六八《赋六十八·治道二》收李逢吉、陈讽、柳道伦、陈左流、窦从直、范传正《进善旌赋》,均以“设之通衢,俾人进善”为韵。除窦从直之外,其他五人均见《登科记考》贞元十年进士科条,则窦从直亦当本年进士及第。

(宋)李昉等《文苑英华》卷一八三《诗三十三·省试四》收陈九流、张汇、范传正、陈通方、柳道伦、崔立之、郭遵、豆卢荣、邵偃等人的《春风扇微和诗》。范传正、陈通方登贞元十年进士科,见《登科记考》,陈左流应是年进士及第。

【陈通方】福州闽县人。贞元十年(794)进士科第四名。终南陵院官。

(宋)李昉等《太平广记》卷二六五《轻薄一·陈通方》引《闽川名士传》:“陈通方,闽县人。贞元十年顾少连下进士及第。时属公道大开,采掇孤俊,通方年二十五,第四人及第。以其年少名高,轻薄自负,与王播同年……王不得已,署之(通方)江西院官。赴职未及其所,又改为浙东院。仅至半程,又改南陵院。”按:宣州有南陵县,此南陵院应指盐铁使在南陵院的判官。

(宋)计有功《唐诗纪事》卷三二《陈通方》:“通方,登贞元进士第,与王播同年……(王播)荐为江西院官。”

淳熙《三山志》卷二六《人物类一·科名》:“贞元十年甲戌李程榜:陈通方,闽县人,终南陵院官。”

《登科记考》卷一三贞元十年(794)进士科条《永乐大典》引《闽中记》:“陈通方,闽县人。贞元十年第四人及第。”

【邵偃】贞元十年(794)进士及第。

《全唐诗》第十一册卷三四七作者小传云:“邵偃,贞元中进士。诗一首。”按:《文苑英华》卷一八三《诗三十三·省试四》收陈九流、张汇、范传正、陈通方、柳道伦、崔立之、郭遵、豆卢荣、邵偃等人的《春风扇微和诗》。范传正、陈通方登贞元十年进士科,见《登科记考》,邵偃应是年进士及第。

【范传正】字西老,邓州顺阳人,父伦,户部员外郎。贞元十年(794)登进士科,又登宏辞科、书判皆甲科,授集贤殿校书郎。历渭南尉、监察、殿中侍御史、比部员外郎、歙州刺史、湖州刺史、宣歙观察使,卒光禄卿,赠左散骑常侍。

《旧唐书》卷一八五下《良吏下·范传正传》:“范传正字西老,南阳顺阳人也。父伦,户部员外郎,与郡人李华敦交友之契。传正举进士,又以博学宏辞及书判皆登甲科,授集贤殿校书郎、渭南尉,拜监察、殿中侍御史。自比部员外郎出为歙州刺史,转湖州刺史,历三郡,以政事修理闻。擢为宣歙观察使,受代至京师,宪宗闻其里第过侈,薄之,因拜光禄卿。以风恙卒,赠左散骑常侍。”

《新唐书》卷一七二《范传正传》:“范传正字西老,邓州顺阳人。父惀,为户部员外郎,与赵郡李华善,有当世名。传正举进士、宏辞,皆高第,授集贤殿校书郎。历歙、湖、苏三州刺史,有殊政,进拜宣歙观察使。代还,坐治第过制,宪宗薄不用,改光禄卿。以风痹卒,赠左散骑常侍。”

《登科记考》卷一三进士科范传正条云:“传正字西老,贞元十年举进士,见柳宗元《祭李中丞文》。”按:《元和郡县图志》卷二一《山南道二》:“邓州……大业三年,改为南阳郡,武德二年,复为邓州。”“管县七:穰、南阳、新野、向城、临湍、菊潭、内乡。”无顺阳,盖为乡名。

【郑澣】避文宗讳改名涵,宰相郑余庆子,郡望荥阳,贯京兆府长安县。贞元十年(794)举进士。历秘书省校书郎、洛阳尉、中书舍人、翰林侍讲学士,锡以金紫,又历礼部侍郎、兵部侍郎、河南尹、刑部尚书,卒山南西道节度观察使。官至户部尚书,赠右仆射,谥曰宣。

《旧唐书》卷一五八《郑余庆传附郑澣传》:“郑余庆字居业,荥阳人……十四年,拜中书侍郎、平章事……余庆子澣。澣本名涵,以文宗籓邸时名同,改名澣。贞元十年举进士……自秘书省校书郎迁洛阳尉,充集贤院修撰。改长安尉、集贤校理。转太常寺主簿,职仍故。迁太常博士,改右补阙……宪宗……遂迁起居舍人,改考功员外郎……时余庆为仆射,请改省郎。乃换国子博士、史馆修撰。丁母忧,除丧,拜考功郎中……长庆中,征为司封郎中、史馆修撰,累迁中书舍人。文宗登极,擢为翰林侍讲学士……锡以金紫。大和二年,迁礼部侍郎。典贡举二年……转兵部侍郎,改吏部,出为河南尹,皆著能名。入为左丞,旋拜刑部尚书,兼判左丞事。出为山南西道节度观察使,检校户部尚书、兴元尹、兼御史大夫……开成四年闰正月,以户部尚书征。诏下之日,卒于兴元,年六十四,赠右仆射,谥曰宣。”

《新唐书》卷一六五《郑余庆传附郑澣传》:“郑余庆字居业,郑州荥阳人,三世皆显宦。余庆少善属文,擢进士第……贞元十四年,拜中书侍郎、同中书门下平章事……与从父絪家昭国坊,絪第在南,余庆第在北,世谓‘南郑相’‘北郑相’云。子澣。澣本名涵,避文宗故名,改焉。第进士,累迁右补阙。敢言,无所讳……文宗立,入翰林为侍讲学士……累进尚书左丞,出为山南西道节度使。始,余庆在兴元创学庐,澣嗣完之,养生徒,风化大行。以户部尚书召,未拜,卒。年六十四,赠尚书右仆射,谥曰宣。”

《登科记考》卷一三贞元十年(794)进士科条云郑澣及第。

【柳立】河东人。贞元十年(794)登进士科。历四门助教。

《全唐文》卷五八〇柳宗元《四门助教厅壁记》:“贞元中,王化既成,经籍少间,有司命太学之官,颇以为易。专名誉好文章者,咸耻为学官。至是,河东柳立始以前进士求署兹职,天水武儒衡、闽中欧阳詹又继之。是岁,为四门助教凡三人,皆文士,京师以为异。余与立同祖于方舆公,与武公(“武公”一作“武君”)同升于礼部,与欧阳生同志于文。四门助教署未尝纪前人名氏,余故为之记,而由夫三子者始。”

《柳宗元集》卷二四《送从兄偁罢选归江淮诗序》,韩注曰:“其曰从侄立,贞元十一年中进士第者也。”

《柳宗元集》卷二六《四门助教厅壁记》：“是岁，河东柳立始以前进士求署兹职，天水武儒衡、闽中欧阳詹又继之。”孙注：“贞元十年，立中进士。”

陈尚君《〈登科记考〉正补》作贞元十一年，兹从《登科记考》卷一三贞元十年(794)进士科柳立条。

【柳道伦】父并殿中侍御史。贞元十年(794)进士及第。

《全唐诗》第十一册卷三四七作者小传云：“柳道伦，贞元中进士。诗一首。”《全唐文》卷六一五作者小传同。《元和姓纂》卷七云柳道伦为柳并之子。

(宋)李昉等《文苑英华》卷六八《赋六十八·治道二》收李逢吉、陈讽、柳道伦、陈左流、窦从直、范传正《进善旌赋》，均以“设之通衢，俾人进善”为韵。除窦从直之外，其他五人均见《登科记考》贞元十年进士科条，则窦从直亦当本年进士及第。

《新唐书》卷二〇二《文艺中·柳并传》：“柳并者，字伯存。大历中，辟河东府掌书记，迁殿中侍御史。丧明，终于家。”按：《文苑英华》卷一八三《诗三十三·省试四》收陈九流、张汇、范传正、陈通方、柳道伦、崔立之、郭遵、豆卢荣、邵偃等人的《春风扇微和诗》。范传正、陈通方登贞元十年进士科，见《登科记考》，柳道伦应是年进士及第。

【夏方庆】贞元十年(794)登进士科。

(宋)李昉等《文苑英华》卷一三《赋十三·天象十三》载夏方庆《风过萧赋》，而同题范传正赋为省试登第之作，故夏亦登该年进士第。《登科记考》卷一三贞元十年(794)进士科夏方庆条云：“按陈羽有《伏翼洞送夏方庆诗》，见荆公《百家诗选》。”按：《登科记考补正》卷二七《附考·进士科》改系夏方庆为及第时间无考之进士。

【郭遵】贞元十年(794)登进士第。

(宋)计有功《唐诗纪事》卷四三《郭遵》：“郭遵，登贞元进士第。”按：《文苑英华》卷一八三《诗三十三·省试四》收陈九流、张汇、范传正、陈通方、柳道伦、崔立之、郭遵、豆卢荣、邵偃等人的《春风扇微和诗》。范传正、陈通方登贞元十年进士科，见《登科记考》，郭遵应是年进士及第。

【席夔】贞元十年(794)登进士科。历渭南尉，官至中书舍人。

《全唐文》卷六三一吕温《祭座主故兵部尚书顾公书》：“维贞元十年岁次甲申月日，门生侍御史王播，监察御史刘禹锡、陈讽、柳宗元，左拾遗吕温、李逢吉，右拾遗卢元辅，剑南西川观察支使李正叔，万年县主簿谈元茂，集贤殿校书郎王启，秘省校书郎李建，京兆府文学李逢，渭南县尉席夔，鄠县尉张隶初，奉礼郎独孤郁，协律郎萧节，奉礼郎时元佐，荥阳主簿李宗衡，前乡贡进士郑素等，谨以清酌之奠，祭于座主故兵部尚书东都留守顾公之灵。”

(宋)李昉等《太平广记》卷四九七《杂录五·席夔》引《嘉话录》：“韩愈初贬之制，舍人席夔为之词曰：‘早登科第，亦有声名。’席既物故，友人多言曰：‘席无令子弟，岂有病阴毒伤寒而与不洁？’韩曰：‘席不吃不洁太迟。’人曰：‘何也？’曰：‘出语不当。岂有忿责词云，亦有声名耳？’”《登科记考》卷一三贞元十年进士科条席夔及第。

(宋)魏仲举《五百家注释韩昌黎全集》韩注引樊注云：“《讳行录》，席夔讳行八，贞元十年进士。”

【窦从直】扶风人。贞元十年(794)进士及第。官尚书司封员外郎。

《全唐文补遗》第八辑,窦缥自撰大中元年(847)十月十四日《唐故朝议郎使持节剑州诸军事守剑州刺史上柱国扶风县开国伯食邑七百户赐绯鱼袋窦公(缥)墓志铭并序》:“扶风窦缥,字延贽,夏少康之后,分其苗裔派别焉……父从直,进士擢第,累迁尚书司封员外郎。”

(宋)李昉等《文苑英华》卷六八《赋六十八·治道二》收李逢吉、陈讽、柳道伦、陈左流、窦从直、范传正《进善旌赋》,均以“设之通衢,俾人进善”为韵。除窦从直之外,其他五人均见《登科记考》贞元十年进士科条,则窦从直亦当本年进士及第。

明经科

【张□】贞元八年(792)举童子科,贞元十年(794)明经及第。

《全唐文》卷五五五韩愈《赠张童子序》:“张童子生九年,自州县达礼部,一举而进立于二百之列。又二年,益通二经,有司复上其事。繇是拜卫兵曹之命。”

制科

【王太真】贞元十年(794)登博学宏词科。

《登科记考》卷一三贞元十年云王太真登宏词科,见《文苑英华》。按:(宋)李昉等《文苑英华》卷七七《赋七十七·乐七》之《朱丝绳赋》下无王太真,《永乐大典》作“王太真”,从之。

【王仲舒】字宏中,郡望太原王氏,贯河南,祖景肃丹阳太守,父政襄邓等州防御使。贞元十年(794)登贤良方正能直言极谏科,超拜右拾遗。历诸侯从事、尚书郎、职方郎中、知制诰、峡州刺史、中书舍人、洪州刺史。官至御史中丞,卒江南西道观察使,赠左散骑常侍,谥曰成。

《全唐文》卷五六二韩愈《唐故江南西道观察使中大夫洪州刺史兼御史中丞上柱国赐紫金鱼袋赠左散骑常侍太原王公(仲舒)神道碑铭》:“王氏皆王者之后,在太原者为姬姓。春秋时,王子成父败狄有功,因赐氏,厥后世居太原。至东汉隐士烈,博士征不就,居祁县,因号所居乡为‘君子’,公其君子乡人也。魏晋涉隋,世有名人。国朝大王父元暕,历御史属三院,止尚书郎。生景肃,守三郡,终傅凉王。生政,襄邓等州防御使鄂州采访使,赠吏部尚书。公尚书之弟某子。公讳仲舒,字宏中,少孤,奉母夫人家江南,读书著文……贞元初,射策拜左拾遗,与阳城合遏裴延龄不得为相。德宗初怏怏无奈,久而嘉之。其后入阁,德宗顾列谓宰相曰:‘第几人必王某也。’果然。月余,特改右补阙,迁礼部考功吏部三员外郎。在礼部,奏议详雅,省中伏其能。在考功,吏部提约明,故吏无以欺。同列有恃恩自得者,众皆媚承,公疾其为人,不直视,由此贬连州司户。移夔州司马,又移荆南,因佐其节度事为参谋,得五品服。放迹在外积四年。元和初,收拾俊贤,征拜吏部员外郎。未几,为职方郎中知制诰。友人得罪斥逐后,其家亲知过门缩颈不敢视,公独省问,为计度论议直其冤。由是出为峡州刺史,转庐州,未至,丁母夫人忧。服除,又为婺州刺史。时疫旱甚,人死亡且尽,公至,多方救活,天遂雨,疫定。比数年,里闾完复。制使出巡,人填道迎,显公德事具闻,就加金紫,转苏州,变其屋居,以绝火延,堤松江路,害绝阻滞。秋夏赋调,自为书与人以期,吏无及门而集,政成为天下守之最……宰相以闻,遂得观察江南西道。奏罢榷酤钱九千万。军息之无已,掌吏坏产,犹不释,囚之;公至,脱械不问,人遭水旱,赋窘。公曰:'我且减燕乐,绝他用钱,可足乎?'遂以代之。罢军之息钱,禁浮屠诳诱,坏其舍以葺公宇。三年,法大成,钱余于库,粟余于廪,人享于田庐,讴谣于道途。天子复思,且征以代,虚吏部左丞位以待之。长庆三年十一月十七日,薨于洪州,年六十二。上哀恸辍朝,赠左散骑常侍。某日,归葬于某处。"

《全唐文》卷五六三韩愈《江南西道观察使赠左散骑常侍太原王公(仲舒)墓志铭》:"公讳仲舒,字宏中。少孤,奉其母居江南,游学有名。贞元十年以贤良方正拜左拾遗,改右补阙,礼部考功吏部三员外郎。贬连州司户参军,夔州司马。佐江陵使,改祠部员外郎,复除吏部员外郎,迁职方郎中知制诰。出为峡州刺史,迁庐州,未至,丁母忧。服阕,改婺州苏州刺史。征拜中书舍人,既至,谓人曰:'吾老,不乐与少年治文书。得一道,有地六七郡,为之三年,贫可富,乱可治,身安功立,无愧于国家可也。'日日语人。丞相闻问语验,即除江南西道观察使兼御史中丞。至则奏罢榷酒钱九千万,以其利与民;又罢军吏官债五千万,悉焚簿文书;又出库钱二千万,以丐贫民遭旱不能供税者;禁浮屠及老子为僧道士,不得于吾界内因山野立浮屠老子象,以其逛丐渔利,夺编人之产。在官四年,数其蓄积,钱余于库,米余于廪。朝廷选公卿于外,将征以为左丞,吏部已用薛尚书代之矣。长庆三年十一月十七日,未命而薨,年六十二。天子为之罢朝,赠左散骑常侍。远近相吊。以四年二月某日,葬于河南某县先茔之侧……曾祖讳元暕,比部员外郎。祖讳景肃,丹阳太守。考讳政,襄邓等州防御使鄂州采访使,赠工部尚书。公先妣渤海李氏,赠渤海郡太君。公娶其舅女,有子男七人:初哲贞宏泰复洄。初,进士及第;哲,文学俱善;其余幼也。"按:太原为其郡望,河南为籍贯。

《旧唐书》卷一九〇下《文苑下·王仲舒传》:"王仲舒字弘中,太原人……贞元十年,策试贤良方正能直言极谏等科,仲舒登乙第,超拜右拾遗……累转尚书郎。元和五年,自职方郎中知制诰……坐贬硖州刺史。迁苏州。穆宗即位,复召为中书舍人。其年出为洪州刺史、御史中丞、江南西道观察使……长庆三年冬,卒于镇。"

《新唐书》卷一六一《王仲舒传》:"王仲舒字弘中,并州祁人。少客江南,与梁肃、杨凭游,有文称。贞元中,贤良方正高第,拜左拾遗……卒于官,年六十二,赠左散骑常侍,谥曰成。"

《登科记考》卷一三贞元十年(794)贤良方正能直言极谏科条云王仲舒及第。

【王播】贞元十年(794)登贤良方正能直言极谏科。小传见同年进士科王播条。

《全唐文》卷七一四李宗闵《故丞相尚书左仆射赠太尉太原王公神道碑铭并序》:"公讳播,字明敭,太原人……贞元十年举进士第,是岁策贤良以直言校书于集贤殿。"

《旧唐书》卷一六四《王播传》:"王播字明敭。曾祖琎,嘉州司马。祖升,咸阳令。父恕，扬府参军。播擢进士第，登贤良方正制科，授集贤校理，再迁监察御史……”

（宋）计有功《唐诗纪事》卷四五《王播》：“王播少孤贫，尝客扬州惠照寺木兰院。”《登科记考》卷一三贞元十年条云王播贤良方正能直言极谏科及第。按：《册府元龟》卷六四五《贡举部·科目》贞元十年贤良方正能直言极谏科条作“王璠”。

【朱谏】贞元十年（794）登贤良方正能直言极谏科。

（宋）王溥《唐会要》卷七六《贡举中·制科举》：“（贞元）十年十二月贤良方正能直言极谏科裴珣、王播……朱谏……及第。”《册府元龟》卷六四五《贡举部·科目》略同。

《登科记考》卷一三贞元十年（794）贤良方正能直言极谏科条云朱谏及第。

【朱颖】贞元十年（794）登博通坟典通于教化科。历太常博士。

（宋）王溥《唐会要》卷六六《东都国子监》：“（元和二年）于是命兵部郎中蒋武、考功员外郎刘伯刍、著作郎李蕃、太常博士朱颖、郯王府谘议章廷珪，同赴国子监论讲。”

（宋）王溥《唐会要》卷七六《贡举中·制科举》：“（贞元十年十二月）博通坟典通于教化科朱颖及第。”《册府元龟》卷六四五《贡举部·科目》略同。

《登科记考》卷一三云朱颖贞元十年登博通坟典通于教化科。

【仲子陵】成都府人。大历十三年（778）举进士甲科，调补秘书省校书郎，历同官礼泉二县尉；贞元十年（794）登贤良方正能直言极谏科，历太常博士。官至尚书司门员外郎。

《全唐文》卷五〇二权德舆《尚书司门员外郎仲君（子陵）墓志铭并序》：“君讳子陵，字某……曾祖辩，始自彭城徙于蜀都。祖袭，博究六艺，州闾推重。考远，清静寡欲，好老严之言……（君）大历十三年举进士甲科，调补秘书省校书郎，历同官醴泉二县尉。贞元十年举贤良方正，拜太常博士，转主客司门二员外郎。十八年六月乙巳，寝疾殁于靖恭里第，享年五十有九。”

（宋）王溥《唐会要》卷七六《贡举中·制科举》：“（贞元）十年十二月贤良方正能直言极谏科裴珣、王播……仲子陵……及第。”《册府元龟》卷六四五《贡举部·科目》略同。

《登科记考》卷一三贞元十年（794）贤良方正能直言极谏科条云仲子陵及第。

【许尧佐】父审，兄康佐官至礼部尚书。贞元六年（790）进士及第，贞元十年（794）登贤良方正能直言极谏科，授太子校书郎。历协律判官、西川节度使从事、左赞善大夫。官至谏议大夫。小传见进士科条。

《旧唐书》卷一八九下《儒学下·许康佐传》：“许康佐，父审。康佐登进士第，又登宏词科……弟尧佐、元佐，尧佐子道敏，并登进士第，历官清显。”

《新唐书》卷二〇〇《儒学下·许康佐传》：“（许康佐）诸弟皆擢进士第，而尧佐最先进，又举宏辞，为太子校书郎。八年，康佐继之。尧佐位谏议大夫。”

（宋）计有功《唐诗纪事》卷四一《许尧佐》：“尧佐，贞元十六年与敦煌张宗本、荥阳郑权皆佐征西府。后位谏议大夫，卒。”按：（宋）王溥《唐会要》卷七六《贡举中·制科举》：贞元十年贤良方正能直言极谏科有许尧佐及第，《册府元龟》卷六四五《贡举部·科目》作“贞元十一年”。

《登科记考》卷一三贞元十年（794）贤良方正能直言极谏科条云许尧佐及第。

【许季同】贞元十年(794)登贤良方正能直言极谏科。小传见贞元八年(792)进士科许季同条。

《全唐文》卷六六〇白居易《前长安县令许季同除刑部郎中前万年县令杜羔除户部郎中制》:“前长安县令许季同前万年县令杜羔等,顷自郎署,分宰京邑,而长吏待之,小乖常礼。虽同辞托故,动未得中,然远耻以退,道不失正,各从免职,亦既逾时。况文行政能,皆推于众,询诸时议,宜有迁授。尚书郎缺,方选才良,宪部人曹,俾膺并命。季同可刑部郎中,羔可户部郎中。”

《全唐文》卷六六二白居易《可依前件许季同可秘书监制》:“敕:大理卿许季同:国朝以来,有刘得(一作德)威、张文瓘、唐临为大理卿,有魏徵、虞世南、颜师古为秘书监,设官之重,得贤之盛,人到于今称之。今季同以明慎钦恤理刑狱,以文学博雅掌图籍,由廷尉而掌秘府,论者荣之。宜自重其官,自远其道,又思与刘张唐魏虞颜为比,不亦自多乎?可秘书监。”

《旧唐书》卷一七上《敬宗 文宗上》:“(长庆四年秋七月)戊午,太子宾客许季同卒。”

(宋)王溥《唐会要》卷七六《贡举中·制科举》:“(贞元)十年十二月贤良方正能直言极谏科裴垍、王播……许季同……及第。”《册府元龟》卷六四五《贡举部·科目》略同。

《登科记考》卷一三贞元十年贤良方正能直言极谏科条云许季同及第。

【杜觳】贞元十年(794)登贤良方正能直言极谏科。

(宋)王溥《唐会要》卷七六《贡举中·制科举》:“(贞元)十年十二月贤良方正能直言极谏科裴垍、王播……杜觳……及第。”《册府元龟》卷六四五《贡举部·科目》略同。

《登科记考》卷一三贞元十年(794)贤良方正能直言极谏科条云杜觳及第。

【李景亮】贞元十年(794)登详明政术可以理人科。历翰林待诏、左司御率府长史、司天监。

《全唐文》卷六五七白居易《翰林待诏李景亮授左司御率府长史依前待诏制》:“敕:某官李景亮:夫执艺事上者,必揆日时计劳绩,而后进爵秩以旌服勤。况待诏宫闱,饬躬晨夜,比于他职,宜有加恩。宫坊卫官,以示优奖。可依前件。”

《全唐文》卷七七二李商隐《为荥阳公贺老人星见表》:“臣某言:臣得本道进奏院状报,司天监李景亮奏,八月六日寅时,老人星见于南极,其色黄明润大者。”

(宋)王溥《唐会要》卷七六《贡举中·制科举》:“(贞元十年十二月)详明政术可以理人科,张平叔、李景亮及第。”《册府元龟》卷六四五《贡举部·科目》《玉海》卷一一五《选举·唐制举》略同。

《登科记考》卷一三贞元十年(794)详明政术可以理人科条云李景亮及第。

【邱颖】贞元十年(794)登贤良方正能直言极谏科。历宣武军节度使判官。

《全唐文》卷四九三权德舆《送邱颖应制举序》:“邱侯文似相如,而检度过之,则令名贵仕,何逃吾彀?故前年举秀才上第,今之应诏诣公车,方今皇明照烛,茂遂生物。修西汉旧典,详延天下方闻之士,而之子世父冠貂蝉,叔父冠惠文,皆以清词重当世。则文学政事,子之家法,冥冥戾天,实自兹始。”

《旧唐书》卷一三《德宗下》:“(贞元十五年二月)汴州军乱,杀(宣武军节度使)陆长源及节度判官孟叔度、邱颖,军人脔而食之。”

(宋)王溥《唐会要》卷七六《贡举中·制科举》:“(贞元)十年十二月贤良方正能直言极谏科裴珣、王播……邱颖……及第。”《册府元龟》卷六四五《贡举部·科目》略同。

《登科记考》卷一三贞元十年(794)贤良方正能直言极谏科条云邱颖及第。

【张平叔】贞元十年(794)登详明政术可以理人科。历朝议大夫守鸿胪卿兼御史大夫判度支、尚书户部侍郎判度支。

《全唐文》卷六六二白居易《张平叔可户部侍郎判度支制》:“敕:故事君使臣,其道不一,或先劳而后受赏,或先加宠而后责功,盖宜便有后先,时事有缓急故耳。朝议大夫守鸿胪卿兼御史大夫判度支上柱国赐紫金鱼袋张平叔,国之材臣也,计能析秋毫,吏畏如夏日,司会逾月,纲条甚张。况师旅未息,调食方急,倚成取济,非尔而谁?故自大鸿胪换居人部,造膝而授,不时而迁,其要无他,是欲急吾事而望倚尔功也。公卿以降,群有司盈庭,然问曰,与吾坐而决事,丞相以下,不过四五,而主计之臣在焉。非智能则事不可成,非谅直则吾难近,噫,职局之外,得不思称官望而厌我心乎?可守尚书户部侍郎判度支,散官勋赐如故。”

《全唐文》卷六六二白居易《张平叔可京兆少尹知府事制》:“敕:商州刺史张平叔,为人廉直,为政简惠。前后历掾邑宰郡守,而去思来暮之谣,继闻于人听焉。及副盐铁官,刺商雒郡,会课报政,亦甲于他官。自贞元以来,用三科取士,奉详明政术可以理人之诏,而得其名有其实者,几何人哉,平叔居其一也。能效若是,何用不臧?故事内史缺未补间,亚尹得行大京兆事,试可而即真者,往往有之,故其选任,日益难重。尔宜称所举,慎厥职,无堕大以勤小,无急弱以缓强,夕念朝行,遵吾约束。可京兆少尹知府事。”

(宋)王溥《唐会要》卷七六《贡举中·制科举》:“(贞元十年十二月)详明政术可以理人科,张平叔、李景亮及第。”《册府元龟》卷六四五《贡举部·科目》《玉海》卷一一五《选举·唐制举》略同。

《登科记考》卷一三贞元十年(794)登详明政术可以理人科条云张平叔及第。

正德《姑苏志》卷五《选举表上·进士》:“张平叔,详明政术可以理人科及第。”

乾隆《江南通志》卷一一九《选举志·进士》贞元条云:“张平叔,吴县人。”

【陈讽】贞元十年(794)进士科状元及第,当年登博学宏词科。历吏部司勋郎中。

(宋)乐史《广卓异记》卷一九《进士状元却为宏词头》:“右按《登科记》:陈讽,贞元十年进士状元及第,当年宏词头登科。”

(宋)李昉等《文苑英华》卷六八收李逢吉、陈讽、柳道伦、陈左流、窦从直、范传正《进善旌赋》,均以“设之通衢,俾人进善”为韵。除窦从直之外,其他五人均见《登科记考》贞元十年进士科条,则陈讽亦当本年进士及第。

《登科记考》卷一三贞元十年(794)进士科条云:“《文苑英华》注:陈讽,贞元十年及第。”

【郑士林】贞元十年(794)登贤良方正能直言极谏科。历淮阴令、监察御史。

(宋)王溥《唐会要》卷七六《贡举中·制科举》:“(贞元)十年十二月贤良方正能直言极谏科裴珣、王播……郑士林……及第。”《册府元龟》卷六四五《贡举部·科目》略同。《登科记考》卷一三贞元十年贤良方正能直言极谏科条云郑士林及第。

《宝刻类编》卷四《名臣十三之四·唐》:“《祭唐叔文》,郑士林,淮阴令。”

(清)倪涛《六艺之一录》卷七二《石刻文字四十八·唐刻功德》:“《夏县令韦公遗爱颂》,郑士林撰,胡证八分书,贞元二年八月。(出《金石录》)《韦奥遗爱颂》,监察御史郑士林撰前进士胡证八分书。奥字又玄,京兆杜陵人,尝为夏县令,此碑夏县人所立,以贞元二年八月刻在夏县。”

【皇甫镈】贞元十年(794)登贤良方正能直言极谏科。小传见贞元七年进士科皇甫镈条。

(宋)王溥《唐会要》卷七六《贡举中·制科举》:“(贞元)十年十二月贤良方正能直言极谏科裴珣、王播……皇甫镈……及第。”《册府元龟》卷六四五《贡举部·科目》略同。

《登科记考》卷一三贞元十年(794)贤良方正能直言极谏科条云皇甫镈及第。

【徐弘毅】泽州人。贞元十年(794)登贤良方正能直言极谏科。

(唐)佚名《大唐传载》:“高平徐弘毅为弹侍御史,创一知班官,令自宣政门检朝官之失仪者。”按:高平,唐属泽州。

(宋)王溥《唐会要》卷七六《贡举中·制科举》:“(贞元)十年十二月贤良方正能直言极谏科……徐弘毅……及第。”《册府元龟》卷六四五《贡举部·科目》略同。

《登科记考》卷一三贞元十年(794)贤良方正能直言极谏科条云徐弘毅及第。

【崔群】贞元十年(794)登贤良方正能直言极谏科。小传见贞元八年进士科崔群条。

《旧唐书》卷一五九《崔群传》:“崔群字敦诗,清河武城人,山东著姓。十九登进士第,又制策登科,授秘书省校书郎……”

(宋)王溥《唐会要》卷七六《贡举中·制科举》:“(贞元)十年十二月贤良方正能直言极谏科裴珣、王播……崖群……及第。”《册府元龟》卷六四五《贡举部·科目》略同。

《登科记考》卷一三贞元十年贤良方正能直言极谏科条云崖群及第。

【庾承宣】贞元八年(792)进士及第,贞元十年(794)登宏词科。官至太常卿、摄太尉。

《旧唐书》卷一七下《文宗下》:大和八年春正月,丙寅,“令太常卿庾承宣摄太尉。”

(宋)李昉等《文苑英华》卷七七《赋七十七·乐七》之《朱丝绳赋》下有庾承宣。

《新唐书》卷二〇三《文艺下·欧阳詹传》:欧阳詹“举进士,与韩愈、李观、李绛、崔群、王雅、冯宿、虞承宣联第,皆天下选,时称‘龙虎榜’”。

《登科记考》卷一三贞元十年(794)云庾承宣登博学宏词科,见《文苑英华》。

【裴垍】字弘中,郡望河东闻喜裴氏。贞元十年(794)登贤良方正能直言极谏科,授美原县尉。历监察御史、殿中侍御史、尚书礼部考功二员外郎、翰林学士、考功郎中、知制诰、中书舍人、户部侍郎,宪宗朝拜为宰相,后历集贤院大学士、监修国史、兵部尚书,卒太子宾客,赠太子少傅。

《旧唐书》卷一四八《裴垍传》:“裴垍,字弘中,河东闻喜人。垂拱中宰相居道七代孙。

垍弱冠举进士。贞元中,制举贤良极谏,对策第一,授美原县尉……拜监察御史,转殿中侍御史、尚书礼部考功二员外郎……元和初,召入翰林为学士,转考功郎中、知制诰,寻迁中书舍人……罢垍翰林学士,除户部侍郎……遂以垍代为中书侍郎、同平章事。明年,加集贤院大学士、监修国史……元和五年,中风病……罢为兵部尚书,仍进阶银青。明年,改太子宾客。卒,废朝,赙礼有加,赠太子少傅。"按:(宋)王溥《唐会要》卷七六《贡举中·制科举》:"(贞元)十年十二月,贤良方正能直言极谏科,裴珣、王播……及第。"未言裴垍登科,《册府元龟》卷六四五《贡举部·科目》亦作裴珣。《登科记考》卷一三贞元十年条贤良方正能直言极谏科作"裴垍"。

(宋)乐史《广卓异记》卷七《制科同年五相》:"右按《唐书》:贞元十年,应贤良方正能直言极谏科,十四人登科,其后裴垍等五人,相次拜相。"

《新唐书》卷一六九《裴垍传》:"裴垍字弘中,绛州闻喜人。擢进士第,以贤良方正对策第一补美原尉。藩府交辟,不就。四迁考功员外郎。吏部侍郎郑珣瑜委垍校辞判,研核精密,皆值才实。宪宗元和初,召入翰林为学士,再迁中书舍人……为户部侍郎。帝器垍方直,以为任公卿,薄其过,眷信弥厚。吉甫罢,乃拜垍中书侍郎、同中书门下平章事。加集贤殿大学士,监修国史。垍始承旨翰林,天子新翦蜀乱,厉精致治,中外机筦,垍多所参与,以小心慎默称帝意。既当国,请绳不轨,课吏治,分明淑慝,帝降意顺纳……"

(宋)洪迈《容斋续笔》卷一三《贞元制科》:"唐德宗贞元十年,贤良方正科十六人,裴垍为举首。"

【**裴度**】贞元十年(794)登贤良方正能直言极谏科。小传见贞元五年进士科裴度条。

(宋)王溥《唐会要》卷七六《贡举中·制科举》:"(贞元)十二于贤良方正能直言极谏科……裴度……及第。"《册府元龟》卷六四五《贡举部·科目》略同。

《登科记考》卷一三贞元十年(794)贤良方正能直言极谏科条云裴度及第。

【**熊执易**】建中四年(783)登进士科,贞元元年(785)博通坟典达于教化科及第,贞元十年(794)登贤良方正能直言极谏科。小传见建中四年进士科熊执易条。

《全唐文补遗》第八辑,殷恪撰会昌元年(841)正月二十五日《唐乡贡进士陈郡殷恪妻钟陵熊夫人(休)墓志铭并序》:"夫人讳休,字居美,姓熊氏……烈考执易,一举秀才上第,两登制策甲乙科。"

(宋)王溥《唐会要》卷七六《贡举中·制科举》:"(贞元)十年十二月贤良方正能直言极谏科裴珣、王播……熊执易……及第。"《册府元龟》卷六四五《贡举部·科日》略同。

《登科记考》卷一三贞元十年(794)贤良方正能直言极谏科条云熊执易及第。

贞元十一年乙亥(795)

知贡举: 礼部侍郎吕渭

进士科

【**齐暤**】高阳人。贞元十一年(795)登进士科,试秘书省校书郎。历从事。

《唐代墓志汇编》贞元一一九《唐故相州临河县尉张府君墓志铭并序》:“女三人:……次适高阳齐氏……齐氏有三子,长曰暭,试秘书省校书郎,次曰燛,监察御史;皆以文第于春官,并佐戎府。”按:此墓志铭立于贞元十八年十一月七日,墓志所言齐暭兄弟三人,与樊注虽不相符,但其登第的时间一致,概樊注所言兄弟六人包括从兄弟在内。

(宋)魏仲举《五百家注释韩昌黎全集》卷一九《送齐暤下第序》樊注:“齐映兄弟六人,昭、旼、暭、照、煦,无有暤者。按《登科记》,暭贞元十一年登进士第。”《登科记考》卷一四贞元十一年进士科条按:暤与暭字形相近而讹。

【李应】贞元十一年(795)登进士科。官湖州刺史。

《全唐诗》第十一册卷三六八有李应《立春日晓望三素云》诗,作者小传云:“李应,贞元十一年登进士。诗一首。”

(宋)王溥《唐会要》卷四四《火》:“元年四年三月,御史台佛舍火,当直御史李应罚一季俸。”按:文中“元年四年三月”,当为“元和四年三月”。

(宋)王溥《唐会要》卷八八《榷酤》:“(元和)十四年七月,湖州刺史李应奏……”

(宋)计有功《唐诗纪事》卷三三《李应》:“应,登贞元十一年进士第。”

《登科记考》卷一四贞元十一年(795)云李应登进士科。

【李季何】贞元十一年(795)登进士科。

(宋)李昉等《文苑英华》卷一八二《诗三十二·省试三》之《立春日晓望三素云》下云:“李季何贞元十年见杂咏”,另有陈师穆。

(宋)计有功《唐诗纪事》卷三三《李季何》:“季何,登贞元十一年进士第。”

《登科记考》卷一四贞元十一年(795)云李季何登进士科。

【陈师穆】贞元十一年(795)登进士科。

(宋)李昉等《文苑英华》卷一八二《诗三十二·省试三》之《立春日晓望三素云》下云:“李季何贞元十年见杂咏”,另有陈师穆。

《登科记考》卷一四贞元十一年(795)云陈师穆进士科及第,见《文苑英华》。

【苗蕃】字陈师,洛阳人,祖含液进士及第,官河南法曹,父颖扬州录事参军。贞元十一年(795)登进士科。从事江西观察使。官至太原府参军,早卒。

《全唐文》卷五六六韩愈《太原府参军苗君墓志铭》:“君讳蕃,字陈师。其先楚之族大夫,亡晋而邑于苗,世遂以苗命氏。其后有守上党者,惠于民,卒遂家壶关。曾大父延嗣,中书舍人;大父含液,举进士第,官卒河南法曹;父颖,扬州录事参军。君少丧父,受业母夫人,举进士第。佐江西使有劳,三年,使卒,后辟,不肯留,独护其丧葬河南。选补太原参军,假使职,狱平货滋息,吏敛手不敢为非。年四十有二,元和二年六月辛巳,暴病卒。其妻清河张氏,以其年十二月丙寅,葬君于洛阳平阴之原。男三人:执规、执矩、必复。其季生君卒之三月。君同生昆弟姊凡三人,皆先死。四室之孤,男女凡二十人,皆幼,遗资无十金,无田无宫以为归,无族亲朋友以为依也。天将以是安施耶!”

(宋)魏仲举《五百家注释韩昌黎全集》卷二五《唐故太原府参军苗君墓志铭》,韩注:“贞元十一年登进士第。”

《登科记考》卷一四贞元十一年(795)云苗蕃登进士科。

【周君巢】汝南人。贞元十一年(795)登进士科。历河南府司录、宣武从事、韶州刺史。

《全唐文》卷五五六韩愈《送湖南李正字序》:"贞元中,愈从太傅陇西公平汴州,李生之尊府以侍御史管汴之盐铁……其后五年,愈又贬阳山令,今愈以都官郎守东都省,侍御自衡州刺史为亲王长史,亦留此掌其府事。李生自湖南从事请告来觐。于时太傅府之士,惟愈与河南司录周君巢独存,其外则李氏父子。"

《全唐文》卷五八八柳宗元《故殿中侍御史柳公墓表》:"于是汝南周君巢等,相与琢石书德,用图不朽。"

《登科记考》卷一四贞元十一年(795)进士科周君巢条云:"君巢,贞元十一年进士,见洪兴祖《韩子年谱》。

《钦定大清一统志》卷三四一《韶州府》:"周君巢:太原人,元和初为韶州刺史,治以廉静为主。"

《山西通志》卷二二九《杂志二》:"韩愈、陆长源、孟叔度、邱颖、杨凝、周君巢同入董晋宣武幕,愈《寄随州周员外诗》,陆孟邱杨久作尘,同时存者更谁人。"

【独孤密】一作"独孤宁""独孤宓",河南人。贞元十一年(795)登进士科。历山南西道、邠宁书记,官至云州刺史。

《柳宗元集》卷二二《送邠宁独孤书记赴辟命序》:"仆间岁骤游邠疆,今戎帅杨大夫时为候奄,尽护群校。用笞法棰令,不吐强御,下莫有逗挠浚暴而犯令者。沉断壮勇,专志武力,出麾下,取主公之节钺而代之位,鹖冠者仰而荣之。今又能旁贵文雅,以符召文士之秀者河南独孤宁,署为记室,俾职文翰,翕然致得士之称于谈者之口。盖朝廷以勇爵论将帅,岂滥也哉?独孤生与仲兄寔连举进士,并时管记于汉中、新平二连帅府,俱以笔砚承荷旧德,位未达而荣如贵仕,其难乎哉!"孙注曰:"贞元十一年登第。"中华本校勘记云:"独孤宁,音辩、训诂本及《英华》,游居敬、蒋之翘本作'独孤密',世彩堂本作'独孤宓'。"《登科记考》卷一四贞元十一年(795)误作"独孤宁",《新唐书》卷七五《宰相世系表五下》载独孤愐三子:寔、寂、密,"密,云州刺史"。

《资治通鉴》卷二三七元和元年八月条云:"韦皋参佐房式、韦乾度、独孤密、符载、郗士美、段文昌等素服麻屦,衔土请罪。"

【崔玄亮】字晦叔,山东磁州昭义人。贞元十一年(795)登进士科甲科,贞元十九年(803)登平判入等科。历秘书省校书郎,宣、越二府从事,监察御史、侍御史,密、湖、曹三郡刺史,太常少卿、谏议大夫、赐金紫,官至检校左散骑常侍、虢州刺史。

《全唐文》卷六七九白居易《唐故虢州刺史赠礼部尚书崔公墓志铭并序》避讳作"崔元亮":"唐有通四科达三教者,曰惟崔公。公讳元亮,字晦叔。其先出于炎帝,至裔孙穆伯,受封于崔,因而命氏,汉初始分为清河博陵二祖,故其后称博陵人。曾祖悦,洛州司户参军,赠太子少保;祖光迪,赠赞善大夫;考抗,扬州司马兼通事舍人,赠太子少师;妣太原王氏,赠晋阳郡太夫人。公即少师季子。解褐补秘书省校书郎,从事宣、越二府,奏授协律郎大理评事。朝廷知其才,征授监察,转殿中,历侍御史膳部驾部员外郎洛阳令密州刺史……公幼嗜学,长善属文,以辞赋举进士登甲科,以书判调天官入上等,前后著文集凡若干卷,尤工五言七言诗,警策之篇,多在人口,其余著述,作者许之,可不谓文学乎?公之典密歙湖也,理化如彼,可不谓政事乎?"

《旧唐书》卷一六五《崔玄亮传》:"崔玄亮字晦叔,山东磁州人也。玄亮贞元十一年登进士第,从事诸侯府……至元和初,因知己荐达入朝。再迁监察御史,转侍御史。出为密、湖、曹三郡刺史……大和初,入为太常少卿。四年,拜谏议大夫,中谢日,面赐金紫。朝廷推其名望,迁右散骑常侍……七年,以疾求为外任;宰相以弘农便其所请。乃授检校左散骑常侍、虢州刺史。是岁七月,卒于郡所。""

《新唐书》卷一六四《崔玄亮传》:"崔玄亮字晦叔,磁州昭义人。贞元初,擢进士第,累署诸镇幕府……拜右散骑常侍……顷之,移疾归东都,召为虢州刺史。卒,年六十六,赠礼部尚书……遗言:'山东士人利便近,皆葬两都,吾族未尝迁,当归葬滏阳,正首丘之义。'诸子如命。"

光绪《畿辅通志》卷三四《选举唐进士》:"德宗年,崔元亮,磁州人,贞元初第。"按:《登科记考》卷一四贞元十一年、贞元十六年均云崔元亮登进士科,兹从贞元十一年条。

【崔弘礼】字从周,郡望博陵,贯洛阳,祖育,常州江阴令;父孚,湖州长城令。贞元十一年(795)登进士科,后登平判科,释褐河南府文学。历朔方观察使判官、东都留守、义成军节度使判官、东都防御使判官、义武军节度使副使。官至刑部尚书,卒东都留守,赠司空。

《唐代墓志汇编》大和〇三九《唐故东都留守检校尚书左仆射司空崔公墓志》:"公讳弘礼,字从周,博陵人……公始以进士擢第,洎愚登秀才科,相远十五载……享年六十五,历官廿八,解褐河南府文学,次从事灵州,表授太常寺协律郎,充观察判官,又授大理评事摄监察御史,赴辟东都为留守推官……应诏为义成军作节度使判官……充东都留守判官……元和十二年,除忻州刺史……大和五年……丙申葬于东都洛阳县郭村北邙原先茔也。"按:此碑作者王璠元和五年(810)进士登科,其十五年前为贞元十一年(795)。

《旧唐书》卷一六三《崔弘礼传》:"崔弘礼字从周,博陵人。北齐怀远之七代孙。祖育,常州江阴令。父孚,湖州长城令……举进士,累佐蕃府,官至侍御史。元和中,吕元膺为东都留守,以弘礼为从事……累除汾州、棣州刺史……乃授弘礼卫州刺史,充魏博节度副使,历郑州刺史。长庆元年……为河南尹、兼御史……文宗即位,就加检校左仆射。理郓三载,改授东都留守,仍迁刑部尚书。诏赴阙,以疾未至。大和四年十月,复除留守。是岁十二月卒,年六十四,赠司空。"

《新唐书》卷一六四《崔弘礼传》:"崔弘礼字从周,系出博陵,北齐左仆射怀远六世孙……及进士第,平判异等。灵武李栾表为判官,以亲老不应,更署东都留守吕元膺参谋……徙东都留守。召还,以病自乞,改刑部尚书,复为留守。卒,年六十五,赠司空。"

《登科记考》卷二七《附考·进士科》条有崔弘礼。陈尚君《〈登科记考〉正补》作贞元十二年条进士科。

【韩泰】字安平,南阳人。贞元十一年(795)登进士科。累迁至户部郎中,守漳州刺史。

《柳宗元集》卷一一《亡友故秘书省校书郎独孤君墓碣》:"韩泰安平,南阳人。"

《柳宗元集》卷二五《送韩丰群公诗后序》:“宗元常与韩安平遇于上京。”孙注云:“万州刺史韩某,子三人:慎、丰、泰。慎为温县主簿。公有志。丰字茂实。泰字安平。此送茂实也。”又孙注:“贞元九年,公中进士。十一年,泰中进士。”

《旧唐书》卷一三五《韩泰传》:“韩泰,贞元中累迁至户部郎中,王叔文用为范希朝神策行营节度行军司马。泰最有筹画,能决阴事,深为伾、叔文之所重,坐贬,自虔州司马量移漳州刺史,迁郴州。”

《旧唐书》卷一三五《王叔文传》:“叔文在省署,不复举其职事,引其党与窃语,谋夺内官兵柄,乃以故将范希朝统京西北诸镇行营兵马使,韩泰副之。”

(宋)魏仲举《五百家注释韩昌黎全集》卷三九《举韩泰自代状》:“使持节、漳州诸军事、守漳州刺史韩泰,词学优长,才器端实,早登科第。”孙注:“贞元十一年,泰中进士。”

《登科记考》卷一四贞元十一年(795)云韩泰登进士科。

制科

【**刘明素**】镇州中山人。贞元十一年(795)登隐居丘园不求闻达科。

《全唐文》卷七六一褚藏言《窦群传》:“府君讳群,字丹列……郡守给事中京兆韦公夏卿知公,以为江左文雅无出其右。适贞元十一年诏征天下隐居邱园不求闻达之士,韦公荐焉,与桂山处士刘明素同表……其时天下慰荐九人,公独不除授。”

(清)倪涛《六艺之一录续编》卷三《石刻题跋·茅山许长史旧馆碑跋》:“唐大历十三年,中山刘明素以文字将湮,重加洗刻。”按:镇州有中山县。

《登科记考》卷一四贞元十一年(795)隐居丘园不求闻达科云刘明素及第。

【**蔡广成**】贞元十一年(795)登隐居丘园不求闻达科。授试官。

《旧唐书》卷一三《德宗下》:“(贞元十一年)三月……乙丑以吏部侍郎郑瑜为河南、淮南水陆转运使。丙申,诸州准例荐隐居丘园不求闻达蔡广成等九人,各授试官,令给公乘,到京日量才叙用。”

(宋)王钦若等《册府元龟》卷六四五《贡举部(七)·科目》:“(贞元)十一年三月,诸州准制荐隐居丘园,不求闻达蔡广成等九人,并授试官,令给公乘赴京,到日,量才叙用。”

《登科记考》卷一四贞元十一年(795)隐居丘园不求闻达科条云蔡广成及第。

贞元十二年丙子(796)

知贡举:礼部侍郎吕渭

进士科

【**李程**】字表臣,陇西人。贞元十二年(796)登进士科状元及第,同年宏辞科及第,调蓝田尉,累辟使府。历监察御史、翰林学士、员外郎、西川节度行军司马、兵部郎中、中书舍人、权知礼部贡举、礼部侍郎、鄂岳观察使、吏部侍郎,封渭源男,食邑三百户,敬宗拜为宰相，寻加中书侍郎，进封彭原郡公，又历检校兵部尚书、同平章事（使相）、太原尹、北京留守、河东节度使，检校尚书左仆射、平章事、河中尹、河中晋绛节度使，加检校司空、左仆射、检校司空、检校司徒、右仆射，卒山南东道节度使，赠太保，有司谥曰缪。

（五代）王定保《唐摭言》卷一三《惜名》："李缪公，贞元中试《日有五色赋》及第，最中的者赋头八字曰：'德动天鉴，祥开日华。'后出镇大梁，闻浩虚舟应宏辞复试此题，颇虑浩赋逾己，专驰一介取本。既至启缄，尚有忧色，及睹浩破题云：'丽日焜煌，中含瑞光。'程喜曰：'李程在里。'"

《旧唐书》卷一六七《李程传》："李程字表臣，陇西人。父鹔伯。程，贞元十二年进士擢第，又登宏辞科，累辟使府。二十年，入朝为监察御史。其年秋，召充翰林学士。顺宗即位，为王叔文所排，罢学士。三迁为员外郎。元和中，出为剑南西川节度行军司马。十年，入为兵部郎中，寻知制诰……明年，拜中书舍人，权知京兆尹事。十二年，权知礼部贡举。十三年四月，拜礼部侍郎。六月，出为鄂州刺史、鄂岳观察使。入为吏部侍郎，封渭源男，食邑三百户。敬宗即位之五月，以本官同平章事……寻加中书侍郎，进封彭原郡公。宝历二年，罢相，检校兵部尚书、同平章事、太原尹、北京留守、河东节度使。大和四年三月，检校尚书左仆射、平章事、河中尹、河中晋绛节度使。六年，就加检校司空。七月，征为左仆射……七年六月，检校司空、汴州刺史、宣武军节度使。九年，复为河中晋绛节度使，就加检校司徒。开成元年五月，复入为右仆射，兼判太常卿事。十一月，兼判吏部尚书铨事。二年三月，检校司徒，出为襄州刺史、山南东道节度使。卒，有司谥曰缪。"

《新唐书》卷一三一《宗室宰相・李程传》云："李程字表臣，襄邑恭王神符五世孙也。擢进士宏辞……调蓝田尉……赠太保，谥曰缪。"

《新唐书》卷一六五《郑余庆传》："出为山南西道节度使。入拜太子少师，请老，不许。时数赦，官多泛阶；又帝亲郊，陪祠者授三品、五品，不计考；使府宾吏，以军功借赐朱紫率十八；近臣谢、郎官出使，多所赐与；每朝会，朱紫满廷而少衣绿者。品服太滥，人不以为贵，帝亦恶之，始诏余庆条奏惩革。迁尚书左仆射。仆射比非其人，及余庆以宿德进，公论浩然归重。帝患典制不伦，谓余庆淹该前载，乃诏为详定使，俾参裁订正。余庆引韩愈、李程为副，崔郾、陈佩、杨嗣复、庾敬休为判官，凡损增仪矩，号称详衷。"

（元）辛文房撰，傅璇琮主编《唐才子传校笺》（册二）卷五《孟郊》条云："郊字东野，洛阳人……贞元十二年李程榜进士，时年五十矣，调溧阳尉。"

《登科记考》卷一四贞元十二年（796）进士科条云李程状元及第。

【乔弁】一作"高弁"。贞元十二年（796）登进士科。历巴州刺史。

《全唐文》卷六五八白居易《乔弁可巴州刺史制》："敕：权知巴州刺史乔弁，前假竹符，俾临巴郡，一意为理，三年有成，州人借留，廉使置奏。既因会课，宜及陟明。九仞之功，无亏一篑，无狃真授，而怠初心。可巴州刺史。"

《登科记考》卷一四贞元十二年进士科云乔弁及第，见《文苑英华》。（宋）李昉等《文苑英华》卷一八四《诗三十四・省试五》之《春臺晴望》下有乔弁。《全唐诗》第十一册卷三六八作"高弁"。

【**冯审**】字退思，旧贯婺州东阳，新贯京兆府，兄宿、定，官至公卿。贞元十二年(796)登进士科，累辟诸府。历监察御史、兵部郎中、谏议大夫、桂州刺史、桂管观察使、国子祭酒，卒秘书监。

《全唐文》卷六四三王起《银青光禄大夫检校礼部尚书使持节梓州诸军事兼梓州刺史御史大夫充剑南东川节度副大使知节度事管内观察处置静戎军等使上柱国长乐县开国公食邑一千五百户赠吏部尚书冯公(宿)神道碑铭并序》:“惟唐开成元年岁在执徐十二月三日，检校礼部尚书东川节度使长乐公享年七十薨于位。天子不视朝一日，赠以天官之秩。是月，公之丧归于西都。其来也，梓潼之人，如亡顾复；其至也，京师之人，咸嗟殄瘁。其亲戚号于中唐而邻里感，其朋友恸于外寝而搢绅吊。咸以公孝友忠信，清廉正直，宽仁伟度，可以韬当世，弼谐远略，可以经大邦，而位不充量，才屈于算，斯所以感人深矣。其明年五月，克葬于京兆万年县崇道乡白鹿原，从先人茔，礼也。既葬，其孤累然泣血，以公勋伐德善之状，请被于文，而刻此石云。公讳宿，字拱之，冀州长乐人，汉光禄勋奉世廿五代孙也。自光禄勋立功于汉，其下十四叶立国王燕，是为昭成皇帝。其下七叶至五代祖周乌氏侯，讳早惠□，隋为隰州司户，皇朝为婺州常山令。常山生高祖皇婺州纠曹掾讳文俭，纠曹生曾祖茂才高第括州松阳令讳道仪，松阳生大父文林郎宋王府记室参军赠礼部员外郎讳嗣，员外生先府君南昌令新安郡长史赠尚书左仆射讳子华……先妣彭城刘氏，皇成都府参军沔之女，嫔则母范，惟家之肥。累赠彭城郡太夫人。公即仆射之元子也，奇伟倜傥，与人诚直，言无诡随，行不苟合，望之也长戟森于武库，即之也大珪植于琼田。丱岁侍仆射府君庐于员外府君之墓左，有灵芝产于埏隧，白兔扰于松槚，仆射恶其显异，抑而不言，识者咸谓纯孝殊祥，又重之以阴德，其门必大也。弱冠以工文硕学称。年廿六举进士，是时明有司即兵部侍郎陆公贽其人也。又应宏词科，试《百步穿杨叶赋》，虽为势夺，而其文至今讽之，后生以为楷。已而有志于四方，历东诸侯，为彭门仆射张公建封所器异，因表为试太常寺奉礼郎，充节度巡官。张公杰迈简达，尊贤礼能，幕府始建，群彦翘首，与公同升者李藩、韩愈之伦，皆诸侯之选，及公曳裾之后，有置醴之遇，其书檄奏记，公皆专焉。及张公寝疾，公常出入卧内，献替戎事，一军感其诚明。”可见冯宿旧望为冀州长乐人，五代祖因做官，入唐初冯氏定居婺州，其子孙约在开元前后又迁居京兆。

(唐)赵璘《因话录》卷六《羽部》:“是日，数公皆诣宾客。冯尚书审，则又柳公座主杨相国之同年。”按:冯尚书审，可能是指冯审死后的赠官。按:《登科记考》据此将冯审复收在贞元廿一年，陈尚君《〈登科记考〉正补》云此冯审为冯定之误。朱玉麒《〈登科记考〉补遗、订正》认为冯定当移到《附考》进士科条。《登科记考》卷一五贞元十八年条又有冯定，岑仲勉《登科记考订补》已考订冯审即冯定，当以贞元十二年为登第年。兹从岑仲勉说，删贞元廿一年冯审。

《旧唐书》卷一六八《冯宿传附冯审传》:“审，贞元十二年登进士第，累辟使府。入为监察御史，累迁至兵部郎中。开成三年，迁谏议大夫。四年九月，出为桂州刺史、桂管观察使。入为国子祭酒……咸通中，卒于秘书监。”

《新唐书》卷一七七《冯宿传附冯审传》:“冯宿字拱之，婺州东阳人……宿贞元中与弟定,从弟审、宽并擢进士第……审,字退思。开成中,为谏议大夫,拜桂管观察使,历国子祭酒……终秘书监。"

【李方古】一作李章武,渝州人。贞元十二年(796)登进士科。历河南令、成都少尹。

(宋)魏仲举《五百家注释韩昌黎全集》卷一八《答渝州李方古使君书》韩注:"韩曰方古贞元十二年进士,书所言河南事迹。或以公尝为河南令,疑其指此。然观书意,当是李使君以河南事迹,嘱公有言于朝也。"《登科记考》卷一四贞元十二年进士科条云李方古及第。又《登科记考》卷二七《附考》进士条引《奇鬼传》:"进士李章武初及第。"又见《才鬼传》:"章武字子飞,贞元时人。"

(明)曹学佺《蜀中广记》卷一〇二《诗话记第二》:"李章武学识好古,有名于时。大和末,敕僧尼试经若干纸,不通者勅还俗。章武时为成都少尹……"

(清)倪涛《六艺之一录》卷二一《金器欵识二十一》:"唐人尚书郎李章武,本名方古,贞元季年,为东平帅李师古判官。"按:《登科记考》卷二七《附考·进士科》条贞元中登进士科李章武当删除。

【何坚】道州人。贞元十二年(796)进士及第。历太学国子监司。

《全唐文》卷五五五韩愈《送何坚序》:"何与韩同姓为近;坚以进士举,于吾为同业;其在太学也,吾为博士,坚为生,生博士为同道;其识坚也十年,为故人。同姓而近也,同业也,同道也,故人也,于其不得愿而归,其可以无言耶?坚道州人,道之守阳公,贤也;道于湖南为属州,湖南杨公,又贤也;坚为民,坚又贤也。湖南得道为属,道得坚为民,坚归倡其州之父老子弟,服阳公之令,道亦倡其县与其比州服杨公之令。道亦倡其县与其比州,服杨公之令。吾闻鸟有凤者,恒出于有道之国。当汉时,黄霸为颍川,是鸟实集而鸣焉。若史可信,坚归,吾将贺其见凤而闻其鸣也已。"

《全唐诗补编·续拾》卷二二何坚《除授太学国子监司籍之职因赋》。

弘治《永州府志》卷四《人物》:"何坚,德宗时进士,自太学归,昌黎韩文公以序送之。"

日本藏康熙《永州府志》卷一〇《选举上·进士年表》:"何坚,道州人。德宗贞元十年李程榜进士。"按:李程贞元十二年进士及第,则何坚当贞元十二年进士及第。

【张仲方】字靖之,郡望韶州始兴,贯河南,曾祖玄宗朝宰相张九龄,祖九皋广州刺史,父抗赠右仆射。贞元十二年(796)登进士科,同年登宏辞科,释褐集贤殿校理。历秘书正字、邠州节度使从事、鄜坊节度使判官、侍御史、仓部员外郎、右谏议大夫、福州刺史兼御史中丞、福建观察使、太子宾客、右散骑常侍、太子宾客分司、华州刺史、秘书监、银青光禄大夫、上柱国,赐爵曲江县开国伯,食邑七百户。官至右散骑常侍,赠礼部尚书。

《白居易集》卷七〇《唐故银青光禄大夫秘书监曲江县开国伯赠礼部尚书范阳张公墓志铭并序》:"公讳仲方,字靖之。其先范阳人……公即仆射府君第五子。贞元中进士举及第,博学选登科。初补集贤院校书郎,丁内忧。丧除,复补正字,选授咸阳县尉。鄜坊节度使辟为判官,奏授监察御史里行,俄而真拜。历殿中,转侍御史、仓部员外郎、金州刺史、度支郎中,驳宰相事议,出为遂州司马。移复州司马,俄迁刺史,改曹州刺史、河南少尹、郑州刺史。入为谏议大夫福建观察使兼御史中丞,征还为太子宾客,再为左散骑常侍京兆尹、华州刺史兼御史大夫、秘书监。勋至上柱国,阶至银青光禄大夫,封至曲江县开国伯,食邑七百户。开成二年四月某日,薨于上都新昌里第,诏赠礼部尚书。以某年八月某日,归葬于河南府某县某乡某原,祔仆射府君之封域焉。"

《旧唐书》卷一七一《张仲方传》:"张仲方,韶州始兴人。祖九皋,广州刺史、殿中监、岭南节度使。父抗,赠右仆射。仲方伯祖始兴文献公九龄,开元朝名相。仲方,贞元中进士擢第,宏辞登科,释褐集贤校理,丁母忧免。服阕,补秘书省正字,调授咸阳尉。出为邠州从事,入朝历侍御史、仓部员外郎……及敬宗即位,李程作相,与仲方同年登进士第,召仲方为右谏议大夫……大和初,出为福州刺史、兼御史中丞、福建观察使。三年,入为太子宾客。五年四月,转右散骑常侍。七年,李德裕辅政,出为太子宾客分司。八年,德裕罢相,李守闵复召仲方为常侍。九年十一月……出仲方为华州刺史。开成元年五月,入为秘书监……累加银青光禄大夫、上柱国、曲江县开国伯,食邑七百户。二年四月卒。"

《登科记考》卷一四贞元十二年(796)进士科条云张仲方及第。

【孟郊】字东野,湖州武康人。贞元十二年(796)登进士科,调溧阳尉。历东都留守水陆转运判官、山南西道节度使参谋,卒试大理评事,谥曰贞曜先生。

《全唐文》卷五六四韩愈《贞曜先生墓志铭》:"唐元和九年,岁在甲午八月己亥,贞曜先生孟氏卒。无子,其配郑氏以告,愈走位哭,且召张籍会哭。明日,使以钱如东都,供丧事。诸尝与往来者,咸来哭吊,韩氏遂以书告兴元尹故相余庆。闰月,樊宗师使来吊,告葬期,征铭。愈哭曰:呜呼!吾尚忍铭吾友也夫!兴元人以币如孟氏赙,且来商家事。樊子使来速铭,曰不则无以掩诸幽。乃序而铭之。先生讳郊,字东野。父庭玢,娶裴氏女,而选为昆山尉,生先生及二季酆郢而卒。先生生六七年,端序则见,长而愈骞,涵而揉之……年几五十,始以尊夫人之命来集京师,从进士试。既得即去。间四年,又命来选为溧阳尉,迎侍溧上。去尉二年,而故相郑公尹河南,奏为水陆运从事试协律郎,亲拜其母于门内。母卒五年,而郑公以节领兴元军,奏为其军参谋,试大理评事,挈其妻行之兴元,次于阌乡,暴疾卒,年六十四。买棺以敛,以二人舆归,酆郢皆在江南。十月庚申,樊子合凡赠赙而葬之洛阳东其先人墓左,以余财附其家而供祀。将葬,张籍曰:先生揭德振华,于古有光,贤者故事有易名,况士哉!如曰贞曜先生,则姓名字行有载,不待讲说而明。"

《旧唐书》卷一六〇《孟郊传》:"孟郊者,少隐于嵩山,称处士……郑余庆镇兴元,又奏为从事,辟书下而卒。余庆给钱数万葬送,赡给其妻子者累年。"

《新唐书》卷一七六《孟郊传》:"孟郊者,字东野,湖州武康人。少隐嵩山……年五十,得进士第,调溧阳尉……郑余庆为东都留守,署水陆转运判官。余庆镇兴元,奏为参谋。卒,年六十四。张籍谥曰贞曜先生。"

(宋)魏仲举《五百家注释韩昌黎全集》卷二九《贞曜先生墓志铭》樊注:"贞元十二年吕渭知举,郊登第。"

(元)辛文房撰,傅璇琮主编《唐才子传校笺》(册二)卷五《孟郊》条云:"郊字东野,洛阳人……贞元十二年李程榜进士,时年五十矣,调溧阳尉。"

《登科记考》卷一四贞元十二年(796)进士科条云孟郊及第。

【萧鍊】字惟柔,郡望兰陵郡,贯洛阳,祖元晃,皇徐州县令;父凝,皇信州录事参军。贞元十二年(796)登进士科,后书判入等,授太原府参军,官至天德军团练使判官。

《唐代墓志汇编》元和〇〇二《唐故天德军摄团练判官太原府参军萧府君墓志铭并序》:"士君子之虞世,所贵慎其始而敬其终。公之始也,从乎乡赋而登文词之甲科,其终也……公萧姓,讳鍊,字惟柔,命氏琼派……公则南兰陵郡人也。十代祖道成,曾祖德绪,皇银青光禄大夫,舒、杭、颍三州刺史,兰陵郡公,祖元晃,皇徐州县令;父凝,皇信州录事参军……后以选叙参于吏部,书判入暗等。授太原府参军……天德军使御史大夫任公辟充团练判官……终于丰州之官舍……夫人乃茹痛衔悲,营护归榇……达于洛都。"

《柳宗元集》卷二二《送萧鍊登第后南归序》:"始余幼时,拜兄于九江郡,睹其乐嗜经书,慕山薮,凝和抱质,气象甚茂,虽在绮纨,而私心慕焉。厥后窃理文字,先礼而冠,遇兄于泽宫之中。观其德如九江之拜,盖世俗所不能移也。自是战艺三北,左次陋巷。余亟会于其居,视其道如泽宫之遇,亦挫抑所不能屈也。逾时而名擢太常,声动京国,士辈仰慕,顾眄有耀。余获贺于蔡通儒氏,窥其志如陋巷之会,又得意所不能迁也。君子志正而气一,诚纯而分定,未尝摽出处为二道,判屈伸于异门也。固其本,养其正,如斯而已矣。吾兄先觉而守道,独立而全和,贞确端懿,雅不羁俗,君子之素也。亦既升名天官,告余东游,是将乘商於,浮汉池,历郢城,下武昌,复于我始见之地。则朋旧之徒,含喜来迎;宗姻之列,加礼以待;舟舆所略,贺声盈耳;离群之思,行益少矣。仆不腆,见邀为序。狂夫之言,非所以志君子也,自达而已。"注:"贞元十二年,礼部侍郎吕渭知贡举,试《日五色赋》,《春台晴望》诗,鍊中第。"

《登科记考》卷一四贞元十二年(796)进士科条云萧鍊及第。

【崔护】字殷功,博陵人。贞元十二年(796)登进士科,元和元年(806)登才识兼茂明于体用科。终岭南节度使。

《旧唐书》卷一七上《敬宗 文宗上》:"(大和三年秋七月)丁酉,以京兆尹崔护为御史大夫、广南节度使。"

(宋)李昉等《太平广记》卷二七四《情感·崔护》引《本事诗》:"博陵崔护资质甚美,而孤洁寡合,举进士第。"《登科记考》卷一四贞元十二年进士科条云崔护及第。

(宋)计有功《唐诗纪事》卷四〇《崔护》:"护字殷功。贞元十二年登第,终岭南节度使。"

【崔郾】字广略,郡望清河崔氏,贯贝州武城,祖结、父倕,官卑,兄邠少举进士,赠吏部尚书。贞元十二年(796)登进士科,贞元十六年(800)平判入等,授集贤殿校书郎。历陕虢观察使巡官、监察御史、刑部员外郎、左司郎中、吏部郎中、谏议大夫、给事中、侍讲学士、中书舍人、礼部侍郎、陕州观察使、鄂岳安黄等州观察使,卒浙西道都团练观察使,赠吏部尚书,谥曰德。

《杜牧全集》卷一四《唐故银青光禄大夫检校礼部尚书御史大夫充浙江西道都团练观察处置等使上柱国清河郡开国公食邑二千户赠吏部尚书崔公行状》:"公曾祖综,皇任醴泉县令。祖佶,皇任太子中允,赠右散骑常侍。父陲,皇任检校吏部郎中兼御史中丞袁州刺史，赠太师。公讳郾，字广略。威仪秀伟，神气深厚，即之如鉴，望之如春。既冠，识者知不容于风尘矣。贞元十二年中第。十六年平判入等，授集贤殿校书郎。陕虢观察使崔公琮愿公为宾，而不乐之，挈辞载币，使者数返。公徐为起之，且曰：'不关上闻，摄职可也。'受署为观察巡官。后转京兆府鄠县尉，迁监察御史殿中侍御史刑部员外。丁郊国太夫人忧，杖而能起，人有闻焉。外除拜吏部员外郎，判南曹事。千人百族，必应进而进，公亲自挟格，肖法必留，戾程必黜。每悬榜举牍，富室权家，汗而仰视，不敢出口。宿吏逡巡，缚手系舌，愿措一奸，不能得之。凡二年，迁左司郎中吏部郎中，加朝散大夫，旋拜谏议大夫兼知匦使。"

《旧唐书》卷一五五《崔邠传》："崔邠字处仁，清河武城人。祖结，父倕，官卑。邠少举进士，又登贤良方正科。贞元中授渭南尉。迁拾遗、补阙。常疏论裴延龄，为时所知。以兵部员外郎知制诰至中书舍人，凡七年。又权知吏部选事。明年，为礼部侍郎，转吏部侍郎，赐以金紫。邠温裕沉密，尤敦清俭。上亦器重之。裴垍将引为相，病难于承答，事竟寝。兄弟同时奉朝请者四人，颇以孝敬怡睦闻。后改太常卿，知吏部尚书铨事。故事，太常卿初上，大阅《四部乐》于署，观者纵焉。邠自私第去帽亲导母舆，公卿逢者回骑避之，衢路以为荣。居母忧，岁余卒，元和十年三月也，时年六十二。赠吏部尚书，谥曰文简。弟鄯、郾、郸等六人。子璀、璜，璀子彦融，皆登进士第，历位台阁……郾字广略。举进士，平判入等，授集贤殿校书郎。三命升朝，为监察御史、刑部员外郎。资质秀伟，神情重雅，人望而爱之，终不可舍，不知者以为事高简拘静默耳。居内忧，释服为吏部员外。奸吏不敢欺，孤寒无援者未尝留滞，铨叙之美，为时所称。再迁左司郎中。元和十三年，郑余庆为礼仪详定使，选时有礼学者共事，以郾为详定判官、吏部郎中。十五年，迁谏议大夫。穆宗即位，荒于禽酒，坐朝常晚。郾与同列郑覃等延英切谏。穆宗甚嘉之，畋游稍简。长庆中，转给事中。昭愍即位，选侍讲学士，转中书舍人……其年转礼部侍郎，东都试举人。凡两岁掌贡士，平心阅试，赏拔艺能，所擢者无非名士，至大中、咸通之代，为辅相名卿者十数人。出为陕州观察使。旧弊有上供不足，夺吏俸以益之，岁八十万，郾以廉使常用之直代之。居二年，政绩闻于朝。迁鄂岳安黄等州观察使。又五年，移浙西道都团练观察使，至，用宽政安疲人……开成元年卒，年六十九，赠吏部尚书，谥曰德。"

《新唐书》卷一六三《崔邠传附崔郾传》："崔邠字处仁，贝州武城人。父倕……郾，字广略……中进士第，补集贤校书郎……又观察浙西，迁检校礼部尚书，卒于官。赠吏部尚书，谥曰德。"

《登科记考》卷一四贞元十二年(796)进士科条云崔郾及第。

【湛贲】袁州宜春人。贞元十二年(796)登进士科。

(唐)林宝《元和姓纂》卷五《新淦湛氏》："今进士湛贲，袁州人。"

(五代)王定保《唐摭言》卷八《以贤妻激劝而得者》："彭伉，湛贲，俱袁州宜春人，伉妻即湛姨也。伉举进士擢第……忽有僮驰报湛郎及第，伉失声而坠。"(宋)李昉等《太平广记》卷一八〇《贡举三・湛贲》载此事引自《唐摭言》、(宋)计有功《唐诗纪事》卷四五略同。

《登科记考》卷一四贞元十二年(796)进士科条云湛贲及第。

明经科

【侯绩】字夏士,上谷侯氏,贯洛阳人。祖愉进士出身,幽州固安县令,父润,累赠左仆射。贞元十二年(796)明经科及第,释褐授常州义兴县尉。历宣州城县主簿、京兆府好畤县尉、福建观察使观察推官,官至陕州硖石县令。

《唐代墓志汇编》大和一〇〇刘轲撰大和九年(742)十月十六日《唐故朝议郎行陕州硖石县令上柱国侯公墓志铭并叙》:"公讳绩,字夏士,上谷人……祖进士出身,幽州固安县令,父讳润……累赠左仆射……公兄继以文科入仕……(绩)贞元十二年,明经出身。十五年,丁先府君忧……元和三年,释褐授常州义兴县尉。十五年,授宣州城县主簿。长庆四年,京兆公证奏授京兆府好畤县尉。大和元年,为福建观察使张公辟,授监察御史里行,充观察推官。五年,敕授陕州硖石县令……九年,自硖石移疾洛阳。"胡可先《〈登科记考〉匡补续编》补入。

科目选

【李行敏】贞元十二年(796)登宏辞科。

(宋)李昉等《文苑英华》卷一八〇《诗三十·省试一》之《观庆云图》下有李行敏。

(宋)乐史《广卓异记》卷一二《二人四事相同》:"右按《摭言》:唐贞元十二年,李挚以宏词振名,与李行敏同姓,同年登科,又同甲子。"

(宋)计有功《唐诗纪事》卷五〇《李挚》:"贞元十二年,挚以宏词振名,与李行敏同姓,同甲子,同年登第,俱二十五岁,又同门。"

【李挚】贞元十二年(796)登宏辞科。

(五代)王定保《唐摭言》卷四《师友》:"贞元十二年,李挚以大宏词振名,与李行敏同姓,同年,同登第,又同甲子(及第时俱二十五岁),又同门。挚尝答行敏诗曰:'因缘三纪异,契分四般同。'"

(宋)乐史《广卓异记》卷一二《二人四事相同》:"右按《摭言》:唐贞元十二年,李挚以宏词振名,与李行敏同姓,同年登科,又同甲子。"

(宋)计有功《唐诗纪事》卷五〇《李挚》:"贞元十二年,挚以宏词振名,与李行敏同姓,同甲子,同年登第,俱二十五岁,又同门。"

【李程】贞元十二年(796)进士科状元及第,同年登宏辞科。小传见进士科李程条。

《旧唐书》卷一六七《李程传》:"李程字表臣,陇西人。父鹔伯。程,贞元十二年进士擢第,又登宏辞科,累辟使府。"

(宋)乐史《广卓异记》卷一九《进士状元却为宏词头》:"右按《登科记》:李程,贞元十二年进士状元及第。十三年宏词头登第。"《登科记考》卷一四贞元十二年宏词科条云:"按'十三年'为'十二年'之讹。"

《新唐书》卷一三一《宗室宰相·李程传》:"李程字表臣,襄邑恭王神符五世孙也。擢进士宏辞……调蓝田尉……赠太保,谥曰缪。”

【张仲方】贞元十二年(796)登进士科,同年登博学宏辞科。小传见进士科张仲方条。

《旧唐书》卷一七一《张仲方传》:“张仲方,韶州始兴人。祖九皋,广州刺史、殿中监、岭南节度使。父抗,赠右仆射。仲方伯祖始兴文献公九龄,开元朝名相。仲方,贞元中进士擢第,宏辞登科,释褐集贤校理。”

《登科记考》卷一四贞元十二年(796)博学宏词科张仲方条云是年宏词科试《披沙拣金赋》,见《文苑英华》。

【柳宗元】贞元九年(793)登进士科,贞元十二年(796)登宏辞科。小传见进士科柳宗元条。

《柳宗元集》卷三三《与杨诲之第二书》:“吾年十七求进士,四年乃得举。二十四求博学宏词科,二年乃得仕。”韩注:“贞元十二年,公年二十四。”

《旧唐书》卷一六〇《柳宗元传》:“柳宗元……登进士第,应举宏辞,授校书郎、蓝田尉。”

《登科记考》卷一四贞元十二年(796)将柳宗元登宏词科附在是年。

【席夔】贞元十二年(796)登宏辞科。官吏部员外郎。

《全唐文》卷六三三席夔小传:“夔,贞元十二年宏词及第,元和初官吏部员外郎。”录有席夔《披沙拣金赋》(以求宝之道同乎选才为韵)。

《登科记考》卷一四贞元十二年宏词科条云是年宏词科试《披沙拣金赋》,见《文苑英华》。

贞元十三年丁丑(797)

知贡举:礼部侍郎吕渭

进士科

【郑巨源】闽县人。贞元十三年(797)进士科状元及第。

(明)徐应秋《玉芝堂谈荟》卷二《历代状元》:“(贞元)十三年进士三十人,状元郑巨源。”

《登科记考》卷一四贞元十三年(797)进士科条云郑巨元状元及第。

淳熙《三山志》卷二六《人物类一·科名》:“(贞元)十三年丁丑,郑巨源榜。”

乾隆《福建通志》卷三三《选举》闽县下云:“贞元十三年,郑巨源榜。”

【万俟造】贞元十三年(797)登进士科。

《登科记考》卷一四贞元十三年(797)进士科条云万俟造及第,见《文苑英华》。《登科记考》原作“万俟”,中华书局点校本已改为“万俟造”。《元和姓纂》卷一〇《河南万俟氏》:“万俟造”。

【李衡□】字衡□,闻喜人。贞元十三年(797)登进士科,释巾受补。

西安碑林博物馆藏贞元十四年《李衡□墓志》:“君讳衡□,字衡□,闻喜人。贞元龙集戊寅岁由前进士释巾受补,其年仲夏□疾而卒。”按:戊寅年为贞元十四年,其登进士第当在前一年。《补续》补入。

【宋迪】袁州宜春人,贞元十三年(797)登进士科。

《登科记考》卷一四贞元十三年(797)进士科宋迪条云《永乐大典》引《宜春记》:“贞元十三年,宋迪登进士科。”

四库本《江西通志》卷四九《选举·唐》贞元中进士条云:“宋迪,袁州人”。

【陈诩】字载物,闽县人。贞元十三年(797)登进士科。终户部员外郎、知制诰。

《欧阳行周文集》卷九《泉州刺史席公宴邑中赴举秀才于东湖亭序》:“贡士有宴我牧席公新礼也,贞元癸酉岁,邑有秀士八人,公将首荐于阙下……客有天水姜阅、河东裴参和颍川陈诩。”

《新唐书》卷六〇《艺文四》:“《陈诩集》十卷。字载物,福州闽县人。贞元户部郎中,知制诰。”

(明)何乔远《闽书》卷七二《英旧志·福州府闽县》:“贞元十三年丁丑,陈诩。”

《登科记考》卷一四贞元十三年(797)云陈诩进士科及第。

淳熙《三山志》卷二六《人物类一·科名》:“(贞元)十三年丁丑郑巨源榜:陈诩,字载物,闽县人,终户部员外郎、知制诰。”

【独孤申叔】字子重,京兆府万年县人。贞元十三年(797)登进士科,贞元十五年(799)登宏辞科,授校书郎,卒。

《柳宗元集》卷一一《亡友故秘书省校书郎独孤君墓碣》:“有唐仁人独孤君之墓,祔于其父太子舍人讳助之墓之后。自其祖赠太子少保讳问俗而上,其墓皆在灞水之左……君讳申叔,字子重,年二十二举进士。又二年,用博学宏词为校书郎,又三年,居父丧,未练而没,盖贞元十八年。”韩注:“贞元十三年申叔中进士。”

(宋)魏仲举《五百家注释韩昌黎全集》卷二二《独孤申叔哀辞》:孙注:“申叔,字子重,年二十二,举进士,又二年用博学宏词为校书郎。”按:灞水,在京兆府万年县。

【郭炯】贞元十三年(797)登进士科。官至衡州刺史。

《全唐文》卷六二〇郭炯小传云:“炯,贞元中进士,元和中出为衡州刺史。”

《登科记考》卷一四贞元十三(797)进士条云是年省试诗为《西掖瑞柳赋》,有郭炯及第,其赋见《文苑英华》卷八七《赋八十七·符瑞四》。

【高元裕】字景圭,原名高允中,渤海人,贯河南。贞元十三年(797)登进士科。历山南西道掌书记、荆南节度使掌书记、江南东道节度使、侍御史、左司郎中、谏议大夫、中书舍人、阆州刺史、谏议大夫、翰林侍讲学士、太子宾客、京兆尹、刑部尚书,加银青光禄大夫、渤海郡公、山南东道节度使,卒吏部尚书,赠尚书右仆射。

《全唐文》卷七六四萧邺《大唐故吏部尚书赠尚书右仆射渤海高公(元裕)神道碑》:“公讳元裕,字景圭。六代祖申国公讳士廉……幼而颖悟,及长魁岸秀发。弱冠博学工文,擢进士上第,调补秘书省正字……大中四年夏六月廿日,次于邓,无疾暴薨于南阳县之官舍,享年七十六。上闻,抚机震悼,废朝□日。□□□□□□□年十一月十日,归葬于□南府□□县□□之南原。以李夫人合窆。"

《旧唐书》卷一七一《高元裕传》:"高元裕字景圭,渤海人。祖魋。父集,官卑。元裕登进士第,本名允中,大和初,为侍御史,奏改元裕。累迁左司郎中。李宗闵作相,用为谏议大夫,寻改中书舍人。九年……出为阆州刺史……复征为谏议大夫。开成三年,充翰林侍讲学士……乃兼太子宾客。四年,改御史中丞……会昌中,为京兆尹。大中初,为刑部尚书。二年,检校吏部尚书、襄州刺史,加银青光禄大夫、渤海郡公、山南东道节度使。入为吏部尚书,卒。"

《新唐书》卷一七七《高元裕传》:"高元裕字景圭,其先盖渤海人。策进士,累辟节度使……累擢尚书左丞,领吏部选。出为宣歙观察使,入授吏部尚书。拜山南东道节度使,封渤海郡公,奏蠲逋赋甚众。在镇五年,复以吏部尚书召,卒于道,年七十六,赠尚书右仆射。"

【裴操】郡望河东,贯鄂州,祖旭和州刺史,父延龄。贞元十三年(797)登进士科。

(宋)王钦若等《册府元龟》卷六五一《贡举部(十三)·谬滥》:贞元十一年吕渭知贡举,"结附户部侍郎、判度支裴延龄。延龄之子操举进士,文词非工,渭擢之登第,为正人嗤鄙,渭连知三举,后因入阁,遗失请托文记,遂出为潭州刺史"。《旧唐书》卷一三七《吕渭传》、《新唐书》卷一六〇《裴延龄传》略同。

《旧唐书》卷一三五《裴延龄传》:"裴延龄,河东人。父旭,和州刺史。延龄,乾元末为汜水县尉,遇东都陷贼,因寓居鄂州,缀缉裴骃所注《史记》之阙遗,自号小裴。"

(宋)计有功《唐诗纪事》卷四七《吕渭》:"渭,字君载,河中人。德宗时,为礼部侍郎,与裴延龄姻家,擢其子上第,出为潭州刺史,卒。"

《登科记考》卷一四贞元十三年(797)进士科条云:柳宗元《吕侍御墓志》:"吕渭贞元十三年为礼部尚书,知贡举,擢裴延龄子操居上第。会入阁,遗私谒之书于廷,罢为湖南观察使。"按:检《柳宗元集》和《全唐文》中《吕侍御墓志》,均未见此段记载,此事见于《册府元龟》。

明经科

【李□】贞元十三年(797)登明经科。

《全唐文》卷五九六欧阳詹《送李孝廉及第东归序》:"迩来加取比兴属词之流,更曰进士,则近于古之立言也,为时稍称。其侥幸浮薄之辈,希以无为有,虽中干外槁,多舍明趋进。俾去华取实,君子恶以真混假,纵含章抱器,半舍进为明。新及第李孝廉,则含章抱器,舍进为明者。皙皙肌骨,松寒玉清。以志学升太学,以学就升宗伯。背文手占,滞义口占,二戴不往,皇郑复来。投短书,出长卷,精专炳焕,涛伦裒然。圣朝贞元癸丑岁,明经登者不上百人,孝廉冠其首。"

《登科记考》卷一四贞元十三年(797)明经科录有李□。按:"癸丑岁"当为"丁丑"岁之讹。又:大和七年为"癸丑岁"。

【孟元谅】字彝伦，平昌人，曾祖忠，官滁州永阳县尉；祖义，官沧州司户参军；考通，前乡贡明经。贞元十三年(797)明经擢第，元和三年释褐滑州灵昌尉，长庆元年调补光州殷城令。

《秦晋豫新出墓志蒐佚》七三〇，大和五年(831)十月二十一日《唐故光州殷城县令孟公墓志》："公讳元谅，字彝伦，平昌人也。曾祖忠，皇滁州永阳县尉。祖义，皇沧州司户参军。列考通，前乡贡明经……(元谅)贞元十三年明经擢弟，元和三年释褐滑州灵昌尉，长庆元年调补光州殷城令。"

贞元十四年戊寅(798)

知贡举：尚书左丞顾少连

进士科

【李随】贞元十四年(798)进士科状元及第。历秘书少监。

《旧唐书》卷一六《穆宗》载长庆三年五月，"秘书少监李随奏请造当司图书印一面，从之"。

(元)辛文房撰，傅璇琮主编《唐才子传校笺》(册二)卷五《张仲素》条云："仲素，字绘之。贞元十四年李随榜进士，与李翱、吕温同年。"

《登科记考》卷一四贞元十四年(798)进士科条云李随状元及第。

【王起】字举之，扬州人，祖升咸阳令，父恕扬府参军。贞元十四年(798)登进士科，释褐集贤校理；贞元十九年(803)登宏辞科，元和三年(808)登制策直言极谏科，授蓝田尉，集贤殿校书郎。历淮南节度使掌书记、尚书左丞、户部尚书、河中晋绛节度使、兵部尚书、山南东道节度、银青光禄大夫、拜兵部侍郎、吏部尚书。官至左仆射，卒山南西道节度使兼同平章事(使相)，赠太尉，谥曰文懿。

《全唐文》卷六七九白居易《唐扬州仓曹参军王府君墓志铭》："公讳某，字士宽……有子曰播、曰炎、曰起，咸以进士举及第。播应制举对直言极谏策，授集贤殿校书郎，累迁监察、殿中侍御史、三原令；炎既第未仕；起应博学宏词科，选授集贤殿校书郎。昆弟三人，不十年而五登甲第，时论者荣之。"

《旧唐书》卷一六四《王播传附王起传》："王播字明敭。曾祖璡，嘉州司马。祖升，咸阳令。父恕，扬府参军……穆宗即位……兼中书侍郎、平章事……弟炎、起。炎，贞元十五年登进士第，累官至太常博士，早世。子铎、镣。起，字举之，贞元十四年擢进士第，登制策直言极谏科。宰相李吉甫镇淮南，以监察充掌书记。入朝为殿中……长庆元年，迁礼部侍郎……故出为河南尹。入为吏部侍郎。文宗即位，加集贤学士、判院事……改兵部侍郎。大和二年，出为陕虢观察使、兼御史大夫。四年，入拜尚书左丞……迁户部尚书、判度支……六年，检校吏部尚书、河中尹、河中晋绛节度使……七年，入为兵部尚书。八年，检校右仆射、襄州刺史，充山南东道节度……九年，就加银青光禄大夫……八月，诏拜兵部侍郎，判户部事……武宗即位……寻检校左仆射、东都留守，判东都尚书省事。会昌元年，征拜吏部尚书，判太常卿事。三年，权知礼部贡举。明年，正拜左仆射，复知贡举……出为兴元尹，兼同平章事，充山南西道节度使……大中元年，卒于镇，时年八十八。废朝三日，赠太尉，谥曰文懿。”

《新唐书》卷一六七《王播传附王起传》：“起字举之，释褐校书郎，补蓝田尉……卒，年八十八，赠太尉，谥曰文懿。”

【王季友】贞元十四年(798)登进士科。官至御史中丞。

(明)李贤等《明一统志》卷四九《江西布政司》：“王季友墓在丰城县槠山。季友唐御史中丞，旧有祠在学中。”按：唐代洪州下有丰城县。

《登科记考》卷一四贞元十四年(798)进士科条云是年省试诗《青出蓝诗》，《文苑英华》卷一八九《诗三十九·省试十》有王季友《青出蓝诗》。

嘉靖《丰城县志》卷八《人物列传》：“(王季友)登贞元十四年进士第。”

《钦定大清一统志》卷二三九《南昌府二》：“王季友，丰城人，家贫，卖屦博极群书，善为诗。李勉观察江西，引为宾客，甚敬之。”

【王损之】贞元十四年(798)登进士第。

《全唐诗》第十四册卷四六四作者小传：“王损之，贞元十四年进士。诗一首。”《全唐文》卷四八一王损之小传同。

《全唐诗》第十五册卷四八六鲍溶《送王损之秀才赴举》：“青门珮兰客，淮水誓风流。名在乡书贡，心期月殿游。平沙大河急，细雨二陵秋。感此添离恨，年光不少留。”

(五代)王定保《唐摭言》卷八《及第与长行拜官相次》：“王倜，丞相曾公损之子，倜及第，翌日损登庸，王倜过堂别见。”

(宋)李昉等《文苑英华》卷一八六《诗三十六·省试七》收王起、吕价、王损之《浊水求珠》诗，王起为本年及第，因据以推定。《登科记考》卷一四贞元十四年(798)进士科省试诗为《青出蓝诗》。以孰为是，待考。兹将王损之、吕价附是年。

【卢元辅】字子望，滑州人，祖奕东台御史中丞，父杞德宗宰相。贞元十四年(798)登进士科，授崇文校书郎。历左拾遗、左司员外郎、杭常绛三州刺史、吏部郎中、给事中、刑部侍郎、华州刺史、潼关防御、镇国军等使。官至兵部侍郎。

《旧唐书》卷一三五《卢杞传附卢元辅传》：“卢杞字子良，故相怀慎之孙。父奕，天宝末为东台御史中丞……建中……为门下侍郎、同中书门下平章事……子元辅，字子望，少以清行闻于时。进士擢第，授崇文馆校书郎。德宗……特恩拜左拾遗，再迁左司员外郎，历杭、常、绛三州刺史。以课最高，征为吏部郎中，迁给事中，改刑部侍郎。自兵部侍郎出为华州刺史、潼关防御、镇国军等使，复为兵部侍郎……大和三年八月卒，时年五十六。”

《新唐书》卷一九一《卢弈传附卢元辅传》：“卢弈，黄门监怀慎少子也……子杞，别有传。杞子元辅。元辅字子望，少以清行闻。擢进士，补崇文校书郎。杞死，德宗念之不忘，拜元辅左拾遗。历杭、常、绛三州刺史，课当最，召授吏部郎中，进累兵部侍郎，为华州刺史，卒。”

《登科记考》卷一四贞元十四年(798)进士科条云卢元辅是年及第。

【权长孺】郡望天水权氏,贯徐州,祖倣皇杭州紫溪县令,父有方官至大理评事兼徐州蕲县令。贞元十四年(798)登进士科甲科。

《全唐文》卷四九二权德舆《送三从弟长孺擢第后归徐州觐省序》:"(贞元)十四年四月,从曾祖兄德舆序。"

《全唐文》卷五〇三权德舆《再从叔故试大理评事兼徐州蕲县令府君墓志铭并序》:"府君讳有方,字某,天水略阳人也。曾祖崇本,皇朝散大夫滑州匡城县令;祖若讷,皇右补阙起居郎桂歙梓三州刺史;考倣,皇杭州紫溪县令……以大理评事兼徐州蕲县令,满岁南游,构疾于途,以贞元十六年夏五月,殁于楚州之旅馆,春秋若干……有子曰长孺,弱冠举进士甲科。"

《旧唐书》卷一五九《崔群传》:元和十四年"又盐铁福建院官权长孺坐赃,诏付京兆府决杀"。

【吕价】一作"吕镈"。贞元十四年(798)登进士第。

《全唐文》卷五九四吕镈小传云:"镈,贞元十四年进士。"按:《登科记考》未收,胡可先《〈登科记考〉匡补三编》补入。

(宋)李昉等《文苑英华》卷一八六《诗三十六·省试七》收王起、吕价、王损之《浊水求珠》诗,王起为本年及第,因据以推定。《登科记考》卷一四贞元十四年(798)进士科省试诗为《青出蓝诗》。以孰为是,待考。兹将王损之、吕价附是年。

《登科记考》卷二七《附考·进士科》吕价条云:"《宝刻丛编》引《集古录目》:'唐魏博节度田布碑,前乡贡进士吕价书。'"按:《旧唐书·穆宗纪》:长庆二年正月"戊申,魏博牙将史宪诚夺师,田布伏剑而卒",则吕价登第后,至长庆二年前后未仕。

【吕温】字和叔,一字化光,郡望东平人,贯河中,祖延之浙江东道节度使,父渭礼部侍郎。贞元十四年(798)登进士科,贞元十五年(799)登宏辞科。历左拾遗、侍御史、户部员外郎、均州刺史、道州刺史,卒衡州刺史。

《全唐文》卷六〇五刘禹锡《唐故衡州刺史吕君集序》:"东平吕和叔,实生是时,而绝人甚远。始以文章振三川,三川守以为贡士之冠。名声四驰,速如羽檄,长安中诸生咸避其锋。两科连中,芒刃愈出。德宗闻其名,自集贤殿校书郎擢为左拾遗。明年,犬戎请和,上问能使绝域者,君以奇表有专对材膺选,转殿内史,锡之银章。还拜尚书户部员外郎,转司封,迁刑部郎中兼侍御史,副治书之职。会中执法左迁,缘坐出为道州刺史,以善政闻,改衡州。年四十而殁。"

《柳宗元集》卷九《唐故衡州刺史东平吕君诔》:"决科联中,休问用张。"孙注:"贞元十四年,尚书左丞顾少连知礼部贡举,温中第。"

《柳宗元集》卷一一《亡友故秘书省校书郎独孤君墓碣》:"吕温和叔,东平人。"按:东平为其郡望。参考(元)辛文房《唐才子传》卷五、(宋)计有功《唐诗纪事》卷三三。

《旧唐书》卷一三七《吕温传》:"吕渭字君载,河中人。父延之,越州刺史、浙江东道节度使……(吕渭)礼部侍郎……子温、恭、俭、让。温,字化光,贞元末登进士第……左拾遗。

二十年冬……转侍御史，赐绯袍牙笏……顺宗即位……元和元年，使还，转户部员外郎……温均州刺史……温贬道州刺史。五年，转衡州，秩满归京，不得意，发疾卒。”

《新唐书》卷一六〇《吕温传》：“吕渭字君载，河中人。父延之，终浙东节度使。……贞元中，累迁礼部侍郎……四子：温、恭、俭、让。温，字和叔，一字化光……贞元末，擢进士第……再贬为道州。久之，徙衡州，治有善状。卒，年四十。”

【许康佐】父审。贞元十四年(798)登进士及第，又登宏辞科。历知院官、迁侍御史、职方员外郎、驾部郎中、翰林侍讲学士，赐金紫，历谏议大夫、中书舍人、户部侍郎、兵部侍郎，官至礼部尚书，赠吏部尚书，谥曰懿。

《旧唐书》卷一八九下《儒学下·许康佐传》：“许康佐，父审。康佐登进士第，又登宏词科。以家贫母老，求为知院官……迁侍御史，转职方员外郎，累迁至驾部郎中，充翰林侍讲学士，仍赐金紫。历谏议大夫、中书舍人，皆在内庭。为户部侍郎，以疾解职。除兵部侍郎，转礼部尚书，卒年七十二，赠吏部尚书。撰《九鼎记》四卷。”

《新唐书》卷二〇〇《儒学下·许康佐传》：“许康佐，贞元中举进士、宏辞，连中之。家苦贫，母老，求为知院官……迁侍御史。以中书舍人为翰林侍讲学士……罢为兵部侍郎。迁礼部尚书。卒，赠吏部，谥曰懿。”

(宋)计有功《唐诗纪事》卷四一《许尧佐》：“康佐诸弟，皆第进士，而尧佐最先进，又举宏词，为太子校书郎。八年，康佐继之。”

《登科记考补正》卷一四贞元十四年(798)进士科许康佐条考云：原列卷一五贞元十八年(802)进士科，徐氏考云：“《旧书·儒学传》：‘许康佐，父审。康佐登进士第，又登宏词科。’按《旧书》言许尧佐擢第，八年康佐继之。尧佐于十年及第，则康佐当附于是年。”孟按：尧佐于贞元十年(794)登贤良方正科，其进士擢第则徐松失考。今已考知尧佐登进士第在贞元六年(790)，则康佐登进士第当在本年。今修正。

【李正叔】郡望赵郡，贯河南府河南县。贞元十四年(798)登进士科。历剑南西川节度支使。

《唐代墓志汇编》元和〇七二李正卿撰元和九年(814)七月二十一日《唐故大理评事赠左赞善大夫江夏李府君(翘)墓志铭并叙》：“公讳翘，字翘，本赵郡人也……元和元年，夫人爱子正叔以文行，升诸科第，以声闻历于台省，故公追封赞善……归于河南府河南县金谷乡原里，合祔先茔礼也。”

(宋)李昉等《文苑英华》卷九八八《祭文十一·交旧十一》录载吕温《祭座主故兵部尚书顾公书》：“维贞元十年，门生侍御史王播……剑南西川观察支使李正叔。”按：贞元十年为元和十年之讹。

《登科记考》卷一四贞元十四年(798)进士科条云李正叔是年及第。

【李宗衡】贞元十四年(798)登进士科。历荥阳主簿。

(宋)李昉等《文苑英华》卷九八八《祭文十一·交旧十一》录载吕温《祭座主故兵部尚书顾公书》：“维贞元十年，门生侍御史王播……协律郎萧节，奉礼郎时元佐，荥阳主簿李宗衡，前乡贡进士郑素。”按：贞元十年为元和十年之讹。

《登科记考》卷一四贞元十四年(798)进士科条云李宗衡是年及第。

【李建】字杓直,赵郡李氏,贯荆州。贞元十四年(798)进士及第,授校书郎。历左拾遗、詹府司直、殿中侍御史,比部、兵部、吏部员外郎,兵部郎中、礼部侍郎。官至刑部侍郎,官赠工部尚书,勋官上柱国,爵陇西开国男。

《全唐文》卷六三一吕温《祭座主故兵部尚书顾公书》:"维贞元十年岁次甲申月日,门生侍御史王播,监察御史刘禹锡、陈讽、柳宗元,左拾遗吕温、李逢吉,右拾遗卢元辅,剑南西川观察支使李正叔,万年县主簿谈元茂,集贤殿校书郎王启,秘省校书郎李建,京兆府文学李逢,渭南县尉席夔,鄠县尉张隶初,奉礼郎独孤郁,协律郎萧节,奉礼郎时元佐,荥阳主簿李宗衡,前乡贡进士郑素等,谨以清酌之奠,祭于座主故兵部尚书东都留守顾公之灵。"

《全唐文》卷六五五元稹《唐故中大夫尚书刑部侍郎上柱国陇西县开国男赠工部尚书李公墓志铭》:"按李发事魏,为横野将军申国公,十一世而生有唐绥州刺史明,明生太子中允进德,进德生昌明令珍玉,珍玉生雅州别驾赠礼部尚书震,公即尚书第三子,讳建,字杓直。始以进士第二人试校秘书郎,判容州招讨事,复调为本官。会德宗皇帝选文学,公被荐。上问少信臣,皆曰闻而不之面,唯宰相郑珣瑜对曰:臣为吏部侍郎时,以文入官当校秘书者八,其书则驰他人书,建不驰,故独得。"

《全唐文》卷六七八白居易《有唐善人墓碑铭并序》:"唐有善人曰李公,公名建,字杓直,陇西人……长庆元年二月二十三日夜,无疾即世于长安修行里第,是岁五月二十五日,归祔于凤翔某县某乡某原之先茔……公官历校书郎左拾遗詹府司直殿中侍御史比部兵部吏部员外郎兵部吏部郎中京兆少尹澧州刺史太常少卿礼部刑部侍郎工部尚书,职历容州招讨判官翰林学士鄜州防御副使转运判官知制诰吏部选事,阶中大夫,勋上柱国,爵陇西县开国男……公养有余力,读书属文,业成,与兄逊起应进士俱中第,为校书。"按:其贯当为荆州,参考李逊小传。

《旧唐书》卷一五五《李逊传》:"李逊字友道,后魏申公发之后,于赵郡谓之申公房……祖珍玉,昌明令。父震,雅州别驾。世寓于荆州之石首……逊幼孤,寓居江陵。与其弟建,皆安贫苦,易衣并食,讲习不倦……建,字杓直,家素清贫,无旧业。与兄造、逊于荆南躬耕致养,嗜学力文。举进士,选授秘书省校书郎。德宗闻其名,用为右拾遗、翰林学士……改京兆尹……征拜太常少卿,寻以本官知礼部贡举……明年,除礼部侍郎……改为刑部……赠工部尚书。"

《登科记考》卷一四贞元十四年(798)进士科条云李建是年及第。

【李逢】贞元十四年(798)登进士科。历京兆文学、守随州司马员外置同正员、守袁王府长史、台州刺史,以光禄少卿致仕。

《全唐文》卷六四八元稹《授嗣虢王溥太仆少卿等制》:"敕:正议大夫行宗正丞嗣虢王溥守随州司马员外置同正员李逢等:昔我宪宗章武皇帝法尧睦族,深惟本枝,乃诏执事曰:'伯父叔季幼子童孙在属籍者,必命卿长以才行闻。'而溥等国族之良,雅副兹选,纠训群仆,允厘王官。各率乃诚,无替厥职。溥可权知太仆少卿,逢可守袁王府长史。余如故。"

《全唐文补遗》第八辑,李贞撰大和五年(831)七月十三日《唐故陇西李夫人(裴君妻)

墓志》:“夫人皇族也,其曾祖业,册惠仙太子,嗣薛王。祖琇,任太仆少卿。父逢,进士登科,任台州刺史,移官于南。寻复以为光禄少卿致仕。”按《登科记考补正》,元和十四年(798)录李逢为是年进士,考云:“以上九人见吕温祭文,其年未详,附此俟考。”张忱石《唐代登科人名录拾遗》(载《文史》,总第84辑,2008年第3辑)云:“据志,李逢进士及第当在长庆之前。墓志作李逢,疑录文有误,当作李逢,形近致误。《新唐书·宗室世系下》薛王房作李逢。《册府元龟》卷七〇〇元和十二年台州刺史李逢,《赤城志》亦作者(当作‘李’)逢。”

(宋)李昉等《文苑英华》卷九八八《祭文十一·交旧十一》录载吕温《祭座主故兵部尚书顾公书》:“维贞元十年,门生侍御史王播……京兆府文学李逢,渭南县尉席夔,鄠县尉张隶初,奉礼郎独孤郁,协律郎萧节,奉礼郎时元佐,荥阳主簿李宗衡,前乡贡进士郑素。”按:贞元十年为元和十年之讹。《登科记考》卷一四贞元十四年(798)进士科条云李逢是年及第。

【李翱】字习之,郡望陇西,贯开封,父楚金,贝州司法参军。贞元十四年(798)登进士科,初授校书郎。历京兆府司录参军、国子博士、史馆修撰、潭州刺史、湖南观察使、刑部侍郎、户部侍郎、检校户部尚书、襄州刺史,卒山南东道节度使,谥曰文。

《全唐文》卷五四六李逊《游妙喜寺记》:“越州好山水,峰岭重叠,逦迤皆见。鉴湖平浅,微风有波,山转远转高,水转深转清……时有从事李翱、僧灵彻请纪,故琢于片石云。时元和八月十五日记。”

《全唐文》卷五六四韩愈《贝州司法参军李君墓志铭》:“贞元十七年九月丁卯,陇西李翱合葬其皇祖考员州司法参军楚金皇祖妣清河崔氏夫人于汴州开封县某里。昌黎韩愈纪其世,著其德行,以识其葬。其世曰:由梁武昭王六世至司空,司空之后二世为刺史清渊侯,由侯至于贝州,凡五世……后刺史至,加擢任,贝州由是大理。其葬曰:翱既迁贝州君之丧于贝州,殡于开封,遂迁夫人之丧于楚州。八月辛亥,至于开封。圹于丁巳,坟于九月辛酉,窆于丁卯。人谓李氏世家也,侯之后五世仕不遂,蕴必发,其起而大乎!四十年而其兄之子衡始至户部侍郎。君之子四人,官又卑。翱其孙也。有道而甚文,固于是乎在。”

《旧唐书》卷一六〇《李翱传》:“李翱字习之,凉武昭王之后。父楚金,贝州司法参军……贞元十四年登进士第,授校书郎。三迁至京兆府司录参军。元和初,转国子博士、史馆修撰。十四年……寻权知职方员外郎。十五年六月,授考功员外郎……七月,出翱为朗州刺史……为礼部郎中……大和初,入朝为谏议大夫,寻以本官知制诰。三年二月,拜中书舍人。初,谏议大夫柏耆将使沧州军前宣谕,翱尝赞成此行。柏耆寻以擅入沧州得罪,翱坐谬举,左授少府少监。俄出为郑州刺史。五年,出为桂州刺史、御史中丞,充桂管都防御使。七年,改授潭州刺史、湖南观察使。八年,征为刑部侍郎。九年,转户部侍郎。七月,检校户部尚书、襄州刺史,充山南东道节度使。会昌中,卒于镇,谥曰文。”

《新唐书》卷一七七《李翱传》:“李翱字习之,后魏尚书左仆射冲十世孙。中进士第,始调校书郎。”

(元)辛文房撰,傅璇琮主编《唐才子传校笺》(册二)卷五《张仲素》条云:“仲素,字绘之。贞元十四年李随榜进士,与李翱、吕温同年。”

光绪《畿辅通志》卷三四《选举·唐·进士》:“李翱,赵郡人。”

【时元佐】贞元十四年(798)登进士科。历奉礼郎、协律郎。

(宋)李昉等《太平广记》卷一五五《定数十·韩皋》引《续定命录》:“其年前进士时元佐,任协律郎。”

(宋)李昉等《文苑英华》卷九八八《祭文十一·交旧十一》录载吕温《祭座主故兵部尚书顾公书》:“维贞元十年,门生侍御史王播……协律郎萧节,奉礼郎时元佐,荥阳主簿李宗衡,前乡贡进士郑素。”按:贞元十年为元和十年之讹。

《登科记考》卷一四贞元十四年(798)进士科条云时元佐是年及第。

【张仲素】字绘之,一作“绩之”,宿州符离人,父建封。贞元十四年(798)登进士科,后登宏辞科。初任康武从事,后历感化军从事、屯田员外郎、司勋员外郎知制诰、翰林学士、紫金鱼袋,终中书舍人。

(唐)元稹《承旨学士院记》:“张仲素,元和十三年二月十八日,以司封郎中知制诰、翰林学士,仍赐紫金鱼袋。十四年三月 二十八日,正除。其年卒官,赠礼部侍郎。”(《知不足斋丛书》本《翰苑群书》)

《旧唐书》卷一六四《杨於陵传》:“(元和)七年,吏部尚书郑余庆……屯田员外郎张仲素。”

《新唐书》卷七二下《宰相世系表》二下云:“河间张氏,汉常山景王耳之后,世居鄚县。”按:两《唐书》张濬传称其为河间人,是其郡望。张仲素的本贯实际在宿州符离县。

(宋)计有功《唐诗纪事》卷四二《张仲素》:“仲素,字绘之,建封之子。”按:《旧唐书》卷一七九《张濬传》:“张濬字禹川,河间人。祖仲素,位至中书舍人。”

(元)辛文房撰,傅璇琮主编《唐才子传校笺》(册二)卷五《张仲素》条云:“仲素,字绘之。贞元十四年李随榜进士,与李翱、吕温同年。以中朝无援不调,潜耀久之。复中博学宏词,始任武康军从事。贞元二十年迁司勋员外郎,除翰林学士……后拜中书舍人。”

光绪《宿州志》卷一八《人物志·儒林》:“张仲素字绩之,符离人,善诗文。登贞元进士,为翰林学士。”

《元和郡县图志》卷九《河南道五》:唐宿州下辖符离县。

【张隶初】贞元十四年(798)登进士科。历鄠县尉。

(宋)李昉等《文苑英华》卷九八八《祭文十一·交旧十一》录载吕温《祭座主故兵部尚书顾公书》:“维贞元十年,门生侍御史王播……鄠县尉张隶初,奉礼郎独孤郁,协律郎萧节,奉礼郎时元佐,荥阳主簿李宗衡,前乡贡进士郑素。”按:贞元十年为元和十年之讹。

《登科记考》卷一四贞元十四年(798)进士科条云张隶初是年及第。

【张美退】宿州符离人。贞元十四年(798)登进士科。官至翰林学士。

光绪《宿州志》卷一八《人物志·儒林》:“张美退,苻离人,与兄仲素同登贞元进士,元和元年对策,亦翰林学士。棣萼联辉,时人荣之。”张仲素见《登科记考》卷一四贞元十四年进士科条，则张美退亦当是年及第，方可称“棣萼联辉”。胡可先《〈登科记考〉匡补》补入。

【郑素】贞元十四年(798)登进士科。

(宋)李昉等《文苑英华》卷九八八《祭文十一·交旧十一》录载吕温《祭座主故兵部尚书顾公书》：“维贞元十年，门生侍御史王播……协律郎萧节，奉礼郎时元佐，荥阳主簿李宗衡，前乡贡进士郑素。”按：贞元十年为元和十年之讹。

《登科记考》卷一四贞元十四年(798)进士科条云郑素是年及第。

【独孤郁】字古风，河南府洛阳人。贞元十四年(798)登进士科，历监察御史；元和元年(806)登才识兼茂明于体用科，策入第四等，拜左拾遗，历太子司议郎、左补阙、左拾遗、右补阙、抚宣慰使、史馆修撰、充翰林学士、迁起居郎、考功员外郎、史馆修撰、知制诰、驾部郎中、翰林学士，卒秘书少监，赠绛州刺史。

《全唐文》卷五六五韩愈《秘书少监赠绛州刺史独孤府君(郁)墓志铭》：“君讳郁，字古风，河南人。常州刺史赠礼部侍郎宪公讳及之第二子……年二十四，登进士第。时故相太常权公掌出诏文，望临一时，登君于门，归以其子，选授奉礼郎。杨於陵为华州，署君镇国军判官，奏授协律郎，朋游益附，华问弥大。元和元年对诏策，拜右拾遗。二年兼职史馆。四年迁右补阙……五年迁起居郎，为翰林学士。愈被亲信，有所补助。权公既相，君以嫌自列，改尚书考功员外郎，复史馆职。七年以考功知制诰，入谢，因赐五品服。八年迁驾部郎中，职如初。权公去相，复入翰林。九年以疾罢，寻迁秘书少监，即间于郊。十年正月，病遂殆。甲午舆归，卒于其家。赠绛州刺史。年四十……葬河南寿安之甘泉乡家茔宪公墓侧。”

《旧唐书》卷一六八《独孤郁传》：“独孤郁，河南人。父及，天宝末与李华、萧颖士等齐名……位终常州刺史。郁，贞元十四年登进士第……贞元末，为监察御史。元和初，应制举才识兼茂、明于体用，策入第四等，拜左拾遗。太子司议郎杜从郁拜左补阙……乃改为左拾遗……四年，转右补阙……乃改招抚宣慰使。五年，兼史馆修撰。寻召充翰林学士，迁起居郎……迁郁考功员外郎，充史馆修撰、判馆事，预修《德宗实录》。七年，以本官复知制诰。八年，转驾部郎中。其年十月，复召为翰林学士……改秘书少监，卒。”

《新唐书》卷一六二《独孤及传附独孤郁传》：“独孤及字至之，河南洛阳人。为儿时，读《孝经》……子朗、郁……郁字古风，始生而孤，与朗育于伯父汜。擢进士第……元和初，举制科高等，拜右拾遗……徙秘书少监，屏居鄠，卒，年四十，赠绛州刺史。”

【萧节】贞元十四年(798)登进士科。历协律郎。

(宋)李昉等《文苑英华》卷九八八《祭文十一·交旧十一》录载吕温《祭座主故兵部尚书顾公书》：“维贞元十年，门生侍御史王播……协律郎萧节，奉礼郎时元佐，荥阳主簿李宗衡，前乡贡进士郑素。”按：贞元十年为元和十年之讹。

《登科记考》卷一四贞元十四年(798)进士科条云萧节是年及第。

明经科

【韦温】字弘育，贯京兆人，祖肇吏部侍郎，父绶官至翰林学士，从父韦贯之，宪宗朝宰相。贞元十四年(798)登两经科，释褐太常寺奉礼郎，后登书判拔萃科，调补秘书省校书郎。历咸阳尉、监察御史、右补阙、侍御史、礼部员外郎、考功员外郎、翰林为学士、太常少卿、给事中、陕虢观察使。官至吏部侍郎，卒宣歙观察使，赠工部尚书，谥曰孝。

《旧唐书》卷一六八《韦温传》："韦温字弘育，京兆人。祖肇，吏部侍郎。父绶，德宗朝翰林学士……绶弟贯之，宪宗朝宰相，自有传。温七岁时，日念《毛诗》一卷。年十一岁，应两经举登第。释褐太常寺奉礼郎。以书判拔萃，调补秘书省校书郎……调授咸阳尉。入为监察御史 ……为右补阙……大和五年……改侍御史。李德裕作相，迁礼部员外郎……转考功员外郎。寻知制诰，召入翰林为学士……改太常少卿。未几，拜给事中……出为陕虢观察使。武宗即位，李德裕用事，召拜吏部侍郎……为宣歙观察使……卒，赠工部尚书，谥曰孝。"

《新唐书》卷一六九《韦温传》："绶子温。温，字弘育。方七岁，日诵书数千言。十一，举两经及第，以拔萃高等补咸阳尉……武宗立，擢吏部侍郎……卒，年五十八，赠工部尚书，谥曰孝"。按：其十一岁登两经科当指童子科，《登科记考》卷一四贞元十四年(798)条作韦温登明经科。

诸科（童子科）

【李潘】字汉夫，郡望赞皇人，贯常山。贞元十四年(798)登童子科。历掌书记、里行殿中侍御史、节度判官、均州刺史，官至光州刺史。

《唐代墓志汇编》开成〇五〇李恭成撰开成五年(840)十二月二十四日《唐故朝议郎使持节光州诸军事守光州刺史赐绯鱼袋李公(潘)墓志铭兼序》："公名潘，字汉夫。先世赵郡赞皇人……皇检校司门员外郎府君章之孙，皇赞皇县令府君并之第四子……家于常山……策中有司别敕同孝廉登第，时才年八岁……长庆初，常山帅王承宗(成德军)殁于镇，镇卒逼其弟承元主其军……公乃潜运音计，密择机宜，诱掖承元，敛身归国……飞檄于范阳节度刘总，洞晓君臣之礼，大开逆顺之端……遂奏为□评为巡官，转掌书记……及王公移镇于岐(鄜坊节度使)，累授里行殿中侍御史职，历节度判官……久之，王公换青州，以公为检校都官员外郎副平卢军使……授均州刺史……转光州刺史……其在家也，孝以奉上，悌以事兄，慈以抚下，仁爱敬睦……况于伯仲之间，常先簉仕，南北从宦，未省相离，至于孀孤无不聚处，抚训孤稚均布资财，中外无间，休戚必同，亲族之内谁不仰伏。以是骨肉良贱，常不啻数十人，和洽闺门，咸得其所，则为家之行，有以察矣……开成五年……享年五十。"按李潘卒于开成五年(840)，享年五十，则其八岁时在贞元十四年(798)。

贞元十五年己卯(799)

知贡举：中书舍人高郢

进士科

【**封孟绅**】贞元十五年(799)进士科状元及第。终太常卿。

(宋)计有功《唐诗纪事》卷三九《封孟绅》:“孟绅,贞元十五年高郢下进士第一人。终于太常卿。”

(元)辛文房撰,傅璇琮主编《唐才子传校笺》(册二)卷五《张籍》条云:“籍字文昌,和州乌江人也。贞元十五年封孟绅榜及第。”

(明)徐应秋《玉芝堂谈荟》卷二《历代状元》:“(贞元)十五年,进士十七人,状元封孟绅。”

《登科记考》卷一四贞元十五年(799)云封孟绅进士科及第。

乾隆《福建通志》卷三三《选举》:“闽县:……贞元十五年,封孟绅榜。”

【**王炎**】郡望太原王氏,贯扬州,祖升咸阳令,父恕扬府参军,兄王播穆宗朝宰相。贞元十五年(799)登进士科。累官至太常博士。

《全唐文》卷六七九白居易《唐扬州仓曹参军王府君墓志铭》:“公讳某,字士宽……有子曰播、曰炎、曰起,咸以进士举及第。播应制举对直言极谏策,授集贤殿校书郎,累迁监察、殿中侍御史、三原令;炎既第未仕;起应博学宏词科,选授集贤殿校书郎。昆弟三人,不十年而五登甲第,时论者荣之。”

《旧唐书》卷一六四《王播传附王炎传》:“王播字明敭。曾祖琎,嘉州司马。祖升,咸阳令。父恕,扬府参军。播擢进士第……播子式,弟炎、起。炎,贞元十五年登进士第,累官至太常博士,早世。”

《新唐书》卷一六七《王播传》:“王播字明敭,其先太原人。父恕为扬州仓曹参军,遂家焉。播,贞元中与弟炎、起皆有名,并擢进士。”

《登科记考》卷一四贞元十五年(799)云王炎进士科及第。

【**李景俭**】字宽中,一字“致用”,宗室,郡望陇西,汉中王瑀之孙,父褚,太子中舍。贞元十五年(799)登进士科,历荆南节度使从事、东都留守从事、山南东道节度判官、监察御史、澧州刺史、仓部员外郎、谏议大夫、漳州刺史、楚州刺史,官至少府少监。

《柳宗元集》卷一一《亡友故秘书省校书郎独孤君墓碣》:“李景俭致用,陇西人。”按:李景俭为汉中王瑀之孙,其贯应该在京兆。

《旧唐书》卷一七一《李景俭传》:“李景俭字宽中,汉中王瑀之孙。父褚,太子中舍。景俭,贞元十五年登进士第……贞元末,韦执谊、王叔文东宫用事,尤重之……为监察御史……出为澧州刺史……诏拜仓部员外郎。月余,骤迁谏议大夫……漳州刺史……改授楚州刺史……授少府少监……而景俭竟以忤物不得志而卒……景俭弟景儒、景信、景仁,皆有艺学,知名于时。景信、景仁,皆登进士第。”

《登科记考》卷一四贞元十五年(799)云李景俭进士科及第。

【邵楚苌】字待翰,一作"待伦",福州闽县人。贞元十五年(799)登进士科。终校书郎。

淳熙《三山志》卷二六:"(贞元)十五年己卯封孟绅榜,邵楚苌,字待翰,闽县人,终校书郎。"按:《登科记考》卷一四贞元十五年(799)邵楚苌条云:《永乐大典》引《闽中记》:"邵楚苌字待伦,闽县人。贞元十五年及第。"《全闽诗话》卷一《邵楚苌》:"邵楚苌,字待伦,闽县人。贞元十五年试《信及豚鱼赋》,《行不由径诗》登第,为校书郎。"

【张籍】字文昌,郡望吴郡人,贯和州乌江。贞元十五年(799)登进士科,调补太常寺太祝。历国子助教、秘书郎、国子博士、水部员外郎、水部郎中,官至国子司业。

《旧唐书》卷一六〇《张籍传》:"张籍者,贞元中登进士第……调补太常寺太祝,转国子助教、秘书郎。以诗名当代,公卿裴度、令狐楚,才名如白居易、元稹,皆与之游,而韩愈尤重之。累授国子博士、水部员外郎,转水部郎中,卒。世谓之张水部云。"

《新唐书》卷一七六《张籍传》:"张籍者,字文昌,和州乌江人。第进士,为太常寺太祝。久次,迁秘书郎。愈荐为国子博士。历水部员外郎、主客郎中……籍为诗,长于乐府,多警句。仕终国子司业。"按:张籍的郡望为吴郡。《全唐文》卷五五六韩愈《张中丞传后叙》称"吴郡张籍"。

《侯鲭录》卷五:"唐《登科记》:张籍以贞元十五年高郢下登科。"

(宋)魏仲举《五百家注释韩昌黎全集》卷五《病中赠张十八》韩注:"张十八,籍也,贞元十四年公佐汴州,籍为公所荐送,明年登第。"卷三九《举荐张籍状》韩注:"籍字文昌,苏州吴人,贞元十五年进士。"

(元)辛文房撰,傅璇琮主编《唐才子传校笺》(册二)卷五《张籍》条云:"籍字文昌,和州乌江人也。贞元十五年封孟绅榜及第。"

《登科记考》卷一四贞元十五年(799)云张籍进士科及第。

【孟寂】贞元十五年(799)登进士科,早卒。

《全唐诗》第十二册卷三八六张籍《哭孟寂》:"曲江院里题名处,十九人中最少年。今日春光君不见,杏花零落寺门前。"注:"《唐进士登科记》,孟寂乃中书舍人高郢所取十六名。其年进士十七人,博学宏词二人,故诗云十九人。"

(宋)周弼《三体唐诗》卷一张籍《哀孟寂》:"曲江院里题名处,十九人中最少年。"注云:"《唐进士登科记》,孟寂乃中书舍人高郢所取,第十六名,其年进士十七人,博学宏词二人,故曰十九人。"

《登科记考》卷一四贞元十五年(799)孟寂进士科及第条云:"按孟郊有《分水岭别夜示从弟寂诗》。"

【俞简】贞元十五年(799)登进士科。

(宋)李昉等《文苑英华》卷一八九《诗三十九·省试十》有俞简《行不由径》诗。

《登科记考》卷一四贞元十五年(799)条云是年省试诗"行不由径诗"。

《登科记考》卷一四贞元十五年(799)云俞简及第,见《文苑英华》。

【裴颋】贞元十五年(799)登进士科。

《白居易集》卷四二《唐扬州仓曹参军王府君墓志铭并序代裴颋舍人作》:"某不佞,倾对策于王庭也,与炎同升诸科焉。"《登科记考》卷一四贞元十五年(799)进士科裴颋条:"按王炎是年举进士,颋盖与同年。"《旧唐书》卷一九六下《吐蕃下》:"榆次尉裴颋及副兵马使已下各与一子九品官。"

科目选

【吕温】贞元十四年(798)登进士科,贞元十五年(799)登宏辞科。小传见贞元十四年进士科吕温条。

(宋)李昉等《文苑英华》卷七五《赋七十五·乐五》录载吕温《乐理心赋》。

(元)辛文房撰,傅璇琮主编《唐才子传校笺》(册二)卷五《吕温》条云:"温字和叔,河中人……贞元十四年李随榜及第,中宏词。"刘禹锡《吕君集纪》:"两科连中,芒刃愈出。"按:温此年又登宏词科。《登科记考》卷一四贞元十五年云是年宏词科试《乐理心赋》《终南精舍月中闻磬诗》。《登科记考》卷一四贞元十五年云吕温宏词科及第,见《文苑英华》。

【独孤申叔】河南人,贞元十三年(797)登进士科,贞元十五年(799)登宏辞科。小传见贞元十三年进士科独孤申叔条。

《柳宗元集》卷一一《亡友故秘书省校书郎独孤君墓碣》:"有唐仁人独孤君之墓,祔于其父太子舍人讳助之墓之后。自其祖赠太子少保讳问俗而上,其墓皆在灞水之左……君讳申叔,字子重,年二十二举进士。又二年,用博学宏词为校书郎,又三年,居父丧,未练而没,盖贞元十八年。"韩注:"贞元十三年申叔中进士。"

(宋)魏仲举《五百家注释韩昌黎全集》卷二二《独孤申叔哀辞》孙注:"申叔,字子重,年二十二,举进士,又二年用博学宏词为校书郎。"按:灞水,在京兆府万年县。

贞元十六年庚辰(800)

知贡举:中书舍人高郢

进士科

【陈权】贞元十六年(800)进士科状元。

(元)辛文房撰,傅璇琮主编《唐才子传校笺》(册二)卷五《戴叔伦》条云:"叔伦字幼公,润州金坛人……贞元十六年陈权榜进士。"

《登科记考》卷一四贞元十六年(800)进士科以《唐才子传》为据系陈权为是年状元。按《登科记考》所载陈权为贞元十六年状元当有所本,然《唐才子传》所云戴叔伦为是年进士则属误载,参见《登科记考补正》卷二七《附考·进士科》戴叔伦条考证。

【王鉴】贞元十六年(800)登进士科。

《登科记考》卷一四贞元十六年(800)进士科条云是年进士科条省试《性习相近远赋》

《玉水记方流诗》。

《登科记考》卷一四贞元十六年(800)进士科条云王鉴及第,见《文苑英华》卷一八六《诗三十六·省试七》。

【白居易】字乐天,郡望太原,贯华州下邽,祖锽侍御史,父季庚大理少卿。贞元十六年(800)登进士甲科,贞元十七年(801)登拔萃科,授校书郎,元和元年(806)登才识兼茂明于体用科,授盩厔县尉、集贤校理。历翰林学士、左拾遗、左赞善大夫、忠州刺史、司门员外郎、主客郎中、知制诰、朝散大夫、尚书郎、杭州刺史、太子左庶子、苏州刺史、秘书监、赐金紫、刑部侍郎、太子宾客。官至太子少傅,封晋阳县男、冯翊县开国侯,以刑部尚书致仕,赠尚书右仆射。

《全唐文》卷七八〇李商隐《刑部尚书致仕赠尚书右仆射太原白公墓碑铭并序》:"公以致仕刑部尚书年七十五会昌六年八月薨东都。赠右仆射,十一月遂葬龙门。子景受,大中三年自颍阳尉典治集贤御书,侍太夫人宏农郡君杨氏来京师,胖胖兢兢,奉公之遗,畏不克既,乃件右功世,以命其客取文刻碑。文曰:公字乐天,讳居易,前进士避祖讳选书判拔萃,注秘省校书。元年对宪宗诏策,语切不得为谏官,补盩厔尉。明年试进士,取故萧遂州澣为第一。事毕,帖集贤校理。一月中诏由右银台门入翰林院,试文五篇,明日,以所试制加段佑兵部尚书领泾州,遂为学士右拾遗,满将拟官,请椽京兆,以助供养,授户曹。时上受襄阳荆州入疏献物,在约束外,公密诋二帅,且曰非善良。后虽与宰相不厌祸,其后礼官竟以多杀不辜谥于頔为厉。李师古袭父事逆,务作项领,以谩侪曹,上钱六百万,赎文贞故第,以与魏氏。"参考(元)辛文房《唐才子传》卷六《白居易》、(宋)计有功《唐诗纪事》卷三八《白居易》。

《白居易集》卷四三《送侯权秀才序》:"贞元十五年秋,予始举进士……明年春予中春官第。"

《旧唐书》卷一六六《白居易传》:"白居易字乐天,太原人……温生锽,历酸枣、巩二县令。锽生季庚……因授朝散大夫……自锽至季庚,世敦儒业,皆以明经出身。季庚生居易。初,建立功于高齐,赐田于韩城,子孙家焉,遂移籍同州。至温徙于下邽,今为下邽人焉……贞元十四年,始以进士就试,礼部侍郎高郢擢升甲科,吏部判入等,授秘书省校书郎。元和元年四月,宪宗策试制举人,应才识兼茂明于体用科,策入第四等,授盩厔县尉、集贤校理……召入翰林为学士。三年五月,拜左拾遗……六年四月,丁母陈夫人之丧,退居下邽。九年冬,入朝,授太子左赞善大夫……十三年冬,量移忠州刺史……召还京师,拜司门员外郎。明年,转主客郎中、知制诰,加朝散大夫,始著绯。时元稹亦征还为尚书郎、知制诰,同在纶阁。长庆元年……七月,除杭州刺史。俄而元稹罢相,自冯翊转浙东观察使……秩满,除太子左庶子,分司东都。宝历中,复出为苏州刺史。文宗即位,征拜秘书监,赐金紫……大和二年正月,转刑部侍郎,封晋阳县男,食邑三百户。三年,称病东归,求为分司官,寻除太子宾客……五年,除河南尹。七年,复授太子宾客分司。初,居易罢杭州,归洛阳……乐天罢杭州刺史……寻授太子少傅,进封冯翊县开国侯……会昌中,请罢太子少傅,以刑部尚书致仕。大中元年卒,时年七十六,赠尚书右仆射。"按:下邽为祖居,

《白居易集》卷七一《醉吟先生墓志铭》："先生姓白，名居易，字乐天，其先太原人也，秦将武安君起之后。高祖讳志善，尚衣奉御；曾祖讳温，检校都官郎中；王父讳锽，侍御史河南府巩县令；先大父讳季庚，朝奉大夫襄州别驾大理少卿，累赠刑部尚书右仆射；先大父夫人陈氏，赠颍川郡太夫人；妻杨氏，宏农郡君；兄幼文，皇浮梁县主簿；弟行简，皇尚书膳部郎中；一女，适监察御史谈宏谟；三侄，长曰味道，卢州巢县丞，次曰景回，淄州司兵参军……乐天幼好学，长工文，累进士、拔萃、制策三科，始自校书郎，终以少傅致仕，前后历官二十任，食禄四十年……生于郑州新郑县东郭宅。"

《新唐书》卷一一九《白居易传》："白居易字乐天，其先盖太原人。北齐五兵尚书建，有功于时，赐田韩城，子孙家焉。又徙下邽……居易敏悟绝人……贞元中，擢进士、拔萃皆中，补校书郎。元和元年，对制策乙等，调盩厔尉，为集贤校理……进冯翊县侯。会昌初，以刑部尚书致仕。六年，卒，年七十五，赠尚书右仆射。"

【杜元颖】京兆杜陵人，如晦裔孙，父佐，官卑。贞元十六年(800)登进士科，元和元年(806)登宏辞科，元和十一年(816)登茂才异等科。历河东节度使掌书记、荆南节度使从事、左拾遗、右补阙、翰林学士，赐绯鱼袋、司勋员外郎，赐金紫，拜中书舍人、户部侍郎承旨，长庆元年(821)拜宰相(同平章事)，勋至上柱国，爵建安男，赠湖州刺史。

《旧唐书》卷一六三《杜元颖传》："杜元颖，莱公如晦裔孙也。父佐，官卑。元颖，贞元末进士登第，再辟使府。元和中为左拾遗、右补阙，召入翰林，充学士。"

《新唐书》卷九六《杜如晦传附杜让能传》："杜如晦字克明，京兆杜陵人……如晦五世孙元颖，贞元末及进士第，又擢宏词。数从使府辟署，稍以右补阙为翰林学士，敏文辞，宪宗特所赏叹……穆宗……拜中书舍人、户部侍郎，为学士承旨，以本官同中书门下平章事，建安县男……元颖死于贬所，年六十四。将终，表丐赠官，乞归葬。诏赠湖州刺史。"

《登科记考》卷一四贞元十六年(800)条云杜元颖进士科及第。岑仲勉《〈登科记考〉订补》考作贞元十六年，兹从之。参考(宋)计有功《唐诗纪事》卷四五《杜元颖》。

【李□】贞元十六年(800)登进士科历郎中。

《白居易集》卷三三《酬郑二司录与李六郎中寒食日相遇同宴见赠》，题下注："二人并是同年。"诗云："相对喜欢还怅望，同年只有此三人。"《登科记考》卷一四贞元十六年(800)进士科条收"李□"，并引白居易此诗，云此人待考。

【吴丹】字真存，祖庶睦州司马，父诠太子宫门郎。贞元十六年(800)登进士科甲科。历正字、义成节度使推官、协律郎、大理评事、监察殿中侍御史、太子舍人、水部库部员外郎、都官驾部郎中、谏议大夫、大理少卿、饶州刺史，阶至中大夫，勋至上柱国。

《白居易集》卷六九《吴府君神道碑铭》："君讳丹，字真存，太子通事舍人览之曾孙，睦州司马庶之孙，太子宫门郎、赠工部尚书诠之长子。以进士第入官，官历正字、协律郎、大理评事、监察殿中侍御史、太子舍人、水部库部员外郎、都官驾部郎中、谏议大夫、大理少卿、饶州刺史，职历义成军节度推官、浙西道节度判官、潼关防御判官、镇州宣慰副使(一作司)、匦函使，阶至中大夫，勋至上柱国。读书数千卷，著文数万言。宝历元年六月某日，薨于饶州官次。其年十一月某日，葬于常州晋陵县仁和乡北原，从遗志也。君生四五岁弄泥沙时，所作戏辄象道家法事，八九岁弄笔砚时，所出言辄类《诗》家篇章，不自知其然，盖宿习儒、元之业明矣。弱冠喜道书，奉真箓，每专气入静，不粒食者累岁，颢气充而丹田泽，飘然有出世心。既壮，在家为长，属有三幼弟、八稚侄，嗷嗷栗栗，不忍见其饥寒，慨然有干禄意，乃曰：'肥遁不可以立训，吾将业儒以驰名；名竞不可能恬神，吾将体元以育德；冻馁不可以安道，吾将强学以徇禄；禄位不可以多取，吾将知足而守中。'繇是去江湖，来京师，求名得名，求禄得禄。身荣家给之外，无长物，无越思，素琴在左，《黄庭》在右，澹乎自处，与大和始终。履仕途二十七年，享寿命八十二岁，无室家累，无子孙忧。屈伸宠辱，委顺而已，未尝一日戚戚其心，至于归全反真。故予所谓达人之徒欤，信矣！仲弟湖州长史某，以予辱与其兄游，既为同门生，又为同舍郎，周知初终，托为碑记。"

(宋)计有功《唐诗纪事》卷四五《郑俞》："俞，登贞元十六年进士第，杜元颖、吴丹、白乐天皆同年登科。"同卷《吴丹》："丹，字真存，登第。"

《登科记考》卷一四贞元十六年(800)云吴丹登进士科。

【**陈昌言**】贞元十六年(800)登进士科。

《全唐文》卷五三三李观《与房武支使书》："支使职佐方面，公才绝伦，其分所部来督属郡……侧见昨者此州举人陈昌言朱公荐戴察，并以才获送而不果往……惟公秉干将之利，挺荆楚之秀，方钓名之日，亢得路之地。"

(宋)李昉等《文苑英华》卷一八六《诗三十六·省试七》有陈昌言《玉水记方流诗》。

《登科记考》卷一四贞元十六年(800)进士科条云是年进士科省试《性习相近远赋》《玉水记方流诗》。

《登科记考》卷一四贞元十六年(800)进士科条云陈昌言及第，见《文苑英华》。

【**陆□**】贞元十六年(800)登进士科。

《登科记考》卷一四贞元十六年(800)进士科条云陆某及第。《白居易集》卷一三《寄陆补阙》："忽忆前年科第后，此时鸡鹤暂同群。"题下注："前年同登科。"

【**郑俞**】贞元十六年(800)登进士科，始授长水县令。

(宋)李昉等《文苑英华》卷一八六《诗三十六·省试七》有郑俞《玉水记方流》。

(宋)计有功《唐诗纪事》卷四五《郑俞》："俞，登贞元十六年进士第，杜元颖、吴丹、白乐天皆同年登科。乐天为河南尹，俞始授长水令。"

《登科记考》卷一四贞元十六年(800)云郑俞登进士科。

【**崔韶**】贞元十六年(800)登进士第。历果州刺史、太常博士。

《白氏长庆集》卷一六《东南行一百韵寄通州元九侍御澧州李十一舍人果州崔二十二使君开州韦大员外庾三十二补阙杜十四拾遗李二十助教员外窦七校书》："崔杜鞭齐下。"日本花房英树《白氏文集の批判的研究》引金泽文库藏会昌钞本《白氏文集》有自注云："予与崔廿二、杜廿四同年进士，与元九韦同敕制科"。(转引自《中华文史论丛》1982年第2辑朱金城先生《〈白氏长庆集〉人名笺证续编》)岑仲勉《唐人行第录》云崔廿二即崔韶。陈尚君《〈登科记考〉正补》云其贞元十六年进士登第。

《旧唐书》卷一五《宪宗下》：元和十一年九月辛未，"贬吏部侍郎韦顗为陕州刺史，刑部郎中李正辞为金州刺史，度支郎中薛公幹为房州刺史，屯田郎中李宣为忠州刺史，考功郎中韦处厚为开州刺史，礼部员外郎崔韶为果州刺史，并为补阙张宿所构，言与贯之朋党故也”。

（宋）王钦若等《册府元龟》卷五九六《掌礼部（三十四）·谥法第二》：“伊慎卒，赠太子太保。太常博士崔韶请谥壮缪。吏部尚书韩皋驳议，不报。”

明经科

【周著】字老彭，郡望汝南周氏，贯河南府河南县。贞元十六年（800）登明经科，释褐补晋州霍邑尉，次调鄂州永兴尉。

《唐代墓志汇编》大和〇七七侯琏撰大和八年（834）十一月八日《唐故鄂州永兴县尉汝南周君墓志铭并序》：“唐故鄂州永兴县尉汝南周君讳著，字老彭……公早岁穷二经，举孝廉。贞元十六年擢上第。元和中，释褐补晋州霍邑尉。秩满，次调鄂州永兴尉……窆于河南府河南县平康乡。”

刘汉忠《〈登科记考〉摭遗》补入。

贞元十七年辛巳（801）

知贡举：礼部侍郎高郢

进士科

【班肃】贞元十七年（801）进士科状元及第。历坊州刺史、司封员外郎。

《全唐文》卷六四九元稹《授班肃尚书司封员外郎制》：“敕：朝议郎前坊州刺史赐绯鱼袋班肃：驰竞之徒，能于寒暑之际，不以忧畏移其薄厚之道者鲜矣。闻尔为祠部员外郎，值吾黜奸之日，游其门者，莫不跧窜奔迸，惧罹其身，唯尔安分不渝，进退有素，搢绅之论，有以多之。复尔中台，以厚吾俗。勉慎其始，无轻所从。可行尚书司封员外郎，余如故。”

《全唐文》卷九六五阙名《请奖班肃奏（长庆元年正月宰臣）》：“将欲清风俗，必在厚人伦。窃见皇甫镈权位盛时，班行之中，多所亲附。及得罪后，议论立变，憎嫉如仇。俗之衰薄，一至于此！惟班肃以曾为郎官，判度支案，终始如一，独送出城。周行之间，多美其事。今郡秩已罢，望授一省官，以表其行。”

《柳宗元集》卷二二《送班孝廉擢第东归谨序》：“陇西辛殆庶，猥称吾文宜叙事，晨持缣素，以班孝廉之行为请。”韩注：“殆庶与班肃同年进士，公亦尝有序送之。”孙注：“贞元十七年，礼部侍郎高郢知贡举，班肃第一。”班肃进士状元及第，又称为孝廉，徐松认为班肃曾登明经科，此说待考。

《新唐书》卷一六七《皇甫镈传》：“镈之贬，前坊州刺史班肃以尝僚，独饯于野，朝廷义之，擢为司封员外郎。”

《氏族大全》卷五载班氏扶风人，“班肃，贞元中，高郢知贡举，擢肃第一”。

(明)凌迪知《万姓统谱》卷二六《上平声》:"班肃,贞元中高郢知贡举,擢肃第一。柳子有送归序。"

《登科记考》卷一五贞元十七年(801)进士科条云班肃状元及第。

【元宗简】河南府人。贞元十七年(801)登进士科。历御史府、尚书郎,讫京兆少尹。

《全唐文》卷六四九元稹《授元宗简权知京兆少尹刘约行尚书司门员外郎制》:"敕:元宗简、刘约等:叙彝伦,节浮竞,必在于迁次有准,以崇廉让之风。是以置具员,限资考,而犹幸得贪求之士,不绝于埃尘间,今古之常也。闻尔等端静廉雅,行浮于名,非公事未尝至于卿相之门,何其自持之优也。内史贰秩,重而不烦;中台诸郎,清而无杂。各勉荣授,无移素风。宗简可权知京兆少尹,约可行尚书司门员外郎,并散官勋赐如故。"

《全唐文》卷六六二有白居易《柳公绰父子温赠尚书右仆射窦牟父叔向赠工部尚书薛伯高父怿赠尚书司封郎中元宗简父琚赠尚书刑部侍郎皇甫镛父愉赠尚书右仆射韦文恪父渐赠太子少保王正雅父翃赠太子太师范季睦父彦赠礼部郎中八人亡父同制》。

《全唐文补遗》千唐志斋新藏专辑,周复撰会昌五年(845)二月二十九日《唐故杨州高邮县河南元君(邈)墓志铭并序》:"君讳邈……父宗简,皇京兆少尹。擢进士弟,文称居其最。"

《白居易集》卷六八《故京兆元少尹文集序》:"居敬姓元,名宗简,河南人。自举进士,历御史府、尚书郎,讫京亚尹,凡二十年……长庆元年冬疾(卒)。"按:其长庆元年正好登第二十年,则登第年当在贞元十七年。

【乐伸】贞元十七年(801)进士及第。

(宋)李昉等《文苑英华》卷一八一《诗三十一・省试二》收罗让、许稷、杜周士、徐至、乐伸《闰月定四时》诗。《登科记考》卷一五贞元十七年条云罗让、许稷、杜周士、徐至皆及第,则乐伸应是年及第。陈尚君《〈登科记考〉正补》考订《闰月定四时》为贞元十七年省试诗。

【刘积中】京兆人。贞元十七年(801)进士及第。

《全唐文》卷六一九刘积中小传云:"积中,贞元中进士。"同卷有刘积中《乐德教胄子赋》。

(宋)李昉等《文苑英华》卷七六《赋七十六・乐六》之《乐德教胄子赋六首》下有刘积中。

(宋)李昉等《太平广记》卷三六三《妖怪五・刘积中》引《酉阳杂俎》:"刘积中,常于西京近县庄居。妻病亟,未眠,忽有妇人白首,长才三尺,自灯影中出,谓刘曰:'夫人病,唯我能理,何不祈我?'刘素刚,咄之。姥徐戟手曰:'勿悔勿悔。'遂灭,妻因暴心痛,殆将卒。刘不得已,祝之。言已复出,刘揖之坐。乃索茶一瓯,向日如呪状,顾令灌夫人,茶才入口,痛愈。后时时辄出,家人亦不之惧。经年,复谓刘曰:'我有女子及笄,烦主人求一佳婿。'刘笑曰:'人鬼路殊,难遂所托。'……大言:'刘四,颇忆平昔无?'既而嘶咽曰:'省躬近从泰山回,路逢飞天野叉,携贤妹心肝,我已夺得。'因举袖,袖中蠕蠕有物。左顾似有所命,曰:'可为安置。'又觉袖中风生,冲帘幌。婢入堂中,乃对刘坐,问存殁,叙平生事。刘与杜省躬同年及第,友善,其婢举止笑语,无不肖也。顷曰:'我有事,不可久留。'执刘手呜咽,刘亦悲不自胜。婢忽倒,及觉,一无所记。其妹亦自此无恙。"

《登科记考》卷一五贞元十七年(801)进士科条云刘积中及第。

【杜周士】贞元十七年(801)进士及第。历容管、桂管观察使从事,监察御史。

《柳宗元集》卷二二《同吴武陵送前桂州杜留后诗序》,李注曰:"杜君名周士,贞元十七年中进士第。"

(宋)李昉等《文苑英华》卷一八一《诗三十一·省试二》收罗让、许稷、杜周士、徐至、乐伸《闰月定四时》诗。《登科记考》卷一五贞元十七年条云罗让、许稷、杜周士、徐至皆及第,则乐伸应是年及第。陈尚君《〈登科记考〉正补》考订《闰月定四时》为贞元十七年省试诗。

(宋)王钦若等《册府元龟》卷一三六《帝王部(一百三十六)·慰劳》:"(长庆元年)二月辛未,命给事中韦弘景为容州、邕州、安南宣慰使,监察御史杜周士副焉。"

《新唐书》卷二二二下《南蛮下》:"(长庆)初,邕管既废,人不谓宜。监察御史杜周士使安南,过邕州,刺史李元宗白状,周士从事五管,积三十年矣,亦知其不便。严公素遣人盗其槁,周士愤死。"

(宋)魏仲举《五百家注柳先生集》卷一七《传》:"……桂部从事杜周士。孙曰:周士,贞元十七年第进士,元和中从事桂管。"

(元)马端临《文献通考》卷二一二《经籍考三十九》:"陈氏曰,唐乡贡进士京兆杜周士撰《叙武德至贞元选举荐进人物事实》,凡五十五科。"

四库本《陕西通志》卷七五《经籍第二·子类》:"陈氏曰,唐乡贡进士京兆杜周士撰《叙武德至贞元选举荐进人物事实》,凡五十五科。"

【杜省躬】贞元十七年(801)登进士科。

(唐)段成式《酉阳杂俎前集》卷一五《诺皋记下》:"刘积中,常于西京近县庄居……刘与杜省躬同年及第友善。"

《登科记考》卷一五贞元十七年(801)进士科条云:"按杜省躬见《御史台精舍题名》碑阴。"

【李彦方】贞元十七年(801)进士及第。

(宋)李昉等《文苑英华》卷七六《赋七十六·乐六》之《乐德教胄子赋六首》下有李彦方。是年进士科省试《乐德教胄子赋》。

【辛殆庶】贞元十七年(801)登进士科。

《全唐文》卷五七八柳宗元《送辛殆庶下第游南郑序》:"辛生尝南依蛮楚,专志于学,为文无谬悠迂诬之谈,锻炼剪截,动可观采。"

《柳宗元集》卷二二《送班孝廉擢第东归谨序》:"陇西辛殆庶,猥称吾文宜叙事,晨持缣素,以班孝廉之行为请。"韩注:"殆庶与班肃同年进士,公亦尝有序送之。"孙注:"贞元十七年,礼部侍郎高郢知贡举,班肃第一。"

《登科记考》卷一五贞元十七年(801)进士科条云辛殆庶及第。

【罗让】字景宣，越州会稽人。贞元十七年(801)登进士科甲科，后登博学宏词科，元和元年(806)登贤良方正科。历咸阳尉、义成度支判官、淮南节度使从事、监察御史、殿中侍御史、尚书郎、给事中、福建观察使、御史中丞、散骑常侍。官至御史大夫，赠礼部尚书。

《全唐文》卷五〇六权德舆《唐故太中大夫守太子宾客上柱国襄阳县开国男赐紫金鱼袋罗公(珦)墓志铭并序》："公讳珦，其先会稽人。蜀广汉太守蒙晋西鄂节侯宪给事中龚，皆以茂绩焯于前载。曾祖彦荣，皇同州长史。祖思崇，韶睦常三州刺史。父怀操，桂州兴安县令，赠华州刺史……嗣子让，乡举进士博学宏词能直言极谏，三登甲科，为校书郎咸阳县尉。毁瘠孺慕，如不欲生，号奉輴车，以某月日归祔于会稽之兆域。"

《旧唐书》卷一八八《孝友・罗让传》："罗让字景宣。祖怀操。父珦，官至京兆尹。让少以文学知名，举进士，应诏对策高等，为咸阳尉……李献为淮南节度使，就其所居，请为从事。除监察御史，转殿中，历尚书郎、给事中，累迁至福建观察使、兼御史中丞……入为散骑常侍。未几，除江西都团练观察使、兼御史大夫。年七十一卒。赠礼部尚书。"

(宋)李昉等《文苑英华》卷一八一《诗三十一・省试二》收罗让、许稷、杜周士、徐至、乐伸《闰月定四时》诗。

《新唐书》卷一九七《循吏・罗珦传》："罗珦，越州会稽人……徙太子宾客……子让，字景宣，以文学蚤有誉。举进士、宏辞、贤良方正，皆高第，为咸阳尉……淮南节度使李鄘即所居敦请置幕府，除监察御史，位给事中，累迁福建观察使，兼御史中丞……入为散骑常侍，拜江西观察使。卒，年七十一，赠礼部尚书。"

《登科记考》卷一五贞元十七年(801)进士科条云罗让、许稷、杜周士、徐至及第。陈尚君《〈登科记考〉正补》考订《闰月定四时》为贞元十七年省试诗。

【郑方】一作"郑元"，洛阳人。贞元十七年(801)登进士科。历御史中丞、河中节度使行军司马、河中节度使、尚书左丞、户部侍郎、兼御史大夫。官至刑部尚书。

《全唐文》卷六一九刘积中小传："积中，贞元中进士。"同卷有刘积中《乐德教胄子赋》。(宋)李昉等《文苑英华》卷七六《赋七十六・乐六》之《乐德教胄子赋六首》下有郑方。

《白居易集》卷一三《和郑方及第后秋归洛下闲居》："同高侍郎下，隔年及第。"按：《四部丛刊》本《白居易集》作"郑元"，《旧唐书》本传亦作"郑元"。

《旧唐书》卷一四六《郑元传》："郑元，举进士第，累迁御史中丞。贞元中为河中节度使杜确行军司马。确卒，遂继为节度使，入拜尚书左丞。元和二年，转户部侍郎、兼御史大夫、判度支。三年春，迁刑部尚书，兼京兆尹。九月，复判度支，依前刑部尚书、兼御史大夫……元和四年……守本官，逾月卒。"

《登科记考》卷一五贞元十七年(801)进士科条作"郑方"，今从《登科记考》。

【徐至】贞元十七年(801)进士及第。

《全唐文》卷六一九作者小传云："至，贞元中进士。"同卷有徐至《乐德教胄子赋》。

(宋)李昉等《文苑英华》卷一八一《诗三十一・省试二》收罗让、许稷、杜周士、徐至、乐伸《闰月定四时》诗。

《登科记考》卷一五贞元十七年(801)进士科条云罗让、许稷、杜周士、徐至及第。陈尚君《〈登科记考〉正补》考订《闰月定四时》为贞元十七年省试诗。

明经科

【林应】泉州莆田人。贞元十七年(801)登明经第。历刺史。

(明)王鏊《姑苏志》卷三八《宦迹二》:“林披,字彦则,莆田人,年二十以经业擢第……授太子詹事兼苏州别驾,有九子,皆为刺史,号九牧林家。”

乾隆《福建通志》卷三三《选举》:“贞元十七年辛巳,明经林应,莆田,披孙。”

贞元十八年壬午(802)

知贡举:中书舍人权德舆

进士科

【徐晦】字大章。贞元十八年(802)进士科状元及第,元和三年(808)登直言极谏制科,授栎阳尉。历殿中侍御史、尚书郎、晋州刺史、中书舍人、福建观察使、工部侍郎、御史中丞、兵部侍郎,官至太子宾客,以礼部尚书致仕,赠兵部尚书。

《旧唐书》卷一六五《徐晦传》:“徐晦,进士擢第,登直言极谏制科,授栎阳尉……历殿中侍御史、尚书郎,出为晋州刺史。入拜中书舍人。宝历元年,出为福建观察使。二年,入为工部侍郎,出为同州刺史、兼御史中丞。大和四年,征拜兵部侍郎。五年,为太子宾客,分司东都……以礼部尚书致仕。开成三年三月卒,赠兵部尚书。”

《新唐书》卷一六〇《杨凭传》:“凭所善客徐晦者,字大章,第进士、贤良方正,擢栎阳尉。凭得罪,姻友惮累,无往候者,独晦至蓝田慰饯。宰相权德舆谓曰:‘君送临贺诚厚,无乃为累乎?’晦曰:‘方布衣时,临贺知我,今忍遽弃邪?有如公异时为奸邪谮斥,又可尔乎?’德舆叹其直,称之朝。李夷简遽表为监察御史,晦过谢,问所以举之之由。夷简曰:‘君不负杨临贺,肯负国乎?’后历中书舍人,强直守正,不沉浮于时。嗜酒丧明,以礼部尚书致仕,卒。”

《新唐书》卷二〇三《文艺下·欧阳詹传》:“詹先为国子监四门助教,率其徒伏阙下,举愈博士。卒,年四十余。崔群哭之甚,愈为詹哀辞,自书以遗群。初,徐晦举进士不中,詹数称之,明年高第,仕为福建观察使。”

(明)徐应秋《玉芝堂谈荟》卷二《历代状元》:“(贞元)十八年,进士二十三人,状元徐敏。”按:“徐敏”当作“徐晦”。《永乐大典》引《蒲阳志》:“贞元十八年,徐晦状元。”

《登科记考》卷一五贞元十八年(802)进士科条云徐晦状元及第。

【韦纾】贞元十八年(802)登进士科。

(五代)王定保《唐摭言》卷八《通榜》:“贞元十八年,权德舆主文,陆傪员外通榜帖,韩文公荐十人于傪,其上四人曰侯喜、侯云长、刘述古、韦纾,其次六人:张苰、尉迟汾、李绅、张俊余，而权公凡三榜共放六人，而弦、绅、俊余不出五年内，皆捷矣。”

（宋）计有功《唐诗纪事》卷四三《韦纾》：“纾，贞元进士也。”

（宋）洪迈《容斋四笔》卷五《韩文公荐》：“以《登科记》考之，贞元十八年，（权）德舆以中书舍人知举，放进士二十三人，尉迟汾、侯云长、韦纾、沈杞、李翊登第。”

《登科记考》卷一五贞元十八年（802）进士科条云韦纾及第。

【冯定】字介夫，旧贯婺州东阳，新贯京兆府，兄宿官至兵部侍郎。贞元十八年（802）登进士科。历浙西观察使从事，工部尚书，赠吏部尚书，谥曰节。

《全唐文》卷六四三王起《银青光禄大夫检校礼部尚书使持节梓州诸军事兼梓州刺史御史大夫充剑南东川节度副大使知节度事管内观察处置静戎军等使上柱国长乐县开国公食邑一千五百户赠吏部尚书冯公（宿）神道碑铭并序》：惟唐开成元年冯宿卒归葬于“西都……明年五月克葬于京兆万年县崇道乡白鹿原‘从先人茔’礼也……公讳宿字拱之，冀州长乐人……五代祖周乌氏侯讳早惠，隋朝为隰州司户，皇朝为婺州常山令”。可见冯宿旧望为冀州长乐，五代祖因做官，而定居婺州，其子孙后又迁居京兆。

《旧唐书》卷一六八《冯宿传附冯定传》：“冯宿，东阳人……迁兵部侍郎……宿弟定，字介夫……贞元中皆举进士，时人比之汉朝二冯君。于頔牧姑苏也，定寓焉……权德舆掌贡士，擢居上第，后于润州佐薛苹幕，得校书郎，寻为鄠县尉，充集贤校理……俾为大理评事。登朝为太常博士，转祠部员外郎。宝历二年，出为郢州刺史……寻除国子司业、河南少尹。大和九年八月，为太常少卿……诏以左散骑常侍致仕。会昌六年，改工部尚书而卒。”

《新唐书》卷一七七《冯定传》：“冯宿字拱之，婺州东阳人……定，字介夫……第进士异等，辟浙西薛苹府，以鄠尉为集贤校理……以散骑常侍致仕。卒，赠工部尚书，谥曰节。”

《登科记考》卷一五贞元十八年（802）进士科条云冯定及第。

【许稷】字君苗，泉州莆田人，祖辅干为泉州守；父楙文家于莆，至稷始居泉州。贞元十八年（802）登进士科。历员外郎。终衡州刺史。

《全唐文》卷八二六黄滔《司直陈公墓志铭》：“愚与公同邑，闽越江山，莆阳为灵秀之最。贞元中，林端公藻冠东南之科第，十年而许员外稷继翔其后。”

《全唐文》卷八二六黄滔《祭陈侍御峤》：“维光化三年岁次庚申正月庚寅朔十五日甲辰，将仕郎守国子四门博士黄滔，谨以清酌之奠，敬祭于侍御陈君延封之灵……林端公贞元七年首闽越之科第，以《珠还合浦赋》擅名。后十年莆邑许员外荣登。自此文学之士继踵，而悉不偶。时旷八十七年始锺于延封。其文以申秦续篇擅名，后六七年徐正字及第，兼滔尘忝。林端公同延封榜皆第十二人，皆开路于后人，皆终使府大判官。判官皆柏台。林荆南、延封闽中也。”徐氏据黄滔《司直陈公墓志铭》云许稷在林藻登第后十年及第，为贞元十七年，似误。《登科记考》卷一五贞元十七年条云：《永乐大典》引《莆阳志》作贞元十八年，似误，乾隆《福建通志》卷三三亦作贞元十八年。

（宋）李昉等《文苑英华》卷一八七《诗三十七·省试八》有许稷《风动万年枝》，《登科记考》卷一五贞元十八年条云此诗为本年进士科省试诗。

乾隆《福建通志》卷五一《文苑传・泉州》:"许稷,字君苗,祖辅干为泉州守;父楙文家于莆,至稷始居泉州。少从陈舍人诩,语诩轻之,稷入终南山力学三年。出就府,荐成进士,历官终衡州刺史。工诗歌,与欧阳詹、林藻友善,尝为江南春词,甚绮丽,人传颂之。"

【李翊】贞元十八年(802)登进士科。

(五代)王定保《唐摭言》卷八《通榜》:"贞元十八年,权德舆主文,陆傪员外通榜帖,韩文公荐十人于傪,其上四人曰侯喜、侯云长、刘述古、韦纾,其次六人:张苰、尉迟汾、李绅、张俊余,而权公凡三榜共放六人,而苰、绅、俊余不出五年内,皆捷矣。"

《旧唐书》卷一七上《敬宗 文宗上》:"(大和九年十一月)戊辰,以给事中李翊为御史中丞。"

(宋)洪迈《容斋四笔》卷五《韩文公荐》:"以《登科记》考之,贞元十八年,(权)德舆以中书舍人知举,放进士二十三人,尉迟汾、侯云长、韦纾、沈杞、李诩登第。"

(宋)魏仲举《五百家注释韩昌黎全集》卷一六《答李诩书》:樊注:"贞元十八年,陆傪佐主司权德舆于礼部,公以李诩荐于傪,用是其年登第。"

《登科记考》卷一五贞元十八年(802)进士科条云李翊及第。

【杨归厚】贞元十八年(802)登进士第。历东都留守判官、左拾遗、凤州司马、虢州刺史、郑州刺史。

《全唐文》卷六六三白居易《唐州刺史韦彪授王府长史杨归厚授唐州刺史刘旻授雅州刺史制》:"敕:韦彪等:善观人者,先考其能,然后授以事,使轮辕凿枘,各适其用,则群职庶政,得以交修。今以彪宦久年高,勤于为政,俾从优逸,入补王官。以归厚文行器能,辱在巴峡,励精为理,绩茂课高,区区万州,岂尽所用,且移大郡,稍展奇才。以旻早著戎功,通详吏事,西南物土,罔不周知,习俗从宜,宜守严道,分命以职,各用所长,庶乎咸修乃官,同底于理。可依前件。"

《全唐文》卷六九三李虞仲《授杨归厚太子右庶子制》:"敕:为宫相者,非班位已深,名望有素,则不可也。前东都留守判官朝议郎检校太子右庶子兼御史上柱国赐绯鱼袋杨归厚,词场英华,谏省勤旧,及典列郡,政声必闻。乃者罢符印之劳,佐保厘之重,贤士君子,叹其不迁。储闱属寮,中庶为美,爰用分职,尔其往哉。可守太子右庶子分司东都,散官勋赐如故。"

《刘宾客外集》卷五《寄唐州扬八归厚》:"何况迁乔旧同伴,一双先入凤凰池。"自注:"时徐晦、杨嗣复二舍人与唐州俱同年及第。"徐晦为贞元十八年状元。同书卷一〇《祭虢州杨庶子文》:"子之少孤,率性自然,早有名字,结交世贤……"陈尚君《〈登科记考〉正补》考订杨归厚为此年进士及第。

(宋)王溥《唐会要》卷八六《道路》:"大和二年二月,郑州刺史杨归厚。"

《新唐书》卷五九《艺文三》:"《杨氏产乳集验方》三卷。杨归厚,元和中,自左拾遗贬凤州司马、虢州刺史。方九百一十一。"

【杨嗣复】字继之,京兆人。贞元十八年(802)登进士科,次年又登博学宏词科,释褐秘书省校书郎。历西川节度使推官、右拾遗、太常博士、礼部员外郎、兵部郎中、中书舍人、户部侍郎,文宗拜为宰相,阶金紫,爵弘农伯,赠左仆射,谥曰孝穆。

《刘宾客外集》卷五《寄唐州扬八归厚》:“何况迁乔旧同伴,一双先入凤凰池。”自注:“时徐晦、杨嗣复二舍人与唐州俱同年及第。”按《登科记考》卷一五贞元二十一年进士科条:“按嗣复卒大中二年,年六十六,则二十擢第,当在贞元十八年。惟本传又云年二十一登博学宏词科,考二十一岁为贞元十九年,其年宏词二人,见元微之诗注,无嗣复之名,疑本传所载年误。今据传言与牛、李同门之语,载入此年。”

《旧唐书》卷一七六《杨嗣复传》:“杨嗣复字继之,仆射於陵子也……嗣复七八岁时已能秉笔为文。年二十,进士擢第。二十一,又登博学宏词科,释褐秘书省校书郎。迁右拾遗……改太常博士……礼部员外郎……再迁兵部郎中。长庆元年十月,以库部郎中知制诰,正拜中书舍人。嗣复与牛僧孺、李宗闵皆权德舆贡举门生,情义相得,进退取舍,多与之同。四年……嗣复权知礼部侍郎……文宗即位,拜户部侍郎……九年……三月,以嗣复检校户部尚书、成都尹、剑南西川节度副大使知节度事、观察处置等使。开成二年十月,入为户部侍郎,领诸道盐铁转运使。三年正月,与同列李珏并以本官同平章事,领使如故,进阶金紫,弘农伯,食邑七百户……进加门下侍郎……宣宗即位,征拜吏部尚书。大中二年……卒,时年六十六。赠左仆射,谥曰孝穆。子损、授、技、拭、抙,而授最贤。”

【沈杞】贞元十八年(802)登进士科。历给事中、御史中丞。

(宋)洪迈《容斋四笔》卷五《韩文公荐》:“以《登科记》考之,贞元十八年,(权)德舆以中书舍人知举,放进士二十三人,尉迟汾、侯云长、韦纾、沈杞、李翊登第。”

(宋)魏仲举《五百家注释韩昌黎全集》卷一七《与祠部陆傪员外荐士书》:补注:“贞元十八年杞中进士第”。

(宋)王伯大《别本韩文考异》卷一七《与祠部陆员外书》:“沈杞者中贞元十八年进士第。”

《登科记考》卷一五贞元十八年(802)进士科条云沈杞及第。

【侯云长】贞元十八年(802)登进士科。历天平军节度使从事。

《全唐文》卷五六四韩愈《幽州节度判官赠给事中清河张君(徹)墓志铭》:“张君名徹,字某,以进士累官至范阳府监察御史……其友侯云长佐郓使,请于其帅马仆射,为之选于军中,得故与君相知张恭李元实者,使以币请之范阳,范阳人义而归之。”

(五代)王定保《唐摭言》卷八《通榜》:“贞元十八年,权德舆主文,陆傪员外通榜帖,韩文公荐十人于傪,其上四人曰侯喜、侯云长、刘述古、韦纾,其次六人:张弦、尉迟汾、李绅、张俊余,而权公凡三榜共放六人,而弦、绅、俊余不出五年内,皆捷矣。”

(宋)洪迈《容斋四笔》卷五《韩文公荐》:“以《登科记》考之,贞元十八年,(权)德舆以中书舍人知举,放进士二十三人,尉迟汾、侯云长、韦纾、沈杞、李翊登第。”

(宋)魏仲举《五百家注释韩昌黎全集》卷一七《与祠部陆傪员外荐士书》补注:“贞元十八年,云长中进士第。”

(宋)魏仲举《五百家注昌黎文集》卷三四《幽州节度判官赠给事中清河张君墓志铭》补注:“郓曹濮节度使马总也。”

《登科记考》卷一五贞元十八年(802)进士科条云侯云长及第。

【崔琯】字从律,深州人。贞元十八年(802)登进士科,元和元年(806)登才识兼茂明于体用科,释褐诸府从事。历尚书郎、给事中、工部侍郎、京兆尹、尚书右丞、御史大夫、荆南节度使、兵部侍郎、尚书左丞、东畿汝都防御等使、银青光禄大夫,卒山南西道节度使,赠尚书左仆射。

《旧唐书》卷一七七《崔珙传附崔琯传》:"崔珙,博陵安平人。祖懿。父颋,贞元初进士登第。元和初累官至少府监……长曰琯,贞元十八年进士擢第。又制策登科,释褐诸侯府,入朝为尚书郎。大和初,累迁给事中……改工部侍郎。四年冬,拜京兆尹。五年四月,改尚书右丞。六年十二月,出为江陵尹、御史大夫、荆南节度使。八年,入为兵部侍郎,转吏部,权判左丞事。开成二年,真拜左丞……三年,检校户部尚书,判东都尚书省事、东都留守、东畿汝都防御等使。会昌中,迁银青光禄大夫、检校吏部尚书、兴元尹,充山南西道节度使……五年卒。"

《新唐书》卷一八二《崔珙传附崔琯传》:"琯字从律,珙兄。举进士、贤良方正,皆高第……会昌中,终山南西道节度使,赠尚书左仆射。"

《登科记考》卷一五贞元十八年(802)进士科条云崔琯及第。

【尉迟汾】贞元十八年(802)登进士科。历太常博士。

《旧唐书》卷一七一《张仲方传》:"时太常定吉甫谥为'恭懿',博士尉迟汾请为'敬宪'。"

(宋)洪迈《容斋四笔》卷五《韩文公荐》:"以《登科记》考之,贞元十八年,(权)德舆以中书舍人知举,放进士二十三人,尉迟汾、侯云长、韦纾、沈杞、李翊登第。"

(宋)魏仲举《五百家注释韩昌黎全集》卷一七《与祠部陆傪员外荐士书》补注:"贞元十八年汾中进士第。"

《登科记考》卷一五贞元十八年(802)进士科条云尉迟汾及第。

【樊阳源】又名源阳,洛阳人。贞元十八年(802)登进士科。历山南西道节度使判官、殿中侍御史。

(宋)李昉等《太平广记》卷一五四《定数九·樊阳源》引《续定命录》:"唐山南节判殿中侍御史樊阳源,元和中,入奏……阳源乃曰:人之出处,无非命也。某初名源阳。及第年,有人言至西府与取事,某时闲居洛下,约八月间,至其年七月,有表兄任密县令,使人招某骤到密县。某不得已遂出去,永通门宿。夜梦见一高冢,上一著麻衣人,似欲乡饮之礼。顾视左右,又有四人。冢上其人,乃以手招阳源,阳源不乐去。次一人从阳源前而上,又一人蹑后而上,左右四人皆上,阳源意忽亦愿去,遂继陟之。比及五人,见冢上袖一文书,是河南府送举解,第六人有樊阳源。时无樊源阳矣。及觉,甚异之。不日到密县,便患痢疾……明年,权侍郎下及第。"

《登科记考》卷一五贞元十八年(802)进士科条云樊阳源及第。

明经科

【牛堪】贞元十八年(802)明经科。

(宋)魏仲举《五百家注释韩昌黎全集》卷二〇《送牛堪登第序》:“以明经举……堪,太学生,余,博士也。博士,师属也。于其登第而归,将荣于其乡也,能无说乎?”此为韩愈贞元十八年任四门博士时作。

《氏族大全》卷一一《十八尤·舞袖破敌》:“牛堪唐元和中太学生也,及第归,韩愈作序送之。”

《登科记考》卷一五贞元十八年(802)明经科录载牛堪。

制科

【王涯】字广津,太原人。贞元八年(792)登进士科,十八年(802)又登宏辞科。小传见贞元八年进士科王涯条。

《旧唐书》卷一六九《王涯传》:“王涯字广津,太原人。父晃。涯,贞元八年进士擢第,登宏辞科。释褐蓝田尉。”

《新唐书》卷一七九《王涯传》:“王涯字广津,其先本太原人,魏广阳侯冏之裔。祖祚,武后时谏罢万象神宫知名;开元时,以大理司直驰传决狱,所至仁平。父晃,历左补阙、温州刺史。涯博学,工属文。往见梁肃,肃异其才,荐于陆贽。擢进士,又举宏辞,再调蓝田尉。”

贞元十九年癸未(803)

知贡举:礼部侍郎权德舆

进士科

【李础】贯湖南。贞元十九年(803)登进士科。历太子正字、湖南都团练使判官。

(宋)李昉等《太平广记》卷一六〇《定数十五·秀师言记》引《异闻录》:“唐崔晤、李仁钧二人中外弟兄,崔年长于李。在建中末,偕来京师调集……后李补南昌令,到官有能称,罢摄本府纠曹……后因谒盐铁李侍御(即李仁钧也),出家状于怀袖中,铺张几案上。”

(宋)魏仲举《五百家注释韩昌黎全集》卷二一《送李判官正字础归湖南序》集注:“正字即仁钧之子础也,贞元十九年登进士第。”

《登科记考》卷一五贞元十九年(803)进士科条云李础及第。

【李蟠】一作“李璠”。贞元十九年(803)登进士科,元和元年(806)登制科。小传见元和元年制科李蟠条。

《韩昌黎文集》卷一《师说》:“李氏子蟠,年十七,好古文。”集注:“蟠,贞元十九年进士。”胡可先《〈登科记考〉匡补三编》补入。

【郑式方】贞元十九年(803)登进士科。

(宋)李昉等《文苑英华》卷二二《赋二十二·岁时二》之《中和节百辟献农书赋》下有

侯喜、贾悚、胡直钧、郑式方四人。

《登科记考》卷一五贞元十九年(803)进士科条云郑式方及第,见《文苑英华》。

【郑居中】字贞位,荥阳人。贞元十九年(803)进士及第。官至朝散大夫守中书舍人。

《全唐文补遗》第八辑,高锴撰开成二年(837)十月七日《唐故朝散大夫守中书舍人赠礼部侍郎上柱国赐紫金鱼袋荥阳郑府君(居中)墓志铭并序》:"君讳居中,字贞位,荥阳人……弱冠,博涉群书,举进士高第……(开成二年)无病而终,其年四月六日也,享年五十有四。"按:以其开成二年(837)卒,享年五十四推之,居中弱冠及进士第时在贞元十九年(803)。

【胡直钧】贞元十九年(803)登进士科。

《全唐文》卷五五二韩愈《答胡生书》,《考异》引《登科记》:"胡直钧,贞元十九年进士。"

《全唐文》卷六一一胡直钧小传云:"直钧,贞元十九年进士。"

(宋)李昉等《文苑英华》卷二二《赋二十二·岁时二》之《中和节百辟献农书赋》下有侯喜、贾悚、胡直钧、郑式方四人。

《登科记考》卷一五贞元十九年(803)进士科条云胡直钧及第,按语云"钧"一作"均"。

【侯喜】上谷人。贞元十九年(803)登进士科。历校书郎,终国子主簿。

《全唐文》卷五五六韩愈《石鼎联句诗序》:"元和七年十二月四日,衡山道士轩辕弥明自衡下来,旧与刘师服进士衡湘中相识,将过太白,知师服在京,夜抵其居宿。有校书郎侯喜,新有能诗声,夜与刘说诗。"

《韩愈全集校注》贞元十六年《题李生壁》:"陇西李翱、太原王涯、上谷侯喜实同与焉。贞元十六年五月十四日昌黎韩愈书。"

(宋)李昉等《文苑英华》卷二二《赋二十二·岁时二》之《中和节百辟献农书赋》下有侯喜、贾悚、胡直钧、郑式方四人。

(宋)洪迈《容斋四笔》卷五《韩文公荐士》:"(贞元)十九年,(权德舆)以礼部侍郎放二十人,侯喜登第。"

(宋)魏仲举《五百家注释韩昌黎全集》卷一七《与祠部陆傪》:"喜之文章,学西汉而举而为也,举进士十五六年矣。"补注:"贞元十九年喜中进士第。"

《登科记考》卷一五贞元十九年(803)进士科条云侯喜及第。

【俞晃】旌德人。贞元十九年(803)登进士科。

光绪《徽州通志》卷一五四《选举志四·进士》:"贞元癸未榜:俞晃,旌德人。"按:贞元癸未年即贞元十九年,胡可先《〈登科记考〉匡补三编》补入是年。

【贾悚】字子美,河南人,祖渭,父宁。贞元十九年(803)登进士科,元和三年(808)登贤良方正甲科。历渭南尉、考功员外郎、库部郎中、常州刺史、太常少卿、中书舍人、礼部侍郎、兵部侍郎、京兆尹、御史大夫、浙西观察使。官至宰相,散阶金紫阶,封爵姑臧男,食邑三百户。

《旧唐书》卷一六九《贾悚传》:"贾悚字子美,河南人。祖渭。父宁。悚进士擢第,又登制策甲科，文史兼美，四迁至考功员外郎……迁库部郎中，充职。四年……出为常州刺史。大和初，入为太常少卿。二年，以本官知制诰。三年七月，拜中书舍人。四年九月，权知礼部贡举。五年，榜出后，正拜礼部侍郎……七年五月，转兵部侍郎。八年十一月，迁京兆尹、兼御史大夫。九年四月，检校礼部尚书、润州刺史、浙西观察使。制出未行，拜中书侍郎、同平章事，进金紫阶，封姑臧男，食邑三百户……其年十一月，李训事发……遂至覆族。"

（宋）李昉等《文苑英华》卷二二《赋二十二·岁时二》之《中和节百辟献农书赋》下有侯喜、贾竦、胡直钧、郑式方四人。

《新唐书》卷一七九《贾竦》："贾竦字子美，河南人。少孤，客江淮间。从父全观察浙东，竦往依之，全尤器异，收恤良厚。举进士高第，声称籍甚。又策贤良方正异等，授渭南尉、集贤校理。"

《登科记考》卷一五贞元十九年（803）进士科条云贾竦及第，见《文苑英华》。

【曹景伯】河南人。贞元十九年（803）登进士科。

《旧唐书》卷一七七《曹确传》："曹确字刚中，河南人。父景伯，贞元十九年进士擢第，又登制科。"

《登科记考》卷一五贞元十九年（803）进士科条云曹景伯及第。

【崔郸】贝州武城人，祖结，父倕，官卑。贞元十九年（803）登进士第，调补秘书省正字，再调以书判入高等，授渭南县尉。官至宰相，卒赠司徒。

（唐）令狐绹《唐故淮南节度副大使知节度事管内营田观察处置等使金紫光禄大夫检校司空兼扬州大都督府长史御史大夫上柱国清河郡开国公食邑二千户赠司徒崔公（郸）墓志铭并序》："清河公讳郸……贞元十九年权文公德舆司贡籍擢公登进士第，调补秘书省正字，再调以书判入高等，授渭南县尉。"按：据墓志，崔郸为贞元十九年（803）进士。

《旧唐书》卷一五五《崔邠传》："崔邠字处仁，清河武城人。祖结，父倕，官卑。邠少举进士，又登贤良方正科。贞元中授渭南尉。迁拾遗、补阙。常疏论裴延龄，为时所知。以兵部员外郎知制诰至中书舍人，凡七年。又权知吏部选事。明年，为礼部侍郎，转吏部侍郎，赐以金紫。邠温裕沉密，尤敦清俭。上亦器重之。裴垍将引为相，病难于承答，事竟寝。兄弟同时奉朝请者四人，颇以孝敬怡睦闻。后改太常卿，知吏部尚书铨事。故事，太常卿初上，大阅《四部乐》于署，观者纵焉。邠自私第去帽亲导母舆，公卿逢者回骑避之，衢路以为荣。居母忧，岁余卒，元和十年三月也，时年六十二。赠吏部尚书，谥曰文简。弟郜、郾、郸等六人。子瓘、璜，璀子彦融，皆登进士第，历位台阁……郸登进士第，累迁监察御史，三迁考功郎中。大和三年，以本官充翰林学士，转中书舍人。六年，罢学士。八年，为工部侍郎、集贤殿学士，权知礼部，真拜兵部侍郎，本官判吏部东铨事……寻拜吏部侍郎。开成二年，出为宣州刺史、兼御史中丞、宣歙观察使。四年，入为太常卿。七月以本官同中书门下平章事，寻加中书侍郎、银青光禄大夫。会昌初，李德裕用事，与郸弟兄素善。郸在相位累年，历方镇、太子师保卒。"

《新唐书》卷一六三《崔邠传》："崔邠字处仁，贝州武城人。父倕……久乃为太常卿……弟酆、郾、郇、鄯、郸……郸及进士第，补渭南尉。累除刑部郎中，出副杜元颖西川节度府。召入为工部侍郎、集贤殿学士……文宗末，擢同中书门下平章事，改中书侍郎，罢为剑南西川节度使。宣宗初，以检校尚书右仆射同平章事，节度淮南，卒于军……宣宗闻而叹曰：'郸一门孝友，可为士族法。'因题曰'德星堂'。后京兆民即其里为'德星社'云。"

明经科

【**薛伟**】字虚受，河东汾阴人。贞元十九年(803)明经及第，解褐授睦州桐庐县尉。

《河洛墓刻拾零》，薛玉叙咸通三年(862)十二月二十六日《大唐故河东薛府君墓志铭并序》："公讳伟，字虚受，河东汾阴人……以贞元十九年明经及第，解褐授睦州桐庐县尉。"

科目选

【**王起**】贞元十四年(798)登进士科，贞元十九年(803)登宏辞科，元和三年(808)登制策直言极谏科。小传见贞元十九年进士科王起条。

《全唐文》卷六七九白居易《唐扬州仓曹参军王府君墓志铭》："公讳某，字士宽……有子曰播、曰炎、曰起，咸以进士举及第。播应制举对直言极谏策，授集贤殿校书郎，累迁监察、殿中侍御史、三原令；炎既第未仕；起应博学宏词科，选授集贤殿校书郎。昆弟三人，不十年而五登甲第，时论者荣之。"

《元稹集》卷一六《酬哥舒少府寄同年科第》："前年科第偏年少……八人同看彩衣裳。"注："同年科第，宏词吕炅、王十一起，拔萃白二十二居易，平判李十一复礼、吕四频、哥舒大恒、崔十八玄亮逮不肖八人，皆奉荣养。"

《登科记考》卷一五贞元十九年(803)博学宏词科条云王起及第。

【**元稹**】贞元九年(793)明经科及第，贞元十九年(803)登平判科。小传见贞元九年明经科元稹条。

《元稹集》卷一六《酬哥舒少府寄同年科第》："前年科第偏年少……八人同看彩衣裳。"注："同年科第，宏词吕炅、王十一起，拔萃白二十二居易，平判李十一复礼、吕四频、哥舒大恒、崔十八玄亮逮不肖八人，皆奉荣养。"

《白居易集》卷四二《唐河南府君夫人荥阳郑氏墓志铭》："君讳宽……夫人有四子二女：长曰沂蔡州汝阳尉，次曰秬京兆府万年县尉，次曰积同州韦城尉，次曰稹河南县尉……夫人为母时，府君既殁，积与稹方髫龀家贫，无师以授业夫人亲执诗书诲而不倦，四五年间二子皆通经入仕，稹既第判入等，授秘书省校书郎。"

《旧唐书》卷一六六《元稹传》："元稹字微之，河南人……曾祖延景，岐州参军。祖悱，南顿丞。父宽，比部郎中、舒王府长史，以稹贵，赠左仆射。稹……十五两经擢第。二十四调判入第四等，授秘书省校书郎。二十八应制举才识兼茂明于体用科，登第者十八人，稹为第一，元和元年四月也。制下，除右拾遗。"

《登科记考》卷一五贞元十九年(803)拔萃科元稹条云及第。

【**白居易**】贞元十七年(801)进士及第，贞元十九年(803)登拔萃科。小传见贞元十七年进士科白居易条。

《元稹集》卷一六《酬哥舒少府寄同年科第》："前年科第偏年少……八人同看彩衣裳。"注："同年科第，宏词吕炅、王十一起，拔萃白二十二居易，平判李十一复礼、吕四频、哥舒大恒、崔十八玄亮逮不肖八人，皆奉荣养。"

《登科记考》卷一五贞元十九年(803)拔萃科条云白居易及第。

【吕炅】贞元十九年(803)登宏词科。

《白居易集》卷一四《和元九与吕二同宿话旧诗》："见君新赠吕君诗，忆得同年行乐时。"

《登科记考》卷一五贞元十九年宏词科条云吕炅及第。

【吕频】贞元十九年(803)登平判科。

《元稹集》卷一六《酬哥舒少府寄同年科第》："前年科第偏年少……八人同看彩衣裳。"注："同年科第，宏词吕炅、王十一起，拔萃白二十二居易，平判李十一复礼、吕四频、哥舒大恒、崔十八玄亮逮不肖八人，皆奉荣养。"

《登科记考》卷一五贞元十九年(803)拔萃科条云吕频及第。按语云：《文苑英华》作"吕颖"，误。赵守俨点校云：岑仲勉以为徐说不确，参后《订补》并岑著《唐人行第录》页二四六、三三四。

【李复礼】贞元十九年(803)登平判科。

《元稹集》卷一六《酬哥舒少府寄同年科第》："前年科第偏年少……八人同看彩衣裳。"注："同年科第，宏词吕炅、王十一起，拔萃白二十二居易，平判李十一复礼、吕四频、哥舒大恒、崔十八玄亮逮不肖八人，皆奉荣养。"

《登科记考》卷一五贞元十九年(803)拔萃科条云李复礼及第。

【哥舒恒】一作"哥舒垣"。贞元十九年(803)登平判科。

《元稹集》卷一六《酬哥舒少府寄同年科第》："前年科第偏年少……八人同看彩衣裳。"注："同年科第，宏词吕炅、王十一起，拔萃白二十二居易，平判李十一复礼、吕四频、哥舒大恒、崔十八玄亮逮不肖八人，皆奉荣养。"

《登科记考》卷一五贞元十九年(803)拔萃科条云哥舒恒及第，并云一作"哥舒垣"。

【崔玄亮】贞元十一年(795)进士科及第，贞元十九年(803)登平判科。小传见贞元十一年(795)进士科崔玄亮条。

《全唐文》卷六七九白居易《唐故虢州刺史赠礼部尚书崔公(元亮)墓志铭并序》："公讳元亮，字晦叔……公幼嗜学，长善属文，以辞赋举进士登甲科，以书判调天官入上等，前后著文集凡若干卷，尤工五言七言诗，警策之篇，多在人口，其余著述，作者许之，可不谓文学乎？公之典密歙湖也，理化如彼，可不谓政事乎？"

《元稹集》卷一六《酬哥舒少府寄同年科第》："前年科第偏年少……八人同看彩衣裳。"注："同年科第，宏词吕炅、王十一起，拔萃白二十二居易，平判李十一复礼、吕四频、哥舒大恒、崔十八玄亮逮不肖八人，皆奉荣养。"

《登科记考》卷一五贞元十九年(803)拔萃科条崔玄亮及第。

贞元二十年甲申(804)

停举

附考(德宗朝)

附考进士（德宗朝进士）

【于敖】字蹈中，郡望河南，京兆高陵人，字蹈中。贞元中擢进士第，释褐秘书省校书郎。历湖南观察使从事、凤翔节度使、鄂岳观察使从事，官至御史中丞，赠礼部尚书。

《旧唐书》卷一四九《于休烈传》："于休烈，河南人也。高祖志宁，贞观中任左仆射，为十八学士……嗣子益，次子肃，相继为翰林学士……肃官至给事中。肃子敖。敖字蹈中……登进士第，释褐秘书省校书郎。湖南观察使杨凭辟为从事；府罢，凤翔节度使李墉、鄂岳观察使吕元膺相继辟召。自协律郎、大理评事试监察御史。元和六年，真拜监察御史，转殿中，历仓部司勋二员外、万年令，拜右司郎中，出为商州刺史。长庆四年，入为吏部郎中。其年，迁给事中……寻转工部侍郎，迁刑部，出为宣歙观察使、兼御史中丞……大和四年八月卒，年六十六，赠礼部尚书。"

《新唐书》卷一〇四《于志宁传》："于志宁字仲谧，京兆高陵人……曾孙休烈。休烈……二子：益、肃……肃子敖，字蹈中，擢进士，为秘书省校书郎。杨凭、李墉、吕元膺相继辟幕府。元和初，拜监察御史，五迁至右司郎中。进给事中、左拾遗……三迁至户部侍郎，出为宣歙观察使……卒，赠礼部尚书。"按：河南为其郡望，京兆为其籍贯。按其元和六年已为监察御史，则其登第年当在贞元中。

【王宇】进士及第。

《全唐诗》第八册卷二六三严维《酬谢侍御喜王宇及第见贺不遇之作》："寂寞柴门掩，经过柱史荣。老夫宁有力，半子自成名。柳映三桥发，花连上道明。缄书到别墅，郢曲果先成。"

《登科记考》卷二七《附考 · 进士科》录载王宇。

【王行古】京兆杜陵人，父密。兴元元年(784)前后登进士科。

《全唐文》卷五〇〇权德舆《故太子右庶子集贤院学士赠散骑常侍王公(定)神道碑铭并序》："兴元元年春二月太子右庶子王公艰贞归全于京师新昌里……公讳定，字镇卿，京兆人……长子逢，以进士宏词甲科，历咸阳万年县尉监察御史殿中侍御史，佐制河东之画。才名休茂，不幸蚤代。幼子仲周，亦以进士甲科，使车交辟，以廷尉评摄监察御史，佐元侯外任。"按：仲周父兴元元年卒，行古为定之从子，其登第当在兴元元年前后。

《旧唐书》卷一七八《王徽传》："王徽字昭文，京兆杜陵人……曾祖择从兄易从，天后朝登进士第。从弟明从、言从，睿宗朝并以进士擢第。昆仲四人，开元中三至凤阁舍人，故时号'凤阁王家'。其后，易从子定，定子逢，逢弟仲周，定兄密，密子行古，行古子收，收子超，皆以进士登第。”

《登科记考》卷二七《附考·进士科》云王行古及第。

【王仲囧】京兆人，父定，字镇卿，进士及第，官考功郎中。进士及第。历官利明台三州刺史、国子祭酒。

《全唐文补遗》第三辑，强道撰□□□□□年十月十七日《□郑州原武县令京兆王公墓志铭并序》：“曾祖讳定，进士及第。考功郎中知□□□□议大夫，赠礼部尚书。祖讳仲囧，进士及第，仕利明台三州刺史，国子祭酒□□州刺史。”

【王仲周】京兆府人。建中元年前后登进士科。摄监察御史，官至刺史。

《全唐文》卷五〇〇权德舆《故太子右庶子集贤院学士赠散骑常侍王公(定)神道碑铭并序》：“兴元元年春二月太子右庶子王公艰贞归全于京师新昌里……公讳定，字镇卿，京兆人……长子逢，以进士宏词甲科，历咸阳万年县尉监察御史殿中侍御史，佐制河东之画。才名休茂，不幸蚤代。幼子仲周，亦以进士甲科，使车交辟，以廷尉评摄监察御史，佐元侯外任。”按：仲周父兴元元年卒，仲周已摄监察御史，其登第当在建中元年前后。《北图馆藏石刻拓本汇编》册三四《王公墓志铭》：“祖讳仲周，进士登第，任利、明、台三州刺史，国子祭酒。”

《旧唐书》卷一七八《王徽传》：“王徽字昭文，京兆杜陵人……曾祖择从兄易从，天后朝登进士第。从弟明从、言从，睿宗朝并以进士擢第。昆仲四人，开元中三至凤阁舍人，故时号‘凤阁王家’。其后，易从子定，定子逢，逢弟仲周，定兄密，密子行古，行古子收，收子超，皆以进士登第。”

《登科记考》卷二七《附考·进士科》录载王仲周。

【王素】贞元初应举及第。

(唐)佚名《大唐传载》：“王藻、王素，贞元初应举，名皆第十四。”

(宋)李昉等《太平广记》卷一七四《俊辩二·王藻》引《传载》：“王藻、王素，贞元初应举，齐名第十四。”

【王寔】太原人，父温州刺史晃。贞元中登进士科。历蓝田尉，官至太常卿。

《全唐文》卷六〇八刘禹锡《唐兴元节度使王公先庙碑》：“唐制五等，有爵服而无山川。登于三事，得立四庙。备物崇祀，以交神明，敬先报本，以辅孝治，有国之令典也。惟长庆三年，前相国王公始卜庙于西京崇业里。公时镇剑南东川……上章曰：臣涯官……第三室曰朝散大夫青州司马赠户部侍郎府君讳祚，以妣赠武威郡太夫人贾氏配；第四室曰温州刺史赠太尉府君讳晃……(温州)生三子皆聪明绝人，长曰沼，以神童仕至检校礼部郎中……寔季子也。早在文士籍射策连中，咸世其家，贞元中德宗闻其名，自蓝田尉召入禁中……领太常。”《登科记考》卷二七《附考》诸科条云王沼“即王涯之兄。”

《旧唐书》卷一一八《杨炎传》：“杨炎……德宗即位……炎遂独当国政……道州录事参军王沼有微恩于炎，举沼为监察御史。”按：王沼登第当在德宗初。王沼太原人，见王涯条。又：寔以文士籍射策连中，应为进士科。

【王逢】京兆府人。约在建中间登进士科，复登宏词科。历咸阳、万年县尉，监察御史殿中侍御史，佐制河东。

《全唐文》卷五〇〇权德舆《故太子右庶子集贤院学士赠散骑常侍王公（定）神道碑铭并序》：“兴元元年春二月太子右庶子王公艰贞归全于京师新昌里……公讳定，字镇卿，京兆人……长子逢，以进士宏词甲科，历咸阳万年县尉监察御史殿中侍御史，佐制河东之画。才名休茂，不幸蚤代。幼子仲周，亦以进士甲科，使车交辟，以廷尉评摄监察御史，佐元侯外任。”

《旧唐书》卷一七八《王徽传》：“王徽字昭文，京兆杜陵人……曾祖择从兄易从，天后朝登进士第。从弟明从、言从，睿宗朝并以进士擢第。昆仲四人，开元中三至凤阁舍人，故时号‘凤阁王家’。其后，易从子定，定子逢，逢弟仲周，定兄密，密子行古，行古子收，收子超，皆以进士登第。”

《登科记考》卷二七《附考·进士科》录载王逢。

【王鲁卿】进士及第。

《新唐书》卷一九四《卓行·阳城传附何蕃传》：“阳城字亢宗，定州北平人……薛约者，狂而直，言事得罪，谪连州。吏捕迹，得之城家。城坐吏于门，引约饮食讫，步至都外与别。帝恶城党有罪，出为道州刺史，太学诸生何蕃、季偿、王鲁卿、李说等二百人顿首阙下，请留城……鲁卿，第进士，有名。”

《登科记考》卷二七《附考·进士科》录载王鲁卿。

【王藻】贞元初应举及第。

《全唐诗》第二十册卷六七六郑谷《访题表兄王藻渭上别业》：“桑林摇落渭川西，蓼水弥弥接稻泥。幽槛静来渔唱远，暝天寒极雁行低。浊醪最称看山醉，冷句偏宜选竹题。中表人稀离乱后，花时莫惜重相携。”渭上，指风翔。

（唐）佚名《大唐传载》：“王藻、王素，贞元初应举，名皆第十四。”

（宋）李昉等《太平广记》卷一七四《俊辩二·王藻》引《传载》：“王藻、王素，贞元初应举，齐名第十四。”

【元佑】约在贞元中登进士科，授校书郎。历朝散大夫、京兆尹、洋州刺史。

《全唐文》卷六四九元稹《授元佑洋州刺史制》：“敕：朝散大夫守京兆尹上骑都尉元佑：风俗之薄厚，由长吏之所尚也。闻尔佑以甲乙科为校书郎，甚有名誉。一朝以先臣不幸为黜，而自晦其身者二十年，何其为子之多也。自历朝序，仁声益彰。不杂风尘，而徽猷遂远。洋州近郡，美恶足以流京师，将以慈惠廉让之道长理之，此吾有望于尔矣。可使持节洋州刺史。”按：元佑登甲乙科，即进士科后，为校书郎，而后罢官二十余年，宪宗继立得以再任洋州刺史，故其登第应在贞元中。

《登科记考》卷二七《附考·进士科》录载元佑。

【韦本立】字全道，京兆万年人。贞元中登甲科。

陕西省考古研究所藏永贞元年《韦本立墓志》：“君讳本立，字全道，京兆万年人也……举进士，登甲科。”“前乡贡进士南阳樊绅撰。”

《登科记考补正》卷二七《附考·进士科》录载韦本立。

【韦弘景】京兆府人，祖嗣立终宣州司户，父尧终洋州兴道令。贞元中登进士科。历汴州浙东从事，官至礼部尚书，赠尚书左仆射。

《全唐文》卷四八二作者小传云："韦宏景，京兆人。贞元中进士，为汴州浙东从事。元和时累拜给事中，穆宗朝拜尚书左丞，迁礼部尚书、东都留守。大和五年卒，年六十六，赠左仆射。"按：因避讳，此作"韦宏景"。

《旧唐书》卷一五七《韦弘景传》："韦弘景，京兆人，后周逍遥公夐之后。祖嗣立，终宣州司户。父尧，终洋州兴道令。弘景贞元中始举进士，为汴州、浙东从事。元和三年，拜左拾遗，充集贤殿学士，转左补阙。寻召入翰林为学士……罢学士，改司门员外郎，转吏部员外、左司郎中，改吏部度支郎中……入为京兆少尹，迁给事中……迁刑部侍郎，转吏部侍郎……征拜尚书左丞……转礼部尚书……大和五年五月卒，年六十六，赠尚书左仆射。"

《新唐书》卷一一六《韦嗣立传》："嗣立孙弘景，擢进士第，数佐节度府。以左补阙召为翰林学士……李夷简镇淮南，奏以自副。召入，再迁给事中……还，再迁吏部侍郎……迁礼部尚书、东都留守。卒，年六十六，赠尚书左仆射。"

《登科记考》卷二七《附考·进士科》录载韦弘景。

【韦行检】京兆杜陵人，父聿太子右庶子，叔剑南节度使韦皋。贞元十二年(796)前登进士第。历协律郎、朗州参军。

《全唐文》卷五〇六权德舆《唐故朝散大夫太子右庶子上柱国赐紫金鱼袋韦君(聿)墓志铭》："君讳聿，字某，京兆杜陵人……贞元十二年征为水部员外，转比部郎中。德宗召见，赐以金紫命服，俄迁卫尉少卿国子司业，用久次拜右庶子。元和三年九月景戌，以官寿殁于长兴里，春秋七十五……嗣子行检，进士第，自协律郎移郎州司户。"按：韦聿卒于贞元十二年。则韦行检登第当在贞元十二年前。

《全唐文补遗》第七辑《唐右庶子韦公夫人故荥阳县君郑氏墓志铭并序》云："维元和三年岁次戊子春三月廿九日辛亥，夫人被疾，殁于长安长兴里第，享年六十八……始嫁，庶子尉南陵……庶子之弟剑南节度赠太师曰皋……夫人有子三人……长曰行检，早岁以词雄学优，登进士甲科。无何，贬朗州参军。"

《登科记考》卷二七《附考·进士科》云韦行检及第。

【韦赏】贞元中登进士科。历濠州参军，被杖杀。

《旧唐书》卷一四六《杜兼传》："杜兼，京兆人，贞元中宰相杜正伦五代孙，举进士，累辟诸府从事，拜濠州刺史。兼性浮险，豪侈矜气。属贞元中……录事参军韦赏、团练判官陆楚，皆以守职论事忤兼，兼密诬奏二人通谋，扇动军中。忽有制使至，兼率官吏迎于驿中，前呼韦赏、陆楚出，宣制杖杀之。赏进士擢第，楚兖公象先之孙，皆名家，有士林之誉；一朝以无罪受戮，郡中股慄，天下冤叹之。"按韦赏贞元中为录事参军，其登第当在贞元中。

《登科记考》卷二七《附考·进士科》有韦赏。

【孔戡】字胜始，贯东都洛阳，父孔巢父赠尚书左仆射。贞元中登进士科，后登书判科，补修武尉。卢从史镇泽潞掌书记、卫尉丞分司东都，赠司勋员外郎。

《全唐文》卷五六六韩愈《朝散大夫赠司勋员外郎孔君(戡)墓志铭》："昭义节度卢从

史有贤佐曰孔君,讳戡,字君胜。从史为不法,君阴争不从,则于会肆言以折之,从史羞,面颈发赤,抑首伏气,不敢出一语以对。立为君更令改章辞者,前后累数十。坐则与从史说古今君臣父子道,顺则受成福,逆辄危辱诛死。曰:'公当为彼,不得为此。'从史常耸听喘汗。居五六岁,益骄,有悖语,君争,无改悔色,则悉引从事,空一府往争之……始举进士第,自金吾卫录事为大理评事,佐昭义军。军帅死,从史自其军诸将代为帅,请君曰:'从史起此军行伍中。凡在幕府,惟公无分寸私。公苟留,惟公之所欲为。'君不得已留。一岁再奏,自监察御史至殿中侍御史。从史初听用其言,得不败;后不听信,恶益闻,君弃去,遂败。"参考嘉靖《山东通志》卷三〇《人物三·兖州府》、光绪《畿辅通志》卷三四《选举·唐·进士》等。按:其籍贯为东都洛阳,见孔戢小传按语。

《旧唐书》卷一五四《孔巢父传附孔戡传》:"孔巢父,冀州人……兴元元年……赠尚书左仆射……从子戡、戣、戢。戡,巢父兄岑父之子……卢从史镇泽潞,辟为书记……谢病归洛阳。李吉甫镇扬州,召为宾佐……宪宗不得已,授卫尉丞,分司洛阳。初,贞元中籓帅诬奏从事者,皆不验理,便行降黜。及戡诏下,给事中吕元膺执之,上令中使慰喻元膺,制书方下。戡不调而卒,赠驾部员外郎。"

《新唐书》卷一六三《孔巢父传附孔戡传》:"(孔巢父从子)戡字胜始,进士及第,补修武尉,以大理评事佐昭义李长荣节度府……留署掌书记……诏以卫尉丞分司东都。自贞元后……卒,年五十七……追赠司勋员外郎。"

【卢士阅】幽州人。建中初登进士科。历节度使监察。

《唐代墓志汇编》咸通〇〇六《唐故宋州砀山县令荥阳郑府君故范阳卢氏夫人墓志铭并序》:"维唐故荥阳郑府君,故范阳卢氏夫人之先宗……夫人皇考讳士阅,建中之际,以秀才升第,位至使府监察。"按:中唐以后秀才即进士。

【石解】字通叔。约德宗年间进士及第。官至衡王府长史。

《大唐西市博物馆藏墓志》三四九,石洪撰元和三年(808)十一月二十四日《唐故衡王府长史致仕石府君墓志铭并序》:"解字通叔……由进士及第,授中牟尉。"按:墓志撰者署"从弟洪撰"。

【平致美】建中登科。著有《蓟门纪乱》。

(明)凌迪知《万姓统谱》卷五四"唐":"平致美,建中登科。"

(明)王祎《大事记续编》卷五九引平致美《蓟门纪乱》载史朝义杀史思明等事。考宋代尤袤《遂初堂书目》于杂史类唐代部分著录《蓟门纪乱》不著撰者姓名,见《说郛》卷一〇下及《四库全书·史部·目录类一》。

《登科记考补正》卷二七《附考·进士科》录载平致美。

【白季宁】约建中元年前后登第。

据《白居易家谱》,白居易父辈有季伦、季庚、季般、季轸、季宁、季平、季康等八人,而《徐考》录有季庚、季随二人。按《考古与文物》1988年四期《陕西韩城小金盆唐代白氏家族墓清理记》录新发现《唐故白府君墓志铭并序》:"父公济,不仕,叔伯等尽皆进士出身,累登科名,显于四夷。"故补白氏进士登科六人。按:白居易贞元十六年(800)进士及第,其叔伯登第应该在建中元年前后。

黄震云《〈登科记考〉甄补》补入。

【白季平】约建中元年前后登第。

据《白居易家谱》，白居易父辈有季伦、季庚、季般、季轸、季宁、季平、季康等八人，而《徐考》录有季庚、季随二人。按《考古与文物》1988 年四期《陕西韩城小金盆唐代白氏家族墓清理记》录新发现《唐故白府君墓志铭并序》："父公济，不仕，叔伯等尽皆进士出身，累登科名，显于四夷。"故补白氏进士登科六人。按：白居易贞元十六年（800）进士及第，其叔伯登第应该在建中元年前后。

黄震云《〈登科记考〉甄补》补入。

【白季伦】约建中元年前后登第。

据《白居易家谱》，白居易父辈有季伦、季庚、季般、季轸、季宁、季平、季康等八人，而《徐考》录有季庚、季随二人。按《考古与文物》1988 年四期《陕西韩城小金盆唐代白氏家族墓清理记》录新发现《唐故白府君墓志铭并序》："父公济，不仕，叔伯等尽皆进士出身，累登科名，显于四夷。"故补白氏进士登科六人。按：白居易贞元十六年（800）进士及第，其叔伯登第应该在建中元年前后。

黄震云《〈登科记考〉甄补》补入。

【白季轸】约建中元年前后登第。

据《白居易家谱》，白居易父辈有季伦、季庚、季般、季轸、季宁、季平、季康等八人，而《徐考》录有季庚、季随二人。按《考古与文物》1988 年四期《陕西韩城小金盆唐代白氏家族墓清理记》录新发现《唐故白府君墓志铭并序》："父公济，不仕，叔伯等尽皆进士出身，累登科名，显于四夷。"故补白氏进士登科六人。按：白居易贞元十六年（800）进士及第，其叔伯登第应该在建中元年前后。

黄震云《〈登科记考〉甄补》补入。

【白季般】约建中元年前后登第。

据《白居易家谱》，白居易父辈有季伦、季庚、季般、季轸、季宁、季平、季康等八人，而《徐考》录有季庚、季随二人。按《考古与文物》1988 年四期《陕西韩城小金盆唐代白氏家族墓清理记》录新发现《唐故白府君墓志铭并序》："父公济，不仕，叔伯等尽皆进士出身，累登科名，显于四夷。"故补白氏进士登科六人。按：白居易贞元十六年（800）进士及第，其叔伯登第应该在建中元年前后。

黄震云《〈登科记考〉甄补》补入。

【白季康】约建中元年前后登第。

据《白居易家谱》，白居易父辈有季伦、季庚、季般、季轸、季宁、季平、季康等八人，而《徐考》录有季庚、季随二人。按《考古与文物》1988 年四期《陕西韩城小金盆唐代白氏家族墓清理记》录新发现《唐故白府君墓志铭并序》："父公济，不仕，叔伯等尽皆进士出身，累登科名，显于四夷。"故补白氏进士登科六人。按：白居易贞元十六年（800）进士及第，其叔伯登第应该在建中元年前后。

黄震云《〈登科记考〉甄补》补入。

【齐煛】贞元中登进士科。历诸府从事、监察御史,饶州刺史。

《秦晋豫新出墓志蒐佚》六三九,贞元九年(793)十月十五日《唐故李处士墓志铭并序》,署"前乡贡进士齐煛撰"。

《唐代墓志汇编》贞元一一九,高弘规撰贞元十八年(802)十二月一日《唐故相州临河县尉张府君(游艺)墓志铭并序》:"府君讳游艺,清河贝人……女三人:长适太原王氏,次适高阳齐氏,次适太原王氏。齐氏有三子,长曰暭,试秘书省校书郎;次曰煛,监察御史,皆以文第于春官,并佐戎府。次曰煦,又膺秀士之选。"按:齐煛"以文第于春官",应指进士科。

(唐)元稹《元氏长庆集》卷四八《齐煛可饶州刺史、王堪可澧州刺史制》:"勅:尚书刑部郎中齐煛、岳州刺史王堪等……煛可使持节饶州刺史、堪可使持节澧州刺史,余如故。"

【叶季良】贞元中进士及第。

(宋)计有功《唐诗纪事》卷三二《叶季良》:"季良,登贞元进士第。"

【冯药】京兆人,父伉赠礼部尚书。贞元末进士及第,又登制科。官至尚书郎。

《旧唐书》卷一八九下《儒学下・冯伉传》:"冯伉,本魏州元城人。父玠,后家于京兆。少有经学。大历初,登《五经》秀才科,授秘书郎。建中四年,又登博学《三史》科。三迁尚书膳部员外郎,充睦王已下侍读……顺宗即位,拜尚书兵部侍郎。改国子祭酒,为同州刺史。入拜左散骑常侍,复领太学。元和四年卒,年六十六,赠礼部尚书。子药,进士擢第,又登制科,仕至尚书郎。"

《登科记考》卷二七《附考・进士科》、同卷《附考・制科》录载冯药。

光绪《畿辅通志》卷三四《选举・唐进士》:"德宗年,冯药,元成人,又登制科。"按:其父元和四年(809)六十六岁,其登第应在贞元末。

【冯宽】旧贯婺州东阳,新贯京兆府。贞元中登进士科。历起居郎。

《全唐文》卷六四三王起《银青光禄大夫检校礼部尚书使持节梓州诸军事兼梓州刺史御史大夫充剑南东川节度副大使知节度事管内观察处置静戎军等使上柱国长乐县开国公食邑一千五百户赠吏部尚书冯公(宿)神道碑铭并序》:惟唐开成元年冯宿卒归葬于"西都……明年五月克葬于京兆万年县崇道乡白鹿原从先人茔礼也……公讳宿字拱之,冀州长乐人……五代祖周乌氏侯讳早惠,隋朝为隰州司户,皇朝为婺州常山令"。可见冯宿旧望为冀州长乐,五代祖因做官,而定居婺州,其子孙后又迁居京兆。

《旧唐书》卷一六八《冯宿传附冯定传》:"冯宿,东阳人……宿登进士第,宿从弟审、宽。"

《新唐书》卷一七七《冯宿传附冯定传》:"冯宿字拱之,婺州东阳人。父子华……宿贞元中与弟定、从弟审、宽并擢进士第。"

【冯煜】进士及第。弟士翙,官窦州刺史。

(唐)林宝《元和姓纂》卷一《诸郡冯氏》:"窦州刺史、合浦公冯士翙,代为酋领。兄煜,进士。"

《登科记考》卷二七《附考·进士科》录冯煜。

【朱宿】嘉兴人,父巨川,官中书舍人。建中初进士及第。

《全唐文》卷三九五李纾《故中书舍人吴郡朱府君(居川)神道碑》:"吴郡朱君,其君子欤!讳巨川,字德源,嘉兴人也……子宿,纂祖之武,得君之文,甫逮弱龄,擢登秀士。"按:朱宿"擢登秀士",当指进士及第。碑文撰于建中四年(783),且未署官职,则其当在建中初年及第。

《登科记考补正》卷二七《附考·进士科》录载朱宿,按语云:"按宿即诗人字遐景者,考见《元和姓纂》卷二岑校。"

【刘伯刍】字素芝,洺州广平人,祖如璠官至眗山丞,父乃官至兵部侍郎。贞元五年(789)前登进士第。历淮南节度使从事、右补阙、主客员外郎,官至刑部侍郎,以左常侍致仕,赠工部尚书。

《大唐西市博物馆藏墓志》三六八,元和十二年(817)四月十七日《通议大夫尚书刑部侍郎赐紫金鱼袋赠工部尚书广平刘公自撰志文并序》:"□□□□者,广平刘伯刍之志。广平刘氏出汉景帝,其世德爵位,史谍详焉,略而不叙,病故也。六岁识字,十岁耽书。□□□□溷之间,未尝释手,于今一百九十八甲子矣。盖所阅书,殆逾万卷,其意在通性命,乐黄尧而已。初不务记问,□□□□,好属辞而不敢苟,短章小述,必稽义正。所著文二百廿三篇,编成十三卷。州举进士,一上登丙科……生子三人,长曰宽夫,次曰端夫,幼曰岩夫,咸早奉严训,弱冠皆举进士登第。自贞惠公洎公,下及宽夫等,三叶五升名于太常,时人韪之,以为两重卓绝。"

《旧唐书》卷一五三《刘乃传》:"刘乃字永夷,洺州广平人……父如璠,眗山丞,以乃贵,赠民部郎中。乃少聪颖志学……寻迁权知兵部侍郎……建中四年夏,但真拜而已……其冬,泾师作乱,驾幸奉天。乃卧疾在私第,贼泚遣使以甘言诱之,乃称疾笃。又令其伪宰相蒋镇自来招诱,乃托喑疾,灸灼遍身……德宗还京,闻乃之忠烈,追赠礼部尚书。子伯刍。伯刍字素芝,登进士第,志行修谨。淮南杜佑辟为从事……征拜右补阙,迁主客员外郎……转给事中……出为虢州刺史……裴度擢为刑部侍郎,俄知吏部选事。元和十年,以左常侍致仕,卒,年六十一,赠工部尚书。"按:杜佑为淮南节度使是在贞元五年(789)十二月,见《旧唐书》卷一三《德宗下》,则刘伯刍登第当在贞元五年前。按:其父已经第长安,则伯刍贯京兆。

【刘济】字济之,幽州昌平人,父怦赠兵部尚书。贞元中进士及第。历莫州刺史、幽州节度使、检校尚书右仆射、同中书门下平章事(使相)。阶至中书令,赠太师,谥曰庄武。

《全唐文》卷五〇五权德舆《故幽州卢龙军节度副大使知节度事管内支度营田观察处置押奚契丹两番经略卢龙军等使开府仪同三司检校司徒兼中书令幽州大都督府长史上柱国彭城郡王赠太师刘公(济)墓志铭并序》:"五年秋七月,寝疾薨于莫州之廨舍,享年五十四。冬十月,归全于涿州良乡县之某原,追锡太师,不视朝三日,命谏议大夫吊祠法赙,廷尉卿持节礼册。又诏宰臣德舆铭于寿堂,所以加恩报劳,始终渗漏之泽也。公姓刘氏,讳济,字济之,蜀昭烈皇帝二十一代孙。曾祖宏远,皇检校司卫卿临洮军使,袭彭城郡公,赠宋州刺史。祖贡，皇特进左金吾卫大将军，赠扬州大都督。父怦，皇幽州卢龙节度观察等使御史大夫，赠司徒恭公。公承是覆露，生而岐嶷。深而通，直而和，宏毅忠肃，端明温重。固已蕴绝人之姿，挺希代之器，始以门子横经游京师，有司擢上第。参幽州军事，转兵曹掾，历范阳令，考绩皆为府中最。兴元初以太子家令为莫州刺史，以御史中丞为行军司马，凡吏理之尉荐，舆师之拊循，如良庖之无肯綮，良农之无灭裂。司徒即代，有诏夺情，节哀顺变，讲信修睦。先公之封畛尽在，长帅之威惠毕举……由御史大夫为工部尚书，凡军师之节制，封部之廉察，尽如恭公太师之命焉。"

《旧唐书》卷一四三《刘怦传附济传》："刘怦，幽州昌平人也。父贡，尝为广边大斗军使……赠兵部尚书，赐布帛有差。子济继为幽州节度使。济，怦之长子。"

《新唐书》卷二一二《刘怦传附济传》："刘怦，幽州昌平人……赠兵部尚书，谥曰恭。子济。济，字济。游学京师，第进士，历莫州刺史。怦病，诏济假州事。及怦卒，嗣节度，累迁检校尚书右仆射、同中书门下平章事……会赦承宗，进中书令……(刘)总使吏唐弘实置毒，济饮而死，年五十四……赠太师，谥曰庄武。"

【宇文籍】字夏龟，父滔官卑。贞元末登进士科。历西川节度使从事、库部郎中、谏议大夫。

《旧唐书》卷一六〇《宇文籍传》："宇文籍字夏龟。父滔，官卑。少好学……登进士第。宰相武元衡出镇西蜀，奏为从事。以咸阳尉直史馆，与韩愈同修《顺宗实录》，迁监察御史。王承宗叛，诏捕其弟驸马都尉承系，其宾客中有为误识者。又苏表以破淮西策干宰相武元衡，元衡不用。以籍旧从事，令召表讯之，籍因与表狎。元衡怒，坐贬江陵府户曹参军……后考满，连辟藩府，入为侍御史，转著作郎，迁驾部员外郎、史馆修撰。与韦处厚、韦表微、路随、沈传师同修《宪宗实录》。俄以本官知制诰，转库部郎中。大和中，迁谏议大夫，专掌史笔，罢知制诰……大和二年正月卒，时年五十九，赠工部侍郎。子监，大中初登进士第。"按：《唐刺史考全编》卷二二二剑南道条云武元衡元和二年十月以使相出剑南道节度使，则宇文籍登第应在贞元末。

《登科记考》卷二七《附考·进士科》录载宇文籍。

【关构】贞元中登进士科。

《全唐文》卷五九四关构小传云："构，贞元中进士。"

【许元佐】父审，兄康佐、尧佐。贞元中进士及第。历显官。

《旧唐书》卷一八九下《儒学下·许康佐传》："许康佐，父审。康佐登进士第，又登宏词科……弟尧佐、元佐，尧佐子道敏，并登进士第，历官清显。"

《新唐书》卷二〇〇《儒学下·许康佐传》："(许康佐)诸弟皆擢进士第，而尧佐最先进，又举宏辞，为太子校书郎。八年，康佐继之。尧佐位谏议大夫。"

(宋)计有功《唐诗纪事》卷四一《许尧佐》："康佐诸弟，皆第进士，而尧佐最先进，又举宏词，为太子校书郎。八年，康佐继之。"

【苏虔】字执仪，武功人。进士及第。官国子司业。

(唐)林宝《元和姓纂》卷三《郧西苏氏》："赞生虔……国子司业。"

《新唐书》卷七四上《宰相世系表》四上郿西苏氏:“虔,字执仪,国子司业。”

《登科记考补正》卷二七《附考・进士科》录载苏虔。

(明)康海《武功县志》卷三《选举志第七》载唐人举进士者有苏虔。

四库本《陕西通志》卷三〇《选举・唐》进士科:“苏虔,武功人。”

【豆卢愿】河南人,一作“河东人”。德宗朝登进士科。

《旧唐书》卷一七七《豆卢瑑传》:“豆卢瑑者,河东人。祖愿,父籍,皆以进士擢第。瑑,大中十三年亦登进士科。”

《新唐书》卷一八三《豆卢瑑传》:“豆卢瑑者,字希真,河南人。”按:豆卢瑑大中十三年(859)登进士科,其祖愿登第约在德宗朝。

《登科记考》卷二七《附考・进士科》条云豆卢愿及第。

乾隆《山西通志》卷六五《科目》下唐进士条云:“豆卢愿,永济人。”永济县属魏州。

【李元规】河南府伊阙县人,父岧司农卿。贞元十三年前登进士科。历盩厔县尉。

《全唐文》卷五〇二权德舆《金紫光禄大夫司农卿邵州长史李公(岧)墓志铭并序》:“公讳岧,字某,不书州里,尊宗室也。初景皇之支,启封于蔡。继别为宗,厥后多材。皇袭济北郡公孚,公之曾祖也。陇西郡公津容,公之王父也。济北仕至国子司业,赠太仆卿,陇西仕至慈卫汝邢青五州刺史,终永王傅。以至烈考憺,历监察御史殿中侍御史尚书仓部员外,累赠职方郎中虢州刺史。公即虢州府君之第若干子也,凭是积厚,丛生福祉,少以门子入官,联调两宫环列之佐,次补伊阙丞……长子元亮,以武略至御史中丞,不幸早亡。次子元道,以吏才为大理司直兼监察御史,参陈许军事。次曰元规,进士及第,盩厔县尉。”按:据墓志,李岧窆于伊阙县万安南原先公之兆域。

《登科记考》卷二七《附考・进士科》录载李元规。

【李公佐】陇西人。贞元中登进士第。历岭南从事、江淮从事、江西从事。

《全唐文》卷六六七白居易《论元稹第三状》:“监察御史元稹贬江陵府士曹参军。右,伏缘元稹左降事宜,昨李绛崔群等再已奏闻,至今未蒙宣报。伏恐愚诚未恳,圣虑未回,臣更细思,事有不可,所以尘黩,至于再三。臣内察事情,外听众议,元稹左降,不可者三。何者?元稹守官正直,人所共知,自授御史已来,举奏不避权势,只如奏李公佐等之事,多是朝廷亲情。人谁无私,因以挟恨,或假公议,将报私嫌,遂使诬谤之声,上闻天听。臣恐元稹左降已后,凡在位者每欲举事,必先以元稹为戒,无人肯为陛下当官执法,无人肯为陛下嫉恶绳愆,内外权贵,亲党纵横,有大过大罪者,必相容隐而已,陛下从此无由得知。此其不可者一也。昨者元稹所追勘房式之事,心虽奉公,事稍过当,既从重罚,足以惩违,况经谢恩,旋又左降,虽引前事以为责词,然外议喧喧,皆以为元稹与中使刘士元争厅,自此得罪。至于争厅事理,已具前状奏陈,况闻刘士元踏破驿门,夺将鞍马,仍索弓箭,吓辱朝官,承前已来,未有此事。今中官有罪,未见处置,御史无过,却先贬官,远近闻知,实损圣德。臣恐从今已后,中官出使,纵暴益甚,朝官受辱,必不敢言。”

《全唐文》卷七二五李公佐《谢小娥传》:“至元和八年春,余罢江西从事,扁舟东下,淹泊建业,登瓦棺寺阁。”

《旧唐书》卷一八下《宣宗》:"(大中二年)前扬府录事参军李公佐、元推官元寿吴珙翁恭。"按:李公佐贞元中进士及第。

(宋)李昉等《太平广记》卷一二八《报应二十七·尼妙寂》引《续玄怪录》:"尼妙寂,姓叶氏,江州浔阳人也。初嫁任华,浔阳之贾也。父升,与华往复长沙广陵间。唐贞元十一年春,之潭州不复……十七年,岁在辛巳,有李公佐者,罢岭南从事而来,揽衣登阁,神彩隽逸,颇异常伦。"

(宋)李昉等《太平广记》卷三四三《鬼二十八·庐江冯媪》引《异闻录》:"元和六年,夏五月,江淮从事李公佐使至京,回次汉南,与渤海高钺、天水赵儹、河南宇文鼎会于传舍,宵话徵异,各钩闻。钺具道其事,公佐因为之传。"

(宋)李昉等《太平广记》卷四六七《水族·李汤》引《戎幕闲谈》:"唐贞元丁丑岁,陇西李公佐泛潇湘苍梧,偶遇征南从事弘农杨衡泊舟古岸,淹留佛寺,江空月浮,徵异话奇。"

《新唐书》卷二〇五《列女传·段居贞妻谢》:"陇西李公佐隐占得其意"。按:李公佐为陇西人,其登第当在宣宗朝之前,文武朝。杜光庭《神仙感遇传》卷三:"李公佐"条:"李公佐举进士后,为钟陵从事。"按:其大中二年尚为卑吏,其登第应在大中元年前,朱玉麒《登科记考补遗订正》补入。

【李劝】进士及第。官尉氏尉。

《全唐诗》第七册卷二三六有钱起《送李四擢第归觐省》:"当年贵得意,文字各争名。齐唱阳春曲,唯君金玉声。悬黎宝中出,高价世难掩。鸿羽不低飞,龙津徒自险。直矜鹦鹉赋,不贵芳桂枝。少俊蔡邕许,长鸣唐举知。梁城下熊轼,朱戟何晧耀。才子欲归宁,棠花已含笑。高门知庆大,子孝觉亲荣。"同书第八册卷二三八钱起《李四劝为尉氏尉李七勉为开封尉》诗,题下原注云:"惟伯与仲有令誉,因美之。"知"李四"即李劝。

《登科记考补正》卷二七《附考·进士科》录载李劝。

【李序】深州人。贞元末登进士科。历承德节度使判官,官至侍御史,赠工部郎中、赠给事中。

《全唐文》卷六五八白居易《镇州军将王怡判官李序先被贼中诛囚并死各赠官及优恤子孙制》:"敕:朕尝思镇冀之间,吊伐之际,有仗顺死义,不吾闻者,因命宏正,列状以闻。而某官王怡等,顷陷艰虞,思伸忠效,或名节将立,併命于幽忧,或义烈临奋,失身于戮辱,履危如虎尾,视死如鸿毛。若无褒扬,何劝天下?既降饰终之命,仍加身后之礼,追崇延宠,有越常伦。冀使死节之魂,忠愤之骨,知我怜悯,殁无恨焉。怡可赠左仆射,序可赠给事中。"

(宋)李昉等《太平广记》卷三〇八《神十八·李序》引《博异志》:"元和四年,寿州霍丘县有李六郎,自称神人御史大夫李序,与人言,不见其形。"按:李序及第当在贞元末。

(宋)王钦若等《册府元龟》卷一四〇《帝王部(一百四十)·旌表第四》:"(元和)十一年正月,赠故成德军节度掌书记、殿中侍御史李序工部郎中。序,安平人,百药五代孙,举进士,尝谒王士贞,署为掌书记。"朱玉麒《〈登科记考〉补遗、订正》补入。

【李夷则】宗室,京兆府人。贞元中登进士第。

《旧唐书》卷一七六《李宗闵传》:“夷简诸弟夷亮、夷则、夷范,皆登进士第。”《登科记考》卷二七《附考·进士科》未言其登第时间。按:李夷简贞元二年(786)登进士第,则其登第亦当在贞元间。

【李夷范】宗室,京兆府人。贞元中登进士第。

《旧唐书》卷一七六《李宗闵传》:“夷简诸弟夷亮、夷则、夷范,皆登进士第。”《登科记考》卷二七《附考·进士科》未言其登第时间。按:李夷简贞元二年(786)登进士第,则其弟登第亦当在贞元间。

【李昌】宗室,京兆府万年县人,祖齐物太子太傅,父絛官至朝散大夫。贞元十五年(799)前登进士甲科。

《全唐文》卷五〇二权德舆《朝散大夫守司农少卿赐紫金鱼袋陇西县开国男李公墓志铭并序》:“公讳絛,字坚,后以字为讳,淮安靖王赠司空神通之元孙也。盐州刺史孝锐,司空之昭也;宏农太原守璟,盐州之穆也;太子太傅赠司徒齐物,公之祢也;尚书左仆射赠司空复,公之兄也……(大历)十五年三月乙巳,以疾终于胜业里私第,享年五十九……其孤曰昌,举进士甲科。”按:据志文,李絛葬于万年县某原先公之兆域。

【李宣远】贞元中登进士科。

(宋)计有功《唐诗纪事》卷四三《李宣远》:“宣远,贞元进士登第。”

【李谅之】进士及第。官秘书少监。

《全唐文》卷六四〇李翱《祭从祖弟秘书少监文》:“秘书少监十弟谅之之灵:惟君文行修洁,夙负嘉名。累升科第,士友欢接。遂登谏省,蔚以直闻。周历南宫,连刺三郡。得风告罢,入贰秘书。致政于家,息心养疾。沈恙顿已,日望其除。告言不闻,凶讣遄至。呜呼哀哉!年未五十,有男早亡。少妻主丧,有息非嗣。报施之道,冥茫孰知。呜呼哀哉!吾责刺远州,道里遐阔。病不得见,丧不得临。痛悼摧伤,凄贯心骨。有酒在盏,有肉在盘。魂兮其来,歆此单薄。洒泪遣荼,哀而不文。孰期谅之,去矣长别。呜呼哀哉!尚飨。”

《登科记考》卷二七《附考·进士科》录载李谅之。

【李景仁】宗室,郡望陇西,京兆府人,祖汉中王瑀,父褚太子中舍。约在贞元末登进士科。历容管经略使。

《旧唐书》卷一七一《李景俭传》:“李景俭字宽中,汉中王瑀之孙。父褚,太子中舍。景俭,贞元十五年登进士第……景俭弟景儒、景信、景仁,皆有艺学,知名于时。景信、景仁,皆登进士第。”参考贞元十五年(799)进士科李景俭条。

《登科记考》卷二七《附考·进士科》条云李景仁及第。

《广西通志》卷五〇《秩官·唐》容管经略使条下有李景仁。

【李景信】宗室,郡望陇西,京兆府人,祖汉中王瑀,父褚太子中舍。约在贞元末登进士科。历校书。

(唐)元稹《元氏长庆集》卷一二《律诗》:“李景信校书,自忠州访予。连床递饮之间,悲咤使酒。”

《旧唐书》卷一七一《李景俭传》:“李景俭字宽中,汉中王瑀之孙。父褚,太子中舍。

景俭，贞元十五年登进士第……景俭弟景儒、景信、景仁，皆有艺学，知名于时。景信、景仁，皆登进士第。”参考贞元十五年(799)进士科李景俭条。

《登科记考》卷二七《附考·进士科》条云李景信及第。

【李景儒】宗室，郡望陇西，京兆府人，祖汉中王瑀，父褚太子中舍。约在贞元末登进士科。历太子詹事。

《旧唐书》卷一七一《李景俭传》：“李景俭字宽中，汉中王瑀之孙。父褚，太子中舍。景俭，贞元十五年登进士第……景俭弟景儒、景信、景仁，皆有艺学，知名于时。景信、景仁，皆登进士第。”参考贞元十五年进士科李景俭条。

《新唐书》卷二一六下《吐蕃下》：“开成四年，遣太子詹事李景儒往使，吐蕃以论集热来朝，献玉器羊马。”

【杨皞】约在贞元前后登进士第。

《全唐诗》第七册卷二三七钱起《送杨皞擢第游江南》：“行人临水去，新咏复新悲。万里高秋月，孤山远别时。挂帆严子濑，酹酒敬亭祠。岁晏无芳杜，如何寄所思。”

《登科记考》卷二七《附考·进士科》录载杨皞。

【杨衡】郡望凤翔，益州犀浦县人，父鸥官至益州犀浦县令。贞元十五年(799)前登进士科。历左金吾卫仓曹参军、桂管观察使从事。

《全唐文》卷六九一符载《犀浦县令杨府君墓志铭》：“唐益州犀浦县令宏农杨府君，春秋三十九，以大历十四年冬十月，卒于郫县之私第。且迫多故，权葬于是县之近郊。有才子衡，进士擢第，官曰左金吾卫仓曹参军，为桂阳部从事，以贞元十五年十月某日，启护于成都。以十六年春二月某日，归葬于凤翔之陈仓某乡某原。”按：杨衡籍贯当以其父居官地为是，其郡望当以凤翔为是。

（五代）王定保《唐摭言》卷二《争解元》：“合淝李郎中群，始与杨衡、符载等，同隐庐山，号‘山中四友’。……杨衡后因中表盗文章及第，诣阙寻其人，遂举，亦及第。”

（宋）计有功《唐诗纪事》卷五一《杨衡》：“（杨衡）初隐庐山，有盗其文登第者，衡因诣阙，亦登第。”

【何观】贞元四年(788)前进士及第。

《全唐文补遗》千唐志斋新藏专辑，贞元四年(788)正月三日《唐故右卫仓曹参军赐绯鱼袋何(杲)继夫人京兆韦氏墓志铭并序》，署“第廿八侄孤子前乡贡进士何观述”。

【沈述师】苏州吴人。贞元中登进士科。

《登科记考》卷二七《附考·进士科》沈述师条引《元和姓纂》：“沈既济生传师，进士。次子述师，进士。”“按传师于贞元及第，述师当亦同时。”

【张九宗】遂宁人。进士及第。曾典乡郡。

（宋）王象之《舆地纪胜》卷一五五《潼川府路·遂宁府·人物》：“唐张九宗，小溪人。德宗时登高科，持节封侯，归典乡郡。”

（明）李贤等《明一统志》卷七一《潼川州·人物·唐》：“张九宗，遂宁人。举进士，持节封侯，归典乡郡。”按：《万姓统谱》卷三八记载同。

《登科记考补正》卷二七《附考·进士科》录载张九宗。

【张聿】建中进士,贞元末登万言科。历秘书省正字、翰林学士,官至衢州刺史。

《全唐文》卷六五四元稹《永福寺石壁法华经记》:"衡州刺史张聿。"是张□当为张聿。

《全唐诗》第十册卷三一九:"张聿,建中进士。诗五首。"

《登科记考》卷一九日试万言科条据白居易《报衢州张使君诗》,注是年"张某"曾登万言科。按:衢州张使君即张聿,见岑仲勉《翰林学士壁记注补》。张聿于贞元二十年自秘书省正字充翰林学士,长庆四年刺衢州,则其登科当不迟于长庆三年。按:张聿登第当在贞元末登第。《登科记考》卷一九引白居易《报衡州张使君》诗及其注列出张□云:"按张涉登万言科在天宝时,德宗朝已放归田里,不应至长庆中年为衡州刺史。"此言当是。考《白居易集》卷四八有《张聿可衢州刺史制》。

【张俊余】贞元末登进士科。

(五代)王定保《唐摭言》卷八《通榜》:"贞元十八年,权德舆主文,陆傪员外通榜帖,韩文公荐十人于傪,其上四人曰侯喜、侯云长、刘述古、韦纾,其次六人:张弦、尉迟汾、李绅、张俊余,而权公凡三榜共放六人,而弦、绅、俊余不出五年内,皆捷矣。"

【张灿】贞元、元和间进士。

《唐诗纪事》卷四六《张璨传》:"璨,贞元、元和间进士也。"按:璨,当作灿。

《登科记考补正》卷二七《附考·进士科》录载张灿。

【陆傪】一作"陆参"。德宗初登进士第。贞元中官祠部员外郎。

《全唐文》卷五〇三载权德舆撰贞元十八年(802)秋七月甲子《唐故使持节歙州诸军事守歙州刺史赐绯鱼袋陆君墓志》作陆傪,并云:"字公佐,吴郡人。"同书卷六一九小传云:"参,吴郡人,第进士,贞元中官祠部员外郎。"则陆傪进士擢第当在贞元之前。

《永乐大典》卷二三六八引《苏州府志》:吴郡进士未详何年有陆参。

《登科记考补正》卷二七《附考·进士科》录载陆傪(陆参)。

【陆简礼】苏州嘉兴人,祖侃,溧阳令,父贽,官至宰相。贞元中登进士第。累辟使府。

《旧唐书》卷一三九《陆贽传》:"陆贽,字敬舆,苏州嘉兴人。父侃,溧阳令,以贽贵,赠礼部尚书……顺宗即位,与阳城、郑余庆同诏征还。诏未至而贽卒,时年五十二,赠兵部尚书,谥曰宣。子简礼,登进士第,累辟使府。"按:其父永贞元年卒,其登第年当在贞元中。

【陈中师】约在贞元中登进士科。历太常少卿。

《全唐文》卷六五七白居易《陈中师除太常少卿制》:"敕:尚书吏部郎中兼侍御史陈中师,早以体物之文,待问之学,中乡里选,第甲乙科。及筮仕立身,皆有本末,不背俗以矫逸,不趁时以沽名,从容中道,自致闻望。累践郎署,再参宪司,官无卑崇,事无简剧,如玉在佩,动必有声,为时所称,何用不可。朕以立国之本,礼乐为先,今之太常,兼掌其事,贰兹职者,不亦重乎?历代迄今,谓之清选。往复是命,伫观有成,予方急才,尔宁久次。可太常少卿。"按:此制应作于元和二年以后,则陈中师登第当在贞元中。

《登科记考补正》卷二七《附考·进士科》录载陈中师。

【陈维】建中初登进士第。

《唐代墓志汇编》建中〇一五建中三年(782)九月己酉(廿九日)《唐故云麾将军左龙武军将军知军事兼试光禄卿上柱国谯郡开国公赠扬州大都督曹府君(景林)墓志铭并序》,题下署“前乡贡进士陈维文”。按:志主卒于建中三年(782)七月,则陈维进士及第当在建中四年之前。

王其祎、周晓薇《〈登科记考〉补续》补入。

【罗立言】宣州人,父名欢。贞元末登进士科。历魏博节度使从事,官至京兆少尹,知府事。

《旧唐书》卷一六九《罗立言传》:“罗立言者,父名欢。贞元末,登进士第。宝历初,检校主客员外郎,为盐铁河阴院官……为京兆少尹,知府事。训败日,族诛。”

《新唐书》卷一七九《罗立言传》:“罗立言者,宣州人。贞元末擢进士,魏博田弘正表佐其府。改阳武令,以治剧迁河阴……改度支河阴留后……止奏削兼侍御史……擢为(京兆)少尹。”

【苗□】约在建中前后登进士科,辟贤侯府,调参太原军事。

《唐代墓志汇编》会昌〇〇三《唐故太原府参军赠尚书员外郎苗府君夫人河内县太君玄堂志铭并序》:“维会昌元年岁次辛酉年……河内县太君捐养于江州刺史之官舍,享年六十七……皇考始以德行文学为乡里举,得太常第,辟贤侯府,调参太原军事。”按:墓志署:“孤子朝散大夫、前使持节江州诸军事守江州刺史、上柱国愔撰。”所云“皇考”为志主之夫,约在建中前后登第。

【范传式】约在贞元末登进士及第。

《全唐文》卷六四七元稹《范传式可河南府寿安县令制》:“敕:范传式:御史府多以法律见征,苟覆视之不明,于薄责而何逭?传式在先朝时,尝为监察御史。会孙革以厩牧竞田之狱来上,朝廷意其未具,复命传式理之。不能精求,尽以前却,使岐人众来告我,职尔之由。须示薄惩,用明失实。嗟乎!长人之吏,信在言前。当革非心,无因故态,过而不改,宁罔后艰。”按:柳宗元元和十四年卒,文中提到范传式为先朝御史,则范氏登第当在德宗朝,最有可能在贞元末。

《柳宗元集》卷二二《送宁国范明府诗序》,孙注曰:“时又有范传式、传规,皆中第。”《登科记考》卷二七《附考·进士科》云其及第。

【范传规】约在贞元末登进士及第。历宣武节度使推官、陕州安邑县令

《全唐文》卷六四九元稹《授王沂河南府永宁县令范传规陕州安邑县令制》:“敕:前汴宋亳颍等州观察推官殿中侍御史内供奉赐绯鱼袋王沂前宣武军节度推官监察御史里行范传规等:比制诸侯吏,府罢则归之有司,以第叙常秩,近或不时以闻,谬异前诏。朕申明之,以复故典。而去岁司徒宏,以沂等入觐,因献其能。越在后庚之前,且宠上台之请,命汝好爵,时予加恩。勉字邦畿,无虐黎献。沂可河南府永宁县令,传规可陕州安邑县令,余如故。”

《柳宗元集》卷二二《送宁国范明府诗序》,孙注曰:“时又有范传式、传规,皆中第。”《登科记考》卷二七《附考·进士科》云其及第。按:柳宗元元和十四年(798)卒,则范氏登

第当在元和十四年前，最有可能在贞元末。

【周匡著】漳州龙溪人。贞元中进士擢第。

(明)李贤等《明一统志》卷七八《邵武府·人物》："唐周匡物漳州龙溪人，初州人未有业儒者，匡物兄匡著，擢贞元进士，而匡物复擢进士，官至高州刺史，唐世郡人登科者始于匡物兄弟。"

【郑元】进士及第。官至刑部尚书兼御史大夫。

《旧唐书》卷一四六《郑元传》："郑元，举进士第，累迁御史中丞。贞元中为河中节度使杜确行军司马。确卒，遂继为节度使，入拜尚书左丞。元和二年，转户部侍郎、兼御史大夫、判度支。三年春，迁刑部尚书，京兆尹。九月，复判度支，依前刑部尚书、兼御史大夫……元和四年，以疾辞职，守本官，逾月卒。"

《登科记考》卷二七《附考·进士科》录载郑元。

【郑巨】约在贞元前后登进士第。历广州参军。

《全唐诗》第七册卷二三七有钱起《送郑巨及第后归觐省》："多才白华子，初擅桂枝名。嘉庆送归客，新秋带雨行。离人背水去，喜鹊近家迎。别赠难为此，衰年畏后生。"

《登科记考》卷二七《附考·进士科》录载郑巨。

雍正《广东通志》卷二六《职官志》广州参军下有郑巨。

【郑驯】贞元中登进士科。

(宋)李昉等《太平广记》卷三四一《鬼二六·郑驯》引《河东记》："郑驯，贞元中进士擢第，调补门下典仪，第三十五。庄居在华阴县南五六里，为一县之胜。驯兄弟四人，曰驷，曰骥，曰驹。驹与驯，有科名时誉，县大夫洎邑客无不倾向之。驯与渭桥给纳判官高叔让中外相厚，时往求丐。高为设鲙食，其夜，暴病霍乱而卒。时方暑，不及候其家人，即为具棺榇衾襚敛之，冥器奴马，无不精备。题冥器童背，一曰鹰儿，一曰鹘子。马有青色者，题云撒豆骢。十数日，柩归华阴别墅。时邑客李道古游虢川半月矣，未知驯之死也。"

《登科记考》卷二七《附考·进士科》云郑驯及第。

【郑述诚】荥阳人，祖峻之宋州下邑县令，父洮亳州鹿邑县丞。建中前后登进士科。

《全唐文》卷五八八柳宗元《先君石表阴先友记》："郑元均，荥阳人。"

《全唐文补遗》第七辑，李宗衡撰元和三年(808)七月二十二日《唐右庶子韦公(聿)夫人故荥阳县君郑氏墓志铭并序》："维元和三年岁次戊子春三月廿九日辛亥，夫人被疾，殁于长安长兴里第，享年六十八。曾祖敬爱，皇朝润州曲阿县令。祖峻之，宋州下邑县令。父洮，亳州鹿邑县丞。世甲于婚姻，而不以轩裳为务，故官不至大。洎伯兄述诚、仲氏元均、叔氏通诚，皆懿以辞才，继登进士第于太常，当时号为卓绝。"按：《登科记考》卷一一建中二年(781)条云郑元均进士及第。墓主元和三年(808)春秋六十八卒，则述诚、通诚进士擢第应在建中前后。

【郑通诚】荥阳人，祖峻之宋州下邑县丞，父洮亳州鹿邑县令。建中中登进士科。

《全唐文》卷五八八柳宗元《先君石表阴先友记》："郑元均，荥阳人。"

《全唐文补遗》第七辑，李宗衡撰元和三年(808)七月二十二日《唐右庶子韦公(聿)夫人故荥阳县君郑氏墓志铭并序》:"维元和三年岁次戊子春三月廿九日辛亥,夫人被疾,殁于长安长兴里第,享年六十八。曾祖敬爱,皇朝润州曲阿县令。祖峻之,宋州下邑县令。父泚,亳州鹿邑县令。世甲于婚姻,而不以轩裳为务,故官不至大。洎伯兄述诚、仲氏元均、叔氏通诚,皆懿以辞才,继登进士第于太常,当时号为卓绝。"按:《登科记考》卷一一建中二年(781)条云郑元均进士及第。墓主元和三年(808)春秋六十八卒,则述诚、通诚进士擢第应在元和以前。

【郑驹】贞元中登进士科,调补门下典仪。

(宋)李昉等《太平广记》卷三四一《鬼二六·郑驯》引《河东记》:"郑驯,贞元中进士擢第,调补门下典仪,第三十五。庄居在华阴县南五六里,为一县之胜。驯兄弟四人,曰驷,曰骥,曰驹。驹与驯,有科名时誉,县大夫洎邑客无不倾向之。"

《登科记考》卷二七《附考·进士科》云郑驹及第。

【郑碣】河南荥阳人。建中前后登进士科,累佐盛府。历浙江西道都团练判官,官至殿中侍御史。

《全唐文》卷七四九杜牧《郑碣除江西判官李仁范除东川推官裴虔余除山南东道推官处士陈威除西川安抚巡官等制》:"敕。浙江西道都团练判官将仕郎监察御史里行郑碣李仁范暨虔余等:咸以文行,策名清时,诸侯知之,命为幕吏。少微四星,处士毗辅之宿也。天之布列,在轩辕前,此乃天意亲近贤良,先于妃后。威者吾能言之,耕延陵之皋,荷石门之篠,沉如鱼潜,冥若鸿翔,非吾贤相,尔不肯起。勉酬知己,以壮在野。并可依前件。"

《唐代墓志汇编》大中〇九一《唐故颍州颍上县令求府君夫人荥阳郑氏合祔玄堂志》:"……荥阳郑氏……(夫人)烈考杭州唐山县令府君讳弘敏……(夫人)堂叔碣,亦以进士擢第,殿中侍御史,累佐盛府。"按:郑氏大中九年六十四岁,其叔登第当在建中前后。

【房式】河南人。进士及第。官终宣歙池观察使,卒赠左散骑常侍,谥曰倾。

《旧唐书》卷一一一《房琯传》:"房琯,河南人,天后朝正议大夫、平章事融之子也……式,琯之侄。举进士……移授宣歙池观察使。元和七年七月卒,赠左散骑常侍。"

《新唐书》卷一三九《房琯传》:"房琯字次律,河南河南人。父融,武后时,以正议大夫同凤阁鸾台平章事……琯族孙式,擢进士第,累迁忠州刺史……改宣歙观察使。卒赠左散骑常侍,谥曰倾。"

《登科记考》卷二七《附考·进士科》录载房式。

【孟简】字几道,德州平昌县人。贞元中登进士科,又登宏词科。官至太子宾客。

《旧唐书》卷一六三《孟简传》:"孟简字几道,平昌人……擢进士第,登宏辞科,累官至仓部员外郎……寻迁司封郎中。元和四年,超拜谏议大夫……出为常州刺史。八年,就加金紫光禄大夫……征拜为给事中……十三年,代崔元略为御史中丞,仍兼户部侍郎……入为太子宾客,分司东都。其年十二月卒。"

《新唐书》卷一六〇《孟简传》:"孟简字几道,德州平昌人。曾祖诜,武后时同州刺史。简举进士、宏辞连中,累迁仓部员外郎……元和中,拜谏议大夫……进户部,加御史中丞……左授太子宾客,分司东都……仍太子宾客分司,卒。"

(宋)计有功《唐诗纪事》卷四一《孟简》:"元和中,简将试……乃擢上第……简,字几道,德州人。元和中为户部侍郎,以赃贬,后以太子宾客分司卒。"《全唐诗》第十二册卷三七九孟郊《感别送从叔校书简再登科东归》。《登科记考》卷二七《附考・进士科》条著录孟简两次。一云:"郊之叔,见孟郊诗。"一云:"《旧书》本传:'简字几道……擢进士第,登宏词科。'"岑仲勉《〈登科记考〉订补》云此两孟简实为一人。

【赵佶】郡望天水,洛阳河南县人。贞元八年(792)前登进士科。

《唐代墓志汇编》贞元〇四一《唐故给事中守永州司马赐绯鱼袋范阳卢府君墓志铭并序》:"前进士赵佶撰。"按:墓主贞元八年埋葬于洛阳河南县,赵佶当在贞元八年前登第。

《唐代墓志汇编》咸通〇二一赵璘撰咸通三年(862)十月十四日《唐故处州刺史赵府君(璜)墓志铭》:"君讳璜,字祥牙,其先自秦灭同姓,降居天水……五代祖讳仁泰,邢州南和令;高王父讳慎己,相州内黄主簿;曾王父讳驷,大明帝时制举,自同州韩城令,擢拜京兆府士曹,转河阴令,再迁扶风郡长史。王父讳涉,进士擢第,累佐藩府,至朝散大夫检校著作郎兼侍御史;先君讳伉,自建中至元和,伯仲五人,登进士第,时号卓绝……咸通三年四月十一日,遭大病于郡廨,享年五十九。"按墓志署:"兄中大夫守衢州刺史璘撰。"归葬之地为河南府河南县。

【赵伉】郡望天水,洛阳河南县人,父涉官至朝散大夫检校著作郎兼侍御史。贞元间登进士科。

《唐代墓志汇编》大中〇一一赵璜撰大中元年(847)九月十四日《唐故进士赵君(珪)墓志铭》:"进士赵珪,字子达,天水人也……曾祖府君讳驷,制策登科朝散大夫魏郡司马;司马生皇祖府君讳涉,进士及第朝散大夫侍御史;侍御史府君生皇考府君讳伉,进士及第监察御史。秀才监察府君第三子也……长兄江西观察判官监察御史里行璘,寄财毕葬事;次兄京兆府鄠县尉璜,乞假护丧东归……世以进士相贵重,自吾皇祖皇考伯修、叔伸、叔佶、叔儹及吾昆仲,爰暨中外,咸以科名光显记册。"

《唐代墓志汇编》咸通〇二一赵璘撰咸通三年(862)十月十四日《唐故处州刺史赵府君(璜)墓志铭》:"君讳璜,字祥牙,其先自秦灭同姓,降居天水……五代祖讳仁泰,邢州南和令;高王父讳慎己,相州内黄主簿;曾王父讳驷,大明帝时制举,自同州韩城令,擢拜京兆府士曹,转河阴令,再迁扶风郡长史。王父讳涉,进士擢第,累佐藩府,至朝散大夫检校著作郎兼侍御史;先君讳伉,自建中至元和,伯仲五人,登进士第,时号卓绝……咸通三年四月十一日,遭大病于郡廨,享年五十九。"按墓志署:"兄中大夫守衢州刺史璘撰。"归葬之地为河南府河南县。

罗继祖《登科记考补》补入。

【赵伸】郡望天水,洛阳河南县人,父涉官至朝散大夫检校著作郎兼侍御史。贞元中登进士第。

《唐代墓志汇编》大中〇一一赵璜撰大中元年(847)九月十四日《唐故进士赵君(珪)墓志铭》:"进士赵珪,字子达,天水人也……曾祖府君讳驷,制策登科朝散大夫魏郡司马;司马生皇祖府君讳涉,进士及第朝散大夫侍御史;侍御史府君生皇考府君讳伉,进士及第监察御史。秀才监察府君第三子也……长兄江西观察判官监察御史里行璘，寄财毕葬事；次兄京兆府鄠县尉璜，乞假护丧东归……世以进士相贵重，自吾皇祖皇考伯修、叔伸、叔佶、叔儹及吾昆仲，爰暨中外，咸以科名光显记册。”

《唐代墓志汇编》咸通〇二一赵璘撰咸通三年（862）十月十四日《唐故处州刺史赵府君（璜）墓志铭》：“君讳璜，字祥牙，其先自秦灭同姓，降居天水……五代祖讳仁泰，邢州南和令；高王父讳慎己，相州内黄主簿；曾王父讳驷，大明帝时制举，自同州韩城令，擢拜京兆府士曹，转河阴令，再迁扶风郡长史。王父讳涉，进士擢第，累佐藩府，至朝散大夫检校著作郎兼侍御史；先君讳伉，自建中至元和，伯仲五人，登进士第，时号卓绝……咸通三年四月十一日，遭大病于郡廨，享年五十九。”按墓志署：“兄中大夫守衢州刺史璘撰。”归葬之地为河南府河南县。

【赵纲】贞元二年（786）前登进士第。

《洛阳新获七朝墓志》贞元二年（786）二月二十四日《唐故陇西郡渭源府果毅都尉段府君墓志铭并序》，署“前乡贡进士赵纲述”。

【赵殷辂】贞元中登进士科。

《全唐文》卷六一九赵殷辂小传云：“殷辂，贞元中进士。”

【赵儹】郡望天水，洛阳河南县人，父涉官至朝散大夫检校著作郎兼侍御史。贞元中登进士第。

《唐代墓志汇编》大中〇一一赵璜撰大中元年（847）九月十四日《唐故进士赵君（珪）墓志铭》：“进士赵珪，字子达，天水人也……曾祖府君讳驷，制策登科朝散大夫魏郡司马；司马生皇祖府君讳涉，进士及第朝散大夫侍御史；侍御史府君生皇考府君讳伉，进士及第监察御史。秀才监察府君第三子也……长兄江西观察判官监察御史里行璘，寄财毕葬事；次兄京兆府鄠县尉璜，乞假护丧东归……世以进士相贵重，自吾皇祖皇考伯修、叔伸、叔佶、叔儹及吾昆仲，爰暨中外，咸以科名光显记册。”

《唐代墓志汇编》咸通〇二一赵璘撰咸通三年（862）十月十四日《唐故处州刺史赵府君（璜）墓志铭》：“君讳璜，字祥牙，其先自秦灭同姓，降居天水……五代祖讳仁泰，邢州南和令；高王父讳慎己，相州内黄主簿；曾王父讳驷，大明帝时制举，自同州韩城令，擢拜京兆府士曹，转河阴令，再迁扶风郡长史。王父讳涉，进士擢第，累佐藩府，至朝散大夫检校著作郎兼侍御史；先君讳伉，自建中至元和，伯仲五人，登进士第，时号卓绝……咸通三年四月十一日，遭大病于郡廨，享年五十九。”按墓志署：“兄中大夫守衢州刺史璘撰。”归葬之地为河南府河南县。

（宋）李昉等《太平广记》卷三四三《鬼二十八·庐江冯媪》引《异闻录》：“元和六年，夏五月，江淮从事李公佐，使至京，回次汉南，与渤海高钺、天水赵儹、河南宇文鼎会于传舍，宵话徵异，各钧闻。钺具道其事，公佐因为之传。”

【胡玫】河东人，侄证贞元中登科，敬宗时官至户部尚书。登进士第。

《旧唐书》卷一六三《胡证传》：“胡证字启中，河东人。父瑱、伯父玫，登进士第。证，贞元中继登科，咸宁王浑瑊辟为河中从事……敬宗即位之初，检校户部尚书守京兆尹。数月，迁左散骑常侍。宝历初拜户部尚书，判度支。”按：胡玫当为贞元初登进士第。

《登科记考》卷二七《附考·进士科》录载胡玫。

【胡濬】进士及第。

《全唐诗》第九册卷二八五李端《元丞宅送胡濬及第东归觐省》：“登龙兼折桂，归去当高车。旧楚枫犹在，前隋柳已疏。月中逢海客，浪里得乡书。见说江边住，知君不厌鱼。”

《登科记考》卷二七《附考·进士科》录载胡濬。

【哥舒恒】一作“哥舒峘”，祖翰，父曜。进士及第。

《元稹集》卷一六《酬哥舒少府寄同年科第》：“前年科第偏年少……八人同看彩衣裳。”注：“同年科第，宏词吕炅、王十一起，拔萃白二十二居易，平判李十一复礼、吕四颎、哥舒大恒、崔十八玄亮逮不肖八人，皆奉荣养。”《登科记考》卷一五贞元十九年拔萃科条云哥舒恒及第，并云一作“哥舒垣”。

《新唐书》卷一三五《哥舒翰传》载：翰子曜，曜“子七人，俱以儒闻。峘，茂才高第，有节概。崿、嶬、屺皆明经擢第”。按峘“茂才高第”，当指进士登科。

【柳□】京兆万年人，祖从裕朝请大夫沧州清池令，父察躬湖州德清令。建中初进士高第，调受河南府文学。历渭北节度使论惟明辟为从事、太常寺协律郎、朔方节度使张献甫参谋、大理评事、度支判官、大理司直、殿中侍御史、度支营田副使。

《全唐文》卷五九一柳宗元《故叔父殿中侍御史府君墓版文》：“柳氏之先，自黄帝及周鲁，其著者无骇以字为展氏，禽以食采为柳姓。厥后昌大，世家河东。呜呼！公讳某字某，曾王父朝请大夫徐州长史讳子夏，遗贞白之操，表仪宗门，王父朝请大夫沧州清池令讳从裕，垂博裕之道，启佑后允。皇考湖州德清令讳察躬，宏孝悌之德，振扬家声。惟公端庄无谄，徽柔有裕。峻而能容，介而能群。其在闺门也，动合大和，皆由顺正。恺悌雍睦，莫有间言，故宗党歌之。其在公门也，释回措枉，造次秉直。事不失当，举无秕政，故官府诵之。用冲退径尽之志，以宏正友道，信称于外焉。用柔和博爱之道，以视遇孤弱，仁著于内焉。此公修己之大经也。自进士登高第，调受河南府文学。秩满，渭北节度使论惟明辟为从事，受太常寺协律郎。元戎即世，罢职家食。无何，朔方节度使张献甫辟署参谋，受大理评事，赐绯鱼袋。改度支判官，转大理司直。迁殿中侍御史，加度支营田副使。此公从政之大略也。既佐戎事，实司中府，匪颁有制，会计明白。呜呼！分阃委政，繄公而成务；朝右虚位，待公而周事。宗门期公而光大，姻党仰公而振耀。贞元十二年岁在丙子正月九日壬寅，遇暴疾终于私馆，享年五十。痛矣！夫人吴郡陆氏，洎仲弟综季弟续冢侄某等，抱孤即位，牵率备礼。祗奉裳帷，归于京师。以某年二月二十八日庚寅，安厝于万年县之少陵原，礼也。”考《旧唐书》卷一五四《吕元膺传》：“贞元初，论惟明节制渭北。”则柳□进士及第当在建中初。

《登科记考》卷二七《附考·进士科》录载柳□。

【柳昱】字季昭，河东人，祖岑通事舍人，赠秘书监；父潭太仆卿、驸马都尉，赠尚书左仆射；外祖肃宗皇帝。进士及第。尚德宗四女宜都公主，官驸马都尉，卒赠工部尚书。

《唐代墓志汇编续集》贞元〇七八李再荣撰贞元二十年(804)十月十九日《大唐故银

青光禄大夫行殿中次监驸马都尉赠工部尚书河东柳府君(昱)墓志铭并序》:"昔尼父谓臧文仲不仁,盖以下展禽。禽,周公之胤,食于柳,遂姓焉。公其裔也。讳昱,字季昭。祖岑,皇朝通事舍人,赠秘书监。父潭,皇朝太仆卿、驸马都尉,赠尚书左仆射。外祖肃宗皇帝,祖妣章敬皇后,妣和政公主。庚子岁夏四月,公生于常乐里第。天伦其四,伯曰晟,时任将作少监;仲曰晕,皇朝邕王傅;叔曰杲,皇朝秘书少监、驸马都尉,尚义清公主;公其季也。寻试殿中丞,赐绯鱼袋。贞元六年冬,拜舒王府司马。十二年冬,授银青光禄大夫,行殿中少监、驸马都尉。十四年夏六月,尚今皇帝四女宜都公主。十九年春三月,主薨,葬万年县铜人原。二十年岁在甲申秋八月二旬有一日,公终于永兴里第,享年四十有五。制赠工部尚书。以其年冬十月旬有九日合葬宜都茔,礼也。公凭庆自远,百祥徘徊。怙恃徽懿,鸰原炳蔚。夙闻诗礼,因心孝友。五岁丁外艰,九岁重罹酷罚,咸尽孺慕,于是乎见至性矣。元舅代宗皇帝引进如子,闵其遭家不造,悉昆弟并保养于内闱。皇帝时在储宫。每谒贺,先诏令肩随,其宠异如此。导以师友,虹玉成器,方复私第,试吏久矣,无以舒抱。乃自免章绶,杜门垂帷,歌玄化,颂盛德。造乎贡士之口,登乎旌文之场。上闻嘉焉。以夫懿密且宫闱旧,无待宗伯奏第,遂有曳裾之拜。"按:以年岁推之,其擢第约在大历、建中之际。

《登科记考补正》卷二七《附考·进士科》录载柳昱。

【柳殊】郡望河南柳氏,贯澧州澧阳。贞元中登进士科。历岭南从事。

(宋)李昉等《太平广记》卷一四九《定数四·柳及》引《前定录》:"柳及,河南人,贞元中进士登科殊之子,家于澧阳。尝客游至南海,元帅以其父有名于缙绅士林间,俾假掾于广,未几,娶会长岑氏之女……乃携妻子归宁于澧阳。未再岁后,以家给不足,单车重游南中,至则假邑于蒙,于武仙再娶沈氏。会公事之郡,独沈氏与母孙氏在县廨。"《登科记考》卷二七《附考·进士科》进士科录载柳殊,考云:《前定录》:"柳及,河南人,贞元中登科殊之子。"《元和郡县图志》缺卷《逸文卷一·山南道》:"澧州,下辖澧阳县。"河南为其郡望,澧州为其籍贯。

【柳淳】贞元十六年(800)前登进士。

《洛阳出土历代墓志辑绳》贞元十六年吕温《唐故吕府君夫人河东郡君柳氏墓志铭并序》:"……(夫人)贞元十六年(卒)……次女适前进士柳淳。"收入《唐文拾遗》卷二七。按:其登第年当在贞元十六年前。朱玉麒《〈登科记考〉补遗、订正》补入。

【段平仲】字秉庸,武威人。德宗朝登进士科。历淮南节度使掌书记,华州、滑州从事,官至尚书右丞。

《旧唐书》卷一五三《段平仲传》:"段平仲字秉庸,武威人……登进士第。杜佑、李复相继镇淮南,皆表平仲为掌书记。复移镇华州、滑州,仍为从事。入朝为监察御史……贞元十四年,京师旱,诏择御史、郎官各一人,发廪赈恤……后除屯田膳部二员外郎、东都留守判官,累拜右司郎中。元和初,迁谏议大夫……转给事中……转尚书左丞,以疾改太子左庶子卒。"

《新唐书》卷一六二《段平仲传》:"段平仲字秉庸,本武威人,隋民部尚书达六世孙。擢进士第。杜佑、李复之节度淮南,连表掌书记。擢监察御史……元和初,为谏议大夫……再迁尚书右丞……终太子左庶子。”

【皇甫威】贞元中登进士科。

《全唐文》卷六一九皇甫威小传云:“威,贞元中进士。”

【独孤良史】贞元中登进士科。

(宋)计有功《唐诗纪事》卷三三《独孤良弼》:“良弼,贞元间进士也,为左司郎中。又有良史者,登进士第。”

【独孤申步】河南人。进士及第。历典校秘书,不幸短命。

《全唐文》卷六八五皇甫湜《伤独孤赋并序》:“伤独孤者,伤君子也,盖伤君子有道而无命也。河南独孤申步胜冠举进士,博学宏辞登科,典校秘书,不幸短命无后。其人也,君子也,天厚之才而啬之年,又亡其家,伤哉!余获知于君也久,而叨磨渐之益焉。不幸沦丧所知,追想其人,作赋伤之也。”

《登科记考补正》卷二七《附考·进士科》录载独孤申步。

【独孤良弼】贞元中登进士科。历左司郎中。

(宋)计有功《唐诗纪事》卷三三《独孤良弼》:“良弼,贞元间进士也,为左司郎中。又有良史者登进士第。”

【卿侃】邵阳人。贞元年间进士及第。

(宋)邓名世《古今姓氏书辨证》卷一六:“唐贞元时,邵州进士卿侃,望出邵阳。”

(明)凌迪知《万姓统谱》卷五四“唐”:“卿侃,邵阳人,贞元进士。”

(明)李日华《姓氏谱纂》卷五:“唐:卿侃,进士,邵阳人。”

《登科记考补正》卷二七《附考·进士科》录载卿侃。

【贾握中】宿州符离人。贞元中登进士科

光绪《宿州志》卷一八《人物志·儒林》:“贾握中符离人,与同县二张齐名,登贞元中进士,后隐……”

【徐宰】约在德宗朝登进士科。

《旧唐书》卷一七九《徐彦若传》:“徐彦若,天后朝大理卿有功之裔。曾祖宰,祖陶,父商,三世继登进士科。商,字义声,大中十三年及第。”《登科记考》卷二七《附考·进士科》条云徐宰及第。按:商在大中十三年(859)登进士科,其父约在宪宗至敬宗朝登第,其祖约在德宗朝登第。

【奚炅】京兆府万年县人,士族。贞元十五年(799)前登进士科。

《刘禹锡全集》卷二《唐故朝议郎尚书吏部侍郎上柱国赐紫金鱼袋赠司空奚公神道碑》:“(奚陟)贞元十五年十月甲子薨于位……葬于万年县之某原……第三子敬玄,以词艺似续,登文科,历左补阙,今为尚书刑部郎中。第四子炅,举进士。”按:其父葬于万年县,则其贯应定籍京兆府万年县。

《旧唐书》卷一四九《奚陟传》:“奚陟字殷卿,亳州人也……迁吏部侍郎……贞元十五年卒,年五十五,赠礼部尚书。”

【奚敬玄】京兆府万年县人。贞元初登进士科。历左补阙、尚书刑部郎中。

《刘禹锡全集》卷二《唐故朝议郎尚书吏部侍郎上柱国赐紫金鱼袋赠司空奚公神道碑》:"(奚陟)贞元十五年十月甲子薨于位……葬于万年县之某原……第三子敬玄,以词艺似续,登文科,历左补阙,今为尚书刑部郎中。第四子炅,举进士。"按:其父葬于万年县,则其贯应定籍京兆府万年县人。敬玄"以词艺似续,登文科",应指登进士科。

《旧唐书》卷一四九《奚陟传》:"奚陟字殷卿,亳州人也……迁吏部侍郎……贞元十五年卒,年五十五,赠礼部尚书。"

(宋)章定《名贤氏族言行类稿》卷八:"(奚)敬玄以词艺登文科,为刑部郎。亦举进士。"

《登科记考补正》卷二七《附考·进士科》录载奚敬玄。

【高沐】郡望渤海高氏,贯郓州,父凭,宣武军从事。贞元中登进士科。历平卢节度使判官,官至濮州刺史,赠吏部尚书。

《旧唐书》卷一八七下《忠义下·高沐传》:"高沐,渤海人。父凭,从事于宣武军,知曹州事……沐,贞元中进士及第。以家族在郓,李师古置为判官……元和十四年四月,诏曰:'……而濮州刺史高沐……可赠吏部尚书。'"

《新唐书》卷一九三《忠义传下·高沐传》:"沐,贞元中擢进士第,以家托郓。"

《登科记考》卷二七《附考·进士科》录载高沐。

【郭正礼】绛州翼城人。贞元中进士及第。

嘉靖《冀城县志》卷四《人物志上》:"郭正礼,德宗朝登进士。"

乾隆《山西通志》卷六五《科目·贞元中进士》:"郭正礼,翼城人。"唐代绛州下设翼城县。

【陶立言】贞元间登进士第。

(明)张鸣凤《桂胜》卷三《文》:"于越山有唐贞元年间吉州康司士,义兴房丞、江陵韦随军,皆以所镌字,灭失其名,惟前进士陶立言,则可睹者,亦当时来游之题名也。"桂林府通判汪森编《粤西丛载》卷二《题名》略同。

罗继祖《登科记考补》补入。

【陶拱】贞元中登进士科。

《全唐文》卷五九四陶拱小传云:"拱,贞元中进士。"

【萧俛】字思谦,京兆府长安县人,父恒。贞元中进士及第,又以贤良方正对策异等,拜右拾遗。历翰林学士,官至宰相。

《新唐书》卷一〇一《萧瑀传附萧俛传》:"俛字思谦,恒子。贞元中,及进士第,又以贤良方正对策异等,拜右拾遗。元和六年,召为翰林学士,凡三年,进知制诰……袭徐国公。穆宗立……授中书侍郎、同中书门下平章事,进门下侍郎……俄罢……复以少保分司东都……文宗即位,召授少师,称疾力不拜,乃还左仆射,许致仕……即迁太子太傅,优诏褒尚……既老,家于洛。"

【崔于】贝州武城人,其兄崔群。贞元中登进士科,官至库部郎中,知制诰。

《全唐文》卷七六一崔于小传云:"于,会昌三年官库部郎中,知制诰。"

《旧唐书》卷一五九《崔群传》:"崔群字敦诗,清河武城人,山东著姓。十九登进士第,又制策登科……大和五年,拜检校左仆射,兼吏部尚书。六年八月卒,年六十一,册赠司空……群弟于,登进士,官至郎署,有令名。"按:崔群贞元八年(792)登进士科,则其弟约在贞元中登进士。

《登科记考》卷二七《附考·进士科》录载崔登,考云:"《旧书·崔群传》:'群弟子登,进士,官至郎署,有令名。'"误。此处所云之"群弟子登,进士",明显误"于"为"子",且断句有误。《登科记考补正》卷二七《附考·进士科》袭误。

【崔延】字严实,郡望博陵崔氏,河南府河南县人,祖道斌,郑州荥泽主簿;父生镕,试大理评事。贞元初登进士科,释褐山南东道节度使从事,授秘书省校书郎。历剑南东川节度使从事。官至太子少詹事,以光禄卿致士。

《唐代墓志汇编》长庆〇二六《唐故朝散大夫光禄卿致仕上柱国赐紫金鱼袋崔公□(墓)□(志)□(铭)□(并)□(序)》:"公讳廷,字彦实,博陵人也……(祖)道斌,皇朝郑州荥泽主簿;主簿生镕,皇朝试大理评事……(公)贞元初,进士及第……其年为山南节度使严震重币厚礼辟为从事,授秘书省校书郎……元和初,砺移镇剑南东川,复表奏检校刑部员外郎、监领州事……其后历河中少尹,除太子少詹事……寻除光禄卿致士……葬于河南县……遵理命也。"

【崔泳】字君易,郡望清河武城,祖隐甫刑部尚书,父微河东少尹。贞元初登进士第,调同州参军陆浑尉,卒。

《全唐文》卷七八五穆员《陆浑尉崔君(泳)墓志铭》:"崔君名泳,字君易,清河东武城人,皇朝刑部尚书赠太傅忠公隐甫之孙,河东少尹微之子,进士擢第,调同州参军陆浑尉,生四十有三年,以贞元四年冬十月景子卒于洛阳毓德里之第。"按:其方调官,则其登第年当在贞元初。

【崔纯亮】磁州人。贞元末登进士第,历藩府。

《旧唐书》卷一六五《崔玄亮传》:"崔玄亮字晦叔,山东磁州人也。玄亮贞元十一年登进士第……始玄亮登第,弟纯亮、寅亮相次升进士科。藩府辟召……"

《登科记考》卷二七《附考·进士科》录载崔纯亮。

光绪《畿辅通志》卷三四《选举·唐·进士》:"崔纯亮,磁州人,元亮弟,见《磁州志》。"

【崔枢】贝州人。贞元中登进士科。历礼部侍郎。

(宋)王谠撰,周勋初校证《唐语林校证》卷一《德行》:"崔枢应进士,客居汴半岁……汴帅王彦谟寄其节,欲命为幕,崔不肯。明年登第,竟主文柄,有清名。"

《登科记考》卷二二会昌二年进士科条有崔枢及第。徐松按:"'王彦谟'当即'王彦威'之误,参考《彦威传》及《方镇表》,彦威于开成五年代李绅任河南节度使,会昌中入为兵部侍郎,则枢登第当在会昌元、二年,今载此俟考。"徐松所考虽是,恐《唐语林》记载有误。但,据《旧唐书》卷一九二《隐逸·孔述睿传》:"敏行字至之,举进士,元和五年礼部侍郎崔枢下擢第。"考相关史籍进士及第,并知贡举的崔枢当在元和五年前,则崔枢进士及第当在贞元前后。岑仲勉《〈登科记考〉订补》将崔枢归入存疑类。今暂时将崔枢列入德宗朝进士科条。《宰相世系表》清河大房有秘书监崔枢，疑即其人。按：清河大房当系贝州人。

【崔寅亮】磁州人。贞元末登进士第。历藩府。

《旧唐书》卷一六五《崔玄亮传》："崔玄亮字晦叔，山东磁州人也。玄亮贞元十一年登进士第……始玄亮登第，弟纯亮、寅亮相次升进士科。藩府辟召……"光绪《畿辅通志》卷三四《选举・唐・进士》："德宗年，崔寅亮、元亮弟。"

《洛阳新出土墓志释录》《唐故汴宋观察支使朝请郎殿中侍御史内供奉赐绯鱼袋崔府君（俌）墓志铭并序》："弟前乡贡进士寅亮谨述……以元和二年八月十七日葬于巩县合洛乡东原，祔于先茔，礼也。"

《登科记考》卷二七《附考・进士科》录载崔纯亮。

【崔亮】字广汴，磁州昭义县人。贞元初进士第。官至礼部尚书。

嘉靖《磁州志》卷二《人物》：崔亮，字广汴，"唐德宗贞元初登进士第"。

【崔鄯】贝州武城人，祖结，父倕，官卑。贞元中登进士科，官至左金吾大将军。

《旧唐书》卷一五五《崔邠传》："崔邠字处仁，清河武城人。祖结，父倕，官卑。邠少举进士，又登贤良方正科。贞元中授渭南尉。迁拾遗、补阙。常疏论裴延龄，为时所知。以兵部员外郎知制诰至中书舍人，凡七年。又权知吏部选事。明年，为礼部侍郎，转吏部侍郎，赐以金紫。邠温裕沉密，尤敦清俭。上亦器重之。裴垍将引为相，病难于承答，事竟寝。兄弟同时奉朝请者四人，颇以孝敬怡睦闻。后改太常卿，知吏部尚书铨事。故事，太常卿初上，大阅《四部乐》于署，观者纵焉。邠自私第去帽亲导母舆，公卿逢者回骑避之，衢路以为荣。居母忧，岁余卒，元和十年三月也，时年六十二。赠吏部尚书，谥曰文简。弟鄯、郾、郸等六人。子瓘、璜，瓘子彦融，皆登进士第，历位台阁。鄯少有文学，举进士。元和中，历监察御史。大和元年十月，自太子詹事拜左金吾卫大将军。鄯昆弟六人，仕官皆至三品。邠、郾、郸三人，知贡举，章铨衡。冠族闻望，为时名德。鄯大和九年冬，为左金吾卫大将军，无病暴亡。不旬日有训、注之乱，其乱始自金吾，君子乃至鄯之亡，崔氏积善之征也。赠礼部尚书。子瑄。"

《新唐书》卷一六三《崔邠传》："崔邠字处仁，贝州武城人。父倕……弟酆、郾、郇、鄯、郸……鄯擢进士，累迁至左金吾卫大将军，暴卒……赠礼部尚书……宣宗闻而叹曰：'郸一门孝友，可为士族法。'因题曰'德星堂'。后京兆民即其里为'德星社'云。"按：其登第当在贞元中，见崔郾条按语。"

《登科记考》卷二七《附考・进士科》录载崔鄯。

【蒋炼】常州晋陵人。进士及第。

《旧唐书》卷一八五上《良吏上・高智周传》："（蒋）会子捷，举进士。开元中，历台省，仕至湖、延二州刺史……捷子冽、涣，并进士及第……冽子炼，涣子铢，并进士举。"

（宋）计有功《唐诗纪事》卷三二《蒋涣》条："涣，仪凤宰相高智周之外曾孙，与兄冽皆第进士……（涣）终礼部尚书。冽终尚书左丞。"按：《旧唐书》所载蒋捷，应为蒋挺，官至湖、延二州刺史。《唐诗纪事》所载蒋冽，当为蒋洌。（宋）乐史《广卓异记》所载蒋竦，当为蒋炼。详见《元和姓纂》卷七义兴蒋氏下岑补、《登科记考补正》卷二七《附考・进士科》“蒋捷(蒋挺)”条、蒋铢(蒋竦)条孟考。

《登科记考》卷二七《附考・进士科》录载蒋炼。

【**蒋铢**】一作“蒋竦”,常州晋陵人。进士及第。

《旧唐书》卷一八五上《良吏上・高智周传》:“(蒋)会子捷,举进士。开元中,历台省,仕至湖、延二州刺史……捷子洌、涣,并进士及第……洌子炼,涣子铢,并进士举。”

(宋)乐史《广卓异记》卷一九《一家六人并进士及第》:“右按《登科记》:蒋挺二子冽、涣,挺弟播,播子准,冽子竦,一家父子孙六人并进士及第。”

(宋)计有功《唐诗纪事》卷三二《蒋涣》条:“涣,仪凤宰相高智周之外曾孙,与兄冽皆第进士……(涣)终礼部尚书。冽终尚书左丞。”按:《旧唐书》所载蒋捷,应为蒋挺,官至湖、延二州刺史。《唐诗纪事》所载蒋冽,当为蒋洌。《广卓异记》所载蒋竦,当为蒋炼。详见《元和姓纂》卷七义兴蒋氏下岑补、《登科记考补正》卷二七《附考・进士科》“蒋捷(蒋挺)”条、蒋铢(蒋竦)条孟考。

《登科记考》卷二七《附考・进士科》录载蒋铢。

【**蒋准**】常州晋陵人。进士及第。

《旧唐书》卷一八五上《良吏上・高智周传》:“(蒋)会子捷,举进士。开元中,历台省,仕至湖、延二州刺史……捷子洌、涣,并进士及第……洌子炼,涣子铢,并进士举。”

(宋)乐史《广卓异记》卷一九《一家六人并进士及第》:“右按《登科记》:蒋挺二子冽、涣,挺弟播,播子准,冽子竦,一家父子孙六人并进士及第。”

(宋)计有功《唐诗纪事》卷三二《蒋涣》条:“涣,仪凤宰相高智周之外曾孙,与兄冽皆第进士……(涣)终礼部尚书。冽终尚书左丞。”按:《旧唐书》所载蒋捷,应为蒋挺,官至湖、延二州刺史。《唐诗纪事》所载蒋冽,当为蒋洌。《广卓异记》所载蒋竦,当为蒋炼。详见《元和姓纂》卷七义兴蒋氏下岑补、《登科记考补正》卷二七《附考・进士科》“蒋捷(蒋挺)”条、蒋铢(蒋竦)条孟考。

《登科记考补正》卷二七《附考・进士科》录载蒋准。

【**韩伯庸**】贞元中进士科及第。

《全唐文》卷六二〇韩伯庸小传云:“伯庸,贞元中进士。”

【**虞九皋**】字鸣鹤,明州慈溪县人。贞元中登进士科。早卒,私谥曰恭肃。

《柳宗元集》卷一一《虞鸣鹤诔并序》:“前进士虞九皋,字鸣鹤。”

(明)王圻《谥法通考》卷一七《历代私谥》:“虞九皋,字鸣鹤。慈溪人。登贞元间进士,卒于京师。一时名流相与丐柳宗元诔之,私谥曰恭肃。”

【**虞□**】约在贞元间登进士第。

《全唐诗》第八册卷二四七有独孤及《送虞秀才擢第归长沙》。按:独孤及为代德间人,则虞某登第当在此期间。此秀才科指进士科。

【**虞说**】约在贞元前后登进士第。

《全唐诗》第七册卷二三七有钱起《送虞说擢第东游》、同卷《送虞说擢第南归觐省》诗。

《登科记考》卷二七《附考·进士科》录载虞说。

【褚藻】约在贞元前后登进士第。

《全唐诗》第七册卷二三七钱起《送褚十一澡擢第归吴觐省》:"林表吴山色,诗人思不忘。向家流水便,怀橘彩衣香。满酌留归骑,前程未夕阳。怆兹江海去,谁惜杜蘅芳。"褚十一即褚藻。

《登科记考》卷二七《附考·进士科》录载褚藻。

【裴衡】字衡,河东闻喜人。贞元十四年(798)前进士及第。官至右司御率府录事参军。

《全唐文补遗》第六辑,裴佶《故右司御率府录事参军裴君(衡)墓志铭并叙》:"君讳衡,字衡,河东闻喜人。贞元龙集戊寅岁,由前进士释巾受补。其年仲夏,□□而卒。署吏十旬而未盈,止龄卌而过五。"按:贞元戊寅岁为贞元十四年(798),则其进士及第当在此之前。

《登科记考补正》卷二七《附考·进士科》录载裴衡。

【裴澄】闻喜人。贞元间登进士科。官至苏州刺史。

《新唐书》卷五九《艺文三》:"裴澄《乘舆月令》十二卷。国子司业。贞元十一年上。"

《登科记考补正》卷二七《附考·进士科》录载裴澄。

乾隆《山西通志》卷六五《科目·贞元中进士》下有:"裴澄,闻喜人,苏州刺史。"

【樊绅】贞元末登进士科。

陕西省考古研究所藏永贞元年《韦本立墓志》:"君讳本立,字全道,京兆万年人也……举进士,登甲科。""前乡贡进士南阳樊绅撰。"

《登科记考补正》卷二七《附考·进士科》录载樊绅。

【颜粲】建中进士及第。

(宋)计有功《唐诗纪事》卷三二《颜粲》:"粲,登建中进士第。"

《登科记考》卷二七《附考·进士科》录载颜粲。

【薛少殷】郡望河东。贞元初前后登进士科,授秘校书郎。历和蕃判官、主簿。

(宋)李昉等《太平广记》卷一五二《定数七·薛少殷》引《前定录》:"河东薛少殷举进士,忽一日,暴卒于长安崇义里……既醒,具述其事,后年春,果及第,未几,授秘书省正字,充和蕃判官,及回,改同官主簿。"按:和蕃当指贞元三年五月"清水会盟",见《旧唐书》卷一二《德宗上》,其登第当在贞元初前后。

《登科记考》卷二七《附考·进士科》录载薛少殷。

【薛存庆】字嗣德,河中宝鼎人。德宗朝进士科及第,元和元年(806)登才识兼茂明于体用科。历御史、尚书郎、给事中,赠吏部侍郎。

(宋)王溥《唐会要》卷七六《贡举中·制科举》:"元和元年四月,才识兼茂明于体用科……薛存庆……及第。"

(宋)王钦若等《册府元龟》卷六四五《贡举部(七)·科目》:"宪宗元和元年四月,才识兼茂明于体用科(元稹、韦惇、独孤郁、白居易、曹景伯、韦庆复、崔琯、罗让、崔护、薛存庆、韦珩、李瑀、元修、萧俛、傅归、柴宿及第),达于吏理可使从政科(陈岵及第)。"

《新唐书》卷一四三《薛珏传》:"薛珏字温如,河中宝鼎人……改太子宾客,出为岭南观察使……子存庆,字嗣德,貌伟岸。及进士第,历御史、尚书郎。五迁给事中……刘总以幽州归,穆宗谓宰相曰:'必用薛存庆,可以宣朕意。'对延英一刻,遣之,至镇州,疽发于背卒,赠吏部侍郎。"

【薛拥】河东人,祖缣,河南县令,赠给事中,父同,湖州长史,赠刑部尚书。贞元年间进士及第。官至御史。

《全唐文》卷六五四元稹《唐故越州刺史兼御史中丞浙江东道观察等使赠左散骑常侍河东薛公(戎)神道碑文铭》:"公讳戎,字元夫,父曰湖州长史赠刑部尚书同,母曰赠某郡太夫人陆氏,尚书景融女,祖曰河南县令赠给事中缣,河南于邠州为季子。刑部五男,乂终郎,丹终宾客,拥终御史,公实刑部府君第某子,今尚书兵部侍郎集贤殿学士放于公为季弟。公初不乐为吏,徒以家世多贵富,门户当有持之者,会两弟相继举进士,皆中选,公自喜,遂入阳羡山,年四十余不出。"

(唐)韩愈《朝散大夫越州刺史薛公(戎)墓志铭》:"公讳戎,字元夫……河南有子四人,其长曰同,卒官湖州长史,赠刑部尚书。尚书娶吴郡陆景融女有子五人,皆有名迹,其达者四人。公于伦次为中子。"

《登科记考补正》卷二七《附考·进士科》录载薛拥,考云:"《新唐书·宰相世系表》三下薛姓:'缣,金部员外郎'。子'同,湖州长史'。子:'乂,温州刺史。丹,卢州刺史。戎,字元夫,浙东观察使。(此处空一格)放,江西观察使。朗。'无'拥'名,则其空格处即当为'拥'……据上所考,知戎之两弟相继举进士者,当为拥、放。放于贞元七年(791)擢第。"按:拥亦当于贞元年间进士及第。

【魏正则】江陵人。约贞元中登第。

《全唐诗》第十册卷三一六武元衡《送魏正则擢第归江陵》:"客路商山外,离筵小暑前。高文常独步,折桂及韶年。关国通秦限,波涛隔汉川。叨同会府选,分手倍依然。"

《全唐诗》第十册卷三一七武元衡《送魏正则擢第归江陵》:"商山路接玉山深,古木苍然尽合阴。会府登筵君最少,江城秋至肯惊心。"按:武元衡为贞元、元和间人,则魏正则登第当在此期间。

《登科记考》卷二七《附考·进士科》录载魏正则。

附考明经(德宗朝明经)

德宗建中之后凡曰"孝廉"者,皆为"明经"。

【马汇】士族,京兆人。建中元年前登明经科,授河南府参军。官至太仆少卿,赠绛州刺史。

《全唐文》卷五〇七权德舆《司徒兼侍中上柱国北平郡王赠太傅马公行状》:"曾祖君

才,皇右武候大将军南阳郡公。祖珉,皇右钤卫仓曹参军,累赠尚书右仆射。父季龙,皇大同军使岚州刺史幽州经略副使,累赠司空。汝州郏城县临汝乡石台里马燧,字洵美,年七十……(贞元十一年)八月十七日,薨于安邑里私第,皇帝震悼,不视朝四日。先是诏宰臣诣宅问疾,御医禁方,旁午于途,疾剧遗表,指陈边事,纯诚至公,言不及私。薨之明日,诏赠太傅,又诏文武百寮,就宅吊哭。京兆尹护丧,万年令为副,司农卿嗣吴王巘充吊祭使,鸿胪少卿王权为副,赙赠绢二千匹,布五百端,米粟二千石。"

《全唐文》卷五六七韩愈《唐故赠绛州刺史马府君行状》:"君讳某,字某。其先为嬴姓,当周之衰,处晋为赵氏;晋亡而赵氏为诸侯,其后益大,与齐楚韩魏燕为六国,俱称王。其别子赵奢,当赵时破秦军阏与有功,号马服君,子孙由是以马为氏。梁有安州刺史侍中赠太尉岫。岫生乔卿,任襄州主簿,国乱去官不仕。乔卿生君才,隋末为蓟令,燕王艺师之,以有幽都之众。武德初朝京师,拜武侯大将军,封南阳郡公。卒葬大梁新里,赵郡李华刻碑颂之。君才生珉,为玉钤卫仓曹参军事,赠尚书左仆射。生季龙,为岚州刺史,赠司空,清河崔元翰铭其德于碑,在新里。司空生燧,为司徒侍中北平王,赠太傅,谥庄武。庄武之勋劳在策书,君其长子也。少举明经,司徒公作藩太原,授河南府参军,建中四年……超拜太常丞……又拜太仆少卿,疾病一年。贞元十八年七月二十五日,终于家,凡年四十有五。其弟少府监畅上印绶,求追赠,赠绛州刺史。"

(宋)魏仲举《五百家注释韩昌黎全集》卷三七《马汇行状》:"少举明经。"

《登科记考》卷二七《附考・明经科》:《韩文考异》:"讳某,或作讳汇。"按:其贞元十八年(802)四十五岁,少举进士,建中元年(780)为二十三岁,其登第当在建中元年前。

【王□】北海人。明经及第。官任城尉、左金吾卫兵曹。

《全唐文》卷五八九柳宗元《尚书户部侍郎王君先太夫人河间刘氏志文》:"夫人姓刘,其先汉河间王……夫人既笄五年,从于北海王府君讳某。府君举明经,授任城尉左金吾卫兵曹……夫人生二子:长曰彝伦,举五经,早夭;少曰叔文。"按刘氏卒于贞元二十一年(805)六月二十日,推测其夫举明经在德宗初年。

《登科记考》卷二七《附考・明经科》录载王□。

【王彝伦】北海人,父明经及第,官任城尉、左金吾卫兵曹。贞元中举五经,早夭未仕。

《全唐文》卷五八九柳宗元《尚书户部侍郎王君先太夫人河间刘氏志文》:"夫人姓刘,其先汉河间王……夫人既笄五年,从于北海王府君讳某。府君举明经,授任城尉左金吾卫兵曹……夫人生二子:长曰彝伦,举五经,早夭;少曰叔文。"按刘氏卒于贞元二十一年(805)六月二十日,则彝伦举五经当在贞元年间。

《登科记考》卷二七《附考・明经科》录载王彝伦。

【元秬】字元度,郡望河南元氏,京兆府万年县人。贞元年间明一经科及第。历长安万年县尉,官至比部郎中。

《全唐文》卷六五五元稹《唐故朝议郎侍御史内供奉盐铁转运河阴留后河南元君墓志铭》:"有魏昭成皇帝十一代而生我隋朝兵部尚书府君讳某,后五代而生我比部郎中舒王府长史府君讳某,君即府君之第二子也,讳某,字元度,娶清河崔邻女,生四子:长曰易简,蒺阳尉；次从简，曲沃尉；次行简，太乐丞；幼宏简。长女适刘中孚，早卒；次婴疾室居；次适苏京，举进士；次适李殊，殊妻早夭。君始以恒王参军附太学治《春秋》，中授左清道府录事参军，历湖丞。秩罢，丁比部府君忧，服阕，调兴平长安万年尉。丁荥阳太君忧，服阕，除万年丞，迁监察御史，知转运永丰院事殿中侍御史，留务河阴，加侍御史，赐绯袋，元和十四年以疾去职，九月二十六日，殁于季弟虢州长史稹之官舍……君之生六七十年矣……唐元和之己亥，惟孟年十一月十六日仲月之良辰，合葬我元君于咸阳县之洪渎川，从先太君之后域”。按：元度为比部郎中元宽的次子，即秬，其及第当在元稹贞元九年及第之后。又：其以“学治春秋，中授左清道府录事参军”，当为明一经科。

《全唐文》卷六八〇白居易《唐河南府君夫人荥阳郑氏墓志铭并序》：“有唐元和元年九月十六日，故中散大夫尚书比部郎中舒王府长史河南元府君讳宽夫人荥阳县太君郑氏年六十寝疾殁于万年县靖安里私第……夫人有四子二女，长曰沂，蔡州汝阳尉；次曰秬，京兆府万年县尉；次曰积，同州韩城尉；次曰稹，河南县尉……夫人为母时，府君既殁，积与稹方髫龀，家贫无师以授业，夫人亲执诗书，诲而不倦，四五年间，二子皆通经入仕，稹既第判入等，授秘书省校书郎。”

【元积】郡望河南元氏，京兆万年县人，父宽。贞元末登明经科。历同州韩城尉。

《全唐文》卷六八〇白居易《唐河南府君夫人荥阳郑氏墓志铭并序》：“有唐元和元年九月十六日，故中散大夫尚书比部郎中舒王府长史河南元府君讳宽夫人荥阳县太君郑氏年六十寝疾殁于万年县靖安里私第……夫人有四子二女，长曰沂，蔡州汝阳尉；次曰秬，京兆府万年县尉；次曰积，同州韩城尉；次曰稹，河南县尉……夫人为母时，府君既殁，积与稹方髫龀，家贫无师以授业，夫人亲执诗书，诲而不倦，四五年间，二子皆通经入仕，稹既第判入等，授秘书省校书郎。”按：此碑立于元和元年(806)，则其登第当在贞元末。

【韦丹】字文明，京兆府万年县人。贞元初登五经科，授校书郎。历邠宁节度使判官、江西观察使。

《全唐文》卷七五四杜牧《唐故江西观察使武阳公韦公遗爱碑》：“谨按韦氏，自汉丞相贤已降，代有达官，孝宽有大功于后周，封郧国公。郧公曾孙幼平，为岐州参军。生抱贞，为梓州刺史。生政，为汉州雒县丞，赠右谏议大夫。雒县生武阳公。公字文明，以明五经登科，授校书郎咸阳尉，以监察御史殿中侍御史佐张献甫于邠宁府。征为太子舍人，迁起居郎检校吏部员外郎侍御史河阳行军司马，未行，改驾部员外郎。会新罗国以丧来告，且请立君，拜司封郎中兼御史中丞，章服金紫，吊册其嗣。新罗再以丧告，不果行，改容州经略使……元和五年薨，年五十八。”

(宋)李昉等《太平广记》卷一一八《报应十七 · 韦丹》引《河东记》：“唐江西观察使韦丹，年近四十，举五经未得。”

《新唐书》卷一九七《循吏 · 韦丹传》：“韦丹字文明，京兆万年人……擢明经，调安远令……复举《五经》高第，历咸阳尉，张献甫表佐邠宁幕府。顺宗为太子，以殿中侍御史召为舍人……还为容州刺史……迁河南少尹……徙为江南西道观察使。”

(宋)魏仲举《五百家注释韩昌黎全集》卷二五《唐故江西观察使韦公墓志铭》：“举明

经第，选授硖州远安令。”按：韦丹为张献甫邠宁幕府约在贞元八年（792）前后，见《新唐书》卷一二六下《吐蕃下》，则韦丹登五经科约在贞元初。

【韦行敦】京兆人，父太子右庶子。约贞元初登明经科。

《全唐文补遗》第七辑，李宗衡撰元和三年七月廿二日《唐右庶子韦公（聿）夫人故荥阳县君郑氏墓志铭并序》：“维元和三年岁次子春三月廿九日辛亥，夫人被疾，殁于长安长兴里第，享年六十八……始嫁，庶子尉南陵……庶子之弟剑南节度赠太师曰皋……如姬之子□人：曰行敦，操坚强立，举明经第。”按元和三年（808）立碑，行敦约贞元初明经及第。

【韦绶】字子章，京兆人。明经及第，建中四年拔萃科及第。历翰林学士，官至礼部尚书，赠尚书右仆射。

《旧唐书》卷一五九《路随传附路泌传》：“（路随）父泌字安期……建中末，以长安尉从调，与李益、韦绶等书判同居高第。”

《旧唐书》卷一六二《韦绶传》：“韦绶字子章，京兆人……初为长安县尉……于頔镇襄阳，辟为宾佐……入朝为工部员外，转屯田郎中。元和十年，改职方郎中，充太子诸王侍读，再迁谏议大夫……乃罢侍读，出为虔州刺史。穆宗即位，以师友之恩，召为尚书右丞，兼集贤院学士……长庆元年三月，转礼部尚书，判集贤院事……二年十月，检校户部尚书、兴元尹、山南西道节度使……赠尚书右仆射。”

《新唐书》卷一六九《韦贯之传附韦绶传》：“绶，贯之兄。举孝廉，又贡进士，礼部侍郎潘炎将以为举首，绶以其友杨凝亲老，故让之，不对策辄去，凝遂及第。后擢明经，辟东都幕府。”

《登科记考》卷二七《附考·明经科》录载韦绶。

【韦辞】字践之，京兆府人，祖召卿洛阳丞，父翃官至侍御史。贞元中登明经科，复登平判科，为秘书省校书郎。历东都留守韦夏卿从事、累佐使府，官至湖南观察使，赠右散骑常侍。

《旧唐书》卷一六〇《韦辞传》：“韦辞字践之。祖召卿，洛阳丞。父翃，官至侍御史。辞少以两经擢第，判入等，为秘书省校书郎。贞元末，东都留守韦夏卿辟为从事。后累佐使府……转刑部郎中，充京西北和籴使。寻为户部郎中、兼御史中丞，充盐铁副使，转吏部郎中……乃出为潭州刺史、御史中丞、湖南观察使。在镇二年，吏民称治。大和四年卒，时年五十八，赠右散骑常侍。”按：韦辞贞元末，东都留守韦夏卿辟方为从事，则其登第年当在贞元中。

《登科记考》卷二七《附考·明经科》录载韦辞。

【韦凝】贞元九年后明经及第。

《隋唐五代墓志汇编》陕西卷第四册《韦冰墓志》：“公始童丱，与仲弟安邑县主簿凝切磋道义，同业异时；逦迤登第，名问相磨，婚官相次，伯俸仲任，仲俸伯专。”按：据“同业异时，逦迤登第”语，凝亦明经及第者。韦冰贞元九年明经，则凝及第或在此年略后。

【孔仲良】莆田人。明经及第。贞元、泰和间历金椒尉、青阳承，至莆田令，卒官。

（明）何乔远《闽书》卷六一《兴化府》莆田县令下记有孔仲良，谓“宣圣四十一代孙也。

以乡贡明经。贞元、泰和间,历金椒尉、青阳承,至莆田令,卒官。因家县之涵头镇”。又谓其为莆田令在宝历中。据此,孔仲良之举明经或即在贞元中。又《八闽通志》卷七二《人物·寓贤》有孔仲良小传,可参。

【孔戢】字方举,东都洛阳人。贞元中登明经科,又登平判科。历秘书省校书郎,昭义节度使判官,官至御史大夫,赠工部尚书。

《旧唐书》卷一五四《孔巢父传》:“孔巢父,冀州人……从子戡、戣、戢……戢,字方举,戣母弟也。以季父巢父死难,德宗嘉其忠,诏与一子正员官,因授戢修武尉。以长兄戡未仕,固乞回授。举明经登第,判入高等,授秘书省校书郎、阳翟尉,入拜监察御史,转殿中,分司东都。时昭义节度判官徐玟……转侍御史、库部员外郎……迁京兆尹,出为汝州刺史、大理卿。出为潭州刺史、湖南观察使……入为右散骑常侍,拜京兆尹……文宗甚悦,诏兼御史大夫。大和三年正月卒,赠工部尚书。”按:“德宗嘉其忠”,未受,其登第年当在贞元年间。

《新唐书》卷一六三《孔巢父传》:“孔巢父……从子戣、戡、戢……戡……戡遂以疾归洛阳……戢,字方举。初,父死难,诏与一子官,补修武尉,不受,以让其兄戡。擢明经,书判高等,为校书郎、阳翟尉,累迁殿中侍御史,分司东都。昭义判官徐玫……转侍御史、库部员外郎……拜京兆少尹,再迁为湖南观察使,召授右散骑常侍、京兆尹……诏兼御史大夫。卒,赠工部尚书。”按:“戡遂以疾归洛阳”,其兄弟籍贯当为洛阳。

《登科记考》卷二七《附考·明经科》录载孔戢。

【石洪】字濬川。当在贞元初登明经科。曾任冀州纠曹。

《全唐文》卷六三五李翱《荐士于中书舍人书》:“处士石洪。”原注:“明经出身,十五年前曾任冀州纠。”

《新唐书》卷一七一《乌重胤传》:“重胤出行伍,善抚士,与下同甘苦……当时有名士如温造、石洪皆在幕府……石洪者,字濬川,其先姓乌石兰,后独以石为氏。有至行,举明经,为黄州录事参军,罢归东都,十余年隐居不出。公卿数荐,皆不答。重胤镇河阳,求贤者以自重。”

(宋)洪迈《容斋续笔》卷一《唐藩镇幕府》:“唐世士人初登科或未仕者,多以从诸藩府辟署为重。观韩文公送石洪、温造二处士赴河阳幕府,可见礼节。”

(宋)魏仲举《五百家注释韩昌黎全集》卷二五《唐故集贤院校理石君墓志铭》樊注:“李翱荐洪书云:明经出身,曾任冀州纠曹。”

《登科记考》卷二七《附考·明经科》云其及第。

【卢士英】范阳涿人,祖朓天授二年进士擢第,官终饶阳郡司马,父灏肃宗时制科及第,官尚书祠部郎中。明经及第。官至岳州刺史。

《全唐文补遗》第八辑,李林宗撰大和九年(835)四月十日《唐故楚州营田巡官将仕郎徐州彭城县主簿范阳卢府君(处约)墓志铭并序》:“君讳处约,字得之,范阳人……曾祖朓,年十七,擢进士上第。著龙门篇,播于洛中。历秘书郎、深邓二州司马。祖灏,肃宗时应制考,登甲科,官至检校祠部郎中,阶至朝散。元和末,以子贵赠太子少保。烈考士英,少以明经及第。”

《全唐文补遗》千唐志斋新藏专辑，卢韶撰大中十一年（857）三月七日《唐故进士卢府君（衢）墓志铭》：“秀才名衢，字子重，范阳涿人也……君大父讳士瑛，皇任朝散大夫、岳州刺史。少能精苦，以经明筮仕，累为连帅辟署……我先府君讳处约，而文学儒素，则天授之矣。性弘雅爱物，视人如伤。六举进士而名洽京师，并驰者皆出其下。”按：两志关于卢士英明经及第记载一致。

【卢中规】郡望范阳。约在贞元中登明经科。官至兖州金乡县令。

《唐代墓志汇编》乾符〇二一《唐故寿州司马清河崔府君墓志铭并序》：“夫人范阳卢氏，外王父中规，明经出身，历任兖州金乡县令，夫人即金乡之长女。”按：据墓志，卢夫人大中戊寅岁（贞元二年）四十九岁，则其父约在贞元中及第。

【卢公质】范阳人。约在建中、贞元之间明经擢第。

《河洛墓刻拾零》，崔丰撰贞元六年（790）七月九日《唐大理司直卢君故夫人河东裴氏墓志铭并叙》：“（夫人）生二女六男。”“长男公质、次男公赘，皆以明经擢第，年甫弱冠，夫人未终之前岁，相继夭殁。”按：裴氏卒于贞元六年（790）三月十四日。据志文，裴氏长子公质、次子公赘弱冠时擢第，相继夭殁；志文未署官职，当尚未入仕，则兄弟两人明经擢第约在建中、贞元之间。

《大唐西市博物馆藏墓志》三二五，崔溉撰贞元十三年（797）十二月庚寅《唐故著作佐郎范阳卢公墓志铭并序》：“公讳克乂，范阳人也……长男公质，次曰公赘，早岁明经出身。”

【卢公赘】范阳人。约在建中、贞元之间明经擢第。

《河洛墓刻拾零》，崔丰撰贞元六年（790）七月九日《唐大理司直卢君故夫人河东裴氏墓志铭并叙》：“（夫人）生二女六男。”“长男公质、次男公赘，皆以明经擢第，年甫弱冠，夫人未终之前岁，相继夭殁。”按：裴氏卒于贞元六年（790）三月十四日。据志文，裴氏长子公质、次子公赘弱冠时擢第，相继夭殁；志文未署官职，当尚未入仕，则兄弟两人明经擢第约在建中、贞元之间。

《大唐西市博物馆藏墓志》三二五，崔溉撰贞元十三年（797）十二月庚寅《唐故著作佐郎范阳卢公墓志铭并序》：“公讳克乂，范阳人也……长男公质，次曰公赘，早岁明经出身。”

【卢平仲】贞元中登明经科。

《唐代墓志汇编》贞元〇七〇刘长孺撰贞元十二年（796）七月《唐故鸿胪少卿贬明州司马北平阳府君（济）墓志铭并序》：“少卿讳济，字利涉……有女四人：……次适前乡贡明经范阳卢平仲。”按：此碑立于贞元十二年，则平仲登第当在贞元十二年前。

【权少成】天水权氏，贯洛阳，祖伋许州临颍县令，父隼华州司士参军。约在建中初登明经科。历睦州桐庐尉、河南府登封县令。

《全唐文》卷五〇六权德舆《唐故河南府登封县令权君（少成）墓志铭并序》：“噫嘻！吾之从祖弟曰少成，字某，仕至河南府登封令而殁，其年五十七。曾王父益州成都县尉府君讳无侍，王父许州临颍县令府君讳伋，父华州司士参军府君隼……（君）以经明调选为睦州桐庐尉，凡七徙官，皆以功次得调……元和十一年调补登封。”按少成元和十一年五十七岁,而且七徙官,则其登第当在贞元初。

《登科记考》卷二七《附考·明经科》录载权少成。

【权少清】郡望天水,贯洛阳,祖许州临颍县令伋,父朝散郎华州司士参军隼。约在德宗朝登明经科。

《全唐文》卷五〇三权德舆《叔父故朝散郎华州司士参军府君墓志铭并序》:"《洪范》叙三德五福之道,而德存乎人,福系乎运。时未光大,则卷而怀之,姑以清行厚德,遗诸子姓而已。公讳隼,字子鸷,天水略阳人。十二代祖安邱敬公讳翼,为前秦司徒,代有勋德,以至四代祖平凉公讳文诞,历开府仪同三司涪常二州刺史。曾祖滑州匡城县令讳崇本,王父益州成都县令讳无侍,烈考许州临颍县令讳伋,初平凉之先,三叶开国,匡城以降,世名文行……贞元九年四月辛亥,终于富平从事之馆,享年六十一……(夫人)护奉輤车,东旋洛都。八月癸丑,遘疾疠终于新安之别墅,享年若干。有男子五人:长曰少成,仕至桐庐尉。次曰少清,以经术甲科。"

《登科记考》卷二七《附考·明经科》录载权少清。

【先汪】合江人。贞元中举孝廉。官本县令,寻退居安乐山,讲九经教授弟子。

《全唐诗》第十四册卷四七二作者小传:"先汪,合江人。贞元中举孝廉。诗一首。"

(宋)王象之《舆地纪胜》卷一五三《潼川府路·泸州·人物》:"先汪,以孝行显。"

(明)李贤等《明一统志》卷七二《泸州·人物·唐》:"先汪,合江人。七岁日诵万言,贞元中举孝廉,寻退居安乐山讲九经。其后宋开庆初有登进士曰先甲龙者,其裔也。"

(明)凌迪知《万姓统谱》卷二七:"先汪,合江人。七岁日诵万言,贞元中举孝廉,寻退居安乐山,讲九经。"

(明)曹学佺《蜀中广记》卷四三:"《明一统志》卷七二《泸州·人物·唐》:"先汪,合江人。七岁日诵万言,贞元中举神童,为本县令,寻退居安乐山,讲九经教授弟子。"

《登科记考补正》卷二七《附考·明经科》增补。

【毕坰】河南人,郡望河南偃师,贯京兆府长安县,祖构官至户部尚书,父抗赠户部尚书。约在德宗朝登明经科,为临涣尉。历武宁节度使从事。

《全唐文》卷五六六韩愈《河南府王屋县尉毕君(坰)墓志铭》:"毕氏出东平,历汉魏晋宋齐梁陈,士大夫不绝。入国朝,有为司卫少卿贝邢庐许州刺史者曰憬;憬之子构,累官至吏部尚书,卒赠黄门监,是为景公;景公生抗,为广平太守,抗安禄山,城陷,覆其宗,赠户部尚书;尚书生坰。家破时,坰生始四岁,与其弟增以俱小漏名籍,得不诛,为赏□贼中。宝应二年,河北平,宗人宏以家财赎出之,求增不得。增长为河北从事,兼官至御史中丞。坰既至长安,宏养于家,教读书,明经第。宏死,坰益壮,始自别为毕氏。历尉临涣安邑王屋。年六十一,以元和六年二月二日卒于官。初罢临涣,徐州节度张建封慕广平之节死,闻君笃行能官,请相见,署诸从事,摄符离令四年。及尉王屋,徐之从事有为河南尹者,闻君当来,喜谓人曰:'河南库岁入钱以千计者五六十万,须谨廉吏。今毕侯来,吾济矣!'继数尹诸署于府者无不变,而毕侯固如初。竟以其职死。君睦亲善事,过客,未尝问有无。"

《新唐书》卷一二八《毕构传》:"毕构字隆择,河南偃师人……玄宗立,授河南尹,进户部尚书……构子炕……赠户部尚书。炕生垧……后举明经，为临涣尉。徐州节度使张建封高炕节，闻垧笃行，表署幕府，摄符离令。后调王屋尉，以谨廉闻。喜宾客，家未尝以有无计。及殁，无赀以治丧云。”

（宋）魏仲举《五百家注释韩昌黎全集》卷二五《唐故河南府王屋县尉毕君墓志铭》：“垧既至长安，宏养于家，教读书，明经第。”

《登科记考》卷二七《附考·明经科》录载毕垧。

【李位】宗室，京兆府人。贞元中登明经科，选同州参军。历左右神策军推官、浙东团练副使，官至御史中丞。

《柳宗元集》卷一〇《唐故邕管经略招讨等使朝散大夫持节都督邕州诸军事守邕州刺史兼御史中丞赐紫金鱼袋李公墓志铭并序》：“公讳某，字某，实惟文皇帝之玄孙……公始以通经入崇文馆，登有司第，选同州参军，入佐金吾卫，进太仆主簿，参引大驾。府移为左右神策行营兵马节度，以为推官。拜监察御史，赐绯鱼袋。凡二使，其率皆范司空希朝。进殿中侍御史湖南都团练判官。以宽通简大，辅治得中道，府迁主后事。师人爱慕，欲以贞元故事为请。公恐惧抑留，复徙浙东为都团练副使。转侍御史。又徙浙西，如其职，加著作郎。凡三使，其率皆薛大夫苹。刺岳、信二州，得刘向秘书，以能卒化黄白，日召徒试术，为仇家上变。就鞫无事，敕笞杀告者，犹降建州司马。陟刺泉州，会乌浒夷刺杀郡吏，殴缚农民，诏以公都督邕州兼御史中丞，赐紫金鱼袋，为经略招讨使。既至，则弢弓櫜甲，去斥候，禁部内，无敢以贼名，使得自澣濯。诸酋长咸顿首送款，放虏获输税奉贡，愿比内郡人，遣子吏都督所。人复耕稼，无有威刑。居五月顷，有黑螭鼓江流，坏北岸，直城南门，覆船杀人然后去。父老泣曰：‘吾公其殆矣！’尝合汞、流黄、丹砂为紫丹，能入火不动，以为神，服之且十年。然卒以是病，暴下赤黑，数日薨……实元和十三年六月十五日，年五十七。”韩注：“李公讳位。”

《登科记考》卷二七《附考·明经科》云李位及第。按：李位登第时间当在贞元中。

【李沼】贞元年间明经及第。

《洛阳新获七朝墓志》贞元十□年十月二十七日《唐故上柱三卫天水郡赵府君墓志铭并序》，署名“前乡贡明经李沼撰”。按李沼明经及第当在贞元年间。

【李彧】京兆奉先人，祖雍官至太原府录事参军，父元之官至洪洞令。约在贞元前后登明经科。历新野令。

《全唐文》卷五〇三权德舆《太原府司录事参军李府君（雍）墓志铭并序》：“君讳雍，字某……父日知，皇银青光禄大夫黄门侍郎侍中户工刑三部尚书……（公）以开元十有九年夏五月殁于长安升道里，享年三十五……有子元之，仕至晋州洪洞县令。恺悌之化，行于乡党。命屈其才，亦不至大官。洪洞之子曰邓州新野令彬万年尉彤陈州太康主簿彩太公庙丞彣前明经彧等，以吏以文，循守家法。君初尝谓洪洞曰：吾家代壤树，在周郑之郊，延陵嬴博，岂限故土？苟吾启手足，必促择不食之地，而归全焉。故君殁之岁秋八月，权窆于万年县龙首原，厥后七十有七岁，彬彤等居内忧，忍哀襄事，因竭诚信，循祖祢之志，启君之窀，迁祔于京兆府奉先县漫泉乡保章里，从考卜也。”按：李彧当为京兆奉先籍。

《登科记考》卷二七《附考·明经科》条云李彧及第。

【李畅】陇西人,父晋卿仕至东阳决曹掾。约贞元前后明经甲科。历校书郎密县尉。

《全唐文》卷五〇六权德舆《唐故润州昭代寺比邱尼元应墓志铭并序》:"维贞元六年冬十一月戊子,比邱尼元应化灭于润州丹阳县昭代寺,享年五十四……纪其详,则俗姓卢氏,世阀华峻,倬于汉魏……初以既笄之年,归陇西李君晋卿,仕至东阳决曹掾……初决曹府君前夫人范阳卢氏子曰畅,幼怀字育之仁,夙奉诗书之训,再以经术践甲科,历校书郎密县尉。"

《登科记考补正》卷二七《附考·明经科》补入。

【李素】约德宗时明经及第。官至河南少尹。

《全唐文》卷五六五韩愈《河南少尹李公墓志铭》:"元和七年二月一日,河南少尹李公卒,年五十八……公讳素,字某。生七岁丧其父,贫不能家,母夫人提以归,教育于其外氏。以明经选主虢之宏农簿,又尉陕之芮城,李丞相泌观察陕虢,以材署运使从事,以课迁尉京兆鄠。考满,以书判出其伦,选主万年簿,而母夫人固在,食其禄。母夫人卒三年,改尉长安,迁监察御史,奏贬九卿一人,改詹事丞,迁殿中侍御史,由度支员外郎选令万年……遂刺衢州。至一月,迁苏州……居三年,州称治。拜河南少尹,行大尹事……曾祖宏泰,简州刺史。祖乾秀,伊阙令。父夔,宣州长史,赠绛州刺史。母夫人敦煌张氏,其舅参有大名。公之配曰彭城刘氏夫人,夫人先卒,其葬以夫人祔。夫人曾祖曰子元,祖曰悚,皆有大名。公之子男四人:长曰道敏,举进士;其次曰道枢;其次曰道本、道易,皆好学而文。女一人,嫁苏之海盐尉韦潜。自简州而下,首葬鸣皋山下。"

【李掖】宗室,陇西成纪人,祖愔,朝议大夫宗正丞,赠濮州刺史,父伯康,使持节郴州诸军事权知郴州刺史。贞元末登明经科。

《全唐文》卷五〇三权德舆《使持节郴州诸军事权知郴州刺史赐绯鱼袋李公墓志铭并序》:"君讳伯康,字士丰,陇西成纪人……父愔,皇朝议大夫宗正丞,赠濮州刺史……嗣子卢氏县尉操,次子前明经掖。"按:据墓志,其父永贞元年卒,则其登第当在贞元末。

《登科记考》卷二七《附考·明经科》云其登第。

【李逢吉】贞元十年前登明经科。小传见贞元十年进士科李逢吉条。

《旧唐书》卷一六七《李逢吉传》:"李逢吉字虚舟,陇西人。贞观中学士李玄道曾孙。祖颜,父归期。逢吉登进士第,释褐授振武节度掌书记。入朝为左拾遗、左补阙……十一年二月,权知礼部贡举、骑都尉,赐绯。四月,加朝议大夫、门下侍郎、同平章事,赐金紫……出为剑南东川节度使、检校兵部尚书。穆宗即位,移襄州刺史、山南东道节度使……长庆二年三月,召为兵部尚书。时……敬宗初即位……逢吉寻封凉国公,邑千户,兼右仆射……宝历初……逢吉检校司空、平章事、襄州刺史、山南东道节度使……大和二年,改汴州刺史、宣武军节度使……九年正月卒,时年七十八。赠太尉,谥曰成。"

《新唐书》卷一七四《李逢吉传》:"李逢吉字虚舟,系出陇西。父颜,有痼疾,逢吉自料医剂,遂通方书。举明经,又擢进士第……元和时,迁给事中、皇太子侍读。改中书舍人,知礼部贡举。未已事,拜门下侍郎、同中书门下平章事。诏礼部尚书王播署榜。"

【李巽】贞元四年(788)前明经及第,补华州参军事;同年贤良方正能直言极谏科及第,授鄠尉。小传见贞元四年清廉守节政术可称堪任县令科李巽条。

《全唐文》卷五〇五权德舆《唐故银青光禄大夫守吏部尚书兼御史大夫充诸道盐铁转运使上柱国赵郡开国公赠尚书右仆射李公(巽)墓志铭并序》:"惟元和四年夏五月丁卯,冢宰赵郡公巽寝疾薨于永崇里,享年六十三。天子悯然不视朝,追命右仆射。冬十月乙酉,返葬于洛师缑氏县芝田乡之大墓。公字令叔,赵郡赞皇人。曾祖知让,皇河南府长水县主簿。祖承允,江州别驾,赠太府少卿。父嶷,右武卫录事参军,饰终四加至尚书右仆射。代载德善,至公昌大。始以明经筮仕为华州参军。试言超绝,补鄠县尉,登朝为监察御史殿中侍御史,由美原县令课最为刑部员外郎,由万年县令课最为户部左司二郎中,由常州刺史理刑第一征为给事中,以御史中丞领潭州刺史湖南观察使,就加右散骑常侍,以右散骑常侍领洪州刺史江西观察使,就加御史大夫,同二府报政入为兵部侍郎,在涂加度支盐铁副使。至止逾月,代今司徒岐公为使,明年迁兵部尚书,间一岁转吏部尚书。总八柄,平九赋,左右理道,以纾元元。天子方推心竦意,倚以为相,奄然大病,斯可痛也。"按:其登第当在贞元四年前。

《旧唐书》卷一二三《李巽传》:"李巽字令叔,赵郡人。少苦心为学,以明经调补华州参军,拔萃登科,授鄠县尉。周历台省,由左司郎中出为常州刺史。逾年,召为给事中,出为湖南观察使,锐于为理。五年,改江西观察使,加检校散骑常侍、兼御史大夫。巽持下以法,吏不敢欺,而动必察之。顺宗即位,入为兵部侍郎。司徒杜佑判度支盐铁转运使,以巽干治,奏为副使。佑辞重位,巽遂专领度支盐铁使。"

(宋)王溥《唐会要》卷七六《贡举中·制科举》:"(贞元)四年贤良方正能直言极谏科……李巽……及第。"《册府元龟》卷六四五《贡举部·科目》作"李异"。

《新唐书》卷一四九《李巽传》:"李巽字令叔,赵州赞皇人。以明经补华州参军事,举拔萃,授鄠尉。进累左司郎中、常州刺史,召拜给事中,出为湖南观察使。贞元五年,徙江西……顺宗立,擢兵部侍郎。杜佑表为盐铁、转运副使,俄代佑……再迁吏部尚书……元和四年疾革……是夕卒,年六十三,赠尚书右仆射。"

《登科记考》卷一二贞元四年(788)清廉守节政术可称堪任县令科云李巽及第。

【杨宁】字庶玄,郡望虢州弘农,贯京兆府长安县。约在德宗初擢明经。历临涣主簿、陕虢观察使从事,终国子祭酒。

《唐代墓志汇编》元和一〇五钱徽撰元和十二年(817)八月壬申《唐故朝议大夫守国子祭酒致仕上骑都尉赐紫金鱼袋赠右散骑常侍杨府君(宁)墓志铭并序》:"公讳宁,字庶玄,弘农华阴人也。既冠,擢明经上第,释褐衣授亳州临涣县主簿。"

(宋)王溥《唐会要》卷五五《省号下·谏议大夫》:"贞元二年六月,以秘书郎阳城为谏议大夫,仍遣长安县尉杨宁,赍束帛诣夏县所居致礼,城遂以褐衣赴京师,且诣阙上表陈让。"则杨宁约在建中初及第。

《新唐书》卷一七五《杨虞卿传》云:"杨虞卿字师皋,虢州弘农人。父宁,有高操,谈辩可喜。擢明经,调临涣主簿,弃官还夏,与阳城为莫逆交。德宗以谏议大夫召城……陕虢观察使李齐运表置幕府。齐运入为京兆尹，表奏先主簿，拜监察御史，坐累免。顺宗初，召为殿中侍御史，终国子祭酒。”参考元和五年(810)进士科条杨虞卿小传。

【辛秘】字藏之，望陇西，贯万年县。贞元中登五经科、开元礼，授华原尉；又书判入高等，补长安尉。历太常博士、祠部、兵部员外郎、礼仪使、拜湖州刺史、赐金紫、河东行军司马、左司郎中、汝州刺史、拜谏议大夫、常州刺史、河南尹、检校工部尚书。官至昭义节度使，卒泽潞磁洺邢等州观察使，赠左仆射，谥曰昭，又谥曰肃，后更谥懿。

《全唐文》卷六八二牛僧孺《昭义军节度使辛公神道碑》：“辛氏于陇西为望家……讳仆射讳秘字藏之，即常侍府君第四子也，以能通五经、开元礼三命至华原主簿，书判入等，为长安尉……遂定乎万年县洪原乡少陵原。”参考(宋)李昉等《太平广记》卷三〇五，另见《登科记考》卷二七《附考·明经科》。

《旧唐书》卷一五七《辛秘传》：“辛秘，陇西人。少嗜学。贞元年中，累登《五经》《开元礼》科，选授华原尉，判入高等，调补长安尉。高郢为太常卿，嘉其礼学，奏授太常博士。迁祠部、兵部员外郎，仍兼博士山陵及郊丘二礼仪使，皆署为判官。当时推其达礼。元和初，拜湖州刺史……以功赐金紫，由是佥以秘材堪将帅……为河东行军司马，委以留务。寻召拜左司郎中，出为汝州刺史。九年，征拜谏议大夫，改常州刺史，选为河南尹……十二年，拜检校工部尚书……昭义节度使……泽潞磁洺邢等州观察使……元和十五年十二月卒，年六十四。赠左仆射，谥曰昭。”

(宋)王钦若等《册府元龟》卷六五〇《贡举部(十二)·应举》：“辛秘，陇西人，少嗜学，累登五经、开元礼科。”

《新唐书》卷一四三《辛秘传》：“辛秘，系出陇西。贞元中，擢明经第，授华原主簿。以判入等，调长安尉。其学于礼家尤洽，高郢为太常卿，奏为博士。再迁兵部员外郎，常兼博士……赠尚书左仆射，谥曰肃，后更谥懿。”

(宋)魏仲举《五百家注柳先生集》卷二一《裴墐崇丰二陵集礼后序》：“礼仪使择其僚以备损益，于是河东裴墐(补注裴瑾字封叔，河东闻喜人)。以太常丞陇西辛秘以博士用焉(孙曰秘贞元中擢明经第其学于礼家尤洽高郢为太常卿奏为主簿再辟礼仪使府)。”

【陈士会】建中四年(783)前明经及第。

《全唐文补编》上官汭撰建中四年(783)四月二十六日《唐陈留何公吴兴沈夫人墓志铭并序》署“天水上官汭撰。前乡贡明经颍川陈士会书”。

【陈贽】郡望颍川，贯泉州。约贞元末明经及第。

《全唐文》卷八二四黄滔《颍川陈先生集序》：“唐设进士科垂三百年，有司之取士也，喻之明镜，喻之平衡，未尝不以至公为之主。而得丧之际，或失于明镜，或差于平衡。何哉？俾其负不羁之才，蕴出人之行，殁身末路，抱恨泉台者多矣。呜呼！岂天之否其至公之道邪，抑人之自坎其命邪？颍川陈先生，实斯人之谓与。先生讳黯，字希孺。父讳贽，通经及第……(黯)早孤，事太夫人弥孝，熙熙愉愉，承颜侍膳。虽隆云路之望，终确彩衣之恋。既而及其子蔚冠，太夫人勉之曰：‘付蔚于潘岳之筵，俟尔于郗诜之桂。’方起于乡荐，求试贡闱，已过不惑之年矣。乃会昌乙丑逮咸通乙酉，其间以宁家兼在疚之日，断绝往来。

吴楚之江山辛勤,秦雍之槐蝉叹嗟。知己之许,与同郡(指泉州)王肱萧枢、同邑林颢漳浦赫连韬福州陈既陈发詹雄同时,而名价相上下。”按:陈黯早孤,会昌乙酉(五年)已过四十,可见其父亡故大概在元和初前后,其登第时间大概在贞元末。

【张存】望清河人。贞元十三年(797)前登明经科。

《全唐文》卷六一四王叔平撰贞元十三年(797)四月六日《唐故监察御史里行太原王公(仲堪)墓志铭并序》:“公讳仲堪,字仲堪,其先太原人也……以贞元十三年二月十七日,殡于蓟东之别墅,从权也。以其年四月六日,迁神于蓟县燕夏乡甘棠原,礼也。不祔旧茔,从先志也。次弟仲坰、季弟僧法源等,悲摧雁序,痛折连枝。嗣子存,次子较,方在幼童,茹戚过礼。子婿前乡贡明经清河张存,义感于情,眷深国士,虑绝故老,永遗志业。”参见《唐代墓志汇编》贞元〇七六《唐故监察御史里行太原王公墓志铭并序》。按此碑立于贞元十三年,则张存登第在此之前。

《登科记考》卷二七《附考·明经科》有张存及第。

【张质】河中猗氏人。贞元中登明经科,授亳州临涣尉。

《旧唐书》卷三九《地理志二》:河东道河中府条云:“武德元年,置蒲州,治桑泉县,领河东、桑泉、猗氏、虞乡四县。”

(宋)李昉等《太平广记》卷三八〇《再生六·张质》引《续玄怪录》:“张质者,猗氏人。贞元中明经,授亳州临涣尉。”

《登科记考》卷二七《附考·明经科》录载张质。

【范询】顺阳人。贞元间登明经第。历使府从事,终丹徒令。

《唐代墓志汇编》大中一二二王项撰大中十年(856)十一月二十一日《唐故颍川陈夫人墓志铭并序》:“(夫人)外祖顺阳范公询,始以孝廉入仕,多赴公侯延辟,为巡察之职,季年终于丹徒令。”按夫人大中十年廿五岁,其外族父登第时间约在贞元间。

【林迈】泉州人,林披子。约在贞元中登明经科。初调循州兴宁县主簿,累迁商州雷州刺史。

(明)林俊《见素集》卷二五《赞·雷州公赞》:“公讳迈旧名蕚,睦州第八子,明经及第,初调循州兴宁县主簿,累迁商州雷州刺史。”按:林披之子林著、林蕴均在贞元初及第,则林迈亦在贞元中及第。详见林著、林蕴条。

《登科记考》卷二七《附考·明经科》录有林迈,考云:“林俊《见素文集》:‘迈,旧名蕚,披第八子。明经第。’”

【林明】济南人。约贞元中登明经科。历巴东县尉。

《全唐文》卷五九六欧阳詹《送巴东林明府之任序》:“国以人为本,县令亲人之亲者,苟有命授,无非慎择。今年执政,又加精选,自吏曹铨拟仕而退下者,十之五六。济南林公,以始任之调,发硎之刃,请宰一邑。天官剧巴东也,而使为之。平衡无疑,钧轴不转。非轻重质器,目以昭如,则安可于其难,而易若此。解褐结绶,当时之盛,既受牒恭命,而济南公与予乡而且故,幼而知公。行先乡曲誉,是通闾井之意;术以明经升,实操教化之本。今有社稷,有民人,则弓矢入养叔之手,徽弦在师旷之膝,何微之不中?何妙之不尽?去矣，无使朱邑鲁恭，专美是官。其余则巫峡峨峨，岷江汤汤，水天下清，山天下秀，游盘贵境，为池为墉，退公多暇，为我回睇。”

【郑□】约在贞元初年明经及第，解褐授太子典膳丞。

《全唐文补遗》千唐志斋新藏专辑，郑易撰贞元十二年（796）十二月二十七日《唐故太子典膳丞荥阳郑公墓志文》：“丙子岁十有一月戊子朔二日己丑，太子典膳丞郑公终于金州之官舍，从兄仕也，享年卅有一……早以经明为郎，解褐授太子典膳丞。”按：“丙子岁”为贞元十二年；郑□“早以经明为郎”，当是以明经擢第，时间约在贞元初年。又：志载郑□“王父太常府君讳游”。

【郑弘敏】郡望荥阳。建中前后登明经科，释褐苏州华亭尉。官至唐山令。

《唐代墓志汇编》大中〇九一李述撰大中九年（855）□月十七日《唐故颍州颍上县令李府君夫人荥阳郑氏（琯）合祔玄堂志》：“太夫人讳琯……烈考杭州唐山县令府君讳弘敏，早精儒业，以明经上第，释褐补苏州华亭尉，次任宣州宣城尉，皆著□邑之能，旋授唐山令。”（参见《千唐志斋藏志》一一三〇大中九年《李公度夫人郑琯墓志》）按：郑夫人大中九年六十四岁，其父登第约在建中前后。

罗继祖《登科记考补》补入。

【郑约】洛阳人，祖遂州刺史老莱，父福建观察使叔则。建中初前后登明经科，调太原府参军。历兴平尉洛阳主簿。

《全唐文》卷七八四穆员《福建观察使郑公（叔则）墓志铭》：“唐贞元八年四月十六日，福建团练观察使福州刺史兼御史大夫郑公薨于位。明年孟夏己酉朔，归葬于东都万安山之南原……公讳叔则，字某，荥阳人。自元魏中书令周小司空金乡文公穆，凡五叶至皇朝遂州刺史老莱，代以婚姻德义，俱为家法相授。公则遂州之冢子也。未冠以明经擢第，凡五命至御史府，又再迁历尚书省，以屯田员外郎介吏部侍郎李卿观风之命，议者韪之……生一子曰约。河南府洛阳县主簿。”

《全唐文》卷七八五穆员《河南府洛阳县主簿郑君（约）墓志铭》：“郑君讳约，字某……皇朝东都留守京兆河南尹福建观察使御史大夫懿公叔则之冢子，擢明经，调太原府参军，历兴平尉洛阳主簿……春秋四十六，贞元十年四月八日卒于东都尊贤里第。十有一月某日，从先君于万安山阳。”

【郑伯义】荥阳人。贞元十四年前登明经科。历韩城尉。

《全唐文》卷五九七欧阳詹《同州韩城县西尉厅壁记》：“贞元十五年春余友人荥阳郑伯义授焉，郑自上，累叶声名为天下闻，郑以明经登科，又三举进士，屈于有司。”

《登科记考》卷二七《附考·明经科》录载郑伯义。

【郑淮】字长源，荥阳人，祖岩，官至少府监；考闰，位终太府寺主簿。建中元年前后登弘文馆明经科，解褐封丘县尉。

《唐代墓志汇编》贞元一〇二邹如立撰贞元十七年（801）五月五日《唐故京兆府三原县尉郑府君（淮）墓□铭并序》：“府君讳淮，字长源，荥阳人……曾祖琰，赠齐郑二州刺史，尝为历城长，理有甿惠；祖岩，赠太常卿，官至少府监，德为时重；考闰，位终太府寺主簿，位屈公望。府君缵承重庆,夙禀贻训,弘文馆明经,解巾封丘尉。"按志主贞元十七年五十岁,其登第当在建中元年前后。

【赵业】贞元中登明经科。历清化县令。

(唐)段成式《酉阳杂俎前集》卷二《玉格》:"明经赵业,贞元中,选授巴州清化县令。"

(宋)李昉等《太平广记》卷三八一《再生七·赵裴》引《酉阳杂俎》。云:"明经赵裴,贞元中,选授巴州清化县。"按:"赵裴",当为"赵业"。

《登科记考》二七《附考·明经科》云赵业及第。

【赵岆】字岱之,其先天水,祖省躬宣州司马,父承丘左金吾卫兵曹参军。贞元中登明经科,释褐调补渠州大竹令。官终陈州溵水县令。

《全唐文补遗》第六辑,赵遵撰开成五年(840)二月十三日《唐故陈州溵县令赵府君(岆)墓志铭并序》:"府君讳岆,字岱之,其先天水人也。曾祖知本,江州长史。祖省躬,宣州司马。父承丘,左金吾卫兵曹参军。公即兵曹之第四子也。聪敏好学,慈惠爱人。早岁以明经擢第,释褐调补渠州大竹令,次任隰州录事参军,次任太原府广阳县丞。自广阳历陈州溵水令。"按:"早岁"当指弱冠前后,以岆开成三年(838)春秋六十卒逆推,其明经及第在贞元年间。

【赵矜】河南新安人。贞元中登明经科。调舞阳主簿,徙襄城主簿,赐牙绯,历襄阳丞。

《柳宗元集》卷一一《故襄阳丞赵君墓志》:"贞元十八年月日,天水赵公矜,年四十二,客死于柳州……始矜由明经为舞阳主簿,蔡帅反,犯难来归,擢授襄城主簿,赐绯鱼袋。后为襄阳丞,其墓自曾祖以下皆族以位。"

《新唐书》卷一〇六《赵弘智传》:"赵弘智者,河南新安人……曾孙矜,举明经,调舞阳主簿,吴少诚反,以县归,徙襄城主簿,赐牙绯。历襄阳丞。客死柳州,官为敛葬。"按:吴少诚反在贞元末,则其登第当在贞元中。

《登科记考》卷二七《附考·明经科》云赵矜及第。按:其贞元十八年四十二岁,赵矜登第时间当在贞元中。

【哥舒屺】祖翰,父曜。明经及第。

《新唐书》卷一三五《哥舒翰传》载:翰子曜,曜"子七人,俱以儒闻。峘,茂才高第,有节概。崿、嵫、屺皆明经擢第"。

【哥舒崿】祖翰,父曜。明经及第。

《新唐书》卷一三五《哥舒翰传》载:翰子曜,曜"子七人,俱以儒闻。峘,茂才高第,有节概。崿、嵫、屺皆明经擢第"。

【哥舒嵫】祖翰,父曜。明经及第。

《新唐书》卷一三五《哥舒翰传》载:翰子曜,曜"子七人,俱以儒闻。峘,茂才高第,有节概。崿、嵫、屺皆明经擢第"。

【胡敬文】安定人。约在贞元年间登明经科。官至润州录事参军。

《唐代墓志汇编》会昌〇二九薛蒙撰会昌四年(844)七月十日《唐故登仕郎前守左金吾卫兵曹参军胡府君(泰)墓志铭并序》:"公讳泰,字宽时,其先安定人也……王父讳敬文，孝廉登第，官至润州录事参军。父讳贞，历官至朝散大夫、汾州长史。”按墓志立于会昌四年(844)，则敬文之祖父明经及第约在贞元年间。

【**姜荆宝**】德宗初明经及第。官至清城县令。

(唐)范摅《云溪友议》卷中《玉箫化》条：“姜氏孺子曰荆宝……寻以明经及第，再选清城县令。”

《登科记考》卷二七《附考·明经科》录载姜荆宝，考云：“荆宝于韦皋未镇蜀之先登第，盖在德宗之初也。”

【**郭文应**】字瑞之，太原人。贞元年间明经擢第。历官泽州参军、安州司法参军。

《全唐文补遗》千唐志斋新藏专辑，郭德元撰宝历二年(826)十二月二十七日《唐故安州司法参军郭公(文应)墓志并序》：“公讳文应，字瑞之，先世太原人也……贞元□举明经擢第，调补泽州参军。”据志文，郭文应明经及第当在贞元年间。

【**唐充**】京兆人。贞元初登明经科。历主簿。

《全唐文》卷五六四韩愈《河南缑氏主簿唐充妻卢氏墓志铭》：“夫人卢氏，讳某，兰陵太守景柔八世孙。父贻，卒河南法曹。法曹娶上党苗氏太师晋卿兄女，生三女三男，夫人最长。法曹卒，苗夫人嫁之唐氏充。充明经，宰相休憬曾侄孙，出郗氏。外王父昂，中书舍人。夫人年若干，嫁唐氏，凡生男与女九人。年四十二，元和四年正月二十二日卒。其年四月十五日，葬河南府河南县之大石山下。”按：苗氏元和四年(809)四十二岁，则其夫登第当在贞元初。

《旧唐书》卷九三《唐休璟传》：“唐休璟，京兆始平人也。”

《登科记考》卷二七《附考·明经科》录载唐充。

【**陶锽**】约在德宗时明经擢第。

《全唐文补遗》第九辑，唐欢撰元和十二年(817)八月三日《唐故赠秘书省著作郎陶公夫人赠弘农县太君杨氏墓志铭并序》：“夫人姓杨氏，其先弘农人也……嗣子锽，今为唐元和天子大司农。陶氏儒门，世济经术。司农公克□前业，无有贰事，以明经擢弟。”按：据志文，陶锽约在德宗时明经擢第。

【**崔防**】博陵人。约在德宗时明经及第，补宣州当涂县尉。官终舒州怀宁县令。

《全唐文补遗》第八辑，李群撰开成五年(840)三月二十一日《唐故舒州怀宁县令博陵崔府君(防)墓志铭并序》：“府君享年六十有九，开成四年七月十四日，寝疾终于郑州管城里之私第……公讳防，博陵人……公明经擢第，解褐补宣州当涂县尉。”按：据生卒年推之，崔防明经及第约在德宗年间。又：墓志文撰者李群，乃唐穆宗长庆四年(824)进士科状元。

【**崔晤**】扶风人。建中初弘文馆明经科及第，解褐河南府参军，寻转右卫骑曹参军。历凤翔节度使从事。

《唐故朝请郎右卫骑曹参军马君及其夫人清河崔氏墓志铭》：“维贞元二年正月庚申晦，右卫骑曹参军马君卒，春秋廿，呜呼！君讳晤，扶风人也……君则司徒府君之弟三子也……十五而博通群书……方将射策东堂，待诏金马，其志未遂，以门荫弘文馆明经出身，解褐河南府参军，寻转右卫骑曹参军。会中书令李公出镇凤翔，招入幕府……贞元二年二月廿四日，葬于万年县之同人原，去先人茔四十五步。”“京兆府乡贡进士魏可名书。”按：其贞元二年(786)廿岁，登第时的年龄又在十五岁之后，则其登第年当在建中初。

【崔淙】博陵安平人，祖先意朝议大夫、邓州刺史，父巘朝议大夫、郑州长史，赠左散骑常侍。约贞元初登明经上第，调佐夏阳；次以词丽甲科，超尉王屋。官至银青光禄大夫守工部尚书。

《全唐文》卷六三一吕温《银青光禄大夫守工部尚书致仕上柱国中山郡开国公食邑二千户赠陕州大都督博陵崔公(淙)行状》：“唐故银青光禄大夫守工部尚书致仕上柱国中山郡开国公食邑二千户赠陕州大都督博陵崔公，曾祖讳承福，皇朝太中大夫广、越二府都督，祖讳先意，皇朝朝议大夫邓州刺史，父讳巘，皇朝朝议大夫郑州长史，赠左散骑常侍……公讳淙……始以经明上第，调佐夏阳；次以词丽甲科，超尉王屋……元和三年四月日，故银青光禄大夫守工部尚书致仕赠陕州大都督博陵崔公从外甥朝议郎行尚书司封员外郎上骑都尉赐绯鱼袋吕温谨上尚书考功。”

【崔蕃】字师陈，郡望博陵，贯京兆府，王父誧，华州司法参军；父澣，少府监赠散骑常侍。贞元中登明经科。历华州参军，官至登封令。

《唐代墓志汇编》大和〇六四《大唐故朝议郎河南府登封县令上柱国赐绯鱼袋崔公(蕃)墓志铭并叙》：“公讳蕃，字师陈，魏郡博陵人也……(公)王父誧，华州司法参军；父澣，少府监赠散骑常侍……(公)早以门荫补崇文馆学生，试经早第，授华州参军，历摄诸曹……除登封县令……归葬于京兆……”按：崔蕃大和癸丑岁(七年，833)卒，享年五十九，则其约在贞元中登第。

《登科记考》卷二七《附考・明经科》云其及第。

【程异】字师举，京兆长安人。贞元初登第明经，释褐扬州海陵主簿，又登开元礼科，授华州郑县尉。历河中节度使从事、监察御史，官至宰相，赠尚书左仆射，谥曰恭。

《旧唐书》卷一三五《程异传》：“程异，京兆长安人。尝侍父疾，乡里以孝悌称。明经及第，释褐扬州海陵主簿。登开元礼科，授华州郑县尉……杜确刺同州，帅河中，皆从为宾佐。贞元末，擢授监察御史，迁虞部员外郎，充盐铁转运、扬子院留后……十三年九月，转工部侍郎、同中书门下平章事，领使如故……无疾而卒，元和十四年四月也。赠左仆射，谥曰恭。”

《新唐书》卷一六八《程异传》：“程异字师举，京兆长安人。居乡以孝称。第明经，再补郑尉……由监察御史为盐铁扬子院留后。叔文败，贬郴州司马……稍迁淮南等道两税使……入迁累卫尉卿、盐铁转运副使……元和十三年，以工部侍郎同中书门下平章事，犹领盐铁……会卒，赠尚书左仆射，谥曰恭。”

【路隋】一作“路随”，字南式，魏州阳平人，父泌赠太子少保。贞元末举明经，授润州参军事，辟置东都幕府。官至中书侍郎同中书门下平章事，赠太保，谥曰贞。

《旧唐书》卷一五九《路随传附路泌传》：“父泌字安期……卒于戎鹿。贞元十九年，吐蕃遗边将书求和。随哀泣上疏，愿允其请。表三上，德宗命中使谕旨……赠(泌)太子少保……泌陷蕃之岁，随方在孩提；后稍长成……后以通经调授润州参军……元和五年……

擢拜左补阙……文宗即位……转兵部侍郎、知制诰。大和二年，处厚薨，随代为相，拜中书侍郎，加监修国史……四年，转门下侍郎，加崇文馆大学士。七年，兼太子太师，备礼册拜……大和九年七月……年六十。册赠太保，谥曰贞。"

《新唐书》卷一四二《路隋传》："路隋字南式，其先出阳平。父泌，字安期，通《五经》……建中末，为长安尉……贞元末，吐蕃请和，隋三上疏宜许，不报。举明经，授润州参军事……辟置东都幕府……穆宗立，与韦处厚并擢侍讲学士，再迁中书舍人、翰林学士……迁兵部侍郎。文宗嗣位，以中书侍郎同中书门下平章事，监修国史……册拜太子太师。明年……年六十。赠太保，谥曰贞。"按：阳平县为汉代县，贞观后改为魏州。

《登科记考》卷二七《附考·明经科》录作路随。

【温褪】父衮。约在建中、贞元之间明经擢第。

《河洛墓刻拾零》，开元十九年(731)十一月一日《大唐故宋州宁陵县令温府君(任)墓志铭并序》，志盖书"大唐故温府君墓志铭"，左侧刻有温裖书："长官嗣子褒，服阕，敕摄处州龙泉县丞，又授常州晋陵尉。次子衮，服阕，明经及第，授宣州秋浦县尉，累迁大理评事司直、太原府功曹、河中府永乐县令。今晋陵有一子沫，未仕。永乐府君有三子：初、褪、裖。褪，明经及第。初、裖并未仕，越以贞元六年岁次庚午四月丁卯朔廿四日庚寅，介孙初等自处州奉夫人之椋祔于长官之茔，礼也。众孙裖书。"按：温裖书写志文时间在贞元六年(790)，则温褪明经及第约在建中、贞元之间。

【裴均】字君齐，绛州闻喜人，曾祖光庭相玄宗，祖稹开元末授祠部员外郎，父倩官度支郎中。以明经为诸暨尉。元和时官至检校左仆射、同中书门下平章事，为山南东道节度使，累封郇国公。

《新唐书》卷一〇八《裴行俭传》："裴行俭字守约，绛州闻喜人……子光庭……迁兵部侍郎。久之，拜中书侍郎、同中书门下平章事，兼御史大夫。迁黄门侍郎，拜侍中，兼吏部尚书、弘文馆学士……子稹，以荫仕，累迁起居郎。开元末……俄授祠部员外郎，卒。子倩，字容卿，历信刺史我。劝民垦田二万亩，以治行赐金紫服，代第五琦为度支郎中。卒，谥曰节。子均…… 均字君齐，以明经为诸暨尉……元和三年，入为尚书右仆射，判度支。上日唱、授桉、送印，皆尚书郎为之，文武四品五品、郎官、御史拜廷下，御史中丞、左右丞升阶答拜，时以为礼太重。俄检校左仆射、同中书门下平章事，为山南东道节度使，累封郇国公。以财交权倖，任将相凡十余年，荒纵无法度。卒，年六十二，赠司空。"

《登科记考》卷二七《附考·明经科》录载裴均。

【裴寰】河东闻喜人。约在德宗年间明经及第。官至扬州大都督府右司马护军。

《全唐文补遗》第八辑，开成五年(840)十一月六日《大唐故杨州大都督府右司马护军河东县开国男食邑三百户裴公(寰)墓志铭并序》："公讳寰，河东闻喜人也……始用祖荫补弘文生，选授东宫卫佐。精勒易义，殆至专愚。他食不食，他寝不寝。竟登甲科，授河南府参军事……以开成五年七月十八日，启手足于官舍，享年六十有九。"按：裴寰以"精勒易义"登甲科，当为明经及第。又：以生卒年推之，裴寰明经及第约在德宗年间。

【蔡少霞】陈留人。约在贞元、元和间登第明经科。释褐蓟州参军,再授兖州泗水丞。

(唐)薛用弱《集异记·蔡少霞》云:"蔡少霞者,陈留人也。性情恬和,幼而奉道,早岁明经得第,选蕲州参军。"按:陈还古者元和间登进士第,见陈还古条。则蔡少霞当约在贞元间登第。

(宋)李昉等《太平广记》卷五五《神仙五十五·蔡少霞》引《集异记》:"蔡少霞者,陈留人也。性情恬和,幼而奉道,早岁明经得第,选蕲州参军,秩满,漂寓江浙间。久之,再授兖州泗水丞……多诣少霞,谒访其事,有郑还古者,为立传焉。且少霞乃孝廉一叟耳,故知其不妄矣。"

《登科记考》卷二七《附考·明经科》云其及第。

【蔡沼】字虚中,泉州晋江人。贞元间明经科及第。

《全唐文》卷五九六欧阳詹《送蔡沼孝廉及第后归闽觐省序》:"蔡侯沼字虚中,予之邑人,又懿亲也。虚中以学,予谬以文,共受遣乎长吏,皆求试于宗伯。虚中登太常第,归宁故园;予有曝鳃之困,犹留京师。同求在予则不得,偕游虚中则先归。堂俱有亲,身亦祈达。自负违颜落羽之耻,对人飞鸣就养之庆。怀方寸为丈夫,禀大和曰人子。不包羞,不痛心,行道之人也。虚中胸中有心者,以予此辰之意如何哉?恨恨凄凄,浑浑迷迷,饮甘觞以若荼,视春光其如秋。周秦九轨之道,吴楚千里之水。"按:太常第,此处指明经科。见《韩昌黎集》卷二二《欧阳詹哀辞》。《闽书》卷八一《泉州府晋江县》唐贞元中进士下记有蔡沼,下有按语云:"欧阳詹登第为闽破荒盖凭韩文公《欧阳生哀词》,而旧志载沼先欧登第,未知何年,姑列于首。"又有蔡沼小传云"字虚中,先欧阳詹登第。詹以文,沼以学"。又《八闽通志》卷五七泉州府记有王玫、杨廷式、蔡沼三人,且谓"上三人以明经举,俱晋江人"。

【薛赞】字尧佐,祖据官至余姚郡太守,父洽官至滑州酸枣县令。约在贞元中登明经科。历下蔡、岷山、翼城三县令。

《唐代墓志汇编》开成〇四八薛居晌撰开成五年(840)十一月二十四日《唐故绛州翼城县令河东薛公(赞)墓铭》:"唐开成五年十一月二十四日绛州翼城县令薛公寝疾殁于寿州子阳里之私第,享年七十九。公讳赞,字尧佐,其先河东人也……王父讳据,余姚郡太守;皇考讳洽,滑州酸枣县令……(公)于是倍功恳恳,专经登第。其后自下蔡、岷山、翼城,三领大邑……祔葬于下蔡县。"按:《登科记考》未收。薛赞开成五年(840)七十九岁,其登第应在贞元中。

附考诸科(德宗朝诸科)

【王沼】太原人。登神童科。历州录事参军,官至监察御史。

《全唐文》卷六〇八刘禹锡《唐兴元节度使王公先庙碑》:"长曰沼,以神童仕至检校礼部郎中。"

《旧唐书》一一八《杨炎传》:"杨炎……德宗即位……炎遂独当国政……道州录事参

军王沼有微恩于炎,举沼为监察御史。"按:王沼登第当在德宗初登第。王沼太原人,见王涯条。

《登科记考》卷二七《附考·诸科》条云王沼"即王涯之兄"。

【李楱桐】约在贞元前后道举擢第。

《全唐诗》第七册卷二三七钱起《送李楱桐道举擢第还乡省侍》。

【程异】贞元初登第明经,释褐扬州海陵主簿,又登开元礼科,授华州郑县尉。小传见明经科程异条。

《旧唐书》卷一三五《程异传》:"程异,京兆长安人。尝侍父疾,乡里以孝悌称。明经及第,释褐扬州海陵主簿。登开元礼科,授华州郑县尉……杜确刺同州,帅河中,皆从为宾佐。贞元末,擢授监察御史,迁虞部员外郎,充盐铁转运、扬子院留后……十三年九月,转工部侍郎、同中书门下平章事,领使如故……无疾而卒,元和十四年四月也。赠左仆射,谥曰恭。"

《新唐书》卷一六八《程异传》:"程异字师举,京兆长安人。居乡以孝称。第明经,再补郑尉……由监察御史为盐铁扬子院留后。叔文败,贬郴州司马……稍迁淮南等道两税使……入迁累卫尉卿、盐铁转运副使……元和十三年,以工部侍郎同中书门下平章事,犹领盐铁……会卒,赠尚书左仆射,谥曰恭。"

《登科记考》卷二七《附考·明经科》、同卷《附考·诸科》条分别录载程异。

【裴乂】河东闻喜人。贞元中登开元礼甲科。历义成副使。官至福建观察使。

《全唐文》卷六五五元稹《唐故福建等州都团练观察处置等使中大夫使持节都督福州诸军事守福州刺史兼御史中丞上柱国赐紫金鱼袋赠左散骑常侍裴公墓志铭》:"公讳某,字某。河东闻喜其望也。唐故长安县令讳安期,赠左散骑常侍讳后己,赠工部尚书讳部,其父祖其曾也。赠晋阳县太君王氏,其母也。故清河县君房氏,其室也。昭应县令稷,虔州刺史愻,盩厔县令及,其季也。进士诲,进士謩,其子也。辛少穆孝尧一阳观李及,其婿也。参军于彭,尉于雒,丞于湖城,复尉于奉先,主簿于太常,录事于华,户曹于京兆,检校水部员外郎侍御史佐于襄,令于澧泉,检校库部员外郎侍御史兼中丞团练观察于福建,其官也……少好学,家贫,甘役劳于师,雨则负诸弟以往,卒能通开元礼书,中甲科。在湖城时,杖刺史若初宠卒,返致若初谢。在华时,会刺史故相郢将至,旧法尽取行器于人,公不取给,官司所有粗陈之。其他廉法不挠皆称是。刺史郢卒以上下考筹之,初状请白京兆尹於陵,由是奏为剧曹掾。"《登科记考》卷二七《附考》诸科:"裴□,元稹《赠左散骑常侍裴公墓志》:'公讳某,通开元礼书,中甲科。'"按:此件墓志铭见《元稹集》卷五五。《墓志铭》:"公讳某,字某,河东闻喜,其望也……通开元礼,中甲科……理郑凡三年……观察福建时,持之五载不失所。"考《旧唐书》卷一五《宪宗下》:元和十四年六月,庚申,"以郑州刺史裴乂为福州刺史、福建观察使"。

《新唐书》卷七一上《宰相世系表》一上中眷裴氏云:"乂,福建观察使。"则《登科记考》中"裴□"当为"裴乂"。

【马乔】贞元二十年(804)正月前制科及第。官太仓署令。

岑仲勉《贞石证史·敕头》(《金石论丛》)云:“《太仓署题名碑》,题名者有署令马乔、赵宽,署丞谢文达、山钺,及其他官职不明者十三人,各人授官之日,虽有小阙泐,然综全碑观之,则皆贞元二十年正月十四日所授也。《补正》六七云:‘此碑所谓敕头者,史所不详,马乔、赵宽、谢文达下并注云,敕头身为,山钺以下十四人,下注敕头谢文达者二,敕头马乔者十二,是敕头即令、丞所充者矣。’”按:唐时制科中第者,每等第一名为敕头。马乔等人皆为敕头,则均中制科。

《登科记考补正》卷二七《附考·制科》据胡可先考证,系马乔制科及第。

【山钺】贞元二十年(804)正月前制科及第。官太仓署丞。

岑仲勉《贞石证史·敕头》(《金石论丛》)云:“《太仓署题名碑》,题名者有署令马乔、赵宽,署丞谢文达、山钺,及其他官职不明者十三人,各人授官之日,虽有小阙泐,然综全碑观之,则皆贞元二十年正月十四日所授也。《补正》六七云:‘此碑所谓敕头者,史所不详,马乔、赵宽、谢文达下并注云,敕头身为,山钺以下十四人,下注敕头谢文达者二,敕头马乔者十二,是敕头即令、丞所充者矣。’”按唐时制科中第者,每等第一名为敕头。马乔等人皆为敕头,则为均中制科。

《登科记考补正》卷二七《附考·制科》据胡可先考证,系山钺制科及第。

【冯药】贞元末进士及第,又登制科。小传见进士科冯药条。

《旧唐书》卷一八九下《儒学下·冯伉传附冯药传》:“冯伉,本魏州元城人。父玠,后家于京兆……入拜左散骑常侍,复领太学。元和四年卒,年六十六,赠礼部尚书。子药,进士擢第,又登制科,仕至尚书郎。”

《登科记考》卷二七《附考·进士科》、同卷《附考·制科》录载冯药。

光绪《畿辅通志》卷三四《选举·唐进士》:“德宗年,冯药,元成人,又登制科。”按:其父元和四年(809)六十六岁,其登第应在贞元末。

【张因】约在贞元间登制举。为长安尉,后辞官为道士。

《全唐文》卷五八八柳宗元《先君石表阴先友记》:“张因,某人。举诏策为长安尉。愿去官为道士,甚有名。以其弟回降封州,曰吾老矣,必死。回也哭而行。遂死封州。”

《柳宗元集》卷一一《东明张先生墓志铭》:“东明先生张氏曰因,尝有以文荐于天子,天子策试甚高,以为长安尉。”孙注:“因举诏策。”

《登科记考》卷二七《附考·制科》云其及第。

【张涉】常州义兴县人,祖绍宗官至邵州五冈令,父怀瑰,翰林集贤两院侍书读学士。登制科。官至池州长史。

《唐代墓志汇编》乾符〇三一《唐故宣义郎侍御史供奉知盐铁嘉兴监事张府君(中立)墓志铭并序》:“府君以乾符六年二月卅日终于常州义兴县之私第……君讳中立,字□□,其先范阳人……高祖绍宗,皇邵州五冈令,赠宜春郡太守……宜春生盛王府司马翰林集贤两院侍书读学士讳怀瑰,学士生池州长史赠金州刺史讳涉,尝以文学登制策科。金州生普州刺史讳爽,进士及第,登朝为殿中侍御史……君亦普州第二子也……(君兄)大中初,再调授武进尉……(中立)享年五十有五……季弟仁颖,登进士第,有时名,从知广南幕下。”

《旧唐书》卷一二七《张涉传》:“张涉者,蒲州人,家世儒者。涉依国学为诸生讲说,稍迁国子博士,亦能为文,尝请有司日试万言,时呼张万言。德宗在春宫,受经于涉。及即位之夕,召涉入宫,访以庶政,大小之事皆咨之。翌日,诏居翰林,恩礼甚厚,亲重莫比。自博士迁散骑常侍。”

(宋)王谠撰,周勋初校证《唐语林校证》卷三《夙慧》:“天宝中,汉州雒县尉张涉应一艺,自举‘日试万言’,须中书考试。陟令善书者二十人,各执笔操纸就席,环庭而坐,俱占题目。身自巡历,依题口授,言讫即过,周而复始。至午后诗成七千余字,仍请满万。宰相云:‘七千可谓多矣,何必须万?’具以状闻,敕赐缣帛,拜太公庙丞,直广文馆,时号张万言。”

《登科记考》卷二七《附考·制科》录载张涉。

【张登】南阳人。贞元初登制科。历卫佐廷评,官至漳州刺史。

《乾𦠆子》:“南阳张登,制科登科,形貌枯瘦,气高傲物。”

(宋)计有功《唐诗纪事》卷四〇《张登》:“登始以巾褐就辟,历卫佐廷评。贞元中为河南士曹,迁殿院,为漳州刺史。”

《登科记考》卷二七《附考·制科》录载张登。

【张署】贞元二年(786)进士科及第,又登宏辞科。小传见贞元二年进士科张署条。

《全唐文》卷五六五韩愈《河南令张君墓志铭》:“君讳署,字某,河间人。大父利贞,有名玄宗世。为御史中丞,举弹无所避,由是出为陈留守,领河南道采访处置使,数岁卒官。皇考讳郇,以儒学进,官至侍御史。君方质有气,形貌魁硕,长于文词。以进士举博学宏词,为校书郎。”

《韩昌黎集》卷七《河南令张署墓志铭》:“君讳署,河间人。大父利贞,皇考讳郇,使君……以进士举,博学宏词,为校书郎。自京兆武功尉拜监察御史……改殿中侍御史,不行拜京兆府司录诸曹……改礼部员外郎……迁尚书刑部员外郎……改虔州刺史……”《五百家注释韩昌黎全集》卷三〇《张署墓志铭》补注云:“贞元二年进士及第。”

《登科记考》卷一二贞元二年(786)进士科、卷二七《附考·制科》云张署及第。

【林蕴】贞元四年(788)登明经科,又应贤良方正科。小传见贞元四年明经科林蕴条。

《全唐文》卷八二五黄滔《莆山灵岩寺碑铭》:“初侍御史济南林公藻与其季水部员外郎蕴,贞元中谷兹而业文,欧阳四门舍泉山而诣焉(四门家晋江泉山在郡城之北其集有与王式书云莆阳读书即兹寺也)。其后皆中殊科,御史省试《珠还合浦赋》,有神授之名。水部应贤良方正科擅比干之誉(策云臣远祖比干因谏而死天不厌直生微臣也)。欧阳垂四门之号,与韩文公齐名,得非山水之灵秀乎?”

(明)林俊《见素集》卷二四《邵州公赞》:“公讳蕴字梦复,睦州第六子,与兄藻、欧阳詹读书泉山,贞元四年明经及第,复举贤良,有天不厌直,复生微臣之对,辟蜀推官,刘辟反,公切谏,辟怒欲杀之,公曰:‘危邦不入,乱邦不居,得死为幸。’辟阴戒侩人以刀磨其颈,胁使屈。公叱曰:'死即死,我颈岂尔砺石耶?'贬摄唐昌尉,辟败还京,说沧帅程权归阙,除水部员外郎,拜邵州刺史,知洪州。唐书有传赞曰:明明我祖精忠卓识,结志藏修,奎缠有奕,贤良落对,式是亭直抗义,陈词秋霜杲日载。"

【赵宽】贞元二十年(804)正月前制科及第。官太仓署令。

岑仲勉《贞石证史·敕头》(《金石论丛》)云:"《太仓署题名碑》,题名者有署令马乔、赵宽,署丞谢文达、山钺,及其他官职不明者十三人,各人授官之日,虽有小阙泐,然综全碑观之,则皆贞元二十年正月十四日所授也。《补正》六七云:'此碑所谓敕头者,史所不详,马乔、赵宽、谢文达下并注云,敕头身为,山钺以下十四人,下注敕头谢文达者二,敕头马乔者十二,是敕头即令、丞所充者矣。'"按唐时制科中第者,每等第一名为敕头。马乔等人皆为敕头,则为均中制科。

《登科记考补正》卷二七《附考·制科》据胡可先考证,系赵宽制科及第。

【胡证】贞元五年(789)登进士科,又中武制举。小传见贞元五年进士科胡证条。

(五代)王定保《唐摭言》卷三《慈恩寺题名游赏赋咏杂纪》:"胡证尚书质状魁伟,膂力绝人,与裴晋公度同年。"

《旧唐书》卷一六三《胡证传》:"胡证字启中,河东人。父瑱,伯父玫,登进士第。证,贞元中继登科,咸宁王浑瑊辟为河中从事。"

《新唐书》卷一六四《胡证传》:"胡证字启中,河中河东人。举进士第,浑瑊美其才,又以乡府奏置幕下。繇殿中侍御史为韶州刺史……拜工部侍郎,改京兆尹、左散骑常侍。宝历初,以户部尚书判度支,固辞,拜岭南节度使。卒,年七十一,赠尚书右仆射。"

(宋)祝穆《古今事文类聚前集》卷二七《仕进部》录杨巨源《重送胡大夫赴振武诗》,题下注:"武举。"诗云:"向年擢桂儒生业,今日分茅圣主恩。旌旆仍将过乡路,轩车争看出都门。人间文武能双捷,天下安危待一论。布惠宣威大夫事,不妨诗思许琴尊。"按:"胡大夫"即胡证,见陶敏《全唐诗人名考证》及钱仲联《韩昌黎诗系年集释》卷八《奉酬振武胡十二丈大夫》诗注。又按:胡证进士第后所中"武举",当为武制举。

《登科记考》卷一二贞元五年(789)进士科条云胡证是年及第。《登科记考补正》卷二七《附考·制科》增补胡证武制举及第。

【谢文达】贞元二十年(804)正月前制科及第。官太仓署丞。

岑仲勉《贞石证史·敕头》(《金石论丛》)云:"《太仓署题名碑》,题名者有署令马乔、赵宽,署丞谢文达、山钺,及其他官职不明者十三人,各人授官之日,虽有小阙泐,然综全碑观之,则皆贞元二十年正月十四日所授也。《补正》六七云:'此碑所谓敕头者,史所不详,马乔、赵宽、谢文达下并注云,敕头身为,山钺以下十四人,下注敕头谢文达者二,敕头马乔者十二,是敕头即令、丞所充者矣。'"按唐时制科中第者,每等第一名为敕头者。马乔等人皆为敕头,则为均中制科。

《登科记考补正》卷二七《附考·制科》据胡可先考证,系谢文达制科及第。

【李师稷】贞元中科目选。历官浙东观察使。

（唐）赵璘《因话录》卷三《商部下》："杨仆射於陵在考功时，与李师稷及第。"

《旧唐书》卷一五《宪宗下》："（元和七年十一月）戊寅，吏部尚书郑余庆请复置吏部考官三员，吏部郎中杨於陵执奏以为不便。乃诏考官韦顗等三人只考及第科目人，其余吏部侍郎自定。"据此，李师稷可补入贞元中科目选及第。

《新唐书》卷一七四《杨嗣复传》："嗣复领贡举时，於陵自洛入朝，乃率门生出迎，置酒第中，於陵坐堂上，嗣复与诸生坐两序。始於陵在考功，擢浙东观察使李师稷及第，时亦在焉。人谓杨氏上下门生，世以为美。"

（宋）王谠撰，周勋初校证《唐语林校证》卷四《企羡》："杨仆射於陵在考功时，举李师稷及第。"《新唐书》卷一六三《杨於陵传》："杨於陵字达夫……（韩）滉卒，乃入为膳部员外郎。以吏部判南曹，选者恃与宰相亲。"韩滉卒在贞元三年（787），则杨於陵在考功的时间当在此后，其所放及第应该为吏部科目选，但具体科目不详。

【辛秘】贞元中累登五经、开元礼科，选授华原尉，判入高等，调补长安尉。小传见附考明经（德宗朝明经）辛秘条。

《全唐文》卷六八二牛僧孺《昭义军节度使辛公（秘）神道碑》："仆射讳秘，字藏之，即常侍府君第四子也。以能通五经、开元礼，三命至华原主簿，书判入等，为长安尉。"

《旧唐书》卷一五七《辛秘传》："辛秘，陇西人。少嗜学。贞元年中，累登五经、开元礼科，选授华原尉，判入高等，调补长安尉……元和初，拜湖州刺史……九年，征拜谏议大夫，改常州刺史，选为河南尹。莅职修政，有可称者。十二年，拜检校工部尚书，代郗士美为潞州大都督府长史、御史大夫，充昭义军节度、泽潞磁洺邢等州观察使……久历重任，无丰财厚产，为时所称。元和十五年十二月卒，年六十四，赠左仆射，谥曰昭。"

【崔元翰】名鹏，以字行，博陵人。建中二年（781）进士及第，后登博学宏词科，贞元四年（788）又应贤良方正、直言极谏科，三举皆升甲第。历义成军节度使从事、河东节度使掌书记，守比部郎中，终散位。

（唐）裴庭裕《东观奏记》卷中："建中二年，崔元翰、崔敖、崔备三人，府元、府副、府第三人，于邵知贡举放及第。"

《旧唐书》卷一三七《崔元翰传》："崔元翰者，博陵人。进士擢第，登博学宏词制科，又应贤良方正、直言极谏科，三举皆升甲第，年已五十余。李汧公镇滑台，辟为从事……又为（马）燧府掌书记。入朝为太常博士、礼部员外郎……竟罢知制诰，守比部郎中……终于散位。"

《旧唐书》卷一三七《于邵传》："崔元翰年近五十，始举进士，邵异其文，擢第甲科，且曰：'不十五年，当掌诏令。'竟如其言。"

《新唐书》卷二〇三《文艺下·崔元翰传》："崔元翰名鹏，以字行……举进士、博学宏词、贤良方正，皆异等。"

（宋）钱易《南部新书·丙》："崔元翰晚年取应，咸为首捷，京兆解头，礼部状头，宏词敕头，制科三等敕头。”

【崔芸卿】名未详，字芸卿，清河东武城人。元和中制举经明行修科及第，解褐授韩城尉，后调补卫佐。秩满，以书判拔萃登名殊等，授太学博士。官至澧州刺史。

《全唐文补遗》第六辑，崔晔撰咸通十五年(874)十月二十九日《唐故朝散大夫前使持节澧州诸军事守澧州刺史柱国清河崔公(芸卿)墓志铭并序》:“公讳□，字芸卿，清河东武城人也……元和中以经明行修科，解褐授韩城尉，后调补卫佐。秩满，就书判拔萃，登名殊等，授太学博士。”按:墓志载曾王父忠公讳隐甫，开元末官刑部侍郎兼河南尹。王父潜，官至处州刺史，赠左散骑常侍。显考胜，终于陕州大都督府右司马，赠太子右庶子。

附考科目未详(德宗朝科目未详)

【孙瑩】约在贞元中国子监试及第。

《全唐诗》第五册卷一四八刘长卿《送孙瑩京监擢第归蜀觐省》:“礼闱称独步，太学许能文。”

【郭同元】约贞元中及第，科目未详。曾官华阴县令、权知兴元少尹。

《全唐文》卷六四八元稹《授杨巨源郭同元河中兴元少尹制》:“敕:具官杨巨源，诗律铿金，词锋切玉，相如有凌云之势，陶潜多把菊之情。朝请郎前守华阴县令郭同元，文战得名，吏途称最，刘超推出纳之善，王涣著抑挫之名。皆用己长，各居官守，固其满秩，议以序迁。稽其器局之良，宜参尹正之亚，巨源可守河中少尹，同元可权知兴元少尹。”按:郭同元“文战得名”，当是经科举入仕，科目未详。又，与之同时迁升之杨巨源为贞元五年(789)进士，则同元亦有可能为贞元初年及第。录此俟考。

【黄构】江南人。贞元中登第。历小宗伯。

《全唐诗》第十二册卷三七九孟郊《送黄构擢第后归江南》:“至矣小宗伯。”按:孟郊贞元十二年(796)进士及第，则黄构登第应在贞元中。

《登科记考》卷二七《附考·进士科》录载黄构。